高等法律职业教育系列教材
审定委员会

高等法律职业教育系列教材

犯罪心理分析与干预

FANZUI XINLI FENXI YU GANYU

主　审 ○ 万安中

主　编 ○ 范辉清　王　亮

副主编 ○ 顾　伟　李小英

撰稿人 ○（按姓氏笔画，排名不分先后）

王　亮　李小英　陈润龙　陈　蕊

杨　静　范辉清　郎艳红　顾　伟

中国政法大学出版社

2021 · 北京

图书在版编目（ＣＩＰ）数据

犯罪心理分析与干预/范辉清，王亮主编. —北京：中国政法大学出版社，2021.1
ISBN 978-7-5620-9754-9

Ⅰ.①犯…　Ⅱ.①范…②王…　Ⅲ.①犯罪心理学－高等学校－教材　Ⅳ.①D917.2

中国版本图书馆CIP数据核字(2020)第270949号

书　　名	犯罪心理分析与干预
出 版 者	中国政法大学出版社
地　　址	北京市海淀区西土城路 25 号
邮　　箱	fadapress@163.com
网　　址	http://www.cuplpress.com (网络实名：中国政法大学出版社)
电　　话	010-58908435(第一编辑部) 58908334(邮购部)
承　　印	北京鑫海金澳胶印有限公司
开　　本	787mm×1092mm　1/16
印　　张	26.00
字　　数	568 千字
版　　次	2021 年 1 月第 1 版
印　　次	2021 年 1 月第 1 次印刷
印　　数	1~5000 册
定　　价	76.00 元

总　序
Preface

　　高等法律职业化教育已成为社会的广泛共识。2008 年，由中央政法委等 15 部委联合启动的全国政法干警招录体制改革试点工作，更成为中国法律职业化教育发展的里程碑。这也必将带来高等法律职业教育人才培养机制的深层次变革。顺应时代法治发展需要，培养高素质、技能型的法律职业人才，是高等法律职业教育亟待破解的重大实践课题。

　　目前，受高等职业教育大趋势的牵引、拉动，我国高等法律职业教育开始了教育观念和人才培养模式的重塑。改革传统的理论灌输型学科教学模式，吸收、内化"校企合作、工学结合"的高等职业教育办学理念，从办学"基因"——专业建设、课程设置上"颠覆"教学模式："校警合作"办专业，以"工作过程导向"为基点，设计开发课程，探索出了富有成效的法律职业化教学之路。为积累教学经验、深化教学改革、凝塑教育成果，我们着手推出"基于工作过程导向系统化"的法律职业系列教材。

　　《国家中长期教育改革和发展规划纲要（2010~2020 年）》明确指出，高等教育要注重知行统一，坚持教育教学与生产劳动、社会实践相结合。该系列教材的一个重要出发点就是尝试为高等法律职业教育在"知"与"行"之间搭建平台，努力对法律教育如何职业化这一教育课题进行研究、破解。在编排形式上，打破了传统篇、章、节的体例，以司法行政工作的法律应用过程为学习单元设计体例，以职业岗位的真实任务为基础，突出职业核心技能的培养；在内容设计上，改变传统历史、原则、概念的理论型解读，采取"教、学、练、训"一体化的编写模式。以案例等导出问题，根据内容设计相应的情境训练，将相关原理与实操训练有机地结合，围绕关键知识点引入相关实例，归纳总结理论，分析判断解决问题的途径，充分展现法律职业活动的演进过程和应用法律的流程。

　　法律的生命不在于逻辑，而在于实践。法律职业化教育之舟只有驶入法律实践的海洋当中，才能激发出勃勃生机。在以高等职业教育实践性教学改革为平台进行法律职业化教育改革的路径探索过程中，有一个不容忽视的现实问题：高等职业教育人才培养模式主要适用于机械工程制造等以"物"作为工作对象的职业领域，而法律职业教育主要针对的是司法机关、行政机关等以"人"作为工作对象的职业领域，这就要求在法律职业教育中对高等职业教育人才培养模式进行"辩证"地吸纳与深化，而不是简单、盲目地照搬照抄。我们所培养的人才不应是"无生命"的执法机器，而是有法律智慧、正义良知、训练有素的有生命的法律职业人员。但愿这套系列教材能为我国高等法律职业化教育改革作出有益的探索，为法律职业人才的培养提供宝贵的经验、借鉴。

2016 年 6 月

前 言
$\mathcal{F}\!oreword$

　　犯罪心理的探索是一个古老又现实的话题。在社会生活中，人们难免会遭遇犯罪现象的侵扰，而且犯罪让我们看到人性的弱点。人类试图在此基础上寻找犯罪人行为的深层原因，也思考如何在心理方面来减少或控制犯罪。

　　有关犯罪心理分析的课程应当是每个警官类院校重要课程之一，犯罪心理分析与干预课程是法律和心理专业的专业核心课程。十多年来，本着以工作过程为导向，以司法实践中心理咨询与矫治工作任务为重点设定课程教学内容，我们编写了《司法心理分析与干预》（暨南大学出版社，2012）、《罪犯心理》（中国检察出版社，2011）、《违法心理矫治》（暨南大学出版社，2011）、《罪犯心理分析与治疗》（法律出版社，2015）系列教程。司法实践中有关心理现象的分析《犯罪心理分析与干预》是本法律应用心理系列教材之一。

　　围绕司法活动中心理工作人员职业化和心理矫治标准化的要求和司法实践中犯罪人心理分析与干预工作任务，共有五篇二十一章。本书围绕着"犯罪心理分析与犯罪干预"的主题大致阐述了以下内容：

　　借鉴犯罪学和心理学以犯罪人心理为研究取向开展犯罪分析研究；犯罪心理基础分析；犯罪心理类型分析；变态犯罪心理分析；犯罪心理的预防与干预。

　　具体编写任务体现为：

　　第一篇是犯罪心理分析基础篇，主要阐述犯罪心理分析取向与方法、关于犯罪心理犯罪学理论和关于犯罪心理心理学理论。本篇内容主要由范辉清负责，重点介绍本书犯罪心理分析的重点以及关于犯罪心理的犯罪学和心理学的基本原理。由于犯罪心理分析与干预是从心理学角度研究犯罪人及心理成因问题，若要解析各种复杂的犯罪心理问题时必先涉及心理学相关知识，包括概念与基本原理，因此本篇的设立是必不可少的。犯罪学和心理学均是一个庞大的学科群，涉及范围极广，因此，本篇只能摘其精华，主要介绍犯罪学的三个学派和心理学的精神分析、行为主义、人本主义和认知心理学等主要观点和理论要点。

第二篇是犯罪心理常规分析篇，主要由王亮负责。本篇侧重对犯罪心理的分析，包括犯罪心理的原因分析、动机分析和结构分析。其中新疆兵团警官高等专科学校陈蕊完成了本篇的第八章犯罪主体类型分析，顾伟完成了本篇的第九章犯罪心理量化分析。

第三篇是犯罪心理行为类型分析篇，主要由李小英负责。本篇侧重对犯罪行为类型进行心理分析，包括财产型犯罪心理分析、暴力犯罪心理（人身危险性犯罪）分析、性犯罪心理分析和网络型犯罪心理分析。

第四篇是变态犯罪心理分析篇，主要由李小英负责。本篇侧重对变态犯罪进行心理分析，包括人格异常犯罪心理分析、性变态犯罪心理分析、精神病犯罪心理分析。其中河北司法警官职业学院郎艳红完成了本篇的第十七章精神病犯罪心理分析。

第五篇是犯罪心理预防干预篇，主要由顾伟负责。"犯罪预防干预策略"是全书的现实价值所在。本篇通过借鉴相关研究成果对于犯罪人预测、预防以及犯罪嫌疑阶段的侦查和审讯提出有针对的策略，期待着能够借此推动减少、制止和迅速打击犯罪司法实践工作。其中新疆兵团警官高等专科学校杨静完成第十九章犯罪心理预防，范辉清完成了第二十章犯罪心理侦查干预。陈润龙完成了第二十一章罪犯心理治疗策略，主要通过心理的原理和技能诊断并矫治罪犯心理。

全书由教学院长王亮审稿。本书稿英文校对由李旖诺完成。

在本书编写过程中，我们借鉴了国内外已有的相关研究成果，在此一并表示衷心感谢。

范辉清
于广州南沙
2020 年 10 月 27 日

目 录
Contents

第一篇　犯罪心理分析基础篇

The healthy man does not torture others. Generally it is the tortured who turn into tortures.

——Carl Jung

健康的人不会折磨他人，常常是那些曾受折磨的人转而成为折磨他人者。

——卡尔·荣格

第 一 章
犯罪心理分析取向和方法

经典案例

挪威布雷维克案

2011 年 7 月 22 日，安德斯·贝林·布雷维克装扮成警察，登上挪威奥斯陆以西约 40 公里处的于特岛，突然向挪威工党青年团夏令营学员开枪。这起枪击事件发生在奥斯陆市中心炸弹爆炸事件之后的两小时以内，被挪威首相称为"国家灾难"。奥斯陆爆炸案和于特岛枪击案共造成 77 人死亡。

2011 年 7 月 24 日，奥斯陆警方宣布，布雷维克已供认自己是于特岛枪击案制造者，奥斯陆爆炸案及于特岛枪击案系其一人所为。布雷维克在接受警方审讯时对其犯罪事实供认不讳，但不承认有罪。挪威检察人员以实施恐怖主义的罪名指控布雷维克。

2011 年 7 月 25 日，布雷维克被指控以"颠覆或破坏社会基本运转"和"致使群众严重恐惧"为犯罪目的，实施刑法中规定的恐怖主义行为，被暂时拘押 8 周，其中前 4 周单独关押以配合司法调查。检察官还考虑控告他犯有一项 2008 年法律中规定的危害人类罪。

2011 年 11 月 29 日，挪威恐怖袭击案的检察官斯韦恩·霍尔登表示，法院指定的精神病学医生判断奥斯陆爆炸案和于特岛枪击案凶手布雷维克患有精神病。

2012 年 1 月 13 日，挪威奥斯陆地方法院要求对布雷维克重新进行精神评估。奥斯陆地方法院要求两名新的精神病学专家对这名 32 岁的右翼极端分子的精神状态重新进行评估。

2012 年 4 月 16 日，奥斯陆地方法院对 2011 年 "7·22" 爆炸枪击案进行开庭审理，事件制造者布雷维克的精神健康评估报告成为法庭判决的重要依据。布雷维克对杀人事实供认不讳，但拒绝认罪。布雷维克在庭审过程中表示，他宁愿被处死或者获得自由，也不愿意在监狱里度过漫长的刑期。

2012 年 5 月 30 日，挪威警方调查员告诉奥斯陆地方法院，挪威枪击案嫌犯布雷维克实际上曾陷入利比里亚"血钻骗局"，并为此损失 1.8 万美元（约合人民币 11 万元），其中包括朋友的投资。

2012 年 7 月 22 日，布雷维克的辩护律师拒绝检方把布雷维克送入精神病治疗机构的要求，坚称自己的当事人心智健全，应当被送进监狱或者无罪释放。

2012 年 8 月 24 日，挪威"7·22"爆炸枪击案在奥斯陆地方法院宣判。挪威法官宣布，判处杀害 77 人的布雷维克监禁 21 年。

经典视频

《犯罪心理》是一部心理悬疑惊悚剧，剧中一班精英汇集在一起，分析全国最棘手的犯罪人的心理，并在他们再次实施犯罪前预测出他们的下一步行动。特别探员 Jason Gideon 是这个小组的领导者，他是美国联邦调查局 FBI 最顶尖的行为分析专家。其他专家包括：特别探员 Spercer Reid 博士，一位典型的天才，却被人误解他的社交才能之低，正如他的智商之高；特别探员 Aaron Hotch，一个居家好男人，他总是能赢得他人的信任，并让他们坦白心底的秘密；特别探员 Derek Morgan，一位强制性犯罪行为分析专家；探员 Elle Greenaway，她因为有过被性侵的经历而致力于这方面的研究和调查。每名成员将自己负责领域的调查分析结果汇集起来，集思广益，精确分析出犯罪人的动机和情感上的触发原因，以便及时阻止他们再次行凶。

第一节　犯罪心理分析取向

一、犯罪心理

"犯罪心理"是"犯罪"和"心理"的合成词。根据犯罪心理的逻辑顺序，犯罪心理分析主要分析心理现象与犯罪行为之间的关系。犯罪是一种行为，其行为的主体是犯罪人，心理是人脑对客观事物的能动的反映，其主体也应该是犯罪人。因此，这一概念中应包含"犯罪行为""犯罪人""犯罪心理"三层内涵。

（一）犯罪行为

"犯罪"在刑法学、犯罪学、伦理学、神学等不同的社会学科中，由于对象、目的和侧重点不同，各学科对犯罪的概念的理解各有不同。《简明大不列颠全书》中的定义是：犯罪（crime）是指成年人为刑法所禁止的行为[1]。刑法学科中的"犯罪"是指危害统治阶级的阶级利益和统治秩序，依法律规定应处以刑罚的行为[2]。犯罪的实质要求是对怜悯和正直这两基本利他情感的伤害。[3]《中华人民共和国刑法》（以下简称《刑法》）第 13 条规定了"犯罪"的概念："一切危害国家主权、领土完整和安全，分裂国家、颠覆人民民主专政的政权和推翻社会主义制度，破坏社会秩序和经济秩序，侵犯国有财产或者

---

〔1〕《简明不列颠百科全书（第3卷）》，中国大百科全书出版社1985年版，第12页。
〔2〕《中国大百科全书（法学卷）》，中国大百科全书出版社1984年版，第118页。
〔3〕［意］加罗法洛：《犯罪学》，耿伟、王永译，中国大百科全书出版社1996年版，第44页。

劳动群众集体所有的财产，侵犯公民私人所有的财产，侵犯公民的人身权利、民主权利和其他权利，以及其他危害社会的行为，依照法律应当受刑罚处罚的，都是犯罪，但是情节显著轻微危害不大的，不认为是犯罪。"根据该规定，犯罪行为具有三个基本特征：严重的社会危害性、刑事违法性和应受刑罚处罚性。

1. 社会危害性。社会危害性乃是犯罪的本质特征。犯罪的社会危害性就是犯罪行为对国家的社会关系造成的严重侵害，其具体体现就是对刑法所保护的社会关系所造成的侵害。刑法保护的社会关系，在立法上有明确的规定。《刑法》第 2 条规定："中华人民共和国刑法的任务，是用刑罚同一切犯罪行为作斗争，以保卫国家安全，保卫人民民主专政的政权和社会主义制度，保护国有财产和劳动群众集体所有的财产，保护公民私人所有的财产，保护公民的人身权利、民主权利和其他权利，维护社会秩序、经济秩序，保障社会主义建设事业的顺利进行。"

2. 刑事违法性。在罪刑法定原则的支配下，刑事违法性是犯罪的基本法律特征之一。犯罪是触犯刑事法律的行为，即具有刑事违法性。刑事违法性，是指违反刑法条文中所包含的刑法规范。只有当危害社会的行为触犯刑法规定的时候才构成犯罪。刑事违法性这一特征是罪刑法定原则在犯罪概念上的具体体现。

3. 应受刑罚处罚性。应受刑罚处罚性以行为的严重社会危害性和刑事违法性为前提，行为如果没有严重的社会危害性和刑事违法性，自然不应受刑罚处罚。同时，应受刑罚处罚性是对具有严重的社会危害性和刑事违法性的行为的评价。犯罪是应受刑法惩罚的行为。犯罪是适用刑罚的前提，刑罚是犯罪的法律后果。

犯罪心理学（Criminal Psychology）中的"犯罪"概念，一般表述为："具有刑事责任能力的行为人，运用社会不认可且不能容忍的方式满足自己的需要，严重侵犯了法律所保护的社会主流价值，依法应当受到相应的刑罚惩罚的行为。"[1]

首先，犯罪心理学中的"犯罪"概念从心理学的角度解释了满足人的需要是个体进行社会行为的基础和源泉，人类的社会现象大多与满足个体的、种族的，甚至全人类的需要有关。犯罪行为的生成是犯罪人内在需要所引发的。其次，犯罪心理学的"犯罪"概念显示人的社会性决定了满足需要的方式要受到一定的限制和规范。社会常常要保障绝大多数人的需求被更好地满足。若个体冲破限制和规范，使用社会不认可的方式满足自身需要，那么，其实质就是对社会规范的侵犯。犯罪的外在表现形式在于犯罪人满足需要的方式、方法不被社会认可，这些方式、方法常常会妨碍社会整体的基本需要。最后，犯罪心理学的"犯罪"概念揭示了犯罪的实质是行为人对社会主流价值的否定，是行为人人格的社会性缺陷。刑罚的特殊预防目的就在于改变犯罪人对社会主流价值的不正确的态度，从而养成健康健全的人格。

（二）犯罪人

犯罪人是指实施了危害社会行为，危害程度达到了刑事法律规定的事实标准的一

---

〔1〕　梅传强主编：《犯罪心理学》，法律出版社 2003 年版，第 2~3 页。

切人。

《中华人民共和国刑事诉讼法》第12条规定："未经人民法院依法判决，对任何人都不得确定有罪。"由此可见，我国实行罪刑法定制度，即未经人民法院依法审判，对任何人都不得确定有罪。只有经过人民法院审理之后，被发生法律效力的裁判确定为有罪的，才成为犯罪人。在侦查机关立案侦查期间对存在犯罪嫌疑的人员，通称为"犯罪嫌疑人"；在检察机关对犯罪嫌疑人向人民法院提起公诉后，通称之为"被告人"。各级法院在审理刑事案件、作刑事判决时的当事人，亦称之为"被告人"，而不再将其称为"犯罪嫌疑人"。在人民法院对"被告人"作出有罪判决之后，则称之为"罪犯"。

1. 犯罪嫌疑人。"犯罪嫌疑人"是因涉嫌犯罪而受到刑事追诉的人在被人民检察院提起公诉前的称谓。在刑事案件的侦查阶段和审查起诉阶段，被追诉刑事责任的人只是具有犯罪嫌疑，受到有关机关的侦查和审查，但其尚未被正式起诉，因而被称为"犯罪嫌疑人"，简称"疑犯"。

2. 被告人。因涉嫌犯罪而受到刑事追诉的人，经过审查起诉，人民检察院以正式的起诉书将其诉至人民法院后，以及在整个审判活动过程中，其已是名副其实的被告人。另外，在自诉案件中，因自诉人自行向人民法院提起诉讼，直接启动审判程序，故此类案件一经人民法院受理，被自诉人起诉的人即成为被告人。

3. 罪犯。我国实行罪刑法定制度。未经人民法院依法审判，对任何人都不得确定有罪。只有经过人民法院审理之后，被发生法律效力的裁判确定为有罪的，才成为罪犯。即当法院经过审理才能确定被告人到底是犯了什么罪或触犯了哪条法律，从而根据法律来定罪。一旦依据法律确定为有罪的，就称为罪犯。

（三）犯罪心理

1. 心理。所谓"心理"，有的教科书将其定义为："心理过程（认知、情绪和情感、意志）与个性心理的总称"[1]，也有的将其定义为："人脑对外界信息的整合诸形式及其内隐、外显行为的反应。"[2] 对心理的考察可以分成两个模式：一是外部的行为表现，包括动作（刺激反应、技能表现等）、言语（传达思维、欲望等内部活动信息）、表情（传达情绪、注意点等信息）；二是内在心理历程，包括意识到的（注意、记忆、学习、问题解决等）、无意的（知觉、注意、学习等）以及潜意识的（包括阈下知觉的活动等）。简而言之，心理是人脑对客观事物的内在反应。

2. 犯罪心理。犯罪心理是客观现实在犯罪人头脑中的不正确主观反映。犯罪心理是影响和支配犯罪人实施犯罪行为的各种心理活动或心理因素的总称。犯罪心理是犯罪行为的内在动因和支配力量，犯罪行为是犯罪心理的外部表现。

犯罪心理活动既受一般心理活动规律的支配，又具有特殊性。犯罪心理是从心理学的一般原理出发，运用心理学提供的基本概念和范畴，来概括反映犯罪人复杂的心理现象。

〔1〕 叶奕乾、何存道、梁宁建主编：《普通心理学》，华东师范大学出版社1991年版，第1页。
〔2〕 孟昭兰主编：《普通心理学》，北京大学出版社1994年版，第3页。

犯罪心理现象是一个包括犯罪人特殊的心理过程、扭曲的个性心理以及与犯罪相适应的心理状态在内的有层次性、结构性的系统反映。犯罪心理现象既不是由遗传因素决定的，也不是犯罪人主观想象的结果，而是在其已有的心理图式的基础上，对社会环境中不良因素的能动反映，这就是犯罪心理的实质。犯罪心理研究通过回答犯罪心理是什么，以及揭示犯罪心理的实质，成为犯罪心理研究内容的逻辑起点，为整个研究内容的展开提供基本概念、基本理论和基本观点，并建立起研究犯罪的心理视点和心理角度。犯罪心理的本质是在一定刺激下，犯罪人形成的无视法律、不顾及危害的满足欲求的行为倾向和对客观现实的扭曲、错误的反映[1]。

犯罪心理有狭义和广义之分，狭义的犯罪心理仅指支配犯罪人实施犯罪行为时的心理活动和心理因素，即犯罪人实施犯罪行为时认知、情绪情感和意志的活动规律，以及性格、气质、能力、需要、动机、价值观等有关心理因素的互相作用规律。广义的犯罪心理是指与犯罪行为的发生、发展和完成有关的各种心理活动和心理因素的总称。

二、犯罪心理分析取向

犯罪心理分析是应用心理研究的一部分。犯罪心理是一种复杂的社会心理，具有隐蔽性、模糊性、变异性、不可逆性、或然性等特征。与研究感知觉、情绪、注意力、智力、个性、病理心理等基础心理不同，犯罪心理无论是在形成原因、形成机制还是在形成规律等方面都有自身的特殊分析范畴。犯罪心理分析是以犯罪人为中心，运用心理上的原理和方法来分析、解释犯罪人心理成因、心理形成和类型，提供犯罪心理预测预防的方法，提供犯罪心理侦查和审讯的策略以及对犯罪心理的诊断、咨询和治疗等方法。

（一）犯罪心理常规分析

1. 犯罪心理成因分析。影响犯罪心理的因素始终是犯罪心理研究分析的核心内容。精神分析学派认为，任何一种有关犯罪心理的基本范畴与理论都与犯罪原因有着密切的联系。在研究犯罪人心理发生、发展、变化规律的过程中，无法回避对犯罪心理形成原因的研究。犯罪心理形成的原因，始终是犯罪心理研究的核心问题。影响犯罪的因素是多元的，其中既有人的生物性因素也有人的社会性因素。单纯分析犯罪人的遗传与生理原因不足以揭示犯罪人的行为的多样性，必须同时分析影响犯罪人的行为的社会原因，才能了解犯罪人心理的复杂性。更为重要的是，犯罪人个性的主观性使得不同的个体或群体在观察同一事物或接受同一刺激时会出现不同的感知觉，并产生不同的行为反应。研究发现，反社会人格、低自我控制性人格、认知扭曲、自卑感、挫折感、生物学因素、学习、强化、家庭因素以及情境因素等都与犯罪行为的发生密切相关。

2. 犯罪心理动机分析。刺激、促使犯罪人实施犯罪行为的内心起因或思想活动就是犯罪动机，它指出犯罪人基于何种心理原因实施犯罪行为。动机的作用是发动犯罪行为；说明实施犯罪行为对实现行为人的心理愿望的意义。内在需要决定犯罪动机的特殊性。犯

---

〔1〕　杨威："新论犯罪心理学的研究对象：关于犯罪心理学基本理论问题的探讨"，载《中国监狱学刊》2010年第1期。

罪动机具有反社会的性质。犯罪动机无论其本身的社会性质如何，在其推动下所产生的行为都是危害社会的犯罪行为，因此，把犯罪动机与其所导致的犯罪行为联系起来，就会看出犯罪动机具有反社会性。形成犯罪动机的条件包括需要、欲望等内在条件和诱因、刺激等外在条件。

3. 犯罪心理主体类型分析。犯罪心理主体类型即不同类型的犯罪人，其犯罪心理和行为有其各自不同的特点。从犯罪人犯罪经历的不同，可分为初犯和惯犯；从犯罪人的年龄特征入手，可分为未成年犯罪人、成年犯罪人和老年犯罪人；从犯罪人的性别特征入手，可分为男性犯罪人和女性犯罪人；从犯罪人精神状态正常与否，可分为常态犯罪人和变态犯罪人；从犯罪人员的数量不同，可分为个体犯罪人和群体犯罪人。另外，犯罪人在不同情境中，如犯罪前、犯罪中、犯罪后、羁押讯问过程中、审判中等，都呈现出不同的心理特点。犯罪心理研究上述各种犯罪人的心理以及犯罪人在不同情境中的心理特征，能够为准确地揭露犯罪、打击犯罪和预防犯罪提供科学的依据。

4. 犯罪心理量化分析。进入21世纪，犯罪心理的量化研究有了长足的发展。量化分析，亦称定量分析，是与定性分析相对应、相结合的分析方法。定量分析的特点是赋予被研究事物一定的量，通过数理统计与分析，使其能够精细地反映事物量的特性，有利于开展与相关事物的比较研究，从而达到准确地反映研究对象的性质、水平及其功能的目的。犯罪心理研究由经验总结、案例分析逐渐向量化研究发展。起初，当研究者运用人格量表对犯罪人进行心理测量，并对测量结果作统计处理后发现：犯罪人同一般的社会人群在人格特征上存在着许多显著差异，从而提出了"犯罪心理结构"这一概念。紧接着，研究者运用心理测验和统计技术，对犯罪人进行了类型分析，找出不同类型犯罪人的心理特征。为了查明犯罪的心理原因，研究者还开展了犯罪人与正常人在对待犯罪问题上认知、情感、意志等方面差异的研究。20世纪90年代，在犯罪人的心理矫治诊断阶段，研究者更多地运用了心理测试和统计技术，犯罪人心理评估系统已经取得重要的阶段性的研究成果。在侦查阶段，有的研究者运用量化统计方法进行了证人证言、测谎技术等方面的研究。上述成果都证明了定量研究和数理统计方法在犯罪心理研究领域得到了广泛的应用，并取得了相当可观的成效，促进了犯罪心理研究向着可比较、可实证的科学心理学的方向发展[1]。

（二）犯罪心理类型分析

犯罪心理行为类型分析可以分为财产型犯罪心理分析，此类包括盗窃犯罪、抢劫犯罪、诈骗犯罪、走私犯罪、经济犯罪等，暴力型犯罪心理分析，毒品犯罪心理分析，性犯罪心理分析和网络型犯罪心理分析。

（三）变态犯罪心理分析

根据临床总结和案例分析研究，容易导致违法犯罪行为的异常心理主要有三种类型：

〔1〕 何为民、罗大华、马皑："犯罪心理学研究中运用量化方法引起的理论思考"，载《辽宁警专学报》2006年第4期。

一是变态人格；二是心境障碍；三是精神障碍。

1. 变态人格又称病态人格，指某些人格发展的内在不协调，在不存在认知障碍和智力障碍的情况下，出现的某些心理反应的异常或行为活动的异常。从病态人格的外在表现看，大致可分为三类：一是行为怪癖；二是情感反应不稳定和反社会；三是紧张恐惧和自我强迫。常见的与违法犯罪相关联的病态人格主要有以下几种类型：

（1）偏执型变态人格，表现为极端固执，敏感多疑，情感不稳，暴躁易怒，心胸狭隘，好嫉妒，自我评价低，敌意性强，残忍狠毒，记仇报复。

（2）情绪不稳定型变态人格，表现为喜怒无常，可持续地情绪低落或高涨，有时狂喜狂怒，失去控制毁物伤人，有时则相反，对人对事关怀备至又谨小慎微。

（3）爆发型变态人格，表现为冲动性极强，激惹性很高，经常对一些微小的消极刺激做出极不相称的过激反应，陷于暴怒和冲动之中，进而实施暴力和破坏行为，或伤人或毁物。

（4）怪癖型变态人格，表现为某种病理性的欲望，经常采用一些法理难容的手段来满足其欲望，极易构成犯罪。比较典型的表现为纵火癖和盗窃癖。纵火癖和盗窃癖并不完全追求行为结果，其目标是从纵火和盗窃的行为过程中获得乐趣。这是纵火癖和盗窃癖同一般的纵火者和盗窃者的不同之处。杀人狂也属于怪癖型病态人格，其以杀人为乐趣，从杀人过程中获得快感，是最恶劣的怪癖。杀人狂和一般的杀人犯之间的最大区别在于一般杀人具有因果关系、动机明确，杀人狂实施杀人行为则没有因果关系。

（5）性变态人格，性变态是一种特殊的人格变态，表现为性欲的对象和满足性欲的方式与一般人不同，经常用一些异于常理的方式获得性欲的满足。常见的性变态有同性恋、色情狂、露阴癖、恋物癖、施虐狂、易装癖等。

2. 心境障碍。心境障碍是以心境显著而持久的高涨或低落为基本特征，伴有相应的思维和行为改变，并反复发作，间歇期完全缓解，症状较慢者达不到精神病程度的精神障碍。本病发作可表现为躁狂或抑郁，也有躁郁双相障碍。其显著特征是，它的发作常常伴有相应的认知和行为改变，原本功能良好的人在几周其至几天时间内便可陷入绝望或达到躁狂的顶峰；发作期过后，求助者的功能恢复正常或接近于正常，但以后还可能再次发作，往往有复发迹象。

（1）躁狂症犯罪。躁狂症以情感高涨或易激惹为主要临床症状，伴随着精力旺盛、言语增多、活动增多，严重时伴有幻觉、妄想、紧张等精神病性症状。躁狂发作时间需持续一周以上，一般呈发作性病程，每次发作后进入精神状态正常的间歇缓解期，大多数病人有反复发作倾向。

在躁狂症求助者的犯罪中，以财产犯罪、纵火、伤害等类型为主。

（2）重度抑郁症犯罪。重度抑郁症的症状包括持续两周以上的极度抑郁状态，并伴随弥漫性精神和躯体活动速度减慢，忧郁、绝望、无价值感，其至还有自杀的念头，悲伤与自责是最明显的情绪症状。最常见的情况是，抑郁症求助者的症状在早上会比较严重，随着时间的推移会稍微有所缓和。

抑郁症求助者的违法犯罪行为通常为杀人、伤害等暴力型犯罪，盗窃、抢劫等物欲型犯罪以及纵火等破坏型犯罪，其中又以暴力型犯罪为主。

（3）双相障碍犯罪。双相障也被称为躁郁症，是一种常见的精神障碍，它的特点是发作时行为出现两极交替，如本来极其喜悦、高度亢奋、注意力分散（躁狂），转眼又对所有活动都不感兴趣，或者情绪低落（抑郁），双相障碍的个体，在明显的心境发作期间，有极端而强烈的情绪状态，这些不同于日常生活中正常的心境起落。双相障碍症状可破坏关系，带来职业或学业问题，甚至可能导致自杀，有这些障碍的个体可能感到失控，或被他们极端的心境和行为所控制。

3. 精神障碍又称精神异常，是指由各种原因所导致的大脑机能活动紊乱引起的认知、情感、意志和行为等活动障碍，其最明显的特点是不能适应正常的社会生活，表现为相当程度的"疯"，被认为是临床疾病。常见并容易导致违法犯罪行为的精神异常主要有以下几种类型：

（1）精神分裂症，这是最常见的精神障碍，表现为认知、情感、语言、行为混乱不统一，没有规律、不合逻辑，生活不能自理，需要接受病理治疗。犯罪行为多由妄想产生，妄想中尤以被迫害妄想最为常见，犯罪人幻听、幻视自己正在被迫害，往往采取先发制人的攻击方式进行防御。常见的犯罪行为有杀人、伤害、破坏、纵火、强奸、侵财等。

（2）躁狂抑郁性精神异常，这是一种以认知和情感障碍为主的精神障碍，表现为躁狂或抑郁状态，具有周期性发作的特点。患者在间歇期心理反应正常，周围人一般不把其评价为病人，犯罪行为发生频率低于其他精神障碍者。躁狂症表现为情绪高涨、活动性强，易兴奋，总愿意把自己置于忙碌之中，自我评价高，常自命不凡、胆大妄为，激惹性高，易发生欺诈、伤害、强奸、破坏、侵财等犯罪行为；抑郁症表现为情绪低落、寡欢绝望，敌意性强，自罪自责，常坦白交代一些无中生有的"罪行"，有些则由于过分绝望而自杀，部分自杀者甚至在自杀前先杀死自己的亲属，形成所谓的"扩大性自杀"。

（3）反应性精神异常，又称心因性精神异常，是由强烈或持久的刺激所引起的精神异常，发病时和精神分裂症相似，表现为认知、情感、语言、行为混乱无序，并伴有幻听、幻视，易发生暴力性犯罪行为。引起反应性精神异常的原因多是一些突发性的对立意向冲突或持久性的消极刺激，如失恋、亲人死亡、遭遇爆炸等。有些乘坐火车的乘客突发精神障碍即属于反应性精神异常，原因是持久性的消极刺激。

（4）癫痫，又称"羊癫疯"，是一种脑电异常活动所引起的大脑功能失调，大多发病突然，短时又自行平息，常反复发作。发作时患者意识模糊、情感混乱、思维和记忆停滞，甚至抽搐和昏迷，清醒后紧张不安，易激怒，常引起攻击性暴虐行为，如伤害、杀人、破坏、放火等；间歇期患者认知正常，能正确认识与评价自己的行为，但仍有一定的精神障碍，常伴有妄想、抑郁、恐惧、焦躁等情绪，激惹性高，并伴有智能障碍和个性改变，攻击性倾向明显，常发生严重残酷的危害行为，如杀人、强奸、伤害、毁物、纵火等侵犯性行为。个性改变具有两极性：一方面，易激惹、凶狠残忍，以自我为中心，极端自私自利，好猜疑，记仇报复而又不计后果，常为区区小事造成骇人听闻的惨案；另一方面，又表现为循规蹈矩，过分客气殷勤，温存恭顺，喜欢奉承。发作时无刑事责任能力，间歇期应有部分刑事责任能力。

（四）犯罪心理预防干预

1. 犯罪心理的预测。犯罪行为的发生需要具备犯罪心理和犯罪境遇两大要素，其中犯罪心理的形成有一定的过程和规律，而犯罪境遇会受到自然及社会因素的制约，因此，预测犯罪行为的发生和犯罪心理的形成就具有可能性。犯罪心理的预测是犯罪心理理论与实践研究中重要的组成部分，是预防犯罪心理的前提条件。在犯罪心理预测中常见对犯罪人人格的测评研究。对犯罪人心理、精神、人格方面的测评，可以为犯罪预防提供判断依据。以往的犯罪心理研究体系中的犯罪心理预测，主要是对重新犯罪的个体进行心理预测。

2. 犯罪心理的预防。犯罪心理的预防属于广义的犯罪心理研究范畴，鉴于研究犯罪心理规律的最终目的是为了控制犯罪，我们把犯罪心理的预防纳入了本教材内容体系。犯罪心理的预测从某种角度而言也是犯罪心理的一个环节。对犯罪心理的预防，既有在犯罪没有发生即加以预防的前置预防，又有在犯罪出现以后进行打击惩罚的再犯预防。预防犯罪的最佳方案是把犯罪控制和消灭在萌芽状态。对犯罪心理的科学预测，是有效预防的前提。对有犯罪经历的个体进行再犯罪预防，还涉及犯罪心理矫治手段。犯罪心理的预防是通过对犯罪人心理及形成过程、相关的社会条件、个体生理因素的分析，对潜在犯罪人未来一个时期的犯罪进行心理预测，并通过控制客观条件，改善犯罪人的主体因素，从而有效地预防犯罪。

3. 犯罪心理的侦查。任何一名犯罪人在作案之后，都会留下犯罪的心理痕迹，为侦破案件提供线索。侦查人员在犯罪现场的勘查中既要重视对物证的提取也要重视心理痕迹。对犯罪心理的侦查包括现场勘查心理、审讯心理以及测谎技术等。犯罪心理研究可以运用心理描绘技术（psychological profiling）对犯罪嫌疑人进行心理痕迹剖析与画像。在甄别犯罪嫌疑人时，可以运用心理测谎技术进行检验。在对犯罪嫌疑人进行讯问时，还可以利用心理的技术和原理，帮助他们恢复记忆，重建犯罪现场。

（五）犯罪心理矫治

预防和矫治，是综合治理犯罪的两个轮子，缺一不可。犯罪心理矫治包含诊断、咨询和治疗的三个阶段。犯罪嫌疑人由于其个性特征、心理素质、作案手段、认知意识水平、出身经历的不同而产生不同犯罪心理。因此，司法实践必须根据其不同的犯罪心理状态，因人制宜，采取相应的矫治措施。

1. 常见犯罪心理。

（1）恐惧心理。恐惧心理是犯罪嫌疑人在可怕情景影响下产生的一种十分紧张的情绪反应。其主要表现有三：一是生理异常。当犯罪嫌疑人第一次被拘禁时，其心理会失去平衡或精神恍惚，表现为两眼发呆，疑神疑鬼，坐卧不宁或全心战栗，极端恐惧，血压增高，甚至大小便失禁等。二是语言反常。审讯时，犯罪嫌疑人语言闪烁或语无伦次，所答非所问，甚至说一些让人费解的话，或抱头不语，或时而痛哭。三是精神反常。犯罪嫌疑人被抓获后，会惊慌失措，思绪万千，不食不眠。产生这种心理的人多系青少年犯和偶犯、从犯或胁从犯。对于这类犯罪嫌疑人，只要运用正确的方式方法，极易攻破其心理防线。

（2）悔恨心理。悔恨心理是犯罪嫌疑人对过去的一种自责的情绪反应。其主要表现：被拘禁后，犯罪嫌疑人时而对天长叹，或默默无语，时而顿足撞脑，或悲痛欲绝。产生这种心理的人，多数属于初犯和共同犯罪中的从犯以及过失犯罪者，尤其是一些涉世不深、思想偏颇、行为放任的青少年。在犯罪嫌疑人被拘禁并冷静下来之后，其会如梦初醒，悔恨莫及。

（3）防御心理。防御心理是犯罪嫌疑人受到某些消极心理因素的影响，形成的不切实际的固执的心理偏见，是在认识特定对象时的一种心理状态。其主要表现为：在审讯中，犯罪嫌疑人自知有罪，但不肯主动交代；对办案人员的言语行动特别警觉和戒备，致使办案难度大。产生这种心理的人多属国家工作人员，特别是政法内部人员的违法犯罪人。这类人本身懂法，有一定的反侦查能力。在提讯中，往往以"记不清、没看见、不知道"为由来软抵硬抗。这类人的心理复杂多变、疑虑甚多。对于出现这类心理的人，只有采取深入调研、外围取证的方法，通过强有力的证据证实其犯罪，才能促其就范。

（4）抗拒心理。产生抗拒心理的人，多系共同犯罪中的主犯，以及惯犯、累犯中"二进宫""三进宫"的犯罪人等，其主要表现为：

第一，自认为作案手段高明或攻守同盟似若铁板一块，不会被人发现，在提讯中对罪行矢口否认，拒不认罪，或避重就轻，察言观色，思谋对策，老奸巨猾。

第二，自认为有一套所谓的对策，可以胡编乱造，转移目标，嫁祸于人，以假乱真，混淆是非。

第三，个别罪大恶极者在绝望中谋求生存，经常采取假揭发，假喊冤的手段，妄图减轻罪行。

第四，个别自认为在社会上关系网密、保护层厚，甚至有一定身份的犯罪嫌疑人，这类人外表高傲狂妄，出口狂言，暗地里拉关系、设防线，声称"内外一个样，有朝一日再算账"。

第五，一些贪污受贿等职务犯罪嫌疑人信奉"金钱万能论"，企图用金钱疏通关系，打开脱身的缺口。因此，这类人经常在司法工作人员面前假献殷勤、投其所好、许愿承诺等，企图拉拢、腐蚀司法工作人员。

第六，追求"哥们义气"，大包大揽。这类人将所有或者主要罪行独自揽起，在实践中，这种讲义气逞英雄者有之，舍车马保将帅者有之，时供时推者亦有之。

第七，顽固到底。产生这种心理的人多系重刑犯，其认为交代与否都是死路一条，因此往往采取软硬兼施的套路，敢于以身试法、一死了之。

2. 罪犯心理矫治。罪犯心理矫治是促使罪犯的心理和行为发生积极变化的心理咨询、心理治疗、行为矫正等活动的总称，又被称为"罪犯心理干预""矫正治疗""改造干预""矫正咨询与治疗"等。

第二节　犯罪心理分析方法

犯罪心理分析是一种实证分析，强调尊重实验、尊重观察、尊重客观事实的经验分析。收集和获得相关研究所需要的资料，是研究取得成功的关键。具体方法有通用分析方法和特殊分析方法。

一、通用分析方法

（一）案例分析法

案例分析法是选择典型的各类犯罪心理案例进行分析，从中发现犯罪人犯罪心理形成、发展和变化规律的方法。这是一种从具体到抽象、从分析到综合、从特殊到一般的研究方法。

运用案例分析时要注意两点：一是选择的案例要典型，具有代表性；二是要选择一定数量的案例，才能作出有价值的推论或提出假说。

案例分析法的优点在于，个案分析可以全面、系统、深入地研究个体的心理行为特征，并能提供个体心理变化的动态方面的见解，对于内部问题的诊断和纠正有所帮助。

案例分析法的缺点在于，用案例分析法归纳出来的结论常常缺乏普遍性，在对资料进行分析时，需要考虑资料提供者与个体的关系，认真地对资料加以甄别，以便得到较为准确的诊断结果。另外，案例分析法是一种以个案为对象的研究方法，在进行个案分析时，需要采用其他多种方法才能收集到所需的各种资料。例如，在收集有关犯罪人个人史的资料时，就需要用到会谈法或观察法。这些方法需要投入大量的人力、物力和时间，这对分析者来讲，是一个限制因素。

（二）调查法

调查法是指分析犯罪心理特点和规律时通过各种途径，广泛收集有关犯罪人的资料，如犯罪人的家庭、学校、邻里环境、交往范围、同龄群体、文化程度、个人经历、职业特点、经济收入、爱好兴趣、个性特征、身体状况，以及犯罪手段、时间、过程、性质、危害程度、现场状况、自然环境、季节时间等，并加以整理、归类、分析的方法。调查法能够发现是哪些因素的综合作用，使犯罪人形成了反社会人格并产生犯罪心理。调查法所采取的具体方式多种多样，如问卷、访谈询问、开座谈会等。调查的范围可大可小，可以是个案调查，可以是抽样调查，也可以是普查；其中大面积的调查一般采用问卷进行抽样调查。在犯罪心理研究中，常用的调查方法有问卷法、访谈法。

1. 问卷法。问卷法是采用书面问答的形式来收集犯罪心理特征和行为表现资料的方法。就问卷法的整个研究过程来说，问卷的设计、问题的选择、问卷法的实施以及问卷结果的处理和分析等都要按照一定的原则和要求来进行。运用问卷法进行研究要注意以下几个问题：①指导语要简洁诚恳，清晰明了；②问卷内容应生动有趣，题目用语要避免流露研究者的期待，题目不宜太多，回答方式应简明扼要；③问卷一般应进行信度和效度的检验，以保证其科学性。

问卷法的优点在于简便易行，可在较短时间内收集较多的资料，研究结果的处理更为方便，适合进行大规模的研究。其局限性在于，难以保证问卷的回收率和填写问卷的质量，很难对复杂问题进行深入的探索和研究，灵活性较差，且对被试者的文化水平有较高的要求。

2. 访谈法。访谈法是研究者通过与犯罪人，犯罪人的家属、亲友，办案人员等进行口头交谈的方式来收集研究资料的方法，可以分为结构访谈和非结构访谈。结构访谈是研究者依据有一定结构的问卷进行的比较正式的访谈。在结构访谈中，对选择访谈对象的标准和方法、访谈中提出的问题、提问的方式和顺序、被访谈者回答的方式、访谈记录的方式等都有统一的要求。非结构访谈只按照一个粗线条式的访谈提纲进行访谈，对访谈对象的条件、所要询问的问题等只有一个粗略的基本要求，研究者围绕访谈的主题，灵活地展开询问和交谈。

在犯罪心理研究中，访谈法是很重要的一种研究手段。有经验的研究者可以收集到很多用其他方法无法得到的资料，便于对犯罪人犯罪心理发展变化的情况作深入细致的分析。但是，这种方法费时、费力、费财，所得资料也难以进行统计处理和定量分析，结果的准确性、可靠性在很大程度上受研究者素质的影响。

（三）观察法

观察法是犯罪心理分析的一种最基本的方法。它是分析者通过感官或借助于一定的科学仪器，有目的、有计划地直接考察和描述犯罪人的各种行为表现来收集资料的一种方法。

观察法的依据是人的心理活动必然与人的行为相联系。犯罪人的心理尽管隐蔽，但总要通过其言语、表情（面部表情、身段表情、言语表情等）以及行为动作表现出来，研究者可以通过观察收集到大量的行为材料，对这些材料进行分析，就可以了解犯罪人的心理特点。

随着科学技术的发展，观察法吸取了情报学、控制论、系统论等现代科学理念，采用录像、录音、摄影、电子计算机等现代技术手段，观察技术不断提高，从而使观察法收集的资料比较客观、全面而准确。但是，由于观察材料的质量在很大程度上受观察者本人的能力水平、心理因素的影响，主观性相对较强，并且观察法只能了解某些心理活动的外部表现，所以观察法应当综合其他研究方法加以运用。

根据观察地点的不同，可以将观察法分为实验观察法和自然观察法。前者是指在备有各种观察设施的实验室内对被干预和控制的被试的观察。后者是指在日常生活情境中对未被干预和控制的对象的观察，如在日常的监管环境中对犯罪行为的观察。

根据观察过程中观察者所扮演的角色，可以分为非参与观察和参与观察。在非参与观察中，观察者处在被观察群体之外，完全不参与其活动，尽可能不对被观察群体或环境产生影响。在一项研究的初期，可以采用这种观察方法了解最基本的情况，以发现问题的焦点或提出研究的假设。参与观察就是研究者深入其所研究对象的生活背景中，实际参与研究对象的日常生活，在日常生活过程中进行的观察。例如，研究者假扮犯罪人深入客观环境中对犯罪人的人际互动情况进行观察；研究者带着问题到实地去寻求资料和"理论性的解答"。

使用观察法时应该注意以下几点：其一，研究者在观察前要有明确的目的和计划；其二，观察过程中的记录要详细、准确与客观，尽量避免掺杂观察者自己的希望与偏见；其三，对于同一类行为，要尽可能做多次重复观察，尽量减少偶然因素的影响。

观察法的优点是能对被观察者在自然条件下的行为进行直接的了解，获得的材料真实可靠。在研究对象不配合的情况下，访谈法、问卷法的实施有很大困难时，可采用观察法收集资料。

观察法的局限性在于：由于观察性研究适用于正在发生和进行中的社会现象，所以对犯罪心理的观察研究就有很大的局限性。犯罪的隐蔽性，使研究人员无法事先确定观察对象，而犯罪行为对社会的危害性，使研究人员即使恰好遇见犯罪分子正在实施犯罪行为，也不可能进行从容的观察而任其危害社会。不过，犯罪的观察性研究在某些情况下是可能的，例如在国外，有的研究者混入街头犯罪团伙，并成为其中一员，与他们一起活动，对他们的行为方式、人际关系、团伙文化进行观察性研究。观察法的局限性具体包括：①研究者处于被动地位，只能被动地等待所需现象的出现，因此在观察时可能出现不需要研究的现象，而要研究的现象却没有出现；②在自然情境中，影响某种心理活动的因素是多方面的，因此用观察法得到的结果，不易作量化处理，难以进行精确的分析；③观察者本人的能力水平、知识经验、兴趣、愿望以及观察技能对观察资料的质量有较大的影响。在同样的条件下，不同的观察者所收集到的资料可能差别很大。

（四）定量分析法

1. 数据统计分析法。数据统计分析法即利用现存信息源进行数据统计分析。犯罪心理研究并不一定通过上述方法获得新资料，因为有些资料是现成的，只要注意收集、整理、分析即可。通过查阅出版的或未出版的材料，如政府公布的犯罪统计、媒体关于典型案例的报道、侦查记录、法院庭审记录、监管部门或公安机关所积累的材料、文艺作品、犯罪人的口述及日记，以及其他犯罪心理研究者撰写的调查报告、学术论文等，都可以从中获取大量有用的现成资料。只要把这些分散的现存信息数据，按照研究目的加以收集、整理，重新组合统计分析，就能获得新的发现。

2. 实验法。实验法是犯罪心理研究的最主要的定量分析方法。实验法是在控制的条件下对某种心理现象进行观察，从而揭示人的心理与其他变量之间的因果关系。实验法拥有其他研究方法所无法做到的对变量之间因果关系的控制。

实验中包含着一系列变化的因素，称为变量。由实验者操纵变化的变量称为自变量。例如，在"人像辨认中反馈对目击证人辨认信心的影响"的实验中，实验者在目击证人辨认犯罪嫌疑人后，采用三种反馈的方式，即正反馈、负反馈和无反馈。在这个实验中，"反馈"就是自变量。因变量是由自变量而引起的某种特定反应。在上述实验中，通过不同的反馈方式导致目击证人辨认信心发生变化，目击证人的辨认信心就是因变量。在实验中，实验者系统地操纵自变量，客观地观察和测量因变量，考察它们之间的因果关系。因此，实验法不但能揭示问题"是什么"，而且能进一步探求问题的根源，即"为什么"。实验中还有一类变量叫作无关变量，是实验时要尽可能控制的变量。

实验法可分为实验室实验和现场实验。实验室实验是在实验条件的严密控制下借助专门的实验仪器所进行的实验，如用测谎仪研究犯罪嫌疑人供词的可靠性。现场实验是在实际生活情境中对实验条件作适当控制所进行的实验，如在正常的羁押环境中对犯罪人进行"分类管理"，观察对犯罪人进行犯罪心理矫正的效果的实验。实验法的优点是研究者可以通过对变量的控制和操纵，引起被试心理行为的变化，主动地获得其所需要的研究资料，科学性较强，并且能揭示心理现象之间的因果关系。其局限性在于研究的外部效度差，难以将结论推广到日常生活情境中。

对犯罪人进行实验研究，在国外已有先例，如美国的米尔格拉姆为揭示团伙犯罪现象进行过惩罚实验。但是这种实验基于伦理与人道主义的原因，常常会受到社会的抨击。另外，多数犯罪人也不愿意配合研究者的实验研究。因此，犯罪心理具有难以实验性的特点。不过，实验法对犯罪心理的矫治是大有用武之地的，另外，测谎技术也已被运用到公安机关刑事侦查活动中，成为对犯罪嫌疑人讯问的一种辅助手段。

3. 心理测验法。心理测验法是指使用标准化测验量表来测量犯罪人心理特点的方法。如运用中国罪犯心理测试个性分测验（Chinese Offender Psychological Assessment-Personality Inventory，COPA-PI）对服刑犯罪人的个性进行测量。

心理测验必须具有信度和效度，这是标准化测验的基本要求。信度（reliability）是判断心理测验是否可靠和稳定的指标。效度（validity）是反映测验有效程度的指标，即测验是否较好地测量到了所要测量的心理品质。有效度的测验常常也有信度，但有信度的测验不一定有效度。运用标准化量表测量心理特征时应注意以下方面：选用的测量工具应适合于研究目的的需要；主持测验的人应具备进行测验的基本条件，如口齿清楚、了解测验的实验程序、能够严格按测验手册上规定的实施程序进行测验等；严格按照测量手册上规定的方法记分和处理结果；对测验分数的解释应有一定的依据，不能随意解释；使用观察法、调查法和测验法收集到的资料，可以用来发现两个（或多个）变量之间的相关程度，但不能确定它们之间是否存在因果关系。要确定变量之间的因果关系，必须借助于实验法。

4. 使用量化分析方法的注意事项。

（1）量化统计与个案研究相结合。量化统计反映了某个犯罪心理研究问题的概貌、趋势及其大体趋势，个案研究则体现了研究的深入，对某些具有典型意义的样本和对象进行深入地挖掘，洞察其犯罪心理，探索其隐秘和发展变化的心理机制。

（2）定量研究与定性研究相结合。定性研究是一种容易被忽视的心理研究方法。它主张从被研究者的角度出发，描述和分析人类及其群体的文化和行为，采用灵活而可重复的研究策略，强调对研究的社会背景做出全面而整体的理解。与认为定性研究不对资料作量化处理的传统概念不同，20世纪80年代以来，对定性研究搜集的资料同样可以作量化处理，实现两者的结合。

（3）分析综合与思维探索相结合。数理分析可以帮助研究者对事物（研究对象的心理）的量有一个大体了解，但要深入发现心理活动的内部机制，需要研究者根据现有材料和数据，进行创造性地思考，提出大胆的假设，并与研究对象共同探索其心理活动的内部规律，实现分析综合与归纳演绎之间的有机结合。

（4）过程研究与事后研究相结合。过程研究是心理学的常用方法，跟随行为过程进行研究设计并开展量化研究。但是，犯罪心理研究领域无法、也不适合跟随犯罪过程进行同步研究，往往要等待犯罪过程结束后才能对当事人进行访问，开展事后研究。事后研究多为个案研究，难以进行实验设计和量化统计，需要采取谈话、反省、观察、生活史调查，以及自由联想、精神分析等方法进行研究。

（5）实证检验与实践检验相结合。实证检验是心理研究最常用的方法，其特点是设计一定场景和条件进行实验研究，或者通过数据处理进行实证检验。但是，由于种种原因，实证检验的实践往往遇到困难或者不可能继续进行，那就需要根据搜集到的翔实资料作大胆的假设或推论，探索其规律。至于这种假设或推论是否成立，则需要通过在小范围进行试验研究（试点），或采取模拟（自然）实验、社会实践以及与同类事物对比验证的方法中得到检验，予以证实或证伪。实践检验的周期一般较长，往往需要事先进行一定的设计才能保证研究结果的真实性和科学性。

二、特殊分析方法

（一）心理画像法

心理画像法，亦称"犯罪心理画像"，是在侦查阶段根据已掌握的情况对犯罪嫌疑人进行相关的行为、动机、心理过程以及人员心理特点等分析，进而通过文字形成对犯罪嫌疑人的人物形象及活动迹象的描述方法。它通过对作案人遗留的反映其特定犯罪心理的各种表象或信息的分析，来刻画作案人犯罪心理进而服务于侦查工作。

犯罪心理画像其实是一个动态的侦查过程。它应该贯穿于全部侦查过程中，不能与其他侦查措施相分离，并且随着案件的终结才能最后结束。

犯罪心理画像的基本理论包括犯罪心理画像技术指标体系与个案侦查中犯罪心理画像的一般步骤、方法和要求两个方面，加强个案侦查中犯罪心理画像实践是发展和完善犯罪心理画像基本理论的关键。犯罪心理画像是四种技术的联合体，即刑事侦查、法医鉴定法、心理评估和文化人类学的应用。其一般程序是将犯罪现场和法医鉴定的信息，以及关于犯罪行为和被害人的有限的细节信息送到心理画像专家那里，再由他们反馈出关于犯罪人的报告。

犯罪心理画像最初起源于美国联邦调查局（以下简称 FBI）。20 世纪 70 年代，他们成立了行为科学部，创立了一种被称为犯罪现场分析（crime scene analysis）的犯罪心理画像技术。犯罪心理画像有三种主要的方法：一是 FBI 的犯罪现场分析的方法，注重现场的各种特征，将现场的特征和受害人的详细报告输入特征数据库中进行画像。这个数据库是1979 年 FBI 行为科学部在对 36 名系列杀人犯和强奸犯进行访谈的基础上建立并发展起来的。二是英国 Canter 建立的调查心理学的方法，注重犯罪现场的行为特征所反映的心理学意义。该方法认为犯罪行为必然反映犯罪人的日常生活行为，因而提出了犯罪的一贯性假设，并且把这个假设运用到犯罪心理画像的两个领域：人际关系的一致性和空间的一致性。三是诊断评估的方法，它是基于临床的实践经验而形成的。犯罪心理画像主要适用于系列案件，如系列杀人、系列抢劫、系列盗窃、系列的伤害案件等。它也适用于具有典型特征的普通案件。据国外相关的研究，犯罪心理画像也有多种称谓：犯罪人画像（Offender Profiling）、心理画像（Psychological Profiling）、犯罪人格画像（Criminal Personality Profiling）、行为画像（Behavior Profiling）、犯罪现场画像（Crime Scene Profiling）和犯罪侦查分析（Criminal Investigative Analysis）等。

（二）心理讯问法

心理讯问法是运用心理学原理，对犯罪嫌疑人采取心理控制手段，观察犯罪嫌疑人在侦查讯问中的心理活动，以判断其供诉真实性的方法。常用的心理学讯问法主要包括联想反应讯问法、复述讯问法、自由交谈讯问法、填词和空词讯问法及自由联想讯问法。通过阐述不同的心理讯问法对犯罪心理痕迹的具体收集过程，说明如何运用心理学讯问法收集犯罪心理痕迹。

第一种心理学讯问法是联想反应讯问法，这种方法是根据刺激反应原理，通过观察讯问对象在侦查讯问中的心理活动，透视犯罪嫌疑人的犯罪心理，进而辨别犯罪嫌疑人供述真实性的心理学讯问法。具体做法是由专业人员依据案件情况编写两类刺激语句，一种是与案件无关的"中性语句"，另一种是与案件有关的"非中性语句"。侦查讯问人员通过比较被讯问者对"非中性语句"的联想反应差别，收集分析侦查犯罪嫌疑人对案件的知情程度和心理活动状态，判断其供述是否真实，从而对无罪者和有罪者作出甄别。第二种心理学讯问法是复述讯问法，这种方法是运用联想和暗示相结合的原理，辨别犯罪嫌疑人供述真实性的心理学讯问法。具体做法是由专业人员结合具体案件编造一个类似的故事，变更其中的一些名称和细节，向犯罪嫌疑人讲述，然后让犯罪嫌疑人立即将故事复述或按照这个故事的内容回答所提出的问题。一般来讲，无辜者因心理坦然，基本能够将故事复述出来。而犯罪嫌疑人在畏罪心理、悔罪心理、拒供心理和抗供心理的支配下，则会出现两种情况：一种情况是因情绪过度紧张，复述不出来；另一种情况是虽然能复述出故事的内容，但在复述过程中，会下意识地将犯罪动机、犯罪目的、犯罪时间、犯罪地点、犯罪手段、犯罪情节和犯罪后果穿插到故事中去，或有意回避与犯罪事实相类似的内容，从而折射出其犯罪心理活动轨迹。第三种心理学讯问法是自由交谈讯问法，这种方法主要是利用犯罪嫌疑人被采取强制措施后迫切需要与他人交往的心理，围绕与案件有关或无关的话题，与犯罪嫌疑人进行自由交谈。通过交谈，不仅可以从中获取关于犯罪嫌疑人的家庭背景、人际关系和个性特征等情况，而且由于犯罪嫌疑人在交谈中心理相对比较放松，警惕性下降，可能会在无意中暴露出某些破绽，使侦查讯问人获取大量的犯罪心理痕迹信息。第四种心理学讯问法是填词和空词讯问法，这种方法主要是借助某些材料，根据犯罪嫌疑人填词或空词的情况，考察其对犯罪事实的熟悉程度。其中，填词讯问法是在侦查讯问中，让犯罪嫌疑人尽快在与案件相似的文章空白处填写关键词，并告知其要评定分数。如果犯罪嫌疑人无法准确填写关键词，说明其不熟悉犯罪事实，可以被排除嫌疑；如果犯罪嫌疑人填得快速而准确，说明其熟悉犯罪事实，是犯罪的真正实施者。

（三）前摄策略法

前摄策略法是依据心理学中关于先前材料的记忆会对后续材料的记忆产生干扰作用的前摄抑制原理，对正在作案的犯罪嫌疑人的心理活动轨迹进行动态分析，根据收集到的犯罪心理痕迹，对罪犯施加心理干预，从而阻止其犯罪得逞的方法。利用前摄策略法收集犯罪心理痕迹的主要做法是，侦查人员在同罪犯的较量中，必须对犯罪嫌疑人的心理进行动态分析，及时收集各种犯罪心理信息，准确预测案情发展的进程，以便向犯罪人发动心理攻势，先发制人，立于不败之地。前摄策略法一般用于作案时间较长的预谋案件中，如绑架案件比其他案件的作案时间长、环节多，包括预谋策划、选择对象、掌握对象、实施绑架、藏匿人质、与受害人家属或事主联系等环节，在以勒索财物为目的的绑架案件中还包括勒索赎金、收取赎金和释放人质等几个阶段。因此，在绑架人质案件中，利用前摄策略法收集犯罪心理痕迹比较有效。

（四）心理催眠法

心理催眠法指经过心理训练的催眠专业人员，运用不断重复的、单调的言语或动作等对催眠者的感官进行刺激，诱使目击证人、被害人和知情人的意识状态渐渐进入潜意识状态的技术，旨在帮助他们恢复记忆，尽可能全面客观地重建犯罪现场和收集犯罪人的个性特征，陈述与犯罪有关的全部事实真相的方法。

催眠在侦查破案中的作用主要表现在以下几个方面：其一，正移情催眠在收集犯罪心理痕迹中的作用。根据催眠理论，受催眠者接受催眠后，潜意识中会产生一种投射于催眠师的正移情现象，对催眠师有强烈的依恋感，离开催眠师就会产生空虚和不安，把催眠师当作偶像或权威来崇拜，表现出对催眠师言听计从的现象。其二，催眠内省法在收集犯罪心理痕迹中的作用。催眠内省法是指让犯罪嫌疑人在身心放松的情况下回忆其存储在记忆中的信息，在侦查讯问中，经验丰富的讯问人员不断动员犯罪嫌疑人倾诉自己的问题、思想活动和感受，帮助犯罪嫌疑人缓解心理压力，并澄清主要问题，通过相互间诚恳的公开对话，使犯罪嫌疑人克服恐惧和孤独感，解除自己内心的矛盾冲突，防御机制减弱，把自己所经历的所有事情复述出来。其三，催眠加深法在收集犯罪心理痕迹中的作用。催眠加深法是指在侦查讯问中，犯罪嫌疑人经初步催眠进入浅催眠状态后，讯问人员为了瓦解其心理防线、深挖余罪，增强催眠暗示性效应，诱使催眠达到深度状态，使催眠状态进一步加深，使犯罪嫌疑人能不加批判地接受、执行讯问人员的指令，遵照提出的观点和行为模式进入角色并加以体验，以达到克服其原有不切实际、顽抗到底的观点和不良行为，巩固其建立坦白从宽的思想观点和行为模式，直到弄清所有犯罪情节。

（五）多参量心理测试法

多参量心理测试法是运用现代心理学、神经生理学、生物电子学等基本原理以及研究成果，利用测试器对被试者的脉搏、血管容积、呼吸及皮肤电阻等多项生理指标加以描记，从而提取人体情绪生理变化参数来测试其心理痕迹的技术。这种技术在司法实践中已被用来作为判断被试者与案情相关与否的一种现代化侦查讯问辅助手段，当这种方法应用于犯罪调查中时，我们将这种方法叫作心理测谎法，即测试技术。

测谎技术被运用于刑事司法领域已有相当长的历史，作为侦查讯问的辅助心理方法，其对各类案件的侦破工作都具有一定的成效，主要表现在以下五个方面：其一，可以筛选出重点嫌疑对象，缩小侦查范围。其二，可以给犯罪嫌疑人造成一定的心理压力，突破犯罪嫌疑人的心理防线。其三，可以鉴别供词或证词真伪，解决口供与证据、口供与口供之间的矛盾。其四，可以深挖犯罪，侦破系列案件。其五，可以印证、支持、加固现有证据体系的可信度和证明力，从而使侦查人员审讯突破犯罪嫌疑人的信心更加坚定。

总之，犯罪心理特殊的心理分析方法主要包括个性肖像描述法、心理催眠法、心理讯问法、前摄策略法和多道心理测谎法。美国联邦调查局行为科学部利用这些方法，破获了数百起变态杀人强奸案件，但目前这些方法在我国刑事侦查领域的应用时间较短，有待于进一步在侦查实践部门中推广应用。

技能训练

训练一

训练目的：个性肖像描述法

训练材料：布鲁塞尔博士的 13 点推理

1940 年 11 月 16 日，人们在纽约爱迪生公司大楼的一个窗户边发现了一包没有爆炸的炸弹。炸弹包旁边有一张手写的字条，上写着："爱迪生公司的骗子们，这是为你们准备的。F.P（签名）"。

炸弹包上没有留下任何指纹，炸弹也没有炸。此后五年里，纽约的报社、旅店和百货商店也纷纷收到类似的纸条。1950 年圣诞节前夕，《先驱论坛报》收到一封莫名其妙的匿名信。信是从韦斯特切斯特发出的，内容是由手写的大写字母写成的，用的是一张普通信纸：我是一个病人，而且正因为这个病而怨恨爱迪生公司，该公司会后悔他们的卑劣罪行的。不久后，我还要把炸弹放在剧院的座位上。谨此通告。F.P（签名）"。

此后，F.P变本加厉，到1955年，他在一年中放置了52枚炸弹，其中30枚发生爆炸，造成多人受伤、死亡。公众感到严重不安，称F.P为"炸弹狂"。

纽约警察局束手无策，侦探长霍华德带了案件的全部卷宗：一些炸弹的碎片、F.P的信、几张炸弹的照片去向心理学家詹姆斯·布鲁塞尔博士求教。布鲁塞尔花了4个小时的时间对案件作了如下推断：

1. 罪犯是男性。因为以前制造并放置炸弹的人都是男性，无一例外。

2. 罪犯年龄在50~60岁之间。F.P认为爱迪生公司害其生病，渐渐地认为整个世界都同他过不去，人一旦为这种思想所纠缠，就变成了"偏执狂"。而据心理学家分析，偏执狂有潜伏期，在一个时期内病势发展缓慢，但是一过35岁就变得一发不可收拾。罪犯放置炸弹已经有16年了，所以其年龄应在50岁以上。

3. 爱迪生公司曾对罪犯有过不适当的处置。偏执狂都很爱护自己，在行动时都认为这是在自卫。他们从不承认自己有缺点，而把遇到的麻烦归于别人，尤其是某个大组织。

4. 罪犯受过良好的中等教育。从清秀的字体能够看出这一点。

5. 罪犯不胖不瘦，中等身材，体格匀称。有心理学家证明，人类的体格、个性对任何精神疾病的发展都有关系。其中85%的偏执狂具有运动员的身材。

6. 罪犯工作一丝不苟，属于模范职员。从其清秀的字体和干净的信纸能够推断，他的工作态度一定不错。

7. 罪犯不具有纯粹的美国血统。"卑劣罪行"用得不够"美国味"。他还把爱迪生公司写成"Society Edison"，而不是美国人常用的"Consolidated Edison"的缩写"Cons. ED"。

8. 罪犯是斯拉夫人。世界各国都有对仇敌采取报复措施的现象，但是地中海沿岸的人多用匕首，斯堪的那维亚人多用绞索，斯拉夫人多用炸弹。

9. 罪犯信仰天主教，并定时上教堂。斯拉夫人大都信仰天主教，所以罪犯也应该信仰天主教，并定期上教堂，因为规律性活动是他的习惯之一。

10. 罪犯居住在布里奇波特区（位于纽约和韦斯特斯特之间的斯拉夫人聚居区）。匿名恐吓信不是在纽约就是在韦斯特斯特投寄，因此罪犯的住所可能在两地之间。布里奇波特是两地间最集中的斯拉夫人居住地。

11. 罪犯必然受过一定程度的心理创伤，有恋母情结并憎恨父亲。男孩子在幼年时会由于恋母情结而憎恨父亲，偏执狂一定会这样。罪犯经常反抗父亲，并一直那样生活。他反抗父亲的权威转变为反抗社会的权威，这就是他到处放置炸弹的原因。

12. 罪犯是独身，没有女友或男友，与年长的女性亲属共同生活。由于幼年失去母爱，所以他非常痛苦，在以后的生活中，也没有人给他爱情和友谊，他的心理创伤一直没有愈合。因此他独身，没有女友或男友，可能连女性也从未吻过；他和年长的女性亲属共同生活，这可以使他想起母亲，得到慰藉。

13. 罪犯衣着整齐、风度翩翩。一个偏执狂病人在衣着或举止上，都不愿意落在水准之下，因此他是个衣着整齐、风度翩翩的人。

14. 罪犯居住在一个单独的院落中。制造炸弹必须有一个设备很好的工作室，一个既不会妨碍邻居也不会被人发现的隐蔽所在。

15. 罪犯身患心血管疾病。他一再声称自己是病人，可能患癌症、肺结核或心血管疾病。而如果他患癌症的话，活16年的可能性很小；患肺结核的话，他应该已经治愈了，所以他患的是心血管疾病。

最后，博士称此人被抓捕时，必身穿双排扣上装（当时的一种普通样式上装），纽扣扣得整整齐齐。因为该罪犯对新样式的衣服比较犹豫，所以会穿着最普通的款式的衣服。

不久，爱迪生公司在彻查档案时，发现了一个叫乔治·梅特斯基的人。他原是爱迪生公司的职员，1931年9月因公受伤，得到了公司的工伤补贴。几个月后，公司在裁减人员时将他除名。1934年1月，他自称患了肺结核，申请终身残疾津贴，但未能如愿。

爱迪生公司的报告认为：梅特斯基工作出色，一丝不苟，手脚麻利，遵守纪律，与人和善，品行优良，属于模范职员。

档案里提到的其他重要情况还有：梅特斯基生于1904年，在1931年正好27岁。照此推算，1940年他36岁，1957年他53岁。他是波兰裔，罗马天主教徒，家住在康涅狄格州（布里奇波特区即在此州）。经进一步的秘密调查得知：梅特斯基未婚，和两个姐姐住在一栋独院住宅里，父母双亡；他身高1.75米，体重75公斤，没有前科。他的邻居们评价说：他家是个和睦之家，他对人总是彬彬有礼，但很少与人来往。

当警察来到了梅特斯基家，出现在他们面前的是一个身穿褪色睡衣，戴金丝边眼镜，体格匀称的男人。经过一个多小时的询问，梅特斯基终于哑口无言。他把警察带到一个整理得井井有条的房间——他制造炸弹的房间。当警察要带他走时，他进卧室换身衣服。随后，他将头发梳得光亮，脚上皮鞋擦得雪亮，身穿有双排纽扣的蓝色细条纹西服，上装的3粒纽扣也扣得整整齐齐。

训练二

训练目的：量化分析研究

训练材料：FBI犯罪心理测试题；纸笔

步骤方法：要求被试根据项目的内容，把答案写在纸上，以了解被试的心理活动。

报告要求：根据测试结果，判断被试心理变态及其变态程度。

下面的这些犯罪心理测试题，是由美国FBI的心理专家编写的，可以很正确地测定一个人的心理状态。这些题目没有所谓的正确答案，只要你认为正确就是答案，没有对错。如果被试真的答中了那个"标准答案"，那被试有90%的可能是心理变态，这时候被试应该考虑要不要去看心理医生了。

第一题：企鹅肉

一个男科学家回忆：他和他的女朋友去南极考察，但是他于中途患上雪盲症，什么都看不到。他们在南极游荡，最后只能靠生吃企鹅来维持生命。但是他的女朋友还是没有挺住，死了。他一个人继续走了一天，终于被救了回去。多年后，他特意去企鹅店吃企鹅，但是回来后竟然自杀了。为什么？

第二题：跳火车

一个人坐火车去临镇看病，看完之后病全好了。在回来的路上，火车经过一个隧道，这个人突然跳车自杀了。为什么？

第三题：水草

有个男孩跟他女友去河边散步。突然他的女友掉进河里了，那个男孩就急忙跳到水里去找，但是没找到他的女友，他伤心地离开了这里。过了几年，他故地重游，这时看到有个老人在钓鱼，可那老人钓上来的鱼身上没有水草，他就问那老人为什么鱼的身上没有沾到一点水草，那老人说：这河从没有长过水草。说到这时，那男孩突然跳到水里自杀了。为什么？

第四题：葬礼的故事

有母女三人，母亲死了，姐妹俩去参加葬礼。妹妹在葬礼上遇见了一个很帅气的男子，并对他一见倾心。回到家后，妹妹把姐姐杀了。为什么？

第五题：半根火柴

有一个人在沙漠中，头朝下死了，身边散落着几个行李箱子，而这个人手里紧抓着半个火柴。这个人是怎么死的？

第六题：满地木屑

马戏团里有两个侏儒，瞎子侏儒比另一个侏儒矮。马戏团只需要一个侏儒，马戏团的侏儒当然是越矮越好了。两个侏儒决定比谁的个子矮，个子高的就去自杀。可是，在约定比个子的前一天，瞎子侏儒，也就是那个矮的侏儒已经在家里自杀死了，地上残留着许多碎木屑。他为什么自杀？

第七题：夜半敲门

一个人住在山顶的小屋里，半夜听见有敲门的，他打开门却没有人，于是去睡了。等了一会又有敲门声，去开门，还是没人，如是几次。第二天，有人在山脚下发现死尸一具，警察来把山顶的那人带走了。为什么？

第八题：牛吃草

有一个年轻的男人，他的房子和邻居夫妇的房子中间隔着一片草坪。有一天深夜，男人被隔壁的吵架声吵醒，之后他又听到了摔东西声、砍刀子声和牛吃草的声音。过了一会，他又听到了有人撞他家门的声音，但他都没有理会，又睡了过去。第二天，他发现隔壁的女主人惨死在他家门口。推理其过程。

第九题：过山车

有一对恋人去游乐园玩，女孩想玩过山车，可男孩有点怕没敢玩。女孩玩了一次后还想玩，这次她强拉着男孩和她一起玩，结果只有她一个人下来了。请推理这个男孩是怎么死的。

第十题：报纸

晴天时一个男人在一个很高的建筑物下面看报纸，他看到一条消息后突然跑到建筑物顶层，打开灯，然后跳下去自杀了。为什么？

第十一题：雨夜广播

雨夜，一个男人在车里面听广播。然后，突然一个闪电，随后打雷。由于闪电的干扰，广播停了几秒钟，然后那个男子自杀了。为什么？

第十二题：睡美人

从前，有一个被巫师施了魔咒的美丽公主，被关在城堡里长眠不醒。据说只有王子的深情一吻能吻醒公主。后来，一位很帅的王子攻占了城堡并救出了公主。可是，他吻醒了公主后就被公主给杀了，为什么？

第十三题：两个军官

在某次战争中，杀人无数的两个军官，被困在了荒野里。他们孤苦无助，快被恐惧和绝望逼疯了，偏偏其中一位没挺过去，先死了。另一位陷入更大的绝望中，他将自己的战友埋了后，精神已经接近崩溃。更可怕的是：第二天的早上，当他醒来时，发现死去的战友竟然正坐在他的身旁，用同样绝望的眼睛盯着他，怎么回事？后来发生了什么？

1. 心理严重变态答：男孩以前曾和女友一起去北极考察，因为没东西吃，女孩把自己的肉一片片割给男孩吃，骗他说是企鹅肉，结果男孩活下来了，女孩却饿死了。多年后男孩吃到了真正的企鹅肉，终于明白当时女孩的苦心，伤心之下，自杀徇情。

2. 心理变态答：此人原是瞎子，病好后终于重见光明，当火车经过隧道时一片黑暗，他以为自己又瞎了，绝望之下，自杀而亡。

3. 心理变态答：男孩当时曾抓到女孩的头发，以为是水草，错失了救女孩的机会，后悔莫及。

4. 心理极度变态答：因为她想再参加一次葬礼，再见到那个男的。

5. 心理变态答：他和伙伴一起乘热气球，途中出了故障，必须减轻分量，于是大家抽签决定由谁做出牺牲，跳下热气球。此人不幸抽中不祥的半根火柴，连同行李一起被人扔下热气球。

6. 心理变态答：另一个侏儒半夜溜到矮侏儒家，把所有家具的脚都削短了，瞎子矮侏儒早上起床，摸到所有的东西都变矮了，以为是自己长高了，绝望之下自杀身亡。

7. 心理变态答：有人身负重伤，好不容易爬到小屋门口，主人开门，又把他撞下去了，再爬，再开，又被撞下，如此反复，该终于气绝身亡。

8. 心理严重变态答：夫妻吵架，丈夫用斧头砍断妻子四肢，然后妻子用嘴咬着地上的草爬行——爬到"我"家门口并用头撞门求救！最后自然是失血过多死亡。

9. 心理变态答：是因为女的个子比较矮，男的个子比较高。在第二次过山车的时候，钢丝把男孩的头割下来了，而钢丝是第一次玩的时候女孩装在隧道里的。

10. 心理变态答：他看的报纸是说有轮船失事了，而原因就是灯塔的灯没开导致轮船出事，而他就是灯塔管理人。于是他很内疚，为了避免更多的事故发生，他就去开了灯，然后以死来弥补之前犯下的过错。

11. 心理变态答：他以为自己聋了。

12. 心理变态答：睡美人发现自己已经老了而王子却这么年轻，怕他变心。

13. 心理严重变态答：一个军官会梦游，晚上梦游时总是把那具尸体挖出来，结果自己吓了一跳，以为碰上鬼了。他就朝那具尸体开枪，结果没效果，最后自己自杀了。

这些犯罪心理测试题目根本就不是判断一个人的IQ，而是判断一个人是不是心理变态，不同的人会有不同的答案。如果你的心理正常——你几乎想不到所谓的"标准答案"。

其中葬礼故事用以测试极度变态，企鹅故事用以测试严重变态，其他题目是用以测试中度和轻度变态。如果被试答中了轻度和中度测试题的答案，还算是比较正常的，因为经常看一些推理和变态杀手的电影应该可以推理出来。比如企鹅肉这个题目，被试第一时间想不出任何合适答案，这就表示被试是一个正常人，变态的人才会往吃女朋友肉的方面去想。对正常人的人来说，这个题目根本就无解。想不到变态答案不是证明你智商低下，而是说明你是个正常人。

参考文献

1. ［美］考特·R. 巴特尔、安妮·M. 巴特尔：《犯罪心理学》，王毅译，上海人民出版社2018年版。

2. 梅传强主编：《犯罪心理学》，法律出版社2010年版。

3. 罗大华主编：《犯罪心理学》，中国政法大学出版社2007年版。

4. 熊云武编著：《犯罪心理学》，北京大学出版社2007年版。

5. 王锐编著：《新编犯罪行为心理学》，中国人民公安大学出版社2010年版。

6. 张明主编：《走向歧途的心灵——犯罪心理学》，科学出版社2004年版。

7. 林少菊主编：《犯罪心理学》，中国人民公安大学出版社2008年版。

8. 刘邦惠主编：《犯罪心理学》，科学出版社2009年版。

9. ［美］考特·R. 巴特尔、安妮·M. 巴特尔：《犯罪心理学》，杨波、李林等译，中国轻工业出版社2017年版。

10. 张保平、李世虎编著：《犯罪心理学》，中国人民公安大学出版社2006年版。

11. 魏建馨、张学林：《犯罪心理学》，南开大学出版社2003年版。

12. 张理义主编：《青少年犯罪心理》，人民卫生出版社2009年版。

13. 栗克元、吕瑞萍主编：《犯罪心理学》，郑州大学出版社2009年版。

14. 刘邦惠主编：《犯罪心理学》，科学出版社2004年版。

15. 张晓真编著：《犯罪心理学》，中国政法大学出版社2008年版。

16. 邵晓顺：《犯罪与罪犯统计研究》，中国法制出版社2004年版。

17. 梅传强主编：《犯罪心理学》，中国法制出版社2007年版。

18. ［美］哈根：《犯罪行为研究方法》，刘莘侠、罗震雷、黄婧等译，中国轻工业出版社2009年版。

19. 严圭、吴宁主编：《犯罪心理学阅读材料》，中国林业出版社 2005 年版。

20. ［英］马吉尔：《解读心理学与犯罪：透视理论与实践》，张广宇等译，中国人民公安大学出版社 2009 年版。

21. ［美］卡特考斯基等《青少年犯罪行为分析与矫治》，叶希善等译，中国轻工业出版社 2009 年版。

22. ［美］特维：《犯罪心理画像：行为证据分析入门》，李玫瑾等译，中国人民公安大学出版社 2005 年版。

23. ［英］古德琼森：《审讯和供述心理学手册》，乐国安、李安等译，中国轻工业出版社 2008 年版。

24. 胡杰：《歧路人生：犯罪心理专家评大案》，群众出版社 2006 年版。

25. ［日］浜田寿美男：《自白的心理学》，片成男译，中国轻工业出版社 2006 年版。

26. 李玫瑾：《犯罪心理研究——在犯罪防控中的作用》，中国人民公安大学出版社 2010 年版。

27. 刘建清：《犯罪动机与人格》，中国政法大学出版社 2009 年版。

The sky is blue, the sun is shining, and yet you forget that everywhere there is evil under the sun.

——Evil Under the Sun

"这里天空湛蓝，阳光照耀。可是别忘了，在太阳底下，也有邪恶的事。"

——《阳光下的罪恶》台词

第 二 章

犯罪学关于犯罪心理的理论

经典案例

马某案[1]

2004 年 2 月 23 日，云南某大学发现 4 名大学生在宿舍内被杀，经公安机关侦查，认定作案人系该校生化学院生物技术专业 2000 级学生马某。公安部于同年 2 月 24 日发出 A 级通缉令，3 月 1 日又向社会公开发布了悬赏 20 万元的通缉令。3 月 15 日晚，海南省三亚市公安机关将马某抓获。据供述，2004 年 2 月上旬，马某在昆明市云南大学学生公寓与其同学在打牌过程中发生冲突。2004 年 2 月 13 日至 15 日，马某采取"用铁锤打击头部致颅脑损伤死亡"的同一犯罪手段，将 4 位同学逐一杀害，并把 4 具尸体藏匿于宿舍衣柜内。作案后，马某潜逃到海南三亚。据悉，马某杀人的直接原因是打牌时那些同学诬蔑他作弊，而平时他也常受到同学们的嘲笑。仅仅因遭到"诬蔑"和"嘲笑"而实施杀人行为，实属罕见。2004 年 6 月 17 日，马某被执行死刑。

经典视频

《阳光下的罪恶》（Evil Under the Sun）这是一部由盖伊·汉弥尔顿（Guy Hamilton）导演的英国风味浓厚的推理片，取材于阿加莎·克里斯蒂（Agatha Christie）的同名小说。1982 年摄制于西班牙马略卡岛的《阳光下的罪恶》和《尼罗河上的惨案》有很多相似之处：同样是发生在风光如画的旅游胜地的谋杀案，死者同样是一位美艳动人的女郎，而她又同样树敌多多，同样地卷入了一场三角恋爱……甚至连凶手……

《阳光下的罪恶》讲述了一个发生在孤岛上的故事，这座孤岛上的豪华旅馆中住着 10 位住客，他们各自心怀鬼胎。其中一个女子突然被杀，比利时名侦探波洛在细心分析下终

---

〔1〕 李玫瑾：《犯罪心理研究——在犯罪防控中的作用》，中国人民公安大学出版社 2010 年版，第 138~145 页。

于查出真凶。

侦探波洛在解决"尼罗河惨案"之后，来到莱瑟库姆湾旁的小岛上度假。小岛以海滨浴场和美丽的海岛风情著称，因此也算是个度假胜地，每年的6月到9月，到小岛来旅游的游客络绎不绝，这一年也是如此。游客们都住在岛上唯一的旅馆——快乐罗杰旅馆中，每天他们按照自己的规律过着舒坦的度假生活，时而去海边游泳，时而坐在海滩的躺椅上闲谈或看书，日子过得很平静。但是就在看似平静的表面下，暗涌正在不停地翻滚。

暗涌的始作俑者是一个叫阿伦娜·马歇尔的女人，她的美艳外表吸引了许多人的目光，更是令许多在场的男士为之倾倒。可是阿伦娜已经名花有主了，她是马歇尔上尉的妻子。阿伦娜是一个水性杨花的女人，到了岛上之后，很快就勾搭上了年轻英俊的有妇之夫——帕特里克·雷恩福德。两人的关系暧昧，在大庭广众之下卿卿我我，这就免不了旁人的纷纷议论。在大家看来，阿伦娜是个十恶不赦的荡妇，而帕特里克则是个可怜的被欲望俘虏的小伙子。这便是这些天以来游客们津津乐道的话题，同时也是惨剧发生的导火索。

在一个雨过天晴、万里无云的日子里，阿伦娜被人掐死在海滩上。于是波洛开始协助警方进行调查，在调查过程中，他搜集到了许多线索和证据，但是同时也有一个看似无法逾越的障碍——住在旅馆的每个人都有不在场证明，这样一来就把警方的注意力转移到了外来人身上，而波洛却觉得事有蹊跷。从杀人动机来看，马歇尔上尉和雷恩福德夫人比较容易杀人。因为阿伦娜生性放荡，在外面也经常偷情，对此马歇尔上尉"应该"十分厌恶阿伦娜；而雷恩福德夫人对自己丈夫和阿伦娜私混也"应该"表示出愤恨。但是不在场证明却把他们包裹在一层安全膜下，波洛对此感到很伤脑筋。

证据和线索像一块块拼图被波洛放入他们的位置里，而波洛要做的就是打破这个不在场证明的谜阵，但是当他惊奇地发现真相之后，原来一切并没有大家想得那么简单。杀死阿伦娜的凶手竟然是他们最亲近的人。

原理与技能

刑事古典学派分析犯罪的理论

刑事人类学派分析犯罪的理论

刑事社会学派分析犯罪的理论

犯罪学是以犯罪现象、犯罪原因以及犯罪预防为分析对象的一门综合性刑事法学。犯罪学从宏观角度透视犯罪这一社会现象，综合地分析犯罪的原因，并提出犯罪预防的对策。总体上说，犯罪学是对犯罪现象的宏观把握，是分析犯罪现象的综合性学科。犯罪心理分析主要分析实施犯罪行为的主体——犯罪人其犯罪心理的形成、变化规律及对其进行干预矫治的举措，是从不同角度对犯罪现象进行分析。现代犯罪学十分重视对犯罪成因论中的个体因素的探讨，犯罪心理的分析不仅可为其提供丰富的资料，而且还可提供不同的分析手段和方法，从而更有深度地探讨犯罪现象，从而更有针对性地提出犯罪对策。

以犯罪作为分析对象的犯罪学形成于19世纪末的欧洲，但事实上，从犯罪学萌芽到犯罪学形成，经历了一个多世纪的漫长过程。在犯罪学形成发展的过程中，不同的阶段曾出现过不同的学派观点。在这些学派观点中，对犯罪心理学的形成产生过重大影响的是刑事古典学派、刑事人类学派与刑事社会学派。

第一节　刑事古典学派理论

一、刑事古典学派代表人物

18 世纪后期至 19 世纪初期，作为新的经济模式和社会形态的资本主义方兴未艾，人类征服自然和改造社会所取得的巨大成就，使得人们相信人类能力是极大的，甚至是无限的，因此，这一时期的学术研究崇尚思辨。犯罪古典学派的代表人物有意大利学者贝卡利亚、法国思想家查理·路易·孟德斯鸠、英国思想家边沁、德国刑法学家费尔巴哈、德国著名哲学家康德和黑格尔等。该学派研究的逻辑起点是人类生而皆有自由和理性，人之行为遵循趋利避害的原则。该学派认为，"追求快乐和避免痛苦的动机"是犯罪原因，犯罪行为是人类进行理智思考之后自由选择的结果。关于犯罪对策问题，该学派重视刑罚的作用。心理强制论的代表费尔巴哈和部分论者认为刑罚是预防犯罪和威慑的手段；道德报应主义的代表康德、法律报应主义的代表黑格尔和部分论者主张刑罚是对犯罪的报应，是正义的单纯实现。

（一）贝卡利亚及其《论犯罪与刑罚》

贝卡利亚在 1764 年出版了《论犯罪与刑罚》一书，使人们对犯罪与刑罚的认识产生了根本性变革，该书篇幅不长，却影响深远。在该书中，贝卡利亚批判了残酷的旧的刑事制度，控诉和揭露了旧的刑事制度本质的蒙昧主义。贝卡利亚赞同卢梭的社会契约论思想，并追随孟德斯鸠等启蒙思想家，他把启蒙运动所倡导的理性主义和自由主义引入刑事法学领域。他运用功利主义和人性论等哲学观点指出了犯罪与刑罚的基本特征，并提出了至今广为现代刑法制度推崇的刑法三大原则：罪刑法定原则、罪刑相适应原则、刑罚人道化原则。他还强调适用刑罚时应具有的确定性、及时性和宽和性。贝卡利亚还呼吁废除刑讯逼供和死刑，实行无罪推定。

《论犯罪与刑罚》一书除"致读者外"共四十二节，书中系统地阐述了贝卡利亚的刑法思想，内容广泛，包括刑罚权的根据，犯罪的概念、分类，刑罚的目的、种类，适用刑罚的原则，刑罚的确定性、必定性、及时性，预防犯罪，以及刑事诉讼中的反对逼供、诱供等。

1. 贝卡利亚思想的基础——功利主义。贝卡利亚的思想基础是功利主义。贝卡利亚的思想基本上全部基于功利主义，继而从唯物主义感觉论出发，通过人的意识的支持行为，从各个方面诠释其犯罪与刑罚的思想。那么，什么是功利主义思想呢？

从功利主义的历史来看，功利主义先后经历了行为功利主义和规则功利主义两个发展阶段。所谓行为功利主义，就是一个行为当且仅当行为者所可能采取的其他行为的效益都不高于该行为时，才是正确的。简而言之，就是一个行为没有更高效益的替代行为。所谓效益，或者说一个行为的效益，是指该行为之后的结果产生的所有快乐值的和减去所有的痛苦值的和。简言之，效益就是快乐值减去痛苦值后的结果。惩罚上的行为功利主义强调惩罚的结果，即快乐值高于痛苦值。在法律惩罚上，边沁是行为功利主义的代表人物。

所谓规则功利主义，是对行为功利主义的一种修正。其基本主张是，个别行为当且仅当正确的道德规则是这样要求的，并且规则所产生的效益至少要与其他规则所产生的利益一样多时，才是正确的。在法律惩罚上，罗尔斯是行为功利主义的代表人物。

就法律理论而言，无论是行为功利主义还是规则功利主义，其共同的基本主张是，法律应当促进作为整体的社会的善。根据功利主义的道德理论，评判行为或者制度的终极道德原则是功利原则。功利原则可以这样表达：一个人的行为应当总是促进最大多数人的最大幸福。这种功利原则既适用于个人行为，也适用于政治法律制度的建构。功利主义的道德理论给惩罚的正当性提供了理论依据。功利主义直截了当地认为，一个惩罚行为之所以是正当的，仅仅只是因为比之不行为或其他行为，这个行为的结果是好的或者是更好的。也就是说，一个惩罚行为是正当的，是因为这个行为可以使预期利益最大化。功利主义着眼于对社会总体利益的保护，是指惩罚给社会所带来的善的总和将大于惩罚给社会带来的恶。

可以说，在贝卡利亚的《论犯罪与刑罚》一书中，到处都弥漫着这样一种思想，在贝卡利亚对刑罚目的的描述中尤为明显。贝卡利亚认为："刑法的目的既不是要摧残一个感知者，也不是要消除已犯下的罪行。""刑罚的目的仅仅在于：组织罪犯不再来重新侵害公民，并规诫其他人不要重蹈覆辙。"[1] 贝卡利亚还指出，只要刑罚所带来的恶大于益，刑罚就可以受其效果。基于此，他对报应主义采取了完全拒绝的态度。

2. 贝卡利亚思想的基本内容。

（1）有关犯罪。贝卡利亚在论述"什么是犯罪"时，我们可以发现，犯罪是一种在特定环境下趋利避害的选择。贝卡利亚从唯物主义的感觉论出发，认为人的意志是受物质生活支配的，必须要遵守社会和自然的发展规律，同时也就说明人的意志是受社会经济因素决定的。他写道："促使我们追求安乐的力量类似重心里，它仅仅受限于它所受到的阻力。"[2] 实际上，贝卡利亚并不是简单地以意志自由论来回避对犯罪原因的探讨，相反，他从机械唯物主义的立场出发，说明各种政治、经济、社会因素和条件与犯罪之间的联系。虽然贝卡利亚没有在他的《论犯罪与刑罚》中设立专章探讨这一问题，但如果把分散在各章中的论述集中起来，人们可以发现这其中的思想精髓。

关于犯罪的分类，贝卡利亚认为，衡量犯罪的唯一标尺只能是该行为的社会危害性。结合他对犯重罪的定义，贝卡利亚实际上就在告诉我们关于犯罪的分类。在《论犯罪与刑

---

〔1〕 ［意］贝卡利亚：《论犯罪与刑罚》，黄风译，中国法律出版社 2002 年版，第 53~54 页。
〔2〕 ［意］贝卡利亚：《论犯罪与刑罚》，黄风译，北京大学出版社 2013 年版，第 429 页。

罚》一书中，他在第八章中专门论述了对于犯罪的具体分类。

贝卡利亚认为，在犯罪的阶梯中，位于最高阶梯的犯罪是直接毁灭社会的行为，也就是说，第一种犯罪行为应该是对整个社会安全造成威胁的行为。这种犯罪行为，社会危害性是最大的，诸如叛逆罪等。那么，对应于它巨大的危害性，对它的惩罚手段也应比其他行为更为严厉。

第二种就是侵犯私人安全的犯罪。贝卡利亚认为，"一切合理社会都把包围私人安全作为首要宗旨，所以，对于侵犯每个公民所获得的安全权力行为，不能不处以某种引人注目的刑罚。"

可见，贝卡利亚将犯罪分为两种：一是侵犯整个社会安全利益的犯罪，二是侵犯个人安全的犯罪。但是，在论述前一种行为的严重社会危害性时，他并没有忽视后者行为的社会危害性。他同样认为，侵犯公民安全和自由的行为是最严重的犯罪行为之一。而且，这不仅包括一般人犯下的谋杀、盗窃等行为，也包括统治者犯下的类似罪行。不论是何等级的人犯了此种罪行，都应当受到惩罚。这一思想和我国古代"天子犯法与庶民同罪"的思想似乎有异曲同工之妙。可喜的是，贝卡利亚并没有陷入当时封建社会黑暗统治的思想枷锁，他的思想是民主的、进步的。

（2）有关刑罚的思考。关于刑罚的来源和目的，贝卡利亚认为：任何雄辩，任何说教，任何不那么卓越的真理，都不能阻碍长久的约束的物质所诱发的欲望。

在长久的契约社会的发展过程中，我们需要一些手段可以长久地、有力地制约人们的行为，保护社会的安全，保护个人安全和自由。而贝卡利亚认为：刑法就是这一天生的手段。刑罚的目的在于"组织罪犯不再重新侵害公民，并规试其他人不要重蹈覆辙。"[1]

关于刑罚的基本原则，贝卡利亚主张罪刑法定，他批判封建社会中的罪刑擅断主义。他主张罪刑主要从立法、司法、法律解释、法律用语四个主要方面来严格遵从法律的规定。首先，在立法上，他主张"只有法律才能规定犯罪与刑罚。只有代表根据社会契约而联合起来的整个社会的立法者才拥有这一权威"。[2] 除了被授权的立法者外，任何人不应擅自创设和变更法律的规定。其次，在司法中，应严格区分立法和司法，由专门的司法者和司法官员来针对具体事实作出客观公正的裁判，并且司法者对另一社会成员所科处的刑法必须在法律规定的范围之内，否则就是非正义的。再次，在法律解释上，公民得到的应该是持久稳定的法律解释，应当追求同案同判，相同案件得到的判决不应因为法庭的更换而千差万别。因此，法官应当摒弃自由解释，而通过研究法律规定，遵从法定的逻辑来判定公民的行为是否符合法律规定。最后，在制定法典时，法律用语应当明确，法律条文应当清晰，并且要公之于众，为人民所知。

贝卡利亚主张的另一个原则是罪刑相均衡。他的观点是："犯罪对公共利益的危害越大，促使人们对犯罪的力量越强，制止犯罪的手段就应该越强有力。这就需要刑罚与犯罪

---

〔1〕〔意〕贝卡利亚：《论犯罪与刑罚》，黄风译，北京大学出版社 2013 年版，第 429 页。
〔2〕〔意〕贝卡利亚：《论犯罪与刑罚》，黄风译，北京大学出版社 2013 年版，第 10 页。

相对称。"〔1〕因为刑罚一方面是为了保证公共秩序，另一方面又不能剥夺公民更多的自由，所以需要确定刑罚量，而刑罚量的大小应与所犯的罪刑轻重相对应。贝卡利亚也因此将一系列犯罪行为进行划分，并按等级排列来主张罪行对称。具体来说，它包含三个含义。首先，刑罚的轻重应与犯罪行为的社会危害性大小相对应。按照犯罪的阶梯去寻找相应刑罚的阶梯。其次，特定的刑罚种类也应当对应特定的犯罪行为。刑罚体系下的不同刑种，应当根据犯罪人所剥夺的利益来设置。最后，在实施刑罚的方式上应当与犯罪相对应。他认为〔2〕"刑罚不但应该从强度上与犯罪相对称，也应从实施刑罚的方式上与犯罪相对称"。并且认为应当"公开惩罚那些容易打动人心的较轻的犯罪的刑罚，则具有这样一种作用，它在阻止人们进行较轻犯罪的同时，更使他们不可能进行重大的犯罪"。

（3）关于对于死刑的思考。贝卡利亚主张废除死刑。他认为死刑可以被其他刑种替代，比如终身监禁。而且在他看来，终身监禁会比死刑产生更好的社会效果。他认为："对人类心灵发生较大影响的，不是刑罚的强烈性，而是刑罚的延续性。处死罪犯的场面尽管可怕，但只是暂时的，如果把罪犯变成劳役犯，让他用自己的劳苦来补偿他所侵犯的社会，那么，这种丧失自由的监禁则是长久的和痛苦的，这乃是制止犯罪的最强有力的手段。"〔3〕他认为终身监禁可以提醒人们，如果自己犯了这种过错，将陷入极为漫长而绝望的苦难中。但是贝卡利亚的见解也受到了另一些学者的批评。比如美国学者欧内斯特·温·丹·哈格指出，对于人们而言，不可挽回的恐惧和终身奴役的恐惧间，往往前者更具有震慑力。

此外，贝卡利亚认为，国家的职权之一就是保护公民人身安全，保护他们的生命不受威胁，但是国家通过死刑杀死自己的国民，这是矛盾的。

贝卡利亚以其资产阶级立场，首次提出了废除死刑的主张，影响了整个西方，由此引发了一场持续200多年并至今尚无定论的死刑存废问题的争论，直接导致了西方废除死刑运动。贝卡利亚从死刑违背社会契约、死刑不是预防犯罪的最有效方法等五个方面论述了废除死刑的必要性。继贝卡利亚之后，边沁从功利主义出发，分析了死刑的利弊，也极力倡导废除死刑。200多年以来，越来越多的国家和地区加入到废除死刑的行列。除日本和美国外，西方主要资本主义国家都全面或部分废除了死刑。在当今全球230多个国家和地区中，已有130多个国家和地区废除了死刑。

贝卡利亚的思想流传至今并起着重大影响。犯罪预防思想、死刑废除及刑罚的人道主义、罪刑法定、罪刑均衡等原则，直至今天，依旧是我们刑法领域不可或缺的宝贵思想财富。

（二）孟德斯鸠及其《论法的精神》《波斯人信札》

法国思想家查理·路易·孟德斯鸠的主要论著是《论法的精神》《波斯人信札》。其

---

〔1〕［意］贝卡利亚：《论犯罪与刑罚》，黄风译，中国法制出版社2002年版，第17页。
〔2〕［意］贝卡利亚：《论犯罪与刑罚》，黄风译，中国法制出版社2002年版，第71、79页。
〔3〕［意］贝卡利亚：《论犯罪与刑罚》，黄风译，北京大学出版社2013年版，第66页。

中《论法的精神》除一短序外，分6卷31章。

第1卷（第1~8章）着重论述了法律的定义、法律和政体的关系、政体的种类以及它们各自的原则。

第2卷（第9~13章）论述了自由的概念、法律自由与政体的关系，尤其是通过"分析说"深刻地揭示了以上关系。他将国家政体的权力归结为立法权、行政权和司法权三种。同时以英格兰实行"三权分立"的经验以及罗马等国家行使三种权力的教训为依据，从正反两方面深刻地论述了三种权力之间相互依存、相互制约，不可相互代替的关系。

第3卷（第14~19章）主要阐述作者关于法律与地域、气候的关系的观点。孟德斯鸠认为人的性格、嗜好、心理、生理特点的形成与人所处的环境或气候有密切的关系。因此，不同环境的民族有其不同的精神风貌和性格特点。

第4卷（第20~23章）阐述了法律与贸易、货币与人口的关系。孟德斯鸠认为贸易的发展应当有章可循、有法可依，只有这样，贸易活动才能为人类社会创造出更多的财富。孟德斯鸠力求倡导建立适合于各类贸易活动的法律法规。他从货币的性质出发，着重论述了货币在贸易活动中所扮演的角色和所起的作用，强调货币的发行和兑换应受国家机器的控制，并遵循贸易市场的客观需求。他从立法的角度着重论述了"天赋人权"的重要性，并详细阐述了各阶层的人们的社会地位。

第5卷（第24~26章）详细论述了基督教、天主教、耶稣新教和伊斯兰教各自的特点和各自相应的国家政体，并从古代的一些宗教派别的发展过程出发，阐述了宗教对国家尤其是对国家的统治者的重要性。同时，在该卷中较为详细地论述了民事法规与宗教法规从内容到实施的不同之处。

第6卷（第27~31章）着重对欧洲各国法律的起源、人物和事件进行了深入细致的探讨和研究，并对建立这些法律的理论根据、历史渊源、人物和事件进行了考证和甄别。

《波斯人信札》是18世纪法国著名的启蒙思想家孟德斯鸠的唯一一部文学作品。本书的主人公郁斯贝克是一位波斯贵族，他在法国旅游期间，不断与朋友通信，靠跟众多女人的信件来往进行意淫，以非凡的能力在脑子里去疼爱、去憎恨、去杀人。小说通过郁斯贝克在巴黎的所见所闻，以令人着迷的笔力描绘了18世纪初巴黎现实生活的画卷。小说中所描绘的流血、肉欲和死亡情节使人百读不厌，黑白阉奴与后房被囚妻妾的对话，身处异国他乡的主人的绵绵情话使人常读常新。《波斯人信札》"写得令人难以置信的大胆"，是启蒙运动时期第一部重要的文学作品，开创了理性批判的先河。

（三）边沁及其《道德与立法原理》

杰里米·边沁（Jeremy Bentham，1748~1832），英国哲学家、法学家、社会改革家，是现代功利主义哲学之父。边沁通过阅读洛克、孟德斯鸠、休谟等人著作，形成了更为远大的知识追求，即"改革法律的本质和改革法律的形式"，而不是按照父母的期望进入法律行业。边沁的著作较多，主要的有《政府片论》（1770年）、《道德与立法原理导论》（1789年）、《司法证据原理》（1827年）、《宪法法典》（1830年）等。其犯罪学理论主要体现在《道德与立法原理》中。

边沁提出了对近现代犯罪学与刑罚学影响颇深的功利主义理论，他认为人的本性或人类的基本规律是"避苦求乐"。人类好利恶害、避苦求乐的"幸福计算"，支配着人类的一切思想和行为，人生的目的就是求乐。从"幸福计算"的角度来看，由于人的本性是求乐的，因而人类的行为受到两种基本动力的驱使，一是对快乐的追求，二是对痛苦的避免。人类一切行为的原动力正在于此，而人的犯罪行为同样是在追求快乐和避免痛苦的力量驱使下作出选择的结果。在刑罚理论方面，边沁主要关注刑罚权及刑罚的适用等问题，他认为刑罚权的产生和存在是基于社会利益或社会必要，犯罪是侵害共同体中大多数人的最大幸福及共同最大利益的行为，因此国家有权对犯罪实施惩罚。

1. 功利主义原理。趋利避害，也即是人的两种基本动力："追求快乐和避免痛苦"。"自然将人类置于两个至高无上的主宰——痛苦与快乐——的统治下。只有它们两者才能够指出我们应该做什么，以及决定我们将要怎么做。"[1] 快乐和痛苦都是可以计算的。功利主义原则就是追求最大多数人的最大幸福，这也是立法的根本目的，制定法律就是要"增进"。

2. 犯罪原因。犯罪行为是人类追求快乐和避免痛苦产生的结果。犯罪的发生往往是由于驱使犯罪的动机大于制止犯罪的动机。"获得快乐的期望或免受痛苦的期望构成动机或诱惑，获得快乐或避免痛苦就构成了犯罪的利益。"[2]

3. 预防犯罪。

（1）通过良好的立法预防犯罪。

（2）通过恰当的刑罚预防犯罪（刑罚产生的痛苦大于犯罪带来的好处）。

（3）通过完善警察制度预防犯罪：预防性警察力量。

（4）使用多种制裁预防：身体、政治、道德、民众、宗教。

4. 刑罚理论。

（1）刑罚以处分坏事为出发点，社会对犯罪必须予以处罚。

（2）惩罚的严厉程度与犯罪之间的比例关系，应当尽量考虑到影响刑罚感受性的情况，包括必然性、及时性、等级性。量刑轻重的准则是使处罚所带来的痛苦必须超过犯罪所得到的利益，同时应尽可能地超过犯罪所造成的后果。

（3）刑罚本身是一种"恶"。

二、刑事古典学派主要理论观点

古典学派研究的逻辑起点是人类生而皆有自由和理性，人的行为遵循趋利避害的原则。该学派认为，"追求快乐和避免痛苦的动机"是犯罪原因，犯罪行为是人类理智思考之后自由选择的结果。

---

〔1〕［英］边沁：《道德与立法原理导论》，时殷弘译，商务印书馆 2000 年版，第 97~98 页。

〔2〕［英］边沁：《立法原理》，李贵方等译，中国公安大学出版社 2004 年版，第 44 页。

（一）古典学派的基本原则

1. 享乐原则。认为人类是为了追求快乐而行动的，快乐与痛苦或者奖赏与惩罚是影响人类作出选择的主要决定因素。

2. 理性原则。认为人类有自由意志，人类的行为是自己选择的结果。

3. 惩罚原则。认为惩罚行为对违法行为有威慑力，进行威慑是处以刑罚的最正当的理由。

4. 人权原则。社会是通过人们之间的合作产生的，社会应当尊重公民的权利；同时，只要公民的自主性不危及他人或者威胁更大的利益，也应当尊重公民的自主性。

5. 适当程序原则。在证明被告人有罪之前，都应当认为被告人是无罪的；在使用合法手段证实被告人有罪之前，不得对犯罪人处以刑罚。

（二）古典学派关于犯罪原因的理论

古典学派没有专门关于犯罪原因的论述，其理论贯穿于一些基本观点中，可以概括为如下四点：

1. 人性自私。古典学派普遍接受哲学家霍布斯（Thomas Hobbes，1588～1679）的"人性恶"学说，认为人的本性是自私的，而这种自私是一种恶，犯罪是人的本性的外在表现，任何人都有可能犯罪。

2. 意志自由。自由意志论是古典学派的理论基石，古典学派认为任何人都有意志自由，能根据自己的意愿作出自己的行为，犯罪行为是个人选择的结果，犯罪人本可以不犯罪，这也正是犯罪人对其自由选择的犯罪行为承担责任的根据。刑事古典学派的主要代表 C. B. 贝卡利亚认为，为了追求快乐和避免痛苦，每个人都有辨别是非的能力和自由意志，能够选择和决定自己的行为。若选择违法犯罪，就必须受到刑罚的制裁，此即所谓自由意志论。黑格尔指出：作为生物，人是可以被强制的，即身体和他的外在方面都可以被置于他人的暴力之下，但他的内在自由意志是绝对不可能被强制的。

3. 趋乐避苦。犯罪人之所以选择犯罪，是因为对于犯罪人来讲，犯罪是一种享乐，或可以避免不犯罪的痛苦处境，犯罪是由犯罪人趋利避害的本性决定的。由于没有对自由意志进行定量研究，许多古典学派的学者仅主张以客观危害作为量刑的根据，将自由意志由相对夸大到了绝对，将趋乐避苦看作是人选择犯罪的原因。

4. 功利主义。以最小的投入换取最大利益，而不顾手段是否正当，虽然犯罪行为符合这样的特点。犯罪行为可以实现正当手段根本不能达到的目的。

（三）古典学派关于刑罚的学说

1. 刑罚的作用。古典学派重视刑罚的作用。费尔巴哈的心理强制论认为刑罚是预防犯罪和威慑的手段；康德的道德报应主义和黑格尔的法律报应主义主张刑罚是对犯罪的报应，是正义的单纯实现；意大利刑事古典学派的创始人贝卡利亚认为，刑讯的作用不仅仅是使犯罪人产生精神对肉体的仇恨和虚无感，而且还能使其产生最有心理深度的第三个结果——罪恶感。

贝卡利亚认为，刑罚的政治目的是对其他人的威慑。"产生拷打是除掉污名，这个谬论总是同在国家中流行并受到尊敬的观念并存的。一般教义告诉我们，由于人类怯弱而产生的但不会使最高主宰者永久愤怒的罪孽，应当用地狱中的某种不可思议的炼火来烧掉。如果痛苦能消除精神上的污点，那拷打也能除掉公民的污点，被告人的招供的起源也是类似的，因为，在人们都进行忏悔的神秘法庭上，承认自己的罪孽是神秘的主要部分。"[1]

2. 刑罚的标准。由于人们都有同等的自由意志，并且主张的主观条件是完全平等、一致的，因此，判处刑罚必须以客观表现出来的犯罪行为为标准。

3. 刑罚的规模。贝卡利亚指出："刑罚的规模应该同本国的状况相适应。在刚刚摆脱野蛮状态的国家里，刑罚给予那些僵硬心灵的印象应该比较强烈和易感。为了打倒一头狂暴地扑向枪口的狮子，必须使用闪击。但是，随着心灵在社会状态中柔化和感觉能力的增长，如果想保持客观与感受之间的稳定关系，就应该降低刑罚的强度。"[2]

三、对刑事古典学派的评价

（一）刑事古典学派的长处

刑事古典学派产生于18世纪中叶，正是西方社会革命的前夜和高潮时期。基于反封建专制，追求自由、崇尚理性的时代背景，刑事古典学派顺应历史潮流和时代的呼声，根据启蒙思想家的"天赋人权"和"社会契约"理论，激烈抨击了当时刑罚制度的专断性、身份性和严酷性，在刑事法学领域和社会思想界掀起了一场天翻地覆的革命，对社会变革起到了积极的推进作用。

刑事古典学派以传统的研究方法从事刑法学术研究，创立了一整套刑法体系，明确了犯罪、刑罚等的基本概念，倡导罪刑法定、罪刑相适应、人道主义、客观主义原则，尤其是提出意志自由论，防止了刑罚的任意性、专断性和严酷性，奠定了现代刑法学的理论基础。

（二）刑事古典派的不足

1. 将犯罪仅看作单独的法律问题，仅从法律的角度对犯罪行为进行分析，缺乏对犯罪人的研究，尤其是对犯罪人实施犯罪的原因缺乏多元化的研究。

2. 未能形成犯罪学理论体系。对于为什么人们有着不同的苦乐观；不同的苦乐观又是什么原因形成的；为什么理性人面临同样的选择，也仅是少数人选择犯罪等问题，边沁和费尔巴哈均没有作出解释。

第二节 刑事人类学派理论

刑事人类学派又称实证主义学派，兴起于19世纪中期，其主要内容是利用体质人类

〔1〕［意］贝卡利亚：《论犯罪与刑罚》，黄风译，北京大学出版社2008年版，第38页。
〔2〕［意］贝卡利亚：《论犯罪与刑罚》，黄风译，中国法制出版社2002年版，第55页。

学的理论和方法对犯罪人进行研究，试图从犯罪人身上寻找犯罪产生的原因，用犯罪人的异常的体质特征说明犯罪产生的原因。

一、刑事人类学派代表人物

刑事人类学派以意大利精神病学家切萨雷·龙勃罗梭（Cesare Lombroso，1835~1909）为代表，他也是该学派的创始人和主要代表者。龙勃罗梭是意大利精神病学家和犯罪学家，由于他对现代犯罪学的诞生和发展所做出的杰出贡献，因此被许多西方犯罪学家称之为"犯罪学之父""近代犯罪学之父""生物实证主义学派的创建之父"等。龙勃罗梭的《犯罪人：人类学、法理学和精神病学的思考》（以下简称《犯罪人论》）是刑事人类学研究的经典之作。刑事人类学的核心主张是，人类社会中有一类人生来就是要犯罪的"天生犯罪人"（Born Criminal）。这一理论观点是龙勃罗梭以其长年的实证研究为依据提出来的，其学生恩里科·菲利（Enrico Ferri，1856~1929）和巴伦·拉斐尔·加罗法洛（Baron Raffaele Garofalo，1852~1934）从各自的研究角度对"天生犯罪人论"作了继承和修正。后来，又有英国的查尔斯·巴克曼·格林（Charles Buckman Goring，1870~1919）和美国的欧内斯特·艾伯特·胡顿（Earnest Albert Hooton，1887~1954）等人运用人体测量学、统计学等手段，进一步发展了刑事人类学。

二、刑事人类学派主要理论观点

（一）龙勃罗梭的理论

犯罪学鼻祖龙勃罗梭反对"自由意志论"，力图从犯罪人本身的物质状况去探寻犯罪原因，首先开创了对犯罪及犯罪人的实证性研究，认为犯罪人之所以犯罪是由其个人具有某些特殊的生理因素所引起的。他把犯罪人分为生来犯罪人、精神病犯罪人、激情犯罪人、偶发犯罪人和习惯犯罪人5类。他认为生来犯罪人多有先天异于常人的体质，在身体、人种、精神等方面均有其特征，其中最大特征是对外具有很强的抵抗力和耐受力。这是从身体构造方面探索犯罪原因的一种犯罪学理论。首先从人类学的角度对犯罪者进行研究。他根据自己对精神病人和服刑犯人的观察和鉴定的结果，在1876年出版的代表性著作《犯罪人论》一书中，论述了他的刑事人类学理论。他认为天生犯罪人是由隔世遗传而来的野蛮人的返祖现象，是人类学上的变种。这一类犯罪人由于有着与生俱来的身体构造方面的特征，必然会走上犯罪道路。

1. 天生犯罪人理论。龙勃罗梭认为犯罪人是出生在文明时代的野蛮人，他们的生物特征决定了他们从出生时起就具有原始野蛮人的心理与行为特征，这种行为必然不符合文明社会中的传统、习惯和社会规范，必定构成犯罪。天生犯罪人生来即在身体特征、感觉和功能特征、心理特征和其他智慧方面，都有不同于正常人的表现。天生犯罪人成为龙勃罗梭早期著作中的核心命题。龙勃罗梭的天生犯罪人理论包括四个方面的主要内容：①犯罪者以许多体格和心理的异常区别于非犯罪人。②犯罪人是人的变种，一种人类学类型，一种退化现象。③犯罪人是一种返祖现象，是人类蜕变到低级原始人的类型。④犯罪行为有遗传性，它从犯罪天赋中产生。

龙勃罗梭对天生犯罪人的特征作了如下的描述：

（1）生理特征：扁平的额头，头骨突出，眉骨隆起，眼窝深陷，巨大的颌骨，颧骨同耸，齿列不齐，非常大或非常小的耳朵，头骨及脸左右不均，斜眼，指头多畸形，体毛不足等。

（2）精神特征：痛觉缺失，视觉敏锐；性别特征不明显；极度懒惰，没有羞耻感和怜悯心，病态的虚荣心和易被激怒；迷信，喜欢文身；惯于用手势表达意思等。

2. 犯罪原因理论。龙勃罗梭在研究犯罪原因的过程中，最初仅仅强调犯罪的人类学原因——隔代遗传。后来，其也逐渐认识到人类学原因、自然因素和社会因素等其他的因素在犯罪产生中的作用。作为犯罪原因的先天因素，龙勃罗梭从种族和遗传这两方面展开研究。关于种族和犯罪之间的关系的论述，是建立在对一些犯罪现象直观的认识基础上。龙勃罗梭侧重研究了遗传因素对犯罪的影响，从调查个案入手肯定了隔世遗传规律，还提出了天然类聚说，认为两个犯罪家庭联姻后，遗传的影响更大。

（二）其他学者的人类学理论

1. 加罗法洛的刑事人类学研究。加罗法洛认为，犯罪并不是对权利的侵害，而是对情感的侵害。这里的情感，主要是指道德感，每个民族都拥有一定量的道德感，它们不是产生于个人的推理，而是由于个体的遗传而存在。

2. 格林的刑事人类学研究。

（1）犯罪人与犯罪素质。格林认为，犯罪人与正常人在性质上是类似的。从先天遗传来看，所有正常的人在精神和道德上都是一样的。人们之所以犯罪，在一定程度上取决于个人的素质因素和环境因素的相互作用。

（2）犯罪人的个人特征。格林通过大量的身体、心理测量和其他调查活动，获得了有关犯罪人个人特征的重要结论。格林的研究发现，犯罪人也有不同的心理特征。格林还用道德缺陷、年龄等因素来解释犯罪行为。

3. 胡顿的刑事人类学研究。

（1）犯罪人与常态市民间的人类学差异。胡顿的调查发现，犯罪人与守法的市民在社会学方面和形态学方面存在着重要的差异。

（2）不同类型犯罪人间的人类学差异。根据胡顿的调查结果，在不同类型的犯罪人之间，也存在人类学差异，这些差异既有身体方面的差异，也有形态学方面的差异。

（3）种族与犯罪。胡顿发现不同种族的人实施的犯罪数量是不同的，而且不同人种实施的犯罪类型也有差异。

三、对刑事人类学派的评价

（一）刑事人类学派的长处

刑事人类学派是从两个方向研究犯罪人的：一是从人的身体器官来研究犯罪人，认为犯罪人是身体器官异常者；二是对犯罪人进行心理研究，认为身体器官异常者必然具有犯罪心理。刑事人类学派为对犯罪学的方法论带来了革命性的创新，使犯罪学从用抽象概念研究犯罪行为转向用实证方法研究犯罪人，将犯罪学从形而上学的桎梏中解放出来而进入了科学实证的新时代，标志着犯罪学作为一门独立学科的诞生。天生犯罪人说这种学说本身虽没有实际的科学价值，但对犯罪者进行研究的发展，方向却延续了下来。

（二）刑事人类学派的不足

刑事人类学派的观点，既是幼稚的，又是必然的。因为当时自然科学，特别是生物学已经获得了突飞猛进的发展，人们深受自然科学的影响，认为用纯粹自然科学的方法就可以解决犯罪的原因问题。因此，刑事人类学研究在当时是自然科学的一个领域，严格来说，刑事人类学是生物学的仿制品。

刑事人类学派的理论问世以后，受到来自各方面的抨击。龙勃罗梭的犯罪人是实定法的犯罪人，其作为样本的犯罪人都是监狱中关押的法定犯[1]，而在其犯罪概念中也包括精神病人。这可以说是龙勃罗梭的研究未严格遵循统一律。龙勃罗梭取材的犯罪人多是危害治安的犯罪人，并以惯犯居多，如抢劫，强奸，盗窃等类型的犯罪人，由此得出天生犯罪人的结论，难逃以偏概全的致命要害。加罗法洛的自然犯罪论是对刑事人类学派的重大改进，也是加罗法洛的最得意之作，"有些思想无论是纯学术的批判，还是我后来做的自我检查，都无法在最细微的程度上影响我去做出改变。这就是仅仅与法律上或传统上相对立的自然犯罪思想。我承认它可能用不同的形式表达，但我深信自然犯罪这一概念已经扎下了根了"[2]。试想如果存在天生犯罪人，那么绝不能用法定犯来概括这一现象，因为法律有恶法与良法之分，法律有可能将本不应规定为犯罪的行为规定为犯罪，而本应规定为犯罪的行为不规定为犯罪，法律又时常在变化中，规定人性状的基因又怎么能随着实定法[3]的变化而变化呢？然而，加罗法洛的自然犯罪概念就超越了时空，把犯罪这一概念自然化、普遍化，这就将其与受自然规律支配的人的基因放到同一运动层面上。在龙勃罗梭的逻辑体系里，这一点是混乱的：既然犯罪人是天生的，那么犯罪就是一种自然现象，而其犯罪和犯罪人概念并没有法定与自然之别，因此龙勃罗梭的逻辑是混乱的。加罗法洛的自然犯罪的概念的提出，使得人类学派摆脱了这一困境，尽管加罗法洛并没有完全意识到这一点。人类学派的共同特点是企图以低级的运动（生命运动）规律来解释高级的运动（社会运动）规律，这就难免自陷机械论的泥潭，但他们将实证方法引入犯罪学的研究，在充实犯罪学的研究方法上功不可没，并且不能不使我们思考这样一个命题："假定最终科学有能力'解释'DNA，并能够准确地预见遗传缺陷的后果，那么，在法律上将会出现许多难以回答的问题。刑事审判机关如何处置其行为由遗传缺陷决定的犯罪人？当这些人实施危害行为之前，社会有权利进行诊断和隔离吗？社会能够从这些人一出生就对其进行预防吗？"[4] 后来，这一学说又为法西斯分子所利用，成为镇压人民尤其是少数民族的

---

〔1〕　法定犯，亦称人定犯，是意大利犯罪学家加罗法洛（Baron R. Carofalo，1852~1934）最早提出的一种相对于自然犯罪的犯罪类型，是指由于特定法律的规定始被认为是危害社会的犯罪行为。

〔2〕　[美]加罗法洛：《社会学二十讲》，贾春增、董天民等译，华夏出版社2000年版，第31页。

〔3〕　相对自然法而言，凡由人所制订的法律，都是实定法。在现实中，实定法是由国家制订的。

〔4〕　吴宗宪：《西方犯罪学》，法律出版社2006年版。

"理论依据"。在第二次世界大战中,德国纳粹推行"种族清洗"运动,屠杀了数百万犹太人、斯拉夫人、吉卜赛人等"劣等民族"。美国亦于20世纪30年代推行"优等生育"政策,对智力有缺陷者实行孤立,有35个州对"劣等人群"实行强制绝育,仅加利福尼亚州一地,就有2万名"弱智者"遭难。这些后果是龙勃罗梭等人所始料未及的。我们可以把人当作物去研究,而不能把人当作物去处理。

第三节 刑事社会学派理论

刑事社会学派的理论是在同刑事人类学派的"天生犯罪人论"的论战过程中产生的。犯罪社会学的出现标志着人类对犯罪认识的深化,说明当时有些犯罪学家开始转向社会寻找犯罪人心理形成的原因。这在研究方向上是一个突破,并深深影响到以后的犯罪心理学研究。尽管这两个学派所倡导的观点大相径庭,但是,刑事社会学派的学者们并没有完全抛弃刑事人类学派关于生理素质对个体有着某种程度影响的理论基础。所以更确切地说,刑事社会学派是二元论者,它属于折中派,他注重从个人和社会两个角度对犯罪和罪犯进行研究,并进一步提出了"犯罪多因论"和"社会综合预防论"。

一、刑事社会学派代表人物

引起极大轰动的刑事人类学派,在不久后就陷入困境。因为单纯用人类学的理论,既不能解释复杂的犯罪现象,也不能解释犯罪人的心理问题。正是在这种情况下,法国的孔德创立了社会学。社会学在欧洲的兴起,使许多学者转而用社会学的观点研究犯罪。意大利著名的刑法学家犯罪学家恩里科·菲利(Enrico Ferri,1856~1929)是刑事科学学派的代表人物、犯罪社会学派的创始人。恩里科·菲利于1856年出生于意大利北部曼托瓦省的一个商人家庭,1874年中学毕业后入波伦亚大学攻读法律,1877年毕业后又到法国攻读犯罪学,1879年归国。菲利回国后进入都灵大学,师从犯罪学鼻祖龙勃罗梭,研究犯罪学。但他突破了其师在刑事人类学派的理论樊篱,更为关注犯罪的社会原因,由此其研究方向转向刑事社会学派,与德国的刑法学家李斯特等一起成为刑事社会学代表人。菲利在实证研究的基础上提出了著名的"生物、地理、社会"三元犯罪原因论,他认为:"任何犯罪,从最微小的到最残酷的,都是由体质的、地理的和社会的三种因素互相作用的结果。"他侧重从经济状况、工农业生产、社会教育、舆论、习惯等社会方面寻找犯罪原因,主张进行社会改良,提出应当以刑罚替代措施,弥补刑罚之不足,从而达到预防和消除犯罪的目的。菲利曾任意大利刑法修改委员会负责人,将其犯罪社会学理论体现在刑事立法和刑法改革中,并影响到后来的刑法发展。

《犯罪社会学》是菲利的代表作之一,该书内容与实践中的犯罪问题密切相关。其中调查习惯性酗酒犯矫正问题的政府委员会的报告,调查认定惯犯之最好方法问题的委员会的报告,英国犯罪报告修订本,以及调查监狱管理和处理惯犯、流浪者、乞丐、酒鬼和少年犯之最好办法的委员会的报告都证明了下述事实：可怕的犯罪问题日益突显，需要经这一代人的手再进行调查来得出新的结论。就像菲利教授所指出的，问题的重要性实际上被一些与犯罪有关的报告中常见的那种表面性的解释掩盖住了。如果监狱或看守所中的罪犯人数偶然减少了，就即刻被解释为意味着犯罪在减少。可是，在粗略地考察事实后就会发现，监狱人口的减少仅仅是刑期缩短和以罚金或其他类似的刑罚代替监禁刑的结果。如果法官和陪审团审理的犯罪数量稍微显示出任何减少的迹象，就会被作为犯罪人数下降的证据紧紧抓住，而这种减少仅仅是由于过去通常由陪审团审理的大量案件现在改由治安法官简易处理造成的。换句话说，我们看到的是司法程序的改变，而不一定是犯罪的减少。

菲利继承了龙勃罗梭的人类学立场，同时考虑了犯罪的社会学原因，在此基础上发展了刑法学。也即，菲利认为犯罪的原因中除了人类学的原因外，还应该肯定物理的及社会的原因，但是，犯罪人不具有自由意思，自由意思只不过是"纯然的幻想"；犯罪，不外乎是由犯罪人的素质和环境形成的。但是，犯罪人既然作为社会的一员生活，就应当对社会负担所实施的行为的责任（社会责任论），也有针对危险的犯罪人来防卫社会的必要。因此，必须将犯罪人进行分类，分别实施与其相适应的处置措施。菲利的立场也被称为实证学派，并且他提到，实证学派的基本目标"是从犯罪本身及其生活于其中的自然和社会环境方面研究犯罪的起源，以便针对各种各样的犯罪原因采取最有效的救助措施"。[1] 他所主张的"犯罪社会学"，其本意是犯罪社会学对刑法及刑事诉讼法进行的修正，是一种刑事政策论。

菲利于1921年曾经起草"菲利刑法草案"，但该草案中并没有涉及"责任"和"刑罚"，而只提到了"人身危险性"和"制裁"。该草案虽然没有为当时的意大利政府采纳，但是极大地影响了1926年的苏俄刑法典。其次，他还提出"犯罪饱和论"——每个社会都有其应有的犯罪，这些犯罪之产生是由自然及社会条件所引起的，其质和量与每个社会集体的发展是相适应的。

三元论具体言之就是导致犯罪的原因有三：①人类学的因素。犯罪的人类学因素是指犯罪人生理、心理及种族方面的个性特征，人类学的因素对犯罪有很大影响，但这种人类学的因素必须与他种因素结合，各方相互作用，才能对犯罪有影响，单是人类学因素不足以成为犯罪的原因。②地理因素。地理因素是指人们生活于其中，但并未予以注意的物质环境，主要包括自然资源状况、地形、气候等因素。地理因素虽不能直接产生犯罪，但其通过与其他因素的结合能够促使犯罪行为的产生并影响犯罪现象的变化。③社会因素。恩里克·菲利认为："任何使人类社会生活不诚实、不完满的社会条件，都是足以引起犯罪的社会因素。"这其中包括经济、政治、道德及文化生活中的各种不安定因素。菲利认为，任何一种犯罪行为乃至整个社会的犯罪现象都是上述三种因素相互作用的结果，其中社会因素尤为重要。菲利的刑罚观也就建立在此基础之上。"一个人或许有天生的犯罪倾向，

---

〔1〕 ［意］恩里科·菲利：《犯罪社会学》，郭建安译，中国公安大学出版社2004年版，第25页。

但他如果处在良好的环境之中，就可能到死也不违反任何刑法条文及道德信条。"[1] 一方面他承认人身危险性产生决定作用，另一方面又认为社会因素与自然因素对犯罪产生极大影响，因而要对不同的犯罪人处以不同的处罚方法，即强调使不同的犯罪人处在各自不同的不利于犯罪的合理社会和自然环境之下，这样就能达到预防犯罪的目的，而且如此做法并非仅是道义的谴责以致报应，而是由于社会上生活的共同义务所需要的预防。他进一步认为，刑事责任的本质是防卫社会，其根据是犯罪人的人身危险性，构成责任的关键不是各个具体的行为，而是对社会造成危险的行为人的危险性格。作为具有危险性格的犯罪人，社会为了保卫自己的有序存在必然会对其加以防卫性的处分，刑罚即为了防卫而对具有反社会性格的人所采取的必要处分。只要所采取的刑罚方法能够起到防卫社会的作用，它就是合理的，进而提倡个别预防主义。

菲利认为刑罚未必是最有效的，想通过刑罚的威吓作用使人们对犯罪有所顾忌是不可能的，也就否定了通过制定的刑罚来制止犯罪以达到一般预防的效果。而他肯定了通过对犯人的改造，能使其人身危险性逐渐消失，以致不再危害社会的个别预防，并以此为契机提倡刑罚的个别化。根据其"犯罪饱和法则"，社会有与之相适应的犯罪数量，犯罪的产生是由社会本身所决定的，动之于刑罚未必是最有效的，而建立一系列的补充策略却是切实可行的，如移民自由、改革税制、增加就业机会、以金属币代替纸币以减少伪造、提供廉价的劳工住宅、改善城乡住宅条件、改进街道照明、改革选举制度、制定牧师结婚规则、革新结婚和离婚的法律以及确立一项有关卖淫的明智规定等。总之，补充策略是将社会政策及社会福利设施的确立都归入其中。这些刑罚补充策略，菲利称其为"刑罚的代用物"。1921 年，菲利拟定的意大利刑法草案，又称菲利案，首次以"无刑罚的刑法典"的模式出现，就是建立在其刑罚与保安处分一元论的观点之上的。从此时起，刑罚的概念消失了，彻底地被保安处分替代，在菲利的影响下，也就出现了非刑罚的思潮。

此外，刑事社会学派的代表人物，法国犯罪学家、社会学家塔尔德（Jean Gabriel Tarde，1843~1904）和法国法医学教授 A. 拉卡萨涅等，强调不能否认犯罪的个人原因，更应重视其社会原因。塔尔德批评了以意大利犯罪学家龙勃罗梭为代表的刑事人类学派提出的犯罪人类学理论，认为犯罪实质上是一种社会现象，可以用一般的社会规律加以说明。拉卡萨涅则把犯罪比作细菌，把社会比作培养基。法国社会学家迪尔凯姆也用社会学方法研究犯罪问题，认为犯罪是正常的、必然的现象，不是社会的病理现象，原因是社会自身失去了控制力。当社会的尊严、权威、神圣逐渐削弱或丧失时，社会的连带性、结合性也随之崩溃，这种社会状况就是产生犯罪的母体。

刑事社会学派的另一主要代表人物弗兰茨·冯·李斯特，（Friedrich List，1789~1846），德国刑法学家、犯罪学家、经济学家，是古典经济学的怀疑者和批判者，也是刑事社会学派创始人，长期在德国吉森、马尔堡、哈雷和柏林等大学任教。弗兰茨·冯·李

---

[1] [意] 恩里科·菲利：《犯罪社会学》，郭建安译，中国公安大学出版社 2004 年版，第 34 页。

斯特是集犯罪学和刑法学研究于一身并取得了显赫成果的学术大师，他提出的理论观点很多，如行为人刑法理论、量刑委员会代替法官的伟大构想、刑罚个别化理论、犯罪原因两元论、综合刑法科学构建等思想以及他所倡导的"马堡计划"，主要著作有《德国刑法教科书》《犯罪学教科书》《刑法的目的观点》。其中《德国刑法教科书》是弗兰茨·冯·李斯特最重要的代表作之一，该书系统地讲解刑法相关问题，在绪论中讲述了犯罪的反社会性和刑罚的社会功能、刑法的历史以及德国刑法的渊源。该书重点在于总论部分，讲述了犯罪的特征、形态，以及刑罚及保安处分等，细致详尽地进行理论阐释，富有逻辑性和整体性，但也显得更加抽象，读起来也就费时费力。弗兰茨·冯·李斯特在该书中所提出的主要的刑罚思想和观点是以犯罪二元论为基础的刑事政策思想与犯罪预防观，他认为犯罪原因不仅仅是出于罪犯的个人主观因素，还源于外界的、社会的因素，尤其是社会因素，而后者更为重要，并且不仅应该重视对犯罪原因的研究，也要注重对犯罪预防的探讨。这些思想观点对刑法学与犯罪学的发展都有着极大的促进推动作用。

　　李斯特批判了龙勃罗梭的天生犯罪说，且批判地吸收了比利时学者凯特莱主张的社会关系一元论和刑事人类学派的先天资质一元论；他也不完全同意菲利的三元犯罪原因说，认为菲利所说的自然因素只是社会因素的一种，并由此提出了犯罪原因二元论，即社会因素和个人因素。他特别重视社会因素，主张从个人原因和社会原因两方面来分析犯罪。李斯特不否认遗传素质对犯罪的影响，但更强调造成犯罪的经济原因和社会原因。李斯特指出："大众的贫穷是培养犯罪的最大基础，也是遗传素质所以质变的培养液。改善劳动阶级景况是最好的和最有效的刑事政策。"[1]

　　以李斯特与菲利为创始人的刑事社会学派分为近代社会学派和现代社会学派。近代社会学派的学者认为犯罪是行为人体质、地理和社会因素相互作用的结果，社会环境的影响最大；犯罪原因除行为人本身的先天素质外，还受社会环境因素的影响，而且后者更为重要，一旦社会原因被消灭了，犯罪也就消失了；社会中先是由少数天才发明了犯罪，而其他人只是对之前的犯罪进行模仿，强调人的行为对他人的影响。现代社会学派的学家认为获取财富的合法手段在不同阶层和不同地位的人中是不同的，当处于较低阶层和地位的人无法通过社会认可的手段取得社会传统目标时，就会产生紧张情绪，使之可能采取违法或犯罪的手段来实现目标；任何人都是潜在的犯罪人，个人与社会的联系可以阻止个人进行违反社会准则的越轨与犯罪行为，当这种联系薄弱时，个人就会无约束地进行犯罪行为，因此犯罪就是个人与社会的联系薄弱或受到削弱的结果。

　　法国社会学家埃米尔·杜尔凯姆（Émile Durkheim，1858～1917）最早提出"失范"的概念，美国结构功能主义社会学家罗伯特·金·莫顿（Robert King Merton，1910～2003）发展了这一概念。莫顿毕生在哥伦比亚大学担任教授，他发展了杜尔凯姆的失范理论概念，提出了犯罪学上著名的紧张理论，另外还提出内团体与外团体的概念，在犯罪学上加以延伸并套用（如内团体是帮派份子的组织，而将外团体视为社会组织），并从社会结构

〔1〕　林继东：《刑事政策学》，台湾编译馆1969年版，第24页。

的角度分析犯罪行为的原因。莫顿认为社会一方面大力强调成功，一方面却没有提供获得成功的正当手段，或是社会结构本身限制了一部分人取得成功的可能性，人们不得不采取最有效的、尽管是非法的手段，即犯罪。

《社会理论和社会结构》是莫顿的代表作之一，自1949年初版以来，该书已成为社会科学领域的核心著作和重要理论源头之一，在全世界范围内为社会科学家和研究者广泛阅读。

莫顿在该书中探讨了理论社会学、社会结构和文化结构研究、知识社会学与大众传播研究，及科学社会学研究四个方面的理论问题，提出了"参考群体""自证预言""中层理论""越轨的失范理论"等一系列影响深远的概念，并强调了在功能分析中区分负功能和正功能、显功能和潜功能等的重要性，从而提出了一整套功能分析的范式，系统地奠定了功能社会学的理论基础。

莫顿提出的紧张理论是刑事社会学派关于犯罪的代表性理论观点之一，其内容大致是说：成功可以用金钱和拥有的物质财富来衡量，且社会鼓励每个人相信自己也有获得成功的权利；通过尽自己的最大努力，个人肯定会实现自己的目的。不过，由于社会条件和经济现实，并非每个人、每个群体都可以拥有获得成功所需的手段。如果社会过度强调成功的目标，忽略达成目标的手段的合法性，个人便会产生紧张和压力。在莫顿看来，美国社会主要就是强调金钱成功与社会地位提高，但是这种社会压力会使得个人产生紧张情绪。当个人面临紧张时，可能采取某种适应方法。根据个人面对紧张与压力时在社会文化目标与制度性合法手段中的选择，适应方法可被分类为：创新型、仪式型、退缩型、叛逆型与顺从型。其中四种为偏差的适应方式：

1. 创新型（innovation），接受文化目标，拒绝制度性手段。个人因社会文化结构并无实现成功目标的合法手段而感到紧张，转而采取社会较不能认同的方式（激烈者可能为犯罪行为）来达成目的。例如，大学生休学参与直销行业。

2. 仪式型（ritualism）：虽然无法实现文化目标，但由于强烈社会化，以至于采取形式主义的方式，选择合法手段的类型。莫顿认为，例行公事化的公务员和日复一日的公司职员，皆为仪式型的例子。

3. 退缩型（retreatism）：抵制社会文化目标，同时也放弃社会认可的手段。一般的逃避主义者放弃合法的手段和社会对成功目标的追求，退缩到社会的一角，如一些乞丐、街友等；另一种型态的退缩者展现出无情、冷漠的嘲讽态度，但这些态度完全合法。

4. 叛逆型（rebellion）：反叛主义者不仅仅将社会文化目标和手段消极抛弃，更致力于某种不同于现今社会体系的道德价值，并积极尝试经营。反叛者努力营造一种社会结构，若一个社会很多人采取叛逆型的适应方法，则可酿成一场全面性的变革，最后可能导致既存文化的完全改变。

5. 顺从型（conformity）：当社会处于无压力稳定时，此种类型经常可见，此时社会完全是失序的，莫顿认为此类型并无研究价值。

这些适应方法中的后四种类型，被看成是越轨的适应方法。在美国，大部分被称为犯罪的活动，都来自创新型适应。美国文化重视每个人的物质成功目标，但是，文化社会结构并没有提供获得这种成功的合法手段。因此个人感到紧张，从而借助非法手段，也就是犯罪来实现这种文化目标。对于不能实现这种文化目标，但是受到强烈社会化约束，以至于只能采用合法手段的人，就会通过形式主义的方式坚持这些合法手段，升华最初的目标。在莫顿看来，这是一种典型的中下层阶级的适应方式，是严格的社会化与机会巧合的结果。

相反，逃避主义既抵制社会倡导的目标，也抛弃社会认可的手段。逃避主义者虽然生活在社会中，但是他们并不是社会的组成部分。他们具有严格内化的、有关某些手段是否合法的观念，因而不可能创新，所以就缺乏利用合法手段的机会，于是他们通过放弃手段和目标来逃避道德冲突。叛逆型不仅仅使退却者对社会目标和手段进行消极抛弃，而且也试图用另外一套被认为在道德上更优越的东西来确定它们的积极尝试。叛逆者努力建构一种社会结构，在这种社会结构中，成功的文化标准会得到巨大的修改，会在美德、努力和奖赏之间提供更加密切的联系。

1939 年，刑事社会学派代表人物美国学者 E. H. 萨瑟兰提出随异交往说，他认为人的犯罪和其他异常行为并非生来就会的，而是通过随异交往学来的。一个人由于与有犯罪倾向的个人或群体之间密切交往，通过文化传播过程学会了犯罪，因此，一个人犯罪的可能性取决于他的年龄，与别人接触的强度，以及与守法者和违法者接触的比率。西方学者还从社会冲突、社会控制等方面解释犯罪行为。苏联的犯罪社会学肯定社会因素是青少年犯罪的主要原因，并致力于提出具体的预防措施。

二、刑事社会学派主要理论观点

刑事社会学派与人类学派一样反对把自由意志作为犯罪的原因，甚至否认自由意志的存在，但不同的是，社会学派是综合原因论者，认为个体产生犯罪的原因并不完全取决于人体特质，而更在于社会因素的影响和决定作用。即个体是在先天素质的基础上，又受到后天成长过程中社会环境的影响而产生犯罪行为。显然，刑事社会学派更强调社会因素对犯罪的决定意义，并且认为社会因素的影响远远超过个体素质低劣所带来的影响。社会学派并不是只承认犯罪的社会原因，而是相对于人类学派更重视犯罪的社会原因，这正是日本学者曾将社会学派称为折中派的原因。菲利在研究中运用了心理学、病理学、统计学的新成果，将犯罪的原因分作三大要素，即人类学因素、自然因素、社会因素。菲利认为："犯罪是有多种原因引起的，无论哪种犯罪，从最轻微的，到最残忍的，都不外乎是犯罪者的心理因素状态，其所出的自然条件和其出生、生活或工作于其中的社会环境三种因素相互作用的结果。""人之所以成为罪犯，并不是因为他要犯罪，而是由于他处于一定的物质和社会条件下，罪恶的种子得以在这种条件下发芽、生长。"[1] 这就是菲利的犯罪原因三元论。在此基础之上，菲利提出了犯罪饱和法则，他把一定的社会比作溶剂，犯罪比作

---

〔1〕 ［意］恩里科·菲利：《实证派犯罪学》，中国政法大学出版社 1987 年版，第 35 页。

溶质，犯罪三原因比作溶液所处的诸如温度，气压等条件。

刑事社会学派在犯罪原因方面的观点可以概括为：①犯罪行为是一种社会现象，是由犯因性的社会条件造成的；②犯罪行为的模式与犯罪人的社会经济地位、种族、性别和年龄密切相关；③社会变迁与犯罪行为有关；④技术的发展及其对社会制度的影响，对犯罪的发生有重要的作用；⑤群体之间和人们之间的相互作用对犯罪的发生有重要影响。他们主张犯罪学的研究应由注重犯罪人的个人生理原因转向注重产生犯罪的社会原因。

在刑罚方面，刑事社会学派认为刑罚在刑法中具有非常重要的地位，对解决其他刑法中的问题也起着十分重要的作用；但同时认为不能忽视刑罚对社会的反作用，刑罚也只是一种手段，主张刑罚就是"目的刑"，它的目的是实现社会防卫，即防止具有社会危险性的人危害社会，从而达到保护法益的目的。因此，"目的刑"也无非是"保护刑"。他们主张刑罚个别化，根据反社会性的危险程度，将犯人分为惯犯和偶犯；惯犯又可分为能改造的和不能改造的两种，对前者可处以自由刑并进行教育改造，将罪犯改造成为一个对社会有用之才，对后者可采取与社会永远隔绝的措施，如终身刑、死刑等。而在刑罚的功能上，刑事社会学派认为刑罚是有局限性的。对付犯罪，除刑罚以外还需创设保安处分制度，应当在运用刑罚手段惩罚犯罪的同时重视保安处分措施的社会价值，从而更好地保全社会。

在犯罪预防方面，刑事社会学派则认为不仅要重视对犯罪原因的研究，也要注重对犯罪预防的探讨，预防犯罪比惩戒犯罪更为重要。他们认为犯罪并非像宿命论者所说的那样，是人类不可改变的命运，大部分犯罪是可以预防和控制的。只是犯罪预防不能仅靠刑罚的效力，还要注重消除产生犯罪的各种因素。预防犯罪的根本在于社会改良，隔除社会弊端。

刑事社会学派主张预防犯罪，特别强调个别预防的重点不是预防不特定的人的可能犯罪，而是预防已受到处罚的人的再次犯罪；应受处罚的不是行为而是行为人。由于刑事社会学派认为刑罚的任务是对犯罪人施以适合其个性的影响，因此，他们主张特殊预防的思想应当被置于首位，同时不应取消一般预防，而刑事政策则能够更好地满足将特殊预防置于首位的要求。[1] 刑事社会学派的创始人弗兰茨·冯·李斯特曾说过："最好的社会政策就是最好的刑事政策。"刑事社会学派的学者们认为，在预防犯罪这一方面，起到更为重要作用的不是刑法和刑事政策，而是社会的大环境。他们将犯罪看成社会问题，认为社会政策是解决或对付社会问题的基本原则或方针，是解决社会问题更直接的措施。社会政策在现代政治中之所以日益重要，是因为现代的社会问题越来越多、越来越严重，如果没有社会政策，社会问题将得不到适当或合理的解决，个人与团体的安全与福利也得不到合法的保障，社会将难以维持稳定。

李斯特的主要理论观点如下：

1. 犯罪及犯罪原因。刑事社会学派主张犯罪是犯人的个性与自然，尤其是社会环境

---

〔1〕 崔爱鹏："李斯特刑法思想初探"，河南：河南省委政府，2006。

（指失业、贫困、通货膨胀、居住条件恶劣、酗酒、娼妓等）的产物。该学派较重视犯罪的社会原因，认为生物学因素和心理学因素只有与社会因素相结合才能起作用。理论观点主要包括文化冲突理论、社会异常论、副文化群论、社会生态学理论、标签理论等，代表人物有塞林、莫顿等。其主张犯罪是行为人体质、地理和社会因素相互作用的结果，其中社会环境的影响最大。犯罪原因除行为人本身的先天素质外，还受社会环境因素的影响，后者更为重要。

2. 刑罚。刑事社会学派认为刑罚对犯罪的威慑作用是很有限的，因此犯罪社会学家应当在对犯罪及其自然起因的实际研究中寻找其他社会防卫手段，如建立犯罪精神病院来收容精神病罪犯，防止其继续危害社会；对于已犯罪的人注重特殊预防，对不同类型的罪犯采取不同的手段，改造可以救治的罪犯，永久隔离不能救治的罪犯。

3. 犯罪预防。刑事社会学派认为犯罪的预防主要可以体现在以下几个领域：其一，经济领域。经济领域中有许多措施可以起到预防犯罪的作用，例如，自由贸易可以防止饥荒和食品价格过高，起到防止侵犯财产罪的作用；通过移民可以起到预防累犯的目的；通过基础设施工程增加就业岗位，能够遏制侵犯财产罪、侵犯人身罪和妨害公共秩序罪的增长态势；让已婚妇女监督检查童工的工作期间，可以防止刑罚所不能防止的猥亵和奸污童工罪继续发生；等等。其二，政治领域。对于预防暗杀、结伙阴谋和内乱等政治犯罪，警察专断的镇压和预防是无效的，要预防此类犯罪，除了协调政府和民族的愿望之外，没有其他任何办法。其三，科学领域。科学的发展会提供比刑罚镇压更为有效的方法，如解剖学和毒物学的发展，减少了投毒案件的数量；文件检验技术的发展有助于减少伪造犯罪的数量；女医生的出现，减少了医生实施有伤风化的犯罪的机会等。其四，立法和行政领域。明智的遗嘱立法可以防止因亲属急于继承财产而发生的谋杀，婚姻法改革和有关非婚生子女的立法是防止非法同居杀婴、堕胎、弃婴和谋杀被诱奸后又被抛弃的妇女的措施等。其五，教育领域。书本教育能够提高个人的预见程度，起到减少偶犯的作用，还可以起到传播法律知识的作用。通过限制各种媒体出版发行描写有关暴力和色情的作品，消除粗俗和黄色的娱乐，建立健康的娱乐和运动场所等，能够消除一大类刺激犯罪产生的因素。

在 19 世纪中期犯罪学的实证主义刚兴起时，欧洲各学派（意大利学派除外）流行从社会结构失调、社会制度失能、阶级差异、资源、机会不平等之类的观点来探求犯罪成因，把犯罪诠释为：主要是社会问题，而不是个人问题。从约 19 世纪 20 年代开始，刑事社会学派在美国芝加哥大学（苏哲兰：差别接触理论，1924 年）、哥伦比亚大学（莫顿：紧张理论，1938 年）等地开始兴盛。在影响世界各国后，刑事社会学派结合政治上跨越时代总是热门的阶级斗争与消除阶级不平等之口号，从而排挤了犯罪学心理学派，成为了兴盛至今的犯罪学主流学派。

当代刑事社会学派的代表性理论包括：紧张理论（strain theory）、标签理论（labeling theory）、冲突理论（conflict theory）、女性主义犯罪学、马克思主义犯罪学等。不过这些理论或多或少也有着社会心理学的观点[1]。

其中，紧张理论，又称文化失范理论（anomie theory），由美国社会学家、犯罪学家罗伯特·金·莫顿于1938年提出，是20世纪美国犯罪学三大理论之一（其他两者是差别接触理论和社会控制理论）。

三、对刑事社会学派的评价

刑事社会学派所主张的观点使犯罪学对犯罪原因的研究方向由注重犯罪人的个人生理原因转向注重产生犯罪的社会原因，这是一个极大的进步与全新的思考研究方向，促使学者们能够更全面、更客观、更准确地对犯罪原因进行研究与作出研究成果。在刑罚上，刑事社会学派的学者们提出了"刑罚个别化，根据反社会性的危险程度，将犯人分为惯犯和偶犯；将惯犯分为能改造的和不能改造的两种，对前者可处以自由刑并进行教育改造，将罪犯改造成为一个对社会有用之才，对后者可采取与社会永远隔绝的措施"，使刑罚相对公平和合理化，而不是犯罪情况不同、危害性与严重性不同却给予相同的处罚惩戒，使刑罚更能发挥震慑作用与教育作用；在预防犯罪方面，他们认为预防犯罪比惩戒犯罪更为重要，不仅要知其因，还要知道如何预防与减少犯罪现象的发生，这显然是极具前瞻性的，也对促进社会安定、对公民财产与人身安全的保护起着很大的作用，为法治社会起着奠定基础的作用。

（一）刑事社会学派研究的长处

恩里科·菲利《犯罪社会学》以实证哲学为其方法论，用观察、统计、归纳等自然科学的方法研究犯罪学，通篇闪耀着实证主义的光芒。可以这样说，实证哲学是《犯罪社会学》的精髓，它使我们人类对犯罪的研究从认识论走向了价值论，其实证精神在以下几个方面得到了充分体现：

第一，《犯罪社会学》以实证的观点认识犯罪，在书中提出"犯罪是特定生理和心理构成在特定自然和社会环境中的结果"。作为社会现象的犯罪是《犯罪社会学》一书研究的前提和基础。只有用实证方法认识犯罪，把犯罪看作一种社会现象，才能客观、全面地研究犯罪学。由于存在天生犯罪人，犯罪成为社会的必然产物，所以犯罪不可能被根除。这本书不仅研究犯罪，还研究罪犯，而且还将罪犯看作一个个有其自身心理、生理特性及特定自然、社会环境的人，而不是没有区别的、抽象的个体，因而此书提出不仅要惩罚犯罪，还应惩罚罪犯、救治罪犯、预防犯罪。该书用实证的方法研究犯罪，以实证哲学为指导研究犯罪问题，不是简单地认为罪犯要犯罪所以犯罪，而是从实际的统计资料入手，运用社会学的方法考察促成犯罪的各种因素。实际的研究资料包括：其一，犯罪人类学的资料；其二，犯罪统计学资料。

第二，《犯罪社会学》通过以实证哲学为指导研究犯罪问题，不是简单地认为罪犯要犯罪所以犯罪，而是从实际的统计资料入手，运用社会学的方法考察促成犯罪的各种因素。实际的研究包括：一是犯罪人类学的资料，这些资料是从生理学、心理学角度对大量

---

〔1〕 Andrews, Bonta: Andrews, Donald Authur; Bonta, James, *The Psychology of Criminal Conduct*, 5th ed, 2010.

精神错乱和智力正常的罪犯进行直接的、连续不断的观察，基于这些资料，恩里科·菲利在一定程度上肯定了切萨雷、龙勃罗梭的天生犯罪人论，认为有人生而注定要犯罪，但在这类犯罪的比例和本质认识上，两人的分歧很大，这成为《犯罪社会学》与龙勃罗梭的《犯罪人论》的最大区别。二是犯罪统计学资料，它研究的是犯罪与自然、社会的关联性，使用大量统计资料论证了保持动态平衡的"一定的环境与犯罪数量之间的比例"即犯罪饱和法则。三是犯罪原因三元论，在这些详实资料的基础上，恩里科·菲利得出了结论，其认为促成犯罪的原因有人类学，自然和社会三种因素，这是恩里科·菲利的理论与李斯特的理论的主要区别，后者主张犯罪原因二元论。

第三，《犯罪社会学》以实证的态度寻求犯罪的解决。针对犯罪原因的研究结果，制定出犯罪的救治措施，在对大量科学数据作分析并掌握 19 世纪欧洲的犯罪规律后，《犯罪社会学》进一步以实证的态度来研究犯罪问题的解决。犯罪是不可能被根除的，但可以减少以及预防犯罪，恩里科·菲特曾态度鲜明地指出，一个国家的犯罪在自然领域受个人的生物心理状况和自然环境的影响，在社会领域受经济、政治、行政和民事法律的影响比受刑法典的影响要大得多。所以在一般预防上，《犯罪社会学》主张重点改良社会以清除犯罪的社会"病灶"，因为在犯罪原因中，只有社会因素是人类可能也可以施加影响或者控制的，从实际效果分析，刑罚对犯罪的威慑作用是很有限的。因此，犯罪社会学家应当在对犯罪及其自然起因的实际研究中寻找其他社会防卫手段，应建立犯罪精神病院来收容精神病罪犯，防止其继续危害社会，对于已犯的人注重特殊预防，对同类型的罪犯采取不同的手段，改造可以救治的罪犯，永久隔离不能救治的罪犯。

此外，紧张理论从社会结构出发寻找犯罪的原因，即犯罪不仅仅是个人的原因，社会结构的不合理也是犯罪产生的原因之一。这种独特的研究视角为我们认识犯罪的原因提供了一条很好的研究途径，值得我们学习和借鉴。自莫顿的《社会结构与失范》一文发表以来，其理论受到学界广泛的赞扬与重视，可以说是 20 世纪至今在社会学和犯罪学研究中被引用最多的论著之一，在美国社会学和犯罪学的理论研究中产生了深远影响[1]。

(二) 刑事社会学派研究的不足

刑事社会学派认为犯罪与社会环境有关，强调犯罪的发生和消灭、增加和减少，都受社会环境的影响。这种观点主张犯罪是犯人的个性与自然，尤其是社会环境（指失业、贫困、通货膨胀、居住条件恶劣、酗酒、娼妓等）的产物。他们虽也承认经济的影响，但拒绝从社会制度角度去探究犯罪原因。

刑事社会学派虽不承认天生犯罪人理论，但其仍断言有一种人，由于生理或心理上存在某种缺陷而处于犯罪的"危险状态"，特别容易受到社会上的"犯罪传染病"的传染。因此，该学派主张对这些不能矫正的"危险状态的承担者"采用不定期刑。这种"危险状态论"在垄断资本主义国家曾风靡一时，流派很多。其中最著名的有美国学者 R. 庞德主张的"预防刑法论"；德国学者李斯特、M. 利普曼（1869～1928）主张的"教育刑

---

〔1〕 吴宗宪：《西方犯罪学》，法律出版社 2006 年版，第 342～345 页。

论"等。

后来，一些帝国主义国家利用刑事人类学派和刑事社会学派的理论，废弃了刑事立法上的罪刑法定主义、罪刑相适应原则和人道主义原则。第二次世界大战前的《意大利刑法典》和希特勒修订的《德国刑法典》，就是典型例子。

由于紧张理论过于强调经验，并使犯罪理论抽象化，该理论在实际运用中饱受争议。紧张理论被认为过于一般化，其经验效果是有问题的，缺乏精确性，并不能解释在中产阶级家庭中长大的那些人的犯罪行为，而且忽略了行为中的重要个别差异。该理论没有成功地解释，为什么大多数工人阶级的青少年不进行犯罪，或者说，为什么许多少年犯罪人在他们步入成年期后，放弃了犯罪的生活方式。与紧张理论的预测相反，工人阶级青少年中的高志向，可能与后来的少年犯罪的增长趋势呈负相关；尽管一些人支持莫顿关于大多数美国人具有中产阶级目标的主张，但是其他的研究对于紧张理论的基本主张有争议。

莫顿的紧张理论虽然有缺点，但其优点和重要影响也是不可忽视的，是刑事社会学派关于犯罪的理论的重要部分，对社会结构的调整有一定的帮助。而当人们的合法目标与合法手段统一时，即不需要通过违法犯罪手段去获得自己想要的东西时，犯罪案件就能越来越少。

（三）后记

犯罪心理研究在一个很长的时间里，就像一个迷路者，时而敲刑事人类学派的大门，时而又敲刑事社会学派的大门，"借居"在这两大学派内。20世纪，犯罪心理学从犯罪学学派中挣脱出来，成为一个独立的、有影响的专门研究犯罪的学派。近几十年来，犯罪心理研究才获得了长足的发展。

技能训练

赵承熙案例分析[1]

赵承熙（Seung-Hui Cho）出生于1984年1月18日。美国移民部门的记录显示在1992年9月2日，赵承熙从底特律首次进入美国。他上一次更新绿卡的时间是2003年10月27日，目前仍然保留着韩国国籍。赵承熙的父母是一对在华盛顿经营干洗生意的韩国移民，他的姐姐毕业于普林斯顿大学，并就职于美国国务院。

赵承熙父母居住森特雷维尔社区，当地居民回忆称，赵承熙是个奇怪的年轻人。一名叫克雷格·科恩斯的邻居说，他曾看到赵承熙站在他父母的房子前，当科恩斯向赵承熙问好时，赵承熙转开头和身子。科恩斯说："他就好像是一直在跟他自己谈话一样。"住在赵承熙家隔壁的阿卜杜尔·沙什也表示，在很多年时间里，赵承熙似乎都没有任何朋友。

2007年4月16日当地时间7点15分，美国弗吉尼亚理工大学发生了美国历史上最严重的恶性校园枪击案，枪击造成32人死亡，15人受伤，枪手本人饮弹自尽，枪击案疑犯为23岁的赵承熙。有关当局至今还无法确定到底是何种原因导致赵承熙爆发并制造了校园枪击惨剧。

---

〔1〕 李玫瑾：《犯罪心理研究》，中国人民公安大学出版社2018年版，第186~194页。

与他相识多年的人都说，赵承熙不管是愤怒、沮丧或是心烦，都从来没有任何表情。他通常都轻声说话，并且完全拒绝对老师和同学敞开心扉。弗吉尼亚理工大学发言人拉里·辛克尔说，赵承熙是个"独来独往的人"，学校很难找到关于他的信息。

请根据犯罪学原理分析赵承熙犯罪的原因。

参考文献

1. ［英］吉米·边沁：《立法理论》，李贵方等译，中国人民公安大学出版社2004年版。

2. ［英］边沁：《道德与立法原理导论》，时殷弘译，商务印书馆2000年版。

3. 陈兴良：《刑法的启蒙》，法律出版社1998年版。

4. 吴宗宪：《西方犯罪学》，法律出版社2006年版。

5. ［美］唐纳德·克雷西、戴维·卢肯比尔：《犯罪学原理》，吴宗宪译，中国人民公安大学出版社2009年版。

6. ［意］恩里科·菲利：《实证派犯罪学》，郭建安译，中国公安大学出版社2004年版。

7. ［德］汉斯·约阿希姆·施奈德：《犯罪学》，吴鑫涛、马君玉译，中国人民公安大学出版社1990年版。

8. 郝守才、张亚平、蔡军：《近代西方刑法学派之争》，河南大学出版社2009年版。

9. 王政勋：《犯罪论比较研究》，法律出版社2009年版。

10. ［意］贝卡利亚：《论犯罪与刑罚》，黄风译，北京大学出版社2013年版。

11. ［英］彼得·斯坦、约翰·香德：《西方社会的法律价值》，王献平译，中国法制出版社2004年版。

12. 张明楷编著：《外国刑法纲要》，清华大学出版社2007年版。

13. 洪谦：《西方现代资产阶级哲学论著选辑》，商务印书馆1964年版。

14. 朱萱周主编：《新编犯罪心理学》，中国人民公安大学出版社2003年版。

15. 马克昌主编：《近代西方刑法学说史略》，中国检察出版社1996年版。

16. 车文博：《西方心理学史》，浙江教育出版社1998年版。

17. 罗大华主编：《犯罪心理学》，中国政法大学出版社2002年版。

18. ［意］恩里科·菲利：《犯罪社会学》，郭建安译，中国人民公安大学出版社1990年版。

［19］［德］黑格尔：《法哲学原理》，商务印书馆1982年版。

［20］［英］布莱克本：《犯罪行为心理学》，吴宗宪等译，中国轻工业出版社2000年版。

［21］［意］恩里科·菲利：《犯罪社会学》，郭建安译，中国人民公安大学出版社2004年版。

［22］李玫瑾：《犯罪心理研究》，中国人民公安大学出版社2018年版。

［23］范辉清：《罪犯心理分析与治疗》，法律出版社2015年版。

All is riddle, and the key to a riddle... is another riddle.

——Ralph W. Emerson

所有的事物都是谜团，而解开一个谜的钥匙……是另一个谜。

——拉尔夫·W. 爱默生（1803~1882，美国诗人、散文家、哲学家）

第 三 章

心理学关于犯罪心理的理论

📖 **经典案例**

药某案

2010年10月20日23时许，药某驾驶红色雪佛兰小轿车从长安校区送完女朋友返回西安，当行驶至西北某大学长安校区外西北角学府大道时，撞上前方同向骑电动车的张某，药某下车查看，发现张某倒地呻吟，因怕张某看到他的车牌号以后找麻烦，他便产生杀人灭口之念，遂转身从车内取出一把尖刀，上前对倒地的被害人张某连捅数刀，致张某当场死亡。杀人后，药某驾车逃离现场，当车行至郭杜十字时再次将一对情侣撞伤，逃逸时被附近群众抓获，药某矢口否认后被公安机关释放。

2010年10月23日，药某在其父母陪同下到公安机关投案。经法医鉴定：死者张某系胸部锐器刺创致主动脉、上腔静脉破裂大出血而死亡。

古书曾记载这样一个故事：一个人走在街上，看到桌子上放了一块金子，他立刻把金子放到自己的口袋，然后离开；金子的主人看到很吃惊，立刻把这个人抓获报官。审问该人时，该人的回答令人啼笑皆非：他当时只看到金子，没有看到人。这个人的心理深处就是十分爱财，以至于看到金子就突然不由自主的忘乎一切了。

另外一个例子，是某地一房子着火了，大家都拼命往外跑，但一个人不知道为什么冒着生命危险拼命往房子里钻。他并非去救人，而是瞬间决定趁乱去拿值钱的东西。这种趁乱取财的内心冲动，会在特殊情况下发作，而平时不会有明显表露。

犯罪心理分析

药某驾车肇事后，发现受害人看到自己并在记车牌，在几秒内做出了杀人的决定，这与只看到金子没有看到人而作案的心理同样属于潜意识犯罪行为。

📖 **经典视频**

《爱德华大夫》又名《意乱情迷》，是美国好莱坞早期的一部黑白影片，由著名悬疑大师希区柯克执导，1944 年制作完成，1945 年上映。这是一个有关心理分析的惊险故事，是电影史上第一批以精神分析学为主题的影片之一，上映后曾引起很大的争议。

影片主要讲述了这样的一个故事：精神病院的默奇逊院长即将退休，接手的是年轻有为的爱德华大夫。医院里年轻漂亮的女医生彼特森和他相爱，然而竟发现眼前的爱人不是爱德华大夫，而真实的爱德华的秘书，还前来指出这个冒牌人士是杀害爱德华的凶手。

面对爱人扑朔迷离的身份，彼特森始终无法相信他是杀人凶手，然而默奇逊院长却用精神分析法印证了"事实"。更为棘手的是，这个假爱德华也相信自己有罪，他甚至不知道自己是谁，也不知道经历过的事情。

彼特森对自己的判断非常坚持，她决定要帮他找出事件真相。在警察的追捕下，她带他逃到了心理分析教授的家中，展开了一连串精彩的心理分析过程，他童年的阴影和爱德华大夫被杀的真相渐渐浮出水面。

原理与技能

- 心理动力学关于犯罪理论
- 学习心理学关于犯罪理论
- 人本主义心理学关于犯罪理论
- 认知心理学关于犯罪理论

犯罪心理分析的理论依据不仅涉及犯罪学的相关理论，同时也涉及心理学的相关理论。因此，分析犯罪心理，需要了解心理动力学、行为主义学习、人本主义和认知心理学理论。

心理学最初是哲学的一部分，到 19 世纪末才成为一门独立的学科。德国生理心理学家冯特（W. Wundt，1832~1920）于 1879 年在莱比锡组织建立了第一个心理学实验室，并出版了《实验心理学》一书，标志着心理学从哲学中解放出来，成为一门独立的科学。

阿尔弗莱德·比纳（Alfred Binet，1857~1911）和维克托·亨利（Victor Henry）从 1895 年开始研究了整个个人发展方向的心理过程。威廉·斯特恩（William Stern，1871~1938）于 1900 年出版发行了《论个人的心理差别》和《分解心理及其方法论基础》。英国著名心理学家法兰西斯·高尔顿（Francis Galton，1822~1911）是第一个解释个人行为（包括偏差行为）的学者，他从遗传学的观点出发，并首先运用统计方法，研究了个体心理特征和团体心理特征。这一时期，美国心理学家进行了大量的心理实验，并借助于独立的标准来评价实验结果。这些研究为心理学作为一门独立研究个体以及个体对周围环境的反应学科奠定了基础。此后，传统心理学进入了繁荣时期。在现代心理学体系中，心理动力学精神分析、行为主义学习、人本主义和认知心理理论占据独特的地位，它们与犯罪心理学的理论、实践密切相关。

心理学在取得了自己独立的学科地位以后，开始了向其他学科的渗透，也开始了自身的分化过程。这种分化过程，导致了一系列分支心理学的产生。犯罪心理学就是心理学分化出的一门学科。

20 世纪 20 年代之后，心理学向犯罪研究的渗透，促使心理学家涉足研究犯罪领域，运用心理学的理论与方法研究犯罪。最初，这种研究限于犯罪人心理的过程与特征，以及犯罪心理生成机制，即称之为狭义犯罪心理的研究；近几十年来，犯罪心理研究已从对犯罪人心理的研究，扩大到对各种违法犯罪以及受害人、侦查人员的心理研究，即称之为广义犯罪心理的研究。犯罪心理的研究不断扩大着自己的领域，不断进行分化，如今青少年犯罪心理、暴力犯罪心理、经济犯罪心理、性犯罪心理以及审讯心理、审判心理、罪犯改造心理、警察心理、侦查心理等已经成为广义犯罪心理研究的分支内容。

第一节　精神分析理论

精神分析学派是由奥地利精神病学家 S. 弗洛伊德（Sigmund Freud，1856~1939）在 19 世纪末 20 世纪初创立的一个影响较大的心理学学派。弗洛伊德本人也曾对犯罪心理的产生进行过分析。一批犯罪学家、心理学家，如奥古斯特·艾希霍恩（August Aichhom，1878~1949）、威廉·希利（William Healy，1869~1963）、约翰·鲍尔比（John Bowlby，1907~1990）、弗里茨·雷德尔（Fritz Redl，1902~）以及戴维·亚伯拉罕森（David Abrahamsen）等人运用精神分析学的概念、理论和方法来研究犯罪心理问题，提出了很多富有启发性的观点，形成了现代犯罪心理研究的一个重要领域，并且曾在一个时期内成为现代犯罪心理研究的主流。

一、精神分析学派基础理论[1][2][3]

作为精神分析学派的创始人，弗洛伊德以人的潜意识（无意识）为研究中心，把心理学的研究带进了人的深层精神世界，为现代心理学展现出一个全新的领域。他的精神分析学说主要包括潜意识理论、人格结构理论、性心理发展理论等。

（一）潜意识理论

潜意识理论是弗洛伊德精神分析理论的基础。弗洛伊德在早年用催眠术治疗癔病时，发现求助者在催眠状态下会把一些遗忘了的心理创伤事件再现出来，同时伴有生动的情感表露，事后其病状得到缓解，甚至消失。基于发现的这些现象，弗洛伊德提出了潜意识和压抑概念，并认为心理冲突深藏在潜意识中。

弗洛伊德把人的整个心理活动分为三部分，即意识、前意识和潜意识。

潜意识（unconsciousness），也叫无意识，是人格结构最深层的部分，包括人的原始冲动和各种本能、通过种族遗传得到的人类早期经验、个人遗忘了的童年经验和创伤性经

---

〔1〕范辉清主编：《罪犯心理分析与治疗》，法律出版社 2015 年版，第 243~249 页。

〔2〕［奥］弗洛伊德：《精神分析引论》，高觉敷译，商务印书馆 1984 年版。

〔3〕钱铭怡：《心理咨询与心理治疗》，北京大学出版社 2016 年版，第 119~126 页。陈少华主编：《人格心理学》，暨南大学出版社 2010 年版，第 63~70 页。

验、不合伦理的各种欲望和感情。这些冲动和欲望不为风俗习惯、伦理道德和宗教法律所容，往往会被排斥或压抑在意识之外，但并没有被消灭，仍在不自觉地积极活动，追求满足。弗洛伊德认为，潜意识不仅是心理的深层基础和人类活动的内驱力，它决定着人的全部有意识的生活，而且也是一切心理疾患产生的深层基础。许多神经症（如癔症、抑郁症、焦虑症、强迫症、恐惧症等）的病因在于压抑到潜意识内的某些本能欲望、意念、情感、矛盾情绪与精神创伤等因素在作怪。

意识（consciousness）是人清醒知觉的思想和情绪等，是随时可以观察到的心理现象。它负责调节进入意识的各种印象，压抑心理中那些先天的、兽性的本能和欲望。

前意识（preconsciousness）处于潜意识和意识之间，由没有浮现出意识表面，但通过努力能够回忆起来的主观经验组成。前意识担负着"检查员"的任务，不允许潜意识的本能和欲望随意侵入意识之中。但是，当"检查员"丧失警惕时，如做梦，被压抑的本能或欲望也会通过伪装而迂回地潜入意识。

弗洛伊德认为对潜意识认识的意义远超过意识和前意识。意识仅仅是人的整个精神活动中位于表层的一个很小的部分，只代表人格的外表方面，潜意识才是人的精神主体，处于心理深层。潜意识是个体力量的源头，也是性冲动和感情经验的起源。这些潜意识虽然受到压制，但它们不断地为得到自我满足而斗争。

弗洛伊德认为，潜意识的罪恶感可能会引起犯罪或其他不良行为的发生。弗兰茨·亚历山大（F. G. Alexander，1891~1964）和威廉·希利对一个8岁开始盗窃的惯盗男孩的精神分析中发现，这个男孩的盗窃活动主要是由非理性的、情绪性的和潜意识的动机决定的，而非理性的牟利动机所决定的。在其结论中有如下的分析：①他对母亲有着强烈的寄生性（口唇接受性）依恋；对强壮的哥哥有着强烈羡慕和依赖，在潜意识中，他对哥哥形成了一种独特的被动的女性态度。②他的盗窃是摆脱对哥哥产生的罪恶感的一种手段。他帮助哥哥，为了哥哥而让自己遭受危险，甚至为哥哥而进入看守所，从而消除其罪恶感。③他的盗窃也是对母亲的一种怨恨反应，具有潜意识的意义："如果你只是对哥哥表示感兴趣和爱，而不对我表示感兴趣和爱，那么，我就当一个犯罪的人，让你丢脸，对你进行报复。同时，如果你不把你的爱给我，也不在我需要支持的时候支持我，那么，我就通过武力和抢劫来获得我所需要的东西。"[1]

这一案例充分体现出了潜意识（包括潜意识的"恋母情结"和潜意识罪恶感）在罪犯进行犯罪活动时所具有的支配力量。

（二）人格结构理论

1. 本我、自我与超我。为进一步揭示潜意识的本质，尤其是在此基础上形成的人格差异，弗洛伊德提出了本我、自我和超我的人格结构说。

本我（id）是原始的、与生俱来的，它是人出生时人格的唯一成分，也是建立人格的基础。本我是潜意识的，是人格中最原始、最模糊和最不易把握的部分，它是由一切与生

---

〔1〕 吴宗宪主编：《中国服刑人员心理矫治》，法律出版社2004年版，第10页。

俱来的本能冲动所组成的。"本我是贮藏心理能量的地方，混沌弥漫，仿佛是一口本能和欲望沸腾的大锅。"[1] 本我是非道德的，是本能和欲望的体现者，为人的整个精神活动和人格活动提供能量，强烈地要求得到发泄的机会。本我的活动遵循着"快乐原则"，追求快乐，逃避痛苦。

自我（ego）是意识结构部分，是人通过后天学习和接触环境而发展起来的。本我不能直接接触现实世界，为了促进个体与现实世界的交互作用，必须通过自我。个体随着年龄的增长，逐渐学会了不能凭冲动随心所欲，他们逐步考虑后果，考虑现实的作用，这就是自我。自我的活动遵循"现实原则"，它既是从本我中发展出来，又是本我与外部世界的中介。自我与本我的关系如骑士和马，马提供能量，而骑士则指导马的能量朝着他想去的道路前进。也就是说，自我不能脱离本我而独立存在，然而由于自我联系现实，感知和操纵现实，于是自我能参考现实来调节本我。自我按照现实原则进行操作，现实地解除个体的紧张状态以满足其欲望。因此，自我并不妨碍本我，而是帮助本我合理地获得快乐和满足。

超我（superego）是人格中专管道德的部分，是道德化了的自我。它是从儿童早期体验的奖赏和惩罚的内化模式中产生的，即根据父母的价值观，儿童的某些行为因受到奖赏而得到促进，而另一些行为却因被惩罚而受到阻止。这些经验逐渐被儿童内化，当自我控制取代了环境和父母的控制时，超我得到了充分的发展。充分发展的超我包括"良心"和"自我理想"两部分。超我的活动遵循"道德原则"，主要功能是控制行为，使其符合社会规范的要求。

弗洛伊德认为自我就像是在外界现实、超我和本我三个暴君统治下的臣民，要满足专横的本我的无限欲求，要应付严酷的现实环境，还要遵循超我的神圣规范。自我在三个暴君之间周旋，力求服侍好它们，而且要使它们的要求和需要相互协调。通常情况下，本我、自我和超我是处于协调和平衡状态的，从而保证了人格的正常发展，如果三者失调乃至破坏，就会产生神经病，危及人格的发展。

根据弗洛伊德的观点，人格结构的不平衡可能会导致个体的行为与社会现实规范发生冲突，从而导致违法犯罪行为的产生。例如，成瘾行为的出现，很可能是由于成瘾求助者的自我比较脆弱或受损。其在处理本我的内驱力上，未能发挥出适当的内在控制，这使得他们必须依赖外在的环境（如酒精及药物）才能满足心理上的需求。随着时间流转，成瘾求助者对这些外在控制的依赖会越来越严重，同时他们的自我也会因此逐渐失去功能。人格结构的不平衡导致个体行为与社会现实规范冲突，典型的有本我力量完全掌控了自我和超我力量畸形发展两种情况。第一种情况中的行为人会不顾现实条件而追求本我欲望的满足，其自我在本我的掌控下，失去了平衡本我与超我、现实的力量，从而不顾社会规范和道德准则的要求而一味满足本能欲望，造成违法犯罪行为的产生。第二种情况同样也会导致犯罪行为的产生。例如，神经症犯罪人就有一种惩罚性的超我，其潜意识的愿望是追求

---

〔1〕 ［奥］弗洛伊德著：《精神分析引论新讲》，苏晓离、刘福堂译，安徽文艺出版社 1987 年版。

法律的制裁。为了追求刑罚惩罚，从而得以减轻其内心的过度道德谴责的压力，其可能会主动犯罪，并在犯罪之后主动投案自首。

2. 焦虑与自我防御机制。根据弗洛伊德的人格结构理论，自我同时服侍着外界现实、超我和本我三个严厉的主人，而且要使它们的要求和需要相互协调，因此"它感到自己在三个方面被包围了，受到三种危险的恐吓"，"如果它难以忍受其压力，就会产生焦虑作为反应"。

弗洛伊德认为人有三种焦虑。第一种是现实焦虑，是人觉察到外部世界中存在的现实危险而产生的焦虑。第二种是神经质焦虑，是担心对本我失去控制而产生的焦虑。这一焦虑不是对本我本身的恐惧，而是害怕本我不分青红皂白的冲动会带来惩罚性的后果。第三种焦虑是道德焦虑，是由于意识到自己的思想、行为不符合道德规范而产生的焦虑。道德焦虑随着一个人超我发展水平的不同而不同。

焦虑反映了人格系统的不平衡状态，因此其出现是人格系统不平衡的信号，提醒自我需要采取措施以应对危险。焦虑对人有积极的一面，但是如果焦虑水平过高，持续时间过长，人无法忍受，则会导致精神病症和人格分裂。因此，自我发展了许多保护性的机制以避免或减轻焦虑，这些机制就是"自我防御机制"（ego defense mechanism）。常见的自我防御机制主要有以下几种：

（1）压抑（repression）。压抑是自我防御机制中最基本的一种。从清醒的意识中把一切引起焦虑的欲望、冲动排挤到潜意识中去，并使个人意识不到其存在的就是压抑。被压抑的冲动与欲望并未消失，其仍在潜意识中积极活动，寻求机会得到满足。

（2）投射（projection）。投射是把自己真实存在的，但若承认就会引起焦虑的事转嫁于他人。如恨媳妇的婆婆常说媳妇恨自己等。

（3）否认（denial）。否认是指有意识或潜意识地拒绝承认那些使人感到焦虑痛苦的事件。如悲痛欲绝的人拒绝承认亲人的亡故，仍坚持说其未死。

（4）合理化（rationalization）。合理化，又称文饰作用，是指用错误的推理使引起焦虑的不合理的行为合理化。

（5）反向形成（reaction formation）。反向形成是用过分夸大的相反举动来压抑激起焦虑的冲动。

（6）替代（displacement）。替代是因某事物而起的强烈情绪和冲动不能直接发泄到这个对象上去，就将这些情绪转而移到另一对象。如找个"替罪羊"发一通脾气。

（7）升华（sublimation）。升华是把为社会、超我所不能接受、不能容许冲动的能量转化为建设性的活动能量。

（8）退行（regression）。当遭遇挫折和应激时，心理活动退回到较早年龄阶段的水平，以原始、幼稚方式应对当前情景。

（9）固着（fixation）。心理未完全成熟，停滞在过去的某一心理发展水平。

自我防御机制是对付焦虑的非理性形式，其歪曲、掩盖和否认现实，这些方法虽有助于减轻焦虑，但同时也阻碍了人格发展。如果自我不能用理智的方法来消除或减轻焦虑，它就不得不利用自我防御机制。

（三）人格发展理论

1. 人格发展的动力。弗洛伊德认为，人体是一个能量系统，其中操纵人格三部分结构运转和作用的能叫心理能。人格获得的能量是一定的，能量可以在人格系统中转移。人格的动力状态是由能量在本我、自我和超我整个人格中的不同分布决定的，而一个人的行为则取决于其所具有的动力状态。如大部分能量被超我控制时，其行为就具有很高的道德性；大部分能量被自我所支配时，其行为就具有很强的现实性；大部分能量还停留在本我时，其行为就具有冲动性。人格所拥有的一切能量都来自本能，是整个人格结构系统的动力基础。

本我所拥有的能量有多大呢？弗洛伊德认为有多少种本能就有多大能量。那么，人到底有多少种本能呢？弗洛伊德认为各种本能归根结底可分为两类：生存本能和死亡本能。

一切与生命保存有关的本能都为生存本能，与生存本能相对应的一切心理能量称为"力比多"（Libido）。在研究早期，弗洛伊德把力比多等同于性本能的能量，但其后期作了修正，扩大了"力比多"外延，包括了饥饿、渴等所有与生命延续有关的本能能量。

在早期，弗洛伊德认为人的本能只有生存本能，但在目睹第一次大战中人类的残酷血腥暴力之后，其提出了死亡本能作为生存本能的补充。他认为人类的攻击、破坏欲望是死亡本能的一种表现形式，人的攻击和破坏行为是本能的外化。死亡本能是原始的毁灭他人也是自我毁灭的冲动。死亡本能可以派生出攻击、被破坏、战争等一切毁灭行为。当死亡本能指向机体内部时，会导致个体的自责，甚至自伤自杀；而当它指向外部世界时，则会导致对他人的攻击、仇恨、谋杀等犯罪行为。

2. 人格发展的内容。弗洛伊德的人格发展理论是以其泛性论思想为基础的，他认为人格发展和性心理发展是同一过程。他认为，性欲的发展，根源在于身体的紧张状态，多集中在身体的某些部位，称为动欲区。动欲区在发展早期是不断变化的，据此，他将人格发展分为口唇期、肛门期、性器期、潜伏期和生殖期五个时期。

在人格发展的每个阶段都有与性有关的特殊的矛盾冲突，人格的差异与个人早期发展中解决性冲突的方式有关。如果某一时期的矛盾没有得到顺利解决，性的需求没有满足或过度满足，儿童就会在以后一直保持这个时期的某些行为，即"停滞现象"。"停滞"与"退行"紧密联系，"退行"是指当个人受到挫折或焦虑时，他就会返回到早期发展阶段，出现幼稚行为，如哭泣、抽烟、酗酒等。一个人一旦发生退行现象，他总是倒退到他曾停滞的那个发展阶段。

（1）口唇期（Oralstage，0~1岁）：动欲区是口唇。在口唇阶段的初期（0-8个月），快感主要来自唇与舌的吮吸活动，吮吸本身可产生快感。"停滞"在口唇阶段初期的人可能会从事大量的口唇活动，诸如沉溺于吃、喝、抽烟与接吻等，这种人的人格被称为口欲综合型人格。在口唇期的晚期（8个月~1岁），体验的感受部位主要是牙齿、牙床和腭部，快感来自撕咬活动，"停滞"在口唇阶段晚期的人会从事那些与撕咬行为相等同的活动，如挖苦、讽刺与仇视，形成口欲施虐型人格。

（2）肛门期（Analstage，1~3岁）：动欲区在肛门区域。在这一时期，儿童必须学会控制生理排泄，使之符合社会的要求。在肛门期，快感主要来自对粪便的排出与克制，如果这一时期出现停滞现象，可使人格朝着慷慨、放纵、生活秩序混乱、不拘小节或循规蹈矩、谨小慎微、吝啬、整洁这两个方向发展，形成"肛门排泄型"或"肛门滞留型"人格。

（3）性器期（Phallicstage，3~6岁）：动欲区在生殖器区域。它是弗洛伊德发展阶段理论中最复杂和争议最大的阶段。在这个阶段里，最显著的两个行为现象是"恋亲情结"和"认同作用"。恋亲情结因儿童性别的不同有"恋母情结"和"恋父情结"之分。男孩子到了这个年龄，一方面，会开始对自己的母亲产生一种爱恋的心理和欲求，同时又有消除父亲以便独占母亲的心理倾向。在另一方面，男孩子由于上述的一些想法而产生"阉割恐惧"，害怕自己的性器会被父亲割掉。为了应付由此产生的冲突和焦虑，男孩子终于抑制了自己对母亲的占有欲，同时与自己的父亲发生认同作用，学习男性的行为方式，这对个人的成长和社会化极为重要。弗洛伊德认为，与此类似的心理过程和行为反应也在女孩子身上发生，这就是所谓的"恋父情结"。女孩子最后也与母亲发生认同作用，而开始习得女性的行为方式。

（4）潜伏期（Latentstage，7岁至青春期）：在这个时期，儿童对性器的兴趣逐渐消失。这种情形的发生可能与儿童因年龄增大而其生活圈也随之扩大有关。儿童到了这个年龄，他们的兴趣不再局限于自己的身体，其对外界环境也逐渐有了探索的倾向。因此，这个时期的行为少有与身体某一部位快感的满足有直接关系。

（5）生殖期（Genitalstage，青春期以后）：到了青春期，随着生理发育的成熟，于是进入人格发展的最后时期——生殖期。在这个时期，个人的兴趣逐渐地从自己的身体刺激的满足转变为异性关系的建立与满足，所以又称为两性期。儿童这时已从一个自私的、追求快感的孩子转变成具有爱异性权力的、社会化的成人。弗洛伊德认为这一时期如果不能顺利发展，儿童就可能产生性犯罪、性倒错，甚至患精神病。由于弗洛伊德重视早期经验，所以他对潜伏期和生殖期没有进行较多论述。

弗洛伊德认为成人人格的基本组成部分在前三个发展阶段已基本形成，所以儿童的早年环境、早期经历对其成年后的人格形成起着重要的作用，许多成人的变态心理、心理冲突都可追溯到早年期的创伤性经历和压抑的情结。当成人的变态心理和心理冲突的外化并与社会规则冲突的时候，就容易产生犯罪行为。

（四）神经症的心理病理学说

1. 症状的意义。弗洛伊德研究的主要心理障碍是神经症。他认为，神经症的症状都有其各自的意义，都与求助者的内心生活有一定关系。"神经症的症状是性的满足的代替物。症状既可以达到性欲满足的目的，也可以达到禁欲的目的。"

弗洛伊德认为，神经症症状是被压抑到潜意识（无意识）中的欲望寻求满足的曲折的表现，是压抑与被压抑的两种势力相妥协的结果。也就是说，当被压抑的本能欲望得不到真正的满足时，其就以症状的形式得到某种替代性的满足，由于症状并不是本能欲望赤裸裸的实现，因此超我也就不予以干涉。

2. 神经症的心理病理学说。精神分析说认为，焦虑是理解神经症的关键所在。

根据人格结构理论，本我中的本能欲望和冲动无时无刻不在寻求满足和表现，而自我同时要协调本我、超我及现实这三方的利益，必然要对寻求满足的本能欲望与冲动加以压制。当自我足够强大时，心理防御机制中的压抑机能能够获得成功；但当自我力量不足以压抑强大的本能冲动时，就会产生神经症性的心理冲突。为解决这一冲突，自我会采用心理防御机制对本能冲动予以化装或扭曲，使之以神经症症状的形式表现出来，从而使力比多得以宣泄，也使自我避免了焦虑。

由于自我所恐惧的本能冲动处于潜意识领域，其难以察觉到正处于潜意识领域中的意识，并知悉其恐惧的真实对象，因此自我所体验到的焦虑是一种"莫名的恐惧"，而这种焦虑又被神经症的症状所取代，因此求助者是无法意识到症状的原因所在的。通过精神分析的治疗，求助者找到病症的真正原因，才有消除症状的可能。

3. 早期经验的影响

精神分析学认为，个体的心理问题都有其童年期的根源。尤其是个体 0~6 岁的经历被视作是个体后来产生心理冲突的源头。具体来说，精神分析治疗者认为求助者不能自然地给予和接受爱，在认知和处理自己的情感，如生气、怨恨、愤怒、仇恨、敌对等情绪时存在困难，不能把握自己的生活、解决独立与依赖之间的矛盾，难以脱离父母成为一个独立的人，既需要亲密感又害怕和他们亲密，在自我性别认同上存在困难，在性方面有罪恶感等，都有其早期经历的根源。

当然，有观点认为精神分析学只注重过去经历，"像考古学家一样在挖掘过去的东西"，这是一种误解。事实上，精神分析同样关注求助者当前的状况。正如洛克（Locke，1961）提出的："精神分析团体治疗就是在过去和现在、现在和过去之间来回切换……此过程中最重要的是治疗师要把握好时机，通过对过去经验的挖掘来体察目前的状态与过去的联系，发现过去的创伤事件对后来个体病态行为模式的影响"。

二、弗洛伊德关于犯罪理论

面对 19 世纪欧洲时期突出的神经官能症的现状，弗洛伊德在临床实践的基础上，提出了以潜意识、本我、性本能、防御机制为研究对象，以潜意识理论、人格结构、性本能心理学及发展阶段理论、心理疾病治疗理论为核心的精神分析心理学。

弗洛伊德对人类的巨大贡献在于他创立了精神分析理论，他虽没有系统地研究犯罪行为，但是在弗洛伊德的许多著作中都涉及对犯罪问题的分析。1915 年，他在"由于罪恶感而犯罪的人"一文中，初次应用精神分析学的观点解释犯罪问题，为犯罪学中精神分析学流派的形成奠定了基础[1]，这对犯罪心理研究产生深远影响。

弗洛伊德认为，人们的大多数行为都是心理动机斗争的结果，是人自己意识不到的心理动力原因所导致的。人所具有的原始本能、欲望和冲动，受社会道德、法律、文明的约束；当其得不到满足时，这些欲望和本能就会被压抑到潜意识当中去。但是，这些欲望和冲动并没有因此而消失，而是在潜意识领域中积极地活动，不断地寻求出路，以各种各样的方式去寻求满足。这种潜意识中的原始本能、欲望、冲动与现实社会道德伦理、法律规范、社会文明之间的矛盾和冲突是产生各种精神症状、神经症状和心理过失的根源。弗洛伊德认为，人的任何言行，都是由事先的过程决定的，有些是由潜意识的动机引起的。心理和行为异常的根源在于潜意识中的矛盾冲突。弗洛伊德对于犯罪行为的分析，主要涉及以下几个方面：

（一）本能与犯罪

本能论是弗洛伊德精神分析理论的一个重要组成部分，在论及人类的本能时，弗洛伊德讨论了犯罪问题。他认为，人类社会中犯罪的根源在于人与生俱来的本能，因为犯罪就是违反了为了文明的存在而制定的各种禁律，而这种禁律是违反人类本性的。弗洛伊德强调心理性阶段的发展（口唇期、肛门期、男性生殖器期、潜伏期、女性生殖器期等），他认为人的一生就要经历这些阶段，在某一期间，强烈的本能（如性欲和争斗欲）和培育中的因素（如便盆训练程序、父母对性的态度和亲密的程度）有重要的互相影响力。幼儿时期对人性结构和变化过程的限定起到决定性、持久性的重要作用；前三个阶段——口唇期、肛门期、性器期（特别是男性生殖器阶段）——是最重要的，也是对以后的人格发展影响最强烈的。性本能与犯罪有关。弗洛伊德认为，性本能是人类最强大的本能之一，性欲的力量必然会严重地冲击文明社会为限制它而制定的各种禁律。儿童恋母（父）情结的存在，就意味着他们在心理上很早就有这种反对文明的乱伦倾向。按照弗洛伊德的看法，儿童是作为犯罪者出生的，只是由于他们没有行为能力和责任能力，他们的暴力破坏、攻击行为才不被认为是犯罪。一旦他们长大成人，他们的上述行为就会被社会视为犯罪。

弗洛伊德到了晚年认为，心理的发展动力是死亡本能，死亡本能转向外部世界，常常就以攻击本能和破坏本能的形式出现。人类本能中对这种攻击性和破坏性的肆意满足就会导致犯罪。人类历史自从产生了阶级社会后就持续存在着违法犯罪等现象。从本质而言，各种各样的违法犯罪现象都是与人类的攻击行为有着直接的联系。关于人类的攻击行为，弗洛伊德认为这一倾向是人类与生俱来的本性，是死亡本能的产物。然而，他建议通过在人们之间建立情感联系和通过加强人们的有意识的理智和控制功能，侵犯冲动可以被转向为社会建设性的活动（即可以被升华）。弗洛伊德认为，尽管存在这些可能控制天生攻击倾向的手段，但总的来说，对文明制度有效解决攻击问题而言，他存有悲观倾向。

---

〔1〕　吴宗宪：《西方犯罪学史》，警官教育出版社1997年版。

（二）心理结构与犯罪

1. 潜意识与犯罪

弗洛伊德认为，犯罪行为的产生与其深层心理结构有着极为密切的联系。弗洛伊德将人的心理分为三个层次：即潜意识（无意识）层、前意识层和意识层。他认为潜意识（无意识）层主要由人类的各种欲望和犯罪意念构成，这些内容常常被压抑到意识的表层下面；前意识层主要是指处于人类意识之外，随时可以回忆起来的那部分心理内容，如对惩罚的体验和痛苦的经历等；意识层则主要是指人类最常意识到的那部分心理内容，如自尊心、愿望、理想等。在弗洛伊德看来，个体之所以会实施犯罪行为，主要是由于潜意识（无意识）层中的动物性本能冲动冲破了前意识的抑制和阻碍，进入了意识领域并占据支配地位，从而将其所携带的各种野蛮、自私、残忍和非正常冲动及欲望释放出来，外化为犯罪行为。

2. 潜意识动机与犯罪

对犯罪人犯罪行为的分析不仅应注意他们的有意识动机，还应注意他们的潜意识（无意识）动机。有些精神分析学观点甚至把某些犯罪行为模式看成是潜意识（无意识）动机的象征性反应。例如，一个持枪抢劫犯使用武器，被看成是缺乏男子气概的反向作用，枪被看成是男子气概的象征。当他说"举起手来"时，他是在用象征性的方式弥补其潜意识（无意识）的男子气概缺乏感。入室盗窃犯罪被看成是潜意识（无意识）的强奸欲望的替代性反应。美国精神病学家弗兰茨·亚历山大对一位女偷窃狂的潜意识（无意识）犯罪动机的精神分析，使法官相信了他的解释，对这个女孩判了缓刑，并规定她继续接受精神分析的治疗。亚历山大和希利对一名惯窃进行精神分析后发现，这名犯罪人的犯罪行为掩藏着下述四种潜意识（无意识）动机：①对自卑感的过度补偿；②摆脱罪恶感的企图；③对他母亲的怨恨反应；④追求对在监狱中过无忧无虑生活的依赖倾向的直接满足。[1]

3. 罪恶感与犯罪

潜意识（无意识）罪恶感是弗洛伊德精神分析理论中一个重要的概念。在人格发展过程中，由于力比多的固着与倒退，个体对父母产生了不正常的恋母（恋父）情结，使其在超我的作用下产生了很深的潜意识（无意识）罪恶感，这种罪恶感可能引起犯罪或其他不良行为的发生。对这些人来说，当犯罪发生并得到应有的惩罚之后，他们倒会感到欣慰和心满意足。弗洛伊德在《自我与本我》中写道："潜意识（无意识）罪恶感的增长会使人们成为犯罪人，这一发现是令人惊讶的。但这毫无疑问是一个事实。在许多犯罪人身上，特别是在青年犯罪人的身上，人们可能发现在犯罪以前就存在着非常强大的罪恶感，所以罪恶感不是犯罪的结果，而是它的动机。"显然，弗洛伊德对罪恶感与犯罪的关系的看法是独特的，他认为是犯罪人的罪恶感导致了犯罪。弗洛伊德颠倒了通常的犯罪因果关系。通常情况下是犯罪人实施犯罪行为后产生罪恶感，而在弗洛伊德看来，犯罪人的罪恶感产生在犯罪行为实施前。弗洛伊德揭示了犯罪人深层的潜意识（无意识）犯罪动机，尽管其

---

〔1〕 Franz Alexander（1948）Funlamentals of Psychoanal ysis，w. w. Norren & company. Inc. NewYork. 75~96.

带有明显的唯心主义倾向，但是，他把潜意识（无意识）引进犯罪动机领域是有创新意义的，这使分析一些动机不明的犯罪有了新的认识途径，并为惩罚犯罪人提供了新的心理分析方面的基础。

4. 人性与犯罪

对于人类本性，弗洛伊德基本上作了消极性的设想。弗洛伊德在《文明及其不满》中指出，人类是低级"野兽"，只有文明进程可以控制其放纵的欲望和破坏性；个人的心理问题并未因社会化而解决，因为社会进程与人类本能的追求自私的趋势相抵触，它仍会继续造成不同程度的压力。潜意识总是与现代社会的控制规则和标准发生冲突。

5. 情绪等心理因素与犯罪

弗洛伊德把情绪问题、精神疾病看作主要是由于潜意识的愿望与社会要求的矛盾所引起的植根于内部的问题，甚至，它与外显的犯罪行为之力量是同性质而方向不同的。文明社会中的人类一直承受情感冲突及显示于各种各样行为上的紧张状况。人的内部原动力十分重要，最初这些原动力源于本能冲动，但是外部世界对内心运转仍然有影响，同时使其更复杂。心理治疗正是要尝试找到问题的潜意识根源，也就是说，通过治疗使个体可以现实地适应内心冲动和外部环境。当然，按照精神分析理论，其对于犯罪者的心理行为矫治技术也是遵循着系统的精神分析的方法进行，只是与一般心理失调的侧重点有所不同。其对于犯罪者的心理意向的改造更多的是注重其反社会性个性、情感与行为倾向。

（三）人格结构与犯罪

弗洛伊德及其学生荣格修正了意识层次理论，在潜意识（无意识）概念的基础上提出了一种新观点，即新精神分析理论，又称"三部分人格结构说"，该理论将人的精神面貌统称为人格，认为人格分为三个层次，这就是"本我""自我""超我"。本我（ID）由一切与生俱来的本能冲动所组成，它按"快乐原则"活动，盲目追求各种欲望的满足。自我（Ego）是现实化了的本我，它在现实的锤炼、陶冶之下按"现实原则"活动，避免痛苦，求得满足，并控制和压抑着本我的各种冲动和欲望。超我（Superego）是道德化了的自我，是人格的最高级、最文明的部分，它按"至善原则"行事，压抑本能活动。弗洛伊德等人进一步指出，人类之所以会实施犯罪行为，一是由于自我和超我缺失而无法控制本我的冲动，这主要表现为罪恶感、正义感以及对诱惑的抗拒能力的缺失，导致人们无限制地寻求欲望的满足，不能正确地评价自我的行为和社会现实。在这种情况下，本我中所隐藏的各种自私、乖戾、残暴的冲动和欲望会轻而易举地被释放出来，产生各种犯罪行为。二是由于本我的力量过强，自我和超我的力量过弱，从而导致本我的冲动力与自我和超我的控制力之间出现失衡状态，使本我冲破自我和超我的阻碍，并在人格结构中占据支配地位，由此便导致了人类的各种犯罪行为。综上所述，我们可以发现，精神分析理论非常强调人类原始本能在犯罪行为中的激发作用。

弗洛伊德认为，虽然本我中的原始本能是犯罪的根源。但是，在一般情况下，人们并不会去实施犯罪。人格中的自我和超我是人的行为中两个重要的控制系统，人们会根据现实社会道德法律的要求约束控制自己。如果自我和超我存在缺陷，已有的道德观念无法抵御本能冲动的诱惑，或者本我的力量过于强大，压倒了现实原则所带来的抑制力量，就可能导致犯罪行为的发生。弗洛伊德用人格结构理论来解释犯罪，对后继者用精神分析理论阐释犯罪产生了很大的影响。

弗洛伊德把人格分为本我、自我和超我三个部分，本我是犯罪的内在因素，自我和超我是约束本我的两个控制系统，因此犯罪行为是否发生与犯罪人的自我和超我的发展密切相关。

后继的精神分析学者对犯罪人的自我和超我进行了详细的分析：

1. 犯罪者的自我及其特征。艾希霍恩很早就开始了对犯罪者的不完善、不成熟的自我进行分析，在用精神分析理论探讨少年犯罪问题之后，他提出了"潜伏性少年犯罪"的概念。艾希霍恩认为，初生婴儿是一种不合群的动物，家庭教养的作用就在于随着他们的成长，使他们从不合群的状态中摆脱出来，进入到适应社会的状态。在这个过程中，儿童与父母的关系十分重要。如果儿童没有与父母产生情感依恋，没有经历认同父母的人格特点的心理过程，没有学会像父母那样的心理控制能力和恰当的行为方式，就会使他们具备犯罪的倾向，随时都有可能犯罪。这种状态被艾希霍恩称为"潜伏性少年犯罪"。具备潜伏性少年犯罪状态的青少年具有这样的人格特征：①以冲动性方式寻求需要的即刻满足；②认为满足自我的需要比满足他人的需要更为重要；③只管满足其本能的需要，而不管满足需要的手段的社会性质，即不分对错、缺乏罪恶感（吴宗宪，1997）。

雷德尔等人在对犯罪少年进行精神分析的基础上，提出了"少年犯罪自我"，并详细描述了少年犯罪自我的症状，它们是：经不起挫折，不能平衡稳定感、焦虑感和恐惧感，缺乏对诱惑的抗拒力，兴奋、醉心于群体的心理强烈，不能升华，不会照管自己的东西，害怕新事物，不能处理过去的外伤性经验，不能处理罪恶感，忘掉自己参与事件的原因，不能迅速置换，无限制地要求得到爱和满足，不会灵活运用过去得到满足的体验，不会评价社会现实，不能借助于经验进行学习，不能借鉴别人的经验，对失败、成功、失策的反应异常，不能忍受竞争性刺激，在群体内不能正确评价自己，没有选择、评价工具的能力。[1]

在深入研究的基础上，雷德尔等人进一步发展了"薄弱的自我"的观点，并提出了"薄弱的自我"具有下列主要特征：①低的挫折耐受力；②对恐惧和焦虑的极端性反应；③低的诱惑抵抗力；④兴奋感染；⑤缺乏对所有物的爱护；⑥对规则和日常工作缺乏现实主义的态度；⑦不能从经历中吸取教训；⑧对失败过度恐惧；⑨获得一次"成功"之后就极度地骄傲自满；⑩放弃或抨击错误的事件。

他们还认为，犯罪少年的自我缺陷与父母的错误教养方式有关，认为是由于儿童没有得到爱、受到粗暴的对待等造成的。

2. 犯罪者超我的缺陷。研究者十分重视对犯罪人超我的研究，可以说，不适当的超

---

〔1〕 ［日］森武夫：《犯罪心理学》，邵道生等译，知识出版社 1988 年版，第 52 页。

我的形成及其功能，是精神分析学解释犯罪行为的核心。超我的缺陷主要以下面几种形式表现出来：

（1）发展不足的超我

艾希霍恩认为，犯罪少年有一种发展不足的超我，这使得他们长期保持幼稚的行为方式，难以控制本我的表现，而且他们按照"快乐原则"行动，以致构成了犯罪行为。其主要原因是他们缺乏父母之爱。

弗里德兰德（K. Friedlander）提出，犯罪人由于早年的亲情剥夺，与父母没有形成亲密的依恋关系，形成了无力的、有缺陷的超我，由于无力的超我，不能控制本能冲动，从而形成明显的反社会性格，所以他们采用攻击外界、使周围人受苦的行动来摆脱心理冲突，以此获得直接的满足。

（2）严厉的超我

与上述无力、软弱的超我相反，有一些犯罪人则是在严厉的超我支配下犯罪的。一般而言，神经症病人的超我十分强大，过分严格，在犯罪性神经症中，潜意识（无意识）冲突是在改变环境的尝试中"潜意识（无意识）显露的"，神经症性犯罪人有一种惩罚性超我，他们体验着对被压抑的童年期愿望的极端的潜意识（无意识）罪恶感，潜意识（无意识）显露的愿望是追求法律制裁部门的惩罚。斯托特（D. Stott, 1982）根据对英国城市格拉斯哥的少年犯罪人的观察，提出少年犯罪行为通常都是对家庭压力做出的反应。他们的犯罪动机包括逃离家庭，通过追求刺激而回避压力、敌意，检验忠诚，补偿性冒险心理等。

（3）越轨的超我

超我是儿童通过自居作用与父母产生认同而形成的。有的犯罪少年与犯罪父母的关系良好，摄取了父母的犯罪特性，因此形成了越轨超我。越轨超我的形成与上述发展不足的超我和严厉的超我不同的是：儿童的超我在形式上是正常的，但是超我的内容却是不正常的，他们不会对其犯罪行为产生内心冲突，没有罪恶感。

与此相关的一个概念是"超我空隙"。罗伯特·费尔德曼（Robert S. Friedman）提出：犯罪行为是由于超我意识中受到了损害而出现空隙，或因违法者在服从法律规范的规定性定向方面存在着不成熟的地方。这一切可能源于孩子父母的潜意识纵容，即父母想从子女的违法行为中获得冲动的代偿性满足。这样一来，孩子就会为得到父母的赞扬而从事犯罪行为。于是，孩子的那种不完善的超我便形成了，即出现了缺乏控制社会所禁止的行为能力的"超我空隙"。

（四）防卫机制理论与犯罪

自我防御机制是自我面对有可能的威胁和伤害时一系列的反应机制。即当自我受到外界的人或者是环境因素的威胁而引起强烈的焦虑和罪恶感时，焦虑将潜意识（无意识）地激活一系列的防御机制，以某种歪曲现实的方式来保护自我，缓和或消除不安和痛苦。它包括：否认、压抑、合理化、移置、投射、反向形成、过度代偿、抵消、升华、幽默和认同的 11 种形式。"防卫机制"在潜意识中自动地克服本我与自我、超我之间矛盾冲突时所产生的焦虑,以保护自己的内在过程。防卫机制是在缓和失败带来的痛苦、减少认识的不协调或平复心理上的创伤时,为度过心理危机、安抚自我而欺骗自己、歪曲现实,为维持心理平衡而自动地与潜意识地起作用的一种心理机能。犯罪行为的发生机制实际上就是自我防卫机制。

关于社会控制作用,弗洛伊德认为人性与文明之间有持续不断的冲突。社会不能缓解本能激发的性欲和冲突。然而,通过包括升华的自我防御机制,社会可以减缓这一冲突。抑制人类本能欲望的扩展正是父母、教育者和其他教化者的任务。社会总有约束力,它应通过为本能提供宣泄渠道从而调和其冲突。文明之所以存在并发展,正是通过对性欲和争斗欲的部分限制、部分升华而逐步实现的。

三、阿德勒关于犯罪的理论

20 世纪 20 年代,弗洛伊德学说受到了其学生们的批评。弗洛伊德的学生先后另立门户,通过修正、补充古典的精神分析学派学说,形成新弗洛伊德学派。阿尔弗雷德·阿德勒(Alfred Adler,1870~1937)认为,自卑感是人的行为的决定因素,它可能促进人奋进达到优越的目标,也可能使人产生精神障碍。哈里·斯塔克·沙利文(Harry Stack Sullivan,1892~1949)非常强调人与人之间的关系的影响。他认为,一个人在他的发展过程中,如果他的正常的、满意的人与人之间的关系遭到破坏,那就可能导致精神障碍。卡伦·霍妮(Karen D. Horney,1885~1952)将精神分析从弗洛伊德的本能论的方向,转变到强调文化和社会条件对人的行为的影响的方向。霍妮强调家庭教育的重要性,重视文化和社会因素在人格形成中的作用。

奥地利精神病学家阿德勒是弗洛伊德的忠实追随者,后来因在精神分析学的一些基本问题上与弗洛伊德发生严重的分歧,于 1911 年与弗洛伊德分道扬镳,创立了影响深远的"个体心理学"。

(一)犯罪的原因和动机

阿德勒反对弗洛伊德的本能犯罪论。他认为,犯罪既不是由先天遗传本能决定的,也不是由后天环境决定的,"不管是环境或是遗传都没有强迫性的力量",他把犯罪心理看作一种社会心理,把社会的价值观念、人的社会性视为行为的动力,并用"自卑感及其补偿""追求优越"等概念来表述人类行为(包括犯罪行为)的动力特征。

自卑感是阿德勒人个体心理学最基本的概念。在法国哲学家尼采(Friedrich Wilhelm Nietzsche,1844~1900)"超人哲学"观念的影响下,阿德勒发现了个体行为的动力因素——自卑与超越。他认为人类的一切行为都是受"向上意志"或"权力意志"支配的,人人都有一种战胜、征服别人等追求优越的动机。但是,由于各种主客观因素的影响,这种追求优越的动机受到阻碍,此时,个体便会产生自卑感。人人都有自卑感,人人都追求成功与优越,这是构造人类精神生活的必要要素,犯罪人也不例外。犯罪人与其他人一样,不断地追求优越、克服自卑,但由于他们不了解社会的要求,不关心其他同胞,所以他们追求的方向出现了错误。他在书中写道:"在犯罪人的各种活动和态度中,都显现出他是在挣扎着要成为优越,要解决问题,要克服困难。他和别人的不同之处不在于他没有这种形式的追求,而是他所追求的方向。当我们看出他之所以采取此种方向,是因为他不了解社会生活的要求和不关心其同胞时,我们将会知道,他的行为是十分不明智的。"[1]

阿德勒提出,个人的自卑感主要由个人的身体缺陷(如体弱多病、丑陋畸形、器官缺陷等)、低劣的社会经济条件和错误的家庭教育(如父母对孩子冷酷无情或溺爱娇惯)三类因素引起。一般人会采取符合社会要求的、适当的补偿行为来克服自卑感。而那些身体有缺陷、受过错误教育以及社会经济地位低的人,受自身条件的限制,很有可能采取不符合社会要求的、过度的补偿行为来克服自卑感。这样做常常会触犯社会禁律,导致犯罪。

(二)对犯罪的防治

阿德勒十分重视对犯罪的预防和对犯罪人的矫治。他认为,犯罪人选择与社会相悖的方式克服自卑,与他们在三大生活领域(即友谊、职业和爱情)的失败有关。他们的生活中没有友谊,至多只是同流合污的朋友,他们不能和正常社会的一般人成为朋友;大多数罪犯是不学无术、无一技之长的人,他们认为工作很辛苦,不能像其他人一样和困难搏斗,缺乏合作精神;他们没有美好的爱情生活,对他们来说,性生活是征服,是占有。他们最根本的问题是缺乏社会兴趣和合作之道。所以,预防犯罪的途径就是要找出罪犯在儿童时期所遭受的合作障碍,培养他们的社会兴趣,教会他们如何与人合作。要特别注意以下三类儿童:第一类是身体有缺陷的儿童;第二类是被宠坏的儿童;第三类是受到忽视的儿童。因此,应当培养他们的社会兴趣和合作之道,这样就会使犯罪数目大大减少。

从上述可以发现,阿德勒对个体犯罪心理及其预防的探讨是有创新意义的。犯罪人为了克服深刻的自卑感而选择了一条与社会背道而驰的道路来追求优越性,这常常与他们本人在三大生活领域中的失败有关,而失败的关键在于他们不关心同胞,缺乏社会兴趣和合作之道。这些深邃的见解对我们分析现时社会中一些犯罪案件也是有极大的启发意义的。

四、多拉德和米勒"挫折—攻击"理论

在弗洛伊德的早期著作中曾指出,人类的基本欲望是寻求快乐与逃避痛苦,当这种趋利避害、趋乐避苦的欲望被阻碍时,在心理上就会产生挫折感,进而产生攻击行为,轻者如嘲笑、讽刺、斥责,重者如斗殴、毁物或杀人。有些行为反应是内向的——即用幻想、投射或退缩等自我攻击的方式来取代攻击行为(自杀就是这种方式的极端表现形式)。弗洛伊德的观点被约翰·多拉德(John Dollard,1900~1980)和尼尔·米勒(Neal E. Miller,1909~2002)等人继承下来,并结合他们多年的实验研究结果加以补充和发展,逐渐形成一种学说,即"挫折—攻击"理论,该理论的著名观点是:挫折导致攻击,由攻击的发生可以推知其挫折。该理论非常注重心理挫折对犯罪行为的启动作用,以及惩罚对于犯罪行为的抑制作用。

多拉德和米勒通过大量实验研究和调查,着重探讨了挫折与攻击行为之间的关系,认

---

〔1〕 [奥] A. 阿德勒:《自卑超越》,黄光国译,作家出版社1986年版,第9页。

为挫折是否引发攻击行为，取决于下列四种因素：①受挫折驱力的强弱；②受挫折驱力的范围；③以前遭受挫折的频率；④攻击反应受到惩罚程度。人类的"趋利避害""寻求快乐""逃避痛苦"等基本欲望一旦受到阻碍，就会在心理上产生挫折感，而挫折感总是与人类的冲动、焦虑、不快、愤怒等消极情绪相联系。随着挫折感的增强，在心理上所激起的消极情绪也会不断增强，当个体无法抑制这种消极情绪时，就会实施各种犯罪行为。

研究表明心理挫折与犯罪行为之间存在着如下规律：一是个体犯罪意识的强度与挫折体验程度成正比。就暴力犯罪而言，个体在与他人发生冲突中所体验的挫折（侮辱、威胁）感越高，实施暴力犯罪行为的意识就越强，也就越容易启动暴力犯罪行为。二是个体对犯罪行为的抑制能力与犯罪行为的结果预期成正比。就财产犯罪而言，个体预期到自己的抢劫、盗窃行为所要受到的惩罚越大，应付出的代价越惨重，那么，犯罪行为的抑制能力就会越强。根据这一规律，"挫折—攻击"理论指出，惩罚具有抑制人类犯罪行为的明确性的严厉性。

第二节　行为主义学习理论[1]

一、行为主义基础理论

基于行为主义学习论的犯罪行为研究是一种非常通用的心理研究方法。下面将按不同的理论依据来介绍各种行为理论。

总体上，本书把各种行为理论分为基于经典条件反射理论的、基于操作性条件反射理论的及基于模仿学习理论的三类行为疗法。我们知道，基于经典条件反射理论的一类行为疗法的理论基础可以是经典条件反射理论、操作性条件反射理论和模仿学习理论三种，之所以把它们划分为基于经典条件反射理论一类，是因为一方面它们的提出主要是基于经典条件反射理论，另一方面也由于这能够区分明显基于操作性条件反射理论与模仿学习理论的其他理论。

（一）经典条件反射理论

伊凡·巴甫洛夫（Ivan P. Pavlov, 1849~1936）是苏联著名的生理学家，曾因对动物消化腺的研究而获得 1904 年诺贝尔生理学奖。巴甫洛夫通过对狗的实验研究，首先报告了条件反射现象。他的实验装置如下图。

---

〔1〕 范辉清主编：《罪犯心理分析与治疗》，法律出版社 2015 年版，第 264~267 页；康少华编著：《人格心理学》，暨南大学出版社 2010 年版，第 130~135 页。

图 3-1　巴甫洛夫研究狗的条件反射的实验装置

　　他与助手在研究中发现，当狗吃食物时会引起唾液的分泌，这是一种无条件反射。如果给狗喂食之前出现铃声，如此结合多次后，只要铃声一响，狗就会出现唾液分泌。铃声本来与食物无关，是无关刺激，由于多次与食物结合，铃声已具备引起唾液分泌的作用，即铃声已成为进食的信号了。这时，铃声已转化为信号刺激，即条件刺激，这种反射就是条件反射。可见，形成条件反射的基本条件是无关刺激与无条件刺激在时间上的结合，这个过程也称作强化。但如果条件刺激多次出现，而没有无条件刺激的强化，这个条件反射就会消退。

　　巴甫洛夫的研究为约翰·华生（John Broadus Waltson，1878～1958）的行为主义立场提供指导。如上述实验，华生认为除某些基本情绪是通过遗传而得之外，个体的其他各种行为模式都要从与环境相适应的经验中学习而得。而这种行为模式的获得方式就是经典条件反射的"S-R"（刺激—反应）的联结。

　　1920 年，华生用小阿尔伯特与白鼠的实验揭示了环境刺激是如何通过经典条件反射机制使个体学会某种行为反应模式的。华生让 11 个月大的小阿尔伯特与一只小白鼠一起玩。则开始时，小阿尔伯特并不害怕小白鼠，但是以后每一次小白鼠出现时，都同时传入一声巨响。如此几次后，小阿尔伯特一见到小白鼠就出现害怕的反应，甚至于后来他看见白色的毛茸茸的东西都会感到害怕。可见，这种恐怖是可以从特定的环境刺激经由学习而获得的，并不一定是某种本能或焦虑的扭曲的结果。

　　（二）操作性条件反射理论

　　1. 行为的习得方式——操作性条件反射。操作性条件反射理论由美国新行为主义心理学家伯尔赫斯·弗雷德里克·斯金纳（Burrhus Frederic Skinner，1904～1990）提出。

　　斯金纳的操作性条件反射理论是在动物实验的基础上提出的。他把一只饥饿的小白鼠或鸽子放于一个叫"斯金纳箱"的装置中，箱内设一杠杆或键，如下图所示。动物在箱内可自由活动，当它压杠杆或啄键时，就会有一块食物掉进箱子下方的盘中，此时动物就能吃到食物。斯金纳发现，一开始动物围着箱子乱转，胡乱地啄，偶尔压到杠杆或啄到按键后获得食物。如果重复多次后，动物学会了压杠杆或啄键获取食物，其行为不再是随意的和无目的。

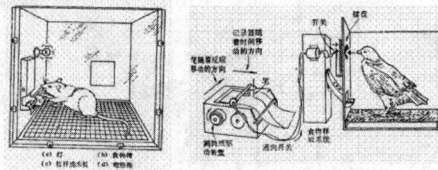

图 3-2 斯金纳研究动物的操作性条件反射的实验装置

斯金纳认为，有机体的反应分为两类：一类是应答性反应，另一类是操作性反应。前者是巴甫洛夫发现的经典条件反射，即由条件刺激引起反应的过程，可以用"S-R"（即刺激—反应）表示，重点在刺激。操作条件性反射则是首先出现操作反应，然后得到强化的过程，可以用"S-R-S"（操作—反应—刺激）表示，重点在操作反应。如上述实验中，小动物学会了压杠杆或啄键获取食物，是由于其偶然的动作（压杠杆或啄键），得到了良好结果强化（获取食物）。

斯金纳认为，人类的一切行为，包括适应性与非适应性的行为，几乎都是操作性强化的结果，人们可以通过强化作用的影响去改变别人的反应。例如，暴力犯罪行为的产生就可能是个体的暴力行为得到不断强化的结果。

2. 强化理论。

（1）强化的类型。斯金纳把强化分为正强化和负强化两种。正强化是给予有机体希望得到的某些东西，如饥饿的白鼠在压杠杆后给予其食物。负强化是撤销有机体努力消除或回避的东西，如白鼠按压杠杆后撤销对其电击。正强化与负强化都会使有机体相应的行为概率增加，如上述两只白鼠的压杠杆行为都会增加。而能带来强化效果的事件就是强化物。

与强化相对应的是惩罚。惩罚是在有机体发出某一行为后，撤销有机体希望得到的某些东西，或给予有机体厌恶的东西。惩罚的结果是相应行为的减少。如一小孩做出了暴力行为后，其父母给予批评，其再次做出暴力行为的概率就会减少。

（2）强化的安排。根据强化的时间和比率的安排，强化可以分为两大类：连续强化和间歇强化。连续强化即每一次正确反应后都给予强化；间歇强化是正确反应后以一定的时间或比率间隔给予强化。间歇强化程序主要有四种类型，并且不同的强化程序会使机体表现出不同的反应方式。

第一，固定时间间隔。每隔一定的时间给予一次强化，如隔 20 秒一次。机体在强化后会出现反应停顿，然后反应速度增加，在下次强化到来之前反应率达到高峰，机体学会根据强化的时间进行反应。

第二，不固定时间间隔。强化出现的时间无规律可循。机体不知何时出现强化，但总有一种就要出现的预想，所以反应速度比较稳定、不出现停顿。

第三，固定比率间隔。当机体每做出一定次数的反应后给予强化，如每反应 30 次就出现强化。在这种强化条件下，机体做出的反应越多，得到的强化也越多，机体完全依靠自己的反应去控制强化，其反应速度很快。有研究表明，当强化比率为 1/4 时，机体的反应速度最快。

第四，不固定比率间隔。强化由反应次数所决定，但每次强化所要求反应的次数不一样。机体做出的反应越多，得到的强化也越多，但机体不知道强化的标准，不能完全控制强化，反应速度也很快。

总体来说，按照操作性条件反射理论，几乎有机体的所有行为都可以通过合适的强化过程进行塑造，而已习得的行为亦可以通过合适的惩罚性措施加以消除。行为疗法中的强化疗法就是利用了强化可以塑造行为的原理，厌恶疗法等则利用了惩罚可以消除行为的原理。

（三）观察学习理论

观察学习，又称模仿学习，是由美国心理学家阿尔伯特·班杜拉（Albert Bandura）于 1977 年提出的。

班杜拉认为，人的行为主要是后天习得的。"凭借观察学习以简化获得过程，对于发展和生存都是及其重要的。一种社会传递过程不借助一些原形作为文化模式的范例，那是很难想象的。"[1] 他认为人的行为存在两种过程：一种是通过直接经验获得行为反应模式的过程，即"通过反应的结果所进行的学习"。巴甫洛夫的条件反射式学习和斯金纳的操作性条件反射式学习均属此类。另一种是通过观察示范者的行为而习得行为的过程，是"通过示范所进行的学习"，即通常所说的间接经验的学习。班杜拉关注的是后一种行为习得过程，认为相对于直接学习，这种间接习得行为的方式效率高、错误率低，是人类行为学习的主要方式。

班杜拉关于儿童习得攻击性行为的经典实验可以让我们更好地理解观察学习。实验中，他将 3~6 岁的儿童分成三个等组，先让他们观看一个成年男子（榜样人物）对一个如成人大小的充气娃娃做出种种攻击性行为，如大声吼叫和拳打脚踢等。之后，让第一组儿童看到这个"榜样人物"受到另一成年人的表扬和奖励（给予果汁与糖果）；再让第二组儿童看到这个"榜样人物"受到另一成年人的责打（打一耳光）和训斥（斥之为暴徒）；第三组为控制组，让他们只看到"榜样人物"的攻击性行为。然后，他把这些儿童单独领到一个房间里去，房间里放着各种玩具，其中包括洋娃娃。在十分钟里，实验人员观察并记录他们的行为。结果发现，与控制组儿童相比，看到"榜样人物"的攻击性行为受到惩罚的一组儿童的攻击性行为显著较少；相反，看到"榜样人物"攻击性行为受到奖励的一组儿童，在玩洋娃娃时模仿攻击性行为的儿童数量显著较多。班杜拉用替代强化来解释这一现象，认为观察者因看到榜样人物的行为受到奖励（强化），其本人间接引起相应行为的增强；观察者看到别人的行为受到惩罚，则会产生替代性的惩罚作用，抑制相应行为。换言之，观察者习得了与行为者相同的"操作性条件反射"，从而抑制相应行为。

与传统行为主义者的观点不一样，班杜拉反对环境决定论，也反对个人决定论。他提

---

〔1〕　马文驹、李伯黍：《现代西方心理学名著介绍》，华东师范大学出版社 1991 年版，第 313 页。

出了"交互决定论",强调在社会学习过程中行为、认知和环境三者的交互作用,认为行为是个体变量与环境变量的函数,即 B=f (P, E)。

二、环境决定犯罪理论

经典条件反射行为模式获得方式 S-R(刺激—反应),而操作条件反射首先出现操作反应,然后得到强化,可以用 S-R-S(操作反应—刺激)重点在操作反应。操作条件(经典条件反射行为模式获得方式:刺激→反应论 S-R 联结/反射刺激→个体→反应论)

行为主义心理学在现代心理学中具有持续的影响力。行为主义学派的环境决定理论认为犯罪行为的发生机制是个体对外部刺激所作出的反应。就犯罪行为发生的机制而言,财物刺激、性刺激、被害人刺激、共同犯罪者的行为特征刺激、实施犯罪时的反馈刺激等构成周围环境,都与犯罪行为的实施以及犯罪动机的转化有着密切的联系,有怎样的刺激就有怎样的反应。犯罪行为来源于个人的反社会的强化刺激,多种反社会的刺激和周围客观环境是引起犯罪行为发生的主要原因。至于外界刺激将诱发何种反应,常常与主体的需求状况、精神状态和思维模式有关,即通过行为人的心理调控作用而作出不同的反应。

20 世纪初,在巴甫洛夫的经典性条件反射的影响下,斯金纳以精细的动物实验为基础,运用自然科学的方法反复证明了高级动物行为中存在的"刺激—反应"(S-R)的原则,并进而推论人类行为形成与改造的经典性与操作性条件反射原理,这对于人类行为的实证研究具有客观性的指导性作用,而且对于解释犯罪人行为、控制与预防犯罪行为、改造犯罪人更具有实证主义倾向的影响。

环境决定犯罪理论代表人物主义有华生和斯金纳等,在个体犯罪心理发展的观点上,华生否认行为的遗传,强调环境对人犯罪心理发展的作用。华生从"刺激—反应"(S-R)公式出发认为环境和教育是犯罪行为发展的唯一条件。

斯金纳认为,人的一切行为,除了直接由生理因素决定的行为之外,其他都是通过学习、训练、强化而形成的。变态(包括犯罪)行为也是通过学习、训练获得的。操作性条件反射是变态行为形成的一种方式。斯金纳把他的学习公式概括为:如果一个操作发生后,接着给予一个强化刺激,那么其强度就增加。

对于人的本性,斯金纳既没有对源于内驱力的行为作猜想,也不相信诸如敌视、同情、利他、嫉妒和感情等复杂心理与行为确切地出于人的本性。即使遗传的因素可能对这些行为作出一定影响,但它们更多的是受到个体经历和目前存在境遇的影响。在某种意义上,人从出生开始就倾向于成为自然环境和社会环境的产物。从斯金纳的角度看,人性非善也非恶。人的遗传因素为外界环境通过操作性条件反射而形成个性、行为之善或恶提供了某种可能。

二、学习决定犯罪理论

学习决定犯罪理论就是运用学习理论来解释心理、行为异常的观点。

社会学习理论的创始人是阿尔伯特·班杜拉。社会学习理论认为,外部刺激和内部活动过程通过人类的神经生理机制唤醒人的意识,调节人类行为。犯罪行为的实施也是受特定神经生理机制制约的。这种机制的激活同样要依赖于适当的外部刺激并受犯罪人内部活动过程，特别是认知能力的控制。当外部刺激与犯罪需要相吻合，并在其认识过程中得到了积极性评价时，就能激活犯罪行为的神经生理机制。

社会学习理论的研究进一步表明，犯罪行为的产生和发展依赖于人类特有的心理发生机制，该心理发生机制实际上就是犯罪人在外部刺激作用下所发生的内部活动过程。

（一）获得机制

社会学习理论认为，犯罪行为主要是通过两条途径获得的：

1. 模仿学习。模仿学习，亦称观察学习。行为主义学习理论认为模仿是产生变态行为的重要因素。人们通过模仿可以获得大量的行为，非正常的行为也通过模仿而习得。如攻击行为、暴力行为、性行为等成年人的表现，儿童都会加以模仿。对于犯罪行为的观察学习或模仿主要是由四个相互联系的过程组成：

（1）注意过程。是指主体把自己的心理活动集中在犯罪榜样上，对犯罪榜样进行感知。

（2）记忆重现过程。是指主体对其所感知的有关犯罪行为的信息或线索进行编码，作为表象贮存在记忆系统之中。这种表象对主体以后发生的犯罪行为常常起到指导作用。

（3）动作复制过程。是指主体把记忆中构成犯罪行为的表象整合成一种新的反应模式并形成犯罪行为的动力定型。

（4）动机过程。是指犯罪动机的产生、斗争以及对犯罪行为的实施所起的激发和调节作用。

2. 直接学习。虽然观察学习或模仿是犯罪行为发生的重要心理机制，但是，主体亲自参与犯罪活动对于巩固犯罪行为也起着重要作用。直接学习的显著特点是主体通过亲身体验犯罪行为及其行为结果，并对之进行认识加工，分析利弊，权衡得失，从而逐步在思想上对犯罪行为产生认可或赞同的观念。在这种犯罪意念的支配下，他们会不断地激发各种犯罪行为，犯罪行为的结果也就成为其自我强化的主要动因。

（二）启动机制

社会学习理论认为，主体习得了犯罪行为并不等于他一定会立即实施犯罪行为。犯罪行为的产生还要取决于特定的内外因素的启动或激发。犯罪行为的启动机制所要探讨的就是这些特定的内外因素及其相互作用。在社会学习理论看来，激发主体实施犯罪行为的动因一般可分为两方面：即外部因素的影响和主体对这些因素的认知加工。

1. 外部因素对犯罪行为的启动。社会学习理论认为，启动犯罪行为的外部因素主要包括以下三个方面：一是消极事件的启动，主要是指身体攻击、言语威胁与侮辱、生存条件的不利变化等对犯罪行为的激发作用。二是诱发性启动，是指主体对犯罪行为的积极性结果预期对犯罪行为的启动作用，其中包括物欲、性欲、自尊、报复性心理的满足。三是榜样性启动，是指通过目睹他人的犯罪行为或者各种不良欲望的满足过程进而对主体犯罪行为产生的激发作用，主要包括团伙成员的淫乐和超常物质享受及其寻求满足时所实施的犯罪行为。

2. 意图归因对犯罪行为的启动。所谓意图归因，是指主体对他人行为意图的推测与解释。社会学习理论认为，外部激发因素作用于主体并不能直接引起犯罪行为，这是因为人作为有意识的主体，具有对外来刺激进行认知加工的能力。对外来刺激的认知加工制约着人的行为反应，这种认知加工的一个重要组成部分就是对他人行为意图和动机的推测与解释——即对他人行为意图的归因。近年来，大量的社会学习理论研究业已证明了意图归因在激发暴力犯罪行为中的重要作用。社会学习论者斯莱文·罗伯特就曾经指出：犯罪者在思想或经验中形成了一种根深蒂固的偏见——即他人对自己是怀有敌意的。因而，在对社会冲突事件进行意图知觉时，常常会不自觉地在认知上歪曲整个社会冲突事件，赋予其敌意性色彩，甚至连对方的潜意识（无意识）的、细微的举动也会被其知觉为是对自己有害的敌意性行为。由于意图归因偏差的存在，使人在处理社会冲突事件时，极易将错误的直觉、想象或臆造的敌意性因素纳入到整个认知过程中去，并且对一些偶然的敌意性因素异常敏感，很少注意到社会冲突中的非敌意性因素，这样就难以对整个社会冲突事件作出全面、细致的分析，极易导致暴力犯罪行为。由此可见，意图归因与犯罪行为有着密切的联系。

3. 结果价值对犯罪行为的启动。所谓结果价值，是指主体对于犯罪行为的结果所赋予的重要性或关注程度。社会学习理论的研究表明，犯罪者在对犯罪行为进行结果价值分析和判断时，常常只注重犯罪行为给自己带来的利己性结果，而不考虑或很少考虑犯罪行为给他人造成的痛苦的、消极的后果。由于主体对犯罪行为形成了这种消极的结果价值判断，便会使之产生实施犯罪行为的动力和欲望，激发犯罪行为的内驱力，并抑制了道德情感和行为准则的约束力，在犯罪行为内驱力的推动下，义无反顾地实施犯罪行为。

（三）保持机制——强化说

斯金纳强调，既然社会控制着成员的行为，则需要确实地负起责任。他相信人类行为的许多问题过于严重和复杂，因此不能将其交给偶然的机会或畸形的自由与高尚的构想。在斯金纳的观点中，社会的主要角色是要建立周密的、系统化的、可使欲望行为达到最大化程度的强化。人类是可塑的，在这个过程中，行为工程学就是核心。环境控制有必要帮助个人和社会形成优势行为（例如和睦、合作、体谅的行为）。应创立一项计划来形成和保持这些行为，而倾向于产生不良的问题行为应废除，例如，过度的惩罚和强迫控制一般应予以避免。

斯金纳认为在某种类型的攻击反应中会有先天的成分，这是进化历史中对物种生存适应的结果。然而，他对有害的、破坏性的行为的解释主要放在影响个体的环境因素上，如过去和现在的强化机制，后天生活环境中建立的机制。如果世界可以变为不对破坏性的攻击行为报酬，这种行为的频率就会大大减少，包括负强化与正强化的效应。

斯金纳强调这是由于环境引起心理失调的行为。极端的处罚或令人不快的控制、对不符合要求的行为的强化以及失去重要强化物，都会造成个体被别人当作是神经症求助者或精神病求助者。斯金纳不认为这种人有深刻潜意识的矛盾、扭曲的自我构想或其他的心理问题。他相信试图处理这种假设内心状态实属无效，治疗最好是自重于行为水平，并在此水平上进行客观分析。而不适应行为就被认为源于令人反感的环境，或失调的、滥用的和失去强化者。斯金纳的治疗建议涉及提供选择机会，可通过正确强化使其形成和维持可适应行为、抑制不良行为和对个体生活和强化机制给予较好控制。

社会学习理论认为，犯罪行为的保持主要依赖于如下三种强化：

1. 外部强化。所谓外部强化，是指犯罪活动的结果对犯罪行为的强化作用。社会学习理论认为，犯罪行为在很大程度上受该行为所造成的结果的影响，因而，由犯罪行为而获得的外部强化在犯罪行为的保持中具有特殊的重要性。虽然犯罪行为会因不同的条件或情境而产生各种不同的结果，但是犯罪人在实施犯罪行为时总是期望出现所预期的结果，并且确实会因犯罪行为的成功实施而产生心理上的满足感，诸如提高了自己在团伙中的地位，获得了物欲、性欲的满足等。这些犯罪活动的结果对犯罪行为都起着强化作用。当然，对犯罪人起强化作用的外部因素不仅包括上述实质性奖酬，还包括社会性奖酬，诸如犯罪行为的实施是否得到父母、亲友、同伙的认可、褒奖，这也是强化或保持其犯罪行为的重要外部动因。实验研究表明，社会性奖酬不仅会提高犯罪行为频率，而且也会使犯罪行为向恶性化发展。

2. 替代性强化。所谓替代性强化，是指观察他人的犯罪活动结果对主体犯罪行为的强化作用。社会学习理论认为，替代性强化对于犯罪行为也有着极为重要的影响。班杜拉曾经指出：在日常生活中，人们有许多机会观察他人的行为及行为者被奖赏、被忽视或被惩罚的情形，观察到的结果在很大程度上会像体验结果一样影响着人的行为。一般来说，看到他人的行为得到奖赏或惩罚，将增加或减少观察者进行同样尝试的倾向性，这种后果越稳定，对于观察者的促进或抑制作用就越大。有学者指出：由于长期与犯罪者为伍，主体有很多机会观察到同伙的犯罪行为以及获得私欲满足的现象。由此，其自身的犯罪倾向便会增强，并会激发起实施犯罪行为的动机，导致频繁的犯罪行为，这也是替代性强化对犯罪行为的作用表现。

3. 自我创立的强化。所谓自我创立的强化，是指社会约束——法律惩罚和自我约束——即良心谴责的解除过程对犯罪行为的强化作用。自我强化说也是行为主义学习理论的内容之一，其认为动机、思想也可通过学习而获得。一个人的行为方式，会部分地受环境影响，但自我评价又反过来制约、决定着环境。自我评价，说明了人的自我强化的作用，它决定着个体对客体的行为。自我强化决定着人的学习方式。例如，变态人格偏执狂求助者，总认为社会对他怀有敌意。这种认识经强化后，久而久之就会产生变态心理，甚至实施攻击性违法犯罪行为。

社会学习理论认为，在长期的社会化过程中，犯罪者在法律惩罚的威慑力和良心谴责的约束力方面经历了一个"慢性抑制解除过程"。在这个过程中，主体可能没有意识到他们正发生潜在的、本质的变化。最初，他们在实施犯罪行为时，可能会因犯罪行为导致的法律惩罚、群体抛弃和消极的自我评价而产生内心的不安、羞愧和痛苦，谴责自己的犯罪行为，并抑制犯罪行为的再次发生。但是，由于受到犯罪行为积极性结果的强化，在主体频繁地实施犯罪行为之后，由法律惩罚、群体抛弃和消极的自我评价而导致的消极情感体验，便开始逐渐减弱，直至泯灭良心。经过这样一个慢性抑制解除过程或自我强化过程，主体就会对由犯罪行为而导致的法律惩罚、群体抛弃和消极的自我评价等心理体验不再敏感，也不会像以前一样对之非常重视，反之把犯罪行为当作一种追求享乐、获得欲求满足的手段，由此使犯罪行为得到长期保持。

此外，学习研究者伦纳德·伯考维茨（Leonard Berkowitz，1962~）进行了一系列把挫折与犯罪联合起来的实验。他将犯罪人格分：社会化的犯罪和个人型的犯罪[1]，可以看出，社会学习理论对于犯罪行为的心理发生机制进行了深入的研究，详细地阐述了犯罪行为发生的整个过程，对于理解犯罪心理与犯罪行为之间的关系有重要的启发作用。

第三节　人本主义理论[2]

20世纪50、60年代的心理学家深刻地反思了精神分析与行为主义心理研究在指导观念与方法论的弊端，从常态人类群体的特点出发，以人本主义哲学为导向，开展了对人类潜能、行为动力与价值倾向等人类内心深层次精神能量的探讨与研究，提出了诸如需要层次理论、自我实现者理论、人类潜能理论、求助者中心疗法理论等理念与方法，为人类更新审视自我带来全新的角度与方法，包括对违法犯罪行为的探讨与行为予以重新塑造。人本主义理论被称为第三势力，与精神分析与行为主义心理学一同对人类的自我内心世界与外显行为的研究共同发挥着持久的作用。

一、人本主义基础理论

（一）人本主义理论的含义

人本主义是建立在哲学基础之上，通过为求助者创造无条件支持与鼓励的氛围使求助者能够深化自我认识、发现自我潜能并且回归本我，求助者通过改善"自知"或自我意识来充分发挥积极向上、自我肯定、无限成长和自我实现的潜力，以改变自我适应不良行为，矫正自身的心理问题。

该理论的创始人是美国心理学家卡尔·罗杰斯（Carl Ransom Rogers，1902~1987）与亚伯拉罕·马斯洛（Abraham H. Maslow，1908~1970）。他们认为不应仅仅着眼于眼前的问题，而是在于支持求助者的成长过程，以便使他们更好地解决未来可能面临的问题。该理论的实质就是帮助求助者去掉那些用于应付生活的面具，从而恢复真实的自我。

---

〔1〕［美］考特·R.巴特尔、安妮·M.巴特尔：《犯罪心理学》，王毅译，上海人民出版社2018年版，第95页。

〔2〕范辉清：《罪犯心理分析》，法律出版社2015年版，第293~294页。

人本主义理论又称求助者中心疗法，是美国心理学家罗杰斯创建的一种心理疗法，作为人本主义理论的代表，被称为现代心理治疗中的"第三种势力"。

（二）人本主义理论的理论基础

人本主义的学习理论是根植于其自然人性论的基础之上的。他们认为，人是自然实体而非社会实体。人性来自自然，自然人性即人的本性。凡是有机体都具有一定内在倾向，即以有助于维持和增强机体的方式来发展自我的潜能；并强调人的基本需要都是由人的潜在能量决定的。但是，他们也认为，自然的人性不同于动物的自然属性。人具有不同于动物本能的需要，并认为生理的、安全的、尊重的、归属的、自我实现的需要就是人类的似本能（instinct oid），它们是天赋的基本需要。在此基础上，人本主义心理学家进一步认为，似本能的需要就是人性，它们是善良的或中性的。恶，不是人性固有的，它是由人的基本需要受挫引起的，或是由不良的文化环境造成的。人们有"实现趋势、自我概念和充分体验"三个方面。罗杰斯认为心理学应着重研究人的价值和人格发展，他们既反对弗洛伊德的精神分析把意识经验还原为基本驱力或防御机制，又反对行为主义把意识看作是行为的副现象。关于人的价值问题，人本主义心理学家大都同意柏拉图和卢梭的理想主义观点，认为人的本性是善良的，恶是环境影响下的派生现象，因而人的素质是可以通过教育提高的，理想社会是可能存在的。在心理学的基本理论和方法论方面，他们继承了 19 世纪末威廉·狄尔泰（Wilhelm Dilthey，1833~1911）和马克斯·韦特海默（Max Wertheimer，1880~1943）的传统，主张正确对待心理学研究对象的特殊性，反对用原子物理学和动物心理学的原理和方法研究人类心理，主张以整体论取代还原论。

（三）人本主义理论的理论核心

人人都有其独立的价值和尊严，人人都必须自己选择自己的生活方向。人本主义理论的特点是以求助者为中心，把心理治疗看成一个转变的过程，通过挖掘求助者内在的自我实现潜力，使求助者有能力进行合理的选择和治疗他们自己。医生与求助者建立合作伙伴关系，使求助者仿佛从医生身上看到可以接受的和改变了的自我，从而帮助求助者消除困惑，产生新的体验和放弃旧的自我形象。

通过强化求助者的语言表达能力，激发求助者的情感，使求助者进一步暴露自己，并随之产生批判性的自我知觉。通过以上种种治疗措施，可以使癔症求助者消除病因，矫正心理，促进病愈。人本主义心理学家认为，人的成长源于个体自我实现的需要，自我实现的需要是人格形成发展、扩充成熟的驱力。所谓自我实现的需要，马斯洛认为就是"人对于自我发挥和完成的欲望，也就是一种使他的潜力得以实现的倾向"。通俗地说，自我实现的需要就是"一个人能够成为什么，他就必须成为什么，他必须忠于自己的本性"。正是由于人有自我实现的需要，才使得有机体的潜能得以实现、保持和增强。人格的形成就是源于人性的这种自我压力，人格发展的关键就在于形成和发展正确的自我概念。而自我的正常发展必须具备两个基本条件：无条件的尊重和自尊。其中，无条件的尊重是自尊产生的基础，因为只有别人对自己有好感（尊重），自己才会对自己有好感（自尊）。如果自我正常发展的条件得以满足，那么个体就能依据真实的自我而行动，就能真正实现自我的潜能，成为自我实现者或功能完善者、心理健康者。人本主义心理学家认为，自我实现者能以开放的态度对待经验，他的自我概念与整个经验结构是和谐一致的，他能体验到一种无条件的自尊，并能与他人和谐相处。

罗杰斯认为，一个人的自我概念极大地影响着他的行为。心理变态者主要是由于他有一种被歪曲的、消极的自我概念的缘故。如果他要获得心理健康，就必须改变这个概念。因此，心理治疗的目的就在于帮助病人或求助者创造一种有关他自己的更好的概念，使他能自由地实现他的自我，即实现他自己的潜能，成为功能完善者。由于罗杰斯认为求助者有自我实现的潜能，它不是被治疗家所创建的，而是在一定条件下自由释放出来的，因此"求助者中心疗法"的基本做法是鼓励求助者自己叙述问题，自己解决问题。治疗者在治疗过程中，不向求助者解释过去压抑于潜意识中的经验与欲望，也不对求助者的自我报告加以评价，只是适当地重复求助者的话，帮助他澄清自己的思路，使求助者自己逐步克服他的自我概念的不协调，接受和澄清当前的态度和行为，达到自我治疗的效果。而要有效运用求助者中心疗法，使病人潜在的自我得到实现，必须具备三个基本条件，这就是：①无条件的积极关注（unconditional positive regard）：治疗者对求助者应表现出真诚的热情、尊重、关心、喜欢和接纳，即使当求助者叙述某些可耻的感受时，也不表示冷漠或鄙视，即"无条件尊重"；②真诚一致（congruence）：治疗者的想法与他对求助者的态度和行为应该是相一致的，不能虚伪做作；③移情性理解（empathic understanding）：治疗者要深入了解求助者经验中的感情和想法，设身处地地了解和体会求助者的内心世界。

人本主义心理学对人性作了明确的设想，罗杰斯强调，人性将随自然成长适应并不断趋向完成。从罗杰斯的角度，人类本性是善良的，可以也应该信任。只有当个体从本性中分离，它们才会对个人或社会有害。他的立场明显指出人类应有选择的自由，并根据本人内心体验作决定。

人本主义学派的理论认为，人生来就具有成长、共济、互爱和发展的积极动机。个体如果具有良好的心理环境，如温暖、同情、友爱等，人就会实现真正的自我；若个体具有心理不良，如个体在情绪上感到受虐待、生活上受否定等，这时人的自我就会发生创伤，良好、内在的能力就会受损。如果人生来具有的一些需要得不到满足，就会导致歪曲、失望、否定的情绪，严重时会人格解体，变态心理就会产生。人本主义心理学对于认识犯罪行为具有的重要意义。

二、关于犯罪的人本主义理论

（一）关于犯罪的需求层次理论

在 19 世纪 40 年代，美国心理学家亚伯拉罕·马斯洛提出需求层次理论，亦称"基本需求层次理论"，是人本主义的理论之一，由马斯洛于 1943 年在《人类激励理论》论文中所提出。该理论将需求分为五种，像阶梯一样从低到高，按层次逐级递升，分别为：生理上的需求、安全上的需求、情感和归属的需求、尊重的需求、自我实现的需求。人本主义认为导致违法犯罪的一个重要原因就是自身需要的偏斜。该理论认为犯罪行为的发生机制表现为个体在需要偏斜的影响下产生了反社会性的"贪婪动机"，进而引发越轨行为和犯罪行为。所谓需要的偏斜指需要的内容不符合社会要求或需要结构而导致的失衡状态。

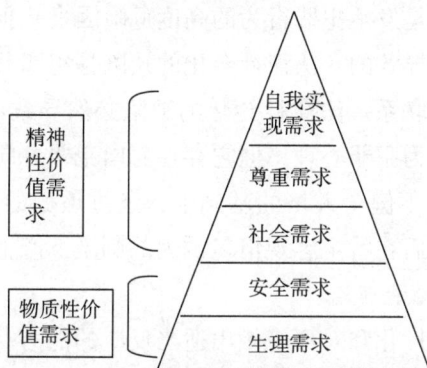

图3-3　马斯洛需求理论层次

主要表现为：

1. 偏斜追求享乐的需要。如盗窃犯罪与追求享乐的心理需要有关。这类人的经济条件常常并不困难，但由于追求高档的消费，一旦经济"吃紧"导致其需求难以满足，盗窃的动机便应运而生。

2. 满足报复的需要。在犯罪类型中，打架斗殴、杀人伤害、强奸等这类人身伤害的犯罪多是由于报复心理引起的。有的由于恋爱不成，为了报复对方，而对他人进行强奸或毁容。

3. 寻求刺激的需要。有的人或因寻求感官刺激去实施嫖娼、淫乱行为而导致违法，或为了满足某种畸形的心理刺激而实施犯罪。

通过违反社会规范的方式来满足需要，将导致人的焦虑与内在的不平衡，此时便可能导致犯罪行为的发生。

（二）关于犯罪的自我实现理论

自我实现是指人都需要发挥自己的潜力，表现自己的才能；只有当人的潜力充分发挥并表现出来时，人们才会感到最大的满足。

在马斯洛需求层次理论中，他将研究焦点放在心理健康的个体上，特别是那些所谓能够"自我实现"（Self-actualized）的人身上，尝试归纳出那些对生命感到满意、能发挥潜能又具有创造力的人的共同点。马斯洛发现，这些人之所以较不易受到焦虑与恐惧的影响，是因为他们对自己及他人都能抱着喜欢及接纳的态度。虽然他们也有缺点，但因为能够接受自己的缺点，所以他们较一般人更为真诚、更不设防备，也对自己更满意。

另一位人本主义心理学的代表人物罗杰斯认为，所谓自己，就是一个人的过去所有的生命体验的总和。假如，这些生命体验是我们被动参与的，或者说是因别人的意志所形成的结果，那么我们会感觉到，我们没有在做自己。反之，假若这些生命体验我们是主动参与的，是我们自己选择的结果，那么不管生命体验是快乐或忧伤，我们都会感觉到我们是在做自己。自我实现有赖于信念和价值观，而犯罪行为的发生有时可归因于犯罪人具有社会中大多数人不认可的"越轨价值观"。

自我发展中社会化障碍是发生犯罪行为的高度危险因素。犯罪是由社会化特别是法律社会化过程中的缺陷或障碍导致的。法律社会化的缺陷是犯罪共同的明显特征。法律社会化的缺陷直接与违法犯罪相联系。法律社会化的缺陷必然导致不健全人格的产生和发展。虽然不健全人格尚不能称之为犯罪心理，但它存在着向犯罪方向蜕变的可能性，是产生违法犯罪的心理基础。在形成不健全人格的基础上，经过道德的"下滑"和违法行为的尝试，由此产生犯罪意向，最后在特定客观情境诱因的刺激下产生犯罪行为。

（三）关于犯罪的人类潜能理论

罗杰斯强调人类具有理性化和对环境做出适当反应的能力。如果存在适当环境，这种能力会得到自然发展。因此，罗杰斯针对人类破坏性所倡导的解决方法就是创造一种可以使人类基本潜能得以释放的环境。

罗杰斯把社会总体看作限定而相对静止的。人类自我实现的潜力巨大，我们不知道将来潜力发展后的人类会是什么样。因此，社会应给予在生活方式和创造出路间作选择的尝试和努力以足够的自由空间。同样重要的是，社会应允许某些不具有原则性的失败出现而不无条件地加以责难。人类在进行着"变化与不变"的斗争，而社会应保持其适应性，并避免责难不同的尝试以保证或促成实践的完成。

罗杰斯指出，伤害性和不合理的攻击行为常常被那些没有完全心理机能的人所表现出来。有完全机能的人以其内心经历和理智看待周围世界的人，不太可能有破坏性敌对行为，这类个体是期望有和谐人际关系的社会产物。

（四）关于犯罪求助者中心疗法理论

罗杰斯指出，心理失调的心情和行为可追溯到自我实现过程的阻碍。有条件的积极尊重会抑制或扭曲个体的正常成长和自我发展。既然罗杰斯把人性看作基本是积极的，只有在人的本性被社会环境所影响并产生坏的倾向时，人类才会暴露出自己感情和行为的严重问题。心理治疗包括制造出一种赞同、温情领悟和坦诚的气氛，缓和阻抗并允许对所有情感和内心体验表达与释放的探求。与精神分析疗法相比，它更强调求助者内心的意识反映。罗杰斯主张只要接受求助者（或称为求助者）此时此刻的想法，就可以在温馨而宽容的气氛中对人类自我发现的能力更有信心。罗杰斯认为尽量不去解释求助者所隐讳的，但可以阐述性地修改他们的叙述，这样，他们在治疗中就越来越可以表达出其真正的心理经历。求助者的责任是准确地理解和表达自己，而这种能力自然也在治疗引导下不断提高。当然，在对待违法犯罪者心理行为这些特殊的心理问题与行为矫治时，需要特别注意违法犯罪者的自主选择性与法律、规定及他人利益的矛盾冲突倾向。

第四节 认知心理学理论

认知心理学是产生于 20 世纪初，并在五六十年代得到迅速发展。早期的认知心理学以让·皮亚杰（Jean Piaget，1896~1980）为代表，现代认知心理学则以乌尔里克·奈塞尔（Ulrik Neisser，1928~）为代表。认知心理学认为：环境因素不再是说明行为的最突出因素，环境虽然重要，但它是通过支配外部行为的认知过程来影响人类行为的，而认知是指信息输入人脑及在人脑中的转换、储存、加工、提取和作用的全过程。认知心理学克服了将心理活动的机制归结为其生理机制或神经机制的做法。其研究方向和成果已在包括社会行为在内的许多领域发生影响。认知心理学重新认识犯罪心理和犯罪行为，其强调犯罪行为的形成虽然也受到了环境的影响，但那是通过个体的认知过程来实现的，即通过主客体的互动来实现的。[1]

一、认知心理的基础理论

在华生提出行为主义心理学后，行为主义心理学迅速席卷整个心理学界，成为当时心理学主流研究方向。行为主义主张心理学研究的内容是个体的行为而非意识，同时其又属于一种环境决定论的观点，认为控制环境就能控制人的行为。认知心理学主要是在对行为主义上述两方面的批评，以及近代科技发展的基础上提出的。

认知心理学主张心理学研究应回归到对"心理"的研究。认知心理学把人比作计算机，把人脑处理信息过程比作计算机处理，而人脑的信息加工过程是心理学研究的内容。同时，认知心理学十分重视认知因素对人的行为心理的作用。例如：行为主义认为学习需要不断通过强化、榜样的替代强化等刺激来控制学生努力学习的行为；而认知心理学家更关注学生对自己学习能力的评价（学习自我效能感）、学生对学习重要性的认识、学生学习过程的体验等认知因素。

认知心理学认为，人的认知模式、认知过程影响着其行为和情绪。如果人用以加工外界刺激的认知模式是良好或有效的，那么其行为和情绪是合理和有效的；反之，如果其认知模式是不良的或是非理性的，其就可能出现行为和情绪障碍。认知疗法正是基于这一观点发展起来的，其就是通过认知和行为技术来改变来访罪犯的不良认知，从而矫正非适应性的心理与行为的心理治疗方法。

认知理论强调，一个人的非适应性或非功能性心理与行为，常常是受不正确的、扭曲的认知影响而产生的。如果更正或修正其扭曲的认知，则可改善他的心理与行为。正如认知疗法的主要代表人物阿伦·贝克（Aaron T. Beck，1921~）所说的，"适应不良的行为

---

〔1〕 张保平、徐永新编著：《犯罪心理学》，警官教育出版社 1999 年版，第 41 页。

与情绪，都源于适应不良的认知。因此，行为矫正疗法不如认知矫正疗法。"[1] 例如一个人一直"认为"自己表现的不够好，连自己的父母也不喜欢他，便需要将重点放在帮助他重新建构认知结构，重新评价自己，重建对自己的信心，更改认为自己"不好"的认知。

认知理论通常采用认知重建、心理应付、问题解决等技术进行心理辅导和治疗，其中认知重建最为关键。阿尔伯特·艾利斯（Albert Ellis，1913~2007）认为，"经历某一事件的个体对此事件的解释与评价、认知与信念，是其产生情绪和行为的根源，非理性的认知和信念引起不良的情绪和行为反应，只有通过疏导谈论来改变和重建非理性的认知与信念，才能达到治疗目的。"[2] 贝克也指出，"心理困难和障碍的根源来自于异常或歪曲的思维方式，通过发现、挖掘这些思维方式，加以分析、批判，再代之以合理的、现实的思维方式，就可以解除求助者的痛苦，使之更好地适应环境。"

认知理论中比较有影响的一种疗法是合理情绪理论。[3]

合理情绪理论（Rational-Emotive Therapy，简称 RET），或称理性情绪"理论"、ABC 疗法，由阿尔波特·艾利斯于 21 世纪 50 年代创立。因为其也采用行为疗法的一些方法，故被称之为一种"认知—行为疗法"。

合理情绪治疗的基本理论主要为 ABC 理论。在介绍 ABC 理论前，首先要了解艾利斯及合理情绪治疗对人的基本看法。

（一）艾利斯对人性的看法

艾利斯的 ABC 理论是建立在对他人人性的看法之上的。这些看法可归结如下：

1. 人既可以是有理性的、合理的，也可以是非理性的、不合理的。当人们按照理性去思维、行动时，他们就会是愉快的、有成效的人。

2. 情绪是伴随着人们的思维而产生的。情绪上或心理上的困扰是由非理性的、不合逻辑的思维所造成的。

3. 任何人都不可避免地具有或多或少的非理性的思维与信念。

4. 人是有语言的动物，思维借助于语言而进行。不断地用内化语言重复某种非理性的信念就会导致无法排解的情绪困扰。

5. 情绪困扰的持续是那些内化语言持续的结果。

（二）ABC 理论

合理情绪理论的 ABC 理论来自 3 个英文字的首个字母。A 指诱发性事件（Activating events）；B 指个体在遇到诱发事件之后相应而生的信念（Beliefs），即他人对这一事件的看法、解释和评价；C 指在特定情景下，个体产生的情绪及行为的结果（Consequences）。

通常，人们认为人的情绪及行为反应是由诱发性事件 A 引起的。ABC 理论认为，诱

---

〔1〕 Beck. A. T. lovw is never enough，New York：Horper&Row 1988. 易法建：《心理医生》，重庆大学出版社 1996 年版，第 139 页。

〔2〕 石向实：《心理咨询的原理与方法》，浙江大学出版社 2010 年版，第 30 页。

〔3〕 ［美］Beck：《认知疗法：基础与应用》，中国轻工业出版社 2001 年版，第 16~65 页。

发性事件 A 只是引起情绪及行为反应的间接原因，而 B，即人们对诱发性事件所持的信念、看法、解释才是引起人的情绪及行为反应的直接原因。

ABC 理论认为，人的情绪及行为反应与其对事物的想法、看法有关。在这些想法和看法背后，有着人们对一类事物的共同看法，这就是信念。合理的信念会引起人们对事物的适当的、适度的情绪反应，而非理性的信念则会导致不适当的情绪和行为反应。当人们坚持某些非理性的信念，并长期处于不良的情绪状态中时，其就可能产生情绪障碍。

合理情绪理论认为，情绪是由人的思维、信念所引起的，所以每个人都要对自己的情绪负责。他认为当人们陷入情绪障碍之中时，是他们自己使自己感到不快的，是他们自己选择了这样的情绪取向的。需要强调的是，合理情绪理论并非是一般性地反对人们具有的负面情绪，如某人做某一件事时失败了，其感到懊恼、有受挫感是适当的情绪反应，而抑郁不堪、一蹶不振才是不适当的情绪反应。

（三）非理性信念的特征

艾利斯把人的非理性信念归纳为以下的 11 种：

1. 每个人绝对要获得周围环境的人，尤其是生活中每一位重要人物的喜爱和赞许。

2. 个人是否有价值，完全在于他是否是个全能的人，即能在人生中的每个环节和方面都能有所成就。

3. 世界上有些人很邪恶、很可憎，所以应对他们作严厉的谴责和惩罚。

4. 如果事情非己所愿，那将是一件可怕的事情。

5. 不愉快的事总是由外在环境的因素引起，而不是自己所能控制和支配的，因此对他人对自身的痛苦和困扰也无法予以控制和改变。

6. 面对现实中的困难和自我承担的责任是件不容易的事情，倒不如逃避它们。

7. 人们要对危险和可怕的事情随时地加以警惕，应该非常关心并不断注意其发生的可能性。

8. 人必须依赖别人，特别是某些与自己相比强而有力的人，只有这样，自己才能生活得好些。

9. 一个人过往的经历和事件常常决定了他目前的行为，而且这种影响是永远难以改变的。

10. 一个人应该关心他人的问题，并为他人的问题而感到悲伤或难过。

11. 对人生中的某个问题，都应有一个唯一正确的答案。如果人找不到这个答案，就会痛苦一生。

针对艾利斯提出的 11 条非理性信念，理查德·韦斯勒（Richard L. Wessler）等总结出了非理性信念的三个特征：绝对化要求（Demandingness）、过分概括化（Overgeneralization）和糟糕至极（Awflizing）。

绝对化要求人们以自己的意愿为出发点，对某一事物怀有认为其必定会发生或不会发生的信念。这种信念通常是与"必须""一定""应该"等字眼联系在一起的。例如"我必须获得成功""别人必须很好地对待我""付出了一定要有相应收获""生活应该是很容易的"等。怀有这一信念的人极易陷入情绪困扰，因为客观事物的发生、发展都是有一定规律的，不可能按某一个人的意志去运转。

过分概括化是一种以偏概全、以一概十的非理性思维信念。艾利斯曾说过：过分概括化是不合逻辑的，就好像以一本书的封面来判定一本书的好坏一样。过分概括化的一个方面表现为人们对其自身的不合理的评价。例如，一些人在面对失败或是极坏的结果时，往往会认为自己"一无是处""一钱不值""废物"等，以自己做的某一件事或某几件事的结果来评价自己整个人，评价自己作为人的价值，其结果常常会导致自责自罪、自卑自弃的心理的产生以及焦虑和抑郁的情绪。另一个方面的表现则是对他人的不合理评价，即别人稍有差错就认为其一无可取等，如此会导致一味地责备他人以及产生敌意和愤怒等情绪。

糟糕至极是一种认为如果一件不好的事发生将是非常可怕、糟糕的一场灾难的信念。这种信念会导致个体陷入极端不良的情绪体验，如耻辱、自责自罪、焦虑、抑郁的恶性循环之中而难以自拔。

在人们非理性的信念中，往往都可以找到上述三种特征。每一个人都或多或少地具有非理性的思维与信念，而具有严重情绪障碍的人，则更为明显地具有非理性思维的倾向。

合理情绪疗法认为，使人们难过和痛苦的不是事件本身，而是对事情的不正确解释和评价。事情本身无所谓好坏，但当人们赋予它自己的偏好、欲望和评价时，便有可能产生各种无谓的烦恼和困扰。如果某个人有正确的观念，他就可能愉快地生活，否则错误的思想及与现实不符的看法就容易使人产生情绪困扰。因此，只有通过理性分析和逻辑思辨，改变造成求助者情绪困扰的非理性观念，建立起合理、正确的理性观念，才能帮助求助者克服自身的情绪问题，以合理的人生观来面对生活，并以此来维护心理健康，促进人格的全面发展。

二、关于犯罪的认知理论

心理学原理告诉我们：人的行为是由一定的动机支配并推动的，而人的动机来源于人的物质和精神需要。我们知道法是以社会利益或负担的分配为内容的，而利益就是人能够认识的，通过控制与处分满足其物质或精神需要的物质、能量或信息。即使是人的精神需要，它的实现也必然以物质、能量或信息为载体。从这个角度看，犯罪人与一般人的本质区别就在于这种需要的取得即行为主体利益的实现或实现方式是否有违于法的要求。

激起和推动犯罪人实施犯罪行为的内心动因就是犯罪动机。它不仅可以具体回答实施犯罪的原因，犯罪的性质类型与强度特征，还可以表明动机的构成因素——需要、目标和诱因等。恩格斯指出："任何事情的发生都不是没有自觉的意图，没有预期的目的。""就个别人说，他的行为的一切动力，都一定要通过他的头脑，一定要转变为他的愿望的动机，才能使他行动起来……"[1] 这句话充分证明了犯罪行为是一种被意识到的动机性行

---

[1] 恩格斯：《路德维希·弗尔巴哈和德国古典哲学的终结》，人民出版社 1972 年版，第 38、42 页。

为，犯罪动机是犯罪行为的动力性因素，在犯罪心理的形成中起着决定性作用。苏联法学界的一些知名学者认为，无论动机是否作为基本特征被列入犯罪构成要素，如果没有一定的动机，那么任何一种故意犯罪就不可能被实施。即使不把动机列入犯罪构成要素，它仍然是法院在判刑时应当加以考虑的重要情节。

犯罪心理分析作为一门应用心理学，其用以分析应用心理的基本理论和方法研究中的特殊群体——犯罪人的心理活动的规律和特点，因此，心理研究中关于人的心理的实质、各种心理活动的基本规律、人的心理发生发展变化的规律，以及心理学研究的各种方法等都要在犯罪心理的分析中得到应用；反之，犯罪心理分析成果又可丰富和发展心理研究的理论，使其更加充实和不断完善。

实训训练一

郭某案的犯罪心理分析

训练目的：运用精神分析学派原理分析个案

2006年9月2日上午10点30分左右，在中山大道华景新城附近的一座人行天桥上发生一幕惨剧。一名男子莫名抱起一过路的3岁女孩，被女孩的妈妈发现后，男子竟然将小女孩从6米高的天桥摔下。更奇怪的是，见到天桥下围满过往路人，他自己也立即跳下天桥，后不治身亡。所幸的是，小女孩经及时抢救，暂时没有生命危险。据小女孩的父母透露，他们与该男子素不相识，怀疑其是要拐卖女孩不成才做出如此疯狂之举。

……

该陌生男子身份已查明，行凶者郭某，今年26岁，贵州人，但作案动机不明。

……

郭某事件的脉络：

[贵州纳雍县客车站]

8月31日上午9时，父母背着行李将郭某送上了前往贵阳的客车。行李是母亲前一天晚上为他收拾好的，里面有两瓶油辣椒，一个桶以及两双皮鞋等。在离家之前，郭某说要回广东去打工，挣些钱给他们过年。母亲说，郭某临走时身上揣了2000元。

[1320次列车上]

火车是在9月1日凌晨2时零8分从贵阳开出的，抵达广州的时间是第二天早上5时48分。

乘警长说，当次列车的秩序正常，没有发现有乘客出现精神病症状等异常情况。

"他疯了?! 这倒不奇怪，在从四川、贵州一带来广州的列车上，特别是在民工回家、返穗高峰期，旅客出现精神病症状的现象并不罕见。"一位熟悉列车业务的人士说。出现这种现象的原因主要是旅客因身上携带现金精神过于紧张，或者是列车上的人太多太挤导致精神崩溃，又或者是在车上被骗子榨取钱财而过分伤心等。

1320次列车的工作人员说，由于刚好是大学新生的报到时间，郭某乘坐的这趟列车上人并不少。在暑天时分，坐在这趟俗称"绿皮车"、没有装空调的列车上的旅客，"经常会流汗，感到比较闷"。

[广州火车站到棠下上社牌坊]

9月2日早晨5时48分至早晨7时30分许，在这期间，记者没有找到了解郭某行踪的人。于这期间发生了什么，至今仍然是个谜。但有人看到，郭某是在市场还没有开市前就到了棠下上社市场旁的治保会，当时，他带着行李。

[棠下上社市场内]

9月2日早晨7时30分许至10时30分许。这期间发生了很多事。

早晨7时30分许，"他坐着摩托车进来，途经市场时，他突然从车后跳下来，冲入治保会大喊'后面有人杀我，有很多人追杀我……'"潘先生往发现他后面看，他身后并没有人。

潘先生和他同伴说，郭某当时穿得很干净，也带着行李，但从神情看，郭某肯定是出现了幻觉，并且失去了方向感。潘先生说，郭某连行李都扔了。

随即在8时30分许，依然还待在治保会的郭某引起了市民的注意。

经营长途电话业务的小卖部老板娘回忆道，广场上突然很吵，一个20多岁的男子躺在广场中央叫嚷。她听见"小妹妹，请你帮忙报警，有人要害我!"随即，郭某背靠着地爬动，向牌坊处爬了过去。

9时05分左右，牌坊处一酒家停车场的管理员阿贤看到了郭某躺在地上开始吵闹、打滚。随即，两名警察赶到了现场。

9时19分，救护车赶到现场。警察和治安员将郭某拉起，护士也走上前去。郭某突然指着警察和护士惊慌地说："你们是假的，你们想追杀我!"然后又走向马路中间。警察在不得已的情况下叫几名治安员把他抬到了路边。

郭某说自己不是疯子，并拿出证件给警察看，但突然间又将证件收了回来，快步走向15米外的商店。他从钱包里掏出身份证给所有人看："我不是疯子，我看到别人杀人。"他还拿起电话就拨110，只说一句"有人要害我"就挂了。医护人员想将其送去精神病院，但郭某不肯。警察接着问郭某想不想去医院，郭某也不去。郭某是在10时30分左右离开的，他拿着一瓶从小卖部买来的水，扔掉了他的行李，沿中山大道向西走去。

[华景新城天桥]

9月2日上午10时40分左右，郭某将一小女孩扔下桥，随即自己跳桥当场毙命，他身上的钱包里只有十几块零钱和一个身份证。

实训训练二

房树人（Tree-House-Person）测试

训练目的：通过个体作品探索个体心理特征，掌握精神分析学派的分析技能

训练材料：准备测验纸、A4纸以及没有橡皮胶的铅笔一枝（2B）。

操作要求：

1. 画好的线条不可用橡皮胶擦掉，但可以重画。

2. 画完一部分或整幅图画后，不得重画。

3. 想怎么画就怎么画，但画上必须有房子、树、人。

4. 画人的时候，不可以画火柴人。

5. 画图时不可用尺子。

6. 构思的时间最好不要超过 5 分钟。

对测验过程的记录要求：在测验的过程中，要求测验者进行以下记录：首先要记录描画时间，包括从指导语结束后到被测者开始描画的时间、一幅画画完所需的时间等。其次，被测者在描绘房、树木、人时，要正确地记录画面部分的顺序，如先画房顶、然后画墙壁、再画门、窗等。最后，被测者在描绘过程中，可能会作出某些提问或自言自语地进行解释，如"这是房顶……这是墙壁……这有一个窗……"等，这些内容也需要进行记录。总之，要严密地观察被测者在绘画过程中是连续性描绘还是停顿性描绘；其在描画过程中的情绪状态如何，是平稳的还是烦躁的，是心安理得的还是烦恼的；其对绘画是同意的，还是抵制的。

指导语：请用铅笔在这张白纸上任意画一幅包括房子、树木、人物在内的画；画画可以任意发挥，但要求认真地画；不要采取写生或临摹的方式，也不要用尺子；在时间方面没有限制，也允许加以涂改；画完后请在画上写上自己的性别、年龄、文化程度、职业。

简单分析：

①图形位置；②线条；③笔触特色；④房子；⑤树；⑥人物。

第二篇　犯罪心理常规分析篇

From the deepest desires often come the deadliest hate.

——Socrates

最深的欲望总能引起最极端的仇恨。

——苏格拉底（公元前470~公元前399，古希腊哲学家）

第四章

犯罪心理成因分析

经典案例

一名女犯罪人的自白

我从小生活在小乡村，家里有三个哥哥，两个妹妹。因为我的母亲精神失常，所以我从未得到过母爱，酗酒成性的父亲也从未给予过我父爱。小时候，我的脸部不慎烧伤留下了永久的疤痕，这使得我一直感到很自卑，我只有用拼命读书来获得尊严。但小学三年级时，家里因为经济困难，为了让几个哥哥上初中，我和两个妹妹被迫退学了。我心里很不甘心，心里觉得为什么哥哥们就能上学，身为女娃的我就不行，明明我的成绩比他们好。

虽然我心有不甘，可是也没有办法改变这个事实了。后来哥哥们陆续娶亲，我与妹妹们也嫁人了。由于我的脸上有缺陷，哥哥们主张我嫁给隔壁患有癫痫病的吴某，说是在他们身边我才不会被人欺负。我根本不信他们假惺惺的话，他们是想就近看我的笑话。我恨死他们了。

有一次，吴某进城偶然间买了张彩票，中了2万元奖。这让我们家的经济情况大大改善了，还盖了三间新瓦房。我心想这回我在哥哥嫂子面前扬眉吐气了。没想到的是，两年后住在我家隔壁的大哥竟想盖两层楼了！那怎么行？要是大哥家的楼房高于我家，我家的"好风水"就会被他占了去。我心里惦记着绝对不能让大哥家压住我家的运气。我让吴某去找大哥说不同意房子比我家的高，谁知道吴某是个"窝囊废"，说什么都是自家人不碍事。就这样，大哥家盖了高楼，我心里恨哪！

两年后的一天，我在大哥家的玉米地里摘了几根玉米，嫂子竟然在街上大骂我是偷玉米的贼。我想嫂子一定是故意的，自从她家盖了楼后她就感觉自己不可一世，在村子里跟个女皇帝似的。

新仇加旧恨，我知道再不给点颜色让嫂子瞧瞧，她怕是还要嚣张，不把我放在眼里。于是我在大哥家的水缸里放了少量的泻药，谁知大哥一家人不过是上吐下泻了几天，我真是气不打一处来。此后，只要嫂子让我不痛快我就投毒。

此时，正赶上农村麦收季节，我让父亲给我带几天孩子，父亲却说大哥的两个小儿子他都照看不过来，没精力再给我照看孩子。我气疯了，买了一瓶毒药，全倒进了大哥家的凉茶壶里，中午时分大哥、嫂子从地里回来喝了凉茶便很快中毒身亡了……

📺 经典视频

《沉默的证人》是一部着重围绕着犯罪心理学和科学技侦等智慧型探案手段，通过对犯罪嫌疑人人生经历的调查，从而探究其犯罪心理的形成轨迹的电视剧。案情从一桩普通的谋杀案开始，竟然发现郊区点兵山深处同坑掩埋的五具尸骨，这是云港市从未见过的重案，各级领导十分重视。任务下达后，刑警队长袁可为率部全力投入……

📖 原理与技能

失衡论：变革社会导致的社会心理失衡，是犯罪心理产生的基础和前提。

失范论：思想意识形态领域的"失范"造成的主体自我控制力弱化，是犯罪心理形成的重要原因。

失调论：社会结构与功能失调造成的主体外部控制力弱化，是犯罪心理形成的又一重要原因。

第一节　生理因素分析

影响犯罪心理形成的生理因素包括行为主体的年龄、性别、神经类型及异常的生物学因素等。生理因素并不必然导致犯罪心理的形成，但是，它与犯罪心理的形成有关。

一、年龄因素

年龄对犯罪心理的形成没有必然的联系，但它却是影响犯罪心理形成、发展和变化的一个因素。

不同年龄阶段的人，其身心发展的成熟程度不同，社会经历、生理条件也不相同。年龄对犯罪率的高低和犯罪类型、犯罪方式的选择等方面都会产生直接或间接的影响。

第一，犯罪率的高低与年龄相关。世界各国的犯罪统计资料表明，犯罪高发的年龄段，几乎都是在青少年时期，我国的青少年犯罪也不例外。据统计资料表明，自20世纪80年代以来，青少年犯罪案件总是在刑事犯罪总数当中占有很高的比例，一些重大刑事案件也大多是青少年所为。可以说，青少年是刑事犯罪的突发期、多发期。成年期是一个人世界观、人生观基本定型的时期，其个性稳定，自制能力较强，犯罪现象较少。这一时期的犯罪多是经过深思熟虑后进行的，预谋性强，手法隐蔽，且多是累犯、惯犯所为。犯罪率最低的年龄段，一般均在60岁以上的老年阶段，他们的心理趋向衰退，感官能力降低，动作反应迟钝，情感兴趣单调，心理平静稳定，一般不容易犯罪。其犯罪大多有隐蔽性和间接性、非暴力性的特点，一般不易发现。未满14岁者，因其生理、心理明显不成熟，多受父母保护，独立行为少，故违法犯罪行为也少。

第二，年龄与犯罪类型的选择也有一定的关系。例如，体力旺盛、行为冲动、情感强烈、控制力差的青少年易从事杀人、伤害、抢劫、强奸等暴力犯罪；少年犯罪多属财产型，尤其是盗窃犯罪；诈骗、贪污等需要较高智力、丰富社会经验的犯罪，则多是成年人所为。

二、性别因素

男女性别的差异，造成男女在生理特征、心理特征、社会角色的扮演等方面有很大差异，因而对其犯罪心理也有不同的影响。

第一，性别影响着犯罪的主动性。男女心理上的差别及长期形成的思想观念，使得男子往往承担着"主动""勇敢""冒险"的角色；而女性则往往是"忍让""顺从""柔弱"的角色。因此，在犯罪活动上，男性犯罪多于女性犯罪，在同样的社会因素及其他因素的作用下，男性比女性更容易走上犯罪道路。即使是共同犯罪，男性则往往更为主动，多具有攻击性和支配性的个性特点，担任着主要角色。女性则往往带有被动和依附的特点，多担任次要角色。

第二，性别对犯罪的类型和方式也有影响。生理上的差别和心理特点的不同使得男女在犯罪类型和方式方面也有不同的表现。女性由于生理、心理的局限，很难从事暴力犯罪，多以性犯罪和财产犯罪等非暴力型犯罪为主；而男性犯罪的种类则涉及各个方面。即使进行同样的犯罪，男女所选择的作案手段也有很大差异。例如，在报复杀人中，男子多以暴力手段实施杀人行为，女犯多以毒杀实施杀人行为；在财产犯罪中，男子多实施盗窃、抢劫、走私、绑架等犯罪活动，女子多实施贪污、诈骗、扒窃等犯罪活动。

三、神经类型因素

神经类型是指人的高级神经活动类型。巴甫洛夫根据高级神经活动的兴奋过程和抑制过程在强度、平衡性和灵活性方面的不同特点，把人的高级神经活动分为四种不同的神经类型，即兴奋型、活泼型、安静型、抑制型。巴甫洛夫认为，神经类型是作为心理特征的直接生理基础，气质是神经类型的心理表现，是指心理活动在动力方面的特点，即心理过程的速度、强度、稳定性以及心理活动的指向性等特点。胆汁质、多血质、粘液质、抑郁质四种气质的类型与四种不同的神经类型相互对应。因而不同的神经类型对人的行为（包括犯罪行为）有一定的影响。神经类型影响着个体行为的方式、灵活性、强度等方面，虽然其不决定行为的性质，但在某种具体的情境之下，神经类型与其他心理因素相联系，对某个具体的犯罪人的犯罪心理的产生有一定的影响。例如，在个人情感遭受挫折时，兴奋型的人比安静型的人更容易产生报复犯罪心理。不仅如此，神经类型所表现出的心理特点与其他因素相联系，对其犯罪类型的选择也有一定的影响。例如，有资料表明，在暴力犯罪中，兴奋型的人居多；在盗窃犯罪中，灵活型、安静型的人较多。

四、异常生物学因素

异常的生物学因素可以导致异常的心理活动，使个体容易受不良因素的影响而产生犯罪心理。以下几种异常的生物学因素，对犯罪心理就有一定影响：

（一）遗传素质

由遗传负因所导致的精神病、癫痫、人格异常等可使后代心理和生理表现异常，也是导致一些人犯罪的原因之一。研究表明，累犯、惯犯的人格异常遗传负因远比初犯、偶犯高。父母酒精中毒，也会损害胎儿，使子女身心异常，并在一些诱因的影响之下走上犯罪道路。精神发育不全和染色体异常而导致的低能、弱智以及情感方面的障碍也使得这类人的判断力、理解力、自制力差，易受暗示，易冲动，易失去理智而发生攻击性的犯罪行为。

（二）精神障碍

先天及后天环境因素导致的精神障碍（如精神分裂症、躁狂症）求助者，因缺乏清醒的意识、辨别力，控制能力差，一旦情感受挫，容易产生攻击性的侵犯行为。

（三）脑损伤、身体残疾

脑损伤达到一定程度，导致个体智力低下，能力减退，甚至导致精神发育不全和脑功能障碍，从而致使个体心理异常，容易滋生犯罪心理。身体残疾对其心理也造成一定的影响，使一些人形成自暴自弃、孤僻、冷酷的性格而滋生报复犯罪心理。

（四）内分泌失调和物质代谢异常

内分泌失调会导致机体的反射活动及有关的心理现象发生变化。物质代谢异常也会影响人的生理、心理变化。这些变化影响人的情感和情绪，在某种特定的情境中可能会成为激发犯罪的动因。例如，性激素异常与精神症状、性欲亢进有关；缺钾会造成个体的情绪不好，爱动肝火。

（五）酒精中毒及药物依赖

酒精中毒使个体认识能力低下或丧失，容易急剧兴奋，自我控制力减弱，攻击性增强。而个体一旦对兴奋剂、致幻剂、麻醉剂等药物产生耐药性、依赖性，往往会使性格发生变化，变得自私、孤僻、自卑，从而容易实施犯罪。

第二节　心理因素分析

心理因素是指犯罪主体原有的，在犯罪心理形成之前就存在于心理结构中的消极因素。这些消极因素与犯罪心理的形成有着密切联系，它们的存在使行为人更容易受外界不良因素的影响，加速犯罪心理的形成。

个体犯罪心理的产生有两种情况：一种是未成年人受到不良环境的影响，直接产生和形成犯罪心理；另一种是个性已定型的成年人由于受不良因素的影响导致个性发生扭曲、变形而产生犯罪心理。但无论是哪种情况，个体已有的知识经验、兴趣爱好、情绪、情感、道德及意志品质等心理特点都会对犯罪心理的产生和形成产生直接的影响。犯罪心理和人的一般心理一样，都有一个积累、产生和发展的过程。个体正是依赖已有的消极心理水平（主观因素）对客观不良因素予以积极筛选、吸收，从而内化为其犯罪心理。

一、低级的认知水平

从犯罪人整体而言，其中包括不少"文盲""半文盲""法盲"。他们的认知水平低下，表现为认知能力低，认知方式偏激、极端，对事物是非不分、美丑不辨，甚至形成各种倒错的认识观念，这是个体犯罪的重要主观因素之一。

二、个性倾向性中的不良因素

个性倾向性，是指人对社会环境的态度和行为的积极特征，包括需要、动机、兴趣、理想、信念和世界观等。它是人进行活动的基本动力，制约着所有的心理活动，表现出个性的积极性。个性倾向性对心理活动的影响，主要表现在对事物的不同态度和行为模式上的心理活动的选择性。不符合社会要求的个人需要、利己主义的动机、不良的兴趣、缺乏正确理想以及错误的信念和世界观等个性倾向性，与犯罪心理的形成有密切关系。一个与社会条件、要求相悖的个人，或不合理需要十分迫切的个人，当其需要的满足受阻时，就有可能对社会持抵触或者敌对态度，从而产生反社会心理，或者萌发选择犯罪方式满足个人需要的犯罪心理。

三、性格的不良因素

性格是人对现实的稳定态度以及与之相适应的行为习惯。性格是个性的核心，是十分复杂的心理构成物，包含了以下的复杂内容：

（一）对社会现实的性格特征

对社会持敌视态度，对集体漠不关心，自私自利、冷酷无情、狡猾虚伪、野蛮粗暴、自卑虚荣、狂妄自大以及好逸恶劳、浪费奢侈等性格特征，使其容易在其他不良因素作用下形成犯罪心理。

（二）性格的意志特征

意志特征是指一个人能否自觉地调节自己行为方式的性格特征。盲目、冲动、放纵、依赖、易受唆使、任性、顽固、鲁莽冒险以及意志薄弱、缺乏自制力等不良的意志特征，都与犯罪心理的形成有关。

（三）性格的情绪特征

人的情绪活动具有稳定的、经常表现的特点时，就形成他的性格的情绪特征。强烈的愤怒情绪，起伏和波动程度大的不稳定情绪状态，严重的对立和敌对情绪，萎靡不振、消沉悲观、阴郁孤寂、多愁善感的心境等消极的情绪特征，与犯罪心理的形成有关。

四、不良的道德品质

道德品质，是指个人以一定的道德行为标准与准则在行动时所表现出来的某些较稳定的心理特征。一个人的品德是在社会舆论的熏陶下和在家庭、学校道德教育的影响下形成的。犯罪人一个突出的特点是道德品质（道德认识和评价的水平）低下。由于恶劣的家庭环境和缺乏学校的道德教育，他们一方面道德知识匮乏，另一方面沾染了许多不良习惯，具体表现为说谎、自私、爱挑衅闹事、好吃懒做、偷偷摸摸、流氓成性等不良的道德品质。这些不良的道德品质往往使他们受到人们的唾弃与孤立，容易与坏人为伍。另外，不良习惯的积累也会使他们的心理不断恶化从而滑入犯罪泥坑。

五、薄弱的自我控制系统

一个有不良欲望的人，在外界不良诱因的刺激下能否产生犯罪行为，取决于自我控制系统是否健全。自我控制系统主要由道德法制观念和人的自制力所构成。犯罪青少年由于道德观念低下，法制观念淡薄，感情易于冲动，自制力极差，因而自我控制系统极为薄弱，不能对其不正当欲望进行约束、抑制，进而导致犯罪心理的产生。

总之，犯罪人的不良心理品质是在不良客观因素和生理因素的作用下产生的，而它一旦产生，又作为主观因素促进个体对不良环境的吸收和同化，并和生理因素一起相互作用，从而导致犯罪心理的产生。

第三节　社会因素分析

社会因素，是指社会生活中足以影响个体犯罪心理形成的各种因素的总称，包括宏观社会环境和微观社会环境。宏观社会环境主要有政治环境、经济环境、文化环境、精神环境及法制环境等，它影响着犯罪心理的性质和类型，以及全社会犯罪率的高低；微观社会环境是指个体生活的具体环境，主要有家庭环境、学校环境、社区环境、工作环境等。对个体犯罪心理的产生而言，微观社会环境因素起着更为直接的作用。因此，这里主要对几个常见的微观社会环境因素与个体犯罪心理形成的关系进行分析。

一、不良的家庭因素

家庭是个人接受教育的第一课堂，父母是孩子的第一任教师。家庭对个人心理的发展影响巨大。不良的家庭因素是犯罪心理形成的重要环境因素。不良的家庭因素包括不良的家庭教育方式、残缺或不全的家庭构成、家庭中的不良气氛等。

（一）不良的家庭教育方式

不良的家庭教育方式主要有三种：过分溺爱、简单粗暴、放任自流。

第一种是过分溺爱的教育方式，即孩子在家庭中被娇生惯养，予取予求。孩子在这种教育方式下很容易形成"唯我独尊"、无视他人、以自我为中心的性格特征，错误地认为无论在何种情况下周围的人都应当满足自己的一切需要，否则就是社会或他人对自己的不公正、不公平。在这种教育环境中成长起来的个体，往往缺乏社会责任感和义务感，变得骄横、任性、心胸狭隘，不能适应激烈的社会竞争，容易产生挫折感而不能自拔，很可能为满足自己的私欲而产生犯罪。

第二种是简单粗暴的教育方式，即孩子的社会行为不能满足或符合社会及父母的要求时，父母采用粗暴的体罚方式来纠正孩子的行为。这种教育方式一方面会使孩子的自尊心受到极大伤害，寻求不到家庭的温暖，进而形成情感上的饥渴感，很容易到社会上寻求温暖和同情，从而上当受骗并走上犯罪道路。另一方面会使孩子在父母的打骂之下形成情感上的冷漠和自私，并产生一种错误的观念：暴力是解决问题的最佳方法。这样，一旦其踏入社会，很容易习惯于用暴力去解决在社会上遇到的许多问题，从而出现偏差或犯罪行为。

第三种是放任自流的教育方式，即父母不履行教育子女的义务，对子女采取听之任之的态度和行为。这种教育方式主要来自于父母忙于自身的工作、应酬等，无暇顾及子女，不履行自己教育子女的义务，对子女采取听之任之的态度。这种教育方式一方面容易使孩子缺乏社会行为的规范意识，一切以自己的判断作为事物的判断标准，出现逃学、旷课等厌学现象，过早地浪迹街头，很容易模仿和接受环境中的不良影响。另一方面，在这种教育环境下长大的孩子在性格上会形成任性、孤僻与冷漠的特征，他们在父母身上感受不到亲情的温暖，子女和父母缺少情感沟通，子女心理上的迷惘和疑惑得不到父母的及时指点，内心的欲望和需求得不到满足，心理上得不到慰藉和疏导，久而久之，心理问题积重难返，进而形成抑郁、敏感多疑、易怒、冷漠、孤僻、缺乏责任感和同情心等心理障碍和人格缺陷。由于他们的自我控制能力不足，在外界不良因素的刺激下，很容易实施暴力犯罪。农村中有大量留守失管孩子，由于其父母双双在外打工，孩子则交由祖父母代管，处于实际上的放任状态，他们是未成人犯罪的潜在人群，这已经构成严重的社会问题。

（二）具有缺陷结构的家庭

就家庭教育而言，理想的家庭应该是父母双全，并且能够承担对子女的教育责任。而家庭结构缺陷，比如因死亡、离婚、分居、遗弃或入狱等原因而缺损父母一方或双方，或有继父、继母等情形，这些情况造成了对家庭结构的完整性、稳定性的破坏，使家庭的功能受到削弱。在这样的家庭中，亲子关系遭到破坏，子女从小受到心灵创伤，爱与被爱的需要得不到满足，有的甚至遭受歧视和虐待，得不到家庭应有的温暖，很容易形成孤僻、冷漠、自卑等不良性格特点和反叛心理。在这些家庭中长大的孩子比那些生活在结构完整的家庭中的孩子易受不良环境的影响和坏人的教唆与引诱，并由此走上犯罪的道路。

（三）家庭中的不良气氛

家庭中的不良气氛，即家庭成员之间或家庭成员与周围人之间的关系冷漠，家庭成员之间经常吵架甚至打架或者冷战，使孩子在家庭中无所适从，不知所措，整日生活在紧张、压抑气氛之中，从而形成孤僻、乖张的性格特征。家庭成员与周围人之间的关系冷漠，经常相互责怪、抱怨，很容易使孩子错误地认为周围的人大多对不起自己的父母，从而对周围人形成一种冷漠、不信任、敌视、责难、仇恨甚至是报复心理，从小就处于和社会、他人对立的情绪状态。

二、不良的学校教育因素

学校是教书育人的重要场所，学校教育是按照一定的教育目的，有计划地对学生施加影响的过程。不良的学校教育因素主要包括教育目标错位、教育方式简单及教师的错误态度。

（一）教育目标错位

各级各类的学校教育，都有明确的教育目标，注重培养德、智、体各方面全面发展的人才。良好的学校教育不仅可以对不良的家庭教育起到矫正和弥补作用，而且对未成年人抵制社会不良因素的影响有着不可忽视的作用。但是，目前在中、小学教育中，一直存在着"重功利、轻理想，重知识、轻素质，重理工、轻人文，重求知、轻情感"的倾向，一切教育工作围绕着高考、中考，片面追求升学率，不注重对学生世界观、人生观、价值观的教育，也不重视学生的心理健康教育，成绩成为对学生的唯一评价标准。这样使得心理、生理尚未成熟而辨别是非能力又差的青少年学生难以抵御社会上各种消极因素的影响。

（二）教育方式简单

部分学校或教师在发现学生出现问题后，缺乏与学生的心理沟通，只教书不育人或对学生实施体罚，以体罚代替教育，这不仅难以使学生提高应对环境的能力，而且严重伤害了学生的自尊心，容易使学生产生厌学、抵触情绪和逆反心理。缺乏判断力而又被社会新奇事物所吸引的学生很容易出现逃学现象，结交社会上的不良群体，进而形成不良的个性，甚至走上犯罪道路。

（三）教师的错误态度

七情六欲乃人之常情，但是，作为人类灵魂工程师的教师，在对待学生方面，职业道德要求教师必须摒弃狭隘的情感因素，公平、公正地对待学生，以爱心对待每一个学生是教师对学生应有的基本态度。教师对学生态度不一，喜爱学习成绩好的学生而厌烦成绩差的学生，这种态度上的不一致会使教师在行为上表现出对学生的不公正态度。这样不仅会使处于青春期的学生由厌恶教师发展到厌恶教师所教授的课程甚至是学校，而且会使学生的自尊心受到严重伤害，自信心磨灭，对自己失去信心感，对社会产生不信任感，从而破罐破摔。

三、不良的群体因素

人都有交往的需要，其在交往活动中获得物质或精神上的满足。不良的交往群体，不仅仅使个体在交往过程习得不良的价值观、模仿他人的不良行为等，而且使个体的不良行为在群体中受到赞赏，个体自尊需要获得满足。这样，个体在不良的交往过程中获得了物质或精神上的满足，产生了愉悦的情绪体验，群体的凝聚力增强。因此，青少年的不良群体对他们的影响往往大于学校和家长的影响。那些学习成绩差、品行差、家庭缺乏温暖、学校缺乏关爱的青少年聚集在一起容易形成错误的认识，产生不良的需要，这样，一旦他们在社会上遇到问题和困难，多寄希望于通过其交往群体来解决问题，很容易触犯法律而走上犯罪道路。而且他们的认识能力低下，辨别力差，很容易在不良伙伴的影响下或他人的教唆下，走上犯罪道路。所谓"近朱者赤，近墨者黑"，说明朋友群体对青少年心理的形成有着重要作用。

四、工作场所和职业因素

工作场所与犯罪心理形成的关系主要体现在：一是工作场所的工作氛围，有些工作场所的同事和领导只重视生产、经济效益，忽视道德和法纪观念，就会致使歪风邪气盛行；二是人际关系的和谐，在有些工作场所，没有良好的人际关系不仅影响生产、工作效率，还会激化矛盾，以致某些人产生报复心理，产生破坏、报复行为；三是管理体制的健全，如果管理混乱，缺少监督机制，就会诱发盗窃、贪污等犯罪行为。

从事不同职业的人因为职业的不同特点可能形成不同的犯罪心理。一是无职业人员，其没有固定的生活保障，生活贫困，尤其是有些刚出校门的大学生面临"毕业就意味着失业"的困惑，容易产生悲观情绪，颓废消极，产生对社会的不满，增加社会不安定因素。二是不同职业可以为犯罪提供不同的机会，例如，国家工作人员可以利用职务上的便利条件，实施贪污、受贿、走私、盗窃等犯罪。有些职业还可以为犯罪提供技术、方法、手段等，如雕刻工人可以产生伪造印章、证件的犯罪心理，掌握计算机技术的人员可以产生利用计算机技术进行经济犯罪的心理。

实训项目

案例分析

2月16日晚，山东省某县公安局巡警大队民警在城区巡逻时，发现一出租房内4名少年形迹可疑，经昼夜工作，摧毁了一个涉案11人的青少年犯罪团伙。

一、基本案情

11名少年中有9名是独生子，除1人家在农村外，其余10名少年的父母均是工资优厚的国家干部或腰缠万贯的个体老板，多因工作繁忙而疏于对孩子的管理。平日里即使发现孩子的违法行为，由于父母过于庇护，未能予以有效制止。团伙主要成员A，父母是个体户，平时很少有时间照顾他，A整天沉湎在游戏厅和录像厅，加盟团伙后，不到半年的时间，便成为吃喝嫖赌样样精通的"老手"。4名团伙主犯第二次盗窃摩托车后，1名家长偶然发现了孩子的行为，但可惜的是他们并没有带着孩子到公安机关投案，而是和其他3名少年的父母共同商议隐瞒的计划。4个孩子在此后的3个月越干越大并落网后，家长们发现他们的计划和方案是那么的苍白无力。一位工程师在得知儿子涉嫌犯罪被公安机关追捕后，不是劝儿子悔罪自首，而是唆使儿子尽快出逃。

1999年4月前，11名少年全部是分布在不同学校的学生，由于学习成绩差，学校、老师对他们失去信心，未能同家庭进行必要的教育帮助，在管理上放任自流，并采取了比较极端的做法。其中有两名团伙成员在高中入校后不到两个月就因逃学被校方开除，有一名团伙成员不到一年即被开除。老师和同学们的歧视使他们在共同的境遇中互相结识，走到一起。C因多次旷课被校方开除后，同班的D也转入另一学校。后来，C经常和狐朋狗友在酒后雄赳赳气昂昂地出入D的学校，与D一起通宵打牌，累了就随便找个宿舍躺下休息，而此时，学校师生却眼睁睁地看着他们胡作非为，敢怒不敢言。之后该团伙干脆就把作案目标对准该校办公楼，先后两次实施盗窃，窃得现金3000余元。

一次，该团伙在一家附属医院实施盗窃时，被一名中年男子发现，就在他们自认倒霉时，那男子却没有声张。主犯 E 说："打那以后，我们干什么都不害怕了。"其中一户居民连续被盗三次后，也未采取任何防盗措施。在办案过程中民警也发现，很多失主在案发后均未及时报案。

在对该团伙租住房屋的搜查过程中，民警缴获了 100 余张光盘，其中不乏暴力、色情内容。充斥其中的精神垃圾正是这 11 名少年走向犯罪的"牵手人"。每次作案归来，他们都奔至饭店、酒楼、美容美发厅、电子游戏室等娱乐场所进行狂饮狂欢，将所盗钱财挥霍一空。刚刚 18 岁的 B 在看完黄色影碟后，即多次到美容美发院寻欢作乐。

二、具体操作

1. 结合案情，分组讨论青少年犯罪团伙的犯罪心理形成的原因。

2. 以小组为单位写出分析报告。

3. 教师组织分组。

Between the idea and the reality, between the motion and the act, falls the shadow.

——T. S. Eliot

在理想与现实之间，在动机与行为之间，总有阴影徘徊。

——托马斯·斯特恩斯·艾略特（1888~1965，诗人、评论家、剧作家）

第 五 章

犯罪心理动机与需要分析

经典案例

陈某抢劫、强奸杀人案

陈某只有初中文化程度。他于初三毕业那年外出打工，两年后认识了与自己同龄的姑娘冯某。二人很快陷入热恋，且在双方父母的同意下于两人22岁那年完婚。婚后陈某对妻子一直爱护有加，无奈种地收入有限，陈某便外出打工，由妻子在家照看父母。

过年前，陈某外出打工返乡，在与邻居的闲聊中听到有关妻子作风方面的一些言论，心里不免恼火，但苦于找不到证据。

年后，陈某不再放心妻子独自在家，便带着妻子一同出外打工。有一次，妻子外出买菜，陈某无意间看到抽屉里面有一封妻子与他人的通信，内容涉及"婚外情"。这下陈某彻底爆发了，妻子回来时对其大打出手，妻子事后也有悔意，表示不会再犯。可是，陈某总是耿耿于怀，常常借此与妻子吵架。

某日，陈某由于与妻子斗嘴，心中非常郁闷，怒火中烧，就想："自己的婆娘被人动了，我还不能动动别人的了！"陈某在潜意识中，要把对妻子的不满和愤怒转嫁到其他女性身上来实施报复。第二天晚上，陈某与妻子争吵完摔门而出，在巷子口尾随一名单身女子走了几条街，并最终在一条人烟稀少的巷子里用掐脖子等手段实施了强奸犯罪，还抢走了该女子身上所有值钱的东西。

第一次作案成功后，陈某心中不免担心害怕。谁知返回作案现场观察过几次之后，他发现被害人并没有报警，这下陈某彻底放心了，他觉得自己久积于心的那些不甘与愤怒得到了发泄与满足。从此以后，陈某一发不可收拾，只要一与妻子吵架，就会跑出去犯案。

半年后，陈某因实施抢劫、强奸杀人犯罪的证据确凿被抓捕归案。（经警方查实，陈某犯案共32起，其中两人被杀。）

经典视频

《犯罪动机》中的苏珊是离婚律师，她的雇主安吉拉被杀，安吉拉的丈夫德文有重大嫌疑。没想到的是，德文要求苏珊为他辩护。检察官和苏珊是多年的朋友，也是多年的对手，两人为这起案件再起争论。随着案情的调查，真相完全出乎意料，原来苏珊也是幕后指使者之一。

原理与技能

＊犯罪动机与需要分析

＊犯罪动机的形成过程分析

＊犯罪动机的分类分析

＊犯罪动机斗争及其发展转化分析

现代心理学认为，动机是直接推动人进行活动的内部动因，是使人处于积极状态的心理动力。任何行为的发生都是在动机的直接推动和调控下实现的，没有无动机的行为。一般来讲，任何动机的生成，都是主体的内部动力（内部驱力）与外部诱因（外部拉力）相互结合、相互作用、相互促进而形成的。犯罪动机是指直接引起和推动犯罪人实施犯罪行为，以满足某种需要的内心起因，是实施某种犯罪行为的内在驱力。

在人的整个心理活动体系中，犯罪动机是犯罪行为最重要、最直接的心理活动。犯罪动机对犯罪行为主要发挥三个方面的作用：一是始动功能，犯罪动机能引起或发动犯罪主体的犯罪活动，为犯罪活动提供心理能量；二是导向功能，犯罪动机能指引犯罪主体采取犯罪行为向目标行进；三是强化功能，犯罪动机能够激励、增强犯罪行为的力量。由于犯罪动机对犯罪行为具有这三种功能，因此它直接影响了犯罪行为的效果。

第一节　犯罪动机与需要

动机与需要具有紧密的联系，几乎所有动机都是在需要的基础上产生的。如果说动机是人的心理发展的内部动力体系，那么，需要则是构成人的动机体系的重要组成部分和核心。

一、需要的涵义

需要是生命所特有的。生命本质上是一个开放系统。一个生命无论多么简单，都在一刻不停地与外界进行着物质、能量和信息的交换。生命总是趋向于或维持在一种平衡状态——一种保持高度有序并可以向更高级有序状态发展的开放系统的平衡态。

需要是同生命系统的稳态相联系的。稳态的维持和发展就产生了需要。所谓需要，就是生命体为了维持或趋向于某种稳态而产生的进行某种活动的必要性。首先，从定义中可以看出，需要是一种机能，其作用就是维持和趋向于生命体的某种稳态。其次，需要又是活动的必要条件，没有需要，生命体就不会采取某种活动。

二、犯罪人的需要

依照人的需要是否获得满足及满足的程度，可以将人的需要满足状态划分为三种状态：

第一是需要的平衡态：个体的需要基本上得到满足，在心理活动中表现为满足、自得、平静等积极心理状态。

第二是需要的失衡状态：个体的某种需要尚未得到满足，从而引发了个体心理上的焦虑、紧张、不安、烦躁等心理特征。

第三是需要的匮乏状态：个体这时感到某种需要被剥夺而导致恐惧、悲伤、压抑、痛苦、愤怒、怨恨等强烈的心理体验。

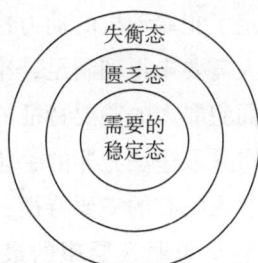

图 5-1　需要动力机制示意图

从需要的概念中可知，维持和倾向于稳定状态，是一切生命体的活动特征。正是为了维持和倾向于稳态，个体需要才为生命提供了能量，并使活动得以产生。同样，对于人类个体来说，提供个体活动的内在动力也存在三种形式：一是为维持机体身心稳态而产生的心理动力；二是当个体需要开始偏离平衡时，为谋求向平衡态的转化所引发的心理能量；三是当个体需要远离平衡态时，个体身心所产生的强大能量。一般来说，这三种能量形式随主体需要满足状态的不同而呈渐增趋势。

我们认为，为犯罪动机提供内在动力的犯罪人的需要，通常是处于需要满足的失衡态和匮乏态之中。犯罪主体从需要的平衡态向失衡态和匮乏态的偏离以及向平衡态的复归和转化过程中主体所释放的能量（心理的和生理的）就是犯罪心理形成的内在动力。

1. 犯罪主体要发动犯罪行为，通常要比一般行为需要更多的能量。因为犯罪主体在实施犯罪行为前，大都能认识到其行为的严重后果和受惩罚性，而犯罪主体最终选择了犯罪行为，这一行为的内在动力，一般只有在需要处于失衡态，特别是处于匮乏态时才能具有。

2. 处于失衡态的个体必然要力图向平衡态回归，但由于犯罪主体自身素质和条件所限，其需要的失衡态不仅不能向平衡态回归，反而会使需要满足状态不断恶化，即向需要的匮乏态转化。

3. 当个体的需要从稳定态向失衡态发生偏离时，需要愈远离平衡态，个体向平衡态转化的力量也就愈强。犯罪心理的动力，就是在需要的平衡态与需要的失衡态、匮乏态两者之间的相互转化过程中所产生的张力。

最后，须指出的是，并不存在着一个犯罪心理所特有的动力结构，也就是说，需要的失衡与匮乏并不必然导致犯罪行为。心理动力本身并不能决定行为的性质和方式，犯罪行为的发生是犯罪人既有的人格系统与心理动力系统相互作用、相互结合、共同作用的结果。

三、犯罪人的需要特征

正确认识犯罪人的需要特征，必须同犯罪人的人格特征联系起来，必须把满足需要的方法和手段联系起来。犯罪人的需要特征表现为：需要发展水平的滞后性；满足需要的可能性与现实性之间的不可协调性；满足需要的手段、方式的非法性；个人需要与他人需要、社会需要的尖锐对立性。

如果犯罪人的需要满足状态决定了犯罪动机的动力性，那么犯罪的需要特征则规定了犯罪动机的目的指向性。由于犯罪人需要未得到满足，犯罪主体在谋求向需要的稳态转化的过程中迸发了强大的心理动力，而犯罪人的需要特征的上述缺陷，则给这一心理动力规定了运动方向。它使得犯罪主体只有采取违法犯罪的手段和行为方式，才能最终达到需要的稳态，才能获得需要的满足。犯罪人特有的需要特征，决定了犯罪人必然也只有采取违法犯罪行为，才是达到犯罪目的、满足犯罪人愿望的最切合实际的行为。因此，我们认为，犯罪人的需要特征，决定了犯罪动机的目的指向性。

第二节　犯罪动机的形成过程

马克思主义哲学告诉我们，世界上任何事物的形成和发展过程都是有规律可循的，都遵循由量变到质变的发展规律。那么，犯罪动机作为推动犯罪人实施犯罪行为的直接心理起因，它是如何形成和发展的呢？它要经历哪些发展阶段呢？

我们认为，需要作为个体心理活动的原动力，也是犯罪动机形成的基础。苏联犯罪学家库德亚夫采夫的一段话，较具启发性，"违法者认为，现实条件没有充分保证满足他的实际需要或者臆想中的需要。这就是违法者实施违法犯罪行为的动机的基础。"[1]

库德亚夫采夫的这段话对于我们理解犯罪动机的形成过程具有两点启发：一是犯罪人的（实际的或臆想中的）需要是犯罪动机的基础，犯罪动机是在犯罪人的需要的基础上发生和发展的；二是犯罪动机就是犯罪人对其需要的意识。或者说，动机就是需要的意识化。

我们认为，犯罪人的需要为犯罪动机发展提供了心理发展的动力。犯罪人对其需要的意识化，则为犯罪动机的发展规定了方向。犯罪动机的形成发展过程，就是犯罪主体对其

---

〔1〕〔苏联〕库德亚夫采夫：《违法行为的原因》，群众出版社1982年版，第108页。

需要的意识化发展过程。因此，根据犯罪主体对其需要进行意识化的发展进程，犯罪动机可分为以下三个发展阶段：

一、犯罪人需要的无意识化

这是犯罪动机形成的初级阶段，是犯罪人需要的低级意识（认识）水平。

所谓犯罪人需要的无意识化，是指犯罪主体尚不能自觉明确地意识到自己的需要，而只是在头脑中模糊地意识到，或者说潜意识地感受到了某种需要的存在。

从需要动力机制示意图看，这一阶段的犯罪主体的需要满足状态已处于失衡态，但由于这时犯罪人的需要刚发生偏离或强度很微弱，其所表达的信息很不清晰、明确，因而主体仅是处于对这一状态的潜意识感知状态，常伴随着无意识的焦虑、紧张、不安和烦躁等心理活动特征。处于这种状态的、没有分化的、不很明确的需要，又称为犯罪意向，是犯罪动机的萌芽状态。

二、犯罪人需要的意识化

所谓犯罪人需要的意识化，是指犯罪主体明确地意识到了某种需要并希望实现这种梦寐以求的需要而产生的动机。在这一阶段，犯罪主体已具有了更多的自觉性和主动性，已经产生了明确的想法和愿望，并强烈地希望这些想法和愿望能够得到实现。但这时犯罪人还不明确用什么途径和方法去实现所追求的目标。心理学上有人将这一阶段称为无意识动机向意识动机的转化，也有人将这一阶段称为犯罪人的愿望。它是犯罪动机的演化阶段。

三、犯罪人需要的对象化

犯罪人需要的对象化，是指犯罪主体不仅明确意识到了自己的某种需要而形成了愿望，而且还将这种愿望与具体的客体相结合并明确地意识到应运用什么犯罪手段和条件去实现犯罪预定目标。犯罪人需要的对象化，是犯罪动机的成熟阶段，又被称为犯罪人的意图。这一阶段的犯罪动机，最充分地体现了犯罪行为的复杂性、多样性及犯罪主体的自觉能动性。例如，一个犯罪分子想要得到非法钱财，可用偷、摸、扒、窃、盗、夺、抢、骗等手段去获得，并对所侵害的对象、目标都要作出充分的估计，在什么地方、什么时间内、哪种场合下手，适用什么方式、哪种作案工具最有利于作案成功。犯罪动机激励犯罪人去冒险实施犯罪行为，从而达到犯罪目的。

第三节 犯罪动机的分类

犯罪动机不仅是最重要的犯罪心理之一，也是最为复杂的犯罪心理之一。为了更好地了解犯罪动机，可以按不同的标准对犯罪动机加以分类。

一、根据犯罪人对犯罪动机内容的意识水平进行分类

（一）有意识的犯罪动机

这是犯罪人明确地意识到其内容的犯罪动机。大多数犯罪动机都属于有意识的犯罪动机。

（二）无意识的犯罪动机

这是指犯罪人还没有认识到犯罪动机的存在及其内容。无意识犯罪动机也是客观存在的。例如，激烈冲突下的犯罪行为的动机，睡眠状态、催眠状态下的犯罪行为动机，过失犯罪行为（没有明显原因而实施的严重犯罪）的动机，犯罪人不能解释其原因的犯罪行为的动机等。但须强调指出，无意识犯罪动机是仅就犯罪人本人没有或难以自觉察觉到行为动机而言的，并不是说犯罪人是在无动机的情况下去实施犯罪的。无动机的犯罪是不存在的，只不过是无意识犯罪更为复杂、隐蔽、曲折而已。

二、根据犯罪动机对犯罪行为的作用力进行分类

（一）主导动机

主导动机，它是在犯罪人的动机体系中比较强烈和稳定的犯罪动机。

（二）从属动机

从属动机，又称次要动机，它是犯罪人的动机体系中比较微弱和易变的犯罪动机。主导动机在犯罪行为的实施中起主要作用，从属动机在犯罪行为的实施中起次要作用。但是，犯罪人的动机体系中的这两类动机，是可以相互转化的，这种转化是通过动机斗争来实现的。伴随着动机的转化，犯罪行为也会产生相应的改变。

三、根据犯罪动机形成的特点作出的分类

（一）情境性犯罪动机

情境性犯罪动机，是指在犯罪行为发生的情境作用下，在较短的时间内迅速形成的犯罪动机。在这种情况下，引起犯罪动机的情境一般具有应激性、极限性的特点，它促使犯罪人立即产生犯罪动机。同时犯罪人当时的心理状态也有利于犯罪动机的产生。如处于情绪亢奋状态、极度愤怒等状态，使犯罪人的理智、判断力、自制力下降，易导致犯罪动机和犯罪行为的产生。情境性犯罪动机很不稳定，易在其他情境因素作用下发生改变。

（三）预谋性犯罪动机

预谋性犯罪动机，是在较长时间内通过多次的思考形成的犯罪动机。这类动机的显著特征是，其酝酿形成和付诸实现有较长的时间。这类犯罪动机都是通过深思熟虑之后形成的，是被犯罪人充分意识到的，同时在动机形成过程中，也充满了动机冲突。由于预谋性犯罪动机是通过冷静的判断、谋划、考虑形成的，因此，这类犯罪动机比较稳定，较少受行为情境的影响。

四、根据犯罪动机的社会性质进行分类

（一）反社会的动机

反社会的动机，是指从道德、法律和社会方面来看对社会有危害性的犯罪动机，如危害国家利益的动机，极端个人主义的卑鄙动机等。这类犯罪动机的社会性质与犯罪行为的性质是一致的。大多数犯罪人的犯罪动机都是反社会的或消极的。正像犯罪学家塔拉鲁欣所指出的："绝大多数诱发犯罪的动机都是反社会的或非公益的。"[1]

（二）中性的动机

中性的动机，是指其本身对社会而言无所谓好或坏的犯罪动机。从道德、法律和社会方面来看，人们很难对这些动机本身作出好或坏的价值判断，这些动机与一般行为的动机并无区别。例如，由于被害人的不当行为而引起的犯罪人心理上的羞辱感、羞耻感、怜悯、同情等。在通常情况下，这类动机的社会性质与犯罪行为的社会性质是不一致的。

（三）亲社会的动机

亲社会的动机，又称积极动机，指其本身通常对社会有益的犯罪动机。从道德、法律和社会方面来看，人们可以对它们做出肯定的、赞扬性的评价，如保护集体利益的动机、维护集体荣誉的动机、大义灭亲的动机等。这类犯罪动机的社会性质与犯罪行为的社会性质是完全相反的。之所以产生犯罪行为，主要是由实现动机目的的手段不当造成的。

第四节　犯罪动机斗争及其发展转化

一、犯罪动机斗争

辩证唯物主义原理表明，任何事物的发展变化，都是在其内在矛盾运动推动下实现的。犯罪动机的形成和发展，也属于犯罪主体的内部心理矛盾冲突与斗争。在一般情况下，犯罪个体总是存在两种或两种以上的需要，这些需要有的相互并列，有的相互对立与冲突，因此，犯罪人必须对其同时并存的几种需要动机进行比较、分析，权衡利弊，甚至有时要经过激烈的思想斗争，然后才能确立某种犯罪动机为主导动机。犯罪动机斗争，就是指犯罪动机在形成过程中，犯罪主体多种需要间的相互冲突与斗争所导致的主体内心矛盾冲突状态。

心理学家勒温将人的心理冲突分为三种类型：双趋冲突、双避冲突、趋避冲突。犯罪动机冲突也可表现为这三种形式：其一，当犯罪主体同时面临两个犯罪目标时，内心所产生的动机抉择与冲突，其结果必然是选择犯罪者认为能获得最大利益和收获的犯罪目标，这一动机斗争就是双趋冲突。其二，当犯罪分子既不想再继续犯罪又不愿因此而得罪朋友时，由此失去所谓温暖而产生的内心冲突则是属于双避冲突。其三，犯罪动机斗争最常发生的是趋避冲突，如想获取不义之财又怕受法律裁判，想改恶从善、弃旧图新又怕遭打击报复等。强烈的思想冲突和犯罪动机斗争，在初犯身上常能见到，但随着作案次数的增多，其心理适应性逐步增强，犯罪动机得到强化，动机斗争则逐渐减弱。

二、犯罪动机的确立

犯罪动机斗争，反映了犯罪主体在选择犯罪动机时的内心矛盾冲突状态，但犯罪主体

---

[1] ［苏联］斯·安·塔拉鲁欣：《犯罪行为的社会心理特征》，公人、志疆译，国际文化出版公司1987年版，第40页。

最终总要摆脱这一矛盾状态，把某一犯罪动机最后确立为主导动机，去支配犯罪主体实施犯罪行为。因此，犯罪动机的确立，就是占主导地位的犯罪动机的确立过程。犯罪动机一经确立，犯罪人就要根据犯罪动机所确立的犯罪目的，运用其已有的知识、经验、技能来制定犯罪的行动计划、谋略、手段，以达到犯罪的预期目的。

三、犯罪动机的发展变化

犯罪动机在确立以后，其并不是一成不变的。在实施犯罪行为过程中客观环境的变化、主客体的相互作用及犯罪人心理的变化，都可能对犯罪人产生不同的影响，从而使犯罪动机发生各种各样的改变。一般来说，犯罪动机的发展变化大致有以下三种变化形式：

（一）犯罪动机的异化

犯罪动机异化，是指犯罪主体在实施犯罪行为时，在外界条件刺激的影响下，引起了新的内心冲突，逐渐唤醒了犯罪人尚未泯灭的良知，促使犯罪人彻底放弃犯罪动机，并向好的方面转化。

例如，一青年男工因白天与同车间一女工发生纠纷，半夜揣刀进入女工家欲行报复，但在月光下看到正在哺乳的婴儿及面带母性温柔满足感的正在熟睡的女工，触发了他的良知，幡然悔悟并退出房去。此时，犯罪动机发生了异化。

（二）犯罪动机的退化

犯罪动机退化，是指犯罪主体在实施犯罪行为时，由于犯罪现场的客观条件发生了变化，不利于犯罪行为继续实施或行为受阻，迫使其放弃犯罪动机，犯罪动机暂时消退而导致的一种应变性的动机转化。

例如，盗窃犯潜入室内后发现行窃目标已经转移，只好退出现场。

犯罪动机的异化与犯罪动机的退化两者的区别在于：第一，犯罪动机异化是主体出于良知发现，主动放弃犯罪动机；而退化仅因为外在环境的阻碍，使主体被迫中止犯罪行为。第二，异化是犯罪动机的根本弃绝，退化仅是犯罪动机的暂时消退。

（三）犯罪动机的恶化

犯罪动机恶化，是指犯罪人在实施犯罪行为的过程中，因某种意外情况或主观恶性，又产生了新的犯罪动机，而且这种相继性犯罪动机常常具有强烈的恐惧或恶劣性质，导致犯罪行为向恶性方向发展。犯罪动机恶化有两种典型形式：一种恶化形式是在犯罪过程中产生了新的更为严重的犯罪动机。例如，一犯罪人在某一偏僻路段实施抢劫，抢劫过程中发现被害人是一青年女性，便又萌发了强奸念头，并实施了强奸行为。后又怕被告发，又萌发了杀人灭口的动机，遂将该女子杀死。犯罪人就是在其一连串恶变的犯罪动机支配下连续实施了性质越来越恶劣的犯罪行为。犯罪动机的恶化的另一种形式是：同一种犯罪动机的反社会性和危害性得到增强。例如，张某在收到女朋友的绝交信后，想到自己曾为结交这个女朋友，其不但花完了 8000 多元存款，而且听信女方婚后住到女方家的谎言，卖掉了自己的 3 间住房，卖房钱也被女方的花言巧语骗去花光。女方见他无钱可骗便一脚将他踢开。身无分文又无落脚的张某遂产生将女方毁容的报复动机。张某心想："我不好过你也别想再嫁人。"他便拿着一把刀，气冲冲去女方宿舍。到女方宿舍后，女方不但不认错，反而讥笑张某是"憨大""癞蛤蟆想吃天鹅肉"。张某听后猛地将女方推倒，用刀子在女方的脸上划了刀，说："我本来只想让你嫁不了人，现在我要你的命。"接着他凶残地将女方杀死。杀人后，张某还觉得不解恨，又跑到女方家，将女方的母亲、侄子、侄女全部杀死。后张某自杀未遂，被判死刑。从这个案例可以看出，报复动机是张某犯罪的主要动机，但由于犯罪主体与客体及犯罪情境的相互作用，张某由报复毁容动机转为报复杀人和扩大性杀人动机，其同一犯罪动机的反社会性和危害性不断得到强化和增强。

实训项目

案例分析

一、基本案情

某犯罪人于 2017 年 3 月 23 日傍晚潜入一居民家中盗窃，入室后发现有一年轻女子在家，遂将其打昏实施抢劫；在实施抢劫后，见该女子昏迷未醒，又对其强奸；该犯罪人正欲离开现场时，恰逢被害人的丈夫回家堵住该犯罪人，该犯罪人出于安全的需要，用携带的匕首将其刺伤，然后逃离现场。

二、具体操作

1. 结合案例，分组讨论犯罪人的犯罪心理动机的变化以及与犯罪目的的关系。
2. 以小组为单位写出分析报告。
3. 教师组织学生进行分组讨论。

Things are not always what they have seen, the first appearance deceives many. The intelligence of a few perceives what he's carefully been hidden.

——Phaedrus

事物的表象并不可信，大多数人往往被表象蒙骗。只有少数智者能够察觉深藏的真相。

——斐德洛（罗马预言家）

第 六 章
犯罪心理结构分析

经典案例

"4·28"大案

1998 年 4 月 28 日，在辽宁葫芦岛发生了一起特大凶杀案件。警方抓获主犯之一犯罪嫌疑人张某。张某抱着必死的心态与警方对抗，只要提及案情，张某就非常警觉。侦查人员从第一天开始就给予了张某充分的尊重，暂不谈案情，并到张某家里了解情况，和他聊家庭、聊社会、聊父母，每当谈起父母家庭，张某都很感慨、很激动。张某的这种情感流露使侦查人员看到了希望，侦查人员又对他描述了自其被捕后家庭发生的变化和亲人对他的思念，其体弱多病的父亲在得知儿子成为杀人犯后，变得更加沉默寡言，常常一个人久久地站在海边默默地流泪。张某知道这些情况后被深深地触动了。经过一个月的思想斗争，张某终于供述了"4·28"大案的真相，同时还供述了警方没有掌握的四起大案。此案中侦查人员意识到犯罪嫌疑人张某抱着交代也是死、不交代也是死的心理，在使用策略时如果从正面直接突破，不仅难以突破口供，反而强化了张某的拒供心理，而运用攻心的策略则收到了完全不同的效果。据报道，根据张的交代，"4·28"案件的 13 名犯罪嫌疑人全部落网，在看守所，张某还决心写一部自传《人生忏悔录》，以警示后人。

经典视频

《沉默的证人》中，云港市爆发了震惊全国的"点兵山 1 号案"，案情从一桩普通的谋杀案开始，竟然发现郊区点兵山深处同坑掩埋着尸骨，经法医鉴定，确认这是历时十年，手法单一的连续杀人案，整个云港市笼罩在恐怖阴影中……

年轻警察周马在老刑警刘宝生的指导下，在犯罪心理学专家陈俊

危的启发下，运用犯罪心理学的视角寻找隐身于茫茫人海中的元凶。正当案件有所进展的时候，老刑警刘宝生却神秘失踪，案情再次变得扑朔迷离……

最这是出人意料的结局，当案情真相大白时，原来真凶就在身边……

原理与技能
- 犯罪心理的结构及其要素分析
- 犯罪心理的结构变化分析

第一节　犯罪心理结构及其要素分析

一、犯罪心理结构的涵义

任何犯罪行为的发生，都不是偶然的、自发的，而是在犯罪人内在心理活动的调节和控制下发生和变化的，同时犯罪人的这一心理活动也不是各心理成分之间混乱无序、互不相干地发挥各自的作用，而是以一定的结构方式所构成的心理动态整合模式而发挥作用的。若在研究中否认了这一点，也就否认了研究心理活动的可能性而陷入不可知论。因此，犯罪心理结构认为，人的一切心理活动（包括正常心理和犯罪心理等），都是以一定的结构方式所组成的系统构成物，同样地，犯罪心理作为支配犯罪人违法犯罪的内在心理原因，也是以一定的结构方式而存在于主体意识之中的。我们正是在这一最广泛的原则和层次上承认犯罪心理结构的存在。

由此可知，我们所谈的犯罪心理结构，并不是那种简单化一的、无论在内容上还是在机能上与正常人心理都有着本质区别的犯罪心理，而是把犯罪心理结构看成是一个多阶级、多层次的，有其内在质量渐变过程的动态结构。

要正确认识犯罪心理结构概念，必须特别重视和强调犯罪心理结构的主体性和情景性的重要意义。所谓犯罪心理结构的主体性，是指任何犯罪心理结构的产生，都是针对某一特定个体的，都是与犯罪人特定的人格特征紧密联系在一起的。所谓犯罪心理结构的情景性，是指任何犯罪心理结构的发生，都是以一定的外部具体环境为基础的，犯罪心理结构必然是与某一特定的具体时空环境相互联系、相互作用并保持一致的。因此，犯罪心理结构论认为，不存在脱离了具体的主体和环境的犯罪心理结构。犯罪心理结构从来就是具体的，而不是抽象的和空洞的，那种希冀找到一抽象、孤立、亘古不变的犯罪心理结构的企图是我们坚决反对和彻底摒弃的。

那么，究竟什么是犯罪心理结构呢？

我们认为，犯罪心理结构就是指犯罪主体在其人格演变过程中，在某一特定时空交叉点（犯罪心理生成点）上所构成的主体全部心理活动的总和。它是由犯罪主体生理—心理—社会三方面相互作用、相互斗争所构成的动态心理组织系统。

为了更形象地说明犯罪心理结构概念，我们以图加以说明。犯罪人犯罪心理的形成，通常是主体人格在某一具体时间和空间作用下才得以实现的。犯罪人由于其人格在发展过程中存在着某些消极或不良人格特征，这种人格缺陷经过特定时空环境中内外因素的作用与斗争，就会使三者在某一点交叉重合，构成犯罪心理生成点。犯罪心理结构，就是要把这一交叉点所构成的主体全部心理活动进行放大，并对之进行共时性的结构分析，以探讨犯罪心理形成的微观机制。

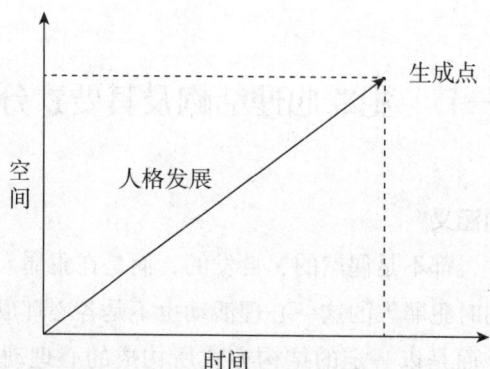

二、犯罪心理结构的主要特征

（一）犯罪心理结构是一个多层互动、分级转换的心理结构

我们认为，犯罪心理结构不存在一个简单划一、呆板不变的模式。依据犯罪行为及行为主体的不同，犯罪心理结构也在发展水平及层次、级别上演变出极其复杂的变化。虽然它们都能导致犯罪行为，但其心理发展水平和结构构成都存在着差异性和一定的异质性。导致犯罪行为产生的犯罪心理结构，实际上是由三级水平演化而成的，即消极心理结构、不良心理结构和犯罪心理结构。见下图：

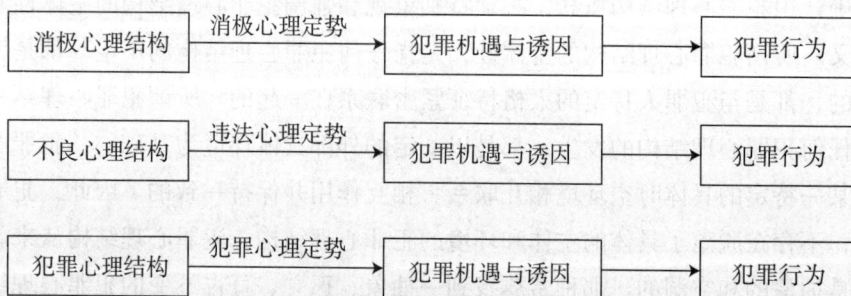

其中，每一级水平的心理结构都可演变为犯罪心理结构，爆发犯罪行为。

我们以消极心理结构为例加以说明。所谓消极心理结构，犯罪人通常并无主观恶性和明显不良品质，只是在心理活动的某一侧面或水平上存在一些缺陷和不足，但正是由于这一心理活动存在着某些消极性，才使主体的消极心理活动在一定的特殊环境的特殊刺激和诱惑下演化为犯罪心理结构。当然，一般来说这种消极心理结构与犯罪行为并无直接的必然联系，而且对导致犯罪发生的条件和诱因有较大的特殊规定和严格的限定，因此，相比之下，消极心理活动较难演化为犯罪心理结构。

一方面，随着犯罪者消极心理结构向不良心理结构和犯罪心理结构的转化，犯罪人的主观恶性程度不断增加，犯罪主体的自觉能动性日渐增强和活跃，其对导致犯罪的条件和诱因的要求和限制越来越低。到了犯罪心理结构阶段，犯罪人完全可以根据其主观需要和欲求，主动选择和能动地创造作案条件和机遇。因此犯罪心理结构是一个多层级的心理结构。另一方面，犯罪心理结构的三级发展水平又是可以相互转换的，消极心理结构可以随着主体的不良实践活动的增加和丰富，进而转化为不良心理结构。不良心理结构可以因个体违法犯罪行为的多次反馈强化而演变为犯罪心理结构；但也不能排除犯罪心理逆向转化的可能性，即向好的方向转化的可能性，直至消极心理结构转化为正常心理结构。这是我们教育、改造和感化犯罪人的立论基础。

（二）犯罪心理结构是一个不断演变和建构的过程

我们认为，犯罪心理结构不是一个静止的、一成不变的结构，而是要把它看成是一个不断生成、建构的动态演变过程，这一观点将贯穿于我们整个犯罪心理结构理论的始终，并体现在我们对犯罪心理结构分析的各个环节上，这里不再赘述。

（三）犯罪心理结构是一个开放性的自组织结构

犯罪心理结构，是一个具有自组织功能的结构。所谓结构的自组织功能，根据伊利亚·普里高津（Ilya Prigogine，1917～2003）、赫尔曼·哈肯（Hermann Haken，1927～）的观点，是指没有外部指令，系统内各子系统（要素）之间能自行按照某种规则形成一定的结构功能。所谓心理的自组织能力，是指行为主体在特定的认知水平、价值观、情感、意向等因素的基础上所形成的对外界做出各种反应的能力。

显然，犯罪心理结构是一个自组织系统。在犯罪心理结构的生成阶段，犯罪主体就能根据当前情景和内在需要来自发能动地选择和组织其相关的心理活动各要素的活动，自发地建构这些要素，并使要素间能够统一和谐地相互作用，最终形成犯罪心理结构。犯罪心理结构一旦形成和确立，它就更加充分地施行其自组织能力，将进入意识域的各个心理成分及活动以最优化、以最佳效能的方式组合起来，从而使犯罪主体更好地应付和处理所面临的环境和问题。也正是由于这一自组织发挥的作用，心理结构成为相对独立的运作系统，对行为人发生广泛、持久、稳定的影响，也使犯罪心理结构始终处于动态的、充满能量的、富有效能的反应状态。犯罪行为越复杂，这种自组织性也越高，自组织能力也就越强。

我们在强调犯罪心理结构的自组织作用的同时，必须重视犯罪心理结构的开放性。

自组织性只反映了系统间各要素的相关互动和内部生成转化，但是犯罪心理结构绝不是一个自我封闭的系统，其形成和发展变化，时刻都与外界保持密切的联系和积极能动的反馈和互动。正是由于结构的开放性，才保证了犯罪心理结构与外界环境的一致性，才使心理自组织系统的功能得到有效的发挥。离开了结构的开放性，犯罪心理结构就失去了生成和发展的客观依据，成为无本之木、无为之物。

（四）犯罪心理结构是一个具有定形结构和功能结构的功能统一体

犯罪心理结构的一个重要特征就是强调"结构"与"功能"的相互对应与相互协调的密切联系。任何结构的形式，必有与这一结构相对应的功能。结构越完善，功能也就越完善。结构的变化，必然会导致功能产生相应变化，不存在纯"结构"或纯形式上的"结构"。"结构"的意义和作用就在于其功能。同理，犯罪主体依据一定的内外刺激，以自组织性所建立起来的动态的、综合的心理系统（心理结构），总是要对犯罪主体产生某些实际作用的。确切地说，犯罪心理结构的形成和发展必然要对犯罪主体的行为起推动和指导作用，以解决犯罪者当时所面临的具体环境和目的任务。犯罪心理结构，就是犯罪主体在具体环境和任务下各种心理活动的整合反应。了解这一点对我们正确认识"犯罪心理结构"具有至关重要的作用。

（五）犯罪心理结构是个稳固性与可变性相统一的动态结构

犯罪心理结构作为主体各心理成分相互作用所组成的动态心理系统，既是稳定的，又是可变的。

犯罪心理结构的稳定性，一方面是由其功能所决定的。犯罪心理结构作为一个犯罪行为的动力和调节机制，必将伴随着整个犯罪行为发生发展变化的始终。另一方面是由其结构内容所决定的。犯罪心理结构赖以存在的基础是源于个体人格所潜伏的特殊人格倾向，这种人格倾向能以其自身为核心整合为犯罪心理结构，而且这一犯罪心理结构还将会因犯罪行为的强化而渐趋稳固，因而也决定了犯罪心理结构的坚固性和稳定性。

犯罪心理结构的可变性，一方面是由犯罪心理结构的功能所决定的。前面说过，犯罪心理结构是以其对具体犯罪行为的调节作用而存在的。随着犯罪主体所面临的具体环境的改变和具体目的与任务的实现，犯罪行为最终必将终结和完成，而与具体行为和环境紧密相关的犯罪心理结构也必将因之而发生变化。其中犯罪心理结构的一些表层结构会暂时解体，而内核结构（即人格倾向）则重新"蛰伏"起来，伺机而动。犯罪心理结构的可变性还在于犯罪心理结构，对来自于主体内外环境的刺激的依赖性和应答性。犯罪心理结构必须保持与主体环境的一致性、统一性，环境一旦发生变化，犯罪心理结构就必须做出相应调整，而且随着环境和刺激信息的正负双向矛盾冲突与斗争，犯罪心理结构也会随之巩固或削弱。

三、犯罪心理结构的形成机制

（一）犯罪人的人格倾向是犯罪心理结构赖以形成的心理基础和出发点

我们认为，犯罪心理结构不是天生的，也不是自发的。犯罪心理结构的存在前提是主体一般心理结构和人格的先前存在。也就是说，任何犯罪心理结构的产生，都是在原有的一定的心理结构、一定的自主独立性的主体人格的基础上发生的。

司法犯罪个案表明，任何犯罪行为的发生，不管其看起来多么具有偶然性，我们都可以从犯罪人既有人格中存在着的某些消极面和缺陷找到一致性和对应性。这正是我们犯罪心理结构立论的事实依据。因此，我们认为，犯罪人的既有人格，即人格倾向，是一切犯罪心理结构存在的基础和演化的出发点。

这里必须指出，我们这里所说的"人格倾向"，不同于心理学中的"人格倾向性"的概念。"人格倾向"的内涵与外延要大于"人格倾向性"。心理学中的人格倾向性，指的是人格的动力结构，主要包括需要、动机、兴趣、信念和世界观等。我们这里所说的"人格倾向"，则指的是个体对某类刺激可能发生的最一般的、较泛化的、尚未分化的反应倾向，通常只有在具体的个体与具体的事件结合起来时，这一"人格倾向"才具有了具体、实在的内容，才会对主体内外刺激做出具体和专门化的反应。

从现代认知心理学理论观点来看，人格倾向实际上就是一种图式（结构）。"图式"一词最早是由德国哲学家康德提出的，但他的图式是纯先验性的。格式塔心理学吸收和发展了图式理论。但真正使图式理论成为完整理论体系的人则是瑞士心理学家让·皮亚杰。他以图式理论成功地探讨了人的认知发生过程，特别是思维（智慧）的生成与发展过程。他认为"图式是指动作的结构或组织"[1]，并用"同化""顺应""平衡"等机制原理阐述了图式的演变过程。英国的现代认知心理学家弗雷德里克·巴特利特（Frederic C. Bartlett，1886～1969）特别重视图式对过去经验的依赖性及图式的适应性。他认为"图式"是："过去反应或过去经验的一种积极组织，这种组织必然对具有良好适应性的机体的反应产生影响。"[2] 我们这里所指的图式不同于上述图式理论的理解，它并不仅局限于人的认知发生过程，而是包括了所有对人的心理和行为产生影响的概括化了的心理组织。确切地说，所谓图式，指的是一种已实现初级程序化和组织化的心理系统，它是个体在长期实践活动中以"逻辑的格"的形式被主体意识予以概括化和组织化的基本心理结构。它使个体保持着对某类刺激较抽象层次和泛化水平上的独特反应倾向和反应可能性。在通常情况下，图式并不会（也无必要）精细地分化和具体化，只有在主体面临具体的环境问题和目的任务，且对主体产生足够强大的内外刺激压力时，主体才以图式为基本构架来选择和提取对解决当前问题有关的内外信息，从而把框架填充成高度分化、具体化、情境化、富有能量和积极性的高级心理图式——即心理结构。因此，心理结构又可以看成是心理图式的再加工和具体化。

我们认为，人格倾向就是一个由具有对内外刺激信息产生最一般反应倾向的心理图式所组成的图式系统。当主体面临特殊的内外环境刺激时，就会依据其最概括化的心理图式，积极能动地选择和处理来自主体外部刺激和内部状态的多种信息。通过对图式的充实和各图式间的相互联系和作用，人格倾向就演化成为对个体心理及行为更具效能和作用力的心理结构组织。研究犯罪心理结构的形成，就是要探讨犯罪人的人格倾向是如何由图式演化为结构的这一过程。如果将这一过程进行比喻，犯罪人的人格倾向就像是一个计算机

---

〔1〕 ［瑞士］J. 皮亚杰、B. 英海尔德：《儿童心理学》，吴福元译，商务印书馆 1980 年版，第 5 页注释 2。

〔2〕 Bartlett, F. C, *Remembering：A study in experimental and Social psychology*，Cambridge England：Cambridge，1932.

软盘中的菜单或程序目录，它本身只具有最初级的、未分化的反应倾向，当被主体外部命令和内部状态激活后，它就能按照预先设计好的检索和工作程序，自动化地（因而常常是无意识地）选择和提取有关信息，并将这些信息整合成一个动态的、具有积极反应定势的犯罪心理结构。它决定了同类后继心理活动及所产生的犯罪行为的性质、方式和水平。

那么，人格倾向都是由哪几种图式板块构成的呢？从心理对行为的作用与意义这一角度出发，我们认为，人格倾向主要由三大图式板块所组成：

第一，认知活动倾向，即个体在认知活动（感知、记忆、思维等活动）过程中所形成的一般特征及初级分化和概括化的个体价值观体系的反应倾向。这一认知活动倾向构成了个体价值观体系的基本框架和风格，并具有根据主体需要而进一步分化和具体化，即向个体价值取向系统演化的能力和倾向。

第二，需要活动倾向，即主体内在需要、欲求所导致的对某类刺激和信息的优先反应倾向，犯罪人的这一需要动力倾向也是整个人格倾向朝犯罪心理结构方向演化的动力。

第三，神经系统性活动倾向。现代生理学已证明，人的心理活动，特别是那些具有稳固性、经常性的心理活动，都是与人的大脑神经系统性活动相对应的。但我们这里所指的神经系统性活动倾向，不仅是指大脑皮层机能的系统性活动的神经动力过程即动力定型倾向（如技能、习惯），还包括人的高级神经活动类型所构成的人的气质倾向；同时，我们也将人的智能活动倾向归入此类，因为人的智能主要是由人的神经系统性活动水平（如神经联系的灵活性、快捷性、稳定性及准确性等）所决定的。犯罪人的神经系统性活动倾向具有进一步具体化，即朝动力定型系统演化的能力和倾向，并通过由此形成的犯罪人的智能、技能、行为习惯和气质特点而影响着犯罪行为的方式和水平。

犯罪人通过上述三大图式板块的相互联系与作用，就构成了一个动态的初级心理结构，即人格倾向，并且随着犯罪人的不良实践活动和主观恶性的不断加深，这一人格倾向就逐渐向犯罪心理结构方面转化。

（二）犯罪主体人格倾向只有被主体内外刺激的双重激活，方能获得自身发展的内外动力

人格倾向对人发生影响，有赖于被主体外部环境和内部深层心理活动的激活。

首先，犯罪心理结构的演化，离不开犯罪人所处的具体环境的刺激和影响。外部环境构成了心理演变的外部动力。其次，犯罪心理结构的演变，并不是由外部环境机械地、消极地推动就能完成的，还须有来自其内部的内在动力，即主体原有的心理活动水平及欲求状态。主体原有的心理活动水平和经验填补和充实了人格倾向，使人格倾向由原来的、初级的、一般的、未分化的反应倾向发展成为具体的、专门化的心理结构主体的欲求状态，直接提供了人格倾向的内在动力。

（三）犯罪主体的人格倾向以其自身的倾向性对主体内外因素起双向选择作用

我们一方面强调人格倾向对内外环境的依赖性，另一方面又必须明确人格倾向对内外因素的能动调节作用。

第一，人格倾向对主体的外部环境具有一定的评价和选择作用。人们总是根据自己的价值取向、需要爱好去选择外界刺激，总是根据自己的心理发展水平和原有的知识经验技能，有选择地对某类客观刺激做出优先反应。这就是人的意识的能动作用的表现形式之一。犯罪心理也是这样，犯罪人常常根据自己的心理特点和经验技能，对某些刺激表现出特殊的兴趣和关注。这正是犯罪人更易受外界消极刺激和不良事物的影响和诱惑的内在原因。

第二，人格倾向也能对主体内在环境和刺激做出一定的选择。比如当犯罪者在面临不良的性刺激和性诱惑时，犯罪人的人格倾向就能自发地选择那些与不良刺激有关的深层心理（如性意识、性欲望、不良的行为和体验等），就使人格倾向具有了明确的演变方向和动力。

（四）犯罪心理结构的形成过程，就是犯罪者的人格倾向经过被主体内外刺激双重激活和对内外刺激的双向选择，使人格倾向中的诸要素相互依存、相互作用、相互联系而演化构成的个体全部心理活动的动态整合

1. 犯罪心理结构总是与犯罪个体所处的具体环境及所面临的具体问题和目的联系在一起。

2. 从形式上看，犯罪心理结构的构成机制是由原始人格倾向三要素演变而成的，因而与人格倾向具有同构性。但相比之下，犯罪心理结构诸要素所构成的系统又有一些新质和变化。首先，人格倾向中的诸要素间缺乏明确、自觉的相互联系与作用。而犯罪心理结构诸要素则是发生着明确的、积极能动的相互作用，并以此整合为一动态系统而发挥其整体协同效应。其次，如果说人格倾向中的构成要素只具有对外界刺激反应的可能性，那么心理结构诸要素则作为一种自觉意识，能够积极能动地参与主体活动，并以心理定势方式影响和决定了活动发生的性质、方向、方式和水平。定势，也叫心向，是指个体对活动的特殊准备状态或活动的倾向性。它使个体以先前的经验和活动方式处理当前的问题。我们这里所指的定势，主要是指已具有一定能量的充实内蕴的心理结构组织对外界刺激和活动的积极准备状态。当犯罪人由人格倾向发展演变成犯罪心理结构后，这一犯罪心理结构就具有了对产生犯罪动机和发动犯罪行为的最优激起水平和积极准备状态。它通过价值取向系统的定势准备状态，积极能动地选择那些最易引发犯罪行为的刺激信息；通过动力系统的定势作用，发动那些最能满足其需要的犯罪行为；通过动力定型系统的定势状态，采取最符合犯罪人知识经验、技能和气质特点的犯罪行为。因此犯罪心理结构对犯罪动机的形成和犯罪行为的发生具有重要的影响，其决定了犯罪动机和行为的性质、方向、动力、方式和水平。

3. 犯罪心理结构形成后，必然要力图使之对象化（即外化），即将犯罪心理结构外化为具体的犯罪行为，以实现犯罪人特殊的要求和目的。这是由犯罪心理结构建构的目的和功能所决定的。

（五）犯罪心理结构确立后，就会在结构的同化和顺应机制的作用下，不断调整、改

变原心理结构，确保其对解决主体所面临的问题和任务处于最佳的心理整合活动状态

一般来说，任何结构一旦形成，总有保持自身稳定性和整体性的倾向。通常结构的稳定性和整体性是通过同化机制作用得以实现的。所谓同化，"就是刺激输入的过滤和改变"。[1] 具体也说，同化就是把外来刺激纳入主体原有的心理结构中，以达到对刺激信息的吸收和接纳。

一方面，犯罪心理结构一旦形成，就具有了维持其自身稳定性的倾向。它不但不会无缘无故地自动消失或转换，而且还会自觉能动地吸收与犯罪心理结构相一致的刺激和信息，增强结构的稳固性。

但另一方面，结构要获得发展和效能，又必须根据刺激和信息的改变而做出相应的调整和重组。这一过程是通过结构的顺应机制来实现的。"内部图式的改变，以适应现实，叫做顺应。"[2] 也就是说，当原有结构不能同化新的刺激和信息时，主体就要改变和调整原有的结构，以确保结构对刺激和信息的有效吸收和接纳。犯罪心理结构为了确保其对犯罪主体犯罪行为的指导和调节作用，也必须根据主体内外刺激和信息的变化来做出相应调整，甚至在必要时进行结构重组。在一般情况下，犯罪人经过顺应机制，常常使犯罪心理结构更加精细和分化，使犯罪行为得以顺利实现。

（六）一般来说，当犯罪人在犯罪心理结构的调节和支配下实施犯罪行为后，行为的结果将会因正负反馈效应而使犯罪心理结构发生多种变化

通常情况是，犯罪行为实施后，犯罪人达到了其目的，原先的环境和目的已不复存在，因而犯罪心理结构因其完成了自身的功能而暂时解体。犯罪人的心理结构内核（即人格倾向）将重新蛰伏于潜能状态，伺机而动。当然这并不是一个简单的复归，随着犯罪的成功体验和行为技能的熟练，犯罪人的人格倾向具有了更大的主观恶性和激发效能，更易导致犯罪心理结构的不断形成和犯罪行为的发生。

另一种情形是犯罪人在实施犯罪行为时遭到阻碍和挫折，这里可能演化为两种情况，一种是犯罪人由于某种欲望没得到满足而受到挫折，更激化了主体的主客观矛盾，使犯罪心理结构进一步强化，还有可能使犯罪人采取进一步的，甚至具有更大危害性的行为；另一种情况可能会因犯罪行为受阻带来的负反馈效应，引发犯罪人的心理矛盾冲突和斗争，使犯罪心理结构向良性方向转化。

当然，犯罪行为与犯罪心理结构变式是极其复杂多变的，不是我们这里的举例所能归纳的。我们只是举例说明了犯罪心理结构发展变化的复杂性和多样性。

如果用一个简单明了的图式来描述和概括上述犯罪心理结构的形成机制，我们可以通过下图对犯罪心理结构形成过程作一概要分析：

---

〔1〕 ［瑞士］J. 皮亚杰、B. 英梅尔德：《儿童心理学》，吴福元译，商务印书馆 1981 年版，第 7 页。
〔2〕 ［瑞士］J. 皮亚杰、B. 英梅尔德：《儿童心理学》，吴福元译，商务印书馆 1981 年版，第 7 页。

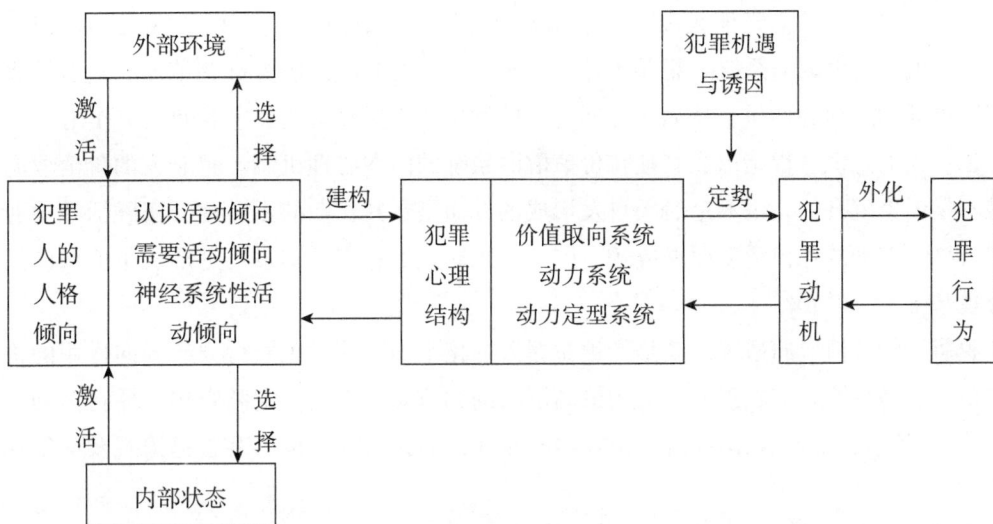

犯罪心理结构形成机制示意图

如图所示，一方面，犯罪人已有的人格倾向是犯罪心理结构形成和演变的基础，但这一人格倾向只有被主体内外因素双重激活，才能获得自身发展演化的内外动力和能量；另一方面，犯罪人既有的人格倾向又对主体内外环境具有双向选择作用，从而使人格倾向及其三大构造因素具体化、实在化、专门化，这三大要素通过相互联系、相互作用而建构成一个动态的、具有整体整合效果的犯罪心理结构。这一犯罪心理结构总是与犯罪人的具体环境及面临的问题、目的密切相联系，并直接支配和调控犯罪行为的发生与变化，而犯罪行为结果又作为刺激信息反馈到犯罪心理结构，犯罪心理结构通过分析和评价这些行为信息的正负反馈效应，使犯罪心理结构不断得到强化、弱化或者消退。这就是犯罪心理结构的形成与发展变化过程。

四、犯罪心理结构的构成要素

犯罪心理结构的构成要素分为三大要素系统：第一个要素系统是价值取向系统。它是由人格倾向中的认知活动倾向演化而成的，主要包括犯罪人的世界观、人生观、道德观、法纪观等。犯罪个体的价值取向系统决定了犯罪行为的性质和方向。第二个要素系统是动力系统。它是由犯罪人的人格倾向中的需要活动倾向发展演化而来，主要包括人的需要欲求及与之相关的心理活动表现，如情绪、情感、兴趣、爱好等。犯罪人的动力系统为犯罪行为的发生发展提供了必不可少的能量与动力。犯罪心理结构的第三个要素系统是动力定型系统。它是由人格倾向中的神经系统性活动倾向演化而成的，主要包括犯罪人的智能、技能、行为习惯、气质等心理构成物。犯罪人的动力定型系统决定了犯罪行为的方式和水平。

（一）价值取向系统

人的一切有目的、有意识的活动，归根结底都是由其内化了的价值观所决定的。犯罪人之所以最终选择了危害他人和社会利益的犯罪行为，源于犯罪人内心深处的价值观体系。犯罪人的价值取向系统是犯罪主体实施犯罪行为的高层次的内部调节器，它直接决定了犯罪行为的方向和性质，从而对犯罪行为的发生、发展具有至关重要的决定作用。

犯罪人的意识过程是形成其独特价值取向系统的内在心理机制。犯罪人的价值取向系统既不是天生就有的，也不是后天自发形成的，而是在其长期的不良社会实践活动中通过犯罪人自觉能动的意识活动而形成的。因此，犯罪人的意识活动过程是形成价值取向系统的心理基础。

犯罪人的价值取向系统，就是指被犯罪人内化了的，并对犯罪行为起导向作用的价值观体系。它是犯罪人实施犯罪行为的最高层次的调节器，直接决定和影响犯罪行为的性质和方向。犯罪人的价值取向系统，主要包括犯罪人的人生观、世界观、道德观及法纪观等要素。

犯罪人的人生观、世界观的核心是极端的个人主义，其价值观、幸福观、友谊观、苦乐观、荣辱观、婚恋观等认知，无一不是以极端的个人主义为核心派生出来的，这样的人生观、世界观表现在其行为活动、生活方式上，必然是扭曲的、腐朽的、没落的，与社会主义行为规范的要求格格不入。犯罪人的这种错误或反动的人生观、世界观是在一系列错误的认识活动中，在个体社会化的过程中，在积极能动地接受社会消极因素的影响后不断发展变化而形成的。这是一种与社会发展和社会规范相悖的人生观、世界观，是个体对客观现实的错误的、歪曲的反映，是一种社会病态心理在犯罪人身上的反映。

犯罪人的道德观往往也是错误的、歪曲的，道德标准是颠倒的。犯罪人为了满足其个人的私欲，满足个人物质生活上的无休止的追求或寻求所谓的精神寄托，不惜铤而走险，甚至不顾人格，践踏国格。在他们眼里，衡量是非、善恶、美丑的标准不是社会公认的道德准则，而是能否满足其个人的欲望。犯罪人的道德意识虽然支离破碎、不成体系，但仍然对其犯罪行为起支撑作用，对其内部心理冲突起调节作用。由于他们反动的世界观、腐朽的人生观、错误的道德观决定了他们对法律的错误认识、愚昧无知和法律意识的淡薄。为了满足其犯罪的需要和欲望，他们不惜以身试法，对国家法律制度进行抗拒、捣乱和破坏。

（二）动力系统

犯罪的动力系统是指犯罪人实施犯罪活动的驱力发动机制，它决定了犯罪行为的发生与否及活动强度。首先，我们这里所说的动力系统，指的是推动主体实施行为的最基本的倾向性，这种倾向性仅使主体对某类刺激和信息处于最活跃的准备状态和反应的倾向性，但并不能决定主体行为的性质和方式。其次，我们这里所指的动力系统不仅包括人的需要和欲求这一最基本的核心动力机制，还包括与人的需要和欲求密切相关的情感活动、心理状态、兴趣爱好等心理活动。因为情感活动的性质和强度是直接由人的需求状态所决定的，而且一定强度的情感活动又是一切复杂行为，特别是犯罪行为赖以发生的必要条件。没有情感活动的参与，需要和欲求就不能形成活的、动态的充满能量的动力组织。而且在某些情况下，仅靠犯罪人的强烈情感活动，就能够为犯罪人的犯罪行为提供足够的活动能量与动力。因此，我们认为，情感活动也是人的行为的极其重要和必不可少的动力因素。兴趣和爱好，是人对某一事物的稳定的需求状态所表现出来的个性积极性。具有某种兴趣和爱好的个体，极易与兴趣、爱好相关的需要和欲求相互吸引、相互呼应、相互促进，并通过强化机制和放大效应使主体释放出强大的活动能量和活动积极性，从而对行为产生巨大的推动作用。所以犯罪人的动力系统包括犯罪人的需要欲求、心理状态、兴趣爱好等动力因素，这些因素对犯罪心理的形成和犯罪行为的发生起重要的推动作用。

需要是个性中最积极、最活跃的动力因素，以意向、愿望、渴望、目的等形式表现出来，最终形成推动主体产生行为的动机。主体的行为动机来自需要，犯罪的行为动机来自于主体的不合理、畸形需要。犯罪人脱离主客观条件的强烈欲求，非分愿望和不能为社会所允许的嗜好、贪欲，就是畸形需要。畸形需要是犯罪行为的动力因素，是最积极、最活跃的犯罪心理结构因素。其心理特点是，一是不顾一切使主体产生犯罪行为的内驱力，这种内驱力使主体失去理智并达到难以遏止的程度；二是有时需要心理亢进，欲求内容超过自身条件的可能和社会规范及道德标准；三是顽固不化的心理特征，他们设法排除干扰获得满足。行为人这时常用杀人不成就放火的补偿规律来实施犯罪行为，以缓解畸形需要形成的心理压力。

心理状态是指当前时刻人的心理活动水平。人的一切活动，包括犯罪都是在一定的心理状态的背景中进行的。对于正常人犯罪和精神病人犯罪或其他无意识状态下的伤害行为，是否承担刑事责任或部分承担刑事责任，要取决于当事人的心理状态。异常的心理状态是以情绪状态为主的各种反社会因素的综合反应。这种综合心理现象又成为某个心理特征，它由个体的需要是否得到满足所产生的情绪体验所决定，并且受个体的气质、认知、自我意识等多种因素的影响。所以，犯罪者在稳定时刻的心理状态，是由当前事物引起的犯罪心理活动表现，是过去形成的可能犯罪性格和以前的异常心理状态相结合的结果。有时，犯罪人的心理状态本身，也可能成为一种犯罪行为的驱动力。在多数情况下，犯罪人的心理状态，能被主体清楚地意识到和体验到，有时也会未被意识到。例如，不良的心境、反向意志和消极的激情，就是行为人实施犯罪时的特殊心理状态。

情感是人对客观事物态度的体验。"人非草木，孰能无情？"人的情感和情绪的表现形式多种多样，心境和激情便是基本的一种。心境是一种比较微弱、持久的情绪体验。心境一经产生就不是只表现在某一特定对象上，而是在相当长的时间内，使人的情感发生迁移并使其他活动都染上某种色彩，具有弥漫性。心境对人的生活有很大的影响，不良的心境积累会使机体处于持续的紧张状态，从而导致攻击行为的发生。如果一个人长期对社会或对某事物处于对抗情绪体验，就可能对犯罪动机起催化作用。持续的不良心境，便是犯罪动机的酝酿阶段。

激情是一种迅速、猛烈的爆发，是持续时间短暂的情绪体验，其引起原因是对人具有重大意义而又出乎意料的强烈刺激。在激情状态下，个体总是伴有激烈的内部器官活动的变化和明显的表情动作，这是由于皮层上强烈的兴奋扩散到运动区所致。积极的激情与理智、坚强的意志相联系，它能激励人们勇敢向上，攻克难关，成为正确行为的巨大动力。消极的激情，对有机体的理智活动具有抑制作用，最易掩盖其他积极因素，是一种冲动的、越轨行为的强大推动力。激情犯罪是指行为人在激情状态下缺乏预谋的杀人、伤害、毁物、爆炸等暴力性犯罪行为。由于激情犯罪的特殊心境，侵害对象有不确定的特征，所以，这种犯罪极易伤害无辜，酿成灾祸。但是激情犯罪并非完全摆脱意识的控制，其只是缺乏意志的、心理水平低的即社会化有缺陷的人才会作出的举动，犯罪人绝不能逃脱应当承担的责任。

兴趣是和欲望相联结的属于心理过程中认知范畴的活动，是主体力求认识和探究某种事物并带有肯定的情绪色彩的心理倾向。爱好是从事某种确定活动的倾向。兴趣侧重认识、研究活动，爱好侧重实践活动，二者紧密相联，一般情况下协同活动。兴趣爱好是后天形成的，受社会历史条件的制约。不良的兴趣爱好是指不正当的情绪倾向性的认识体验，它会使人误入歧途，精神颓废、思想迷恋、情绪不稳，并降低人的意识水平，有的甚至会酿成犯罪。犯罪动机中的兴趣是和犯罪动机中的欲望联系在一起的。没有兴趣的欲望，只能是一瞬间的欲望。惯犯都具有犯罪作案的浓厚兴趣。

（三）动力定型系统

犯罪心理结构的动力定型系统是由犯罪人人格倾向中的神经系统性活动水平演化而成的。这种神经系统性活动能使人以整体的、相对稳固不变的心理活动模式去应答个体经常性的刺激环境。动力定型系统就是个体神经系统性活动的具体化和在心理活动中的对应表现。动力定型（动力性就是灵活性、可变性；定型性就是同一性、稳定性），体现了人的心理活动的灵活性与稳定性的辩证统一，并决定了人的行为活动的水平和方式。我们认为，犯罪心理结构中的动力定型系统，主要由以下几大要素组成：犯罪人的能力、技能、行为习惯及犯罪人的气质活动，它们共同决定了犯罪人实施犯罪行为的水平和方式。这里须专门说明的是，我们认为，犯罪人的能力与气质，也属于动力定型系统的构成要素。首先，能力和气质，作为人的一种特殊的动力定型系统，起初只具有先天的生理素质特点。它是以遗传倾向的方式存在于个体意识之中的，它最泛化地概括了个体大脑机能系统性活动的水平（可能性）和方式（倾向性）。其次，人的能力和气质作为一种先天遗传素质倾向，仅预示了后天心理活动发展的倾向和可能性，若其要最终形成现实的、具体的心理活动系统，还必须通过人的后天社会实践活动来实现。通过人的先天素质倾向与后天实践活动相结合，最终才能形成一个具有稳固性、系统性并能对外界刺激信息作出整体性、一致性和相对稳定的反应的应答系统，即动力定型系统。因此，犯罪人的动力定型系统，应包括犯罪人的能力、技能、行为习惯和气质等要素，并通过以上各要素及要素间的相互作用，直接支配和调节犯罪人的犯罪行为，决定着犯罪人实施犯罪的方式及行为的质量和水平。

能力是影响活动效率的个性心理特征的综合。犯罪者在犯罪活动中的需要，一是达到犯罪目的；二是逃避惩罚。任何犯罪都是反社会的行为，是社会道德规范和法律所不容许的，所以他们都很重视犯罪能力和犯罪技术的训练与提高，以此保证作案成功。能力是在个体中固定下来的、概括性的心理活动系统，与知识、技能既有联系又有区别。技能是由于练习而巩固了的行动方式；能力不是行动方式巩固的结果，而是与调节行动方式相应的心理过程所巩固的结果；知识是头脑中的经验系统。能力与知识、技能是相互联系、相互转化的，能力是掌握知识、技能的必要前提，掌握知识过程会促使能力提高。但二者的发展并非完全一致，在不同的人身上可能会具有相等水平的知识、技能，而其能力不一定相等；具有相等水平的能力的人不一定能拥有同等水平的知识和技能。犯罪者为了达到目的又不暴露自己，在作案前会经过一番精心策划，制定作案计划，选择适合手段，进行必要的知识技能学习训练。在作案过程中，犯罪者要根据随时出现的意外情况而不断调整行动计划，犯罪活动结束后又要进行现场伪装、销赃灭迹、逃避惩罚等。这一切都需要具备一定的应变能力和复杂的智力活动及所需要的技能技巧。例如，盗窃的偷盗技巧，诈骗的伪装技巧，以及暴力犯罪的胆量，不同类型的犯罪人的犯罪能力结构是不同的。并且，由于犯罪人的经历、年龄、知识结构不同，表现的犯罪能力、技术也各不相同。例如，老谋深算的惯犯采用的策略比较巧妙，犯罪造成的破坏性大而伪装潜伏的技能又较好。激情犯罪一般是无预谋的犯罪行为，具有突发性，往往是一时冲动而实施犯罪，除了需要一定的体力外，谈不上能力和技术。

智力是指人的认识和行为所要达到的水平。它是观察力、注意力、记忆力、思维、想象力和操作能力的结合。智力水平和职业任务的复杂性之间存在着密切关系，智力与犯罪没有必然联系，但是犯罪人实施犯罪的动机、手段等与其智力水平、能力特长相适应。例如，惯犯和职业犯罪人的技能已经达到熟练程度，他们的智力不在一般人之下，或者高于一般人。尤其是在高阶层的智力犯罪和国际性犯罪集团中，更显现出犯罪人的智谋水平。但是犯罪人的智力却会出现偏倾状况，即俗话指的"聪明使偏了""聪明反被聪明误"，犯罪人没学会好的技能，却学会了犯罪的技能技巧。另外，也有智力水平较低、认识有缺陷，又缺乏一定的文化教养，是非辨别能力差的人，因受了犯罪心理的影响，因而实施犯罪的。

气质是一个人在情感发生的速度、强度、外部表现及活动的灵活性上的典型而又稳定的动力心理特征。气质不决定行为的内容和性质，只是影响行为的效率和方式。但是，气质类型与犯罪行为有着一定的关系，当个人在不良因素作用下形成犯罪心理的时候，气质对于主体接受外界不良因素的类型和方式会产生影响，并使其在各自的犯罪动机、手段、类型上反映气质的特征。任何气质类型的人，都有犯罪的可能。胆汁质犯罪人中实施暴力犯罪者多，激情杀人者多；多血质犯罪人中实施诈骗犯罪、偷盗犯罪、走私犯罪者多，他们善于看风使舵，观察动向，迅速变换手法；粘液质犯罪人智大于情，习惯作长期预谋，经过反复斗争而产生动机，大多实施投毒、奸淫、贪污、盗窃、贩毒等犯罪活动；抑郁质犯罪人多实施投毒、偷盗、诬陷、贪污等犯罪活动。从概率上来说，胆汁质气质类型的人中犯罪者多，因为他们大脑神经细胞的兴奋性强而抑制性弱，兴奋点又不易集中，神经过程处于不平衡状态，行为上胆大、粗心，情绪上倾向于外，自控能力差，很容易受外界不良环境的影响而实施犯罪行为。

习惯是人在一定心理状态情境下自动化地去进行某种动作的特殊倾向。有犯罪行为习惯的人所实施的犯罪是常习犯，即惯犯。一旦形成犯罪习惯，当出现与此相关的刺激时，其会逐渐减少顾虑、踌躇与不安的程度，不需作意志努力，一有欲念、体验、刺激的冲动就产生相同的反应模式，尤其当遇有作案时机而没有趁机实施犯罪行为时，即破坏了动力定型时，其会感到不安和难以忍受。惯犯实施的犯罪类型有盗窃罪、赌博罪、吸食毒品罪、诈骗罪等。习惯性犯罪需要具备一定的主观条件，如初次犯罪后的成功体验，掌握了一定的作案技能技巧等。习惯性犯罪的个性系统具有严重的缺陷：一是社会化程度不完全，缺乏应有的罪责感，冷淡、残酷、易冲动、激惹性高；二是反社会倾向严重，对于道德、法纪等社会规范采取蔑视态度，极端仇视社会和他人；三是无刑罚适应性，不具有纠正效果，不惧前科，毫无悔改之意；四是意志抑制机能对再次犯罪的行为冲动不发生效力。所以对儿童少年的不良习惯，如攻击习惯、偷物习惯、说谎习惯、流浪习惯等应采取教育艺术，予以积极纠正和根除。对于成人的恶习和非分欲念，必须做好思想工作，激励其内心对祖国人民的热爱情感，使其在主观上决心根除恶习，单靠刑罚的威吓是不足以戒除恶习、净化社会的。

第二节 犯罪心理结构的发展变化分析

一、犯罪心理结构量比关系的发展变化

（一）犯罪心理结构的量比关系

犯罪心理结构的量比关系是指在犯罪主体的心理活动中的犯罪心理和非犯罪心理的绝对量的对比关系，是犯罪心理与非犯罪心理在心理活动中的占有量及作用量的比值。心理类型以主导心理为定性基础，主导心理的测定标准根据心理活动对人的行为控制的程度予以确定。当犯罪心理的绝对量超过非犯罪心理时，其便取得主导心理的位置，以此控制人的行为，其量比关系为犯罪心理大于非犯罪心理。这种量比关系不仅是简单的数量关系——犯罪心理因素种类的增减，而且是犯罪心理要素绝对量的积聚或释放，犯罪心理的绝对量发展变化，并逐步占据主导地位。

（二）犯罪心理结构量比模式的发展变化

犯罪主体在犯罪之前就存在犯罪心理和非犯罪心理，两种心理交替扮演主导心理和附属心理的角色。在犯罪预谋、犯罪实施、犯罪终了及应激发泄的瞬间，犯罪心理占主导地位，并随着外界环境及心理状态的变化而呈现不同的犯罪心理结构。犯罪心理要素的绝对量快速聚积、凝结，在犯罪行为的实施中得到宣泄，达到心理平衡。在这一过程中，无论

原来犯罪心理的量比关系如何，犯罪心理要素的绝对量都超过了非犯罪心理，占据了主导地位，控制了人的行为，从而导致犯罪行为的发生。犯罪心理量比关系的发展变化改变了主导心理的性质，非犯罪心理转变为犯罪心理；一般犯罪心理转变为极恶犯罪心理；初犯心理转变为屡犯心理。主导心理倾向的改变使犯罪主体的行为具有更大的危害性。

犯罪心理与非犯罪心理的量比关系会根据外界的环境条件和情境因素的变化，表现出多种形式，在各个不同的阶段发展演变。

在实施犯罪前，犯罪主体的犯罪心理绝对量很小，明显地处于劣势，并长时间地潜藏在心理活动的底层。非犯罪心理占据主导心理的位置，控制人的行为，引导着人们遵纪守法，维护社会公德，不侵害公众利益，表现出良好的道德情操和思想品质，其心理状态与法律规范相适应。绝大多数人的一生可以保持这一状态，即使有时犯罪心理的绝对量有所增加，但是其主导心理地位没有改变，心理结构的量比关系没有变化，不会引起犯罪行为的产生。

在犯罪过程中（包括犯罪的预备阶段和犯意表示阶段），犯罪主体的心理被犯罪心理控制。犯罪心理占据主导地位，犯罪心理要素的绝对量、控制力超过非犯罪心理，控制了人的行为，犯罪主体的心理因素的全部功能被调动起来，协调一致地为整个犯罪活动服务。例如，犯罪主体再认功能的提高及思维速率的加快，使犯罪主体能够快速搜索犯罪目标，做出准确的判断和决策，确定犯罪的途径和逃避打击的策略，这一时期，犯罪心理激烈运动，导致主导心理发生性质变化，即非犯罪心理主导结构改变为犯罪心理主导结构，主体心理的量比关系发生根本性的改变。

在犯罪活动实施后，犯罪主体的心理活动逐渐平稳，犯罪心理在犯罪过程中得到强化，并在一定时期内仍占主导地位，在犯罪心理的支配下，犯罪主体多次实施犯罪活动，使犯罪心理产生动力定型。犯罪心理会长期作为主导心理占统治地位，促使其再次实施犯罪，形成恶性循环。还有另一种变化趋势：犯罪心理在外界因素的刺激下退居次要地位，非犯罪心理因素不断上升，并取代犯罪心理的主导地位，完成一种良性的变化过程，这时犯罪心理的绝对量不断下降，直至处于劣势，变为附属心理。

二、犯罪心理结构构成模式的发展变化

犯罪心理结构是不同类型的犯罪心理要素按一定形态存在的结构框架，其中犯罪心理要素的数量和主导控制心项的不同，决定了犯罪心理结构的构成模式也不同。所谓犯罪心理结构的构成模式是犯罪心理要素的有机结合形式。

（一）犯罪心理结构构成模式的种类

1. 按照心理反应的因素特征分为理智型、情绪型、应激型和冲动型模式。理智型犯罪心理结构模式表现为犯罪主体的心理要素控制心理发展方向，意识活动占据心理活动的主导地位，决定心理活动的倾向。其行为是有意识的活动，犯罪主体在犯罪实施中以较严密的计划和反侦查措施作出的，具有智能犯罪的特点，是典型的故意犯罪的心理状态。例如，故意杀人、抢劫、强奸及共同犯罪等表现出的心理特征，是犯罪主体经过策划、预谋、演练等准备活动后进行的主动意识行为。

情绪型犯罪心理结构模式表现为犯罪主体的犯罪心理结构以情绪要素为主导，其情感、心境的质量状况决定其行为方向。由于主体的情绪变化大，我们难以预测犯罪主体的行为方向。犯罪主体的情绪过高或过低易诱发犯罪心理的颠狂爆发，产生激烈的犯罪行为。

应激型犯罪心理结构模式表现为犯罪主体在受到外界刺激及特殊情境因素诱导时，犯罪心理突然膨胀，作出违反法律规范的反应，导致犯罪结果的发生。

冲动型犯罪心理结构模式表现为以冲动的心境为主导心理，附以强烈的个性心理特征因素。在外界环境因素的影响下，犯罪对象的引诱导致大脑异常兴奋，犯罪心理聚积，推动犯罪主体实施犯罪。其特点是犯罪主体只图一时痛快，不计后果，不择手段，采取各种方法发泄不满和怨恨。在日常生活中，这类犯罪主体的犯罪心理因素较多，但常隐藏在心理深层，平时不外露；当外界刺激达到一定程度时，犯罪心理聚积，引发犯罪行为。如因小事口角而杀人；殴斗中发生伤害等。

2. 按照犯罪动机产生的原因不同分为需要型和刺激型犯罪心理结构模式。需要型犯罪心理结构模式表现为以个人需要为中心，为追求个人欲望的满足不惜铤而走险，不顾及他人的权益，违反法律规范而实施犯罪。根据需要的不同层次，可分为：基本生理需要型、物质享受需要型、精神慰藉需要型犯罪心理结构。它们从不同的侧面引导犯罪主体的心理发展，诱发犯罪行为的产生。例如，偷盗犯罪和抢劫犯罪一般是满足其物质享受的需要，报复伤害犯罪是满足精神需要，强奸犯罪多数是满足生理需要。

刺激型犯罪心理结构模式表现为犯罪主体的心理活动冷凝、淡漠，其挖空心思寻找机会用犯罪的方法刺激麻痹的神经，以达到某种满足，在这些人的心理结构的诸要素中，个性心理特征中的性格、气质、态度因素占重要地位。

3. 按照心理的复杂程度分为单一型和综合型犯罪心理结构模式。单一型犯罪心理结构模式是以某一种犯罪心理因素为主导，支配犯罪主体的行为。其表现为思维活动简单，作案动机单一，心理活动易于控制，其行为具有习惯性、重复性的特征。

综合型犯罪心理结构模式是复杂的犯罪心理结构，其心理活动受多方面的因素控制，使犯罪行为具有变化大、多样性的特点，难以预料和控制。例如，精确的意识诱导和强烈的心理特征相关因素能够综合形成由犯罪心理主导的心理活动的全过程，引发大案要案的产生。

(二) 犯罪心理结构构成模式的发展变化

1. 犯罪心理结构的类型发生变化。犯罪心理结构的类型是以不同的心理要素占主导地位而加以区分的。在实际生活中，犯罪主体的心理结构类型是复杂的、多变的。由于外界刺激点及刺激方式的不断变化，其心理结构的定势会发生位移，心理因素的角色发生变换，主导心理的位置被其他心理因素取代，心理结构的类型由原始的型种变化为新的型种。例如，情绪型的犯罪心理结构会聚积犯罪主体与社会的对立情绪，当刺激点改变或刺激强度加深时，强烈的反社会意识会上升为主导心理，此时犯罪心理结构由情绪型发展为理智型犯罪心理结构；最初为冲动型的犯罪心理结构由于生活的不断强化，会转变为一种欲求、奢望刺激型的犯罪心理结构。

2. 犯罪心理结构构成模式及组合形态发生变化。犯罪心理结构的主导心理因素是由一种或几种主要控制行为的心理要素构成，在其周围存在着其他若干处于附属地位的心理要素，形成每个人特有的犯罪心理结构。在一定时期内，这种结构是稳定的结构模式，如理智型、刺激型或需要型。

外界环境的不断变化，引起刺激物及刺激强度的改变，犯罪心理结构中的次要要素不断增生，在一定条件下跃居主导地位从而控制人的行为。新的主导心理要素与其他心理要素紧密相连，实现犯罪心理要素的重新组合，形成新的犯罪心理结构的组合类型。例如，有的人见财起意，占有欲快速上升并迅速控制人的行为，在冲动型的犯罪心理结构的作用下实施了第一次偷盗行为，攫取了他人钱财，得到了生理和心理的满足。由于犯罪主体意识作用的强化，不断地重复偷盗活动，其犯罪意念逐步增强，不由自主地连续实施犯罪，其犯罪心理结构由物质需要型转变为刺激型。此时，犯罪主体主要不是为了生理上对物质的需求，而是为了刺激麻痹的神经。

（三）犯罪心理结构构成模式的变化形式

1. 急速膨胀，瞬时转变。犯罪主体的心理活动不会停留在一个水平上，也不会固定于某个心理要素。在主观和客观条件的变化中，犯罪心理的结构也随之变化，外界刺激量和心理转变的速度成正比。犯罪心理转化速度是外界刺激量和犯罪心理绝对量的乘积。例如，某人犯罪心理占附属地位，当情境因素适当，外界刺激量增强时其便会迅速加以吸收、强化，犯罪心理快速膨胀，短时间内转变为主导心理，引发犯罪行为。这种变化一般表现为突发型犯罪和应激型犯罪。

2. 渐进式转化。由于犯罪心理因素的不断变化，脱离原来的固有模式，其变化的心理动因也有一个量的积累过程。在外界刺激不明显、不激烈时，要经过较长时期的犯罪心理积累，才能完成非犯罪心理向犯罪心理的转化，或者是犯罪心理向非犯罪心理的转化。渐进式的转化是一个长期的过程，在实施犯罪的各个阶段中表现得不明显，依次产生不同阶段的心理特征，这为防范犯罪提供了依据。

3. 跳跃式发展。犯罪心理在犯罪过程各阶段的变化，不仅有急速发展和长期演化的形式，而且在犯罪心理内容上也存在不同的变化方式。

犯罪心理一般是循序地依次产生不同阶段的心理现象，反映各阶段的心理本质，抓住其心理特征，就控制了犯罪主体的行为发展。由于犯罪主体的心理、生理条件的不同，情境因素的变换，在犯罪不同阶段上所反映的心理现象是因人而异的，各种心理现象出现的情态和深度各不相同。有些犯罪主体会发生连锁的心理变化过程，短时间内依次出现几个阶段的心理特征，这种复杂的心理变化极大地影响其意志过程。还有一种情形是犯罪主体的心理变化呈现出跳跃式形态，即犯罪心理的发展变化越过下一个阶段，而进入另一个阶段，超前地产生一定的心理现象。

三、犯罪心理结构的发展趋势

犯罪心理的判定标准是与社会的法律规范相联系的。法律规范的不同及变更也会导致心理属性的变化，犯罪心理在一定条件下有可能跳跃为非犯罪心理。例如，对知识分子的劳务报酬原来被视为受贿行为，由于法律政策的调整现在被认定为合法的劳动收入。行为人主观上收受这些财物的动机及其他心理活动并没有改变，改变的只是法律、政策的有关规定。

犯罪心理在一定时期会保持一定的结构形态，并固定在一定范围之内，这是一个短暂的过程，这时犯罪心理的结构类型维持原有的模式，犯罪心理结构的诸因素仍然停留在原来的位置上，占统治地位的心理特征仍然居支配地位，影响、规定和制约着犯罪主体的行为。

犯罪心理处在不断变化的过程中。受犯罪主体的主观和客观条件变化的影响，犯罪心理结构的诸要素也必然会在运动中发展变化，原有的犯罪心理结构模式不会永远停留在一个水平上。

外因是变化的条件，内因是变化的根据。犯罪心理结构变化的内在根据是犯罪主体接受外界刺激的欲望，这种接受欲望用接受阈表示。犯罪心理的接受阈是犯罪主体对外界环境的影响和外界刺激作出反应的范围。其生理机制是犯罪主体的大脑对外界的信号有选择地接收、分析、加工，作出与刺激信号相同或相反的心理表示。在麻木、大意、妄为的心理状态下，犯罪主体的接受阈值低，不易引起心理反应；在谨慎、精细的心理状态下，犯罪主体的接受阈值高，反应敏感、迅速。对外界刺激的接受欲望是产生心理反应的前提，它直接影响着犯罪心理结构的变化速度和方向，接受欲望与犯罪主体的兴趣、需求、好恶等心理要素相联系。犯罪主体对外界的某种刺激感兴趣，或者可以满足犯罪主体的某种需要，其接受阈值就高，反应速度就快，变化程度就大，否则就会呈现相反的变化。

犯罪主体接受欲望的性质决定了犯罪心理结构的变化方向，有何种接受欲望，就会接受何种外界刺激，其犯罪心理结构就会朝某一方向发展。犯罪心理结构的发展变化同外界刺激物的性质和刺激量的大小有直接的关系，对同样的刺激不同的犯罪主体会作出不同的反应。

犯罪心理结构变化的速度由心理定势的强度、类型和接受阈的综合效应决定。心理定势弱小，其犯罪心理结构变化就快，反应就慢。一般犯罪心理、初犯和偶犯心理变化快；极恶犯罪心理、惯犯和累犯心理变化慢。犯罪主体接受阈值高，变化速度快；接受阈值低，变化速度慢。

犯罪心理结构发展变化的方向有两种可能：一是犯罪心理向良性转化，即犯罪心理异化——犯罪心理转变，更新为非犯罪心理。二是犯罪心理向恶性发展，即犯罪心理恶变——由单一型犯罪心理结构发展变化为综合型犯罪心理结构；由一般犯罪心理结构发展变化为极恶犯罪心理结构。

（一）犯罪心理的异化

犯罪心理的异化是指犯罪主体在正义因素的鞭策、诱导下，犯罪心理因素逐步被克服、淘汰、质换，或日趋减少，逐步向非犯罪心理结构过渡的过程。在数量上，犯罪心理因素的绝对量越来越少；在质上，犯罪心理逐步被非犯罪心理代替，非犯罪心理取代犯罪心理的主导地位，控制人的行为，完成异化的全过程。所谓正义因素是指符合法律规范和社会道德规范，有利于社会进步的一切客观行为。

1. 犯罪心理异化的条件。犯罪心理异化的实质是犯罪心理脱离原来的发展轨道，朝着相反的方向转变。犯罪心理异化的条件包括内因依据、主体处境、外部环境和外界因素的直接刺激。

第一，内因依据。内因依据是指犯罪主体内心接受正义意识的心理倾向和改变心理活动状态的愿望等各项心理因素的总和。犯罪主体通过某情境和事件引起心理震动，不同程度地产生了善良、同情、友善、扶助的心理状态，树立"弃恶从善""改邪归正"的心理，改变了思维的恶性定势。

第二，主体处境好转。主体处境是与犯罪主体相联系的环境条件，包括犯罪主体的就业、家庭经济状况、学识水平、年龄、婚姻等。主体处境的好转，动摇、改变了犯罪心理产生和存在的根基，使犯罪主体周围的恶性刺激减弱或者消失，促进异化的心理因素不断增多，最终完成异化过程。例如，犯罪主体由于就业难以解决，家庭生活困难，不得已以盗窃为生。通过解决其就业问题，家境逐步得到好转，善良欲望增加，羞耻心增长，使原有的犯罪心理减弱、深潜，心理活动逐步异化。

第三，社会环境的净化。社会环境的净化指犯罪主体生存的社会政治、经济、文化环境的改善，现代文明高度发展，包括社会秩序的稳定、民主制度的完善、言论渠道的畅通、经济的发展、民众生活水平的提高、道德风尚的完美、社会文化的发达等，它们为犯罪心理的异化奠定了基础。只有净化了社会环境，才能消除犯罪心理赖以生存的基础。

第四，重大事件的震撼。重大事件是指能够引起犯罪主体注意，唤起心理反应，改变心理活动原有的定势和发展方向的一切事实，包括教育活动、外界环境的突变、主体状态的好转、重大的社会变革等。重大事件是叩击心理之门的重锤，唤起良知的警钟，在重大事件的震撼下，犯罪心理出现缝隙，正义的钥匙打开锈蚀的铁锁，引导犯罪主体走出误区。

第五，儆戒、惩罚和诊治。犯罪心理的异化不是一个自然的过程，而是要经过强制转变的过程，要有足够的心理压力，才能达到异化的效果，其方法有儆戒、惩罚和诊治。

儆戒是通过某种方式和手段使犯罪主体觉悟，有效地控制犯罪心理的发展，促使其减弱枯萎，抑制新的犯罪心理产生。儆戒的方式一般有三种：一是通过法律、道德规范进行思想教育；二是通过打击惩罚犯罪对犯罪主体产生强大的心理震慑；三是有针对性地进行直接警告。三种方法实施的目的是为了使犯罪主体受到一种强烈的震撼，对其进行强刺激，使犯罪心理产生变化。

惩罚是指用刑罚和其他有效手段对犯罪主体进行约束、制裁，使其产生一种更大的心理压力和心理"痛感"，树立"越线即罚"的意识，促使其接受外界善良因素，朝着异化方向发展。刑罚的主刑和附加刑是主要的惩罚措施，其他措施包括行政处分、治安处罚或劳动教养等。惩罚的形式有精神上的，也有生理上的，如禁闭、强制劳动等。

诊治是运用犯罪心理学理论，由犯罪心理学家和监狱、强制隔离戒毒所、社区矫正工作者对犯罪主体进行心理诊断和治疗。

2. 犯罪心理异化的机制和形式。犯罪心理异化是一个激烈的带有质的改变的过程，是心理结构要素的综合运动、重新组合和反向选择的过程。

犯罪心理异化的生理机制是大脑能动选择和有效抑制的表现。当外界刺激及需要动力引导犯罪主体实施犯罪行为后，外界的刺激条件改善，个体处境好转，惩教措施得当，犯罪主体在心理结构上产生一种异化的抑制机制，排斥、抵制恶性发展的诱导，自觉地选择符合法律规范的行为方向，改变原有的犯罪心理的量比关系。

犯罪心理异化的表现为心理活动的基础变更、心理结构形式的变化，在此基础上，犯罪心理要素组合成新的犯罪心理结构，心理状态好转。

需要的改变和放弃也是犯罪心理异化的形式之一。部分犯罪是由于犯罪主体的不同需要产生的，当其需要获得满足时，支配犯罪心理的基础消失了，从而使异化成为一种可能。在法律和道德规范的有效压力下，犯罪主体完成异化过程。

3. 犯罪心理异化的类型。犯罪心理的异化是一个十分复杂的过程，其方式也是有差别的。由于犯罪主体所处的客观环境不同，受到外界刺激的性质、能量不同，所以其异化的速度、方式和时机便呈现出不同的形式。

异化的速度有渐进型和猛醒型。渐进型异化表现为犯罪心理的异化过程较长，速度缓慢，一般要经过 1 年以上，有时甚至需要 3~5 年或更长时间。猛醒型异化是犯罪主体经过一次重大事件的震撼，撞开其锈蚀的心灵大门，由此产生惊魂动魄的顿悟和悔过之心，对犯罪行为有了认识，树立痛改前非的决心，在较短的时间内完成异化过程，一般需要花费几天或几个月的时间。

异化的复杂性还体现在犯罪主体的心理异化不是一劳永逸的。由于外界犯罪因素的诱导，犯罪主体会重蹈覆辙，犯罪心理会再次占据主导地位，我们称之为异化的异化。对于前一个异化过程，我们称之为初次异化。异化的异化需要再一次的异化过程，这需要更长的异化时间，比初次异化更困难。

4. 促进犯罪心理异化的主要方法。

第一，加强文明建设，净化社会环境。社会政治、经济状况及精神风尚对犯罪心理的异化有直接的影响。我们必须加强法制建设，扩大人民民主，发展社会主义市场经济，提高人民生活水平，为犯罪心理异化创造条件，促进非犯罪心理因素的生长。社会主义精神文明是净化社会环境的重要途径。积极、向上的社会风尚会感染、同化犯罪心理，推动犯罪心理的异化过程。

第二，加大舆论谴责力度。社会舆论是一种无形的促进犯罪心理异化的动力，它可以对犯罪主体施加精神压力，矫正其扭曲的心理本质。我们必须造成一种全社会鄙视、痛恨、指责犯罪的舆论倾向，形成对犯罪行为"千夫所指，人人喊打"的态势，遏制犯罪心理的滋生和发展，使之反向归转，进入异化轨道。

第三，解决犯罪主体的实际困难。促进犯罪心理的异化，除了社会环境的改善和强大的精神压力外，还要解决犯罪主体的实际困难，使其对立的情绪受到感化，清理掉犯罪心理赖以生存的基础。为此，社会要妥善地安排犯罪主体的就业，使其有生活来源；解决其婚姻家庭问题，使之感受到温暖和归宿感；解决其不合理的待遇问题，消除其逆反性犯罪心理的根源。

第四，针对思想实际进行深入细致的思想工作。促进犯罪心理异化要针对犯罪主体的实际情况。每个犯罪主体的犯罪心理结构类型不同，其所思、所想也不同，这就需要监狱、强制隔离戒毒所、社区矫正工作者进行个案研究，有针对性地对犯罪主体进行深入细致的思想工作，敲开其心理闭锁点，引起异化的反应。

第五，进行心理训练。心理训练是利用各种活动形式，矫正、改造犯罪主体心理扭曲的环节，引导其学习合法的行为方式，巩固异化的成果。

第六，惩罚。惩罚是用法律手段制裁犯罪主体，遏制其犯罪心理发展的有效方式。

（二）犯罪心理的恶变

犯罪心理恶变与犯罪心理异化是个相反的过程，它是指犯罪心理逐步占据主导地位，控制人的行为，犯罪心理结构由单一型、简单化、一般性向综合型、多样化、极恶性发展，由此引导犯罪主体实施更为严重的犯罪行为。犯罪心理的恶变表现为：一是心理状态由非犯罪心理转变为犯罪心理，犯罪心理在量比关系中占上风；二是由非犯罪心理向犯罪心理结构转化；三是犯罪心理的性质、数量、程度向更深层次发展。

犯罪心理恶变的标志是犯罪心理的绝对量增加，犯罪主体的反社会性增强，犯罪行为的社会危害性加深。

1. 犯罪心理恶变的条件。犯罪心理恶变是由犯罪主体心理素质及外界刺激因素共同作用促成的。

第一，环境条件恶劣。环境条件包括国家的政治、经济、文化的发展水平，社会的道德风尚，工厂、机关、学校的面貌，家庭、婚姻状况等。国家政局不稳，社会动荡不安，官场腐败，经济停滞，生活水平下降，腐朽的文化泛滥等都是造成犯罪心理恶变的客观原因。犯罪主体在混乱的社会状态中没有受到谴责和惩治，犯罪心理亦随着恶劣的环境不断膨胀，导致更加恶劣的犯罪发生。

第二，外界的直接刺激加深。绝大部分的突发性和应激型犯罪是由外界的直接刺激引起的，当这种直接的刺激加深时，其犯罪心理随之迅速发展并走上极端，犯罪心理由潜意识层向表露层发展，由初犯心理向极恶性心理发展。犯罪心理的强度随着忍耐性的降低而不断提高。

第三，放任的态度。犯罪心理一旦占据心理的主导地位，犯罪主体的心理走向必然沿着扭曲的道路发展，其行为也必然按照犯罪的轨道滑动。由于羞耻感、荣誉感的缺乏和逆反心理的形成，犯罪主体对一切事物都抱以无所谓的态度，"破罐破摔"地放任自己的错误意识，放纵自己的违法、犯罪行为，直至将良知全部摒弃。

第四，犯罪心理的动力定型。犯罪心理经过长时间的衍化和多次强化，在犯罪主体的心理上形成一种难以改变的固定的心理反应模式，这就是犯罪心理的动力定型。它是犯罪心理恶变的重要因素。犯罪心理一旦形成动力定型，其犯罪主体的大脑对外界的恶性刺激异常迅速地接受，并形成大面积的扩散，对较小的恶性刺激也自然放大。犯罪主体可以在复杂的刺激中筛选、择捡出适合其恶性发展的部分进行反应。同一件事对于常人而言是无关紧要的，而对犯罪心理定型的犯罪主体的刺激则是异常猛烈的，以致引起犯罪行为的实施。例如，某人看了他一眼，或碰了他一下，会极大地刺激犯罪主体的心理恶变，导致殴斗或凶杀。

第五，情境因素。情境因素是指引起犯罪主体心理恶变的即时场景状态，即能够诱发犯罪的时间、空间的特殊境况。例如特殊的美色勾起其性欲；无人的场景使其见财起意等。情境因素是使犯罪心理恢复和强化的重要因素。

2. 犯罪心理恶变的后果。犯罪心理恶变是犯罪现象难以消灭的根源，无论是从非犯罪心理过渡到犯罪心理，还是从初犯心理发展到屡犯心理，都是犯罪心理恶变的反映。

第一，心理状态不断恶化。犯罪心理恶变对原来非犯罪心理占统治地位的守法人来说是染上了病毒，其在抵抗力减弱的情况下，隐藏在躯体中的病毒就会扩散、感染，使整个躯体发生腐败变质。就心理方面来说，这就是犯罪心理的恶变。恶变的结果，使非犯罪心理逐渐被犯罪心理所置换，犯罪心理上升为主导心理，进而控制人的行为，当环境符合条件时就会引发犯罪行为。

第二，不断产生犯罪。当犯罪心理上升为主导心理时，行为人的行为受到犯罪心理的控制和支配，犯罪主体利用各种机会释放其犯罪心理，以达到平衡和满足。犯罪心理恶化后，犯罪心理的绝对量不断升高，其心理结构更加恶劣，犯罪行为不断产生。

第三，产生惯犯、累犯和职业犯罪。对于犯罪心理程度较深，已经实施过犯罪的主体来说，犯罪心理恶变加深，强化了其犯罪心理的能量，其心理结构由初犯心理发展为屡犯心理，引导其经常性、习惯性地实施犯罪，表现出惯常性的犯罪特征，犯罪主体变成了惯犯和累犯。

由于犯罪心理的恶化，一些犯罪主体在动力定型的心理引导下重新犯罪，并以犯罪活动所得谋生，如偷盗、抢劫拐卖人口；也有的犯罪主体基于此形成黑社会组织，以谋杀、破坏、危害公共安全为职业，形成职业化犯罪集团。

（三）犯罪心理的相对稳定

犯罪心理处在不断的变化之中，但其不是时时都有质的转变。在多数情况下，犯罪心理的绝对量有所增减，其在质上没有改变原来的性质，既没有异化，也没有恶性发展，处于相对稳定的阶段，犯罪心理结构保持了原来的类型和水平。

犯罪心理的相对稳定是指犯罪主体主导心理的类型相对不变，心理结构相对稳定，心理状况保持在一定的水平上。正是由于这种相对的稳定，我们才能找出犯罪心理的发展趋向，预测其前进的轨道。

犯罪心理的相对稳定是就其质而言，其量仍处于不断的增减变化之中，这种相对稳定时间短、能量小，当量变达到一定界限时，犯罪心理就会呈现异化或恶变的新质态。

A question that sometimes drives me hazy-am I or the others crazy?

——Albert Einstein

有时我会迷惑，是我疯了，还是他人疯了。

——阿尔伯特·爱因斯坦（1879~1955，科学家、物理学家）

第 七 章

犯罪心理的形成和发展分析

📖 经典案例

"善心汇"传销案

2013 年，张某注册成立深圳市善心汇文化传播有限公司（简称"善心汇"）。2016 年 3 月起，张某陆续招募人员加入"善心汇"，开发了"善心汇众扶互生系统"并线上运行。其以"扶贫互助"为名，以高额回报为诱饵，在全国各地发展会员，要求参加者以购买"善种子"的方式获得加入资格，并按照一定顺序组成层级，以发展下线的数量作为返利依据。截至案发，参与"善心汇"传销活动的人员共 598 万余人，涉案金额达 1046 亿余元。

2018 年 12 月，法院分别作出一审判决，判处张某有期徒刑 17 年并处罚金 1 亿元；判处其余被告人有期徒刑 10 年至 1 年 6 个月不等，并处罚金。2019 年 5 月，二审维持原判。

"善心汇"以高收益为诱饵，打着"扶贫济困、均富共生"的旗号发展会员，通过网络虚假宣传，骗取财物，扰乱社会经济秩序，造成了恶劣的社会影响。被告人的行为名为精准扶贫，实为非法传销。

可以看到很多传销行为具有极强的欺骗性和煽动性，在心理上占据了一些有利要素。"善心汇"就是抓住了人民群众的慈善心理，其欺骗信众大多数是弱势群众，生活不如意又不安于现状，"善心汇"在他们面前把自己包装成既能做慈善，又能赚钱，还能帮助其实现个人价值的平台，具有极大的诱惑力。

📖 经典视频

《犯罪嫌疑人》刑侦队长吴栋在一次执行任务中，恰巧抓到了一个大型贩毒团伙的要犯。在激烈枪战中，其搭档王飞牺牲，上级领导限期侦破该案，吴栋在层层重压下，投入了紧张、危险的侦破工作，"6·16"案的艰难侦破历程开始了……在线人的帮助下，吴栋等人得到了这个团伙毒贩交易的准确情报。然而，追捕过程中被警觉的毒贩谭小蓉觉察，追捕行动失败，但谭小蓉却无意留下了一个手机号。顺着这个线索，吴栋的视线指向了一个神秘的会所——爱心家园。毒品没有成功出手，谭小蓉、周建平急于用钱，准备马上把从家乡带回的几个年轻女孩"送"出去，其中有谭小蓉的表妹李小梅。李小梅宁死不愿屈服，被周建平打了毒针。李小梅等人被贩卖的去处同样也是爱心家园会所。吴栋通过手机号联系到了张学平（李小梅的舅舅），并从他那里得到了关于谭小蓉的一些线索，还了解到李小梅在爱心家园失踪。吴栋等人正要调查爱心家园，却被领导张广亮的一个电话拦住了。由于张广亮的层层阻挠，吴栋和于鹏等几个弟兄只能暗地调查爱心家园，调查齐玉坤。吴栋在雪华那里了解到，张广亮最近和齐玉坤联系密切，而且张广亮最近的行为有些反常。

原理与技能

- 犯罪心理的形成分析
- 犯罪心理的发展变化分析

第一节　犯罪心理的形成分析

社会生活为我们展示了丰富多变的社会现实。同样面对复杂的客观存在，人们却形成风格迥异的个性，选择不同的人生之路，扮演着不同的社会角色。大部分人都能成长为符合社会要求的合格成员，而极少数人却走上了违法犯罪的不归之路。原因何在？我们试图从社会生活的不同侧面对个体犯罪心理的形成作出科学的、系统的、概括的解析。对于个体而言，犯罪心理的形成绝非由某一方面、某一种原因所铸就，犯罪心理乃是个体心理素质的综合体现，是不同于其他心理的一种蜕变，一种新质状态。

一、犯罪心理形成的内化过程

（一）内化和社会化

内化在让·皮亚杰的发生论中有所运用，它是指感觉运动性动作向内部思维运算的过渡。社会心理学中的内化，就是指个体将一定的精神文化经过社会学习而转化为稳定的心理因素的过程。即将人类知识、经验、社会规范与价值体系转化为个体的知识、经验、价值与信念，内化就是个体以社会学习为中介，将社会存在转化为自身心理因素的社会化过程。从这个意义上讲，内化实质上就是个体的社会化。

个体成长之初，生活于社会之中，互相学习生存环境中许许多多事物所代表的意义，理解和掌握社会所明文规定的法律规范和约定俗成的道德规范等社会常识。在这个学习过程中，通过对社会规范的不断认同，逐渐形成对各种社会存在进行鉴别的自我标准，并以此作为指导自己行为的准则而形成一定的行为模式。这种自我标准的建立必须借助于生活空间的广度、时间的长度以及个体的主观感受。这一过程就是个体成为合格社会成员所必不可少的社会化过程。

社会化就是在特定的社会与文化环境中，个体形成适应于该社会与文化的人格，掌握该社会所公认的行为方式。社会化是一个过程，伴随着人的一生，它经过个体与社会现实的相互作用而实现，是逐步内化的过程。个体所承担的社会角色，取决于周围环境对他的影响以及他对周围环境反作用的行为模式，社会化的内容是极其广泛的，包括对政治、民族、法律、性别角色、道德等不同社会存在的认同。个体正是通过社会化过程才能不断完善自己的社会属性。

社会化在于促使个体对社会规范的积极认同。社会化能够将社会规范纳入其主体意识之中并成为指导个体行为的内在标准，从而与社会要求保持协调一致。社会化在于将每一个社会成员培养成为适合需要的人。社会化了的个人是精神健康的个体，不仅获得了能够适宜外界情境的各种行为方式，有统一的人格，还必须能够积极地支配环境。简言之，社会化旨在将个体内心渴望实现的与来自社会方面的价值观二者有机的融合。

（二）犯罪心理的形成

第一，社会化的缺陷是犯罪心理的发轫。并非所有个体的社会化都能够沿着正确健康的方向顺利发展。对于社会规范的认同，由于个体心理因素的不同而存在着巨大的差异，由此导致不同的社会化结果。如前所述，健康的社会化会使个体成长为合格的社会成员，而有缺陷的社会化会使个体的发展沿着偏离或相反的方向进行。社会化的缺陷包括两种不同情形，即不完全的社会化和错误的社会化。其表现为个体对社会规范的不完全、不充分甚至完全相反的认同，其所确立的自我标准与社会规范不相符合或者完全相悖。这种自我标准的确立，决定了个体的认识和行为的基本趋向。因此，不完全的社会化和错误的社会化极可能导致个体违法犯罪心理的产生，亦可认为是犯罪心理的滥觞。有缺陷的社会化可能造成：一是个体认知水平的低下。一方面，个体对新社会规范难以进行正常的内化，无视积极的社会存在，使个体难以建立抵制腐蚀、防止违法犯罪行为发生的免疫系统，削弱了自我控制能力；另一方面，个体对消极的社会存在却进行着积极、自觉、能动的吸收，发展和巩固不良的个性心理品质。二是不良习惯和定势逐渐养成。基于错误的心理选择，导致其行为基本方向的失常。对消极的社会存在的内化，首先表现在对个体具有总体指导意义的个性倾向性中，个性倾向性对个体的行为方向起着至关重要的作用。有缺陷的社会化的个体在个性倾向性上表现为其价值观念体系与社会需求相违背，具有反社会倾向，低层次的物质需要与精神满足决定了其兴趣、动机等水平。而习惯正是一种与需要和倾向相联系的自动化动作，不良习惯的养成，正是犯罪心理形成过程中的一个重要环节。当我们考察违法犯罪青少年的生活经历后不难发现，大部分违法犯罪青少年都是由点滴劣迹发端而走上违法犯罪之路。英国的大文学家莎士比亚曾经说过：品性上的小缺点发展起来会掩盖他的好品质。正是对不良习惯的放任姿容，导致违法心理的进一步恶化。

第二，违法行为的尝试是犯罪心理形成的巩固阶段。个体的心理活动绝不仅仅停留在抽象思维阶段，不局限于内心世界的孤立运动。作为社会的人，他需要向外界释放自己的影响，以自己的行为和心声昭示其社会价值。违法行为的实施，正是在个体已经形成的心理品质指导下而实施的，它是不良习惯的恶性发展。违法行为的实施会使个体得到不同的情绪体验，如愉快、兴奋、满足、沮丧、痛苦等。肯定的情绪体验会给个体带来欲望满足后的欢愉，这种情形会强化原有的违法心理，造成个体的再一次尝试的企图。有助于犯罪心理形成的情绪体验恰恰是这种类型。

第三，犯罪意向的萌发是犯罪心理形成的标志。犯罪意向是没有分化的、没有明确意识的违法犯罪人的需要。个体社会化的缺陷、不良习惯的养成、违法行为的初次尝试，经过这一系列的心理体验后，便有可能产生模糊、朦胧，没有特定指向的进行违法犯罪活动的内心冲动。由此进入了萌发犯罪意向的阶段，此时个体已确立了以反社会为主导的心理趋向。各个心理因素亦围绕这个主题进行着相应的变化，以达到新的暂时稳定状态，并等待选择时机以实施进一步的行动。犯罪意向的萌发，标志着个体的心理在经历了一系列的过程后犯罪心理新质状态的最终形成。

犯罪心理形成以后，并非必然导致犯罪行为的发生。对于存留在意识状态中的犯罪心理而言，它需要借助于一定的客观条件才能表现为现实的行为状态。正是在犯罪心理向犯罪行为转化的关键时刻，往往伴随着个体激烈的心理活动。

二、犯罪心理形成的外化过程

（一）关于外化以及行为的发生机制

与内化相对应，外化是指主观的、内部的心理活动向外部活动形式的转化。这种外部活动形式既可表现为语言也可以是某种行为。也就是说，个体的言行是外化的具体表现形式，心理活动只有借助于外化过程才能得以表现。外化是人类进行交流的必然过程，个体的言行是我们探索其心理奥秘的桥梁。

犯罪行为究竟是怎样发生的？如前所述，犯罪心理一经形成并非必然导致犯罪行为的发生。那么，在犯罪心理和犯罪行为之间必然有某种因素起着非常关键的作用，正是由于这种因素的存在才使得犯罪心理和犯罪行为之间达到一定的契合。

新行为主义心理学的主要代表人物之一托尔曼（Edward Chase Tolman，1886~1959）在对行为的发生机制的研究过程中主张对行为进行心理分析。在华生（John Broadus Watson，1878-1958）的"刺激—反应"（S-R）的模式基础上，其首创了"中介变量"的概念。托尔曼用"S-O-R"取代"S-R""O"代表"中介变量"，试图想象出由情景到引起反应的内部心理活动过程。内部心理活动过程是在有机体内进行的，虽然难以观察，但却是决定个体行为的实际因素，托尔曼称之为"中介变量"。它是联系实际变量与行为变量的中介。至少有两类中介变量对解释行为的发生有所帮助。一类是需要变量，另一类是认识变量。需要变量相当于动机，认识变量包括对象知觉、再认、运动、技巧等。

（二）犯罪心理外化的主观要件——犯罪意向的进一步明确，即犯罪动机的形成

行为是意识活动的必然结果。当犯罪意向这种朦胧意识出现以后，如果说此时个体的犯罪意向尚处于一种模糊的、盲目的冲动阶段，那么犯罪行为的发生，则要求犯罪意向的进一步明确。这种明确对犯罪个体更具有实际意义。在犯罪行为实施过程中的侥幸心理，有赖于个体对与犯罪有关的主、客观条件的充分认识，这种准备可使其在犯罪行为过程中所承担的风险大大降低，任何盲目的行为都可能招致其意想不到的危险。

犯罪动机就是推动行为人实施某种犯罪行为的内心动力。同一切合法动机一样，犯罪动机亦来源于个体的某种需要，所不同的是犯罪动机与个体的非法欲望和需要相联结。犯罪动机将个体原有的犯罪内心冲动与个体的具体需要结合起来，确立其行为的基本指向和一定的目标。犯罪动机是犯罪意向的进一步发展，它消除了原有的盲目性，表现为个体正常的心理活动，足以引起和发动个体的犯罪行为。犯罪动机形成以后，即可维持和增强个体的犯罪心理活动。

（三）犯罪心理外化的客观要件——引发犯罪行为的刺激和情境因素

个体犯罪动机形成以后，具备了足以发动犯罪行为的内心冲动，犯罪行为的引发，亦依赖于个体对客观条件的认识，即对达到犯罪目的的可行性分析，包括犯罪技能和足以引发犯罪行为的刺激和情境。刺激和情境的出现为犯罪动机的实现提供了现实性。

1. 宏观控制系统存在着有利于犯罪的条件。社会的政治、经济形势的动荡和困难，社会观念意识、社会风气中的颓废因素，对个别犯罪分子的打击不力，社会治安状况的混乱，社会管理过程中的疏漏，均可以被个体所反映，并被其认为有利于犯罪行为的实施。

2. 微观环境中的刺激与情境因素。这种刺激与情境往往为个体提供了一定的犯罪机遇，就是有利于行为人实施犯罪而又不易被人发觉的机会和条件。在个体犯罪心理形成以后，随着犯罪动机的进一步明确，一方面，个体等待犯罪机遇的出现；另一方面，由于某种具体的刺激和情境的作用亦会导致犯罪行为之实施。具体来说，刺激和情境在何种条件下可引发个体犯罪行为的发生呢？一是被侵害对象与其犯罪欲求的吻合。被侵害对象包括侵害者的性别、年龄、面貌和具体的物品等，由于这种现实条件的出现，与犯罪个体的犯罪心理发生撞击，产生共鸣，驱使个体实施犯罪行为。二是作案现场的时空条件。犯罪行为所具有的反社会性及应受刑罚惩罚性，决定了犯罪个体行为的隐蔽性，从而区别于正常的社会行为。犯罪个体在实施犯罪行为时，其对时间、地点等往往经过精心的选择和确定。如漆黑的夜晚、幽静无人的小路、拥挤的闹市，都是被犯罪个体用以掩护自己的犯罪行为的客观条件。三是现场的气氛。在犯罪行为实施现场的其他人的情绪、语言、行为等对个体犯罪行为的产生起着诱发和纵容的作用。

三、犯罪心理内外化过程的行为模式

内化和外化是互相联系、互相依赖、互相渗透、互相制约的过程。在内化过程中包含有若干消极行为和活动，这是不良心理的外化。外化过程中的犯罪行为是对犯罪心理的反馈，又是再一次内化。由此循环往复、周而复始地形成犯罪心理内化、外化的整体过程。

（一）犯罪心理内外化过程的渐进性

通过考察大多数犯罪个体的犯罪过程，发现其基本上都经历了不良心理——违法心理——犯罪心理的质变过程。由于其社会化的缺陷，导致内在标准的反社会性，从而与消极的社会存在结下不解之缘，并一步步坠入犯罪境地。这是比较普遍的犯罪心理演化历程，我们称之为显性演化过程。除此之外还有另外一种表现形式，即个体的心理同样经历了从不良心理、违法心理到犯罪心理的渐进演化过程，但在外部表现形式上却给人以不显著的运动状态。这一类人平素极少有不良行为或违法行为的发生，而直接过渡到犯罪心理的最终发生，我们称之为隐性演化过程。这一类个体的犯罪往往出乎其他人的预料，因为他们平素表现良好，甚至给人以思想端正、积极上进的印象，但是这种正常表现仅仅是假象而已，在其内心世界依然存在着某种社会化的缺陷，当这种缺陷与犯罪机遇相吻合时，个体的犯罪行为势必发生。

（二）犯罪心理内外化过程具有突发性

这种内外化过程表现为个体由于受到偶然刺激，生活中出现具有重大意义事件，使个体原有的相对稳定的心理结构在短暂的时间内发生严重倾斜，对其经过社会化而建立的自我标准产生怀疑甚至否定，在外界的直接刺激和情境作用下引发犯罪行为。与渐进性的行为模式相比，突发性的行为模式具有以下特征：

1. 冲动性。即犯罪心理内化、外化过程受情绪的支配，尤其在犯罪心理的外化阶段，这种情绪化的表现更为明显和突出。由于个体本身具有某种社会化的缺陷，在外界刺激和情境的作用下，其缺乏渐进性行为模式对犯罪动机、犯罪目的的充分考虑，亦无犯罪的预备，而是在丧失了自我控制能力的冲动性情绪支配下，使犯罪心理的外化在极短时间内完成了这一飞跃过程。

2. 即时性。突发性行为模式是由于受到某种刺激和情境的直接诱引而发生的，因此它带有即时的特点。即当某种刺激和情境与个体社会化的缺陷的某种心理因素相吻合时，便可导致其犯罪心理的外化。但倘若没有这种刺激和情境的直接作用，也许他依然表现为正常的个体。

3. 偶然性。即犯罪个体往往没有精心选定的侵害对象，只是由于偶然事件的强烈刺激，使其神经活动过程达到高度的兴奋状态，犯罪冲动难以抑制。

尽管渐进性与突发性的犯罪行为模式不尽相同，但是它们均是以个体社会化的缺陷为其行为发动的心理基础。由于其心理品质的局限性，使其不能建立良好的内在标准和自我控制能力，在外界的刺激和情境的影响作用下，走上犯罪的不归之路。

第二节　犯罪心理的发展分析

犯罪心理形成之后不是固定不变的，随着客观环境和犯罪人实践活动的变化，犯罪心理也在发生变化。这种变化的一种形式是犯罪心理的强化，另一种形式是犯罪心理的消退。

一、犯罪心理的强化

犯罪心理的强化是指犯罪心理在内外因素的作用下得以巩固、加强并向恶性转化的过程。

（一）影响犯罪心理强化的因素

1. 对犯罪人的惩罚不及时。在犯罪人实施犯罪行为后，司法机关及时给予应有的惩罚，不仅对周围的人具有警示作用，更重要的是打消了犯罪人在预谋犯罪过程及犯罪实施过程中的侥幸心理，使犯罪人从中认识到每一个人都要对自己的行为负责。如果在犯罪人实施犯罪行为后，司法机关未能及时给予其应有的惩罚，不仅使犯罪人的侥幸心理得以满足，也使犯罪人的犯罪目的得以实现，犯罪人从犯罪过程中得到了好处，尝到了甜头，犯罪心理得以强化。

2. 不良交往的感染。相似吸引使那些具有不良行为和犯罪行为的人很容易聚集在一起。这种交往使犯罪人在犯罪后不能获得对行为的正确社会评价，相反会获得一种赞赏等肯定性的评价。这种评价不仅不能阻止不良心理向犯罪心理的转化，也不能阻止犯罪动机向犯罪行为的转化。犯罪人在这种不良的交往过程中，交流着犯罪的经验、手段、方式方法甚至是价值观等，犯罪心理不断得到强化。

3. 犯罪人自身的实际需要不能满足。从智力水平看，犯罪人可以分为两种类型，一种为低智力犯罪人，另一种为高智力犯罪人。低智力犯罪人，大多文化水平低，分析问题、解决问题的能力差，社会竞争能力低下，在出狱后，其更难被家庭和社会接纳而游走在社会边缘，基本生活保障及其他一些实际问题也可能难以得到解决，其会感到冷漠、孤独，倍受歧视。这容易使他们产生破罐破摔的心理，再度走上犯罪道路。高智力犯罪人，大多文化水平较高，但他们一旦犯罪以后，其由于社会信誉丧失从而很难在社会上寻找到和自己的水平相适应的工作平台，从而使其自尊等需要难以得到满足，也容易使其原已消退的犯罪心理重新萌发，再度走上犯罪道路。

4. 犯罪得逞的体验。犯罪人的犯罪行为得逞之后，由于未能及时得到惩治和矫正，犯罪人会对自己的作案手段、作案技能和技巧进行自我欣赏和肯定，自认为自己技术娴熟、手段高明，永远不会受到法律的制裁，因此，犯罪心理得以巩固和加强。

5. 不断增长的非法欲求。犯罪人的犯罪动机是在不正当的需要的基础上产生的，犯罪人在实施犯罪后，其不正当需要得到满足。而不正当的需要又是犯罪心理不断发展的动力和源泉，犯罪人不正当需要的满足，会促使犯罪人产生更高一级的不正当需要。如此反复，犯罪人的非法欲求更加强烈，犯罪人的价值观和世界观不断恶变，犯罪心理不断得到强化。

6. 反社会情绪加深。犯罪行为是一种反社会的行为，犯罪行为在发生后必然会受到社会的制裁和惩罚。如果犯罪人不能正确认识自己的罪行，检讨自己的错误，反省自己的所作所为，就会产生和加深其反社会情绪。这种反社会情绪会推动犯罪人实施更为严重的反社会行为。这样循环往复，犯罪的主动性和自觉性明显增强，犯罪心理进一步恶化。

（二）犯罪行为强化的表现

1. 犯罪的主动性和自觉性增强。经过多次的犯罪尝试，犯罪人不再像初次犯罪那样信心不足，预谋不细致，而是侥幸心理不断得到强化，作案的信心得以提高，对作案的环境已经基本适应，对犯罪的恐惧感减弱。因此，犯罪的目的性更强，计划更加周密，自觉性、主动性不断提高。

2. 犯罪经验更加丰富。犯罪活动的进行，促使犯罪人为了增加犯罪成功的几率，不断地从犯罪手段、犯罪时间地点的选定以及犯罪的技巧等方面进行总结，犯罪的经验更加丰富。

3. 犯罪行为更加恶化。犯罪心理的不断强化，使犯罪人形成一种犯罪的心理定势和动力定型。这种心理定势和动力定型使犯罪人的心理状态始终处于一种犯罪的准备状态，在一定的情境因素影响下，实施犯罪行为就会达到一种自动化状态。

4. 犯罪心理更加稳固。随着犯罪人犯罪行为的不断实施，犯罪人的认识、情感、意志、人生观、世界观等发生明显的变化，逐渐形成稳定的个性心理，这种心理使犯罪人感到"犯罪有理"，这种"犯罪有理"理论促使犯罪人实施更多更为严重的犯罪行为。如此循环往复，使犯罪人丧失最基本的道德感和法制感，形成稳定的反社会性个性特征。

二、犯罪心理的消退

犯罪心理的消退是指犯罪心理在内外因素的作用下减弱、消失的过程。

（一）影响犯罪心理消退的因素

1. 社会环境的净化。不良的社会环境因素是犯罪心理形成并向恶性发展的根源。社会环境的不断净化，使犯罪心理逐渐失去了赖以产生和发展的基础，减少了犯罪的诱因，同时也使犯罪人在强大的社会舆论和良好的社会风气的影响下，阻碍犯罪心理形成的动机更加强烈，逐步使犯罪心理消退。

2. 司法机关打击和惩处犯罪的能力增强。随着社会的发展、科技的进步，司法机关的人员素质逐渐提高，打击和惩处犯罪的能力也在增强；新生的、前沿的科学知识被广泛地运用到打击犯罪的实践中，打击犯罪的科技手段也不断更新和发展，技术侦查和技术防范的水平有了极大的提高。这两方面的变化使党的一系列有关打击惩罚犯罪的政策得以贯彻和落实，使犯罪人的犯罪成本加大，恐惧心理增强，侥幸心理减弱，犯罪活动收敛，阻碍了犯罪动机的心理增长。

3. 犯罪人未完全泯灭的良知。犯罪人未完全泯灭的良知，是犯罪心理消退的主要因素。尤其在与犯罪动机斗争时，犯罪人良知的发现、积极的情绪情感会使犯罪人放弃犯罪动机，犯罪行为中止。

4. 犯罪人社会化程度的提高。犯罪人尤其是青少年，随着其社会化程度的提高，心理逐渐走向成熟，认识水平提高，情绪情感成熟，意志品质已经养成，人际关系成熟稳定，社会适应性增强，会逐渐理解和掌握道德、法律规范，社会性情感得以加深，自觉性、自制力、独立性不断增强，抗挫折能力使提高，这些都有利于使不良的心理受到抑制，不良行为受到阻抗，良好的心理得以萌生和发展，实现犯罪心理的消退。

（二）犯罪行为消退的过程

犯罪心理的消退过程实际上是犯罪人放弃已有的反社会心理、不良个性，是一个再社会化的过程，即犯罪人重新学习社会道德规范、法律规范，树立正确的人生观、价值观，培养健康的个性品质的过程。这个过程是一个心理和行为习惯转变的过程，它不是一帆风顺的，其间会出现反复。不过，从整体上看，这一过程可以分为三个阶段：从抗拒到初步改变阶段、反复动摇阶段、稳定巩固阶段。

1. 从抗拒到初步改变阶段。犯罪心理定势的作用使犯罪人在不同程度上对管教人员及其他教育者的教育产生敌对和消极态度，他们在态度上表现出不认罪、不服从管教，有的甚至装疯卖傻，借以逃脱、对抗管教。经过一段时间后，犯罪人逐渐认识到自己的行为给社会、他人带来的危害或伤害，认识到只有认罪伏法，接受教育才是自己的唯一出路，从而产生悔恨心理和接受改造的愿望。这种心理的转变使他们开始试着接受教育，并通过其行为习惯的转变表现出来。

2. 反复动摇阶段。犯罪人不断尝试着接受教育，接受正确的价值观、人生观等，并逐渐以此来规范自己的行为。然而，"冰冻三尺，非一日之寒"，犯罪人接受教育、改变行为习惯，需要极大的意志努力，它是一个艰难的过程，尤其是当犯罪人面临外界不良刺激的作用时，犯罪人很有可能情不自禁地或习惯成自然地产生犯罪行为。

3. 稳定巩固阶段。经过反复动摇，犯罪心理全面瓦解，犯罪人放弃原有的价值观，形成新的符合社会发展的价值观、道德观，并以此作为自己行为的标准，逐渐形成了健康的心理品质和行为习惯。

📝 实训项目

案例分析

一、基本案情

1993 年 6 月 29 日凌晨一时许，高桥南街卖老鹅的个体户索某夫妇在家熟睡，被一蒙面歹徒爬墙潜入用刀刺伤，但现场所反映的物质痕迹只有现场进口攀墙的泥迹及事主夫妇二人被戳伤的血迹等。现场柜抽无撬压痕迹，现场翻动不明显，家中巨款等财物未见损失。据调查，现场巨额钱款摆在事主床头附近的组合柜抽内；案发时，犯罪分子爬墙入室后，寻找钱财时惊醒事主，急忙持刀刺伤事主夫妇，仓皇逃离现场。男事主个体卖老鹅数年，家有巨款，在群众中明显露富；在生意来往等方面又有一定的纠葛。女事主年轻，在外营业，人际接触面广。

1993 年 7 月 31 日凌晨，一蒙面歹徒翻窗潜入剪刀巷独居老人梅某家，持刀威逼事主交出钱财，当随事主上阁楼发现还有一人（前来探望事主的来客）时，又虚张声势，一边大喊"外面再进来两个人"，一边趁机抢劫美元、港币、房屋奖券等价值 5000 余元。据调查，事主从南京退休后一直从事文艺方面的活动，经济宽裕，并在扬州购置私房一座。

以上两起夜间入室蒙面持刀抢劫案件的发生地点均位于街道旁边较偏僻的巷内，均在市内东北角。经过公安机关全面细致的现场勘查，采用多种侦查手段，终胜利告破，两案为一人所为。罪犯刘金保被抓获归案。

二、具体操作

1. 结合以上案情，分组讨论作案人犯罪心理形成过程。

2. 以小组为单位写出分析报告。

3. 教师组织学生进行分组汇报。

When you look long into an abyss, the abyss looks into you.

——Friedrich Wilhebm Nietzsche

当你凝视深渊时，深渊也在凝视你。

——弗里德里希·威廉·尼采（1844～1900，德国哲学家、语言学家、诗人、思想家）

第 八 章

犯罪心理主体类型分析

经典案例

保姆纵火案[1]

2017 年 6 月 22 日，杭州市上城区蓝色钱江 2 幢 1 单元 1802 室火灾发生后，杭州市、区两级公安机关迅速成立专案组开展现场勘查、走访调查等侦查工作，认定系一起放火刑事案件，该户保姆莫某（女，34 岁，广东东莞人）有重大作案嫌疑。经审查，其对放火、盗窃的犯罪事实供认不讳。7 月 1 日，根据杭州市人民检察院的批准逮捕决定，杭州市公安局对涉嫌放火罪、盗窃罪的犯罪嫌疑人莫某依法执行逮捕。莫某到案后，公安机关对其涉及的犯罪事实进行了全面细致调查。经查发现，莫某长期沉溺于赌博，负债累累，2015 年初外出避债打工，先后在浙江绍兴、上海从事保姆工作，为获取赌资曾盗窃三名雇主家中财物，均被发现后辞退。2016 年 9 月，犯罪嫌疑人莫某经上海某中介公司介绍，受雇于蓝色钱江 2 幢 1 单元 1802 室被害人家中，从事保姆工作。自 2017 年 3 月起，莫某再次以手机为载体频繁进行网络赌博，为获取赌资，盗取被害人家中金器、手表等贵重物品进行十余次典当，至案发时尚有典当价格 13 万余元的物品未赎回。2017 年 3 月至 5 月，莫某还以老家买房为借口，先后 5 次向被害人朱某某借款共计 11.4 万元用于赌博。6 月 21 日晚，莫某将盗取的被害人家中手表进行典当获得资金 3.75 万元用于网络赌博，直至 6 月 22 日凌晨 2 时 04 分，其账户余额仅剩 0.85 元。警方调查还发现，6 月 22 日凌晨 2 时至 4 时许，莫某频繁用手机查询"打火机自爆""沙发着火""窗帘着火"等与放火有关的关键词信息。据犯罪嫌疑人莫某供述，凌晨 4 时 55 分左右，其在客厅用打火机点燃茶几上的一本书，扔在布艺沙发上导致火势失控，后逃离现场，造成被害人朱某某及其 3 名子女

---

[1] "6·22 杭州小区纵火案"，载百度百科：https://baike.baidu.com/item/6·22 杭州小区纵炎案/21497234?fr=aladdin。

吸入一氧化碳中毒，经抢救无效死亡。

思考问题：

根据本案例，从女性犯罪心理特征角度进行分析。

影视欣赏

天下无贼

男贼王薄和女贼王丽是一对扒窃搭档，也是一对浪迹天涯的亡命恋人。他们在一列火车上遇到了一个名叫傻根的农民，他刚刚从城市里挣了一笔钱要回老家盖房子娶媳妇。傻根不相信天下有贼，王薄最初想对他下手，后来却被他的纯朴所打动，决定保护傻根，圆他一个天下无贼的梦想，并由此引发了与另一个扒窃团伙一系列的明争暗斗。该团伙头目黎叔意欲收服王薄遭拒，该团伙其他成员与王薄比试皆败下阵来，交手之中却被潜伏的警察把钱掉包，后警察现身，将双方逮捕，黎叔和王薄、王丽均欲从车厢上逃走，却相遇。王丽先走后，王薄为保护傻根的钱与黎叔交手不敌，临终时意欲惊动警察，并发短信给王丽，安慰她没事。剧终，黎叔被捕，画面定格于王丽在西藏拜佛的那一幕。

原理与技能

● 根据不同的犯罪心理主体类型进行犯罪心理分析。

第一节　不同年龄犯罪心理分析

年龄既是一个人生理成熟程度的标志，又是其社会阅历深浅、社会经验多寡的标志；同时，它还是影响犯罪的重要因素之一。各年龄阶段的人因其生理特点、生活条件、婚姻状况、受教育程度以及职业环境等差异，其实施社会行为的方式也就不尽相同，从而在犯罪的数量、类型、作案方式以及在犯罪过程中的表现等均有较明显的差别。因此，研究犯罪的年龄差异，比较不同年龄阶段的犯罪心理特点，对于有针对性地预防和治理犯罪，以及提高对罪犯的教育改造质量等都具有重要的理论和实践意义。

一、青少年犯罪心理分析

青少年违法犯罪问题已成为一个非常严重的社会问题。青少年犯罪已出现犯罪低龄化、手段成人化、性质严重化的趋势，成为我国当前和今后一个时期的严重社会问题之一。加强对青少年犯罪原因的研究，加强对青少年犯罪的预防，并根据青少年犯罪的特点，加紧制定一系列适合青少年的配套法律，借助社会各方面的力量和科学的理论，规范、挽救失足青少年和改造青少年犯罪分子，逐步从根本上解决青少年犯罪问题，是实现社会治安根本好转的重要措施。一般来说，犯罪行为是在个体自身的犯罪心理支配下发生的，而犯罪心理的产生则是个体周围的外在不良因素和个体自身的内在不良因素相互作用的结果。青少年由于所处的是一个从幼稚走向成熟的时期，心理水平的发展不能完全适应生理的急剧变化，自控能力差，在不良的条件和环境下，易产生犯罪心理和行为。

（一）青少年犯罪概述

青少年是一个不断完善自我的个体，面对社会各种环境变化，容易产生各种行为的不稳定。青少年犯罪具有以下特征：

1. 暴力犯罪突出。现如今，青少年犯罪案件数量增长迅猛，犯罪性质更趋暴力。由于青少年处于青春期，冲动易怒，自我控制力有限，做事很少考虑后果，容易出现极端行为。当前，青少年犯罪已经由以前的以盗窃为主的单纯侵害财产的犯罪，演变为团伙斗殴、抢劫、杀人、强奸轮奸等恶性犯罪。从 2005 年开始，公安部对全国治安情况有了明晰的汇总，在统计中我们能够看出，违法犯罪在现代社会呈现不断上升趋势。在这些犯罪嫌疑人中，青少年所占比例正逐步扩大，犯罪类型也逐年增多，主要集中在抢劫、强奸、盗窃等犯罪类型上。从监管部门的统计中可知，在押青少年罪犯中，以抢劫、强奸、盗窃为主的犯罪比例分别为 64.4%、11.3%、10.5%，这也体现出青少年犯罪对社会危害的严重性。

2. 呈现低龄化和智能化趋势。青少年是一个特殊社会群体，是人生进入成熟阶段前的过渡转型时期。此时的青少年思想行为缺乏稳定性，在幼年的依赖性和成年的独立性之间摇摆徘徊。这些特征都体现了青少年心智和能力的不成熟。由于这段时期是人生转型期，情绪上的剧烈波动，思想上的叛逆、独断，加之生理上的早熟，都会诱发青少年早熟心理和自我心态。在社会中各种不良信息的影响下，叛逆的心态以及教育的失误，都会使青少年走上犯罪道路。从现如今犯罪年龄统计看，我国犯罪年龄已经形成低龄化发展态势。中国青少年研究中心发布的中国"十五"期间青年发展状况和"十一五"期间青年发展趋势研究报告指出，2012 年统计结果中的青少年犯罪年龄与 2000 年相比，平均年龄降低 3~4 岁。这种态势已经引起国家有关部门重视，有关部门正在拟定相关法律政策以控制犯罪低龄化。

随着计算机网络技术普及，互联网与人民生活联系更趋紧密，青少年犯罪也呈现网络智能化特点。2014 年中国互联网络发展状况统计报告指出，截止 2014 年 12 月，我国网民规模已达 6.46 亿人，其中 10~19 岁的青少年就占 22.8%。青少年在心智、思想并不成熟的前提下，自我控制力差，很容易受到互联网不良信息的诱惑，成为被骗和行骗的高危人群。青少年作为思维发达、理解接受新事物快的一个族群，其中不断有人利用新科技作为罪案工具进行智能化犯罪，这其中以计算机犯罪现象尤为突出。一些青少年利用网络平台进行网上诈骗活动；一些掌握高科技手段的青少年能够通过恶意软件，窃取受害人信息或侵入对方账户进行窃取。

3. 以团伙作案居多。青少年犯罪的另一个特征是团伙作案，这与青少年生理心理不成熟、自身能力差有关。青少年喜欢聚众以增加实力，在聚众过程中容易出现酗酒打架、抢劫盗窃等现象。还有的青少年喜欢模仿一些影视剧中的情节，组织帮会，设立帮规。在这样犯罪群体中的成员会相互影响，在意识到群体力量强大的过程中，往往会做出个体无法做出的凶残行径。

4. 残缺家庭和留守青少年犯罪比例增大。残缺家庭对青少年成长的影响很大。我国的家庭离婚率最近呈逐年上升趋势，如今，不但城市的离婚率奇高，农村也成为离婚率高发区。众多儿童成为家庭破裂的受害者。家庭结构的变化，使家庭作为社会结构的单元功能弱化；家庭成员的缺失，导致家庭教育作用减弱，单亲儿童增多。家庭的变故导致多数儿童性格孤僻、内向，缺乏自信和安全感。在其缺少正确判断力前提下容易被社会不良信息影响，走上犯罪道路。现在的青少年罪犯，有将近一半出自单亲家庭。在2003年，黑龙江警方曾在绥化一举查获一个35人的少年犯罪团伙，这些少年绝大多数是来自于单亲家庭或留守儿童，他们最大的特点是缺少亲人在身边关怀照顾，以致其日常行为很少被人关注。在当前一些农村，大量农民外出打工，将青少年留在家中和老年人一起生活。这些留守儿童长期缺乏有效的关爱和教育，很容易产生性格缺陷，如自卑、孤僻、任性、脾气暴躁等。他们学习成绩普遍低下，很多人经常逃学、逃课。在这样的环境影响下，一些青少年的心智很容易被外来因素左右，最终走上犯罪道路。

5. 青少年罪犯中再犯罪比率上升。青少年属于未成年群类，自控能力有限，很多有过犯罪经历的青少年，在经过思想改造和教育帮扶之后，能够认识到自己的行为对社会造成的危害，从而真心忏悔，痛改前非。但当他们回到原有的生活环境，再次面对之前的同伙，不良的影响和恶意的怂恿，极容易令这些青少年身心发生动摇，重新走上犯罪之路。这类少年罪犯，再次接受管教时，心理忏悔情绪会减弱，再次走入社会后会更容易犯罪，犯罪后对其身心伤害会更严重，对其教育改造的难度会更大。我国近几年的青少年犯罪率不断攀升，很大程度上是由青少年重犯所造成的，一些地区青少年犯罪率达到总数的20%~30%，对青少年身心成长及社会稳定产生重大影响。

6. 青少年犯罪中性犯罪呈增长趋势。现代社会信息沟通极为便捷，青少年能从不同渠道接收到各种信息，这些信息难以排查，大量色情类信息对青少年身心产生极大影响。与此同时，由于青少年正处于青春期，生理发育已经成熟，对一些与性相关的事物具有强烈好奇心。在自理能力差和缺乏管束教育下，一些影视作品和网络色情小说对青少年身心造成严重损害，导致不少青少年渴望得到性，以致其铤而走险误入歧途，触犯法律。这样的行为导致在现在的青少年犯罪中，性犯罪已经成为主要犯罪行为之一，给青少年未来发展带来极大影响。

（二）青少年犯罪心理特征分析

青少年不仅是"社会学习者"，还是"社会参与者"。他们不仅要学习、掌握社会的知识、技能、价值标准和行为规范；也要介入社会生活，参与社会关系系统，对已有的社会经验、社会观念进行再生产和再创造。实际上，青少年的社会化过程是被动性和主动性、个性和社会性冲突融合的过程，在这个过程中，青少年会产生各种各样的心理和生理上的需求，如亲情需求、个性发展需求、认同需求和生理需求等。如果这些需求不能得到适度平衡，青少年就容易产生各种心理问题，甚至走上违法犯罪的道路。

1. 青少年时期身心矛盾与犯罪的关系。在青少年时期，青少年心理上的发展与生理上的急剧变化、突飞猛进的发育不能协调、同步，表现出较明显的身心矛盾，即心理发展相对滞后与生理发育相对超前的矛盾，可能使青少年陷于不安、苦恼、忧虑、矛盾的状态；而这些矛盾冲突就可能成为青少年犯罪的动因。其具体表现如下：

（1）旺盛的精力与调节能力低的矛盾。青少年生理机能的迅速发育，使他们的活动量增大，在日常的生活、学习之余其仍有大量的剩余精力、体力，而大脑对其活动的调节、控制能力又相对薄弱，因而，旺盛的精力常常用之不当，当受到外界不良因素影响时就可能将过剩的精力用于暴力性的犯罪活动之中。

（2）兴奋性高与控制能力低的矛盾。青少年时期，内分泌系统的迅速发育对青少年的生理和心理都会产生重大影响，特别是对情绪的影响更大。这是由于青少年腺体的发育，内分泌非常旺盛，大脑常常处于兴奋状态，导致青少年的情绪兴奋性高，容易冲动；但由于青少年的大脑皮质尚未完全成熟，自我控制能力低，容易出现冲动性和情景性犯罪。

（3）性发育成熟与道德观念缺乏的矛盾。在青少年时期，随着身体的突飞猛长，青少年的性机能逐渐发育成熟，从而产生了强烈的性意识和性感，其产生了接触异性的要求，有了性的欲望和冲动；然而，他们又缺乏组建家庭和负担家庭的法律道德责任与经济能力，从而产生了性生活的生物性和社会性的矛盾。如果在这一时期的青少年不能正确处理好这对矛盾，那么，他们就不可能正确对待两性关系，就可能放纵自己，对自己的行为不加约束、控制，从而强化这对矛盾，进而导致性方面的违法犯罪。现代社会中，随着营养状况的好转，青少年的生理有普遍早熟的现象，而结婚年龄却相对推迟，这就更加激化了这对矛盾，使青少年的性适应期不断延长。有的青少年在黄色、淫秽的电影、录像、书刊杂志的刺激下，为了发泄生理性冲动，不惜实施强奸、轮奸等性犯罪；或者为了嫖娼而不惜实施抢劫、盗窃、诈骗等财产犯罪。总之，在青少年犯罪中，性犯罪的比例是相当高的。

2. 青少年时期的心理冲突与犯罪的关系。青少年时期是一个人从幼稚走向成熟、从依赖走向独立的时期。如上所述，在这个时期，会出现许多身心矛盾冲突；不仅如此，在青少年时期，人生的许多重大问题（诸如升学、就业、恋爱、婚姻等）需要解决，因此，青少年群体也会不可避免地产生许多心理上的矛盾冲突，如果这些矛盾解决不好，就可能成为青少年犯罪的心理基础。青少年时期的主要心理矛盾有：

（1）孤独感与强烈的交往需要的冲突。随着青少年成人感的增强，其有许多内心秘密、思想、感情不愿轻易向他人吐露，表现出明显的心理闭锁，由此而产生孤独感。青少年心理闭锁的形成，一是由于自我意识的变化，对自己、对他人的认识不便诉说；二是由于成年人有时过多指责、批评、讥讽、嘲弄青少年的想法，不能正确地对待青少年的心绪，使他们觉得若将自己的内心秘密告诉别人不仅无济于事，反而自寻其辱，所以不如将其压抑在心底。这种闭锁性即是青少年在心理上与成年人产生隔阂，不愿互相交流思想、感情，因而其产生孤独感。但这种孤独感并不是青少年所希望的，他们渴望被人理解，希望与人（特别是同龄人）交往，希望在人际交往中有一定的地位，希望能在同龄人中出类拔萃以维护自尊，因而其人际交往的需要较为强烈。这种在心理上既感到孤独又渴望交往的矛盾，可能使青少年陷于苦恼的境地，他们不愿意与父母和老师沟通，却希望与同龄伙伴拉帮结伙，有的甚至离家出走，出外寻找"友谊"。由于他们的社会阅历浅，在复杂的社会生活中，容易被人引诱，稀里糊涂地就加入了犯罪团伙，不知不觉地就走上了犯罪道路。

（2）独立性与依赖性的冲突。随着成人感的产生，青少年对自己的预判过高，强烈要求独立与自主，想从心理上改变过去依赖成人和受成人监护的状态，即青少年试图从心理上割断与父母的依赖关系，离开父母的管束，完全独立；但由于他们大多没有经济来源，且社会生活经验欠缺，不能适应错综复杂的社会环境，因此，青少年在生活上还得依赖于父母，在社会上还得依赖于成人。这种在心理上想独立，而在实际生活中又不得不依赖父母的矛盾，可能激发子女与父母的冲突，使双方的代沟裂痕加大。在现实社会中，有的青少年因对父母的严格管束十分反感，进而实施家庭暴力，甚至杀害家庭成员的案例也屡见不鲜。

（3）好奇心强烈与辨别能力相对较低的冲突。青少年对一切都感到新奇，对自己不了解的现象、不理解的问题都表现出强烈的好奇心和求知欲，但由于他们的社会经验不足，认识能力差，对许多社会现象和科学的准则还没有定型的见解和观点，容易受暗示而模仿他人，自觉或不自觉地受一些不良因素的影响，看问题时以偏概全、固执己见，自己认为正确、符合自己兴趣爱好的知识就瑕瑜不分地吸取，以致受到不良的社会风气和一些宣扬暴力、色情的不良文化的影响而走上犯罪道路。

（4）强烈的情绪冲动与理智控制较弱的冲突。在青少年时期，其情绪的兴奋性高，情绪的两极变化大，具有极大的冲动性。既表现为热情、活泼，强烈而不稳定，又表现为容易急躁、激动、感情用事。例如，有时当个人需要受到限制而不能得到满足时，就会产生挫折感，因而产生强烈的不满情绪，这时理智的控制能力却显得无能为力，为满足自己的需要而采取简单、粗暴的方法，完全不顾及社会危害性及行为可能造成的后果；或不择手段，向有关当事人或无辜群众实施攻击行为以进行报复。在这种强烈情绪下产生的违法犯罪行为，行为人的理智很难被控制，造成的后果也非常严重，但其于事后往往为此后悔不已。正因为如此，在青少年犯罪中，激情犯罪、冲动犯罪较为普遍。

（5）理想与现实的冲突。青少年时期是人生中的美丽春天，他们对未来充满了憧憬、向往和希望，因此，青少年的愿望非常多，理想很远大。随着抽象思维的发展，青少年的想象力非常丰富，当个体的需要不能得到满足时，他们往往靠想象来营造未来的蓝图，靠幻想来构造将要达到的目的，以求得心理上的平衡。这种不切实际的幻想一旦破灭，美妙的境界被打破，青少年往往陷于不安与苦恼之中。有的青少年很难从幻境中解脱出来，导致在精神上出现病变；有的甚至把这种苦恼与不安转化成对现实社会的不满情绪发泄出来，误认为自己理想的破灭由是社会或他人造成的，因此，他们总是寻找机会侵害社会或者他人，从而产生犯罪行为。

3. 网络对青少年犯罪心理形成的影响。随着科技的发展，互联网也迅速发展。网络渗透到我们生活的方方面面，尤其是对接受新生事物非常快的青少年产生了诸多不良影响，导致青少年滋生犯罪心理。网络可能对青少年引起不同程度的交往障碍，可能导致其孤僻、不合群、缺乏责任心，甚至欺诈心理等。网络使青少年减少与现实交往的时间，甚至疏远现实实际中与人交往的环境。网上虚拟世界的交往并不能代替现实生活，而网络在很大程度上减少了青少年与社会互动、交往的密度和强度，使得青少年本应得到强化的人际交往能力大大降低。并且长期沉溺于网络中，使他们产生了孤独感与压抑感，加之其本身心理不成熟，调适能力差，这种情况很容易让他们产生心理危机和人格障碍。网络对青少年的早期社会化产生的消极影响主要是，让青少年把绝大多数业余时间都放在互联网上，相应大幅度地减少了他们接受家长和老师对其教育的时间，减弱了家庭、学校培养他们树立正确的价值观的影响。严重沉溺网络的青少年，甚至排斥和脱离原有的生活环境，荒废学业、厌学、弃学，导致其早期陷入流失社会的严重危机中。

互联网为我们提供了大量的信息，使我们的生活更加丰富，而且使信息交流更加方便，但同时，互联网中信息也并不完全健康，一些信息对青少年的心理影响并无益处，甚至还会使青少年的心灵被毒化。在现实生活中，因为受到互联网的不良影响而犯罪的案例，可以说不胜枚举。特别是青少年的强奸、抢劫、绑架等犯罪，很多都是受到了互联网的不良影响。因此，要预防青少年犯罪，除了家庭、学校等方面的教育外，还必须加强互联网管理，净化互联网环境，彻底消除垃圾信息对青少年的毒害。

二、老年犯罪心理分析

随着社会的进步，生活水平的提高，卫生保健事业的发展，人类寿命逐渐延长，老年人在社会总人口中的比例逐渐增加。如今，老年问题已成为世界各国带普遍性的社会问题之一。进入老年期，人的身心会发生一系列质的变化。如果老年人不能有效地调节和适应这些变化，那么，就可能出现歪曲的解脱方式，甚至产生违法犯罪行为。老年人犯罪不仅严重地损害了我国老年人为人师表的良好形象，而且加深了社会遗毒的代际传播，给家庭及其子女带来心灵上的阴影。老年人犯罪不仅对青少年有直接或间接的"教唆"影响，而且会有"上梁不正下梁歪"的影响，由于上辈人犯罪导致整个家庭被污染，继而以这个家庭为媒介，将流毒四方。老年犯罪有很强的"再生"或"繁殖"能力，因此，尽管这类犯罪的人数不多，但影响极其恶劣，尤其是对社会主义精神文明建设，有着特别的破坏作用。可见，研究老年犯罪心理，对于预防和治理老年人犯罪问题，搞好社会主义精神文明建设，树立良好的社会风气，使老年人安度晚年、保住晚节等，都具有重要的理论和实践意义。

按照国际标准，60 岁以上人口占总人口 10% 以上，或者 65 岁以上人口占总人口 7% 以上，都属于老年型人口结构的国家，并称其为老龄化社会。根据国家统计局资料，早在 1995 年我国已达到了老龄化社会。人口老龄化使社会出现新的特点，也给社会带来种种问题，其中包括老年人犯罪问题。什么是老年人犯罪？多大年龄才算是老年人？所谓老年人犯罪，概括而言，就是指 60 岁以上的人所实施的犯罪。这是一种以年龄为标准对老年人犯罪所下的定义，即为老年人规定一个起点年龄，达到这个起点年龄的人即为老年人。尽管年龄标准具有个体差异，不能反映每个人进入老年期的时间，但它整齐划一，便于掌握，因而被广泛运用于社会科学研究领域。德国著名犯罪学家施奈德、凯泽、阿尔布莱希特等人对老年人犯罪所下的定义均为：老年人犯罪是指年满 60 周岁及 60 周岁以上的老年人实施的犯罪行为的总和。最早从年龄结构研究出发定义老年人的是瑞典学者桑德巴（Gustav Sundbarg），他把老年人的起点年龄定为 50 岁。当今各国老年人的起点年龄并不完全一致，挪威、瑞典等国规定 67 岁以上才算作老年。1956 年联合国的一项研究报告曾将老年人的起点年龄定为 65 岁，1982 年联合国在不否定 65 岁标准的情况下又提出以 60 岁作为老年人的起点年龄。我国若以退休年龄为界限，则男 60 岁以上、女 55 岁以上已基本步入老年人的行列了。1996 年 10 月 1 日起施行的《中华人民共和国老年人权益保障法》第 2 条规定："本法所称老年人是指 60 周岁以上的公民。"把我国老年人的起点年龄定为 60 周岁，以 60 周岁为标准便于正确估量老年人口变动对社会经济的影响，更适合我国的国情。一般来说，在整个社会的犯罪中，老年人犯罪的比例是很低的，在整个老年人口中，犯罪的比率也是很低的。可是，随着人口老龄化的进程，老年人犯罪的问题也会变得越来越突出。老年人犯罪具有自己的独特之处。因此，对老年人犯罪进行探讨和研究十分必要。

（一）老年犯罪概述

老年犯罪，由于自身的体能下降，精力不足，心理功能衰退，智能衰弱，因而其与青少年犯罪和中壮年人犯罪都有较大区别。老年犯罪具有以下特征：

1. 犯罪手段的非暴力性。老年人犯罪，不像青少年犯罪那样残忍，不顾后果，充满暴力；而是在作案前有所准备，作案中有节制，稳扎稳打，留有后路。从犯罪手段看，老年人由于年老体衰，所实施的犯罪多为非暴力性的。例如，伪造、诈骗、侮辱、诽谤、纵火、赌博、奸幼等，这些犯罪以不需要很大体力、身体危害性较小为特征。而那些需要爆发力的故意杀人罪、伤害罪、抢劫罪等，一般也是以不太需要体力和大幅度的活动的方式进行的，如乘被害人毫无防备或熟睡时进行犯罪。老年犯罪不仅手段多样、缺乏暴力，而且动机还比较隐蔽，给自己留有退路。例如，当前老年犯罪中的一种主要类型就是性犯罪，多数老年性犯罪基本上不使用暴力或以暴力相威胁，而是诱骗或以自己的权势、地位或教养关系相胁迫。如果案情一旦暴露，他只承认是通奸而不承认是强奸。

2. 犯罪形式的单独性。老年犯罪的组织形式以单个犯罪为主，极少有老年结伙犯罪，这与青少年或中壮年人的团伙犯罪是有区别的。老年人犯罪的单独性是由于他们敏感多疑、不相信他人造成的。他们不仅不相信同事、子女、亲友、邻居，也不相信犯罪同伙。老年罪犯有比较丰富的社会经验，犯罪时通常不与人合作，这是为了犯罪行为的隐蔽性和逃避打击，而采取"天知、地知、我知"的单独作案方式。一个老年被告在审讯中吐露：我如果多与一个人在一块作案，就多一个暴露目标，我一个人做坏事一个人清楚，你们掌握我多少罪行，我心里也明白。这说明老年犯罪的心理是很狡诈的。

3. 犯罪类型的相对集中性。老年犯罪主要是财产犯罪和性犯罪。财产犯罪主要包括盗窃、赌博、贿赂、窝赃、诈骗等；性犯罪的侵犯对象主要是幼女或有生理缺陷（如聋哑、痴呆）的妇女。有的老年人由于受体力的限制，通常无法实施暴力犯罪行为。从犯罪类型上看，老人也可能因为容留妇女卖淫而构成性犯罪。

4. 弱势群体常常成为老年人的犯罪对象。老年人由于其生理、心理等的变化，使他们能侵害的对象也受到一定的限制。老年罪犯经常把儿童、妇女、弱智痴呆、残疾或生病者作为侵害对象。与此紧密相关的是，老年人的犯罪对象往往是他们比较熟悉的人。他们经常是预谋已久，通过较长时间的交往来骗取信任之后再进行作案。在老年人针对弱势群体的性侵犯犯罪中，这一点表现得尤为明显。

5. 主体日益高龄化，受教育水平低。八旬以上的老年人犯强奸、盗窃等类犯罪极为常见，犯罪主体的高龄化是我国和各国老年人犯罪的一个突出特点。在我国的老年人犯罪人群中，除了年龄高之外，在受教育程度方面，中、小学及以下文化程度的老年人占62.8%，其中很多是农民和文盲，所以相较而言，受教育水平低是我国老年人犯罪的特点之一。

6. 农村老年人犯罪多。据有关部门统计，在犯罪的老年人中，农村户口的占55.3%。可以说，农村老年人是老年犯罪的"主力军"。这与我国农村的实际状况有关，在我国农村地区，老年人都是依照自己的经验和当地的风俗习惯为人处事，对于法律非常陌生，法律知识缺乏，法制意识淡薄。当前，我国正在进行的普法宣传工作，往往忽略了对老年人，尤其针对农村老年人的宣传教育，这是导致农村老人法制意识淡薄的重要原因。一方面，老人由于对法律不了解，经常因为不懂法而犯法；另一方面，由于老年人的法制意识淡薄，自我约束能力差，存在侥幸心理，也容易出现知法犯法的情况。

7. 老年女性犯罪主体人数急剧下降。与老年男性相比，老年女性随着年龄的增长，犯罪率要比老年男性低。根据2002年天津市社会转型时期的犯罪主体性别构成调查报告，女性老年犯罪的比重下降较快，与1993年的2.2%相比，2002年仅占0.8%。另据统计，2002年女性罪犯犯罪时平均最大年龄为59.69岁，而男性则为76.61岁，这说明女性在60岁后实施犯罪的极少，与老年男性犯罪形成强烈对比。这都和女性、男性不同的生理、心理特点有很大关系，而随着年龄的增长，他们的这些变化也使他们的行为有很大不同。

（二）老年人犯罪心理特征分析

1. 老年犯罪的动机分析。尽管老年犯罪的情形是多种多样的，但究其动机，主要有以下几种：

（1）追求享乐，欲壑难填。有的老年人为了追求金钱物质享受，不惜以偷窃、诈骗、搞封建迷信活动，甚至以行凶杀人来满足个人的需求。

（2）心胸狭窄，斤斤计较。有的老年人遇事易产生心理郁结，常为一件小事而计较，产生对立情绪，逐渐走上犯罪道路。在现实生活中，有些家庭氛围不和睦，婆媳关系紧张，有的老年人在受到媳妇的热嘲冷讽、白眼之后，一气之下，投毒杀害家庭成员。

（3）精神空虚，无所事事。有的老年人离（退）休后为了解脱精神空虚，采用各种方式予以消解和缓解，借以打发余生。例如，聚众赌博，观看黄色录像或书刊后为了寻求不健康的精神刺激而奸淫幼女等。

（4）不堪虐待，以身试法。有的老年人由于在家庭中受虐待，生活无着落而产生逆反心理，以犯罪方法残害家人，作出如杀人、投毒、伤害、纵火等报复行为。

（5）维护尊严，铤而走险。有的老年人由于长期以来处于发号施令、左右他人的地位，离（退）休后，不能有效地改变角色，当自以为"权威"受到影响时，便不惜铤而走险，以服他人。

（6）恶习较深，重操旧业。一些恶习较深的老年人顽固不化，犯罪意识已无法遏制，有机会便重操旧业。例如，组织反动会道门，引诱容留妇女卖淫、教唆他人犯罪等。

（7）倚老卖老，蔑视法律。有的老年人依仗自己岁数大，以为别人奈何不得，遇事置法律于不顾，进行各种违法犯罪活动，最后弄得身败名裂。

（8）革命"吃亏"，伺机补偿。有的老干部在退休或退居二线前后，便借改革开放之机，不惜用经济犯罪的手段来发财致富。这些人清廉一生，但晚节不保，最后落得后悔莫及，影响极坏。

（9）老无所养，生活无着。现实生活中也有一些老年人生活无着落，为了求生，便采取盗窃、诈骗等手段来满足自己的生活需要。

2. 老年罪犯改造的心理分析。老年罪犯在案发被捕之后，普遍存在着对刑罚的抗拒心理，给审讯和改造工作造成一定的困难和麻烦。主要表现在以下方面：

（1）不认罪。老年罪犯由于社会经历丰富，对于自己的行为及后果有充分的思想准备，因此，其不肯轻易认罪，对于法庭和监管所都采取无所谓的蔑视态度。有的老年罪犯"倚老卖老""一顶、二赖、三狡辩"，其所交代的供词，或者残缺不全，或者前后矛盾，或者不真实。劳动改造也是软磨硬顶，较难对付。

（2）自悲心理。老年罪犯的年龄都在 60 岁以上，有的已是古稀之年，少数已是"耄耋老人"。他们犯罪后感到无颜见人、更不好向子女后代交代，加之自己年老体弱多病，抱着风烛残年吃官司、蹲大牢，怕没有活着出去一天了的想法。于是，他们自责、自悲、绝望、混天度日，精神不振，行为懒散，装聋作哑，无病呻吟，不服改造。

（3）心神丧失。老年罪犯由于年龄大，思维迟钝，被判处刑罚后，其心理压力过重，加剧了他们自身的各种器官功能减退，影响神经系统正常活动，因而失去了正常的认识能力和判断能力，表现出一种间歇性或经常性的心神丧失的精神状态。有的干脆借此装疯卖傻，扰得监狱不得安宁，监管干部遇到这种罪犯最伤脑筋，不仅一般的管教方法无效，更严重的是会影响群犯的情绪，给管教工作带来许多麻烦和困难。

（4）希望法院宽大处理。多数老年罪犯还是能认罪服法，他们在失去自由的铁窗生活中回顾自己漫长的一生，痛恨自己不守晚节，更加思恋自己的家庭和亲人，因此，其渴求假释、保外就医、监外执行等法定的宽大政策，普遍企求法院宽大处理，由于他们的体能减弱，不能在劳动改造中多作贡献来立功减刑。因此，主要是通过不断地提出要求，遵守监纪监规来求得法院的宽大处理。

第二节　女性犯罪心理分析

本节着重对女性犯罪心理进行分析。

（一）女性犯罪概述

从历史上看，无论是我国还是其他国家，犯罪人数都是男性高于女性。新中国成立初期，女性犯罪的比例很低，在很多地区内，一年中没有一个被判刑的女青少年犯。因而很多地区很长时间都未把它列入研究领域。20 世纪 70 年代末、80 年代初，由于"文化大革命"造成的恶果，以及随着我国改革开放政策的推行，在经济体制由计划经济向商品经济转化的过程中，在引进国外先进科学技术的同时，西方资产阶级腐朽思想和生活方式的渗透、传播等原因，女性犯罪随之增多。近年来，女性犯罪在整个刑事犯罪中的比例增大，且具有了一些新的特点：

1. 女性犯罪率呈上升趋势。我国在解放初期，女性犯罪的比例很小，有的地区甚至一年中没有女性犯罪。"文化大革命"中的男性与女性犯罪的比例为 9∶1。自 20 世纪 80 年代以来，女性犯罪率逐步上升，特别是 25 岁以下的女青少年犯罪增加，虽然女性犯罪比男性犯罪相对地少，但女性犯罪上升的绝对数很大，女性犯罪占总刑事犯罪的 10%左右，有的年份统计超过了 10%，特别是大中城市的女青少年犯罪率在增长，女性犯罪已成为一个令人瞩目的社会问题。

2. 犯罪类型以性犯罪为主。从犯罪类型上看，以前的女性犯罪多为刑事犯罪，而政治方面的犯罪较少，在刑事犯罪中以杀人、盗窃、诈骗、重婚、流氓等犯罪类型较为多见。而近年来，女性犯罪的领域得到了扩展，除以前的几类犯罪外，还涉及多种犯罪类型，如金融领域的犯罪、经济领域的犯罪、侵犯财产罪、贪污贿赂罪等，这表明女性犯罪向多方面发展，其中女性在性方面的犯罪仍居主要地位。

3. 犯罪手段以非暴力性为主。女性由于生理构造的差异，在犯罪中非暴力性犯罪多，暴力犯罪少。在非暴力性犯罪中，女性多利用其生理、心理特征，进行不必使用体力或使用体力较少的犯罪，其进攻性、主动性相对于男性较弱。

4. 犯罪低龄化趋势加剧。随着世界性的女性提前早熟，女性违法犯罪的年龄也逐渐向低龄化方向发展，犯罪的高峰年龄由以前的 25 岁、24 岁向 18 岁、17 岁降低，特别是近年来，14 岁以下的少女犯罪呈现出增长趋势，且以性方面犯罪为主。

（二）女性犯罪心理特征分析

1. 女性性犯罪心理。女性性犯罪是女性犯罪的主要形式之一。女性性犯罪心理的形成，其主要原因是生理发育的提前、早熟与心理发展滞后的矛盾。在青春期，女性随着性机能的迅速发育，第二性征出现，性激素分泌量增加，月经初潮的来临，标志着女性性生理的成熟。随着社会的发展进步、人类物质生活水平的提高，饮食营养的改善，女性生理的发育和成熟普遍提前，而性生理发育的年龄越小，对心理的影响越大，因为性生理的成熟给女性生理上带来了较强的性冲动，随之产生了对异性的爱慕、好奇、神秘、思恋等情绪，进而产生性意识和性要求，而青春期的女性对性生理的成熟却缺乏心理准备。原因主要有：一是因为此时女性的认识能力较低，不能正确认识性的生理特点和性的社会责任，对于提前成熟的性心理不具备正确的认识；二是女性缺乏控制能力和抵制各种诱惑的能力。在社会日益发展的今天，各种信息对女性刺激增大，在接受了外界的各种诱惑、刺激后，女性却缺乏分析、综合能力去辨别好坏、美丑、荣辱，表现出心理发育的滞后。

（1）女性性犯罪心理特征。

第一，异常的性意识。伴随女性性生理机能的成熟，女性的性意识相应产生。但作为一个社会成员，在满足生理需要的同时，更重要的是要符合社会需要，受社会条件制约，只有这样，个体才能成为一个社会的人。女性性意识的萌发、产生是随着性生理的成熟而出现的，由对异性的好奇、神秘，逐渐发展为受异性的吸引、爱恋，其想接近异性，出现"单相思""早恋"，想从异性身上寻求精神寄托和安慰，并将青春期性的萌动当成性爱，并试图对这种性的冲动产生尝试，从而与他人发生两性关系。有的女性受到色情文艺作品的不良影响而盲目模仿、学习，从而产生错误的性意识、性道德；有的女性在对待恋爱问题上，对性的社会责任、性道德缺乏正确认识，错误理解两性关系就是用性欲来满足双方，从而以身相许，以表忠诚，将性欲当成了性爱。

第二，畸形发展的性需求。性需求是人性行为的基本动力。性的需求是人类社会发展过程中维持个体生命和延续种族发展的源泉，性需求不仅是一种生理需要，也是一种社会需要，这种需要既要受人类自身性道德意识的约束、限制，而且还要受社会生活条件的制约，只有在这种条件下，个体自身性的需求才可能获得满足，也才能得到社会承认。性犯罪的女性，往往有着畸形发展的性需求，一方面，其不懂得什么是正确的情爱，受性欲的驱使，玩弄男性，诱骗男性，随心所欲地发泄性欲；另一方面，其把追求性的放纵，满足性欲作为人生追求的目标，以满足生理性的需要作为人生最大目的，从而纵情恣欲，大搞淫乱活动。

第三，缺乏控制的性意志力。性犯罪女性的意志薄弱是其心理特征的又一表现。主要表现为由于缺乏基本道德、伦理规范的约束以及强烈的性需求，使她们一有冲动，就想得到满足，而不顾社会的谴责、法律的制裁。有的女性把自己的生理特点作为满足性欲的资本，频繁的性生活使她们产生强烈的性冲动，也使她们的异常性心理得到巩固和强化，从而逐渐形成一种生理定势，意志力的控制显得脆弱，无法控制、调节强烈的性欲求。

第四，图慕虚荣的性格缺陷。性格是对现实的稳定态度以及与之相适应的惯常的行为方式的个性心理特征。性犯罪女性在性格上的缺陷主要表现在：愚昧无知，分不清善恶、荣辱，举止轻浮、行为不检点，虚荣心强，好吃懒做，自尊心太弱。为了显示自己，喜欢出风头，引人注目，以引起异性的注意；喜欢听别人毫无根据的吹捧逢迎，夸大优点，掩饰缺点，靠吹牛来满足自己的虚荣心；行为轻浮放荡，言行举止粗俗，总想在异性面前显示自己的漂亮、魅力，以能赢得异性的喜欢，以对异性有吸引力来满足自己的虚荣心。由于性格上的缺陷，使她们只要能满足自己的虚荣，可以干自己不愿干的事，可以让人任意摆布、支配。正是由于性格上的这些弱点，使她们走上犯罪道路。

（2）女性杀人犯罪心理。女性犯罪的类型虽然以性犯罪和侵犯财产罪居多，但由这两类犯罪引起的其他暴力性犯罪也对社会有巨大的危害，比如女性杀人犯罪。尽管女性杀人犯罪的比例没有性犯罪和侵犯财产犯罪的比例大，但由于女性杀人犯罪的社会危害性大，特别是有些大案、要案对社会的负性影响面大，因此，研究其犯罪特点有其重要意义。女性杀人犯罪的心理特点主要包括以下几个方面：

第一，认识狭隘，报复心理严重。多数女性杀人犯道德认识水平低劣，法制观念淡薄，心胸狭窄，虚荣心强，有时为恋爱婚姻中的矛盾、纠葛而杀人；或夫妻为家庭琐事发生矛盾、争吵，一时情绪冲动而杀人；或为工作中的不公正待遇而杀人；或图慕虚荣，贪图享受，好逸恶劳，为追求权势、金钱、性欲的满足而杀人；或遭受虐待，不是选择诉诸法律，以法律来保护自己的合法权益，而是采用杀人的方法图谋报复，以解心中压抑之恨；或充当第三者，与人发生不正当性关系，破坏他人家庭；或与奸夫合谋，谋害其夫或对方妻子。由于她们在道德认识上的低劣，在情绪冲动时，由于心胸狭隘而进行犯罪，有的女性在犯罪后往往悔恨交加，后悔不已。

第二，杀人起因多为情欲纠葛。女性犯杀人罪，引起的原因多为如下几类：一是因家庭、婚姻纠纷的矛盾激化引起的杀人，如婚姻没有感情基础，婚后性情不合；或看上对方的财产、住房等选择了杀人，或婚前以貌取人，一见钟情婚后感情不和，影响家庭生活，一旦法院不判决离婚则实施杀人行为；或一方不同意离婚，极易感情冲动，理智被情感所代替，贸然行事，走上杀人犯罪的道路。二是因男女一方或双方奸情暴露而杀人，如喜新厌旧，一方或双方有外遇；或女性与人通奸，引起男女不满；或妻子不堪丈夫的虐待，出外寻求同情、温暖而与人通奸；或妻子婚前行为不端，婚后恶习不改而与人勾搭成奸等，从而引起奸情杀人。三是报复杀人，或对领导不满，或因邻里纠纷对邻居不满，或因图慕虚荣，嫉妒心强，对他人财产不满而报复杀人。四是因过失而杀人。从以上四方面看，女性杀人犯罪的产生，多是与婚姻、家庭方面的纠纷有关系，被害者多为与她们的家庭生活联系密切的人，因这方面起因而杀人的占女性杀人犯罪数量的大部分比例。

第三，女性杀人犯罪前及犯罪过程中心理活动激烈。女性在犯罪前往往心理矛盾剧烈，动机斗争激烈，在爱与恨、干与不干、得与失方面考虑较多，由于被害者多为自己的亲属，甚至就是自己曾经最爱的人，或因有小孩夹在其中，在是否杀人的问题上，其心理矛盾复杂、激烈。在犯罪过程中，心理活动往往受情绪情感的影响较大，冲动、疯狂，意志的控制能力相当薄弱，情感冲动代替了理智，在犯罪中表现出情绪冲动、残忍、不计后果的情绪特点。

第四，女性杀人犯罪的手段隐蔽，欺骗性大。女性杀人犯罪往往蓄谋已久，计划周密，杀人前处心积虑，考虑再三，表现出隐蔽、含蓄的特点。有的甚至具有欺骗性，表面上夫妻关系正常，甚至妻子对丈夫关心、体贴，温情脉脉，实则暗藏杀机，伺机下手，欺骗性很大。

（3）女性财产犯罪心理。随着社会的发展，越来越多的妇女走上社会，从事许多社会工作。我国实行改革开放的经济政策后，妇女就业机会增多，特别是许多农村妇女从田间地头走向城市，成为城市的打工一族。由于商品经济的发展，受丰富的物质财富的刺激，使部分女性在现有的物质生活与自身经济承受能力方面发生矛盾，当这种矛盾发展到不可遏制时，为了获取财富，满足自己日益膨胀的需要而进行财产犯罪。女性为获取财产的犯罪形式多种多样：如盗窃、诈骗、卖淫、拐卖人口、走私犯罪等形式；或因职业关系，通过贪污、受贿、偷税、漏税等犯罪形式获取财产。总之，女性在各自的活动领域内通过各种形式的犯罪活动，以达到获取财产，满足畸形需要的目的。而无论女性以何种方式进行财产犯罪，从女性自身的生理、心理特点来分析，在满足需要方面大致有两种类型：

第一，通过经济犯罪的方式。人的需要，按照美国心理学家马斯洛的需要层次理论原理，分为五个层次。这五个层次的需要是一个有组织的复杂系统，各层次间互相联系，合理地调节着人的需要。但当一个人的某种需要得不到满足，受到阻力或遭到挫折时，就会把这种需要作为其追求的主要内容，从一般性的需要上升为追求的主要内容，从一般性的需要上升为追求的中心目的，从而采用各种方法去满足，当通过正常的手段、方法不能得到满足时，就可能采取非法的犯罪手段去满足。女性经济犯罪中的物欲型需要就属于此种类型。此类女性由于认识水平低下，受到自私自利的人生观以及利欲心理的驱使，形成好逸恶劳、图慕虚荣、贪图玩乐、追求物质享受、崇尚"金钱万能"的人生观，为了获取财物，或利用工作、职务之便进行贪污、受贿、走私等犯罪，或进行诈骗、盗窃等犯罪。有的女性是为了自身能受人尊重，引起别人的羡慕，可以穿高档时装，在生活上高消费以满足虚荣心；有的女性是为了家庭的稳定，如子女上学，或为了获取丈夫的爱；或为了讨公婆喜欢，做个贤妻良母而进行财产犯罪，其目的都是满足日益膨胀的对物质需要的贪婪欲求，为了达到对财物的占有，可以不择手段地进行各种犯罪活动。

第二，通过性犯罪的方式。这类女性为满足对物质、金钱的占有欲望，信奉"有钱就有一切"的人生观，丧失了伦理道德观念和法制观念，往往利用自身的生理特点以获取财物，认为女性身体就是本钱，以出卖肉体获取钱财，只有这样，才能满足对钱的欲望。因此有的女性认为，出卖肉体是无本万利的事，既可以及时行乐，满足生理需要，又可以挣钱，钱赚得多，赚得快，可免去进行其他工作所需的辛苦，这是一举两得的事情。在强烈的对财物占有的需要上，女性在性犯罪中大多处于主动地位，只要能满足物质上的要求，甘愿出卖肉体、出卖灵魂。因而许多卖淫妇女，由于其性行为频繁，性冲动强烈，毫无伦理、道德可言，并形成一种畸形的性心理，并淫乱成习，恶习难改，有的虽经多次劳教仍屡犯不止，不以为耻，反以为荣。女性以自身的肉体作交易来满足对物质财产的占有，这种行为对社会的危害性大，并对社会治安和社会风气有消极影响。

第三节　不同犯罪经历的犯罪人心理分析

一、初犯心理分析

（一）初犯的心理特征

根据我国刑法理论，初犯是指行为人第一次实施犯罪，也就是说初犯是指第一次受有罪判决的罪犯。也有的学者认为，犯罪人可能是第一次犯罪，也可能是数次犯罪，但只要是第一次接受审判，即可认为是初犯。这在刑法理论界还有争议。从犯罪心理学理论的角度讲，初犯的范围要比刑法上所界定的范围广得多，它是指第一次实施违法犯罪行为的人，包括轻微的违法行为以及受刑罚处罚的犯罪行为。虽然二者的法律性质不同，但行为人在其犯罪心理的产生、形成、发展上具有一致性，也就是说第一次违法犯罪行为的产生，在其心理上有其共同的心理基础。第一次犯罪往往要经历许多矛盾，既有对犯罪所要达到的目的追求、向往，又惧怕法律的惩罚，同时，道德、良心仍存在这样一种复杂的心态。

1. 初次犯罪的心理状态。

（1）恐惧。这是大多数初犯所表现出来的最普遍、最主要的一种心理状态。行为人在第一次实施犯罪时，因为没有作案经验，害怕被人发现，被抓获，受到法律的惩罚，所以犯罪前犹豫不决、胆怯心慌，草木皆兵、情绪无常、做贼心虚，但是如果不实施犯罪行为，其不良需要又不能得到满足，因而这种恐惧法律的心理又被一种勇气所代替。初次在犯罪的行为人往往要经历作为与不作为、干与不干的心理斗争，如果不良需要占据主导地位，犯罪行为就可能发生。

（2）侥幸。行为人的初次违法犯罪，其往往希望成功，希望达到个人目的，满足自己的不良需要，所以有的行为人第一次比较自信，相信自己的犯罪行为不会被发现，抱着试一试的心理去干；还有的行为人认为，自己没有前科，是第一次犯罪，对犯罪对象和犯罪的时间、地点都考虑周密，并制定有行动计划，可保万无一失，对成功的概率估计过高，侥幸心理突出。

（3）悔过。大多数的行为人在第一次犯罪后，总感到社会舆论的压力和对法律的恐惧，同时还没有丧失一般人所具有的良心，会在犯罪过程中表现出犹豫、恐惧、怯懦、怜悯的心理状态，犯罪后又后悔不已。所以，犯罪后惶惶不可终日，疑神疑鬼、草木皆兵，非常胆怯，非常后悔自己的所作所为。

2. 初次犯罪时的动机。行为人在第一次违法犯罪时，常常有强烈的动机斗争。在犯罪前表现为恐惧与侥幸、作案与不作案的动机斗争。因此，在实施犯罪行为时，既想满足自己的不良欲求，同时又受法律、道德的约束和良心的谴责，在动机的取舍上犹豫不定，在干与不干、犯罪与否的抉择中斗争激烈。当其不良欲求膨胀，驱使行为人实现犯罪目的的这种动机占据主导地位时，行为人就可能实施违法犯罪。同时，由于第一次犯罪，犯罪心理还不成熟，思想较幼稚、单纯，行为具有盲动性。因此，初次犯罪，其动机往往有以下表现：

（1）好奇。这种动机特征，在青少年初犯身上表现明显。青少年由于年轻好胜，血气方刚，冒险心理严重，加之对社会事物理解不深，往往出于好奇而实施大胆行为，因而构成犯罪，其行为常常带有盲目性和盲动性。行为人的自尊心强，总想有所作为，因而遇强好胜，好表现自己而自我显示。但由于客观条件的诸多限制，使行为人的愿望很难满足，一旦他们通过合法的行为无法表现自己时，为了满足自我表现的需要，就可能采用犯罪的方式，以实施犯罪行为来达到自我显示的目的。

（2）寻找刺激。有的行为人不安心于普通人的平静生活，认为普通人的生活呆板、枯燥，毫无生气，为了调节生活，出外寻找刺激，在寻求刺激的过程中，极易惹是生非，寻衅滋事，违法犯罪。

（3）要求独立。这也是青少年初犯的又一动机特征。在青少年自我意识开始确立的时期，青少年有了独立自主的要求，不喜欢父母一味地包办、代替、压制，不喜欢父母啰唆，希望有自己的人格、见解、生活方式和喜好。如果父母不考虑青少年这些心理、生理发展带来的变化，一味地强迫青少年适应自己所设想的前途、生活方式，对他们管得过多、过宽，其结果就可能使有的青少年为了满足独立自主的需要，摆脱父母的束缚，进而出外寻求所谓"独立、自主"而走上违法犯罪的道路。

（二）初犯的主要犯罪类型

初次犯罪，特别是青少年初犯，多数由于法制观念淡薄、是非观念不明、认识能力低而犯罪，或由于激情迸发、情绪冲动而犯罪，或由于好奇，产生试一试的心理而犯罪，或由于因恶作剧而酿成大祸。一般来说，青少年初犯以盗窃、抢劫、强奸罪以及性犯罪的案件居多。近几年来，青少年初犯参与犯罪团伙，进行盗窃、抢劫、杀人、强奸、贩卖毒品等方面的犯罪案件也常有发生。青少年初犯在团伙中大多处于从犯地位，或被胁迫、被教唆进行犯罪。女性初犯由于自身生理特点和心理特征，因而初次犯罪以性犯罪较多，与男女合谋参与杀人、抢劫、盗窃、流氓、贪污等类犯罪的较为常见。

（三）初犯的心理转化及预防

初犯大多反社会意识不强，或因法制观念淡薄，一失足成千古恨，因而作案后，其大多有紧张、不安、恐惧、悔恨的心理表现，自我责备、自我反省，害怕见到以前熟悉的朋友、同学、邻居，羞愧之心尚存，受道德谴责的心理压力大。这类初犯，一般能知罪悔改，认罪服刑，重新做人。但重要的是要防患于未然，对在思想、品德、行为习惯等方面表现出不良苗头的青少年，根据其生理、心理特点，要对他们加强法律教育、品德教育和政治思想教育，树立共产主义理想，养成自尊、自爱的美德和高尚的情操，养成良好的行为习惯，建立起学校、家庭、社会三结合的教育管理体制。中、小学教师、家长对孩子的教育要循循善诱，以教育为主，做好榜样的模范作用，减少不良的教育方法对青少年的影响。同时要创造良好的社会环境，形成良好的社会风气，努力减少或消除犯罪心理产生的环境因素，做到防微杜渐，预防犯罪，也使其已形成的犯罪心理向良性转化。有的初犯，在第一次犯罪后或因未受到法律惩罚，侥幸逃脱制裁；或因犯罪后虽然受到处罚而无重新做人、改恶从善之念，反而变本加厉，使犯罪心理向恶性转化。因此，有的行为人在初次犯罪后，尝到犯罪的"甜头"，也有了犯罪的体验，又侥幸逃脱了惩罚，不良的需要不仅未能受到抑制，反而进一步畸形膨胀，为了满足日益增长的不良需要，就可能再次犯罪。而当经历了初次、再次以至多次犯罪后，犯罪意识由弱转强，犯罪恶习由浅到深，进而导致初犯时的畏罪、悔恨心理消失，代之以胆大妄为，由初次犯罪时动机斗争的激烈演变为动机斗争趋于平缓。这时他们已积累了一些犯罪经验，犯罪技术也日益提高，具备一些反侦查、反审讯经验，犯罪心理向恶性转化。针对这类犯罪人，要采取惩罚与感化并用的手段，一方面，通过惩罚使他们在参加劳动改造的同时，洗心革面，明确认识自己的罪行，认罪服法，重新做人，改变犯罪习惯，转化犯罪意识，消除不良的犯罪欲求，使其犯罪心理得到矫治；另一方面，对他们要晓之以理、动之以情，实施教育、感化、挽救的方针，关心他们的健康成长，对他们的思想、生活、劳动严加管理，帮助其改正错误的思想意识，淡化犯罪体验，割断与外界不良环境的联系，使其心理朝着健康的方向转变。

二、累犯心理分析

我国《刑法》第65条第1款规定："被判处有期徒刑以上刑罚的犯罪分子，刑罚执行完毕或者赦免以后，在5年以内再犯应当判处有期徒刑以上刑罚之罪的，是累犯，应当从重处罚，但是过失犯罪和不满18周岁的人犯罪的除外。"第66条还规定："危害国家安全犯罪、恐怖活动犯罪、黑社会性质的组织犯罪的犯罪分子，在刑罚执行完毕或者赦免以后，在任何时候再犯上述任一类罪的，都以累犯论处。"根据我国刑法规定，累犯是指受过一定刑罚处罚，并在刑罚执行完毕或赦免一定时间内又再行犯罪的罪犯。犯罪心理学上所研究的累犯概念，与刑法学上的累犯概念相比，在所受刑罚处罚的种类、犯罪的时间间隔以及再犯罪名等方面都更广，没有刑法学上累犯的概念严格。在这里，累犯的概念主要是相对于初犯而言的。

（一）累犯的人格特征

在行为人的初次违法犯罪受到法律惩罚后，有的行为人经过强制劳动改造，认识到了犯罪的社会危害性，并愿意改邪归正，因而出狱后能过上正常的社会生活。而有的行为人却不能改恶从善，重新做人，这与其人格特征有关，主要表现在以下方面：

1. 好逸恶劳。有的行为人由于从小没有养成劳动的习惯，厌恶劳动，不愿用劳动所得过正常的社会生活，为了生计，其采用不正当的手段满足自己的需求，必然铤而走险。同时，累犯有了犯罪的经验，并在关押期间结交犯罪同伙，学到了犯罪技能；在强制劳动中没有矫正其犯罪心理，更没有养成良好的劳动习惯，出狱后必然再次犯罪。

2. 意志薄弱。有的犯罪人在监狱接受劳动改造时，还是愿意认罪服法，改恶从善，接受劳动改造的。但当其刑满释放后，由于意志薄弱，经不起内心不良欲求的冲动和外界不良因素的诱惑，同时难以适应正常的社会生活，所以其很快又会重新犯罪，成为累犯。

3. 流氓成性。有的犯罪人刑满释放后，其家庭和社会对他们冷眼相待，甚至加以歧视，由于感受不到家人的天伦之乐和社会的温暖，忍受不了别人的冷嘲热讽，他们就可能离家出走，流落各地，从而结交上不良朋友，为了生活需要，则以犯罪谋生。

（二）累犯的心理特征

1. 强烈的反社会意识。犯罪人由于认识水平低，对道德、法纪的认识愚昧无知，观念糊涂，是非不分，不仅不以自己的犯罪行为为耻，反而对人民、对社会怀有强烈的不满，认为犯罪是有理的，犯罪是"被迫的"，坚持与人民、与社会为敌，反复犯罪对社会进行报复以发泄自己的复仇情绪。他们分不清真善美与假恶丑，认为胆子大、敢拼命就是真正的英雄，"哥们儿义气"就是友谊，"想干什么就干什么"就是自由，他们的精神支柱就是吃喝玩乐的享乐观和封建主义的哥们儿义气。他们的这种反社会意识，对他们的犯罪行为起着决定性的作用。犯罪行为的实施，反过来又强化了反社会意识，使其犯罪意识更顽固。

2. 情绪喜怒无常，控制力差。累犯的情绪情感波动大，极不稳定，表现为情绪变化多端，喜怒无常，感情用事。一方面，一件小事也容易促使他们产生激情，当激情爆发时，其往往不顾后果，任其兴致所至，造成极大的社会危害性；另一方面，有些累犯爱虚荣，好逞强，就更容易激起他们的感情冲动，一冲动，其就控制不住自己，不达目的誓不罢休，自我控制能力很差。

3. 动机斗争的复杂性。累犯在实施犯罪前往往有一个复杂的动机斗争过程。犯罪人受满足私欲的迫切性的驱使，极想作案，但以往犯罪成功的经验和失败所带来的痛苦，又使他们考虑再三、权衡利弊。特别是其想到违法犯罪可能被查获，重新过失去自由的监狱生活，被抓获后会影响个人前途，加之其家人、亲属的规劝，又不敢作案，但一想到犯罪成功所带来的满足感以及满足私欲的迫切性，这些情绪必然在犯罪人内心发生强烈的冲突。一方面，当物质和精神的满足所带来的喜悦大于内心的恐惧不安时，并且侥幸、冒险的心理占据主导地位时，就坚定了他们犯罪的决心和信心；另一方面，由于累犯被判过刑，坐过牢，在狱中没有认真接受劳动改造，没有养成良好的劳动习惯，反而对社会产生不满，认为社会对他们不公，对社会、对人民产生强烈的抵抗情绪，因此，这种不良情绪极易成为他们出狱后实施犯罪行为的报复动机。

（三）累犯的经验

累犯因为服过刑，接受过劳动改造，因此，与初犯相比，累犯具备犯罪经验、反侦查经验、反审判经验及抗拒监管改造经验。

1. 犯罪经验。累犯由于有前科，有多次犯罪的经历，因而具有犯罪经验。其中既有犯罪成功的经验，即尝到犯罪后得到的"甜头"，也有犯罪失败后尝到的"苦头"。累犯之所以再犯，一方面是与以前犯罪成功的体验有关；另一方面，累犯面对各种客观刺激缺乏抵抗力，经不起诱惑，从而丧失反对动机而实施犯罪行为。此外，也与累犯自身的心理因素有关，主要表现在以下几个方面：

（1）自暴自弃。犯罪人刑满释放以后，在社会上受人冷落，遭人白眼，甚至觉得连家庭、亲戚朋友也看不起自己，即使有改恶从善的愿望，但客观因素促使他们对自己的前途、未来失去希望，以致自暴自弃，再行堕落。

（2）同流合污。犯罪人在服刑期间，不免与其他犯人为伍，结交一些恶性深重的犯人，并学习到一些犯罪技能、经验。因此，刑满释放后，由于难以结交正当的朋友，自然与监狱中所认识的人来往，由于彼此同病相怜，极易同流合污，进而共同犯罪。

（3）执迷不悟。犯罪人由于有多次犯罪的经历，因而将犯罪视为平常之事。而且有的罪犯在监狱劳动改造期间，仍然不思悔改，偷鸡摸狗，欺哄骗诈，无所不为。所以他们在出狱后毫无悔改之意，难免再犯，成为"二进宫""三进宫"人物。由于他们有犯罪的经验，从而促使他们再次犯罪，这样恶性循环，以致恶性越来越深。所以，由于犯罪人有多次犯罪实践，从各次犯罪中逐渐积累起一套适合于自身的犯罪手段、方法、技术，其具备了犯罪经验，也使犯罪更容易得逞。

2. 反侦查经验。犯罪人多次反复地实施犯罪行为，在犯罪中积累了一套反侦查经验。比如他们犯罪前要经过周密的计划，反复的考虑，以逃避公安机关的侦查。因此，累犯在作案前对作案手段与途径、作案方式的选择、作案对象的物色、作案工具的准备以及作案时间、路线的选定都有充分的准备；在实施犯罪过程中沉着冷静、行动迅速、毁赃灭迹、破坏现场、转移视线、不留痕迹，干扰公安机关的侦查活动；在犯罪后，努力回忆现场留有的痕迹物证、可能出现的疏忽和遗漏、可能暴露的蛛丝马迹，并逐一采取措施予以弥补，千方百计逃避公安机关的视线。

3. 反审判经验。大多数累犯在犯罪后都熟知审判程序，对于法院、检察院处理犯罪案件的过程，对于如何回答法官、检察官的讯问，如何在法庭上进行自我防御，为自己的行为进行辩解，对于所犯罪行应科处的刑罚以及如何逃避惩罚，避重就轻回答讯问，都有一整套的经验。因此，在审判过程中，累犯一般都有周密的防御计划，事先大胆地予以筹划和实施对策，蓄意颠倒是非，隐瞒罪行而不畏惧法律的威严；或是寻找空隙主动出击；或是用狡辩、否认、抵赖、翻供的方法对抗审判；或是跟同伙订立攻守同盟，死不认罪，给审判以及侦查工作带来被动局面，造成工作失误。

4. 反监管改造经验。对初犯而言，由于他们犯罪经历短，对于劳改场所的劳动、生活情况一无所知，对于被剥夺自由，因生活方式需要受到严格限制而感到绝望和恐惧。而对于有前科的累犯来说，由于有服刑的经验，对被限制自由、强制劳动等情况都有所了解，所以能很快适应监管生活。有的累犯在服刑期间表面上伪装老实，规规矩矩，暗地里抗拒改造；有的拉帮结伙，破坏监规监纪，给管教工作制造障碍；有的甚至摆出一副好好改造的模样，伪装积极，察言观色，投机取巧，拉拢腐蚀管教干部，以求减刑或假释，逃避劳动改造。

三、惯犯心理分析

惯犯，是指反复多次地实施同类违法犯罪行为的罪犯。我国刑法学对于惯犯概念没有一个统一的解释，只是在刑法分则中对几种犯罪如惯窃、惯骗、以赌博为业的犯罪等规定要从重处罚。犯罪心理学所研究的惯犯与刑法所研究的惯犯在概念范围和着眼点上有所不同。犯罪心理学所研究的惯犯主要是指反复多次地实施同类犯罪行为，以犯罪为常业，并且形成了犯罪习惯，将犯罪作为一种谋生手段，或以犯罪所得为主要生活来源的犯罪分子。

（一）惯犯的心理特征

1. 反社会意识的顽固化。惯犯的犯罪观，主要表现在反对共产党的领导，仇视和对抗社会主义制度，坚决与社会为敌，他们将对社会制度的敌视情绪用重大、恶性犯罪的方式来发泄，以宣泄自己内心强烈的不满；他们不以犯罪为耻，反以犯罪为荣，并将犯罪作为谋生的手段，以犯罪所得作为腐化生活的来源。因而他们在犯罪时心狠手辣、疯狂残忍、不计后果，社会危害性极大。犯罪行为的多次实施，反过来又不断深化他们的反社会意识，对社会的敌视情绪不断加强，使他们的反社会意识更加顽固。

（1）需要结构的畸形化。需要是人的心理结构中最主要和最基础的因素，是激发人的积极性和推动其行为的活动动力。但是，人的需要受客观条件的制约，满足需要的方式也必须符合社会发展规律。而惯犯的需要结构往往是对需要的无休止、贪婪的追求、索取。每一次犯罪的成功，都使他们的不良需要得到满足，从而强化其不良的需要结构，膨胀出新的需要，进而一次又一次地犯罪。同时，由于惯犯的犯罪行为多次重复，使得犯罪行为习惯化，也使其需要结构出现泛化现象。一方面，他们的不良需要结构不断膨胀；另一方面，他们又把犯罪活动本身作为一种需要，并且只有通过犯罪活动才能达到满足。因此，许多惯犯的犯罪行为不仅仅是为了满足畸形需要而犯罪，而是为了犯罪本身，将犯罪作为满足需要的方式，犯罪的需要结构呈现出畸形发展的态势。

（2）犯罪习惯自动化。犯罪人由于多次重复地实施犯罪行为，犯罪对于他们而言已经不像初次犯罪那样只是作为满足某种需要的手段，而是成为他们调整心理平衡的一种需要。这在他们的心理上已形成一种牢固的动力定型，即犯罪已成为谋生的手段，犯罪已成为日常的习惯，并且犯罪习惯在犯罪时是自动化、习惯性的出现。惯犯这种犯罪习惯自动化的形成，与罪犯自身的心理结构以及外界不良客观环境的影响有直接的关系。犯罪人的反社会意识及不良需要结构的形成，犯罪成功带来的喜悦与满足，都会强化其犯罪心理，使他们的犯罪心理逐渐稳定下来。同时，多次反复地实施犯罪行为，使他们的犯罪经验不断增多，犯罪意识不断强化，犯罪欲求更加强烈，犯罪习惯也就渐渐形成。每当有了犯罪机遇，在犯罪条件成熟时，犯罪行为自然而然就会实施。而此时惯犯的动机斗争已不像初犯的动机斗争那么激烈、尖锐，而是趋于平缓，犯罪行为的实施往往出现自动化、习惯化，而这种自动化行为对惯犯本身来讲也难以摆脱，所以这种犯罪行为的习惯化，反过来又进一步强化犯罪心理，不断把他们的犯罪行为推向更加严重、更加危险的境地。

（二）惯犯的行为特征

1. 犯罪行为的连续性。惯犯由于受到反社会意识的支配，与人民、社会为敌，犯罪动机强烈，犯罪欲求畸形发展，又具有一定的犯罪经验，因此，他们经常连续作案。一旦有犯罪机遇，就绝不放过；即使没有犯罪机遇，他们也会创造条件进行犯罪。并且惯犯在每次犯罪前都要制定周密的行动计划，选择作案对象、时间和地点，还有一整套在犯罪中应付紧张情况、对付公安机关侦查手段的办法。所以，其往往多次犯罪，连续作案。对于有的团伙犯罪，由于成员之间心理相容性的调节作用，使团伙成员在心理、意识上互相影响、渗透、感染、传习，从而加重犯罪恶性，使他们在短时间内连续多次进行犯罪活动。

2. 犯罪行为的残忍性。惯犯由于有多次犯罪经历，犯罪经验丰富，从而使其犯罪行为习惯化、自动化，也促使其人格特征犯罪化，表现为实施犯罪行为时心狠手辣、冷酷无情、野蛮残忍，毫无同情之心，毫无人性可言，有的惯犯甚至以被害人的痛苦取乐，以被害人的痛苦哀嚎、呻吟作为一种心理满足，这种畸形的人格使惯犯在实施犯罪行为过程中表现得残暴、歹毒，对社会、对人民的危害性很大。

3. 犯罪行为的疯狂性。惯犯由于其畸形的犯罪人格，仇恨社会主义制度，仇视人民，因而他们的犯罪行为带有极度的疯狂性，主要表现为胆大妄为，不思后果，敢于玩命，心狠手辣，不仅连续多次犯罪，而且敢于作大案、要案、特大案件，产生轰动效应，施以恶性大的暴力行为，动辄杀人，视人命为草芥，而且还对受害人施以惨无人道的摧残、折磨，并将受害人杀死后毁尸灭迹等。其行为野蛮、残忍，令人发指，具有极大的疯狂性。

（三）惯犯的习惯及对策

1. 惯犯的习惯。习惯是指由于重复或练习而巩固下来的，并变成需要的行为方式。其生理基础是动力定型。动力定型是指大脑皮层由于经常接收到按一定顺序出现的刺激物的作用，因而形成某种与之相应的暂时联系系统。动力定型形成后，一旦有关刺激物出现，在大脑皮层中形成并巩固下来的条件反射就会自动出现，只要构成行为方式的前一部分动作完成，就会自动引起下一部分动作的进行。整个动作从开始到完成，不必需要大脑有意识地去控制，而是自然而然、自动化地实施出来。正是由于动力定型的建立，才使一系列动作能够按照一定顺序、自动化地实现出来。

惯犯，由于在其长期的犯罪生涯中，学会了犯罪技术，这些技术通过多次有目的、有意识的练习后，就由不熟悉到熟悉、由不巩固到巩固，形成一整套犯罪的技术和方法，其犯罪的次数越多，犯罪技术也就越熟练、越巩固，并形成自动化、习惯化的动力定型系统。而这些习惯化了的行为方式，当他在从事犯罪活动时，自然而然地随着犯罪活动而流露出来，不必由大脑事先有意识地考虑，而是自动地从事犯罪活动，在完成动作的过程中也不必有意识地加以控制。

2. 矫治惯犯恶习的对策。惯犯养成犯罪恶习不是一朝一夕之事，乃是多次犯罪的结果。因而在预防、教育、改造、矫治惯犯恶习的过程中，应着手从以下几方面考虑：

（1）净化社会风气，改善社会环境。社会风气的好坏，直接关系青少年的健康成长。许多罪犯的不良心理、不良习惯的形成，就是受到社会上不良风气的影响，从而形成不良的需要结构，当有了对犯罪的初次尝试，又没有受到应有的惩罚时，就会有第二次、第三次乃至多次犯罪。因而改善社会环境，消除或减少形成犯罪心理的不良因素，是减少犯罪的根本出路。

（2）贯彻惩罚与教育相结合的方针。贯彻这一方针既要对惯犯的犯罪行为予以坚决、严厉的惩处，以抑制、震慑惯犯的嚣张气焰，同时又要针对其犯罪恶习进行矫治。一方面，通过劳动改造，使其认识到劳动的价值，逐渐通过劳动改变其犯罪习惯；另一方面，要防止罪犯间互相传授犯罪经验，避免交叉感染和恶性发展，对犯罪恶习较深的惯犯最好采取隔离监管，同时辅之以良好的行为习惯教育、思想教育和法制教育，以期改变其原有的犯罪恶习。

（3）社会各方面加强综合治理，避免重新犯罪。家庭、学校、社会三方面要结合起来，共同做好犯罪分子重新回归社会的工作。要发挥综合治理的作用，需要做好的工作主要体现在：首先，要割断或改变其原有的联系和环境，杜绝昔日不良伙伴的勾引、诱迫；其次，家庭、学校、社会要接纳他们，不歧视他们，帮助他们树立重新生活的信心并解决一些实际生活中的具体困难，使他们彻底新生，不走回头路；最后，家庭、学校、社会要给予机会，逐渐培养他们形成良好的行为习惯，并加以巩固，形成良好的需要结构、正确的法制观念、是非观念，逐渐破除犯罪恶习，使犯罪习惯得以矫治。

第四节 流动人口犯罪心理分析

随着经济的快速发展和各项改革的顺利推进，社会经济活动与人员流动日益频繁，大量农村剩余劳动力从乡村转移到城市，从中西部欠发达地区涌入东部沿海发达地区，寻求工作机会，形成流动人口群体。流动人口，是一个社会学概念。在现行的户籍制度下，指的是离开常住户籍所在地，跨越一定的行政辖区范围，在某一地区滞留，从事务工、经商、社会服务等各种活动的人口。对人口在地理空间上流动这一社会现象，出于不同的认知程度和目的的需要，人们在不同场合往往赋予它不同的称谓，如"流动人口""外来人口""暂住人口"等。目前，流动人口犯罪在犯罪中所占的比率越来越大。有数据显示，北京、上海等大城市的流动人口犯罪案件占全部案件的60%以上，深圳、广州等沿海开放城市的流动人口犯罪占全部案件的79%~80%以上。这种严峻的现实已经引起有关部门的高度重视，采取各类措施以求有效遏制该类犯罪的高发势头，笔者认为，关键的问题是要深入剖析该类犯罪的原因及支配该犯罪现象的心理，从而有的放矢，达到事半功倍的效果。

一、流动人口犯罪概述

流动人口作为一种特殊的社会群体，他们的犯罪和其他的犯罪主体的犯罪相比较，呈现一些特殊性。

（一）犯罪手段的暴力性

从犯罪手段看，流动人口作案手段凶残、狡猾，暴力化倾向严重。流动人口犯罪随意性强，不计后果，盗窃、抢劫、杀人、强奸等数罪并犯，有的在光天化日之下侵入民宅，偷不成就抢，抢不成就杀。农民对城市生活极为陌生，可支配的各种资源相当匮乏，这对于身体强壮、无所事事而又生活窘困的农村流动人口来讲，体力是他们唯一可以支配的资本，运用体力进行抢夺、抢劫和偷盗，达到非法获利的目的是他们最终的选择。所以他们的犯罪多倾向于暴力性犯罪，而不是智力型，从而使犯罪呈现出突发性和暴力性。

（二）犯罪类型的侵财性

由于流动人口犯罪多以物欲型为主，尤其是犯盗窃、抢劫罪的流动人口在犯罪中所占比重均超过50%，而强奸、打架斗殴等其他犯罪所占比例较低。由于他们进城的目的就是为了挣钱，所以很多越轨行为也都是因为财产而发生的。

（三）犯罪形式的团伙性

由于"地缘"和"血缘"关系，农村流动人口进入陌生的城市往往是投亲靠友，如果同乡或亲戚有违法犯罪行为，那么他们很容易被拉下水，成为犯罪同伙。加之文化冲突，也导致他们很容易形成犯罪团伙。流动人口离开了农村，但又不能马上融入城市生活，成为生活在城市里的"边缘人"，他们的生活方式、行为方式不同于城市市民，所以为了认同感，他们很容易结成团伙实施犯罪，赢得认同和找到归宿感。从实践来看，很多的流动人口的犯罪就是在一些义气支配下造成的。同时，由于大量外出打工人员来自农村，而且也都是在亲戚的带动下走出农村，这就形成了在这样的犯罪团伙中有着浓厚的地域性和乡土观念，具有极强的团体心理和排外心理。

（四）犯罪地点的选择性

从作案地域看，由于流动人口大多居住在城乡结合部这一治安管理的薄弱环节，比如城乡结合点、火车站、长途汽车站等地方，这些地方人员来往比较复杂，管理也较为松散，实施犯罪成功的可能性也较大，犯罪的机会也较多。流动人口犯罪的人员多聚居在城郊的简易的住宅内，或者偏僻的旅馆、建筑工地以及出租屋等地，这些地方的住房较为密集和无序，但又存在着管理的疏松，这就为犯罪人员的犯罪提供了一个缓冲地带。

（五）犯罪主体的复杂性

在流动人口的犯罪中，农民占很大比重，而且男性居多，文化水平不高，其犯罪主体具有复杂性。目前，流动人口犯罪成员的构成大体有以下三种类型：一是流动人口的犯罪人员中刑满释放人员、解除劳教人员、负案在逃人员占有一定的比例，且犯罪人员的年龄日趋年轻化。其中的多数犯罪既有犯罪经验又有逃避法律制裁的狡猾手段，作案手段会比较残忍与恶劣，杀人、强奸、绑架等恶性案件占较大比重。二是专门到外地以犯罪为谋生手段的"职业犯罪者"。三是流动到某地从业而演变成犯罪者，如各种经商人员或农民工等，因各种原因开始走上犯罪道路。

（六）犯罪行为的流动性

一般情况下，流动人口没有固定的居所，他们经常是从一个地方流动到另外一个地方。作案后，其会迅速离开原来的地方，流窜到另外的新环境，甚至开始重新作案。同时，由于流动人口缺乏管理和约束，他们的犯罪征兆不能为大家所知晓，往往只有等到案发了才能知道，这对于预防犯罪来讲，难度更大。

（七）犯罪后果的破坏性

流动人口多来自农村，生活贫困，在贪欲的支配下，他们通过实施各种违法犯罪活动达到目的。其犯罪不计后果，手段也比较低劣，很重要的一点是犯罪带有很大的破坏性。例如，为了几百元钱，有的人可以偷割电缆，给公共安全造成灾难性后果。

（八）犯罪起因的模仿性

从流动人口的年龄来看，中青年居多。这些人一般较少受到良好的教育，是非分辨能力和抵抗能力较弱，其没有一技之长，从事工作的所得报酬较低，工作环境较差，很容易在物质欲望的刺激和外界不良风气的影响下走上违法犯罪道路。他们中的很多人不是主动萌发犯罪动机，而是看到自己身边的人那么做，自己也跟着模仿，盲目地实施犯罪。

二、流动人口犯罪的心理特征分析

概括起来，流动人口的犯罪心理主要有：

（一）不满心理

不满心理是流动人口犯罪的主要心态。他们收入低，大多是无业、失业、下岗、辍学人员，某些需求和自身的能力出现很大的偏差，也是他们产生不满的最主要的源泉。在这种不满心态的刺激下，他们就会选择一种社会所禁止的行为来达到其目的。

（二）逆反心理

流动人口在找工作时受到歧视、排斥，打工时也受到一些影响，从而对法律也产生强烈的逆反心理。这主要表现在情感的反社会性、情感的顽固性、情感的狂暴性、反社会性的人格倾向。同时，由于流动人口在城市生活中经常受挫，产生被歧视感，诱发不同程度的认同危机和心理危机，导致流动人口逆反心理、对立情绪加强，成为潜在的犯罪动因。当这种危机达到一定程度时，会导致极端的反社会行为，总有少数人耐力不强而又对法律毫不知晓，在权益被侵害时选择铤而走险，以犯罪手段来"维护自己的合法权益"。

（三）贪图钱财、冒险求富和追求享受心理

流动人口中犯罪嫌疑人的聚财心理主要表现在贪财、求富和享受三个方面。对于绝大多数流动人口来说，他们之所以背井离乡外出打工，其根本目的是为了获取较多的物质财富。挣钱既是流动人口打工的主要目的，也是他们美好的愿望。然而，现实是异常残酷的，对于许多流动人口来说，要挣到符合自我要求的钱财的目的是不现实的、难以达到的。流动人口不仅工作极不稳定，而且打工收入相对较低，残酷的现实与美好愿望之间的巨大差异，导致矛盾与冲突的产生。他们开始怀疑通过劳动致富的行为模式的正确性和可行性，逐渐形成单纯依靠劳动不仅难以致富，甚至难以维持生计的错误观念，直至产生通过违法犯罪的途径来满足自我愿望的犯罪意念。

（四）遭受不公正待遇的自救心理

流动人口在工作和生活中，会遭受到不公正待遇。但当民工的生存发展受到威胁或合法权益遭受侵害时，他们不知道通过何种手段来维护自己的权益，所以选择犯罪手段来维护自己的权益。农民工打工，多为求财，当企业拖欠工资时，有些农民工担心所在单位赖账，拿不到工资的农民工便想尽办法盗取工作单位的生产材料或工具变卖。甚至有些农民工因为多次讨要拖欠工资没有结果，便纠集一帮亲戚朋友帮忙，一起去找老板讨工钱，当遭到拒绝时就实施故意毁坏财物、非法拘禁，甚至故意伤害、故意杀人等行为。这些都是在自救心理支配下实施的犯罪。

（五）报复心理

报复是指由于人的某种愿望受到阻碍或自身某种利益受到伤害而产生的对阻碍者或干涉者的一种侵犯性行为。一般而言，攻击的强度与欲求不满的量成正比，挫折越大，攻击的强度也越大。这是因为，挫折使人的情绪显著激昂。这时的攻击行为是刻板的、固定的，甚至是无目的的。而流动人口的很多需要得不到尊重，其各种需要受挫，得不到公正待遇，这些都是产生报复心态的有力动因。

（六）集体敌对情绪、强烈的不公平感

我国仍处于社会主义初级阶段，社会中客观存在贫富差距。但对于各个阶层来讲，其感受不同。对处于上层社会的人来讲，由于享受到了经济发展的优裕，因此对此没有太强的感受；而处于下层社会的人员在面对生存问题的挑战、财富地位的对比时，却有着较深的感受。对于流动人口而言，在物质财富、生活消费、社会地位等方面，对贫富差距感受至深。使他们比经济不甚发达的社会中的穷人更以生存，加上城里人高收入、高消费、高福利等不平等待遇，相对地，其丧失感就更加强烈。在他们物质欲望和精神需要无法达到合理的疏导和宣泄，而内心的紧张状态又不断得到强化的情况下，必然会自发地寻求缓解和消除。流动人口长时间处在这种社会心理的支配下，便会走上犯罪道路。

三、流动人口犯罪的预防

现阶段，对于流动人口犯罪应当采取标本兼治、打防结合的基本方针，采取源头治理、防范打击和心理疏导三种具体措施，有针对性地减少流动人口犯罪。所谓源头治理，是指针对流动人口的犯罪成因，从源头上消除流动人口犯罪的心理诱因。在防范打击方面，仅仅采取突击性的、阶段性的"严打"整治斗争，远远不能适应已经常态化、普遍化的流动人口犯罪。鉴于"严打"整治斗争持续性的不足，在"严打"整治斗争中被暂时强压下去的某类、某些违法犯罪活动，在"严打"结束后往往又卷土重来，有的甚至更加猖狂。因此，应当针对流动人口犯罪的新特点和新情况，公安司法机关应当不断总结经验，探索具有普遍性的防范打击措施，建立打击流动人口犯罪的快速反应机制，将打击与防范有机结合，对流动人口犯罪形成强大的心理震慑作用。所谓心理疏导，则是指针对流动人口的心理特点，采取有针对性的心理辅导，加强心理教育，使其能够以健康的心态应对各种挑战。具体的方法，概括起来主要包括以下内容：

（一）改革流动人口管理体制

流动人口犯罪的主要原因在于管理的疏松，为达到有效预防流动人口犯罪的目的，必须加强对流动人口的管理，这涉及社会管理的方方面面和多重环节。要集合社会各方面力量，如公安、劳动、工商、民政、司法、建设、农业、计划生育、卫生、铁路、交通、党团组织等部门共同加强对流动人口的管理，各部门应各司其职、互相配合、通力协作，公安机关负责对流动人口的暂住登记与治安管理，劳动部门负责对流动就业人员的劳动管理和就业服务，工商行政部门负责对流动人口从事个体经营活动的管理，民政部门负责流动人口的收容和遣送工作，教育部门应当解决流动人口子女的受教育问题，使其能够安心工作。各部门应当结合自身职能，共同参与流动人口的管理工作，为流动人口的生活、工作、学习提供方便，同时履行好监督职能、防止他们走上违法犯罪道路。

（二）加强城市流动人口的社会保障制度建设

中国现行的社会保障制度不健全，尤其对流动人口来说，还没有建立起相应的社会保障制度为他们的生活困难、疾患等提供保障。流动人口既没有被纳入城镇社会保障体系，而且农村的社会保障体系不健全，传统保障方式又难以发挥作用，这一群体被排除在社会保障体系之外。一旦遇到失业、生病、意外事故等便可能对他们的生存条件造成沉重打击，为摆脱这种不利状况，便可能以身试法、铤而走险。把流动人口纳入社会保障体系，做到城乡社会保障体系之间的有机衔接，对于有效预防流动人口犯罪具有重大的现实意义。

（三）培育公平正义理念，消除报复、仇视心理

不少流动人口犯罪是在报复、仇视的心态下发生的，而这些报复或仇视不少是由于他们受到了不公正或歧视性待遇，这并不是说，公平的缺失必然导致流动人口犯罪，而是由于长期的不公正或歧视性待遇导致了某些流动人口报复心理的形成。有效预防、减少流动人口犯罪，应当在全社会大力倡导公正、公平的正义理念，让流动人口在生活、工作中受到公平的对待，这是预防流动人口犯罪的重要一环。

（四）积极推动流动人口融入城市，彻底瓦解其封闭的心理结构

在流动人口进入新的环境时，其对此没有多少了解，而且由于流动人口的工作、文化素质等因素的影响，使得他们与新环境中的人很难坦诚地进行沟通与了解，戒备心较重。与外界交流的长期隔绝，使他们更加难以融入当地的社会生活，逐渐形成群体性的封闭心理结构。当然，流动人口的封闭心理除了经济因素外，在一定程度上也与有关部门及企业对流动人口采取的不公平的政策措施有关。这类歧视性行为方式，包括政策、工资水平、劳动保护的不到位甚至缺失，也包括文化与地域层面上的排外心理的长期积淀。瓦解这种封闭心理结构仅靠流动人口及有关部门及企业的努力还不可能实现，这需要全社会的共同努力，当然也需要流动人口自己积极主动地融入新的环境，接受新的环境的行为模式；同时也要求新的环境接纳和理解流动人口，尊重他们，关心他们。

（五）加强思想道德教育，培育他们勤劳致富的精神

流动人口中的绝大多数人希望通过自己的辛勤劳动而支付，但也有少数人投机取巧、妄图不劳而获，通过违法犯罪行为以达到目的。这就需要加强思想道德教育，培育他们勤劳致富的优良品质。

（六）提高流动人口的文化素质，增强社会竞争能力

流动人口的整体文化素质较低，而随着社会的发展，各个行业对文化技能的要求却越来越高，在这种状况下，流动人口在激烈的职业竞争中难免会处于劣势。由于其缺少特定的技能，也就丧失了很多工作岗位的竞争机会。提高流动人口的生存技能和职业竞争能力，首要的便是提高其科学文化素质，通过知识和文化的提高来改善他们的命运。

（七）加强对流动人口的心理教育，提高其心理素质

流动人口犯罪，有些是由于其心理素质较差、对挫折与困难的承受力较低造成的。他们背井离乡，在陌生的地方求生存、谋发展，难免遇到各种各样的不幸与遭遇，面对挫折与挫折，他们不能以正常的心态进行有效面对并有效化解，而是以寻求违法犯罪的方式来转嫁心理危机。

技能训练

训练一　冯朵案案例分析

训练目的：通过本案，分析女性犯罪心理产生的原因以及犯罪心理特征。

冯朵（化名），因故意杀人罪被判无期徒刑。这名声音柔弱、神态悲伤的中年女囚，曾是一位温柔善良的贤妻良母，连她自己都没想到，深爱多年的丈夫会死在她的手下。

冯朵和她的丈夫是村里"青梅竹马"式的恋人：小时候，男孩子背着冯朵上学放学，像是一对兄妹。男孩子长到成年，离开了乡村外出打工，却因参与走私被判了6年有期徒刑。冯朵不听别人劝说，一心要等心爱的人回来。6年后，浪子回头。久别重逢的一对恋人义无反顾地结成夫妻。在刚结婚的日子里，他们的生活过得特别艰难，还欠下了不少债务。男人靠着做根雕的生意带着妻子到处挣钱，根雕生意给他们带来了人生的第一桶金。回乡后，他们第一件事就是还债，紧接着就是盖房子。后来，他们的日子越过越好了，冯朵的丈夫在外面承包起建筑工程，在家乡给冯朵开了一家猪行叫她打理。

"头几年的日子真好啊，人们都羡慕我们有福气，他特别有本事，一般人处理不好的事情只要找他都能摆平；我呢，是人家嘴里有名的贤惠女人，我们夫妻俩从来不拌嘴。"然而，这样的时光并没有维持太久，冯朵说："我们是好不容易走到一起的患难夫妻，可是没想到只能共患难不能同享福。"不知从何时起，冯朵开始不断地听到一些风言风语，起初，她并不相信，可是后来，丈夫连续几个月不再交给她工资，这种变化让她陷入恐惧。

在忍气吞声了6个月之后，冯朵遭遇了无法想象的局面。在她的逼问下，丈夫不但承认了有婚外情，而且第三者已经怀孕8个月了，并且腹中是个男孩！而冯朵只带给丈夫生了一个女儿。她决定让步："你想要男孩？那我把她接来把孩子生了，然后你让她走。"丈

夫没好气地说："人心都是肉长的。""我的心不是肉长的吗？你把我放在什么地方了呢？"冯朵气愤地说着，并骂起了那个女人。没想到，从来没碰过她一根手指头的丈夫竟然打了她一耳光。这一记耳光，让冯朵彻底崩溃了，她的脑子一片空白："我为你付出了这么多，你是我一手捧起来的，我也能一手把你拉下去！我不想跟你过了，我跟你拼了！"她抓起一把水果刀就奔向了丈夫，瞬间，丈夫已经捂着鲜血淋漓的腹部跑出了家门求救，她这时才清醒过来……

训练二　杨佳案案例分析

训练目的：

1. 思考犯罪人的犯罪心理结构及导致犯罪的原因。

2. 根据本案例，思考青少年犯罪的预防措施。

训练材料：

2007年10月5日晚上8点半至9点间，杨佳骑着一辆租来的无牌照自行车，行驶至闸北区普善路口，巡逻民警薛耀将其拦下盘查。因其拒绝出示身份证件和提供所骑自行车来源证明，造成市民围观、影响交通，遂被带至派出所作进一步调查。但到了派出所后，杨佳一度不予配合并和警员有语言肢体冲突。杨佳一直觉得委屈不服，故多次向相关部门投诉执法民警。2007年10月16日，闸北公安分局派员专程到北京，上门走访了杨佳及其母亲，与他们进行了沟通和解释法律。杨佳及其母亲向闸北公安分局提出对事发当晚的责任民警予以开除公职的处理，并赔偿他们精神损失费。民警向其耐心解释了有关执法依据，但被杨佳当场拒绝。2008年3月15日，闸北公安分局第二次派员到北京，上门走访杨佳，再次说明了有关情况。此后，闸北公安分局未再就此事接到杨佳的投诉。2008年7月1日上午，杨佳携带上述作案工具窜至闸北区政法办公大楼，实施了故意杀人行为。他对此精心策划了一番：先用汽油弹引开看守等警卫人员，然后进去带刀行凶。最终导致6名民警牺牲，3名民警和1名保安员受伤。据杨佳交代，他点燃燃烧瓶的目的是"想把此事的社会影响搞大"，戴上防尘面具和橡胶手套是为了防止催泪瓦斯伤到自己。面对闸北分局的处理意见，杨佳感到绝望，他曾经在网上试图寻找用"枪"来实施报复行为，后因种种原因，没能得逞。2008年9月1日上午，上海市第二中级人民法院对致6名警察死亡、3名警察和1名保安受伤的被告人杨佳作出一审判决，依法以故意杀人罪判处其死刑，剥夺政治权利终身。

参考文献

〔1〕〔日〕菊田幸一：《犯罪学》，海沫等译，群众出版社1989年版。

〔2〕鞠青："中国青少年犯罪演进的定量分析"，载《青少年犯罪问题》2007年第5期。

〔3〕张远煌：《现代犯罪学的基本问题》，中国检察出版社1998年版。

〔4〕梅传强主编：《犯罪心理学》，法律出版社2010年版。

〔5〕罗大华主编：《犯罪心理学》，中国政法大学出版社2007年版。

〔6〕〔日〕井上胜也、长屿纪一编：《老年心理学》，江丽临等译，上海翻译出版公司1986年版。

Who speaks to the instincts speaks to the deepest in mankind, and finds the readiest response.

——Amos Bronson Alcott

与本能对话，即与最深邃的人性对话，会发现最充足的答案。

——埃莫斯·布朗森·埃尔考特（1799-1888，美国哲学家）

第 九 章

犯罪心理量化分析

经典案例

3000 万元邮票大窃案

（节选自《羊城晚报》）

引子

价值近 3000 万元的邮票不翼而飞！广州市爆出建国以来全国数额最大的一起邮票失窃案！今年 1 月 22 日，广州市中级人民法院开庭审理此案。2 月 11 日，广州市中院又开庭审理此案被害人提起的附带民事赔偿诉讼。

这起特大窃案发生于 1997 年 4 月 7 日。案发一年后，广州警方终于侦破此案，并将三名涉案嫌疑人唐某、黄某和朱某抓获。而警方侦查、审讯之艰苦与曲折，精彩纷呈，一言难尽。

方寸天地失却千万身家　作案现场留下一纸谜团

1997 年 4 月 7 日，广州爆出一宗特大窃案。

……

报案人是外籍华人，英文名叫 FU。打电话报警时，这位有名的邮票收藏家的声音在颤抖——被盗的邮票，几乎是他毕生的心血啊！

几分钟后，广州市天河南街派出所、天河区公安分局和市公安局刑侦支队的民警相继到达案发地——天河区天河村迎福里 7 巷某号一楼出租屋。

FU 先生的女儿惊魂未定地告诉民警，出租屋是案发一个多月前才租来专门存放邮票的。4 月 7 日一早她离开此处时仍平安无事，当晚她与父亲在一个川菜馆吃夜宵后，近 12 时回出租屋守夜，一入屋，她几乎要昏过去——库房被盗了！

如此看来，案发时间就在 4 月 7 日这一天内。再一了解，盗贼似乎对库房内何时有人何时无人很了解。FU 先生说，每天深夜其女儿才来此守夜，第二天一早便离开。其他时间库房里都在唱"空城计"。

现场勘查即刻展开。现场有明显的翻动痕迹。经 FU 先生仔细清点，一个黑色英国产大皮箱、六个纸箱和十多个塑料盒的邮票不见了，连包装带邮票，总重量达 300 公斤。失窃的都是值钱的邮票，特别是那个黑色大皮箱里装的，有一张目前中国内地最珍贵、最值钱的邮票："文革"期间发行的《全国山河一片红》，流传于世的只有 3000 多张，案发时国际邮市的每张价格高达 20 万元！还有 10 版猴票，一版 80 张，每张时价 2500 元，10 版就是 200 万元！

看来，盗贼对邮票很在行。而且是由熟悉内情的人开门入屋作案。

警方推断此为熟人作案　事主保镖今番难脱干系

至于这批失窃邮票的价值嘛，FU 先生说，仅按面值算，已近 1000 万元，但实际价值远远不止。最后警方和检察机关认定失窃邮票的总价值为 2930 多万元！

经验丰富的广州刑警，在案发次日经询问事主、勘查现场，当即初步推断此案乃熟人作案。当天，警方便盯住了一个人：FU 先生的保镖唐某。第一，现场勘查显示盗贼很识货，专挑最值钱的邮票偷，而唐某鞍前马后地跟了 FU 先生六七年了，也耳濡目染地学到一些邮票知识。案发前一年多，FU 先生还出钱为唐在广州市人民公园邮市租了一个档位，自此唐某自己也经营邮票，此其一。

现场勘查还显示盗贼是用钥匙开门入屋的。而唐某颇得 FU 先生的信任。FU 先生出差时，经常只带他一人随行；住宾馆时，两人同住一房，唐最有机会偷配 FU 先生的库房钥匙，此其二。

第三，现场出租屋是 FU 先生在案发一个多月前才租来做库房的，而唐某是除 FU 先生及其家人外唯一去过那儿的人，他知道库房里的秘密，也了解老板一家的作息习惯，此其三。于是，在案发次日中午，警方传唤唐某。可唐某一问三不知。警方放他回去的同时，已密切关注其一举一动。另一个嫌疑人——唐某的外甥黄某，也被警方盯上了。可是，就在案发次日，黄某神秘地失踪了。

"洗水荷花"初露唐贼马脚　"连号鸟笼"再爆大盗行踪

唐某及其外甥黄某这两名嫌疑人，前者一问三不知，后者又杳如黄鹤。办案民警冷静得很：安排人手盯住邮票市场，一定能牵出盗贼来！

于是，在广州、深圳、北京、上海、四川等全国几大邮市里，一时间多了一双双警惕的眼睛。案发一个月后的某一天，闻名全国的广州市人民公园邮票市场。平静的邮市突然传出争吵声。吵架的是一外地客与一档主。原来，外地客几天前从那档主手上买了一张中国邮票《荷花》小型张，回去后有行家告诉他，他被人骗了：那枚《荷花》没有背胶！行家还说，世界各地的邮票发行时，都是有背胶的，这就是寄信时往邮票背面沾点水便贴上的道理。没有背胶的邮票是经过处理的，也就大大贬值了。外地客一听气炸了，于是赶回来找那档主算账。

有人挂通了 FU 先生的电话。"你那批邮票中有没有一批货没有背胶？""是《荷花》

吗?"FU 先生急切地问。"对。"FU 先生兴奋得几乎要跳将起来!"没错,那就是我的《荷花》!哈哈哈……"一个月来,他第一次开怀大笑了。

这是怎么回事?

《荷花》小型张是 1984 年面世的,面值 1 元,案发时已涨到 1500 元。失窃的邮票里有 300 张《荷花》,其中 200 张是无背胶的。原来,当初这 200 张票因天气潮湿、保管不善而发黄,FU 先生只得作技术处理,邮票的背胶也就被洗掉了,其价值随之减半。如今邮市上出现一张无背胶的《荷花》,十有八九就是那 200 张中的一张!因为除非万不得已,谁会将背胶洗去?

卖《荷花》的档主是个 50 多岁的老汉,姓李,西安人。理所当然地他被盯上了。

到了 7 月份,人民公园邮市里又有新发现:一个女人在档口上贱卖澳门邮票《鸟笼》小型张,这些票就是 FU 先生失窃的 1000 张《鸟笼》中的一部分!

为何如此肯定?原来,世界各地的邮票上一般都没有编号,惟独澳门票中几乎每张小型张都有编号。FU 先生失窃的 1000 张《鸟笼》是连号的。有人从那姓杨的女人手上买回几张《鸟笼》,与 FU 先生的邮票登记底册一对编号,没错!

几天后,当那女人拿着一封《鸟笼》(100 张)来到机场宾馆与人做交易时,刑警们围了上去。一对编号,没错,又是 FU 先生的!那女人当即交代,那是李老汉低价卖给她的。

又是李老汉,7 月底,李老汉被带到了公安局。从他的档口里,还缴获 FU 先生失窃的澳门票《风筝》等邮票一批。李老汉交代,这些邮票全部来自唐某之手!

据李老汉交代,4 月 12 日(即案发后五天),唐某在深圳将第一批邮票交给他。三个月内,唐某分十几次将《荷花》、《鸟笼》、《风筝》等邮票交给李老汉,或代销、或现金交易。唐某交货时还特地叮嘱李老汉在邮市摆卖时,一要放在柜台底下偷偷地卖,二要以低于市场价尽快出手。就这样,唐某通过李老汉销赃得款几十万元。

8 月 12 日,刑警第二次传唤唐某。同一天,在唐某的住处搜出四张邮票:无背胶的《荷花》1 张、《中泰建交 20 周年》纪念邮票 3 张。后者是中国内地邮票极其罕见的特例之一:不仅加字,还有编号。一经核对,果然是 FU 先生的!

证据在手,可唐某仍一口咬定自己犯事。民警这回用上了新招:带唐某去测谎!

三问不知疑犯死猪难烫　灵机一动警方求助测谎

为什么要带唐某去测谎呢?

因为唐某有太多太多的嫌疑,但他不是省油的灯。

1997 年 8 月 12 日,唐某第二次被警方传唤时,他拍着胸口说自己是清白的。本来,李老汉已向警方供认,唐在案发后把大量邮票分十几次交给他在邮市上卖,经 FU 先生辨认,那些邮票正是被窃邮票的一部分。

"没错,那些邮票是我交给李老汉的。"这一点唐某无法抵赖。

"但邮票不是偷来的。"唐某一脸的无辜。他说,是在人民公园邮市上向一汕头佬买的，然后转手卖给李老汉。民警又追问唐某，那个汕头佬叫什么名字？不知道。住哪里？不知道。联络电话或 BP 机号码是多少？还是不知道！

唐某自称什么都不知道，也就是说无法再找到那汕头佬来核实唐某讲的是真还是假。一连审讯几天，唐某都是如此作答。

而此刻另一名嫌疑人他的外甥黄某，就像一只断了线的风筝遍寻不见。

把唐某带去做测谎，是侦破工作陷入僵局后，预审处的欧阳同志在抽闷烟时灵机一动想出来的。

在美国等一些西方国家，测谎技术早已得到广泛应用。可在中国，这项技术还带有浓厚的神秘感。说来也巧，当时的广州，已有一个单位正研究开发这项新技术，那就是广东省公安司法管理干部学院。该院是"九五"国家科研攻关"人身个体心理生理特征鉴别新技术（俗称测谎技术）研究"的合作开发单位之一，拥有多功能测谎实验室和专门的研究人员。

广州市公安局向省公安司法管理干部学院求援。该院爽快地答应：行！

1997 年 12 月 1 日上午 9 时，唐某被民警带进省公安司法管理干部学院多功能测谎室。唐某的眼珠子骨碌骨碌地打转。他还不知道，自己已"荣幸"地成为走进这个神秘实验室的第一个犯罪嫌疑人。

此次测谎的目的有二：一是确定唐某是不是邮票大窃案的作案人，如果是，看他是到现场直接参与还是在背后出谋划策；二是同案人及赃物藏匿的范围。在唐某走进测谎室之前，该院侦察系的七位教师已花了一周时间做准备，并设计出一套详细的测谎问答题。

负责测谎的陈老师和唐某进行测前谈话，唐某向陈老师叫冤，说是 FU 先生串通公安来整他。陈老师告诉他："我愿意相信你说的是真话。如果你没有作案，那么测谎对你来说是一个绝好的机会，因为这种方法可以解除你的嫌疑，还你一个清白；但是如果你作了案，那你绝对过不了测谎关！"

"我没干，不怕测！"唐某答得很干脆，并在《同意测谎书》上签了字。

陈老师开启了测谎仪。测谎仪器其实很简单：一台手提电脑，连着一个盒子大小的测谎器，还有几串传感器。

陈老师给唐某带上传感器：一条系在胸口，测的是呼吸；一条系在右手手腕上，测的是脉搏；一条系在左手食指和中指上，测的是皮肤电。

一切准备就绪。陈老师清了清嗓子，说："唐某，我们现在正式开始测谎。"

十几平方米的测谎室里，空气开始凝固。

一回测谎疑犯发毛出汗　数次峰线直戳幕后真相

测谎开始了。

"唐某，你和 FU 先生的关系是不是很密切？"陈老师开始发问。"是。"唐某答。他坐在陈老师的正对面。手提电脑的屏幕显示，呼吸、脉搏和皮肤电三条曲线的走势很正常。

"FU 先生的邮票被盗是不是与你有关？"

"不是。"唐某不动声色地答道。可这时，屏幕上的三条曲线第一次出现异常！三条曲线为何会有变化呢？变化又能说明什么？这里要说一说测谎仪的原理。

人的一些心理变化，如紧张，或是想掩饰自己的过失和罪行，或是对自己所经历的事情的关心等等，必然会引起一些生理参数如皮肤电、心跳、血压、呼吸、脑电波、声音等的变化。测谎仪就是通过测试这些生理参数的变化，来分析心理的变化，从而判断被测对象说的是真话还是假话。国内外的研究成果表明，皮肤电、心跳、呼吸等生理参数通常只受植物神经系统的制约，而不受大脑意识的控制，也就是说接受测谎时，对于你所经历的事情，你是掩饰不了也逃避不了，你越是想掩饰，生理反应就越强烈！

还有，被测对象说真话时，皮肤电、呼吸、脉搏三条生理参数曲线很正常、很有规律；可说假话时，被测对象会不由自主地心里发毛，曲线就会有异常的变化，出现"紧张峰"。

此刻唐某说他与邮票失窃案无关，而曲线有异常，说明他心里有鬼！

接下来的几组问答题，是为了测试唐某对案发现场情景的反应。

现场勘查显示，盗贼是用钥匙开门入室的。当一被问到用钥匙开门这种方式时，唐某的反应异常，曲线图出现典型的"紧张峰"。嘿，又对上号了！现场失窃的邮票中，装在那个黑色大皮箱里的最值钱。陈老师一提到黑色大皮箱，唐某又有反应了！

现场失窃物中还有十几个塑料小盒的邮票。在测谎前作准备时，FU 先生告诉陈老师，用那种塑料小盒来装邮票的，行内并不多见，而且这些盒子都放在纸箱里。虽然 FU 先生在案发前曾带唐某去过一次库房，但 FU 先生很肯定地说，唐某没见到过也不会知道有那种塑料小盒，除非他把装塑料小盒的纸箱打开——那样的话，就说明他参与了作案。陈老师决定看看唐某对那塑料小盒有何反应。测试结果是：唐某对塑料小盒很敏感！

那么唐某是否对现场的所有情节都有反应呢？不，他是有所知，又有所不知。比如说对于作案时盗贼把客厅的灯管打开了，把客厅的一个抽屉撬开了，还在木门的锁眼上塞了团纸巾等等这些只有进入现场作案的人才知道的细节，唐某在接受测试时，心里倒也不发毛。

陈老师又换了个话题，此次要测的是同案人的情况。

陈老师问唐某，被警方列为第二号嫌疑人物的黄某是否与此案有牵连，唐某回答"没有"，但屏幕上的曲线却剧烈地晃动起来，紧张峰再次出现了！

唐某被带出测谎室时，办案人员留意到，他的额头上仍挂着细小的汗珠。

唐某第二次被带进测谎室。"不是都测过了吗？还测什么！"他大声叫嚷，不肯再接受测试。

很快，陈老师等人加班加点对第一次的测谎作了分析，结论有两点：一是唐某有参与作案的重大嫌疑，但可能没有进入现场直接作案；二是黄某作为同案人的嫌疑最大。

在测谎获得信息的基础上，广州警方先后抓获另外两名涉案嫌疑人朱某和黄某，终于侦破了此案。

经典视频

《本能》（Basic Instinct）中的尼克是旧金山市的一名警探。由于在工作中曾经有过过失，他对未来感到非常迷惘，情绪不稳，时常要接受警局心理医生贝思的检查，而贝思同时也是尼克的情人。一天，尼克奉命去调查一起离奇的凶杀案。遇害者是一位过气的摇滚歌星，在自家的床上被人用冰锥残忍地杀死。有人看到案发前他与女友凯瑟琳在一起。根据凯瑟琳女友罗克西的指引，他在海边的一栋小别墅里找到了凯瑟琳。

《四世同堂》（电视剧）中也有关于测谎仪的片段。

原理与技能

- 心理测试技术分析
- 心理量表技术分析
- 心理痕迹技术分析
- 心理画像技术分析

量化分析，亦称定量分析，旨在以某种规则赋予被研究事物一定的量，通过数理统计与分析，使其能够精细地反映事物量的特性，有利于开展与相关事物的比较研究，从而达到准确地反映研究对象的性质、水平及其功能的目的。

犯罪心理量化分析，即是运用某种量化技术对犯罪人或潜在犯罪人的心理状态、特点等进行测量，将其数据化之后进行数理统计与分析，通过对数据的分析结果来判断受测人或群体是否具有某些心理特征和状态从而导致犯罪行为，或是否具有典型的犯罪心理特点和特征，以及这些心理特征和状态的水平如何[1]。

犯罪心理量化技术主要包括犯罪心理测试技术与心理量表。20世纪90年代，心理测试技术逐渐登上犯罪心理量化分析的舞台，目前已有大约90%的监狱广泛开展了犯罪心理诊断和矫治。同时，许多心理测试技术应用于测查证人证言、测谎等。进入21世纪后，犯罪心理学量化技术有了长足的发展。

第一节　心理测试技术分析

我国自20世纪80年代引进犯罪心理测试技术以来，犯罪心理测试技术在我国司法实践中有了一定范围内的应用和发展。公、检、法等司法机关在侦破刑事案件方面应用犯罪心理测试技术，这项技术在应用实践中发挥了重要的作用。

一、犯罪心理测试技术的发展

犯罪心理测试技术，即人们俗称的"测谎技术"，测谎专家武伯欣对此作出系统的定

---

〔1〕 何为民、罗大华、马皑："犯罪心理学研究中运用量化方法引起的理论思考"，载《辽宁警专学报》2006年第4期。

义，是指依据普通心理学、实验心理学、犯罪心理学三大学科基础和神经心理学、生物电子学计算机应用侦查学物证技术学等学科知识，通过专用心理测试仪硬件和计算机软件操作系统，实时同步记录被测人对主试言语问题的多项心理生物反应变化，进而评判心理痕迹对应相关度的犯罪心理鉴定技术。

犯罪心理测试技术发展经历了三个主要的阶段。[1] 第一个阶段是古代的心理生理方法，也就是通过察言观色和情理推断的方法来判定谎言；第二个阶段是 1895 年意大利犯罪心理学家龙勃罗梭（C. Lombroso）开创的多导仪（Polygraph）测谎，即用仪器进行犯罪心理测试，主要是通过记录心跳血压呼吸运动和皮肤电等生理变化指标来判别谎言；第三个阶段是随着神经电生理技术的发展，神经电相关技术开始被用于犯罪心理测试。

古代社会的犯罪心理测试技术都比较简单，采用原始的手段来判定犯罪嫌疑人是否有说谎的行为。具体的技术主要有：其一，借助神灵或迷信来识别谎言。这类早期原始的方法是由于原始社会的生产力水平低下，人类对自然的认识十分有限，因此出现了一些基于对神灵无限膜拜而创设的识别谎言的方法。例如"火刑""沸水刑""油刑""烙刑""水审""凝血法"等。其二，运用简单的生理心理学原理识破谎言。随着生产力的提高，人们逐渐开始掌握一些朴素的心理学和生理学知识，并运用它们之间的某些关联来进行谎言识别。最典型的做法有"嚼米审判"法、"吞咽蛋糕"法、"圣猴"法、"察言观色"法、"号脉"法和"体重判定"法。

近代犯罪心理测试技术的发展，经历了两个标志性的发展。其一，将生理参数融入测谎的研究。例如，1791 年路易吉·加尔瓦尼（Luiqi Galvani，1737–1798）发明的皮电计于 1897 年开始用于犯罪嫌疑人的情绪测试；1870 年安杰洛·莫索（Angelo Mosso）利用复杂的设备设计出了第一个血压记录器；1875 年莫索发明了血管容积记录器；1888 年，费利（C. Free）等人发明的皮电计被陆续应用于犯罪嫌疑人的情绪测试。这些仪器的发明都是为了记录人们的生理指标，以探测是否情绪紧张或其他情绪，说明了人们已经意识到谎言对生理参数的影响，以及利用生理参数的重要性。其二，运用生理参数记录器测谎，这个发展标志意味着现代犯罪心理测谎技术的确立。1895 年意大利犯罪学家龙勃罗梭率先使用当时最先进的脉搏记录设备，即水力脉搏记录仪进行犯罪心理测试。由于他第一个利用科学仪器成功识破谎言，因此他被认为开创了测谎的新时代。公认的第一台实用测谎仪是 1921 年由约翰·拉森（John Larson）发明的。多项记录仪是组合了心动计和呼吸计而发明的，能够连续记录心动变化和呼吸变化，该装置是第一个真正用于刑事侦查的犯罪心理测试仪，但这时候的测试仪更偏向于生理测试仪，因为还没有科学的依据和理论支撑。1945 年，基勒的助手约翰·里德（John Reid）总结了前人的工作，设计了自己的"里德多谱描记仪"，即第二代测谎仪。由于人的心理是无法直接观察的，犯罪心理测试所测的是与受到犯罪信息刺激后的心理相关生理变化，通过比较生理变化和刺激的关系，来确定被测人是否与案件相关。

---

〔1〕 崔文波："犯罪心理测试技术的发展历程及趋势"，载《森警科技》2011 年第 3 期。

二、犯罪心理测试技术工具

（一）多导仪

现代犯罪心理测试技术已经逐渐成熟，当前国际上最广泛使用的是"多导仪"，它有着方便易行、可短期培训等优点，它是一种生理参数综合测试设备。

在犯罪心理测试中，多导仪所检测的是被测人在不同问题上的情绪生理变化。多导仪检测的生理指标主要是脉搏、血压、呼吸、皮肤电和动作等生理参量的变化。通过这些生理指标来判断被测人在不同问题上的反应，进而推测其是否说谎。相关问题和准绳问题都是一些具有刺激性的问题，这些问题都能激起被测人较强的情绪反应。不同的是，犯罪人会在相关问题上激起更强的情绪反应，而无辜者会在准绳问题上反应更大。通过比较被测人在主题问题和准绳问题上的情绪反应水平来判断被测人是否说谎。

准绳问题用来触发被测人的应激反应，作为判断说谎的标准。如果被测人在相关问题上的反应大于准绳问题的反应水平，则认为被测人在案件上有说谎倾向。人们会关心、关注那些与自己的生存和发展有利害关系的事物，当前对自己威胁最大的外界刺激，会成为注意的焦点。对有罪的被测人来说，犯罪行为事实的暴露是最大威胁。因此，相关问题会成为他注意的焦点。这样，相关问题的生理反应会比准绳问题更为突出，通过多次检测来确定被测人对相关问题的联系程度，并推断其参与案件的可能。

（二）认知相关脑电位

随着心理学、生理学、侦查学、犯罪学、电子技术和计算机科学等学科的迅猛发展，犯罪心理测试的研究和实践逐渐运用了最新科学仪器和综合多学科理论。特别是20世纪90年代以来，随着认知神经科学的发展，尤其是事件相关电位（ERP：Event-related Potential）和功能磁共振成像（FMRI：Functional Magnetic Resonance Imaging）技术引入，给犯罪心理测试技术开辟了更加广阔的前景。

认知事件相关脑电位（ERP，Event-related Brain Potential）是指外加一种特定的刺激，作用于感觉系统或脑的某一部位，在给予刺激或撤销刺激时，在脑区所引起的电位变化。一切心理活动的生理器官是大脑，心理现象是脑活动的结果，神经系统的运作方式主要是电反应和化学反应，ERP所检测的就是脑的电生理反应。因此脑电检测是对心理活动变化的最直接检测手段。

在犯罪心理脑电测试的研究中，最常用的指标是P300，P300的波幅反映了工作记忆中背景更新（Context Updating）的程度，其往往由刺激序列中小概率出现的，对被试而言熟悉的、有意义的刺激所诱发。一般采用诱发P300的经典oddball范式进行测谎。在该范式中，刺激可以分为三类，一是以小概率呈现的被试图隐瞒或说谎的信息，是犯罪场景中的犯罪知识，这类刺激称为探测刺激（Probe），这类信息由于小概率出现而且对说谎者有特殊意义，因此会在说谎者身上诱发出显著的P300；第二类刺激是大概率呈现的和犯罪无关的刺激（Irrelevant），由于其出现频率高且对被试没有特殊含义，因此不会诱发P300；最后一类刺激和犯罪无关，但为了保证被试在测谎中配合注意而设置的靶刺激（Target），被试需要对靶刺激执行一个特异反应，从而靶刺激会诱发显著的 P300。该范式是当前 P300 测谎研究的主要范式。

脑电测试目的主要是考察被测人对犯罪信息的熟悉程度，更多地从认知的角度上检测相关程度，而多导仪则是考察被测人在犯罪信息呈现时的情绪生理反应。因此脑电对测试的要求更高，也能更精确的得知被测人对案件关键信息的记忆情况。并且 P300 主要集中在刺激呈现后的 300ms~800ms 内，在这段时间内被测人很难实施反测试。

（三）两种测试工具的比较[1]

现代意义上的多导仪应用已经有近一百年的历史了，在这期间人们对它的评价存在争议。作为一种犯罪心理测试工具，多导仪为谎言检测的科学发展有很大的推动作用，它使人们更深入地探究如何正确辨别谎言。随着技术的进步，脑电检测逐渐有了更宽广的应用领域，法韦尔以其实验研究为基础，发明了所谓的记忆编码相关脑电反应（Memory Encoding Related Multifaceted Electroen Cephalographic Response，MERMER）的测谎技术，并在西雅图开办大脑指纹实验室（Brain Fingerprinting Laboratories）公司，使 ERP 测谎走向了实践领域。很多人认为 ERP 测试可以替代多导仪测试，但基于不同的生理和测试机制，两种测试手段并不是取代关系，而是适用于各自发挥优势的案件类型。

多导仪测试更适合检测那些引起犯罪人强烈情绪反应的案件，比如抢劫、强奸、杀人等案件。这类案件犯罪人一般对事件记忆非常清晰，但对案件关键细节可能记忆不明。这是由于犯罪人在作案时处在高度紧张状态，其注意更多地集中在侵害对象和当时经历的情绪记忆上，对于其他细节性信息，可能未进入注意中心因而没有产生记忆或产生了错误记忆，因此这类案件的犯罪人往往是对案件整体的记忆更清晰，对实施犯罪行为时的情绪记忆更深刻。并且这类犯罪人在作案时通常有高度的生理唤醒水平，当犯罪信息再次呈现时会引发他们的强烈情绪生理反应，从而使用多导仪可以检测出犯罪人与案件的相关程度。加之多导仪检测相对简便易行，在大范围领域可以普遍应用。

人们对多导仪结果不予认同的原因主要是那些有不易引起情绪反应的犯罪人的案件，或者犯罪人有较强的情绪控制能力。这种案件多为行贿受贿案件、密谋的恐怖袭击、间谍盗窃机密信息等类型，而且被测人方面多为累犯、受过训练或情绪反应不明显的人。这些案件中的多导仪测试效果不佳，是由于犯罪行为的隐秘性和犯罪信息不能引起被测人足够的生理反应。

ERP 测试则更适用于行贿受贿、恐怖袭击等信息性更强的案件。这类案件中的被测人也许会通过各种方式去降低情绪反应，其情绪生理反应在呈现犯罪信息时不易被多导仪捕捉。但呈现的犯罪信息一经与犯罪记忆匹配，犯罪人还是会产生特定的脑电反应，特别是这些信息性强的案件，犯罪人往往更多地记住了案件过程中的流程和细节，或者必须记住的案件关键信息，这些清晰和牢固的记忆为脑电测试提供了良好条件。记忆不能自主地予

[1] 王龙、刘洪广、杨恒毅："犯罪心理测试技术工具探析——多导仪测试与脑电位测试"，载《武汉公安干部学院学报》2012 年第 3 期。

以消除或遗忘，特别是这些对于犯罪人至关重要的信息。在进行犯罪心理测试时，人可以通过外在反应假装不记得，但是大脑在信息呈现的一刻已经进行了对已有记忆项目的匹配，这种匹配所引起的脑电活动是被测人很难有意识地去控制的，因而记忆中有犯罪信息的犯罪人容易被 ERP 测试所检出，所以这类案件更适合使用 ERP 检测。

同样，对于杀人、抢劫和强奸案件，由于犯罪人作案时处于高度情绪唤醒状态，其记忆往往会受影响而扭曲或发生错误，对于案件的关键细节的记忆可能无法进行匹配，ERP 检测不易将其检出。使用 ERP 测试的效果可能不如多导仪。因为嫌疑人能回忆起的更多是案件本身，而不是案件细节。

三、心理测试技术的应用范围

心理测试技术广泛运用于刑事案件立案、现场勘验、现场调查、现场分析、侦查措施、侦查讯问等侦查过程中[1]。

立案是案件侦查的前提和基础，是侦查活动的开端。当事件的发生时间较久、材料掌握不足、当事人说谎等情况发生时，将对准确及时地立案产生不良影响。此时对被害人、报案人、知情人和嫌疑人进行心理测试来鉴别事件的真实性，促进正确及时地立案，为之后能顺利地开展案件侦破工作争取了时间和有利条件。

在现场勘验和现场调查工作中，由于犯罪人使用某些反侦查手法或犯罪嫌疑人和知情人对于案件实情的有意或无意隐瞒，都需要运用心理测试技术对犯罪嫌疑人和知情人进行测试，以寻找侦查线索。知情人提供的线索固然重要，但出于某些目的和原因，知情人故意隐瞒实情会对侦查工作带来很大阻碍。例如，在一些强奸案件中，知情人或被害人很可能隐瞒实情，甚至编造谎言以瞒骗侦查人员，这时就需要运用心理测试技术对他们进行心理测验以获取真实线索。

现场分析是指现场勘查基本结束后，组织全体勘查人员根据现场访问和现场勘验所获得的材料，对现场和案件的情况以及初步侦查方案等问题进行研究，并作出判断的一项侦查活动。此时心理测试技术的应用对象是参与勘查的侦查人员，对侦查人员进行心理测试，不仅能够推进现场分析工作，而且能够检测分析结果正确与否，以减少失误。

侦查措施是指侦查机关在侦查破案和预防犯罪的过程中，依据法律和法规所采取的各种侦查活动和方法，当中面临的问题很可能是犯罪嫌疑人数较多，逐一排查会浪费时间、延误侦破时机甚至会冤枉无辜者，此时运用犯罪心理测试技术可以准确迅速地判断嫌疑人、知情人和无辜者。

犯罪心理测试技术在侦查讯问中的作用已得到学术界和实践部门的广泛认同。在讯问中使用测试技术，可以给犯罪嫌疑人造成一定的心理压力，结合政策教育和使用一些方法及策略，促使犯罪嫌疑人的心理发生动摇瓦解，进而会交代问题或说明事件真相。使用测试技术可以给侦查讯问提供方向和线索，确定讯问的方向和重点，提高讯问工作的效率。

---

〔1〕 徐立忠、高旭：“犯罪心理测试技术在刑事案件侦查中的应用”，载《江苏公安专科学校学报》2002 年第 3 期。

四、心理测试技术的操作步骤

犯罪心理测试技术，就其技术的科学原理来讲，是测定被测人有无对违法犯罪事实的特殊事件的记忆痕迹。犯罪心理测试技术作为刑事侦查讯问的一项辅助手段，不能无视或违背法律的有关规定任意使用。在测试前一般要有正式的报批、委托手续和相关法律手续；在具体测试中应遵循一定的程序[1]。

第一，熟悉案情，运用犯罪心理痕迹动态分析描绘技术。犯罪心理行为痕迹描绘，是根据作案人在犯罪行为过程中表现出的稳定的、典型的心理特点和现场遗留的犯罪行为痕迹，刻画作案人曾经进行犯罪活动时亲身体验过和操作过的事物在头脑中的痕迹，即记忆痕迹。通过对记忆痕迹的分析和综合，将犯罪过程相对完整地再现。

第二，编题阶段，即再现作案人实施犯罪时的心理和行为活动。真正的作案人会在某个目标上反应强烈，而无辜者往往在各题目上的反应没有显著差异。当前已经发展出了四种编题的方法，主要有CQT（准绳问题测试法），POT（紧张峰测试法），GKT（犯罪情景测试法）和SKY（怀疑—知情—参与测试法）。一套完整的测试题应该包括[2]：①导入问题，使被测人情绪稳定；②向被测人提出SKY问题，即询问被测试人是否干过、参与过、看到过或知道这起案件，或是否怀疑此案为谁所为；③用紧张峰测试法提问作案时间和动机；④用犯罪情节测试法设问作案过程。当测试题目向被测人提出时，如果被测人是作案人或知情人，他头脑中对案件的记忆就会被唤起，其情绪随之发生波动，生理上的皮肤电、脉搏、呼吸三个参数在计算机显示屏上的图谱都有特异的变化。这种编题模式中的每组问题中有一个目标问题和四五个陪衬问题。目标问题是案件中的某一细节，陪衬问题是与目标问题类似但其内容和案件无关的问题。无辜者在目标问题和陪衬问题上的反应无明显差异，作案人或知情人在目标问题上的反应将显著强烈于陪衬问题。

第三，测前访谈，查明被测人是否有精神疾病、患病等不具备测试条件的情况，同时还要与被测人沟通，使被测人达到适合的受测状态。同时，还可以对被测人施以心理影响，减弱消除作案人的抗拒意志。

第四，实施测验，该过程的操作者要按照预定的计划，谨慎小心地进行操作，因为大多数测验结果的失误都是由于操作者的操作不当或失误造成的。

第五，进行同步及测后评图，作出测试结论。

第六，依据测试结果，进行测后讯问或排除嫌疑。

第二节　心理量表技术分析

犯罪心理学在我国创立至今，已经由经验总结、案例分析渐渐地趋向于量化研究这一

---

〔1〕 犯罪心理测试技术六大阶段技术理论系武伯欣教授根据实测经验而总结归纳出来的。
〔2〕 李强："犯罪心理测试技术在侦查中的科学运用"，载《湖南公安高等专科学校学报》2009年第1期。

主流范式。20 世纪 80 年代，犯罪心理的量化分析主要使用心理量表对犯罪人进行测量，例如罗大华等人（1987）运用人格量表对罪犯进行心理测量发现：犯罪人同一般的社会人群在人格特征上存在着许多显著差异，从而提出了"犯罪心理结构"这一概念。

在犯罪心理量化分析中，心理量表的使用虽然是较早使用的方法，直到目前，心理量表仍然被广泛使用。人格异常、精神异常、智能异常等心理问题导致的犯罪行为是许多研究者的重点研究对象。古往今来，许多研究者试图寻找和总结罪犯的心理特质以分析、预测和控制犯罪行为，因此在犯罪心理的研究中，研究者们纷纷开始使用心理量表对犯罪人进行心理测量。最初心理量表的使用，绝大多数是对罪犯进行心理测量，以研究罪犯的犯罪心理特征。

一、人格心理量化分析

在犯罪心理研究中，最常见的心理量表是测量人格的量表。"人格"是指个体在一定的社会生活实践中所形成的带有倾向性的较为稳定的心理特征的总和。犯罪心理学对人格的研究侧重于认识能力、情绪反应、性格特征、行为动机、人际关系协调程度、道德价值等方面。自从在犯罪心理研究中使用心理量表以来，人格量表就被广泛使用，至今仍然有许多研究是以受测者的人格为基础或对象来开展。基于大量的人格研究，国内外许多研究发现，犯罪的诸多主客观因素中，人格异常所致的犯罪占了相当大的比例，主要有偏执型人格异常、反社会型人格异常、边缘型人格异常和冲动控制障碍型人格异常这四类。

目前，常用的人格量表主要有《明尼苏达多项人格测验》（MMPI）、《卡特尔 16 种人格因素问卷》（16PF）、《大五人格量表》（BFI）、《艾森克人格问卷》（EPQ）、《人格障碍诊断量表》（PDQ-4+）、《反社会人格量表》《中国罪犯心理评估个性分测验》（COPA-PI）等。

（一）明尼苏达多项人格测验（MMPI）

明尼苏达多项人格测验（Minnesota Multiphasic Personality Inventory，MMPI）是由明尼苏达大学教授哈瑟韦（S. R. Hathaway）和麦金力（J. C. Mckinley）于 20 世纪 40 年代制定而成的。该量表可以用于测试正常人的人格类型，也可以用于区分正常人和精神疾病求助者。

MMPI 共 566 题，题目内容包括身体各方面的情况（如神经系统、心血管系统、消化系统、生殖系统等情况）、精神状态、家庭、婚姻、宗教、法律、社会等方面。如果只为精神病临床诊断使用，一般采用前 399 题。测试可有多种操作形式，如用卡片、问卷、磁带或人机对话式等，一般均采用个别问卷式。不论采用何种形式，均是要求受试者根据自己的实际情况在各项目下选答是或否。在结果计分解释中，主要使用 4 个效度量表、10 个临床量表和 5 个附加量表。

1. 效度量表。

（1）疑问量表（Q）。此量表反映被测试者回避问题的倾向，原是为了鉴定疑病求助者而制定的。共 33 个题目，得分高者即使身体无病，也总是觉得身体欠佳，表现疑病倾向。

（2）谎言量表（L）。此量表中的题目，是测试被试者的回答，很容易得到社会公认的行为倾向，题目的内容都是社会上常见的小问题，所谓小毛小病。该分数高，说明被试者过分掩饰自己所存在的问题，心理防御过度。原始分超过 10 分，则结果不可信。

（3）伪装量表（F）。此量表由一些不经常遇到的问题组成。分数提高表示被测试者回答问题不认真或者理解错误，表现出一组相互无关的症状，或在伪装疾病。

（4）修正量表（K）。此量表用于测验受测试者是否愿意议论个人事情，它与智力、教育以及社会地位有关。分数过高，可能是被测试者不愿合作。

2. 临床量表。

（1）疑病量表（Hs）。高分者表明有许多模糊的身体问题，这些问题倾向于慢性、心理治疗反应欠佳，高分者一般表现为不愉快、自我中心，发牢骚、诉苦、有敌意、要求高和引人注目。

（2）抑郁量表（D）。分数升高反映有抑郁情绪，缺乏自尊心和感觉不适，这是临床病人最常见的高分量表之一，高分者表现为易怒、胆小、依赖、悲观、烦恼、易激动、懒散、过度控制及自罪。

（3）癔症量表（Hy）。高分者倾向于依赖性、神经症性防卫，以否认和压抑来对付心理压力，高分者表现为依赖、天真、外露、幼稚和自我陶醉，他们的人际关系常被破坏，对问题缺少自知之明，在高分者中，强烈的心理压力常常带来躯体的症状。

（4）精神病态量表（Pd）。与反社会行为有关，其难以控制自身行为，家庭关系破裂、冲动、难以遵守学习、工作纪律或法律，可有酒精中毒或滥用药物等现象。高分者中可能有人格特征的障碍，如表现外露、善于交际、可爱但会骗人，做作、好享乐、好出风头、判断力差，不可信赖、不成熟、有敌意、好寻衅。

（5）性度量表（Mf）。高分的男性，表现为敏感爱美、被动或女性化。他们可出现对同性的冲动而降低对异性的动机。低分的男人被视为兴趣狭窄。高分的女性被视为男性化，其易表现为粗鲁、好攻击、自信、缺乏感情、不敏感。低分的女性表现为被动屈服，诉苦，吹毛求疵，理想主义、敏感。

（6）妄想量表（Pa）。此量表的分数过分升高经常与其多疑、孤独、精明、警惕、容易烦恼以及过分敏感等表现有关。高分者可能表现为怪罪和怀有怨恨别人的投射防卫机制。高分者一般具有敌意和爱争辩的特点，而且不太愿意接受心理治疗，低分者的原始分在 6 分以下的可表现为谨慎小心，逃避及偏执行为。

（7）精神衰弱症量表（Pt）。高分者表现为紧张、焦虑、多思、心神不定、强迫、恐怖、刻板、他们常有自责、自罪、和自感能力下降及精力不足。

（8）精神分裂症量表（Sc）。高分者表现为异乎寻常或分裂的生活方式，他们表现为退缩、胆小、缺少内心体验、紧张、混乱及易怒。其可出现特异或奇怪的想法，判断力差，以及具有反复无常的情绪。分数很高者可表现为与现实接触差，感觉体验古怪，有妄想和幻觉。

（9）轻躁症量表（Ma）。高分者表现为善于交际、外露、冲动、精力过于充沛、乐观、不受约束的道德观念、轻浮、暴饮、夸张、易怒、过于乐观及不现实。

（10）社会内向度量表（Si）。高分者具有内向、怕羞、退缩、社交节制、屈从、过分控制、懒散、守旧、紧张、固执的特点，以及表现自罪。

3. 附加量表

（1）外显性焦虑（MAS）。高分者对简单的操作任务可能表现得很好，如学校、工作中的操作任务，而在操作复杂的任务时可能受到影响（受到损伤）。

（2）依赖性（DY）。高分者可能有强烈的依赖需要然而并不十分合适。

（3）支配性（DO）。高分者自己认为并被别人看作是较强者，不易受到威吓，感到安全，有保障，有自信心。

（4）社会责任（RE）。高分者对团体有完整的责任感，具有高度的忠诚和正义。

（5）控制力（CN）。CN 量表的高分音是存在心理问题的人，趋向于自己保密，而不是向他人揭露。

MMPI 的计分方法：①计算 Q 量表的原始分，超过 22 分或 30 分无效。②分别计算各量表的原始分；对 5 个量表加 K 分校正（Hs+0.5K、Pd+0.4K、Pt+1.0K、Sc+1.0K、Ma+0.2K）。③查换算表，把原始分转化为 T 分；或计算 T 分，$T = 50 + 10 (X - x) / SD$。④画出剖析图。

MMPI 的结果解释：MMPI 主要是考虑各量表的高分特点，如果那个分量表的 T 分在 70 分以上（按美国常模），或 T 分在 60 分以上（按中国常模），便视为有病理性异常或某种心理偏离现象。

（二）卡特尔 16 种人格因素问卷（16PF）

卡特尔 16 种人格因素问卷是美国伊利诺州立大学人格及能力测验研究所卡特尔（Raymond Bernard Cattell，1905~1998）教授编制的，简称 16PF，适用于 16 周岁以上的青年和成人，共 187 个题目。卡特尔认为，人格是由 16 种因素组成的，通过对 16 种个性因素的测试，可以看出一个人在某一方面的人格特征。16 种人格因素如下：

1. 因素 A（乐群性）：高分者外向、热情、乐群；低分者缄默、孤独、内向。

2. 因素 B（聪慧性）：高分者聪明、富有才识；低分者迟钝、学识浅薄。

3. 因素 C（稳定性）：高分者情绪稳定而成熟；低分者情绪激动不稳定。

4. 因素 E（恃强性）：高分者好强固执、支配攻击；低分者谦虚顺从。

5. 因素 F（兴奋性）：高分者轻松兴奋、逍遥放纵；低分者严肃审慎、沉默寡言。

6. 因素 G（有恒性）：高分者有恒心、负责任、重良心；低分者权宜敷衍、原则性差。

7. 因素 H（敢为性）：高分者冒险敢为，少有顾忌，主动性强；低分者害羞、畏缩、退却。

8. 因素 I（敏感性）：高分者细心、敏感、好感情用事；低分者粗心、理智、着重实际。

9. 因素 L（怀疑性）：高分者易怀疑、刚愎、固执己见；低分者真诚、合作、宽容、信赖随和。

10. 因素 M（幻想性）：高分者富于想象、狂放不羁；低分者较为现实、脚踏实地、合乎成规。

11. 因素 N（世故性）：高分者精明、圆滑、世故、人情练达、善于处世；低分者坦诚、直率、天真。

12. 因素 O（忧虑性）：高分者忧虑抑郁、沮丧悲观、自责、缺乏自信；低分者安详沉着、有自信心。

13. 因素 Ql（实验性）：高分者自由开放、批评激进；低分者保守、循规蹈矩、尊重传统。

14. 因素 Q2（独立性）：高分者自主、当机立断；低分者依赖、随群附众。

15. 因素 Q3（自律性）：高分者知己知彼、自律严谨；低分者不能自制、不守纪律、自我矛盾、松懈、随心所欲。

16. 因素 Q4（紧张性）：高分者紧张、有挫折感、常缺乏耐心、心神不定，时常感到疲乏；低分者心平气和、镇静自若、知足常乐。

16PF 的计分方法：①先检查有无明显错误及遗漏。②采用三级记分：0、1、2 分，但聪慧性（因素 B）是 2 级记分，答对得 1 分，答错得 0 分。③将原始分换算成标准分数（标准 10 分制），画出剖面图。

16PF 的结果解释：在 16 种人格因素中，1~3 分为低分，8~10 分为高分。根据各因素高分特征和低分特征的描述，可以了解受测者的人格概貌。

（三）艾森克人格问卷（EPQ）

艾森克人格问卷（Eysenck Personality Questionnaire，EPQ）由英国心理学家艾森克（Hans J. Eysenck，1916~1997）编制的一种自陈量表，有成人问卷和儿童问卷两种格式。中国的艾森克问卷由陈仲庚等于 1981 年修订，共 88 题，因量表题目少，使用方便。

EPQ 包括四个分量表：内外倾向量表（E），情绪性量表（N，又称神经质），心理变态量表（P，又称精神质）和效度量表（L，又称掩饰性）。P、E、N 量表的得分随年龄增加而下降，L 量表的得分则随之上升。精神病人的 P、N 分数都较高，L 分数极高，有良好的信度和效度。

1. 内外倾向量表（E）。分数高表示人格外向，可能是好交际、渴望刺激和冒险，情感易于冲动。分数低表示人格内向，可能是好静，富于内省，除了亲密的朋友之外，对一般人缄默冷淡，不喜欢刺激，喜欢有秩序的生活方式，情绪比较稳定。

2. 情绪性量表（N）。其反映的是正常行为，与病症无关。分数高可能是焦虑、担心、常常郁郁不乐、忧心忡忡，有强烈的情绪反应，以至于出现不够理智的行为。

3. 心理变态量表（P）。其并非暗指精神病，它在所有人身上都存在，只是程度不同。但如果某人表现出明显程度，则容易发展成行为异常。分数高可能是孤独、不关心他人，难以适应外部环境，不近人情，感觉迟钝，与别人不友好，喜欢寻衅搅扰，喜欢干奇特的事情，并且不顾危险。

4. 放度量表（L）。测定被试的掩饰、假托或自身隐蔽，或者测定其社会性朴实幼稚的水平。L与其他量表的功能有联系，但它本身代表一种稳定的人格功能。

EPQ的计分方法：EPQ的题目均为是非题，答"是"加1分，答"否"不加分。计算出原始分后换算成标准T分，画剖面图。

EPQ的结果解释：各量表T分在43.3~56.7分之间为中间型，T分在38.5~43.3分或56.7~61.5分之间为倾向型，T分在38.5分以下或61.5分以上为典型。

二、健康心理量化分析

（一）90项症状清单（SCL-90）

90项症状清单（Symptom Check List 90，SCL-90），又名症状自评量表（Self-reporting Inventory）或Hopkin's症状清单（HSCL）。共有90个项目，包含有较广泛的精神病症状学内容，从感觉、情感、思维、意识、行为直至生活习惯、人际关系、饮食睡眠等，均有涉及，并采用10个因子分别反映10个方面的心理症状情况。

1. SCL-90的10个因子。

（1）躯体化：主要反映主观的躯体不适感。

（2）强迫症状：与临床强迫症表现的症状、定义基本相同。

（3）人际关系敏感：主要反映人际关系障碍，如不自在感、自卑感，尤其是与他人相比较时更突出。

（4）抑郁：指临床上已与抑郁症状群相联系的广泛概念。

（5）焦虑：指临床上明显与焦虑症状群相联系的精神症状及体验。

（6）敌对：主要从思维、情感及行为来反映被试者的敌对表现。

（7）恐怖：与传统的恐怖状态或广场恐怖所反映的内容基本一致，也包括社交恐怖的项目。

（8）偏执：主要指思维方面，如投射思维、猜疑、妄想等。

（9）精神病性：主要反映精神分裂症状，如幻听、思维播散、被控制感等。

（10）其他：主要反映睡眠以及饮食情况。

2. SCL-90的计分方法。该量表采用5级评分标准，统计标准主要为两项，即总分、因子分。

（1）总分：90个项目评分之和，能反映其病情严重程度；总均分：总分/90，表示从总体情况看，该受试者自我感觉位于1~5级间的哪一个分值程度上。

（2）阳性项目数：在90题中，单项分≥2的项目数，表示被试者在多少项目上呈现"症状"。

（3）阴性项目数：在 90 题中，单项分=1 的项目数，或者 90-阳性项目数，表示被试者"无症状"的项目有多少。

（4）阳性症状均分：（总分-阴性项目数）/阳性项目数，表示被试者"有症状"项目中的平均得分，反映被试者自我感觉不佳的项目，其严重程度究竟介于哪个范围。

（5）因子分：各因子的平均分，总共 10 个因子，即 90 项目分为 10 大类。每一因子反映被试者某一方面的情况，因而通过因子分可以了解被试者的症状分布特点，可以作廓图分析。

3. SCL-90 的结果解释。按中国常模结果，总分超过 160 分，或阳性项目超过 43 项，或任一因子分超过 2 分，可以考虑筛选阳性，需进一步检查。

（二）抑郁自评量表（SDS）

抑郁自评量表（Self-rating Depression Scale，SDS），是含有 20 个项目，分为 4 级评分的自评量表。因使用简便，能相当直观地反映人抑郁的主观感受及其在治疗中的变化，目前已广泛应用于门诊病人的粗筛、情绪状态评定以及调查、科研等。

SDS 的记分方法：待评定结束后，把 20 个项目中的各项分数相加，即得总粗分（X），然后将粗分乘以 1.25 以后取整数部分，即得标准分（Y）。

SDS 的结果解释：按照中国常模结果，SDS 标准分的分界值为 53 分，其中 53~62 分为轻度抑郁，63~72 分为中度抑郁，72 分以上为重度抑郁。

（三）焦虑自评量表（SAS）

焦虑自评量表（Self-Rating Anxiety Scale，SAS）由 W. K. Zung 教授编制（1971），从量表构造的形式到具体评定的方法，都与抑郁自评量表（SDS）十分相似，是一种分析人主观症状的相当简便的临床工具。SAS 能够较好地反映有焦虑倾向的精神病求助者的主观感受。适用于具有焦虑症状的成年人，具有广泛的应用性。

SAS 的记分方法：SAS 的主要统计指标为总分。将 20 个项目的各个得分相加，即得粗分；用粗分乘以 1.25 以后取整数部分，即得标准分。

SAS 的结果解释：按照中国常模结果，SAS 标准分的分界值为 50 分，其中 50~59 分为轻度焦虑，60~69 分为中度焦虑，70 分以上为重度焦虑。

第三节　心理痕迹技术分析

犯罪人实施犯罪行为时，必然在犯罪现场留下一定的物质痕迹，而物质痕迹下常隐藏着对案件侦破有重大线索价值的犯罪人心理痕迹。侦查人员在犯罪现场勘查时非常重视各种物质痕迹的收集，却往往忽视了对心理痕迹的收集和分析。

行为是心理活动的外化，其实质是行为人的行为动机、个性特点、情绪状态、知识、经验、技术、习惯等构成的主体状况与特定情况相互作用的结果，是心理活动的产物和心理状态的反映。根据人的行为活动，可以分析判断行为人的心理活动及其个性特点，分析判断当时的情境条件，以及其所生活的环境和经历，从而从已知追溯未知，描述刻画出行为人的心理活动及其心理面貌和特点来。犯罪心理痕迹的研究利用正是基于这一基本的心理学原理，犯罪人无论是其行为动机还是行为时的情绪状态、作案经验、行为习惯、与侵害对象的关系状况、熟悉程度，预谋情况以及有关个性特点、心理面貌及其生活环境等影响个性形成的因素，都会不同程度地通过犯罪行为所遗留的犯罪心理痕迹直接或间接地反映出来，为分析案情、刻画罪犯提供了依据。

一、概念

（一）犯罪心理痕迹的概念

犯罪痕迹是指由犯罪行为引起的犯罪现场的一切变化所呈现的反映形象，随着科学技术的发展，犯罪痕迹的内涵和外延都在发生变化，现场犯罪心理痕迹的概念随之被引入。关于犯罪心理痕迹的概念暂且没有统一观点。从广义上来说，犯罪心理痕迹是犯罪人的犯罪心理活动遗留在现场上和相关人员记忆中的反映。而从狭义上来说，犯罪心理痕迹是指能够反映犯罪人在实施犯罪行为过程中心理活动特征的物质痕迹总和。

在侦查实践中，侦查人员应当重视分析物质痕迹所反映出来的犯罪嫌疑人的心理痕迹，犯罪心理痕迹在一定程度上能够反映犯罪分子的作案动机和目的，犯罪分子的特殊性格、气质、兴趣以及犯罪的内在需求。准确分析犯罪心理痕迹能够为分析案情和后续侦查工作提供线索和指明方向。

（二）心理痕迹与物质痕迹的关系

心理痕迹与物质痕迹之间有着密切的联系，主要表现在：一是现场犯罪心理痕迹和物质痕迹都能够对犯罪行为进行客观反映，任何心理现象都是对客观物质的反映，犯罪心理痕迹依托于犯罪结果并间接地反映在现场的物质痕迹中。二是心理痕迹以物质痕迹为依托，与物质痕迹具有对应性、一致性。三是心理痕迹与物质痕迹具有互补性，心理痕迹通过物质痕迹来反映，心理痕迹反过来又对物质痕迹的运用提供准确全面的心理科学支撑。

心理痕迹与物质痕迹还存在着区别。一是存在的形式不同。物质痕迹通常具有感知性，心理痕迹往往是一种潜在的形态，是侦查人员的一种主观分析判断。二是提取方式不同，物质痕迹通常使用理化方法来提取获得，而心理痕迹则是通过现场分析痕迹物证和知情人陈述来对嫌疑人的心理作出分析判断。三是运用效力不同，物质痕迹通过检验鉴定和同一认定可以作为诉讼证据使用，而心理痕迹不能直接作为诉讼证据使用，只能为案情分析提供依据以及为侦查工作提供线索。

二、犯罪心理痕迹的特征分析

（一）客观存在性

犯罪心理痕迹虽然在主观上表现为心理现象，不具有可见性，但在客观上则是通过对犯罪现场的物质痕迹、现场访问所获线索的分析所反映出来或者存在于相关人员的记忆中的形成客观的物质化痕迹。这表明犯罪心理痕迹如同物质痕迹是客观存在的，其不以侦查人员的主观意志为转移，关键在于透过表象去分析认识。

（二）可知性

犯罪人的犯罪心理痕迹贯穿于整个犯罪过程的始终，虽然犯罪心理痕迹是不可见的，但其与犯罪现场、物质痕迹、犯罪人密切相关，通过对这些密切相关的"载体"的分析，完全可以感知和认识犯罪人特有的心理痕迹，因此犯罪心理痕迹具有可知性。

（三）相对稳定性

犯罪人的犯罪心理痕迹一经形成，在很长一段时间内便相对稳定，不会做出大的改变。这是由于在成功作案后，犯罪人的作案方式和内心需求得到强化，这种犯罪心理痕迹驱使犯罪人在其他案件中也按照以往的"成功"经验去实施犯罪行为，只有遇到重大挫败时，犯罪人的犯罪心理痕迹才会发生改变，即所谓的定式心理。

（四）个体独特性

世界上每个人的存在具有唯一性，不同犯罪人具有不同的个性心理特征、心理倾向、行为习惯、思维模式，每个人的个性特征都具有绝对的区别，这些特征会在犯罪人实施犯罪的过程中表现出来。由于心理支配行为，行为反映心理，这些表现出来的特征就是其独有的心理特征，能够代表其特有行事方式的心理印记。在侦查工作中，我们可以利用犯罪人心理痕迹的个体性差异来分析犯罪人的犯罪动机、目的、作案手段以此来为确定侦查方向和侦查范围提供依据。

三、犯罪心理痕迹的分析方法

（一）从犯罪物质痕迹分析犯罪心理痕迹

物质痕迹是犯罪心理痕迹的载体，如果没有物质痕迹，犯罪现场心理痕迹就无从谈起。只有细致全面地进行现场勘查，才能更全面客观地分析、刻画犯罪心理痕迹。

1. 从现场损失物的情况反映出的犯罪心理痕迹，来推断犯罪嫌疑人的犯罪动机和目的。例如，现场损失物是贵重物品，而一般人不知道其所藏之地，但犯罪行为直接指向的就是该珍贵物品的存放之处，其他地方几乎没动，可推断为内盗；从现场仅造成凌乱和破坏而并无物品损失的情况，可推断犯罪嫌疑人是恶意报复；从现场损失物的体积、数量、重量，可推断作案人数、有无预谋、是否备有运输工具。

2. 从现场遗留物分析犯罪心理痕迹。现场增加的物质就是现场的遗留物。侦查人员可以根据遗留物的位置、关系、标记特点等分析犯罪心理痕迹，推断犯罪人作案过程中的心理状态、遗留物品的心理原因，从而识别犯罪嫌疑人的职业、习惯、年龄、生理特点等。例如，现场遗留物较少，侵害目标比较明确，而所留痕迹对侦查人员几乎没有价值，这反映出犯罪嫌疑人动作熟练、作案时心理状态起伏不大，推断犯罪人可能有前科或有内应人、知情人。反之，现场遗留物多、痕迹混乱，则反映出犯罪人内心紧张、心理波动大，情绪不稳定，从而推断犯罪人可能不熟悉现场情况或是初犯。

3. 从现场物质痕迹的总体情况进行分析。作案人在整个犯罪过程中的心理活动有连续性和统一性。这种分析主要看从现场提取的物质痕迹的总体数量、种类、分布状况以及痕迹与痕迹之间、痕迹与犯罪行为、痕迹与犯罪结果之间有无必然的联系。例如，如果现场提取的物质痕迹多、杂、乱，且相互之间无必然联系，出现这种情况除犯罪行为人故意制造假象外，说明犯罪行为人作案时大脑处于失控状态。这一般有两种情况：一是精神病人于发病期间犯罪；二是作案者高度兴奋、紧张、恐惧，此时的高级神经活动处于紊乱状态之中。这种分析有助于了解作案者的精神是否正常，是初犯还是累犯。

（二）从嫌疑人的行为分析犯罪心理痕迹

犯罪人在犯罪实施后还会实施阻碍侦查的反侦查行为，侦查人员要认真、细致地对待每一个与案件相关的证据，识别其中犯罪人伪造的证据和假的证人证言并加以利用，借此分析犯罪人的犯罪心理痕迹。犯罪人在作案后通常会伪装自己，试图掩盖自己与犯罪行为之间的关系，此时侦查人员要进行现场访问，发现反常现象，透过这些反常现象发现人的犯罪心理痕迹。犯罪人隐藏在群众之中，其实施的反侦查行为和造成的反常现象都会不可避免地被群众所察觉，侦查人员还应当遵循"专门工作与群众路线相结合"的方针做好群众工作，发掘那些不符合常人的客观心理规律和有违正常人身心特点的反常表现，以此来揭露犯罪人的特殊犯罪心理痕迹。

（三）从犯罪工具的选择分析犯罪心理痕迹

犯罪工具是犯罪人进行犯罪活动使用的一切器械物品，包括犯罪时所使用的枪械、刀斧、毒药、绳索等，还包括犯罪前后为达到或逃离犯罪现场或进行犯罪活动的汽车、摩托车等。犯罪工具的选择不仅能反映出犯罪人的经济状况、职业岗位、犯罪目的、是否为累犯等情况，甚至还能反映出犯罪人身高、体重及运动能力、是否有充足的计划、知识水平及思维特征等情况。比如，在某地发生的抢劫小卖铺案件中，通过犯罪现场勘查发现，捅伤被害人的刀具为学生经常使用的铅笔刀。侦查人员将附近学校的学生作为侦查重点，很快将犯罪学生抓获。又如，利用计算机病毒实施犯罪，说明犯罪人学历较高，具有计算机专业知识或学习经历。

（四）通过心理测试分析犯罪心理痕迹

犯罪人实施犯罪行为之后，对犯罪现场和其实施犯罪的整个过程以及细节在大脑中都留下印象。犯罪人虽然表面上顽固抵赖，但心理学专家可以通过精心编制的题目对犯罪人进行心理测试的方法对其在测试过程中对某些问题的回答所产生的生理、心理反应来分析犯罪人的心理痕迹，以此来分析判断与案件相关的具体情况。这种心理测试方法虽然不能够作为诉讼证据使用，但是可以用来分析犯罪人的心理痕迹和对案件的感知情况，从而为侦查破案提供线索和依据。

第四节 心理画像技术分析

一、犯罪心理画像技术的涵义

犯罪心理画像（Criminal Profiling）在国外又称犯罪人格分析（Criminal Personality Analysis）、犯罪现场画像（Crime Scene Profiling）、犯罪人画像（Offender Profiling）等。目前，犯罪心理画像（Criminal Profiling）一词在学术界被使用的频率最高。本书对该技术的研究探讨也将使用犯罪心理画像一词。

由于系统探索犯罪心理画像技术的时间较短，国内外学者所依据的理论存在差异，至今，对于犯罪心理画像仍然没有统一、严格、准确的定义。依据犯罪心理画像背后支撑的人格理论，部分学者倾向于侧重犯罪人人格特征的学说，如英国的皮特·B. 安斯沃思（Peter B. Ainsworth）在他所著的《犯罪人特征剖析》一书中借用 Ressler 和 Shachtman 的观点，认为"犯罪心理画像（offender profiling），是侦查人员尽可能地从已经发生的事件中去了解他们所能了解的与案件相关的信息，用侦查人员本身的经验去探索犯罪事件发生的可能的原因，并且基于对上述因素的理解刻画出犯罪者的人格特征。"[1] 同样，John Douglas 等人也将之定义为"在犯罪分析的基础上进行的犯罪人主要人格和个性分析的刻画。"[2] 其强调犯罪心理画像的主要作用是描绘犯罪人的人格特征。有些学者则倾向于侧重犯罪心理画像的研究标的——犯罪人的行为，如美国的布伦特·特维（Brent E. Turvey）提出了行为证据分析法（Behavioral Evidence Analysis，BEA），并将该技术定义为"借助分析物证或行为证据信息，对实施犯罪的行为人进行个性特征推断"[3]。即特维认为犯罪人在现场留下的行为痕迹都带有犯罪人独特的风格与标记，与犯罪人的个性特征是相互关联的，犯罪心理画像就是为了找出行为背后的个性特征。其强调犯罪人在现场留下的行为痕迹对推断出犯罪行为人个性特征的价值。还有些学者倾向于侧重犯罪心理画像的研究标的物——犯罪人，Trevi 将之定义为"建立在案件特征分析基础上的描绘刑事案件犯罪人的企图。"[4]同样，英国的大卫·坎特（David canter）也将之定义为"根据对犯罪和犯罪现场的全面仔细的勘查，获取有关犯罪人生活方式和人格线索，从而对犯罪人的家庭情况、职业、性格进行准确的预测。"[5]其强调犯罪心理画像是对犯罪人各个方面的具体刻画，人格特征与行为个性特征的刻画都只是其中的组成部分。

我国学者李玫瑾对犯罪心理画像进行了全面细致的描述，她认为犯罪心理画像"是指在侦查阶段根据已掌握的情况对未知的犯罪嫌疑人进行相关的行为、动机、心理过程以及人员心理特点等分析进而通过文字形成对犯罪嫌疑人的人物形象及心理特征群的描述"[6]。中国人民公安大学付有志教授将犯罪心理画像定义为"对刑事案件的行为证据进行心理分析、刻画犯罪人性状与特征的过程及结果"[7]。

---

〔1〕 ［英］艾斯沃思：《犯罪人特征剖析》，赵桂芬译，中国轻工业出版社 2007 年版，第 161 页。
〔2〕 李昌钰：《犯罪现场勘查手册》，中国人民公安大学出版社 2006 年 8 月第 1 版。
〔3〕 巫辅相："行为证据分析的基础理论与应用研究"，西南政法大学 2016 年硕士学位论文，第 3 页。
〔4〕 邢雷雷："犯罪心理画像及其本土化研究"，吉林大学 2007 年硕士学位论文。
〔5〕 ［英］大卫·坎特：《犯罪的影子——系列杀人犯的心理特征剖析》，吴宗宪译，中国轻工业出版社 2002 年版，第 18 页。
〔6〕 李玫瑾："侦查中犯罪心理画像的实质与价值"，载《中国人民公安大学学报（社会科学版）》2007 年第 4 期。
〔7〕 付有志："解码犯罪心理画像"，载《中国人民公安大学学报（社会科学版）》2005 年第 3 期。

综上，我们将犯罪心理画像技术定义为：犯罪心理画像技术是在心理学的基础上，犯罪学、法医学、侦查学、证据学、逻辑学等多重学科相互交叉下形成的一门复合性技术。它是通过对侦查过程中所获得的各类信息进行心理分析，借助数据统计背景下所得出的相关结论以及犯罪心理画像师所掌握的犯罪心理画像技术的主观程度，对实施犯罪的行为人的生理状态、心理状态、个人特征、社会危险性以及犯罪原因进行刻画，以缩小侦查人员对不明犯罪人的搜查范围，为侦破刑事案件提供助力的一种新的刑侦技术手段。

二、犯罪心理画像技术的实践价值

犯罪心理画像是在通过对犯罪现场进行勘查后，依据所得到的相关证据来对实施犯罪的行为人的个人情况进行推断的过程。将犯罪心理画像技术辅助的应用于侦查活动中，将有助于依据犯罪分子所留下的心理痕迹而勾画出犯罪人的个性特征，从而提高锁定犯罪人的效率，提高侦查效率。

犯罪问题极大的破坏性与危害性，使得有效地控制犯罪成为法治社会的基本要求之一。特别是当今的中国正处于改革开放的转型的时期，社会冲突还是比较尖锐，人们面临较大的精神压力。在精神压力不能找到合适的排解方式的时候，人们很容易产生愤怒、悲观、仇恨等负面情绪，部分人会偏激地选择用犯罪的方式来舒缓，惨烈的恶性犯罪就很可能发生。当犯罪案件能够快速被侦破，有利于提高犯罪人犯罪被发现的概率，从而降低犯罪人的犯意，有利于社会的安定。将犯罪心理画像技术应用于案件的侦查也有利于大众去了解犯罪者的心理活动，有利于发现某类犯罪的一般规律（即使个体是存在差异的，但根据唯物主义观点，差异中也蕴含着一般规律），有利于安定人们的恐慌情绪。将犯罪心理画像技术应用于犯罪预防之中，将更有效地预防犯罪，降低犯罪率。

犯罪预防与人类社会自我发展相同步是犯罪预防的基础原理。犯罪存在于人类社会这一现象反映出人类自身与所处社会的弱点，因此，当人类和社会不断完善、进步与发展，犯罪也会随之相应减少。犯罪预防的理论与人性塑造以及社会完善紧密相连，预防犯罪的实践应当是一个社会改革与人性提升的实践过程。[1] 而犯罪心理画像虽然研究的是个案中犯罪人的心理状态，并且分析个案中犯罪人在人性方面的缺失，但社会是由具体的个体单位组成，个体缺失的背后也体现出整个社会系统所存在的缺漏。由此，犯罪心理画像与犯罪预防两者互相支撑，犯罪心理画像所得成果完全可以运用于犯罪预防实践之中。例如，当发现性犯罪者多数是在早年阶段受到过性方面的伤害时，国家会更加重视对未成年人以及成年人进行性教育，完善《未成年人保护法》以及配套保护措施，父母和学校也能及时发现孩子的异常，调整自己的教育方式或进行相关干预，以及时解决孩子的心理问题，防止该问题进一步异常最后演化为犯罪动机，从而预防犯罪。

三、犯罪心理画像技术的应用范围

在犯罪心理画像的应用范围与程度上，不同的研究者也存在不同的见解。画像技术在

---

[1] 岳平："我国犯罪预防理论有效性的检视与发展进程"，载《上海大学学报（社会科学版）》2014年第6期。

系列性犯罪、系列杀人、系列抢劫的侦破中似乎可以发挥重要作用，而在其他案件，诸如偷窃、诈骗、政治犯罪等案件中，其发挥的作用则十分有限。

如何利用心理画像的成果也是心理学家们关注的一个问题。Norris 等人[1]进行了一项关于不同对象在心理画像选择上的倾向性研究。研究者招募了 70 名心理系在校本科生和 30 名在职警官，向这两组被试呈现一个案例，并提供三份不同表达方式的心理画像。问卷调查的结果显示，两组被试在画像选择上具有显著差异。在职警官组倾向于选择犯罪学风格表达的画像，并且正确地选择了更多犯罪者确实拥有的特征。而学生组则在画像的选择上更倾向于随机性。这项研究为心理画像的使用提供了指导方向，画像师应根据画像使用的对象不同而对画像进行相应的解释，以期更有效地服务于刑侦调查。

Jackson 等人在对 184 例使用犯罪心理画像技术的案件进行调查分析后发现，仅有 2.7% 的案件通过这项技术被直接侦破，而在 17% 的案件中，这项技术没有发挥任何作用。他们指出，在大多数（61%）的案件中，画像技术只是推进了办案人员对案件或犯罪人的理解[2]。

近来，White 等人在对 200 名系列杀手进行统计分析后得出结论：大多数系列杀手（71.5%）是由于目击者的描述或生还受害者所提供的信息才被警方逮捕归案。在所有样本中，无一例杀手是仅仅依靠法庭证据或犯罪心理画像而被抓获的[3]。

由此可见，犯罪心理画像技术在应用上需要防止对该项技术的泛化认识和过高估计，在对结论进行利用的程度上要有十分慎重的态度。

四、犯罪心理画像技术的操作步骤

根据已发生的案件进行广泛的访谈、调查，根据访谈结果以及累积的相关数据，研究人员可以提出按照动机、暴力程度、再次犯罪的可能性将犯罪分为不同的类型，在已经建立的犯罪人类型得出犯罪人的心理，画像重点是推断犯罪人的个性和犯罪动机。具体操作可分为以下六个步骤：

（一）画像输入

画像输入需要对与具体案件相关的所有材料进行收集和评估，包括物证、现场照片、尸检报告和照片、证人证言，被害人的大量背景信息、警方的报告，以及其他可以精确描述犯罪发生之前、之中和之后发生过什么的有关信息。在这一阶段，不需要被告知可能的犯罪嫌疑人，因为收集到的信息可能带有偏见或可能影响结论的方向，该阶段工作是进行其他步骤的基础，如果相关信息完全不准确，随后的分析过程也会受到影响。

（二）决策过程模型

在这一阶段，研究人员将第一阶段收集到的信息，按犯罪活动的几个方面组织成富有

〔1〕 Norris G，Rafferty E，Campbell J，"An examination of content preference in offender profiles"，*International Journal of Offender Therapy and Comparative Criminology*，2010，NO. 3.

〔2〕 Janet L. Jackson，Debra A. Bekerian，"Offender profiling: Theory，research and practice"，*John Wiley & Sons Inc*，1997.

〔3〕 John H. White，David Lester，Matthew Gentile，Juliana Rosenbleeth，"The utilization of forensic science and criminal profiling for capturing serial killers"，*Forensic science international*，2011，209（1）：160-165.

意义的问题和模式：该案属于什么类型？犯罪的首要动机是什么？被害人所经历的风险水平有多高？凶手在杀害被害人时所承担的风险水平有多高？凶手在杀人之前和之后的行为顺序如何？凶手为完成这些行为花费了多长时间？凶手在什么地方作案？尸体是被搬动过还是就被放在谋杀现场？

（三）犯罪评估

以前两个阶段得出的结果为基础，画像人员开始尝试着对犯罪人及其被害人的行为进行重建。所涉及的问题包括：该案件是有组织的还是无组织的？凶手在作案过程中是否故意误导警方？从被害人的死因、伤口位置、尸体摆放情况等细节可以推断出凶手有什么样的动机？举例而言，一般性的画像原则包括：

1. 暴虐的面部伤害表明凶手认识被害人。

2. 谋杀工具是从现场随意取得的谋杀案，其冲动性程度要高于用枪作案的谋杀案。

3. 早上发生的谋杀很少涉及酒精或药物使用。

这些有利于帮助分析者理解各个体在犯罪中的角色，并有助于得出随后要进行的犯罪人心理画像。

（四）犯罪人的心理画像

在这一阶段，画像人员得出关于未知嫌疑人的初步描述。典型的画像结论包括未知嫌疑人的种族、性别、年龄（年龄的准确性很低，因为心理年龄或经验年龄并不总是和生理年龄相一致）、婚姻状况、居住条件、工作记录、心理特征、信仰、价值观、过去的犯罪记录（包括过去有相似犯罪的可能性）、对警方可能作出的反应。该阶段还包括一个反馈环节，即画像人员根据新发现的信息来检验其结论，以保证画像结论符合真实情况。

（五）根据画像结论进行调查

在这一阶段，画像结论被用于协助侦查工作。如果仍不能找出嫌疑人，或出现了新的证据，则需要对画像结论进行重新评估和修正。

（六）逮捕及审讯

在犯罪人被逮捕以后，可以对画像中关于犯罪人特征的结论进行交叉检验，以验证画像是否准确。这一工作有时极难进行，因为有的犯罪人可能永远不会被抓获，或者犯罪人在其他辖区被抓获而不方便对其进行交叉检验，或犯罪人停止作案而消失于警方的视线之外。对画像结论的检验可以进一步评估背景因素对心理变量的影响。

五、犯罪心理画像技术的局限性

犯罪心理画像技术的应用优势十分突出，但是犯罪心理画像技术自身仍然存在着诸多的局限。相对于国外，国内在犯罪心理画像技术研究上投注的精力相对不足，我国针对犯罪心理画像技术的研究起步相对较晚。因此，犯罪心理画像的理论基础十分薄弱，对犯罪心理画像技术的科学性论证更是少之又少，人们多对这门技术持保留态度。为了让犯罪心理画像技术可以真正地在犯罪案件侦查中发挥出相应的作用，研究人员必须要面对犯罪心理画像技术存在的局限性。例如：犯罪心理画像尚未建立起一个系统的心理画像技术指标体系和操作标准，在具体案情分析中其受到的主观影响较大，心理画像师专业培训的尚待完善问题等。只有寻找相应的解决之策，才能使得犯罪心理画像技术可以稳定地应用于案件侦查而不是依靠猜测巧合表明其实际应用价值，提高犯罪心理画像在案件侦查运用中的科学性，才能让这门技术被大众所认可，真正提高侦查案件的效率。

参考文献

1. 李强："犯罪心理测试技术在侦查中的科学运用"，载《湖南公安高等专科学校学报》2009年第1期。

2. 徐立忠、高旭："犯罪心理测试技术在刑事案件侦查中的应用"，载《江苏公安专科学校学报》2002年第3期。

3. 李校星、王进："对加强高危人群识别与管控之策略"，载《甘肃警察职业学院学报》2010年第2期。

4. 陈小梅："心理测量与校园暴力犯罪预防——以一起校园命案为例"，载《福建警察学院学报》2011年第3期。

5. 杨永芳："吸毒者压力、社会支持与应对方式的关系研究"，西北师范大学2010年硕士学位论文。

6. 崔文波："犯罪心理测试技术的发展历程及趋势"，载《森林公安》2011年第3期。

7. 谭滨、赵宁、王帅："未成年犯罪人人格证据量化初探"，载《青少年犯罪问题》2010年第5期。

8. 何为民、罗大华、马皑："犯罪心理学研究中运用量化方法引起的理论思考"，载《辽宁警专学报》2006年第4期。

第三篇　犯罪心理行为类型分析

The most terrible enemy is no strong belief。

——Roman Roland

最可怕的敌人，就是没有坚强的信念。

——罗曼·罗兰（1866~1944，思想家，文学家）

第 十 章

财产型犯罪心理分析

经典案例

庞氏骗局

"庞氏骗局"源自于一个名叫查尔斯·庞兹（Charles Ponzi，1882-1949）的人，他是一个意大利人，1903 年移民到美国。在美国干过各种工作，包括油漆工，一心想发大财。他曾因伪造罪在加拿大坐过牢，在美国亚特兰大因走私人口而蹲过监狱。经过美国式发财梦十几年的熏陶，庞兹发现最快速赚钱的方法就是金融，于是，从 1919 年起，庞兹隐瞒了自己的历史来到了波士顿，设计了一个投资计划，向美国大众兜售。

这个投资计划说起来很简单，就是投资一种东西，然后获得高额回报。但是，庞兹故意把这个计划弄得非常复杂，让普通人根本搞不清楚。1919 年，第一次世界大战刚刚结束，世界经济体系一片混乱，庞兹便利用了这种混乱。他宣称，购买欧洲的某种邮政票据，再卖给美国，便可以赚钱。国家之间由于政策、汇率等等因素，很多经济行为普通人一般确实不容易搞清楚。其实，只要懂一点金融知识的人都会指出，这种方式根本不可能赚钱。然而，庞兹一方面在金融方面故弄玄虚，另一方面则设置了巨大的诱饵，他宣称，所有的投资，在 90 天之内都可以获得 40% 的回报。而且，他还给人们"眼见为实"的证据：最初的一批"投资者"的确在规定时间内拿到了庞兹所承诺的回报。于是，后面的"投资者"大量跟进。

在一年左右的时间里，差不多有 4 万名波士顿市民，变成庞兹赚钱计划的投资者，而且大部分是怀抱发财梦想的穷人，庞兹共收到约 1500 万美元的小额投资，平均每人"投资"几百美元。当时的庞兹被一些愚昧的美国人称为与哥伦布、马可尼（无线电发明者之一）齐名的最伟大的三个意大利人之一，因为他像哥伦布发现新大陆一样"发现了钱"。庞兹住上了有 20 个房间的别墅，买了 100 多套昂贵的西装，并配上专门的皮鞋，拥有数十根镶金的拐杖，还给他的妻子购买了无数昂贵的首饰，连他的烟斗都镶嵌着钻石。当某个金融专家揭露庞兹的投资骗术时，庞兹还在报纸上发表文章反驳金融专家，说金融专家什么都不懂。

1920 年 8 月，庞兹破产了。他所收到的钱，按照他的许诺，可以购买几亿张欧洲邮政票据，事实上，他只买过两张。此后，"庞氏骗局"成为一个专门名词，意思是指用后来的"投资者"的钱，给前面的"投资者"以回报。庞兹被判处 5 年刑期。出狱后，他又干了几件类似的勾当，因而蹲了更长的监狱。1934 年被遣送回意大利，他又想办法去骗墨索里尼，也没能得逞。1949 年，庞兹在巴西的一个慈善堂去世。死去时，这个"庞氏骗局"的发明者身无分文。[1]

心理分析：

低风险、高回报的反投资规律，拆东墙、补西墙的资金腾挪回补特征，投资诀窍的不可知和不可复制性，投资的反周期性特征，投资者结构的金字塔特征，塔尖的少数知情者通过榨取塔底和塔中的大量参与者而谋利。诈骗犯罪人一般具有认知偏差，利己主义严重，熟谙人际交往技巧和人性弱点，道德自我谴责感弱。

影视欣赏

人民的名义

《人民的名义》是由最高人民检察院影视中心组织创作，最高人民检察院政治部、最高人民检察院反贪总局、湖南卫视、天娱传媒、弘道影业有限公司、天津嘉会文化传媒有限公司、光环影业有限公司联合制作的当代检察题材反腐电视剧，由著名编剧周梅森创作，国家一级导演李路执导，陆毅、张丰毅、吴刚、许亚军、张志坚、柯蓝、徐光宇、胡静、张凯丽、赵子琪、白志迪、李建义、高亚麟、丁海峰、冯雷、李光复、张晞临、唐菀等联袂主演。

该剧以检察官侯亮平的调查行动为叙事主线，讲述了检察官们步步深入，查办国家工作人员贪污受贿犯罪的故事。

该剧于 2017 年 3 月 28 日在湖南卫视"金鹰独播剧场"播出，创造了近 10 年国内电视剧史最高纪录。2017 年 5 月 19 日该剧获得第 22 届华鼎奖评委会大奖。6 月 16 日，吴刚和张志坚凭该剧荣获第 23 届上海电视节白玉兰最佳男配角奖。

原理与技能

- 财产型犯罪心理概述
- 盗窃犯罪心理特征分析
- 诈骗犯罪心理特征分析
- 贪污犯罪心理特征分析

---

[1] https：//baike.baidu.com/item/庞氏骗局

第一节 财产型犯罪心理分析概述

侵财犯罪一般涉及非法获得财产和物品，或者非法损毁财物以获得某种经济利益，利益并不都是侵财犯罪的动机，在大多数经济犯罪或者侵财犯罪中，作案人大多会避免与被害人发生正面接触，这样作案人就不会受到良心的谴责，而那些内在价值观和社会约束力，对作案人基本无效，作案人可以很容易地抑制自我良知，否认或辩解自己的行为。他们不会去想他们的犯罪行为对被害人的影响，因为作案人不会将被害人视为感性的人，而只是一个客观目标。目前在许多网络诈骗案件中，这类情况更为普遍，过去犯罪心理学关于原因分析的研究往往比较关注暴力犯罪、性犯罪等在动机方面更为复杂的犯罪。对于财产犯罪，马吉尔（2009）指出，人们对于财产犯罪在动机方面的认识主要是物质占有欲，并且对这种动机的结论具有"不证自明"的特点，因此过多的解释显得多余；同时，与针对人的犯罪领域相比，在这个领域里，心理学的贡献是很小的。此外，对于犯罪原因的一般解释，是针对假定为"常态"的犯罪行为的，财产犯罪可以说是一种再常态不过的犯罪行为，因此，前述章节中对犯罪原因的分析，同样也适用于财产犯罪。不管怎样，财产犯罪作为主要针对物的犯罪类型，在犯罪的心理原因上仍然有别于其他犯罪的一些特点，例如，犯罪人对财物的占有欲主要来自社会经济地位差异引发的紧张感；财产犯罪的高发性与犯罪人的人际交往环境等有较为密切的关联；犯罪人因在社会经济生活中的受挫感而采用违法的手段来解决问题，是受其认知策略缺陷的影响；等等。本节将着重介绍与财产犯罪产生的心理原因相关的一些研究。

一、财产型犯罪心理概述

（一）财产型犯罪的概念和种类

财产型犯罪也称物欲犯罪、利欲犯罪，是指犯罪人出于贪利动机，采取抢劫、盗窃、诈骗、敲诈勒索、走私贩毒、贪污受贿等非法手段，攫取公私钱财、物品，满足自己欲望的犯罪行为。财产型犯罪无论是在经济发达的国家，还是在经济落后的发展中国家，始终是刑事案件中主要的犯罪形式，其在我国历年的刑事案件统计中始终居于首位。

财产型犯罪的种类主要有：盗窃犯罪、抢劫犯罪、诈骗犯罪、走私犯罪、经济犯罪等。

（二）财产型犯罪的动机

财产型犯罪的动机，是指指引、维持主体采取非法手段获取公私财物以满足自己钱、财物、欲望的行为动力。它是由主体畸形需要激起的内在动力与适宜犯罪的情景产生的诱惑力互相作用的结果，是内驱力推和外力拉两种作用相结合的产物。

1. 动机产生的心理背景。在我国改革开放过程中，由于法律的不健全，刺激了一部分人为了满足私利欲望而冒险犯罪。同时，新旧文化冲突，价值观念更替，外来观念文化渗入，使社会各个方面都处于激烈的动荡之中，特别是社会控制管理方面的不善，刺激了一些犯罪人的贪婪之心。这些现象给贪污、贿赂、走私等犯罪提供了机会。因此，以权谋私、贪污受贿、出卖肉体、盗窃公私财物等成为致富手段。

2. 财产型犯罪动机的心理机制。

（1）内在犯罪动机的形成。对钱、财、物质的不切实际的畸形需要是犯罪动机形成的内在心理因素。对金钱物质的不切实际的需要，经过刺激、引诱，便形成了犯罪的内在驱动力——动机。犯罪分子受他们的人生观、价值观及其生活目标的制约，他们错误的人生观、价值观、生活目标集中表现在贪图享受、追求实惠，他们的犯罪行为均是在物欲动机、金钱动机驱使下产生的。这种极端错误的价值观与生活态度构成他们个性心理的一部分，影响了他们对客观事物的正确选择和积极生活的态度，使他们对发展、变迁中的社会现象不能作出正确理解，因而巩固了犯罪动机。

（2）外在的犯罪诱因。在利欲动机形成的过程中，起关键作用的是诱因，欲望是内心的一种主观意念，有了外在的诱因条件时，人才能为满足欲望而采取行为，愿望才表现为活动动机去推动行为从而达到目标，否则就不能成为活动因素，不能导致满足需要的行为。心理学家认为，"凡是能引起个体动机的刺激或情境，都称之为诱因"。它可以是具体事物，也可以是事物的表象或概念。随着改革开放和社会的发展，经济收入逐渐增多，居民家庭人口向小型化方向发展，住房条件改善，向小区化、高楼化、单元化方向发展，与传统的居住方式、家庭结构模式相比，人际关系不断削弱，邻里之间交往减少，同住一单元，来往不相识，互不关心，居民的防范意识淡薄、心理松弛，对犯罪的控制能力逐渐下降。所有这些条件为犯罪分子作案在客观上提供了时间、空间的条件，成为他们满足利欲的动机诱因源。

（3）财产型犯罪其他原因。故意犯罪都有一个心理准备的过程，围绕"既达到目的，又逃避打击"这一中心。财产型犯罪人趋利避害的过程是：心理准备，找好目标，看准机会，了解分析作案对象的特点，探听内部管理漏洞，确定时间、地点；制订计划，不留作案痕迹、防止意外、准备作案工具等，犯罪人根据各自具体情况，按计划实施犯罪行为，以满足钱、财、物的欲望。

第一，不同社会经济地位引发的紧张感与相对被剥夺感。根据马吉尔（2009）的综述，有犯罪学研究者在讨论大量发生的小偷和入室盗窃现象时将这种现象和一些宏观经济因素（如失业率和消费者一般支出水平）进行数理分析，以期发现其发展变化的趋势。例如，菲尔德研究了英格兰与威尔士从1945年至20世纪80年代后期的模型，发现消费量的涨落可以从小偷和入室盗窃率的变化中反映出来，其形成的结论是，此类犯罪的增长与工商业不景气时期失业的增长和消费的减少有关。传统上，犯罪学家们倾向于将财产犯罪人与经济上的贫穷联系在一起。某些个体或群体在经济上的贫困会影响其受教育权、政治权利、发言权以及对居住环境的自由选择权等；与此相对应，这些个体对疾病、经济混乱、人身暴力威胁以及自然灾害的承受能力也就受到了很大的削弱。那些社会政治经济地位处于较低水平的个体，易产生由于政治经济地位的低下而导致的紧张感以及相对被剥夺感，而犯罪学家们也对这种现象进行了深入的探讨，形成了解释犯罪现象的紧张理论和相对剥夺理论。这些理论基于其产生的背景，适用于对财产犯罪现象的原因解释。

紧张理论也称压力理论，是由美国社会学家默顿（Merton，1939）在20世纪30年代提出的一种理论，该理论认为，犯罪是在一定的社会结构下人们处于紧张状态的结果。紧张理论的理论基础是法国社会学家迪尔凯姆的"失范"概念。迪尔凯姆的失范概念，是解释为什么某种社会结构会对一些人产生压力，从而导致他们的犯罪行为和不轨行为。迪尔凯姆认为，在复杂的社会中，由于社会政治经济差异的增加，社会的规范对人们的约束力减少，由此导致不轨行为（如犯罪和自杀等）必然的增加，这种社会状况被称为失范或社会反常状况。默顿是将迪尔凯姆的观点应用到美国现代工业的背景下，他所指的失范是指手段与目的之间的分离，当某种文化推崇有价值的成功目标，但阶级结构却限制接近这些成功目标时，就会产生失范。他认为美国作为现代工业社会，获得成功的表现形式是拥有财富。个体要想获得成功，就必须通过合法手段获得更多的受教育的机会，进而得到高收入的工作；然而，社会的结构只能为少数人提供获得受更高教育的机会。穷人和下等阶层的人即使希望通过合法手段来获得成功，也不具备实现目标的条件。在这种情况下，他们会采取适合自己状况的办法，如遵从、不遵从，反抗、退却或者墨守成规，其中不遵从与反抗是越轨的行为反应。

最终犯罪与否还取决于个人对社会目标和合法手段的态度，人们如果对社会紧张状态采取放弃目标的适应方式，则不会犯罪；如果采取变革的适应方式（即用非法手段争取目标的实现），则会实施盗窃、抢劫之类的犯罪行为。根据陈里博士（2011）所做的以农民犯罪为主题的研究，近年来农民以财产为目的的犯罪率高达8%以上，甚至更高，并且农民以经济利益为目的的进行犯罪的内部结构也逐渐发生了明显的变化，一般性的侵财案件（如盗窃案件）数量下降，带有暴力性、智能性的犯罪如抢劫、诈骗，拐卖人口，贩卖毒品等案件量呈上升趋势。陈里认为，农民以经济利益为目的的犯罪是对合法经济利益关系的非法调整和反抗，同时也是对合法经济秩序下形成的经济压力的应对反应。总之，犯罪行为的发生，是犯罪人企图通过提高经济地位进而提高其社会地位的结果。

由于默顿的紧张理论是针对社会分层现象及其对犯罪行为的影响所进行的分析，因此人们一般认为，该理论解释的越轨行为基本上适用于少数民族和穷人，而无助于解释在社会上有特权的成员中存在的越轨行为。然而，也有研究者选用默顿的紧张理论来解释贪污受贿等犯罪现象，认为越轨行为是作为想实现目标却没有合法手段的文化压力的结果。该研究认为，社会转型期的贪污受贿犯罪产生的心理原因主要是行为人不能通过合法途径达到社会大众文化所界定的成功目标而产生的紧张情绪，也就是说，无以化解达不到成功目标的紧张是贪污受贿犯罪产生的直接的心理作用力，同时也是产生贪污受贿犯罪的核心致罪诱因。

相对被剥夺理论这一概念是由默顿在《社会理论与社会结构》书中加以系统解释并发

展为一种关于参照群体的行为理论。根据李俊（2004）分析，人们会根据对自我能力的判断来确定他们应当获得的社会价值地位，因而会形成某种价值期待。人们既期待保有他们现在的有自我满意感的价值地位，也期待将来能拥有超越当前社会经济条件的更高的价值地位，参照群体是价值期待的主要来源。在现实生活中，个体或群体之所以会有价值期待，是因为其所参照的另一群体的生活状态对其产生了刺激。

根据被选作比较基础的类别或群体的不同，人们认定的自己被"剥夺"的程度也不同。在比较稳定的社会中，人们的参照群体是与之地位相近但又不完全等同的另一群体。如在我国传统社会中，各阶层之间的界限非常分明，因此人们的参照群体一般是与之地位接近的群体。而在转型社会中，由于旧的平衡机制逐渐被打破，新的平衡机制尚未建立，人们普遍处于一种"失范"状态。处于不断分化组合之中的各个群体不仅会与自己地位较近的群体相比较，而且也会把距自己地位较远的群体作为参照物，从而导致了参照群体的泛化，个体或群体往往难以实现价值期待与个人能力之间的一致，因而容易感到被相对剥夺。"相对性匮乏"是指人们认为自己当前所拥有的财产和他们感觉自己事实上应该获得的财产之间的心理差距感，从另一个角度讲，相对性匮乏是指源于目前"拥有"和"没有拥有"之间的一种泛化的不公正感。

第二，人际环境的影响。财产犯罪是青少年最常实施的犯罪行为，其中包括使用暴力手段实施的抢劫犯罪行为。郑红丽、罗大华（2009）对618名违法犯罪青少年所涉及的案件进行了统计分析，结果发现，违法组涉及最多的案件为盗窃（占所有违法组的44.4%），其他出现频率较高的案件类型依次为抢劫、抢夺、寻衅滋事、破坏电力和诈骗。而犯罪组涉及最多的案件类型为抢劫（占所有犯罪组的57.8%），其次才为故意伤害（1.4%），接下来依次为盗窃、强奸和破坏电力等。青少年实施的犯罪行为，多表现为团伙或群体的形式，Budvin等人（1976）在对设菲尔德市的犯罪研究中发现了其中明显的年龄趋势，在10~14岁的群体中，61.5%的男性和67.7%的女性实施了两人或两人以上的共同犯罪，17~20岁的群体中相对应的数据为18.6%和48%，30~44岁的群体中相对应的数据为8.8%和10%。社会化、态度养成、社会规范和守法行为的灌输是社会影响的全部形式，对人生的发展有着长期的影响，然而，青少年时期发生的犯罪行为更有可能是更近的影响因素，对此最广泛的研究是伙伴间的影响和群体压力。青少年团伙犯罪的财产犯罪与群体内的社会互动模式有关。群体内的个体发生单纯的相互影响，相互施压，或在群体中存在所谓的权威人物，或通过相互鼓励刺激犯罪兴趣的产生，莱特（R. Light）等人（1993）在对布里斯托尔居住区的研究中访谈了具有偷车史的14~35岁的青年及成人，访谈结果表明，最常见的被告人犯罪的动机是朋友间的相互影响。

此外，群体内的相互影响过程与个体的个性特征有关。一种观点认为，有犯罪倾向的个体会选择性地联合同伙（如飞鸟合群）；另一种观点认为，犯罪主要是小群体内社会互动的产物。松枝（2009）运用详细的数据分析并排除无关因素的干扰，发现不良行为群体的人数和个体的易被感染性都对观察到的犯罪率有影响，并且后者具有更大的影响。

第三，低自我控制力。在有机会实施犯罪的场合中，人们是否犯罪与其自我控制水平等因素有关。卡罗尔（Carrol）和韦弗（Weaver, 1986）在芝加哥报上刊登广告邀请经常入店偷窃者参加他们的研究。参与者承认之前曾犯下平均100起的入店偷窃案，每个志愿者配有一个录音机和一个领口麦克风，根据要求，他们要在一小时内，在研究人员的陪伴下，穿行于一家百货公司并大声说出自己的想法。与这些"专家偷窃者"相比，对照组是一群自称有强烈欲望但从未偷过任何东西的"新手"。结果发现，这两组人冗长的语言播报在内容上有显著不同，当经验丰富的商店扒手在分析环境以寻找偷窃和悄然逃逸的机会时，"新手"们正陷入害怕被发现、抓捕和惩罚的不安中，而正是这些不安有效地阻止了他们的偷窃行为。对照组表现出的对被发现的恐惧与不安，也是社会化过程中形成的与道德、法律意识相关的自我控制能力的一种反应。当然，在暴力犯罪中，自我控制力低同样具有较强的解释力。

（三）财产型犯罪心理的一般特征

1. 财产型犯罪的动机特点

财产型犯罪动机追求的是金钱、财物、庸懒散奢，既能满足本能需要，又能高档次享受，过上"幸福"生活。他们满足私欲的动机，本身就与社会要求、大众生活水平相冲突，是脱离现实的奢望，靠自己的劳动和其他合法收入是不能满足的。对那些认识偏颇、思想不端正的人来说，只有违法犯罪才能获得"外财"、实现"马无夜草不肥，人无外财不发"的梦想，因此，财产型犯罪的动机特点集中表现为满足本能需要、追求高档享受。

2. 财产型犯罪心理的认知特点

极端财产型犯罪人在人格基础上对阔绰的生活方式易感。他们由羡慕到追求的认知过程，往往不考虑个人的经济能力和奢华生活是否符合社会主义初级阶段的要求，不考虑国家现阶段的政策是否允许，更不想通过合法手段提高收入，相反，他们把自己的经济收入不及他人归罪于社会，归罪于改革开放，以至于形成反社会心理。从认知能力水平来说，这类犯罪人不一定都低于常人，主要是他们的价值观、人生观是错误、腐朽的，对问题的认识是片面的。

单从他们作案的技巧来说，盗窃犯、抢劫犯往往在作案前都要进行调查研究，如多次踩点、选择时间、地点、路线、对策和转移方式等。有的要考虑改造、伪装现场，撬门别锁等技巧；有的犯罪分子也会研究心理学，观察、掌握各类人的心理动态。所以产生这类犯罪分子的根本原因是其思想意识的反社会性。

3. 财产型犯罪心理的情绪和意志特点

财产型犯罪人情感淡泊、情绪不稳定、意志方向不确定，行为目的是贪利欲望的满足。他们重利轻义，对看准的金钱、财物倾心向往，垂涎三尺，以致失去理智，且对被害者缺乏同情和怜悯之心。

比如盗窃犯罪人多数是从小偷小摸开始，成功便沾沾自喜，成功多次之后，满足了虚荣心，巩固了信心，这样的人很少主动洗手不干，改造也较难，形成恶习之后，易成累犯、惯犯。他们在改恶从善的道路上，意志表现薄弱，不坚定，不能自控，而且有坚定的犯罪意志。

4. 财产型犯罪人的个性特点

财产型犯罪人的个性特点表现为不良的个性倾向和消极的性格特征。财产型犯罪人的个性倾向性表现为错误的人生观、价值观、个人主义、享乐主义或拜金主义，性格倾向于消极方面。从气质特点看，盗窃犯倾向于粘液质、多血质方面的特性，抢劫犯倾向于胆汁质方面的特性，而诈骗犯倾向于多血质方面的特性。

（四）财产型犯罪的行为方式

财产型犯罪的行为方式因人而异，与犯罪人的生理、心理条件和客观环境相关。一般来说，少年犯多是通过投机的方式满足自己的欲望，如"收晒""钓鱼""顺手牵羊"等方式；青年犯罪人多是通过盗窃、抢劫、诈骗、贪污、走私等方式满足贪利欲望；男性犯罪人多采用直接、主动、暴力的方式满足欲望；女性犯罪人多数依附男性，采用诈骗或色相引诱、出卖肉体等方式满足欲望；一般工人、农民、学生、闲散人员，待业人员多采用偷盗、欺骗、抢劫等方式满足欲望；有社会地位的人多采取权力、职务贪污、受贿等方式满足欲望；从事各种不同的职业、技术工作的犯罪人多采用智能化方式满足欲望。

第二节 盗窃犯罪心理分析

一、盗窃犯罪心理特征分析

（一）动机特征

国内研究人员对万名盗窃犯进行的调查表明，盗窃犯罪人的犯罪动机多种多样，其中满足物欲的犯罪动机占首位，但不只限于维护基本生活需要的目的，还有满足吃喝玩乐、穿着打扮等贪婪的物欲需求；虚荣动机、交往动机也占到了一定的比例；扭曲的嫉妒、报复心态也可成为犯罪的动机。此外，有这样一类人，他们的盗窃行为并不是为了财物本身，DSM-5 中将其描述为偷窃癖：个人在不偷窃的时候会有持续增加的压抑感，而偷盗则可以给他们带来愉悦满足感和解脱感。

从动机内容来看，盗窃犯的动机相对简单，主要表现为财物占有。盗窃犯往往个人不良需要恶性膨胀，而其自我心理控制能力较差，难以抵制财物的诱惑，为了非法占有财物而实施盗窃行为；也有少部分盗窃犯为了追求刺激和讲哥们义气参与盗窃，这部分人以未成年人居多，也包括偷窃癖求助者。从动机产生方式来看，多数盗窃犯的犯罪动机源于个人的不良需要，以内在动机为主导，犯罪行为带有明显的预谋性；少数盗窃犯的犯罪动机源于外在刺激，看到疏于看管的财物，临时起意，犯罪行为带有明显的偶发性和情境性。

（二）认知特征

盗窃犯通常具有比较严重的认知偏差，具体表现为：利己主义思想较为严重、自私、以自我为中心、只顾自己享乐、思维简单等。惯犯、累犯往往具有反社会认识，根本不考虑自己所实施的犯罪行为给他人和社会带来的危害，把自己的幸福建立在他人的痛苦之上。

（三）情绪特征

盗窃犯的情绪特征主要受犯罪经历的影响。初犯和偶犯在作案过程中往往情绪不稳定，且消极情绪比较突出。盗窃行为是一种隐蔽的行为，初犯和偶犯怕被人发现，在作案过程中恐惧不安、神情紧张、动作不灵活、犯罪现场较为凌乱。对累犯、惯犯而言，其情绪稳定性较强，通常会表现得异常冷静，当盗窃行为被发现时能够从容应对。累犯、惯犯在情感方面往往表现为反社会情感突出，受此驱使，其犯罪行为后果更为严重。

盗窃犯对被害人的"去人性化"的认识过程，一方面帮助他们将自己的犯罪行为合理化，另一方面，被害人的不在场也使得盗窃犯在实施犯罪时不需要考虑自己的行为对被害人带来的伤害，避免来自内心的冲突，从而使其内部情感更容易保持稳定。但是，没有来自被害人方面的情感卷入并不代表罪犯在盗窃过程中没有情绪变化。盗窃作为一种秘密作案的犯罪行为，犯罪分子毕竟做贼心虚，必定会体验到害怕被人发现的恐惧情绪，同时又有东西到手的兴奋情绪，这种状态在盗窃的初犯、偶犯身上表现出来得比较多，但多次盗窃的惯犯、累犯则很少有情绪变化，在这方面后者堪称"演技精湛"。

（四）意志特征

盗窃犯意志比较薄弱，这也是盗窃犯容易再犯的原因之一，主要表现为不能克制对盗窃的冲动和难以戒除盗窃的恶习。盗窃犯一般自制能力比较差，有人认为"小偷小摸不算违法"，在这种错误认识的影响下，一旦受到外界物质的诱惑而又无法通过正当途径获得时，很容易就做出顺手牵羊的举动。而对于此类盗窃的惯犯，他们认为"盗窃省力，发财快，能成瘾，像赌博、吸毒一样，一旦染上很难戒掉"，尤其是在屡屡得手都没有被发现之后，更是对其行为的一种强化，久而久之，罪行由轻至重，手段逐步升级，盗窃犯陷入其中不能自拔。

（五）能力特征

盗窃犯往往具备某种作案的能力和技能，其中实施入室盗窃行为的盗窃犯往往具备较强的攀爬能力和撬压锁能力，而扒窃犯往往具有较强的观察能力和动手能力。盗窃犯的犯罪能力和技术会随着作案次数和作案经验的增加而增长，一旦形成容易固着，形成动力定型，给日后的教育转化工作带来很大的困难。

二、盗窃犯的行为特点

（一）行为方式的多样性

盗窃犯的作案方式多种多样，有扒窃、撬压、撞窃、骗窃等，有流窜作案、顺手牵羊等。无论以哪种方式作案，都会留下一定的犯罪行为痕迹。

（二）行为手段的技术性

盗窃犯为了确保作案成功，其手段具有一定的技术性，能反映出犯罪人的职业和能力特点。

（三）作案目标和对象的特定性

在城市，盗窃犯多以居民小区、公交车、商店、工厂、宾馆、行政机关大楼、市场、医院为作案地点，主要以货币、金银首饰、有价证券、贵重物品、高档手机、机动车辆为对象。在农村，盗窃犯多以乡镇企业或个体专业户、商店等为对象，多以钱粮、牲畜、农机具等为目标。

三、盗窃犯的作案特点

（一）盗窃犯的作案时间

入室盗窃更可能发生在比较温暖的月份，特别是在 7 月和 8 月，显然是因为这两个月里人们更愿意进行户外活动，或者休长假，同时打开门窗通风，这样更易遭受入室盗窃侵害。一项来自香港的财产犯罪调查显示，商店盗窃在冬季出现得比较频繁，而抢夺和扒窃则在夏季比较盛行，所以盗窃犯罪可能存在季节性的规律。有研究者提出，人类的活动模式与犯罪有密切的关系，一般来说对居民住宅的盗窃都会发生在周一到周五的白天，相对而言，对企业单位等的盗窃则多发生在深夜或者周末，盗窃犯正是根据人们的活动规律伺机而动实施犯罪的。

（二）盗窃犯的作案地点

年复一年，入室盗窃的情况基本保持一致，所有的入室盗窃报案，大概有 2/3 发生在居民住宅里，在商业建筑物内发生的入室盗窃案占 1/3。一般来说，盗窃作案的首选地点多为单位和居民住宅，其次是车船、仓库、码头、商店等。犯罪人在选择作案地点时会密切关注周围的物理环境。有研究者发现，对一名有经验的入室行窃犯而言，至少会用到四种相关线索信息：居住线索（如门口是否有信或者报纸，窗户是否开着，窗帘是否拉开）、财富线索（如观察房屋内的家具）、布局线索（如进入或逃离这个房子或建筑是否容易）、安全线索（如报警系统、门窗锁等）。不只是入室行窃犯，其他的盗窃犯同样也会对作案环境作尽量周密的调查。

（三）盗窃犯的作案手段

大约 1/3 的入室盗窃，不涉及暴力，也就是说，作案人进入建筑物是通过没有关严的窗户，没有上锁的门，或者使用了一把藏在一个明显位置的钥匙。在 2010 年 6.3% 的入室盗窃案件中，6.3% 的作案人试图通过暴力进入室内。一项针对国内万名盗窃犯的研究发现，盗窃犯作案手段有撬窃、顺手牵羊、扒窃、内外勾结、闯窃、调包、假冒他人、利用色相等方式。其中，撬窃是盗窃犯使用最多的一种犯罪方式，在首选方式中占了 51.3%，即一半以上的盗窃犯罪是犯罪分子趁受害人家中或单位无人时撬门入室行窃的；其次是顺手牵羊（占 14.4%）、扒窃（占 6.5%）和内外勾结（占 5.2%）等方式。

第三节 诈骗犯罪心理分析

诈骗是一种传统的犯罪形式，根据《刑法》第 266 条规定，诈骗罪是指以非法占有为目的，用虚构事实或者隐瞒真相的方法，骗取数额较大的公私财物的行为。诈骗罪的侵犯对象不是骗取其他非法利益，其对象也应排除金融机构的贷款，因为《刑法》已于第 193 条特别规定了贷款诈骗罪。通常认为，该罪的基本构造为：行为人以不法所有为目的实施欺诈行为→被害人产生错误认识→被害人基于错误认识处分财产→行为人取得财产→被害人受到财产上的损失。我国在 1979 年《刑法》中只规定了一种诈骗罪，但随着社会经济生活的不断发展变化，刑法所保护的社会关系日趋多样化、复杂化，1997 年修订后的《刑法》采用了"罪群"的立法方式对诈骗罪加以规定，即除在侵犯财产罪中规定了普通诈骗罪外，还在破坏社会主义市场经济秩序罪章中规定了 10 种特殊形式的诈骗罪，包括集资诈骗罪、贷款诈骗罪、票据诈骗罪、金融凭证诈骗罪、信用证诈骗罪、信用卡诈骗罪、有价证券诈骗罪、保险诈骗罪、骗取出口退税罪和合同诈骗罪。一方面，传统的以编造各种理由向朋友、亲戚借钱、借物诈骗，公交车上、街头巷尾购物、易拉罐中大奖等诈骗、丢物分钱等诈骗手法，并未因时代的发展和技术的进步而退出犯罪的历史舞台；另一方面，以电信、网络为工具的新型科技含量高的诈骗，近年来发展迅速。

一、诈骗犯罪概述

一般诈骗罪与盗窃罪相同，经济诈骗罪如集资诈骗、贷款诈骗、票据诈骗等见最高人民检察院、公安部《关于经济犯罪案件追诉标准的规定》（现已失效）。《刑法》第 266 条规定："诈骗公私财物，数额较大的，处 3 年以下有期徒刑、拘役或者管制，并处或者单处罚金；数额巨大或者有其他严重情节的，处 3 年以上 10 年以下有期徒刑，并处罚金；数额特别巨大或者有其他特别严重情节的，处 10 年以上有期徒刑或者无期徒刑，并处罚金或者没收财产。本法另有规定的，依照规定。"

根据 2011《最高人民法院、最高人民检察院关于办理诈骗刑事案件具体应用法律若干问题的解释》第 1 条第 1 款"诈骗公私财物价值 3000 元至 1 万元以上、3 万元至 10 万元以上、50 万元以上的，应当分别认定为刑法第 266 条规定的'数额较大''数额巨大''数额特别巨大'。

无论是街头诈骗等传统的犯罪形式，还是集资、信用卡诈骗等现代犯罪形式，诈骗犯罪区别于盗窃、抢劫等犯罪行为的典型特征是：犯罪人在犯罪过程中依靠自身的伪装能力，使被害人产生认知错误，主动将财物的某种处分权转移给自己。因此，诈骗犯罪的行为要素至少要包括两个方面，一是欺诈，二是取财（包括财产性利益）。

"欺诈"作为诈骗犯罪的行为要素，是指虚构事实或者隐瞒事实真相的行为。其中，虚构事实，通常采取"作为"方式，隐瞒事实真相则以"不作为"方式居多。虚构事实或隐瞒事实真相的行为，要求行为人具有较高的智力条件，并且具有令被害人产生信任感的能力。因此，实施诈骗犯罪的个体，中年人是犯罪主体，另外，根据有关研究，女性实施的诈骗犯罪高于女性实施的其他犯罪。

二、诈骗犯罪心理特征分析

（一）认知特征

诈骗犯罪人是通过虚构事实或隐瞒真相的方法非法获取他人财物，以满足自己对财物的贪婪欲望。诈骗犯罪人较为突出的心理特征主要表现在认知特征上。具体地说，诈骗犯罪人具有以下认知特征：①自我评价高。自以为手法高明，很难被识破。这种自我评价过高的特点，使一些诈骗者连续行骗，直至露出马脚，陷入法网。②思维敏捷，反应快，精于算计。③熟谙人际交往技巧和人性的弱点。诈骗犯罪人了解人际交往中的社会心理，善于人际交往。此外，他们也了解不同类型的人具有的心理弱点，如有些人对某些社会角色具有崇敬的心理，有些人有贪便宜的心理，善于利用人们的弱点进行诈骗。④道德的自我谴责感弱。他们往往认为自己的行为是凭自己的聪明才智获取一些利益，不是违法犯罪行为；或者，有些犯罪人实施诈骗犯罪的对象是企事业单位，他们认为犯罪行为没有针对个人，因而没有愧疚感。

（二）情绪特征

和盗窃、抢劫等财产犯罪和伤害、杀人等暴力犯罪相比，诈骗犯罪人善于掩饰自己的情绪表现，即使在欺骗被害人的过程中，他们因急于获取被害人的信任而有急躁的情绪或成功后有强烈的兴奋感，但大多能够做到不喜形于色，以免被受害者识破。因此，诈骗犯罪人往往具备较强的情绪表演能力。随着社会的发展，越来越多有正当职业和稳定收入的个体基于贪婪的物质占有欲和自视过高的欺诈能力，从事各种类型的经济诈骗活动。这些个体由于自身原本的社会政治经济地位，比较看重他人的认同和社会评价，也追求主观幸福感，因此，在犯罪的过程中常常会患得患失，在情绪情感特征方面要更为复杂一些。

（三）性格特征

诈骗犯罪人的作案手法要求其在陌生人面前具有亲和力，因此，在性格特征上，他们往往具备外向、善于交际、为人热情等特点。此外，诈骗犯罪人明知自己装扮的身份和行为都是假的，却敢于在大庭广众之下行骗，有的甚至在一些社会名流聚集的社交场合，夸夸其谈，故作姿态，具有较强的适应能力、应变能力和模仿能力。

（四）行为特征

1. 手段多样化、智能化程度高。人们在日常生活中经常会成为诈骗案件的潜在受害者，如通过手机短信收到虚假的中奖或领取礼品的信息。近年来，诈骗犯罪的手段不断变换，种类越来越多。在网络诈骗中，出现了网络传销、网络交友、网络捐助等诈骗手段；在金融诈骗中，出现了贷款诈骗、保险诈骗、信用卡诈骗等手段；在传统的街头诈骗犯罪中，常见的诈骗手段有利用迷信看病消灾、兑换假外币、卖假金元宝、冒充熟人借钱等。

由于科学技术不断发展，诈骗案件中的智能化程度也越来越高。例如，诈骗者将取款机接上可记忆的外挂键盘，用来窃取用户的卡号和密码。

2. 集团化犯罪。诈骗犯罪集团化趋势越来越明显。一些普通的街头诈骗犯罪都是由多人配合协作来完成的。在经济诈骗案件中，自 2009 年以来，借助于手机、固定电话、网络等通信工具和现代网银技术实施的非接触式的诈骗犯罪迅速地发展蔓延，团伙犯罪甚至是跨境的有组织犯罪也日益增加。根据公安部的统计，2009 年 6 月至 2010 年 6 月，全国公安机关共破获电信诈骗犯罪案件 28 000 多起，击破电信诈骗犯罪团伙 1000 多个，抓获犯罪嫌疑人 7000 余名，追缴及冻结涉案资金 8500 余万元。从目前侦破的电信诈骗案件来看，很多电信诈骗团伙的主谋为台湾籍，受害人和犯罪嫌疑人分处海峡两岸。

3. 作案持续时间长。诈骗犯罪人一旦有了初次诈骗行为，体验到犯罪带来的好处以及犯罪的低风险，就极有可能形成诈骗犯罪的惯性，从而使诈骗犯罪形成长期性的特点。

第四节　贪污犯罪心理分析

贪污罪是指国家工作人员利用职务上的便利，侵吞、窃取、骗取或者以其他非法手段占有公共财物的行为。犯罪主体是国家工作人员，一般年龄较大，有一定的文化教育素养，犯罪手段带有欺诈性和隐蔽性。

受贿罪是指国家工作人员利用职务上的便利，索取他人财物或者非法收受他人财物，为他人谋取利益的行为。国家工作人员实施的受贿罪，是一般受贿罪，是国家机关中存在的一种腐败现象，表现出以权钱交易的方式来满足膨胀的物欲和贪婪地占有财富的特点。此外，《刑法》还规定了非国家工作人员受贿罪。《刑法》第 163 条规定，非国家工作人员受贿罪是指公司、企业或者其他单位的工作人员利用职务上的便利，索取他人财物或者非法收受他人财物，为他人谋取利益，或者在经济往来中，违反国家规定收受各种名义的回扣、手续费，归个人所有，数额较大的行为。这是一个不同于一般受贿罪的独立罪名。另据《刑法》第 184 条第 1 款的规定，银行或者其他金融机构的工作人员（非国家工作人员）在金融业务中索取他人财物或者非法收受他人财物，为他人谋取利益的，或者违反国家规定，收受各种名义的回扣、手续费，归个人所有的，以非国家工作人员受贿罪定罪处罚。

贪污与受贿犯罪是国家工作人员职务犯罪中的主要犯罪类型，并且近年来发案呈上升趋势。2008 年~2010 年，全国法院共审结国家工作人员职务犯罪案件 79 560 件，生效判决人数 80 883 人；2010 年与 2008 年相比，职务犯罪案件数量上升 7.2%。2010 年全国法院共审结国家工作人员职务犯罪案件 27 751 件，生效判决人数 28 708 人，其中判处 5 年有期徒刑以上刑罚的有 5906 人。2010 年全国法院审结的贪污受贿案件占同期审结职务犯罪案件总数的 84%。

目前，人们普遍认为贪污受贿与年龄存在着某种关系，出现了"39 现象""59 现象"，有学者通过研究发现，"39 现象"或是"59 现象"并不是绝对的，贪污受贿可能出现在任何年龄段，只是每个年龄贪污受贿的心理不同，出发点也不同。

一、诈骗犯罪心理特征

（一）认知特征

贪污诈骗犯罪人在有着良好的社会经济地位和较高的社会评价的前提下，仍然实施触犯刑法的行为，他们往往具有如下与犯罪行为有关的认识：

1. 心理不平衡。与公司白领及其他高收入人群相比，国家公职人员的工资收入确实不高。部分人易产生收入与社会地位不相符的认识，一些人认为通过手中权力谋取一定利益"是合情合理的"。

2. 认为贪污受贿犯罪的风险低。这种风险性判断与以下因素有关：①犯罪行为的隐蔽性。贪污受贿犯罪一般是在较为隐蔽的情况下完成的，因而犯罪人认为难以被发觉。②犯罪人的法律意识薄弱。贪污受贿犯罪人虽然为国家公职人员，具备一定的法律知识，了解自身行为的违法性，但具有错误的法律意识，对法律采取蔑视的态度。有的犯罪人认为自己是领导者，有权力和社会关系网，即使犯罪行为被发现，也能够通过关系逃脱法律惩罚。③法不责众的错误认识。在中国当前的社会管理体制下，贪污受贿犯罪现象较为严重，一些领导干部，尤其是处在中层领导岗位的领导干部，在集体腐败的过程中，已经意识到了腐败的危险性，主观上并不想参与，但因种种利害关系也会被动卷入到贪污或行贿、受贿链中。因此，他们认为贪污受贿的不是自己一个人，而是一群人，所以法律一般不会扩大打击面，因而有盲目的安全感。

3. 认为权力就是资本，运用权力就应当获得"酬劳"。贪污受贿的犯罪行为人有错误的权力观，认为权力是自己独占的一种特殊商品，他人要利用自己手中的权力，就应当付出代价。在这种交易心理的驱使下，他们即使正当地行使职权为他人办事，内心也希望他人能用金钱或物质利益来向其表达感谢。

（二）情绪特征

实施贪污受贿行为的犯罪人，基于行为发生的非外显性特点及行为人的生活阅历、经验、智慧以及地位等的影响，在实施犯罪的过程中，不会明显地外露其紧张、惊慌、兴奋、欣喜等情绪。不管怎样，犯罪人仍然能够认识到其行为的违法性质，并且期待犯罪行为获得的巨大利益，因而在实施犯罪行为时，其情绪体验更具有深刻性、隐蔽性的特征。与其他犯罪类型相比，犯罪人在犯罪实施之后也较少流露其反常的行为反应。

丁锦宏等（2010）通过对选出的 30 个案例进行分析，发现贪污受贿官员在首次犯罪前主要存在着紧张不安、自我辩护与侥幸三种心理状态，在犯罪过程中，不仅存在着之前的侥幸心理，而且有 30% 的官员的心理状态一直处于恐慌、焦虑中，但依旧麻木地实施犯罪。[1]

---

〔1〕 丁锦宏、奚萍、陈怡："30 名贪污受贿人员心理蜕变过程的质性研究"，载《廉政文化研究》2010 年第 2 期。

（三）意志特征

贪污、受贿犯罪人明知贪污行为、受贿行为的违法性，对行为可能产生的影响、个人前途与命运的后果也有非常明确的认识，但仍然冒着被道德谴责和法律严厉惩罚的风险去实施犯罪行为。贪污、受贿犯罪人的这种认知与行为特征，与其意志特征有一定的关系。此类犯罪人对抗非法诱惑方面的意志力较差，而在实现自我欲望的犯罪行为的意志力方面有较强的坚持性，有时甚至可以在面临客观障碍和被发现的风险时，仍然继续计划中的犯罪。贪污受贿犯罪人的意志是坚持性与退缩性的矛盾结合体。因此，这种两极性的意志可以直接导致贪污受贿犯罪行为方面的强烈侥幸性与冒险性。

（四）动机特征

贪污受贿犯罪人的主导性动机是贪利性动机，贪污受贿犯罪以非法获得大量的物质财富为主要内在原因，其动力来源于物质性需要的推动力。他们对物质利益的无止境追求，使得他们贪得无厌，大量聚敛财富。李文（2010）分析了权力阶层的腐败行为，认为此类行为人的动机主要是满足对安全感的需求。他们对安全感缺失的恐惧来自内心深处，他们潜意识里认为，已经通过腐败获取的利益，只有通过进一步腐败获取数额更大的财富，才能得到有效保障。为了从根本上解除自己和家人的后顾之忧，他们需要进一步任用亲信、强化暴力，甚至将巨额财产和家人一起转移到境外。例如，在俄罗斯，许多新权贵将大量金钱转移、存放在西方银行。据专家估计，俄罗斯每年资金外流的规模大大超出各种国际组织对俄的贷款和人道主义援助。[1]

也有一些犯罪人是被动卷入到犯罪行为当中，基于讲义气或帮助他人的动机而贪污或受贿，且实施了犯罪行为，由于利益关系的相互制约，陷入其中而难以自拔。

二、贪污受贿犯罪人行为特征

（一）作案手段多样化，犯罪人反侦查能力强

有些贪污受贿犯罪人，在开始实施犯罪行为时，就已经在考虑如何逃避侦查了。贪污受贿犯罪主要手段有：①以收取劳务费、咨询费等形式掩盖受贿犯罪行为；②以集体私分掩盖贪污；③授意家属、孩子私下收受各种贿赂，案发后辩称根本不知情；④将赃款、赃物等放在办公室。一旦案发即作退还准备，或充作单位小金库等。近几年来，贪污受贿犯罪手段更加狡猾，有些犯罪人利用电子计算机技术进行贪污、受贿犯罪活动，还有很多官员参与境外赌博、名画拍卖、珠宝购买，境外赌博成为很多腐败高官洗钱的主要方式。

（二）犯罪呈现行业化

贪污受贿犯罪由高发领域向"偏僻"行业渗透，不但在金融证券、建筑、工商、税务等经济管理部门和资源分配部门中频繁发生，而且已渗透到了文化、科技、教育等传统上被人们认为是"清水衙门"的部门。如近年来中小学乱收费、高校招生腐败成为社会关注焦点。

---

〔1〕　李文："诱发腐败的相对剥夺心理：分析与比较"，载《北京行政学院学报》2010年第5期。

(三) 作案手段隐蔽

贪污受贿犯罪人的行为具有很大的隐蔽性。犯罪人精心选择犯罪时间、犯罪地点、采取多种作案手段收受贿赂，交易也在隐秘的情况下进行。同时，贪污受贿犯罪人也往往会利用自己手中的权力、"保护伞"或各种光环和桂冠如"先进""劳模""代表"等各种手段掩盖自己的犯罪行为。

(四) 犯罪行为反复发生

贪污受贿犯罪人的犯罪行为具有反复性。犯罪人在巨大的物质利益的诱惑下实施第一次犯罪成功后，会有很大的满足感和成功感。这种满足感和成功感会强化他们的物质占有欲，使得这种欲望变得更加强烈。遇到合适的犯罪机会，他们往往会再次进行犯罪行为。经过多次犯罪后，贪污受贿犯罪人对其物质财富的贪得无厌会越来越强，侥幸心理会日益严重，从而使得犯罪行为不断发生并且产生自动化的特点。

📖 技能训练

未成年人入室盗窃案例分析

基本案情：男子在大学校园犯下22起盗窃案，民警从关系人入手锁定男子身份，发现其曾80余次爬楼入室盗窃笔记本等。

男子3岁起无父无母靠爷爷奶奶抚养，11岁时因涉嫌盗窃被派出所抓获，十二三岁起独自在外漂泊，到了17岁的2012年，南昌人胡李（化名，本文人名均为化名）被刑拘，起因是涉嫌在南昌高新区、红谷滩新区等地攀爬入室盗窃80余起，其中在一学校盗窃电脑22起。2012年3月14日，大江网记者从南昌市公安局高新分局获悉，涉嫌收购胡李赃物的胡明（34岁，南昌人）也被刑拘。刑侦大队破获的这一系列盗窃案涉案财物价值超过40万元。

2011年4月11日，高新警方接到报警，有人窜至南昌某学院宿舍楼盗窃笔记本电脑3台。通过现场勘查，民警确认有前科的胡李有重大犯罪嫌疑。民警立即梳理高校园区2011年以来电脑被盗案，从作案时间、地点、作案手段、作案方式等特点综合分析，初步确认该案与南昌某学校发生的21起电脑被盗案系同一人所为。

通过调查走访，民警了解到，胡李刚出生4个月父亲就离家出走，至今杳无音讯。3岁左右，母亲扔下他也不知所踪。两兄弟全靠爷爷奶奶拉扯养大。胡李11岁时就因涉嫌盗窃被当地派出所抓获。五六年前，他基本与家人断绝关系，独自在外漂泊，居无定所。由于线索不多，追捕工作进入僵局。

通过召开案情分析会，调整侦查思路，民警决定以胡李的哥哥胡清为突破口展开调查。历时1个月，辗转南昌县、九江市等地，民警最终在九江市一家工厂找到了胡清（19岁）。经过一番调查，民警了解到胡李有两三年未与胡清联系，但在2011年7月左右，曾带了一个女朋友（鹰潭人，其他情况不详）回过一次老家。

通过侦查，民警发现胡李女友与熊康（男，20岁，贵溪人）常联系，于是找到了在南昌读大学的熊康。通过对从熊康处了解到的情况进行信息比对，民警确认了胡李杨姓女友的真实身份，并在鹰潭某超市找到了做导购的杨先。最终，民警从杨先的电脑上获取了胡李的相关线索，随后赶回南昌调查并准备实施抓捕。

2012年2月24日，收网时机基本成熟，刑侦二中队组织民警将正在某娱乐场所的胡李抓捕。经过审问，胡李交代自2010年6月以来先后窜至高新区某学院、红谷滩某小区等地采取攀爬入室等手段盗窃80余起，之后将盗窃的笔记本电脑等卖给胡明。根据这一线索，民警将胡明抓捕归案。审讯中，胡明交代了其明知是赃物还收购100余台电脑的犯罪事实。

具体操作：

1. 结合案例分组讨论未成年人的盗窃犯罪心理。
2. 以小组为单位写出分析报告。
3. 教师组织学生进行分组汇报。

When love is excess, it brings a man no honor nor worthiness.

——Euripides

爱得太给力，人就会失去自尊和尊严。

——欧里庇得斯（公元前480~前406，希腊悲剧诗人）

第十一章

暴力犯罪心理分析

经典案例

渝湘鄂系列持枪抢劫杀人案首犯——张某

1966年夏天，张某出生在湖南省农村一个贫农家中，在七兄妹中，他是最小的。张某12岁时，他妈妈被查出患有子宫癌，病痛中她一直说她想吃一碗肉丸汤。于是，张某从此积攒下每一分钱，半年后凑足0.5元钱，又跑出30多里路，为妈妈买回一点点肉，亲手做了一碗肉丸汤，满足了他妈妈的心愿。因为穷，张某上完高一就辍学了。因为无所事事，他就开始打架，渐渐地成为当地打架名人。有一次，他为抢劫20元钱，在大冬天跳下河，将被逼下河的被害者拖上岸继续殴打，还脱掉被害人的棉衣变卖换钱。他的冷漠、凶残不仅让被害人害怕，也让同行、同伙都对他礼让三分。17岁的时候，张某因为打架进入了少管所。在他出狱后，就开始了他疯狂的杀人抢劫等犯罪行为，且屡屡逃脱警方追捕。张某制造的最大一起案子，是常德市持枪抢劫运钞车案件，张某等4人手持五四式手枪，打死7人，打伤5人；因为运钞车钥匙扭断，故抢劫未遂，但他们仍抢走两支微型冲锋枪。

在总共7年的时间里，张某团伙一共作案近20起，杀死杀伤40余人，抢劫财物、现金等共计600余万元，成为新中国罕见的刑事大案。

作为悍匪，张某仇视社会的反叛心理十分明显。他文化水平不高，但智商高、悟性强、学习能力强。面对改革开放初期的巨大贫富差距，他认为，别人有钱，日子过得好，我也要有钱，我也要过好日子，我不能靠劳动致富，我就去抢。除了抢，张某再也没有其他谋生之道，抢劫得来的钱财完全用于挥霍，没有给自己留一点点后路。在团伙里，张某唯我独尊，要求团伙成员听命于他的一切指挥和调遣，甚至他要求所有成员都要写下忠于他、一切听从于他的誓言。如果敢有半点违抗，一定会从重处罚。比如集团成员中，陈某等人都不同程度地受过他的体罚，其中严若明被打伤住院、陈某被迫砍断左脚小趾等。

　　张某的团伙成员主要有李某、赵某、陈某等人。其中李某曾经是海军士兵；赵某曾经是水果摊贩；陈某曾经是出租车司机。

　　这伙人在张某的领导下，一边学习反侦查技术，一边购置大批枪支弹药，包括手枪10支、微冲2支、霰弹猎枪16支、手雷2枚等；以及先进的通讯工具，包括在当时还没有流行的手机以及一辆轿车等。在长达7年的时间里，他们犯下无数罪行。

　　张某曾反复告诫集团成员：干这样的大事必须下手狠，凡是妨碍作案的一定不能留下后患，开枪必须打头部，特别是对付警察至少要两枪以上。为了作案的需要，他认真研究了公安机关处置突发事件的工作套路，反复阅读《刑事侦查教程》，对刑事侦查工作的程序、方法也了如指掌。据此，他认为"越是最危险的地方越安全"。

　　心理分析：

　　心态失衡、冷漠、仇视社会，反叛心理十分明显；唯我独尊、出人头地的征服欲十分强烈；贪婪、自私心理十分顽固；贪色、重欲，及时享乐心理十分活跃；为人处事心理十分复杂，人格的两面性表现典型；逆向思维、反侦查心理十分突出。

影视欣赏

暗物质

　　影片取材于真实故事，其蓝本是发生在1991年曾轰动国内外的留美学生卢刚枪杀导师一案。物理专业研究生刘星（刘烨饰）远赴美国某州立大学深造，在校期间，他师从著名教授雅各布·瑞瑟（Aidan Quinn 饰）。他的勤奋和出众才华很快在同学中脱颖而出，并深得瑞瑟教授的信任和赏识。在众多课题中，刘星独对暗物质倾心着迷，他将自己全身心投入到这项研究中，却未料到他所得出的理论与导师经典的瑞瑟模式相冲突。刘星关于暗物质的论文博得一片好评，然而醉心研究的他忽略了校园政治的存在，他的答辩未获通过。极度抑郁和愤慨之下，他走上了一条不归路……本片根据卢刚事件改编，并荣获2007年圣丹斯电影节阿尔弗莱德·斯隆奖和2007年亚美电影节最佳故事影片奖。

原理与技能

- 暴力犯罪心理分析
- 杀人犯罪心理特征分析
- 抢劫犯罪心理分析

第一节　暴力犯罪心理分析概述

　　大量研究表明，人类史诗中攻击和暴力行为的历史已相当漫长，在有记载的5600年中，人类共进行了14 600次战争，平均每年2.6次。如今的人们十分害怕意外的战争、恐怖袭击或滥杀事件，事实上，暴力在家庭内部或高犯罪街区发生的可能性更大。暴力和攻击密切相关，但不是所有的攻击都是暴力，有的人认为攻击是人类生存的一种手段，千百年的经验让人类认识到攻击可以带来物品、土地和财富，可以保护财产和家庭，还可以赢得声望、地位和权力。攻击被作为心理学的一个概念予以界定，它是暴力犯罪的重要基础。如果攻击和暴力反映了人性中内在的遗传基因决定的一面，那么就像巴伦（Barron，1983）所指出的，我们将得出一种悲观的结论，我们只能对天生的攻击驱动力予以暂时的控制，通过对社会和环境的设计，阻碍暴力的发生，如当暴力出现时，立即给予其不良后果的制裁。如果暂时撇开道德和法律问题，还可以通过精神外科手术、电极植入和药物管理等有效的方法，对暴力行为予以控制，这些手段即使不能从根本上消除攻击，也可以有效地降低攻击行为出现的频率。当然，人类的攻击既有消极的一面，也有积极的一面，例如体育竞赛、打猎、在军队中服役、执法部门的工作等，这些活动中表现出来的攻击行为是被社会许可的，而且这种攻击行为可能是必须的，也能提高人们的生活质量。从某种程度上说，攻击性在政界和商界是被提倡的，而本书所关注的是那些没有合理表达的攻击，尤其是在暴力行为中表现出来的负面的、不被社会许可的攻击行为。

暴力犯罪活动严重危害人民群众的人身和财产安全，我国对此类犯罪的打击力度一直很大。在刑罚上面，针对大部分暴力犯罪都保留了死刑。刑法修正案也针对暴力犯罪不断完善条款。暴力犯罪，是指使用暴力手段（包括以暴力相威胁），以特定的或者不特定的人或物为侵害对象，蓄意危害他人人身安全、财产安全和社会安全的犯罪行为。其基本特征为具有明显的暴力性质。刑法上的六种暴力犯罪，是指行凶、杀人、抢劫、强奸、绑架以及其他严重危及人身安全的暴力犯罪。

《刑法》第20条规定，为了使国家、公共利益、本人或者他人的人身、财产和其他权利免受正在进行的不法侵害，而采取的制止不法侵害的行为，对不法侵害人造成损害的，属于正当防卫，不负刑事责任。

一、暴力犯罪的概念

在刑事司法学领域，暴力犯罪是指行为人以暴力手段或者以暴力相威胁，侵害公民的人身权利、财产权利、民主权利，破坏社会秩序、公共安全和其他合法权益，以致这些权益受到威胁的行为。在心理学领域，研究的焦点大多集中在对攻击行为的探究，并未对暴力做出一个明确的定义，绝大多数心理学研究者都将暴力行为看作严重的攻击行为。很多文献也并未区分暴力行为和攻击行为，这两个概念的研究成果在某种程度上是通用的。

攻击是解决冲突最简单易行的方式，从理论上来讲，头脑简单的人更愿意用简单和直接的解决问题的方法，因此，暴力攻击行为成为这部分人处理问题的常用手段。《简明心理学词典》认为："攻击行为亦称侵犯行为，是种以伤害某个想逃避此种伤害的个体为目的的任何形式的行为。"安德森（Anderson）提出了一般攻击模型（the General Aggression Model，GAM），将攻击行为界定为意图伤害他人的行为，并指出"攻击者相信，被攻击者有避免被攻击的动机"。也有研究者认为，攻击行为的定义除了要强调个体的伤害意图，还要突出被害者的逃避动机，即受害者不想接受这种伤害，故攻击行为可被界定为"个体有意伤害他人，且他人不愿意接受这种伤害的行为"。巴林（Barin，1994）则给出了一个更具体、更具操作性的界定，他认为攻击行为是一个由各种不同的成分（伤害或毁灭性、有意性、唤醒性及厌恶性）构成的范畴。可见，对攻击行为的界定虽然存在分歧，但大部分研究者都认为攻击行为的根本特征在于其有意伤害性。

刚刚遭受强烈的挫折时，为什么有些人选择了攻击行为，有些人却选择了改变自己的策略，或者退缩，或者似乎不受任何影响？过去的学习经验是一个重要的因素，人类擅长学习，并保持过去曾经有效的行为模式，即使这种行为模式只是偶尔有效，这个过程叫做模仿或观察学习。有研究指出，在以下几种情况下，儿童很容易学会攻击行为：①有很多观察攻击行为的机会；②个人的攻击行为得到了强化；③经常成为攻击的目标。

除了挫折——攻击假说解释人类攻击行为以外，还有敌意归因模型也可以用来解释人类为什么会产生攻击暴力行为。也就是说，有暴力倾向的年轻人（或成年人）与那些攻击倾向性低的同伴相比，更倾向于将中性的行为解释为敌意的、具有威胁性的信号。例如，一个人的脚无意中被书桌卡住了，他可能会认为是有人在故意使坏。又或者，在户外散步的时候，后方突然来了一群年轻人，脚步急促，敌意归因模式的人便会认为后方的年轻人是来挑衅的。

有研究结果显示，敌意攻击偏差在学前阶段形成，一旦形成就比较稳定，并会持续到成年期，有一些儿童因为早年受到了家庭暴力和虐待，他们倾向于对同伴产生敌意的预期。研究还发现，在多种情况下，人格异常者与非人格异常者相比，更容易表现出敌意，该研究还支持这样一种假设——不同的反社会路径都具有相同的敌意归因倾向。

二、暴力犯罪的类型

以往对暴力问题的研究大多是从刑法学或者犯罪学的角度展开的。犯罪学家布朗（Brown）等人将暴力犯罪分为传统型暴力犯罪与非传统型暴力犯罪两大类。传统型暴力犯罪包括杀人、强奸、抢劫、故意伤害，非传统型暴力犯罪的其中一种形式是由企业、政府等各领域衍生出来的暴力犯罪，另外一种形式是恐怖主义，它是当今政治犯罪中最具威胁性的一种类型。

另外，依据暴力行为发生的地域划分，可以将暴力犯罪划分为校园暴力、街头暴力、职场暴力、家庭暴力。如前文所述，暴力犯罪属于攻击行为的范畴，因此在某种程度上可以使用心理学的理论对刑法学中的暴力犯罪进行阐释，也可以将心理学中对攻击行为的分类方法应用于暴力犯罪。

三、暴力犯罪的动机特征

从动机的内容来看，人身暴力犯罪主体的犯罪动机主要表现为财物动机和报复动机。近年来，社会发展不平衡越来越严重，贫富差距越来越大。一些处于弱势群体的犯罪主体在温饱需要得不到满足的情况下，为了追求高档次的奢华生活，铤而走险，采用暴力手段谋财害命，这一类犯罪在人身暴力犯罪案件中占据了较大比例。此外，人身暴力犯罪案件中的报复动机也比较突出。有些犯罪主体是由于婚恋中的猜疑嫉妒而产生报复动机；有些是由于上下级关系紧张，对领导不满而产生报复动机；有些是由于受到某种挫折、打击而产生报复动机。从报复对象来看，可能是特定的某一个体，也可能是某一类人，还可能是整个社会。近年来，出于报复社会动机而实施人身暴力犯罪的案件时有发生，如"福建南平案件"中的犯罪人郑民生出于报复社会的动机而残忍地杀害小学生；"厦门公交车纵火案"中的犯罪人陈水总所实施的暴力犯罪行为，造成多名无关群众死伤。

四、暴力犯罪的认知特征

人身暴力犯罪主体大多认知水平较低、知识匮乏、认识能力不强，在思维的全面性、深刻性、逻辑性和批判性等方面明显较差。因此，他们容易片面、偏激、固执地看问题，思维狭窄、单一，往往会对事物形成错误、反社会的认识，其对于人情世故不能冷静全面地分析，考虑事情简单，分析问题缺乏理性，对于自己认定的事情很难改变看法，不善于解决问题，极易使用暴力，从而产生攻击行为。

五、暴力犯罪的情感特征

人身暴力犯罪主体具有不良的情感品质，这些不良的情感品质，在特定的情境下会诱发暴力的破坏行为，具体表现为：情感缺乏稳定性，表现为某种情绪和情感出现快、消失也快，喜怒无常、情感变化大，这种情感的不稳定性在外界强烈的刺激下就可能会产生暴力行为；情感的范围狭窄，表现为：在利己主义心理的支配下，极端自私自利，一旦遇到挫折或障碍时，便产生消极情绪，与人发生冲突，导致暴力犯罪。

六、暴力犯罪主体的行为方式及特点

人身暴力犯罪按犯罪主体的心理状态和行为手段，可分为激情式暴力犯罪和预谋式暴力犯罪两种行为方式。激情式暴力犯罪是指在强烈的激情状态下实施的暴力犯罪行为，如激情杀人、报复伤害等。预谋式暴力犯罪是指在这种暴力犯罪行为实施前，犯罪主体有明确的犯罪目标，犯罪动机以内在动机为主导，犯罪主体在作案前有预谋阶段，如报复性的凶杀、伤害案件，有预谋的故意抢劫、爆炸、劫持交通工具、妨碍社会安全秩序等案件。

（一）激情式暴力犯罪主体的行为特点

1. 突发性。此类犯罪主体从犯罪心理产生到外化为犯罪行为的时间间隔短，犯罪心理的产生多为受到外在刺激的影响，犯罪主体多为一时怒起，瞬间便实施犯罪行为。

2. 固执性。在激情状态下，人身暴力犯罪主体常常出现意识狭窄状况，其犯罪行为非常固执，即不达目的誓不罢休。为达到犯罪目的，犯罪主体在犯罪过程中往往能排除各种干扰，甚至对他人的劝解往往会置若罔闻。

3. 简单性。在激情状态下，犯罪主体由于一时兴起、无预谋，所以作案手段一般比较简单。

4. 疯狂性。在激情状态下，由于犯罪主体失去理智，意识狭窄，其整个心理都被"激情"这种消极情绪状态所笼罩。因此，其行为疯狂，不顾后果。

（二）预谋式暴力犯罪主体的行为特点

1. 预谋性。此类犯罪主体从犯罪心理产生到外化为犯罪行为时间间隔较长，其作案目的明确，在作案前有比较充分的时间进行预谋和策划，其可以有计划、有选择地确定犯

罪对象、时间和地点。

2. 隐蔽性。从司法实践中的实际情况来看，预谋式暴力犯罪主体多为有前科的犯罪人，其在以往的犯罪过程中积累了较为丰富的作案经验，其犯罪手段狡猾、隐蔽，反侦查能力强。

3. 残忍性。与激情式暴力犯罪相比，预谋式暴力犯罪主体往往犯罪心理形成时间较长，犯罪心理结构比较稳固，犯罪恶习较深，多数人具有明显的反社会情感，丧失了一个正常人应该具备的同情心，可谓"冷静的残忍者"。因此，作案手段极为残忍，为了达到犯罪目的甚至牵连无辜，造成严重的社会危害。

第二节　杀人犯罪心理分析

一、故意杀人犯罪的概况

凶杀案件尽管在刑事案件中所占的比例不大，但由于直接危害公民的生命安全，同时还常常伴有盗窃、抢劫、强奸、放火和爆炸等多种暴力犯罪行为，因而在刑事案件中最为引人关注。根据犯罪人实施犯罪行为前是否明知行为将致人死亡并且希望或放任这种结果的发生，可以将杀人犯罪分为故意杀人和过失杀人。过失杀人者的人格特征及主观恶性与故意杀人者有显著的不同，本节仅讨论杀人犯罪中的典型形式——故意杀人的犯罪心理。

故意杀人是指故意非法剥夺他人生命的行为。依据我国现行刑法，故意杀人罪是侵犯公民人身权利和民主权利的犯罪中最严重的一种犯罪形式，此类犯罪的客体是人不可被侵犯的生命权。"生命"是人行使所有其他权利的物质基础和前提，因而是法律重点加以保护的对象。侵犯生命权利的一系列犯罪行为，也是在刑罚体系中量刑最重的。剥夺他人生命的方式多种多样，既包括借助工具的刀刺、斧砍、枪击、电击、毒杀等，也包括不借助外部工具的扼杀、拳击等。另外，杀人的行为可以是作为，也可以是不作为，例如母亲故意不给婴儿哺乳导致其饿死，便是一种不作为的故意杀人犯罪。

根据国内的实证研究，故意杀人犯罪多数发生在熟人之间，基于人际关系的冲突而导致犯罪行为人产生的挫折感或某种仇恨、嫉妒等情绪，是这类故意杀人犯罪产生的直接原因；部分故意杀人犯罪发生在陌生人或交往不密切的人之间，这种杀人行为往往是犯罪人为了获取某种利益而将杀害"利益相关人"作为达到最终目的的手段或工具。

二、故意杀人的犯罪类型

故意杀人犯罪主要以单独作案为主，团伙作案常见于为满足物质利益而实施的抢劫杀人或报复社会的杀人案件中。根据前文所述，故意杀人犯罪有多种犯罪类型，每种犯罪类型的行为人都有该类型犯罪人特殊的心理状态及人格特质。因此，在下文的分析中，很难讨论到每种类型，而是根据已有的研究对此类犯罪人的典型人格特征进行介绍。

人类在其发展的过程中，除了从自然界中获取生存所需的资源外，也会通过攻击同种个体来抢占食物、土地以及生存和发展中所必需的其他资源，在这一过程中，人类似乎与普通动物一样，依靠自身的生物力量来满足生理需求、占有欲或者虚荣心。

故意杀人犯罪是一种较为复杂的犯罪行为。无论是从侦查、审判的角度来看，还是从犯罪预防的角度来看，都需要对故意杀人犯罪作类型化研究。国外研究人员为找出杀人犯罪的发生规律和侦查方法，几十年来一直试图对杀人犯罪的类型作出有区分价值的分类尝试，包括将凶杀案件分为不同性别、不同种族以及不同动机的犯罪。从刑事审判的角度来看，由于不同起因以及不同表现形式的故意杀人行为与犯罪人的主观恶性程度密切相关，因而研究者也试图将故意杀人犯罪行为类型化，以帮助法官建立量刑的标准。从已有的研究来看，很难根据某种标准来区分各类型的故意杀人犯罪，并且一种故意杀人行为往往同时符合数种类型。从理论与实践的角度来看，故意杀人犯罪依据不同的分类标准可以作如下区分：

（一）以犯罪次数为标准

近些年来，引起广泛关注的连环杀手即是以犯罪次数作为评判标准的一种犯罪类型。以犯罪次数为标准，故意杀人犯罪可分为单次杀人和系列杀人。对于同一犯罪主体，实施的犯罪次数达到两次以上或者三次以上可被称为"系列"犯罪，在司法实践中倾向于将犯罪次数在三次以上视为"系列"，而在理论上一般认为两次以上即构成系列杀人。系列杀人犯罪既包括系列抢劫杀人，也包括系列强奸杀人以及一些动机不明的心理异常的系列杀人，连环杀手往往是指后两类犯罪行为人。国内现阶段系列杀人案件有较高的发生率。系列杀人通常是指一个人或者几个人分别伤害两个或更多被害人的案件，系列杀人案件的时间间隔，有时也称作案冷却期，可能是几天，也可能是几周，但更可能是几个月或者几年。冷却期是系列杀人和其他多重杀人案的主要区别，杀手会精心策划和准备，作案人通常会选择那些具有特定特征的被害人，比如年轻、有某种头发颜色或者某种职业等。

最令人恐惧的杀人犯罪类型是随机杀害多名被害人，可能是一次性杀害多人，也可能是在一段时间内逐个杀害（系列杀人犯罪）。系列杀人案件同样令人恐惧，一个人会在一个较长时间段实施一系列杀人案件，英国早期有臭名昭著的"开膛手杰克"；近期有彼得·萨克利夫，这名"约克郡碎尸者"在英格兰北部的红灯区杀害了13名女性；丹尼斯·尼尔森则成为英国第一个专杀同性恋者的系列杀手，已知至少有15名被害人。

（二）以单次犯罪中被害人人数为标准

在单次杀人犯罪中，较为常见的情况是被害人只有一人，也有些单次犯罪中的被害人是数人。根据单次犯罪中被害人的多少又可分为"双杀""三杀""多众谋杀"。众所周知的"灭门"案件以及"校园枪击"案件往往是"多众谋杀"。

"滥杀"是指在单一地点杀死四人或者更多的被害人，而且在实施杀人的过程中，没有冷却期的案件，其实这类案件仍然属于少见的案例，在每年的上千起杀人案中，这类案件不足1%。还有各种滥杀犯罪，包括政府发起的行动，如消灭族群的群体屠杀、基于宗教或者族群偏见的屠杀；另一类滥杀案件是恐怖分子制造的，2001年9月11日在纽约实施的恐怖袭击，造成近 3000 人遇难。

（三）以犯罪动机为标准

在我国的犯罪学研究以及刑事侦查实践中，以犯罪动机为标准可以将故意杀人犯罪分为以下三类：一是因情感纠纷而实施的杀人犯罪，包括为宣泄仇恨情绪导致的杀人（俗称仇杀）和因婚恋纠纷导致的杀人（俗称情杀），其中出于较为明显的社会不满情绪，采取具有较大杀伤力的手段而杀害不特定的无辜他人，引起一定社会恐慌的故意杀人行为，被称为"无差别杀人犯罪"；二是为满足物质利益而实施的抢劫类杀人；三是为满足异常心理而实施的变态杀人。后两类犯罪行为往往会形成系列杀人犯罪。此外，以动机为标准划分故意杀人犯罪，还可包括为满足性需要而实施的强奸杀人、为骗取保险金而实施的杀人等。

在国外杀人案件侦查的相关理论中，根据动机进行的较流行的分类是根据犯罪人的动机特点将杀人犯罪分为"表达性动机"的杀人犯罪和"工具性动机"的杀人犯罪。

所谓表达性杀人动机，即促使犯罪行为人实施杀人行为的内在动力是情绪情感的需要，而不是追求某种具体的利益，在这类动机驱使下实施的犯罪，行为体现出更多的暴力性与情绪宣泄性的特点。所谓工具性杀人动机，是指行为人将被害人视为工具，加害被害人是为了通过被害人而让自己获得某种具体利益的满足，在一些案件中包括性满足或物质利益的满足，或者在一些案件中犯罪人将被害人作为达到目的的手段。故意杀人犯罪中行为人的动机，无论是表达性动机（或称情绪性动机），还是工具性动机（或称利益性动机），其动机的强度一般会超过个体自身的调节能力。许多系列杀手刻意实施的某些杀人犯罪，就是想吸引媒体的兴趣，向社区散布一种令人毛骨悚然的恐惧，让公众感觉他们是不可思议的。长途卡车司机基斯·杰斯波森曾因为其杀人行为没有引起公众高度关注而愤愤不平，1994 年他开始给媒体写信，并在信中签上一个笑脸，因而获得了"笑面杀手"的绰号。系列杀手在不断杀人的过程中，会形成残忍、冷血无情的内心世界，尽管他们并没有达到精神医学临床上诊断的严重心理障碍的标准，但他们常常让人难以理解，因为我们大多数人可能会认为，一个敢于杀人的人一定"是个疯子"。

在有计划的暴力犯罪中，犯罪人会精心选择犯罪时间、地点以及准备作案工具。他们在犯罪现场会表现出较强的反侦查意识，如避免在现场留下个人痕迹和随身物品，可能会转移或隐藏尸体。而在无计划的犯罪中，犯罪行为是在某种情境下无准备地发生的，犯罪行为人对作案的时间、地点没有挑选，行为中表现出更多的冲动性与情绪性色彩。犯罪人在现场没有表现出反侦查行为，可能在现场留有一些和个人相关的物品或证据。

（四）以是否有准备过程为标准

在故意杀人犯罪中，有明显的准备工具、选择作案的时间和地点等犯罪准备行为的是有预谋的杀人犯罪，而无准备过程，且犯罪意向的产生和犯罪行为的发生之间无明显时间间隔的杀人属于激情杀人。

（五）以犯罪人与被害人之间的关系为标准

从犯罪人与被害人之间的关系来看，可以将故意杀人犯罪按照双方之间的关系，如生人、熟人、朋友、亲友、情人等维度进行划分。一般可将其分为熟人之间的故意杀人和陌生人之间的故意杀人两大类型。熟人之间的故意杀人可包括有亲密关系的家庭成员、情人以及一般熟识关系等多种类型。

三、故意杀人犯罪心理特征分析

（一）认知特征

对于杀人犯罪等暴力犯罪行为，被人们普遍接受的观点是"社会学习理论"提出的观点，即认为犯罪动机的产生与个体的挫折经历有关。挫折是妨碍个人进行有目的行为的客观情境和随之产生的情绪状态。有关挫折的研究发现，挫折往往会产生一种攻击驱力，攻击驱力接着引起攻击行为。有关挫折与攻击关系的研究发现，挫折与攻击行为之间有密切的联系，挫折往往会引起攻击行为，而攻击行为的产生是以攻击动机为中介的，即个人在遇到挫折时，首先产生攻击性犯罪动机然后再产生攻击性犯罪行为。挫折引起犯罪动机，可以解释多数情形下暴力行为的起因。

根据社会心理学家班杜拉的有关理论，在运用挫折—攻击理论来解释犯罪动机产生时，必须要注意挫折本身不仅包含挫折情境，同时还包含着个体对挫折情境的认知与解释以及应付挫折的能力。换句话说，在同样的挫折情境面前，具有不同认知特征和挫折应对能力的个体，会采取不同的行为反应，有人会采取攻击行为（包括直接攻击和替代性攻击，替代性攻击往往会导致系列杀人犯罪的发生），也有人会通过自我调整的心理策略去解决心理危机事件。

对于倾向于用暴力手段解决当前人际冲突的个体而言，在对冲突情境的归因方面倾向于作外归因，即将引起冲突的原因归于他人或环境，而不是自身。除了外归因和敌意归因外，在认知特征方面，故意杀人犯罪人往往缺乏足够的认知资源来解决危机事件，认知范围狭窄，缺乏灵活性与变通性。

（二）情绪特征

故意杀人犯罪可以在激情状态下发生，也可以在冷静理智的状态下发生。即使在理智状态下的杀人犯罪，在很多情形下，也是受到了某种强烈的情感的影响。

情绪影响下的表达性杀人犯罪，犯罪人的主要需求是情绪的宣泄，往往是基于人际交往过程中产生的情绪压抑。此类犯罪行为人在性格特征上一般较为内向，并且在事件发生时很可能遭受了多种情绪情感的挫折，正经历着情绪情感的低谷期。受负面情绪的干扰，在面临危机性事件时，犯罪行为人认知水平下降，不能较好地运用策略来处理人际关系中的冲突。

在情绪性的故意杀人案件中，情绪产生与犯罪行为实施有一定时间间隔的犯罪行为人，往往会在作案前进行周密的计划和充分的准备；一方面，这类有计划的预谋型犯罪行为人在人格特点上具有较强的理智感，在日常生活与工作中能够很好地控制自己的行为，很少与周围的人发生正面的人际冲突；另一方面，他们留给人们的印象也可能会有心胸狭隘、不善表达、精于算计等特点。而在无计划的激情性犯罪中，犯罪行为人在情绪特点上的显著特征是冲动性，他们在日常行为中有可能会表现出更多的暴力倾向性；一些激情犯罪人在日常行为中具有有计划的人格特点，待人处事冷静、理智，此种情形一般发生在那些具有过于内向和情绪抑制过度的犯罪行为人身上。例如，大兴"灭门"案中的李某性格内向，对人对事心中虽有不满但始终能克制自己，甚至有好友认为其"稳重、冷静、讲义气，是个真正的男人"。

（三）人格特征

暴力犯罪行为人的人格特征中的某些因素，可能导致其倾向于用暴力手段解决人际冲突。这些人格特征一般包括认知特征中的问题解决方式的习得与获取途径、行为习惯以及性格特征。那些面对人际冲突情境的个体，如果对冲突情境倾向于作外部归因（即将引起冲突的原因归于他人或环境，而不是自身），那么就有可能将这种归因倾向而产生的愤怒或不满的情绪表达出来，将强烈的情绪指向他人或环境。此外，暴力也可能单纯地出于行为习惯，或出于负面情绪的长期压抑。对于暴力是一种行为习惯的个体，其在个性上冲动性强，自我控制能力极弱；而对于那些因长期处于抑制状态的负面情绪累积到不能继续承受的程度而将暴力作为情绪释放的唯一途径的个体来说，其性格往往具有内向性、懦弱性等特征。

（四）人际交往特征

有研究表明，故意杀人案件中，从被害关系的类型上看，相识型被害要远远大于不相识型被害，完全不相识型被害只占总样本的19%，至少有73%的故意杀人案中被害人与加害人存在相识关系，如村民、邻居、亲属、恋人、情人关系等。赵国玲等根据北京、内蒙古、深圳三地的凶杀案件的调查结果发现，大部分凶杀犯罪发生在相识的人之间，发生在完全陌生人之间的凶杀犯罪在犯罪总量中所占的比例为36.8%；进行区域比较后发现，北京和深圳地区的凶杀犯罪发生在陌生人之间的比例更高，均超过50%，而内蒙古地区该比例仅为18.5%。而且，在相识的人之间发生凶杀犯罪的情形中，就相识的人之间的犯罪方面而言，内蒙古地区在传统相识类型（亲属关系、恋爱婚姻、邻居合租）中，发案率普遍高于北京和深圳地区。[1] 尽管大量枪击案件发生在不同情景中，但教育场所仍是决策者是官方和公众最关心的地方，研究发现，在过去20年里，校园枪击案件在西方社会快速蔓延，应当注意的是，发生在美国的校园枪击案件，比在其他国家发生的所有校园枪击案件都要多，虽然会引起成年人的恐慌和高度关注，但从统计学角度观察，校园枪击案数量并不多。第一类作案人与职场没有任何关系，作案类型多为暴力杀人，总体观察数量最多，在这类案件总数中占80%，犯罪动机通常是抢劫；第二类职场暴力通常涉及健康看护人员、警务工作者、法律顾问、学校教师、社会工作者和心理健康工作人员；第三类职场暴力的作案人，可能是媒体报道中最敏感的话题，因工作不稳定，导致雇员在职场实施的滥杀犯罪，已经成为媒体密集报道的事件，但是这类案件的数量相对较少，同样会引起媒体的大量关注和报道。

---

〔1〕 赵国玲："关于我国凶杀犯罪状况的一个基础分析"，载《理论前沿》2006年第13期。

知识链接

激情杀人

在英美法系国家，一般认为"非预谋杀人罪"的主观恶性要低于谋杀罪，其刑罚也就轻于谋杀罪。非预谋杀人罪又分为非谋杀故意和过失杀人两类。在美国，激情杀人是非谋杀故意的典型形式，同时也是具备减刑条件的一种行为。所谓"激情杀人"，是指被告人受到了来自外界的强烈刺激，且这种刺激要足以使一个正常人失去自控能力，在此种情况下产生了愤怒的心理而实施的杀人。要构成激情杀人，要具备以下四个因素：①在被激怒的情形下，并且外界刺激足以使一个正常人失去自控能力。②被告人受到实际的挑衅，并且其被挑衅的直接结果是产生了不可控制的愤怒或其他极端的情绪障碍。③被告人在受到刺激后，在实施致命杀人行为之前，没有足够的使激情冷却下来的时间。④被告人在产生激情之后，又冷却下来，再实施的杀人行为也不能由"谋杀"降为"激情杀人"。

第三节 抢劫犯罪心理分析

一、抢劫犯罪概述

抢劫是指以非法占有为目的，采用暴力、胁迫或者其他方法，当场强行劫取被害人财物的行为。抢劫犯罪既侵犯了被害人的财产所有权，同时也侵犯了被害人的人身权。但是，由于犯罪人的犯罪目的主要在于获得财物，对被害人的伤害、威胁只是获得财物的手段，所以在我国的刑法中，抢劫罪被规定在侵犯财产罪一章中。并且根据刑法及司法解释的规定，如果在抢劫过程中造成被害人伤亡的，也只按抢劫罪一罪定罪处罚。虽然抢劫和盗窃、诈骗都是常见的财产型犯罪，但是由于其犯罪手段和行为方式不同，反映出的犯罪人心理也不同。

抢劫和其他侵财犯罪（比如，入室盗窃、诈骗和盗窃）之间的主要区别是作案人和被害人之间会发生直接接触，抢劫还会涉及威胁或者使用暴力手段，作案人威胁被害人，如果反抗或者阻碍作案人实施犯罪，就对其实施身体伤害，与持有武器的抢劫相比，肢体暴力抢劫更可能对被害人造成伤害。如同其他犯罪，抢劫也大多由刚刚成年的年轻人（25岁以下）所为，因抢劫而被捕的年轻人约占2/3，大约有90%的被拘捕者是男性。从季节和时间上看，春秋两季偏少，冬夏两季出现高峰；夜间抢劫的多，白天抢劫的少。从地域上看，城市的抢劫案比农村多，荒僻的街道、城乡接合部、公共场所、银行、商店等是抢劫的易发点。抢劫作案有预谋的和突发的两种，突发的抢劫有偶发性和情境性，一般以年轻人居多。从作案形式上看，抢劫犯罪有入室抢劫和拦路抢劫两种。

抢劫只占所有因侵财犯罪被追捕者的4%，却占暴力犯罪的35%，由于这种犯罪对被害人有潜在的人身伤害，给民众造成恐惧感也最为严重。

二、抢劫犯罪人心理特征

（一）认知特征

与其他财产犯罪人相比，抢劫犯罪人在认知方面的典型特征是崇尚暴力。抢劫犯罪人的行为与盗窃犯罪人相比更为公开化，与诈骗犯罪人相比更为简单化。抢劫犯罪人的这种行为特征，与其聪慧性低、敢为性高等人格因素相关，但并不意味着抢劫犯罪人是非理性的。很多抢劫犯罪人在实施犯罪行为时，也同样要精心选择作案的时间与地点，设计合理的方式实施抢劫犯罪以获得最大化的犯罪收益，同时减少犯罪的风险。根据犯罪学理论中的理性选择理论，在涉及犯罪的社会场景中存在着会计较得失、利弊的理性人，犯罪行为是行为人在综合考虑主观因素和客观环境因素后发生的，是犯罪人的理性选择的结果。犯罪人如何进行选择，不仅取决于行为人的人格，而且取决于周围的环境；行为人选择犯罪行为，总是要结合环境的可能性考虑行为的风险和收益。

在抢劫犯罪中，犯罪人相信暴力在达成目标中的便利性，对暴力有崇拜情结，同时自身的其他条件（如心计、诈骗犯罪人具有的亲和性）不足以有效地帮助自己达成侵财目标，于是选择以暴力或暴力威胁的方式夺取他人财物。此外，抢劫犯罪人采取的极端暴力手段，在部分情形下，也与其仇视社会的反社会意识有关，暴力手段可以更好地满足他们宣泄不满情绪的需求。

（二）情绪特征

抢劫犯罪人大多情绪不稳定、易激动，情绪反应速度快、强度高。尤其是在犯罪现场，犯罪人与被害人直接接触，情绪处于高度紧张的状态，抑制犯罪的意志薄弱，全部注意力都集中在取得财物和自身安全上，被害人的反抗常常会引发更严重的后果。抢劫犯罪人对被害人施加暴力的动机是自我保护，有利于顺利实现侵财目的，因此，在伤害被害人时，其主要目的是控制被害人的身体或结束其生命，而非发泄某种愤怒或变态的情绪，因而在作案过程中较少有"多余"的情绪发泄行为。对于某些初次犯罪的人来说，可能会因初次犯罪的恐惧心理而对被害人疯狂袭击，或因不放心被害人是否死亡而再次伤害被害人，尸体上会有多处创伤或致死伤。

犯罪人犯罪前因有周密计划或有犯罪同伙，因而在现场的情绪往往比较冷静，这种冷静情绪可能会使其在现场有较长时间的逗留，或小心谨慎地处理现场或伪装现场，或再次返回现场搜索财物、毁灭证据。

（三）动机特征

大多数抢劫犯罪是出于物欲动机。在实施犯罪行为的过程中，犯罪人的主导性动机是获取被害的财物，暴力仅仅是获取财物的工具性行为，是实现犯罪目的或自我保护的手段，如将被害人杀死以便于自己翻找财物，或杀死被害人以免日后被指认，等等。有少数抢劫犯出于非财物动机。这种动机主要发生在青少年犯罪人身上，他们抢劫的目的不在财物价值本身，而是把抢劫当作一种危险的游戏，实施抢劫行为可以满足其寻求刺激的欲望。他们在作案过程中并不在乎所得财物的多少，而在乎从抢劫活动中感受到的强烈刺激。

例如，出于好奇心参与抢劫，出于恶作剧心理抢劫老人、妇女、小孩的财物，等等。部分犯罪人实施抢劫犯罪是基于抢劫行为的双重效应，一方面可以获得财物，另一方面可以宣泄仇恨社会或被害人的情绪。这部分人往往受到过挫折导致心态失衡，想借抢劫行为报复社会和被害人。如某抢劫犯罪人因为曾受到过卖淫女的欺骗，便怀恨在心，专门诱使卖淫女外出实施抢劫，遇有反抗便将其杀害。一些刑满释放人员一方面依靠抢劫聚敛钱财，另一方面借此疯狂地报复社会。

在动机斗争方面，预谋实施抢劫的犯罪人可能有动机斗争过程，一方面向往成功后的快乐，另一方面惧怕受到刑罚处罚。一些突发性的抢劫犯罪，其犯罪动机是在具体情境刺激下迅速形成的，动机斗争不如预谋型抢劫那样复杂。此外，近年来未成年人参与抢劫犯罪的情形比较突出，他们在实施抢劫犯罪前，虽然有预谋过程，但无明显的动机斗争，表现出较强的附和他人的倾向，反映出价值观、法律意识等方面的缺陷。

（四）性格特征

抢劫犯罪人为满足自己的物质欲望，根本不考虑伦理道德以及他人的生命，体现出其个性冷酷、残忍，行为不计后果的一面。这种人格特征在其日常工作或生活中会有所表现。例如，某抢劫杀人案的犯罪人，在一次作案中先后杀死数人。案发前，此人曾为一件事和某村民打架，当时旁观者都认为这个老实巴交且身体瘦弱的人一定会吃亏，但最后结果却是他将对手打伤，事后，村里的人即评价此人是"温心毒"，即外表温和而内心狠毒。他们在作案时，根本不顾及行为后果，实施的暴力行为往往超出工具性需要，连毫无反抗能力的婴幼儿都不放过。这也是当前频发的"灭门"案件中犯罪人的人格特点。此外，根据对抢劫犯罪人的访谈，多数青少年抢劫犯罪人对武侠小说、动作片等暴力影片、色情影片比较感兴趣，并乐于模仿，一旦手中有钱，就沉迷于酒吧、歌厅、网吧等娱乐场所。

（五）行为特征

1. 团伙作案的可能性大。对抢劫案件的调查发现，在团伙的形成机制中，比较集中的有如下三种情形：一是某个犯罪人在萌生抢劫犯罪的动机之后，会有意寻找合伙人以增加自身的攻击力或壮胆。二是有共同兴趣、爱好的一些个体，在日常交流中有一人表达出犯罪意图，其他人立即附和而结群犯罪。三是一些刑满释放人员或在出狱前已经共同做出疯狂报复社会的计划，或回归社会后，基于种种原因得不到妥善安置或受到他人的歧视而对社会产生强烈不满，一些狱友因共同的经历而迅速达成共同的犯罪意向。这些人基于报复社会和敛财的动机，主要选择的犯罪行为即是侵财杀人。

从目前抢劫罪的发展趋势上看，共同犯罪的组织性增强，由松散的团伙向稳定的集团发展，组织内部分工明确，有一定的规范，带有黑社会性质。犯罪团伙都有一定的管制刀具、枪支弹药和交通工具等。在团伙作案中，犯罪嫌疑人罪责扩散心理较明显，具体表现如下：①在作案前有较强的安全感，较少表现出忐忑不安、紧张焦虑等情绪状态，工作或生活保持常态；②在作案过程中表现冷静，行为从容，因而现场较少留有因紧张恐惧而遗留的个人物品；③在案发后虽然有逃避打击的行为，但总体表现较为寂静，甚至主动向侦查人员提供线索以干扰侦查视线。

2. 犯罪行为的多发性。在有些现场，犯罪嫌疑人的犯罪动机会发生转移或扩大化，如遇到家中有女性，弱化侵财动机而滋生性侵害动机，或在具有侵财动机的同时又产生性侵害动机。还需要注意是否有干扰犯罪嫌疑人作案的因素，如作案过程中有人敲门或周围有警笛鸣响，使其来不及找到财物；被害人过于强烈的反抗或犯罪后果远远超出其预想（原本计划杀死一人，但在作案过程中却杀死多人），使其心理上受到强烈刺激而弱化侵财动机。如果存在干扰因素，犯罪现场就不会有财物翻动的痕迹。在此种情况下，确定侦查方向时，极易将此类案件确定为情杀或仇杀案件。

3. 犯罪行为多系列发生。抢劫犯罪人大部分是出于物欲型动机而选择了这种高风险的犯罪行为，抢劫获得的收益主要用于赌博、吸毒、嫖娼等享乐型消费。这些消费行为有成瘾的可能性，犯罪人需要不断地获得财物以满足其消费需求，因此，一次抢劫成功后又会产生新的抢劫犯罪的动机。犯罪的不断成功和高档消费的快感都会强化犯罪人的犯罪心理，在侥幸心理的作用下，不间断地实施抢劫犯罪行为，形成系列案件。

在实施系列抢劫时，犯罪人为了逃避打击，通常采取流动作案的方式。基于抢劫犯罪的相对公开性，犯罪人多数具有"兔子不吃窝边草"的信念，采用"外地作案、本地隐藏"的方式。流动作案的犯罪人大多选择防范薄弱、易于逃窜的地区作为作案地点。

技能训练

案例分析

基本案情：

张某，男，祖籍广西玉林市，1955 年 4 月 7 日出生，4 岁时随家人来到香港，绰号："大富豪""变态佬"，育有两子，财产约有 8 亿港币，座驾是一辆价值 400 余万港币的黄色兰博基尼跑车。20 世纪 80 年代，他以骗保的方式赚钱，20 世纪 80 年代末又卖假劳力士手表。1990 年 2 月 22 日，张子强等 5 人在启德机场持械抢劫了押表车，劫取了 40 箱 2500 块劳力士金表，价值 3000 万港币；1991 年 7 月 12 日，张子强及其同伙在启德机场又一次抢劫解款车，劫取港币 3500 万，美金 1700 万，总价值 1.7 亿港币，是香港开埠以来最大的抢劫案；1996 年 5 月 23 日，张子强及其同伙绑架了李嘉诚之子李泽钜，勒索赎金 10.38 亿港币；1997 年 9 月，张子强及其同伙又一次绑架富商郭炳湘，勒索赎金 6 亿港币；1998 年 1 月 7 日，张子强指使钱汉寿购买炸药 818 公斤，后于 17 日被港警查获；张子强于 15 日到达广州白云机场，迎接从泰国回来的团伙 2 号人物"蟠鼠"胡济舒。二人于 1998 年 1 月 25 日在江门外海大桥检查站被抓，张子强等 32 名疑犯于 7 月 22 日被批捕。1998 年 11 月 12 日，广州市中级人民法院对张子强犯罪集团 43 名犯罪人进行宣判，判处张子强、陈智浩、马尚忠、梁辉、钱汉寿死刑，剥夺政治权利终身，宣判完毕，张子强等 26 名被告不服提出上诉；1998 年 12 月 5 日，广东省高级人民法院对张子强上诉案进行审理，终审决定维持原判。

张子强经 44 个月的冷处理后，在证据面前不得不供述。

具体操作：

1. 结合案例分组讨论张子强的犯罪心理。

2. 以小组为单位写出分析报告。

3. 教师组织学生进行分组汇报。

Water met resistance in place, to get its energy liberation.

——Goethe

流水在碰到抵触的地方，才把它的活力解放。

——歌德（1749~1832，戏剧家，诗人）

第十二章

性犯罪心理分析

经典案例

李某强奸案

2013 年 2 月 22 日下午，北京市海淀公安分局发布通报称，2013 年 2 月 19 日，海淀分局接到一女事主报警称，2013 年 2 月 17 日晚，其在海淀区一酒吧内与李某等人喝酒后，被带至一宾馆内轮奸。接警后，分局立即开展侦查工作，于 2013 年 2 月 20 日将涉案其他人员李某某等 5 人控制。该 5 人因涉嫌强奸罪被刑事拘留。

被拘留的李某是李双江之子。被害女子非京籍，是一家广告公司的行政秘书，22 岁（2013 年），河北人，与酒吧没有雇佣关系，只是做兼职的驻场，赚客人给的小费。

2013 年 9 月 26 日上午，北京市海淀区法院一审宣判：法院以强奸罪判处被告人李某有期徒刑 10 年。2013 年 10 月 28 日，北京一中院证实 10 月 31 日上午 9 时依法不公开审理李某某等 5 人强奸上诉一案。

李某某等强奸上诉案于 2013 年 11 月 27 日上午 9 时在北京市第一中级人民法院公开宣判，维持原判。

据北京法院网官方微博"京法网事"消息，北京海淀法院于 2013 年 9 月 2 日上午对被告人李某某等 5 人强奸一案进行公开宣判：被告人李某某犯强奸罪，判处有期徒刑 10 年。

心理分析：

未成年人心智不成熟，容易冲动，喜欢寻求刺激，追求快乐以及消费，未顾及后果，也并未考虑到对受害人的身心伤害。

影视欣赏

印度的女儿

2012 年 12 月 16 日，印度女医学实习生乔蒂·辛格·潘迪于当晚 8 时 30 分误上了一

231

辆不在当班的公交车，之后在车上被 6 名男乘客用铁棒殴打并轮奸，腹部、肠子、生殖器受铁棒攻击均遭受严重创伤，后被抛弃于荒地。12 月 29 日，乔蒂因抢救无效死亡，从事发到死亡历时 13 天。乔蒂也一直被外界称为"印度的女儿"。

英国广播公司（BBC）以此事为题拍摄了纪录片《印度的女儿》，该片本拟在 2015 年 3 月 8 日国际妇女节上映。令人意想不到的是，印度当局日前以内容敏感、容易造成骚乱为由，禁止该片在印度播出，引发争议。

美国有线电视新闻网（CNN）称，BBC 的纪录片中最令印度当局"揪心"的部分，当属媒体对"公交强奸案"的主犯之一慕沙进行的一段时长约 9 分钟的采访。面对镜头，这名凶犯显得全无悔意，反而振振有词地表示，"体面的女孩不会晚上 9 点还在外面闲逛……我们有权为她们上一课。"他表示，如果受害者不挣扎，可能仍然会"好好地活着"。

📖 原理与技能

- 性犯罪的特征分析
- 性犯罪心理结构分析
- 性犯罪行为特征分析
- 几种主要的性犯罪心理结构分析

第一节　性犯罪心理特征分析

一、性犯罪概述

在许多国家，性行为被贴上道德标签，如禁忌、规范、宗教、禁令，甚至在神话和迷信习俗中都有体现。"性犯罪就是为性欲的满足和性行为进行有关的违法犯罪行为"。[1] 性犯罪是指刑法所明令禁止并予以刑事惩罚的性行为，常见的类型包括：强奸罪，强制猥亵、侮辱罪，猥亵儿童罪，强迫卖淫罪，聚众淫乱罪，组织卖淫罪，引诱、容留、介绍卖淫罪等。在社会许多层面中，性这个话题充斥着道德礼法和禁忌，大众对于性犯罪往往采取零容忍的态度。性犯罪由于其形式的多样性、易复发性和腐蚀性，对社会的危害尤其严重，已经成为扰乱社会治安和败坏社会风气所不容忽视的因素。

国内有研究者针对我国性犯罪的现状，对性犯罪的一般特点进行了总结：性犯罪人的重复犯罪率较高；性犯罪人的文化程度较低、智力较低；性犯罪人多为青少年；女性性犯罪比例增加；作案人员广泛，内容形式多样；等等。性犯罪人的年龄、背景、性格、族群、宗教信仰、世界观以及交际技能千差万别，他们的作案时间和地点，被害人的性别和年龄，以及作案动机和暴力程度差别巨大，另外，性犯罪人还经常犯下其他罪行，其中强奸犯出现这种情况的可能性更大。

〔1〕 吴宗宪：《国外罪犯心理矫治》，中国轻工业出版社 2004 年版，第 338 页。

通常官方统计的性犯罪案件数量比实际发生的案件数量要少很多，因为性犯罪涉及个人隐私问题，有很多受害者选择忍气吞声不报案。美国加利福尼亚州的一项调查显示，大约有50%的成年女性报告自己14岁后曾遭受过某种形式的性侵害，但只有不到10%的人报警（Mashall，2004）。导致受害人不报案的因素还有：不想体验警察在询问案件细节时所带来的不舒服；不想让自己曾卷入性侵害的事实引起公众的注意；害怕报案后遭到报复或进一步的攻击；父母想要保护儿童受害者；还有一些受害者并不知道强迫性行为是强奸或者侵害，反而觉得对于所发生的事情应该责怪自己，从而不报案（Klemmack & Klemmack，1976）。

二、性犯罪的特征分析

性犯罪人通常被视为同一类人，事实上，他们在年龄、背景、人格、态度和人际交往技能等个人特征上存在着差异。性犯罪有着很强的情境性和相互作用性，因此，并不存在可以涵盖大部分性犯罪人的单一画像，但是，有研究者发现个体之所以实施性犯罪，是与其自身的一些特点有关的，主要包括：

（一）社交障碍

性犯罪人在与他人互动、建立亲密关系并保持关系方面存在障碍，这可能是缺乏自信或社交能力导致的，但他们有交往需要，当交往需要得不到满足时便会出现情感上的孤独状态，他们会通过一些不恰当的方式，如通过性接触来满足亲密需要。童年期不能建立起安全依恋关系的性犯罪人难以习得人际交往的技巧，并且缺乏与他人建立亲密关系的自信。

（二）共情能力低下

犯罪人对受害者缺乏共情这一特点，是所有暴力犯罪最强有力的抑制解除剂（R. Prentky，1995），性犯罪也不例外。但需要注意的是，性犯罪人并非缺乏普遍的共情能力，比如，同正常个体一样，他们也会对车祸的受害者产生共情，他们只是对自己行为的受害者不能产生共情。这一缺陷在很大程度上与犯罪人的认知歪曲有关。

（三）认知歪曲

赛克斯（Syke）和马特扎（Mata）（1957）曾提出"中和理论"来描述罪犯用于自我辩解的机制，这一理论同样也可以用于解释性犯罪人对自己行为的认知合理化的过程，但是这些想法在绝大多数情况下都是犯罪人的歪曲观念。这些理论包括以下五个模式：

1. 拒绝承担责任："性侵犯不是我的错，是对方勾引我的。"

2. 不承认伤害："女性都喜欢强壮的男人，她们只是扮演受害者的角色。"

3. 否定受害者："我之所以跟她发生性关系是那个女人所要求的，女性内心都希望或者喜欢被强奸。"

4. 谴责宣判者："警察和我一样坏。"

5. 上升到一个更高的忠诚度："团伙里大家都会这样做。"

（四）特殊的性偏好和异常唤起

性犯罪人与一般男性相比在性偏好方面有一些不同之处。一般男性都喜欢和成年人

（不管是同性还是异性）有性接触，但是有一些性犯罪人比较偏好儿童，还有一些喜欢强迫式的性接触。戈德斯坦（Golstein，1977）在研究中发现，性犯罪人倾向于通过性幻想来获得性满足，成年后依然依靠手淫满足性欲，而一般男性通过真实的性生活来满足性需求。

（五）自尊水平低和控制愤怒情绪的能力差

尽管对于性犯罪人的人格特征还没有一致的描述，但是那些性犯罪的累犯身上确实表现出来一些共同特点，例如，自尊水平比较低、对于愤怒情绪的控制能力比较差等。

第二节 性犯罪心理结构分析

一、认识特征

青壮年性犯罪者，往往存在错误的性意识，他们受西方"性解放"和"杯水主义"等思潮的影响，把性淫乐加以概念化、理论化，仿佛性放荡最符合时代潮流，而恪守性道德是"保守"，以此作"合理化"的自我辩解。在此基础上，形成了以下具体的性观念：其一，过分夸大性的意义，把性视为人生中最重要的事。其二，无视性爱的社会意义和美学价值，把性爱降低到生理需求的水平，等同于性欲的满足。其三，认为"一夫一妻制"已经过时，"性自由"最新潮，以追求淫乐为目的。其四，热衷于用暴力、胁迫或其他手段来满足或发泄自己的性需要，把自己的欲求与社会对立起来。

二、犯罪动机特征

性犯罪主体的性别不同，犯罪动机方面也不同。男性性犯罪动机主要是：其一，满足性欲。这是主要动机，即在性欲的支配下奸淫或侮辱妇女。其二，侵犯的欲望。不是出于性需要，而是以摧残妇女为乐，为了满足自己的暴虐心理。其三，报复。为了发泄仇恨、报复他人而强奸妇女。其四，出于好奇、追求刺激的需要。这在青少年犯罪中较为突出。女性性犯罪则主要是为了追求金钱和财物，满足性欲，出于好奇及受人唆使和胁迫等。

三、性犯罪人个性特征

（一）极端利己主义

个人欲望十分强烈。把满足性欲看得至高无上，以此来确定目的和选择行为。

（二）自我辩解的态度

把责任推诿于被害人，如强奸犯反诬被害女性行为不轨，性欲放荡，是对方主动勾引的。

（三）情感方面缺乏修养

为了发泄性欲，性犯罪者往往不顾他人的感情和痛苦，为了寻欢作乐，不惜给他人带来严重后果。特别是强奸犯，在作案中，在性兴奋的作用下，情绪、情感迅速激惹，变得粗暴、疯狂，一旦受挫，就会转化成攻击和摧残。

（四）消极的意志品质

表现为无法抑制自己的性欲，经不住外界性刺激的引诱，同时为了达到满足淫欲的目的，行为具有挑衅性、侵犯性。

（五）腐朽的生活情趣

许多性犯罪者，主要受黄色书刊和影像制品的毒害，他们精神空虚，百无聊赖，追求感官刺激，沉醉于淫秽腐朽的文化之中，恣意模仿淫乱的生活方式。有的群奸群宿、参与流氓团伙活动，奸淫或侮辱妇女。有的以摧残、凌辱妇女为乐，以满足其性暴虐或性报复心理。还有的伴随着金钱欲望和赌博、吸毒等动机，实施性犯罪活动。

四、利用被害人的心理

（一）利用女性的恐惧和软弱

强奸犯在对女性实施奸淫、侮辱时，使用暴力胁迫手段来恐吓被害人，迫使她们忍辱屈服。有些被害妇女甚至事后还忍气吞声，不敢揭发。

（二）利用女性追求享乐的心理

一些性犯罪分子以吃喝玩乐来引诱女性，满足她们的虚荣心和物质需要，在女性丧失警惕的状态下，实施性犯罪行为。

（三）利用女性有求于人的心理

有的女性为了私利想攀龙附凤，找个靠山或有调动工作、分房的需求，犯罪分子乘机投其所好，以满足其要求为诱饵，进而实施性犯罪行为。

（四）利用女性的隐私和劣迹

有的女性有通奸行为或不正当男女关系，犯罪分子得知后，就以此相要挟，对被害人实施强奸或侮辱。

第三节　性犯罪行为特征分析

一、作案方式的差异性

性犯罪者以什么样的方式实施犯罪，因其年龄、性别、体力、犯罪习惯、社会地位等条件的不同，存在明显差异。主要有以下几种方式：

（一）强奸

其特征是以暴力或胁迫手段，违背妇女意志，强行与妇女发生性关系。以暴力为主的作案人多数是男性青壮年，他们依仗体力强悍或持有凶器，迫使妇女就范。老年性犯罪者多以诱骗方式奸淫幼女或呆傻妇女。有一定权势、地位者采取威胁、利诱手段，使妇女屈从。还有些人利用职业之便进行强奸，如医生利用治病机会，神汉利用封建迷信等。

（二）聚众进行淫乱活动

主要是男女流氓在淫乐思想的支配下，多人同时间交叉发生性行为。也有的在街头、公园、剧院、舞厅等公共场所，纠集多人调戏、侮辱妇女。

（三）变态的性发泄

如鸡奸、窥阴、窥淫、露阴、乱伦、持利器或化学药物等方式切割妇女衣裤、抚摸乳房、阴部，甚至用暴虐、残害手段对妇女进行性虐待，以满足其变态的性要求。

二、作案手段的复杂性

性犯罪的主要手段首先是使用暴力，包括运用体力与使用武器、凶器施暴。其次是精神上的胁迫或强制。例如，以行凶报复、揭发隐私、加害亲友等相威胁；利用封建迷信，进行恐吓欺骗；利用教养关系、从属关系以及对方孤立无援的环境条件，进行胁迫。最后是诱骗，如利用谈恋爱、征婚、找工作、冒充某种身份，以及灌输淫乱思想、腐朽生活方式等，诱骗和奸淫女性。还有的利用妇女患病急于求治的心情，假冒医生或利用治病机会，谎称治疗需要，对妇女施以猥亵和进行淫乱活动。少数性犯罪者，还使用春药或药物麻醉，使妇女产生性兴奋或处于神情恍惚甚至昏迷不醒状态，违背其意志将其奸淫。近年来，拐卖妇女者在拐卖过程中施暴强奸、谎称招工带到外地后胁迫妇女卖淫或诱使妇女吸毒后卖淫一类案件，也时有发生。女性性犯罪者多系从被害者发展、蜕变为害人者，在犯罪团伙中扮演以色相勾引他人，传播性犯罪思想，拉拢腐蚀其他妇女下水的角色。

三、犯罪行为的残忍性

由于性犯罪行为违背妇女意志，必然会遭到被害者不同程度的反抗，加之性犯罪的冲动性与反常性，往往使被害妇女在性犯罪过程中遭到种种虐待与残害，有的甚至被杀害。与暴力并行并与暴力性后果相联系，是性犯罪行为的一个重要特征。尤其是在团伙性的轮奸案件、滋扰侮辱猥亵妇女案件中，被害人遭到的摧残更是令人发指。性犯罪又往往是抢劫、诈骗、吸毒、贩毒等案件的前奏或伴随物，其社会危害性更为严重。

第四节　几种主要性犯罪心理结构分析

一、强奸犯罪的心理结构

（一）性需要特征

强奸犯的性犯罪心理形成后，其性需要在整个需要结构中处于特殊的位置，成为优势需要，导致其心理与行为产生一系列变化。首先是性观念的变化，强奸犯表现出对传统性观念的极为不满，散布与性自由有关的言论。其次是在情绪烦躁不安时，设法接近异性，在与异性交往时兴奋激动，语言轻佻。再次是精神上逐渐变得消极颓废，不求上进。最后，在行为上表现为积极搜集和阅读与性描写有关的文艺作品，低级庸俗、淫秽下流的书刊等。

（二）动机特征

强奸犯的动机特征，首先表现为原因复杂多样。强奸犯实施强奸行为，多数是为了满足性需要，但也有一部分强奸犯或是出于好奇，寻求刺激，或是为了发泄仇恨、报复对方，或是因歧视妇女从而以奸污女性为乐。其次，犯罪人在实施强奸的过程中，常常伴有动机转化。这种转化表现为在实施强奸的过程中，犯罪人发现财物后，将女方财物洗劫一空。也有的犯罪人在遭到被害人的强烈反抗或自己身份暴露后怕被告发、受到严惩，为达到逃避惩罚、保护自己的目的，残暴地杀害、伤害被害人。

（三）情绪特征

强奸犯的情绪不稳定，易受到外界刺激影响，在实施犯罪行为前，情绪兴奋激动，理智丧失，千方百计地寻找或设法接触被害对象，精心选择时间、地点，以达到强奸目的。这种情绪在实施强奸过程中，得到进一步发展，兴奋中心集中在性欲的满足上，而很少考虑行为的后果，在被害人的反抗面前以慌乱野蛮的动作摧残被害人。实施犯罪行为后，罪犯的情绪相当复杂，既有性欲满足后的快感，又有实施犯罪后的恐惧与紧张。

（四）意志特征

强奸犯缺乏对诱因的抵制和抑制性冲动的意志力。相当部分的强奸犯是在外界刺激的作用下，欲念上升，又缺乏良好的性道德和法制观念，在意志薄弱、心理失衡的状态下实施性犯罪行为的。

二、聚众淫乱犯罪的心理结构

（一）精神空虚，寻求刺激

聚众淫乱犯罪分子未受到良好的思想、道德、文化方面的教育，缺乏理想、抱负，无所事事、精神空虚，但他们多处于青少年时期，精力充沛。因此，他们以流氓滋扰、玩弄异性、残害妇女来消耗剩余精力，发泄内心的不满，弥补精神上的空虚。

（二）受淫乱思想和腐朽生活方式侵袭

淫乱思想和腐朽生活方式对贪图安逸、不劳而获、好吃懒做的人，具有较强的吸引力，易引起青少年的倾慕，导致他们追求"性解放""性自由"，认为"人生就是为了满足食欲和性欲""性解放是社会发展的潮流"。他们正是在这些淫乱思想的支配下，玩弄异性，群奸群宿，寻求感官刺激。

（三）交叉腐蚀，互相引诱

男流氓将低级下流的性观念、性意识向女青年灌输，勾引女青年，达到发泄性欲的目的。女流氓利用她们的生理特点，不仅在流氓淫乱的过程中沦为男性的玩物，而且对其他男青年也有一定的诱惑力。女流氓还利用其与社会上其他女青年无性别差异的特点，诱骗女青年加入淫乱团伙。

技能训练

案例分析

基本案情：2004年1月，家住蔚山市的崔某（14岁，初中2年级，女性）用手机给一名女同学打电话，但电话却打到了密阳市高中生金某（男，18岁）的手机上。崔某便与妹妹（13岁）和表姐（16岁）一同来到了密阳。金某见到她们3人后又将她们介绍给密阳 3 个高中的联合暴力团伙"密阳联盟"的头目朴某（男，18 岁），朴某便和十几名手下威胁并殴打她们，而后又将她们带到旅馆轮奸。之后在拿到女生们把柄后要挟发到网上，长达一年的时间，女学生因为被粗暴的工具（性具）侮辱过后身体出现异常被送往妇科医院，2005 年 8 月该名女生精神出现异常表现服安眠药自杀未果陷入昏迷，见女儿的情况异常后母亲报警。

调查过程：在警察调查期间，被害者提出要女性警察来检查自己身体各方面的要求被无视，在调查对质时，加害人在男性警察在场的情况下还激动地威胁，甚至谩骂被害者。并且某些当地警察对被害人态度粗暴，说被害人是"密阳的耻辱"等侮辱性"暴言"已经被证实。

判决结果：2004 年 12 月 7 日，警察控制住 41 名男学生后，对其中 17 名主要嫌疑人和其他嫌疑人共 24 名申请逮捕令，而对其余 24 人予以不拘捕，经进一步详细调查后加害人升至 70 人。

具体操作：

1. 结合案例分组讨论分析性犯罪心理。

2. 以小组为单位写出分析报告。

3. 教师组织学生进行分组汇报。

When many people are stuck in away, they had to get out of the way a road, let the cherish the time people to their front.

——Socrates

当许多人在一条路上徘徊不前时，他们不得不让开一条大路，让那珍惜时间的人赶到他们的前面去。

——苏格拉底（公元前 469~公元前 399，古希腊思想家，哲学家）

第十三章

网络犯罪心理分析

经典案例

北京"2·28"钓鱼盗刷信用卡案

2014 年 6 月，北京警方成功摧毁了一个利用钓鱼网站盗取用户信用卡资料并通过盗刷牟利的犯罪团伙，抓获盗号人员、机票代理、诈骗人员等嫌疑人 31 人，涉及盗刷案件 520 余起。经调查，该团伙通过某网站平台发布虚假信息，诱骗网民登录钓鱼网站，非法盗取网民的个人信息及信用卡资料；再与机票代理勾结，通过网上快捷支付的方式购买机票并出售。该犯罪团伙已形成了一个完整的盗取公民个人信息、盗刷信用卡的黑色产业链条，涉案金额达 300 余万元。

心理分析：

立法的缺陷让犯罪者觉得有机可乘，"法不禁止即自由"；犯罪人缺少罪恶感，犯罪人具有强烈的好奇心与表现欲，犯罪人不计后果或对犯罪后果认识不足。

影视欣赏

网络犯罪调查

CSI 系列最新血脉，网络犯罪题材开山之作，将高深的黑客世界和普通人生活无缝对接。叫车软件能杀人，婴儿能在线贩卖，打印机能纵火……最初 CBS 电视网推出了一部名为《犯罪现场调查：拉斯维加斯》的电视剧，当时谁也想象不到这部电视剧居然能给 CBS 带来如此巨大的收益。今年 CBS 与时俱进地推出了《犯罪现场调查：网络犯罪》。该剧依然由"犯罪现场调查"系列原班人马打造，与之前剧集不同的是，这是第一部以女性角色为第一主人公的电视剧，而且该剧跳脱了以往这个系列专注的"犯罪法医学"范畴，将故事转向当今流行的新领域——网络犯罪。

故事描述的是联邦调查局特别探员 Avery Ryan 奉命组建网络犯罪处（Cyber Crime Division）来侦破涉及网络的重大案件。换句话说，就是那些"在犯罪分子的大脑中形成概念、在网络上实施、在现实生活中造成严重后果"的案件。Avery Ryan 深知今天的技术已经十分先进，一个人可以轻易躲藏在互联网的"阴影"之中实施影响全球的严重犯罪行为。当其他探员在漆黑的房间或小巷中搜捕犯罪分子时，她正坐在计算机前搜查"黑暗的网"。在浩如烟海的互联网上寻找一个匿名犯罪分子是一件十分困难的事情——所有的资金流向都是不可追踪的，只要敲敲键盘，所有的东西都能进行买卖。

原理与技能

- 网络犯罪的概述
- 破坏型网络犯罪心理特征分析
- 利用型网络犯罪心理特征分析

第一节　网络犯罪心理分析

随着计算机技术的发展，大数据时代下的全球网络犯罪愈发猖獗。网络犯罪是指所有涉及计算机系统的违法活动，因此网络犯罪也可称作计算机犯罪，计算机被黑客攻击，网络犯罪常常涉及传统的犯罪形式，比如身份盗用传播，儿童色情作品，网络跟踪，金融盗窃等，这类犯罪的很大一部分，已经在前面各章中有所论及。恐怖主义活动经常借助互联网实施犯罪，其中包括美国黑网（dark web，又称暗网）。黑网包括地下网站，这些地下网站经常允许人们鼓励和谈论非法活动，链接到特定的服务器，或者通过密码黑网，能让使用者进行毒品交易，探讨黑客技术，或者招募恐怖分子。

通过把病毒、蠕虫、间谍软件和恶意软件安装到个人计算机、商务计算机和政府计算机上，实施计算机侵入犯罪的作案人一般需要广博的技术知识，计算机侵入类的犯罪不仅会给私人和公共利益造成巨大损失，而且也会对国家安全造成潜在的威胁。网络侵财犯罪的主要类型是非授权登录计算机（黑客行为）、破坏数据（制造病毒程序）和通信盗窃，特别是研发和使用恶意软件，这些计算机病毒会导致商业领域、消费者网络和政府系统的巨大损失。实际上，网络犯罪的最新趋势，涉及通过恶意软件，对销售系统节点和在线财务账户进行持续目标锁定。这些欺骗信息，每天向消费者或商业网站发送数百万计的含虚假内容的电子邮件，向全球计算机发送宣称自己来自银行、慈善组织、有需要的个人、奖券公司或者其他似乎合法的网站，以此哄骗计算机使用者作出应答，骗取对方提交个人财务信息或者密码。

网络跟踪骚扰也是一种严重的网络犯罪形式，越来越多的人利用互联网和其他电子数字技术进行网络跟踪犯罪，在范围上和复杂性上迅猛发展。网络犯罪属于恐吓犯罪，会给被害人造成巨大的心理影响，简单地按一个按钮，犯罪人就可以给被害人发送重复的威胁性信息，因为是匿名发送，所以具有难以被侦查发现的特点。

传统的欺凌是指系统、长期地对某一位或多位学生进行身体伤害或施加心理伤害，而这里所提到的网络欺凌，是指使用互联网或者其他电子交流设备，发送或寄出有害的、残忍的文字或者图像。那些网络欺凌者经常使用各种形式的电子数字媒体联系被害人，甚至比那些面对面的恃强凌弱者更加过分，网络欺凌者可能会变得胆大妄为、邪恶而且危险，因为他们能够处于匿名状态。

那些频繁实施网络欺凌行为的人的特征是寻求一种权力感和控制感，他们喜欢称霸，选择那些较为孤独的人实施欺凌，但网络欺凌的立法比较困难，与其他方案不同之处在于，立法可能会影响言论自由。

我国1997年《刑法》修正案将其中部分行为予以犯罪化吸收到刑法典中，刑法理论界对该类犯罪行为也早有探讨。但已有的理论成果或现行刑法规定更多的是关注计算机信息系统，对网络问题却少有专门探讨。在计算机科学上，计算机网络毕竟不同于计算机信息系统本身，二者在外延上存在差别。

网络犯罪心理形成主要有以下几种原因：

第一，好奇心和表现欲是促成网络犯罪心理形成的重要原因。好奇是人类的天性，而计算机及网络则提供了一个满足人们好奇心的理想空间。为了信息的安全，有些网络只允许合法的用户使用，对于非法用户则使用密码拒绝其进入。网络黑客就是那些非法用户，面对无法了解的数据，他们的好奇心激发他们破解密码或是输入计算机病毒。表现的欲望通常每个人都有，有些黑客的犯罪行为仅仅是为了显示自己计算机技术的高超。

第二，青少年法制意识的淡薄和守法行为习惯的严重缺失，使其犯罪心理更容易形成。我国发现第一起计算机网络犯罪的时间是1993年，而《刑法》中列出计算机犯罪罪名的时间已是1997年。我国的网络警察队伍也刚刚建立，其队伍建设和职能发挥亦要逐步进行。对网络犯罪的打击力度不够的状况，无疑助长了网络犯罪人犯罪心理的形成。

第三，作案人的年龄生理特征。犯罪人的年龄均在19~30岁之间，此年龄段的人精力旺盛，接受新事物的能力极强。计算机网络作为一个新事物必然会受到青年的喜爱，接受起来也就特别快。在学习和接受计算机网络知识的速度方面，家长明显处于劣势。许多家长自己没有学习计算机网络的兴趣，或根本不懂网络知识，也就无法教育和引导青少年正确利用计算机网络。在这种特殊的国情、社情和家庭氛围中，青年人使用网络是在一种家庭监督缺失的情况下进行的，其自由发展的结果可想而知。而且，19~30岁之间的人群已基本脱离了家庭的教育和约束，其行为完全由自己控制，加之使用网络的便利条件和法律意识的薄弱，成为他们由"在人面前的道貌岸然"转变为"在网络中的恶棍"的导火索。

第四，计算机网络犯罪人的心理特点是几乎没有罪恶感。网络是虚拟的世界，一切行为都是在极其隐蔽的个人小环境中进行的。同时，我国的许多网络在建网初期较少考虑安全防范措施，网络交付使用后，网络系统管理人员水平又不能及时提高，给黑客入侵提供了可乘之机。黑客只需要一台计算机、一条电话线、一个调制解调器就可以远距离作案。

而且，利用计算机网络犯罪几乎不会留下任何痕迹，现有的科技手段也不易侦查到黑客的行踪。这些都使得利用计算机网络进行犯罪的人失去罪恶感，促成了其犯罪心理的形成和外化。

第二节　破坏型网络犯罪心理分析

一、破坏型网络犯罪概述

破坏型网络犯罪是指犯罪分子未经许可擅自进入计算机系统，对系统的储存、处理、传输的数据和应用程序进行破坏。其涉嫌的犯罪包括非法侵入计算机系统罪、非法获取计算机信息系统数据罪、破坏计算机信息系统罪、非法控制计算机信息系统罪提供侵入、非法控制计算机信息系统程序、工具罪这类网络犯罪只能在网络计算机信息系统内实施，主要对象是计算机程序或数据，属于信息攻击或破坏行为。其表现行为和犯罪手段有：未经许可非法进入计算机信息系统，即我们通常所称的"黑客"行为；破坏计算机信息系统，使其功能不能正常运行，如传播计算机病毒使计算机网络处于瘫痪状态。

二、破坏型网络犯罪主体的心理特征

（一）动机特征

关于网络犯罪人的心理研究仍处于起步阶段，我们知道网络犯罪人有多种类型，他们有各自的天赋和动机，但前提是他们掌握了高超的计算机技术，一些作案人实施犯罪，只是为了嫁祸他人而获得兴奋感，而有些作案人想要得到钱财，作为他们努力的奖赏。越来越多的情况是，一些作案人认为他们在做生意，网络犯罪是他们的全职生意。一些网络犯罪生意通过网络攻击其他竞争者的网站，来获得市场优势地位，或者是为了出售个人信息，其他一些通常是年轻黑客所为，单纯为了炫技，还有一些网络犯罪是恐怖分子所为。网络犯罪人雇佣具有网络技术的人进行犯罪，而这些人因为自己被人雇佣，而抵消了自己的罪恶感，特别是白领犯罪。

从动机内容来看，破坏型网络犯罪主体的犯罪动机主要体现在以下几方面：第一，好奇动机，具有此类动机的犯罪主体往往年龄不大，其好奇心强，受好奇心的驱使侵入网络系统；第二，戏谑动机，这一动机也称为恶作剧动机，此类犯罪主体精神空虚、无所事事，他们认为侵入计算机网络信息系统是一件富有刺激性和挑战性的事情，其通过开玩笑或恶作剧的方式来获取快感以满足自己寻求刺激的心理需要；第三，报复动机，具有这种犯罪动机的犯罪主体，往往心胸狭窄、报复心强，其报复对象可能是与其有仇怨或人际冲突的单位及个人，也可能是整个社会；第四，贪利动机，具有此种动机的犯罪主体为了追求利益而制造病毒或者侵入网络系统。

（二）认知特征

破坏型网络犯罪主体存在明显的认知偏差，其认知范围狭窄、单一，尽管其智商较

高，却对自己所实施的犯罪行为缺乏足够的认识，常常把犯罪行为认为是挑战自我的一种方式。此外，由于其认知范围狭窄，在现实生活中常与人发生矛盾和冲突，不能正确地归因，片面地认为是他人和社会对自己歧视和不公。因此，在报复动机驱使下实施破坏型网络犯罪行为。

（三）情绪情感特征

破坏型网络犯罪主体的消极情绪情感较为突出。一些犯罪主体由于自小得不到家庭的温暖，在学校中受到同学们的嘲笑，在社会上又遭到歧视，导致他们对现实社会悲观、失望，甚至怨恨。这些消极情绪情感使他们将现实世界的情感移植到网络世界中，试图通过虚拟的网络世界来寻找安慰。青少年渴望得到社会的重视、人们的关注，这本是正常的心理需求，可长期的压抑使他们的心理处于一种十分微妙的状态，为了在短时间内引起别人的关注，他们便在自己擅长的网络世界中"大显身手"，充分地暴露其压抑在心底的需要和欲望，完全按照自己的意愿做自己想做的事。

（四）能力特征

破坏型网络犯罪主体具备较高的计算机网络方面的知识和技能，因此，其在作案过程中表现出较强的犯罪能力，能够在较短的时间内达到犯罪目的，造成极为严重的危害后果。

（五）性格特征

从性格的内外倾角度来看，大多数破坏型网络犯罪主体性格较内向，其在现实生活中表现为孤僻、冷漠、不善言谈、人际交往能力差、难以与群体沟通和融合，无法适应现实生活，甚至处处碰壁。因此，他们总是疏离于现实与群体之外，在虚幻的网络世界中，展现自己的才能，证明自身存在的价值，满足自我实现的需要。

第三节　利用型网络犯罪心理分析

一、利用型网络犯罪概述

利用型网络犯罪是指利用计算机这一特殊资源共享和信息传递系统而实施的犯罪，即以电子数据处理设备为作案工具的犯罪。其主要类型包括利用网络进行侵占公私财产的犯罪行为，常见的犯罪形式有电子盗窃、网上洗钱、网络诈骗；利用网络进行色情传播、赌博等活动的犯罪行为；利用网络侵犯公民的人身权利的犯罪行为，主要是用侮辱性语言、文字、图像向各电子信箱、公告板发送，对他人进行讽刺、谩骂、恐吓甚至人身攻击，或捏造事实诽谤他人。

二、利用型网络犯罪主体的心理特征

（一）动机特征

从动机内容来看，利用型网络犯罪主体的犯罪动机主要是财物动机。随着网络技术的发展，电子商务逐渐遍及金融、财务等各个领域。网络具有的成本低廉、超越时空限制的经营方式和巨大的利润，吸引了无数不法分子的视线，金钱的驱动使其产生犯罪动机，并实施犯罪行为。这种情形多发生在与金融、财务有关的网络信息系统。犯罪分子利用网络实施金融诈骗、贪污、窃取和挪用公款，进行经济犯罪。有些黑客窃取国家秘密、商业秘密，侵犯知识产权或计算机信息资源，通常也与获取经济利益有关。

（二）认知特征

从认知水平来看，利用型网络犯罪主体的认知水平较高，其往往智商较高，掌握较多的计算机网络知识和技能。从认知内容来看，犯罪主体明显具有错误的认知内容，具体表现为人生观及道德意识发生了严重的扭曲。网络犯罪主体具有非常突出的享乐主义人生观，其为了满足自己的享乐以及腐化生活的需要，疯狂地进行网络侵财犯罪活动；犯罪主体的道德意识是以自我为中心的，所实施的犯罪行为以满足自己的需要为目的，不考虑其行为的社会危害性。

（三）情感特征

利用型网络犯罪主体具有明显的情感扭曲的特点，甚至形成了反社会情感，其往往表现为道德感、责任感欠缺，荣辱颠倒，极少对自己的行为产生愧疚感和罪恶感。

（四）能力特征

利用型网络犯罪主体具有较强的犯罪能力，其一般都具有较高的计算机及网络知识和技术水平。回顾至今为止的各种利用型网络犯罪案例，犯罪主体一般具有较高的计算机网络技术运用水平，他们以其熟练的技术，在网络海洋中恣意冲浪，凭借其在该方面的高知识、高技术，利用网络达到自身追求的不法目的。

（五）性格特征

利用型网络犯罪主体负面性格特征非常突出，具体表现为过分以自我为中心，缺乏社会责任感，极端自私自利，缺乏爱心和同情心，对金钱具有强烈的占有欲望，个人不良需要极度膨胀。

📖 技能训练

广州"1101—黑客"银行卡盗刷[1]案例分析

基本案情：

2014年5月，广州警方成功破获了一起利用黑客技术、对银行卡实施盗窃的特大案件，抓获犯罪嫌疑人11名。经调查，该团伙通过网络入侵的手段盗取多个网站的数据库，并将得到的数据在其他网站上尝试登录，经过大量冲撞比对后非法获得公民个人信息和银行卡资料数百万条，最后通过出售信息、网上盗窃等犯罪方式，非法获利1400余万元。

具体操作：

1. 结合案例分组讨论网络犯罪心理。

---

［1］ 公安部门公布网络黑色产业链现状与趋势之三：2014年网络诈骗十大案例，网络违法犯罪举报网站，http://www.cyberpolice.cn。

2. 以小组为单位写出分析报告。

3. 教师组织学生进行分组汇报。

参考文献

［1］［美］Gunt R. Bartol，Anne M. Bartol：《犯罪心理学（第七版）》，杨波、李林等译，中国轻工业出版社 2009 年版。

［2］梅传强主编：《犯罪心理学》，法律出版社 2010 年版。

［3］罗大华主编：《犯罪心理学（第五版）》，中国政法大学出版社 2007 年版。

［4］熊云武主编：《犯罪心理学》，北京大学出版社 2012 年版。

［5］王锐：《新编犯罪行为心理学》，中国人民公安大学出版社 2010 年版。

第四篇　变态犯罪心理分析

Nothing is so common as the wish to be remarkable.

——Shakespeare

天下最平凡的事就是希望自己不平凡。

——莎士比亚

第十四章

人格异常犯罪心理分析

经典案例

黄某杀人案（河南平舆"11.12"特大杀人案）

2001年9月至2003年11月期间，河南省平鼻县发生一起恶性连环杀人案件。黄某，男，该案被告，将轧面条机机架改装成杀人机械，取名为"智能木马"。2001年9月至2003年11月期间，他先后从网吧、录像厅、游戏厅等娱乐场所，以资助上学、提高学习成绩、外出游玩和介绍工作为诱饵将青少年骗到家中，以必须经过"智能木马"测试为由，将其绑在木马上，先用酒把其灌醉，然后用布条勒死。至案发时，黄某总计杀死无辜青少年17人，轻伤1人。但黄某放弃杀害最后一名被害人张某，释放其回家，并写好遗书，后者随即报警。

黄某自述行凶动机，是因其幼年时，偶然看过一部凶杀片《自由人》，当时他对杀手的角色十分喜爱，并很想体验杀人的感觉。黄某之所以敢玩杀人游戏，首先是因为他少年时的偶像就是杀手。因此，他向往杀手的冷酷心肠与残忍做法，幻想自己可以亲自体验杀人过程。这给予他极大的作案幻想，是典型的犯罪暗示与犯罪模仿的积累。其次，黄某在实施杀手梦想时，不断突破自我的道德约束，他并不将杀人看作是罪大恶极的事情，只是当作自我实现的途径。这是典型的非道德化表现。

犯罪暗示、犯罪模仿、非道德化、侥幸心理等因素累积起来，黄某终于突破了杀人的心理防线，开始动手杀人，这一切也使黄某出现人格解体，逐渐变成一个彻头彻尾的反社会型人格异常者。他突出的人格特征就是没有良知、缺乏同情心、极端以自我为中心、做事不计后果。由此，黄某在作案时，根本就不会顾及遇害者及其家属的感受，也不会在意这样的行径给社会治安带来的危害。黄某唯一在意的，就是及时行乐，而且他特别享受观望受害者临死前的挣扎表情。此外，黄某在选择遇害者时，完全是随机选择的，这些人与他都无冤无仇，选择他们仅是因为他们接受了他的迷惑。这种随意杀人也是反社会型人格异常者的突出特征。

📖 知识链接

反社会型人格异常

反社会型人格也称精神病态或社会病态、悖德性人格等。在人格异常的各种类型中，反社会型人格异常是心理学家和精神病学家最为重视的。反社会型人格异常求助者对坏人和同伙的引诱缺乏抵抗力，对过错缺乏内在的道德谴责，行事冲动、无原则，不负责任、撒谎欺骗。其突出特征为：

1. 具有中等或中等以上智力水平，初次相识给人感觉很好，能帮助别人消除烦忧，解决困难。

2. 没有通常的精神病症状和非理性思维，没有幻觉、妄想和其他思维障碍。

3. 没有神经症性焦虑，对一般人心神不宁的情绪感觉不敏感。

4. 对亲朋好友无信义，对家人（如妻子、丈夫）不忠实。

5. 对事情不论大小，都无责任感。

6. 无后悔之心，也无羞耻之感。

7. 病态的自我中心、自私、心理发育不成熟，没有爱和依恋能力。

8. 麻木不仁，对重要事件的情感反应淡漠。

9. 做出幻想性的或使人讨厌的行为，对他人给予的关心和心意无动于衷。

10. 生活无计划，没有任何生活规律；没有稳定的生活目的；犯罪行为也常是突发的，而不是在严密计划和准备下进行的。

在上述特征中，无责任感和无羞耻心特别重要。反社会型人格异常求助者即便在做了大多数人通常会感到可耻和罪恶的事后，在情感上也毫无反应。临床心理学家还发现，反社会型人格异常求助者在童年时期就有所表现，如偷窃、任性、逃学、离家出走、恶习不改，和对权威的反抗行为；少年时期过早出现性行为或性犯罪；常有酗酒和破坏公物、不遵守规章制度等不良习惯；成年后工作表现差，常旷工，对家庭不负责任，在外欠款不还。

📝 影视欣赏

惊魂记

Marion 在亚利桑那州凤凰城上班，每天中午都急匆匆地与男友约会，然而男友却因为推脱没钱给前妻作赡养费而迟迟不肯离婚。这天 Marion 要替老板存 4 万美元进银行账户，一时冲动之下她决定携款潜逃。沿途她换车后又遇下雨，身心备受煎熬的她见到路边有一家贝兹汽车旅馆，便决定留下过夜。

贝兹汽车旅馆的老板 Norman 是个个性善良的青年，只是对房间中的母亲十分敬畏。Marion 只想安全度过一晚，然而她在淋浴时被杀害了。Marion 的妹妹 Lila 一路追踪失踪的姐姐，也住进了贝兹汽车旅馆，私家侦探 Miton 则帮助 Lila 将目标锁定在 Norman 身上。然而一切都似乎与 Norman 的母亲有关，那控制着儿子的母亲，到底是何方神圣？

第一节 人格异常犯罪概述

人格异常（Personality Disorder，PD），又称反社会人格障碍，是发生于青春期并持续一生的精神障碍。其基本特征就是有着侵犯他人权利的持续行为历史。[1] 这类人以猜疑和偏执为主要特点，固执、死板，极度敏感，心胸狭隘，对侮辱和伤害耿耿于怀；爱嫉妒，对别人获得成就、荣誉颇为紧张，寻衅争吵，公开或背地抱怨、指责别人，不能与朋友、同事相处融洽；自视甚高，习惯性推卸责任；自卑，过高要求别人，不轻易信任别人，对别人充满猜疑；办事从个人情感角度出发，对形势不能作出正确、客观的判断，主观性、片面性强；如果建立家庭，常怀疑自己的配偶不忠于自己，家庭不和睦；喜欢将与己无关的事情和自己对号入座。人格异常是最常见的一种变态心理，与犯罪有着很大的关系。它是指个体的人格在发展和结构上明显偏离正常方向，以至于其不能具有适合一般社会生活的心理和人格特征。人格异常者通常都能清楚地意识到自己的行为出现异常，并为此苦恼，但却控制不住自己；也有少数人格异常者并不把自己的行为视为紊乱和异常。在特定的情境下，他们就会产生强烈的冲动去实施某种怪异的行为，这实际上并不是一种病理性的行为反应。人格异常一般在个体幼年时期便已经初现端倪，但是特征并不明显，待到青春期暴露于外时，人格异常往往稳定且顽固，很难改变；人格异常者个性具有严重缺陷，某些个性结构畸形发展或者发展严重不足，使得整体个性不稳定、不协调；情感严重变异，缺乏自制力；缺乏自知之明，个体虽然能理解自己的行为后果及社会评价，但不能适应周围的环境；人格偏离后有相对的稳定性。

全球研究人格异常的领军人物——心理学家罗伯特·黑尔，将人格异常描述成"魅力十足，善于操控，一生行事无情的社会猎食者，他们的身后残留着一地破碎的心，湮灭的希望和空瘪的钱袋，他们毫无良知和共情之心，自私自利，为所欲为，对违反社会规范并无丝毫负罪感和忏悔"。黑尔提出过对人格异常者的合理分类方式，将其划分为三种类型：原发型、继发型（或神经质型）以及逆社会型。第一类原发型人格异常者，是真正的人格异常者，他们在心理、情绪认知和生物学上，均具有显著区别于常人或普通犯罪人群的特点；另外两种类型则混合了异质群体的反社会行为特质，这些特质也是大多数犯罪人所具有的。第二类继发型人格异常者，用于指那些由于严重的情绪问题，内心冲突而作出反社会行为或暴力行为的人，继发型人格异常者与原发型人格异常者相比，存在更多的情绪不

---

〔1〕〔美〕考特·R. 巴特尔、安妮·M. 巴特尔：《犯罪心理学》，王毅译，上海人民出版社 2018 年版，第 214 页。

稳定性和冲动性，且表现得更具有攻击性和暴力倾向。另外，研究者还发现，继发型人格异常者，经历过更深刻的父母虐待和抛弃。第三类是逆社会型人格异常者，他们表现出的反社会行为，是从亚文化中（比如家庭、恐怖组织和帮派中）习得的。后两种类型"人格异常者"的标签，具有误导性，因为它们和原发型人格异常者的行为和背景不同，但是又由于他们具有非常高的累犯率，因此常被误称为人格异常者。

关于人格异常者的最糟糕的案例，最臭名昭著的查尔斯·曼森可能就是其中的一个典型案例，在 20 世纪 60 年代，他以不可思议的魅力吸引了一小群毫无抵制力的虔诚追随者，另一个典型的案例是小说中虚构的汉尼拔·莱希特，他的虐待罪行和致命的魅力俘获大批电影观众。并不是所有的暴力杀人犯都是人格异常者，更多的人格异常表现在一个连续的过程中，而完全人格异常者是极少见的。

一、人格异常者的犯罪特点

（一）人格异常者犯罪特点分析

根据克莱克利的理论，富有魅力的外表和高于平均水平的智商，是人格异常者的两个主要特征。在与他们的最初交往中，这两个特征都尤其突出，他们的口头表达能力特别强，靠嘴皮子就能为自己开脱，事实上，他们的表达能力使他们对任何事都能发表长篇大论，但仔细推敲就会发现，他们常常是跳跃性思维，从一个主题跳到另一个主题，话题空洞，陈词滥调，词汇相似，缺乏完整性等。因此，克莱克利认为，人格异常者由于操控能力较强，导致言语上的缺陷反而不易被人察觉。

个体在作案前较少预谋或没有预谋，没有明确的目标，且冲动性较强；作案手法一般不太隐蔽，作案情节离奇怪诞，有的胆大妄为，手段残忍；自我保护性较差，既害人又害己，甚至对自身的损害更大；抓获后不逃避罪责，对罪行供认不讳；犯罪活动一般是单独进行。

大多数人格异常者都没有严重焦虑、精神病、性思维妄想、重度抑郁或幻觉等症状，即使在巨大的压力下，他们仍然能够保持冷静和沉着，声名狼藉的连环杀手赫尔曼·W.玛吉特，别名 H. H. 福尔摩斯，在行刑前的最后几个小时感到疲惫而且睡得很香，醒来后神采奕奕地对警卫说，"我这一辈子从来没有睡得这么舒服过"，在被绞死前一个小时，他点了一份丰盛的早餐，依然保持着自在轻松，丝毫没有表现出对死亡的恐惧，因此，人格异常者的另一个可能的特征便是"胆大"。

除了胆大因素以外，人格异常还包括另一个核心因素——卑鄙，特征是自私，无法给予他人爱与情感，以自我为中心，不屑且不能与他人建立依恋关系，而且基本上无法改变，无力体验真诚而有意义的爱，他们难以和其他人保持亲密的友谊，也难以理解他人的爱、忠诚、怜悯，这些与他们毫不相干，因此他们很少与家人联系，常常独居。这类人格异常者表现出极端的傲慢，对权威的蔑视，破坏性地寻求刺激，对人和动物进行身体虐待，他们或许会为老邻居买药，给他们送去食物，但也有可能第二天便骗取他们的钱财。他们常常被称为病态撒谎者，他们没有辨别伦理的能力，不能理解诚实的含义，尤其是当欺骗能带来个人利益时，他们可能不可靠、不负责，并且发生不可预期的行为。

冲动是人格异常者的另一个基本核心特征，这使他们的行为模式具有周期性。他们有可能在一段时间内，是一个有责任心的市民、可靠的雇员，但一旦平静的生活结束后，他们会显得不负责任。诈骗，暴力，尤其是在药物滥用后，例如酗酒，会使人格异常者变得粗俗不堪，胡闹不止。人格异常者的智商通常高于普通人，但他们缺乏学会避免失败和避免卷入潜在危险的能力，因此他们的犯罪行为模式往往倾向于自我毁灭，通过惩罚来减轻潜意识中的内疚感。

人格异常者的另一个核心点是：他们对自己的所作所为没有丝毫的自责和罪恶感，不在乎行为的严重后果和是否具有道德性，也不觉得应该对给他人造成的伤害负责。例如，著名的案例——纽约炸弹客，被抓获后，他并没有表现出真诚的忏悔，并且对警方作出不屑一顾的表情。在一般人的道德规范里，不允许发生的行为，例如虐待儿童、虐待动物、攻击他人，人格异常者都认为自己是闹着玩的。人格异常者通常属于外归因思维模式，把人们的谴责归咎于社会和家庭等外部原因，而非自我反思。他们能表达错误，但毫无真情实感。

最后，夸伊（Quay，1965）认为，人格异常者有一种根深蒂固的、病态的、寻求刺激的特征和需求，这种对兴奋和刺激的极度神经生理需求，导致人格异常者常常沉迷于各种充满刺激的爱好中，他们属于高感觉寻求群体，往往喜欢赛车、跳伞、摩托车障碍赛等激烈活动，这是人格异常者的其中一个本质特征。

（二）人格异常者犯罪模式

理论上普遍认为，人格异常犯罪者这一小部分人决定了社会上大量的犯罪案件数量，他们是最暴力和顽固的罪犯。总体而言，罗伯特·黑尔评估人格异常者在普通人群中的比例大约是1%，成年囚犯中的比例约为15%~25%，西蒙德和霍格推测只有11%的在押犯人可以被划为人格异常者，此研究的样本包括了321名因暴力犯罪而服刑的在押人员，几乎所有的犯罪人都有长期的犯罪生涯，不过关押机构的类型也会影响对人格异常者的犯罪者患病率的估计。

人格异常者的一个重要行为特征是他们大量使用工具性攻击，多为暴力攻击型、爆发型犯罪。工具性攻击系指有目的、有意图的攻击行为，用以实现一个特定目标，比如侵犯财产等，这一点区别于防御式攻击。由于变态心理和病理性激情的支配，人格异常者多进行伤害、凶杀、毁物、强奸、轮奸等恶性犯罪。同时，他们多疑、记仇，极易进行报复性的毁物、凶杀等恶性犯罪，加上性格顽固且异常，他们的不良行为习惯极难改正，常进行持续性的恶性犯罪。

黑尔引用了美国联邦调查局（FBI，1992）的一份报告，这份报告指出，在因公殉职的执法人员中，有近一半的人是被具有人格异常特征的罪犯伤害的，同时有人格异常特征的性犯罪者比其他性犯罪者更加暴力、残忍、无情，对被害人实施的虐待也更严重，而且在人格异常的犯罪者所实施的性犯罪杀人案件中，罪行种类更多，情节更严重。

极度凶狠残暴的杀人犯，往往有很多人格异常的特征，具有人格异常特征的连环杀手，相对其他杀人犯更加变态残酷。研究表明，人格异常犯罪者似乎比其他犯罪人更能从对他人的性虐待或非性的虐待中获得快感。很多非人格异常者的伤人或严重人身攻击行为，大多是在家庭争执或激情状态下发生的，这种暴力模式很少在以人格异常的犯罪者中发现，很多非人格异常的犯罪者的施暴对象，是他们熟悉的女性；相反，人格异常者的犯罪者的施暴对象经常是陌生人，在有人格异常特征的强奸犯中，很多是由于"非性欲"动机的犯罪，比如愤怒、报复、施虐或有机可乘。

人格异常者的重新犯罪率很高，人格异常的犯罪者违反假释规定的时间比非人格异常犯罪者短，他们在监禁时期可能实施的暴力行为更多。

（三）未成年人人格异常犯罪

鉴别未成年人人格异常的主要问题是如何判断该青少年是否存在人格异常？因为异常人格确实可能存在于这一年龄组，但可能很难被可靠地测量到，因为暂时性的改变和稳定的发展模式贯穿生命始终，很多临床医生和研究人员反对在未成年人中鉴定人格异常，他们认为未成年人在青春期都有可能表现出成年人人格异常的特点，表现出反社会行为，但他们中的一部分有可能是青春期犯罪人，而并非终身持续性犯罪人。青春期少年表现出的麻木和自恋，有时是为了掩盖自己的恐惧和焦虑。

至于其他的儿童具有疑似人格异常的特征，则可能代表其曾受过身体或性方面的虐待或抛弃，经历过家庭虐待的儿童，会表现出一定程度的情绪异常，事实上就是孩子们在具有极大压力的家庭环境中使用的一种应对方式。违反规则是很多青春期少年试图从成年人的支配下获得自主权的一种表现，就像在青春期违法行为中所看到的一样。在发生暴力的未成年群体中，有59%的人达到了人格异常的标准，大量的实证研究认为，未成年人的人格异常似乎在7~24岁就有稳定的征象。

二、各种类型的人格异常者的特征以及测量

（一）偏执型人格异常

主要表现为敏感多疑，报复心强，总以为别人要对他进行迫害和攻击，容易把别人的友好看作敌视或蔑视的行为，往往寻机泄愤，主观固执，听不进去别人的意见和劝解；无自知之明，对自己评价过高而又狂妄自大；爱空想和幻想，认为自己怀才不遇，常无理取闹；易产生嫉妒的妄想，可能产生报复或攻击行为，多见于男性。

（二）情绪不稳型人格异常

多表现出情绪极不稳定，可持续地情绪低落、抑郁或情绪高涨、兴奋或二者交替出现；情绪表现极端，或狂喜或狂怒；容易失去控制，具有较强的攻击性；有时对人对事关怀备至或者胆小怕事；喜好猜忌，有自卑倾向；易被激怒，微不足道的琐事就可能引起强烈的感情冲动，在暴怒之下表现出极强的破坏性，毁物伤人。

（三）意志薄弱型人格异常

主要特点是缺乏信心和主动精神，对任何事都缺乏主见，对己对人都持怀疑态度，自卑的同时又敏感多疑，总怕别人加害于己，有自伤和自杀的倾向；受暗示性较强，易于接收外界的各种影响；虽不信别人，但周围人对他的暗示或教唆可能会引起其狂热行为，在冲动的支配下违法犯罪，而且一旦犯罪极易再犯，教育和改造的作用较小。

（四）轻佻型人格异常

多表现为举止轻浮，缺乏羞耻感、名誉感、同情感等情感；爱编造谎言，在骗人上当的过程中求得乐趣；虚荣心极强，为了引人注意和异性喜欢，常不顾廉耻作出夸大的行为动作；多实施性犯罪和财产犯罪，且难以矫治。

（五）反社会型人格异常

这一术语通常被精神科医生和许多临床心理学家用来描述从15岁之后的一种漠视并侵犯他人权利的行为模式。DSM-5通过七个标准来定义反社会型人格异常，必须满足其中的三个或更多标准，包括反复说谎、冲动和无视他人的安全。符合反社会型人格异常诊断标准的个体必须年满18岁，并且必须有证据表明他们在15岁之前有品行障碍。不是所有被诊断为品行障碍的孩子，最终都会发展为反社会型人格异常，但有反社会型人格异常的个体，在15岁之前必须符合品行障碍的诊断。例如，人格异常者的认知功能问题，与反社会型人格异常相比更加明显和广泛，进一步讲，反社会型人格异常的定义更多涉及犯罪行为，而人格异常者并不都是犯罪人。同样，并非所有的犯罪人都是人格异常者。有研究表明，对服刑中的男性罪犯进行观察后，约50%~80%的人具有反社会型人格异常征象，但其中只有11%~25%的男性罪犯符合人格异常的诊断（Hare，1996）。该类型人格异常者缺乏道德标准作为行动的准绳，也不能遵守社会道德的约束；缺乏责任感；不能纠正自己的错误行为；情感不成熟，自我控制机制有缺陷，较自我中心主义，不能控制自己的情绪，意志力薄弱，放纵自己任意施为，欲望迫切且永不满足；情感冷漠，不能与正常人和平相处，感觉迟钝，缺乏同情心，对人冷酷无情，刻薄残忍；生活无目的，缺乏社会责任感，行为动机只是为了寻求快乐和刺激。

人格异常不是一个类别概念，而是一种连续程度的表现，即人格异常与非人格异常的区别，"不是类型的差别，而是程度的差别"，临床工作者和研究者们常常分不清黑尔提出的原发型人格异常和DSM-5中的反社会型人格。本书采用黑尔的分类方式，使用原发型人格异常者的概念，他们较为独特，从神经上、心理上和情绪上都存在障碍，通常没有爆发性的暴力行为和极端的破坏性，他们表现得富有社交魅力，并且健谈，但他们有可能会犯罪。事实上，他们通常终生与法律为敌，当他们实施像强奸和故意杀人等暴力犯罪时，其杀伤手段可谓异常残酷。人格异常犯罪者这个术语，将用来形容那些具有反复的反社会行为和犯罪行为的原发型人格异常者。

（六）爆发型人格异常

该类型人格异常者个性极强，过分主观，易被激怒，听不得别人的劝告，常因为细微的精神刺激而引起过强的情绪反应，行为无度，不顾后果；在发病期间可能因为某些原因而犯罪，但在间歇期间内可以恢复正常，并为自己爆发性行为的结果而感到后悔内疚。

（七）癫痫型人格异常

该类型人格异常者具有脑器质性损害的色彩，激惹性高、易暴怒冲动、情绪不稳定、思维和动作极其缓慢；心胸狭窄，报复心强，预谋周密；对作案对象的选择比较严格。

（八）分裂型人格异常

该类型人格异常者多内向孤僻、言行怪异，喜欢脱离现实的幻想，敏感，多疑，对人冷漠，为人处世不通情理；情绪易波动，好无事生非。求助者在不良境遇的刺激下，能产生较短暂的精神病发作，进行违法犯罪行为。但事过境迁之后，他们又能恢复原来的精神活动水平。

（九）怪癖型人格异常

无明显的合理性动机，但却反复出现某种毫无意义的行为，包括"纵火癖""谎言癖""偷窃癖""赌博癖"和"怪恋"等。"纵火癖"是指个体无明显报复、破坏、陷害的犯罪动机和目的，却对纵火有异常顽固的嗜好，明知后果严重，害人害己，却千方百计寻找纵火机会的一种变态行为，从中体验刺激和满足。"偷窃癖"是指个体不以获取财物或满足个人需要为目的，专门以偷窃他人或集体财物为乐趣，从中获得快感的一种较常见的心理变态行为，男性多于女性，其中不少人受过中等以上的文化教育，被发现后能深刻反省，一有机会就会故态复萌，难以克制。"赌博癖"又称强迫性赌博，是指个体赌博成瘾，嗜赌如命的一种变态心理和行为，此求助者不顾自己的行为将带来有害的社会结果，如经济贫困、家庭关系受到损害、个人生活被破坏等，只是沉溺于赌博行为之中，对各种正常的文娱活动不感兴趣，无视舆论的谴责和法律的制裁，不怕倾家荡产，最终为了获得赌资或偿还债务而实施各种财产性犯罪。"怪恋"是指个体在性爱问题上的一种人格异常行为，多见于男性，其表现形式各有不同，但都是在畸形爱情观支配下的变态行为，这种人常介入爱情纠纷，实施情杀或破坏他人家庭、婚姻的犯罪。

（十）人格异常的心理测量

目前使用最广泛的关于人格异常犯罪者的测量手段是20个项目的人格异常检测表修订版（PCL-R）（Hare，1991，2003）。PCL-R在第二版中，增加了法庭鉴定和研究的应用信息，可以用于其他国家的犯罪者，还更新了男性和女性罪犯的常模和有效数据。

PCL-R在很大程度上基于克莱克利（Cleckley，1976）对人格异常的定义而编写，但编制它的主要目的是鉴别在监狱服刑的男性罪犯、庭审对象或精神病人群体中的人格异常者，这个量表不仅适用于收容教养人员，也适用于临床环境和研究。PCL-R主要从情绪、人际关系、行为和社会偏差等多方面对人格异常犯罪者进行评估，所使用的资料，包括自我报告、行为观察和其他佐证资料，如父母、家庭成员和朋友的报告，以及被捕和法庭记录，这些佐证材料有助于评价自我报告的真实性。同时，评估的项目需要对信息进行整合，包括在工作或学习中的行为，对家庭成员、朋友和性伴侣的行为，犯罪或反社会行为。目前，PCL-R作为一个诊断人格异常的工具，已经在全球范围内被使用，但个别学者认为，它似乎最适合用于鉴别北美白人男性中的人格异常者。

斯基姆和库克则认为，人格异常者很可能实施反社会行为，但不必然是犯罪行为，犯罪指的是实施了法律明文禁止的行为，意味着要予以惩罚的行为，换句话说，犯罪性并不是人格异常必要的核心特征；黑尔认为，并不是具有人格异常特征的人在业界一定会触犯法律。因此，PCL-R不只是能检测犯罪行为，也可以检测出在工作场所中的人格异常者，并且可以用于评估犯罪人再犯的可能性。

三、人格异常者与正常人犯罪行为的区别

第一，从犯罪预谋性看，正常人的犯罪常常是有预谋、有计划的；人格异常者犯罪则一般带有偶然性，作案前极少有预谋或没有预谋。

第二，从犯罪的目的看，犯罪动机具有偶然性。正常人的犯罪一般都有明显的犯罪动机和犯罪目的；人格异常者犯罪则往往没有明确的动机和目的，或者动机和目的都比较模糊，而且随机冲动性强。变态人格者的犯罪常常是损人不利己的，其犯罪目的通常是为了缓冲心理紧张和压抑状态，因此，犯罪的功利性、目的性不明显。变态人格者犯罪结果与犯罪起因并不相适应，而且犯罪的起因多受偶然的刺激、情感冲动或本能愿望所驱使，一般较少预谋。

第三，从作案手法的隐蔽性看，正常人犯罪作案时手段隐蔽，而且作案后有目的地销赃灭迹，竭力逃避打击；人格异常者作案手法一般不甚隐蔽，作案的情节离奇古怪，有的胆大妄为、手段残忍，自我保护性差，被抓获后不逃避罪责，对所犯罪行供认不讳。

第四，从犯罪的性质看，正常人犯罪有多种类型，变形人格犯罪多为攻击型、爆发型，在变形心理和变形人格的支配下，多发生伤害、凶杀等恶性犯罪。同时，人格变形者由于多疑、记仇，极易进行报复性的毁物、纵火等恶性犯罪。

第五，犯罪行为的连续性。由于变态人格者的犯罪是寻求心理上的满足和安慰，缓冲心理紧张状态，因此，随着这种心理紧张状态的持续和心理紧张力的积累，当外界不良刺激诱因与其固有的人格缺陷相适应时就极易再次引发违法犯罪行为，从而表现出实施的犯罪行为具有连续性，作案时间具有周期性，侵害个体具有一致性的行为特征，不能防止其行为的再次发生，因而会出现一系列的"连环杀手"案件。

第六，犯罪行为的自觉性。变态人格者与精神病者不同，他们能意识到自己的行为后果，作案后记忆清晰。

第七，犯罪手法自我保护性差。变态人格者犯罪前后不隐蔽也不逃避罪责，自我保护性差，害人害己。

第二节　人格异常犯罪心理分析

人格异常者具有正常智力，没有意识障碍和精神病症状，但人际关系等社会适应功能往往受损，因此其犯罪行为十分复杂，特别是犯罪行为若与发生在人格的动力如需求、兴

趣、信念、价值观等方面的变形相联系，其犯罪动机就非常隐秘，犯罪行为的实施就会有周密的计划和充分的准备，甚至出现连环作案。监狱内常见的人格异常有偏执型人格异常、分裂型人格异常、反社会型人格异常、冲动型人格异常、表演型人格异常等。

一、反社会型人格异常犯罪人心理分析

（一）反社会型人格异常者犯罪心理分析

反社会型人格异常是人格异常中犯罪率比较高的一种。这类人群极易进行残酷行为的犯罪，历来受到心理学专家、犯罪心理学家的重视。在人格异常的各种类型中，反社会型人格所引起的违法犯罪行为最多，同一性质的屡次犯罪以及特别残酷或情节恶劣的犯罪人中，大约有1/3至2/3的人都属于此类型变形人格。该类型人格异常者缺乏道德标准作为行动的准绳，也不能遵守社会道德的约束；缺乏责任感；不能纠正自己的错误行为；情感不成熟，自我控制机制有缺陷，自我中心主义，不能控制自己的情绪，意志力薄弱，放纵自己任意施为，欲望迫切且永不满足；情感冷漠，不能与正常人和平相处，感觉迟钝，缺乏同情心，对人冷酷无情、刻薄残忍；生活无目的，缺乏社会责任感，行为动机只是为了寻求快乐和刺激。

例如，2010年3月23日早上7点24分，福建南平实验小学门口发生一起重大凶杀案，当场死亡3人，送院救治10人，抢救无效后又死亡5人，嫌犯郑某当场被抓。郑某，男，1968年4月30日生，福建南平人，中专毕业，未婚，原为马站社区诊所医生，2009年6月被辞退。案发前无业、无房、未婚。庭审期间，法庭出示了杀人现场的监控录像截图15张，审判长问郑某对此有无异议，郑某表示没有异议，但同时回答没有起因就没有这结果，态度让人难以理解。当提到因恋爱受控、与同事家人不合而蓄意杀人时，被告人郑某对此表示异议，并在公诉人按庭审程序对其犯罪过程进行提问时选择沉默，并拒绝回答相关问题。他称，法庭应先了解其行凶起因，而非先询问行凶过程，这样会使他人对他的行凶造成先入为主的观念。从这里我们可以看出，郑明生更希望大家把目光集中在他为什么杀人这个问题上。郑某声称，他的所作所为针对的就是两个人，一个是他的老领导，原马站社区医院的院长；另一个是他的第二任女友叶某。"我这么做就是为了引起重视，让社会因为这件事追究背后的原因"，郑某说。

上述案例中的主人公经司法鉴定患有反社会型人格异常，这种反社会人格极易导致反社会行为，极端的会导致违法犯罪行为。不过，并非所有的反社会行为者都有反社会人格，反社会人格并非精神病，他们只是人格表现超越正常范围，他们虽然智商良好，能自己料理生活，从表面上看也能正常地学习、工作，但不能跟正常人一样用理智驾驭自己的行为并合情合理地处理生活中的日常事务。反社会人格是介于精神病和正常人之间的一种中间状态，并非轻度的精神病或者精神病的早期，所以，反社会型人格者一般具有刑事责任能力。

（二）反社会型人格异常的犯罪心理分析

患有反社会型人格异常的求助者一般有一种长期存在的对他人权利的侵犯的冲动，另

外，撒谎及欺骗是他们的第二天性。在人格异常中，反社会型人格异常者进行盗窃犯罪的比较多见。这类人一般在未成年时就有盗窃的品行障碍，并有多次受到处罚的经历。他们积累了盗窃和反侦查的经验，一般不会周密地策划作案。

1. 盗窃。反社会人格异常者自私自利、目无法纪，他们在享乐欲望不能通过合法途径满足时，就会肆无忌惮地犯罪，包括盗窃。有盗窃恶习的反社会型人格异常者，一般还有其他恶习，如诈骗、抢劫、打架、闹事等。反社会型人格异常者多数有抢夺与抢劫行为，特别是抢劫。由于他们所具有的人格特点，在抢劫过程中，他们的暴力倾向得以显现，他们甚至会在没有必要对被害人实施暴力时，还"顺便地"对异性被害人实施强奸、报复和性虐待。

2. 勒索犯罪。从敲诈勒索行为自身的特点来说，它对反社会型人格异常者有相当大的吸引力。通过敲诈勒索，反社会型人格异常者不仅可以实现物质上的满足，而且可以实现心理上的满足，对被害人进行恐吓和捉弄可以给他们带来快乐。

3. 诈骗。人格异常者在变形心理求助者中是最有能力实施诈骗犯罪的，尤其是反社会型人格异常和癔症型人格异常者。反社会型人格异常者人格中具有的无视社会权威、藐视社会规范，具有中等或以上的智商等这些特征，使他们具备进行诈骗犯罪的品质基础和心理基础。特别是一些反社会型人格异常者本身就有爱说谎的恶习，为了达到自己的目的，可以坦然说谎。他们诈骗的动机多数是为了贪图享乐，他们既想过上好的生活，又不愿意付出艰苦的劳动。对他们来说，诈骗是实现他们"理想"生活的一种最佳、最快的手段。

4. 系列杀人者。反社会型人格异常者由于心理与行为异常，极易成为系列杀人者。各种不同的因素，如心理疾病、性挫折、精神分裂、孩童忽略及不良的亲子关系等，均可成为杀人犯罪的原因，但大部分专家认为，系列杀人犯罪者具有反社会人格病态倾向。享乐杀人者对被害者受到的痛苦折磨无动于衷，而且被逮捕后沉醉于闪光灯或大众传播媒体的大幅度报道下。这些充分显示出杀人者反社会的病态心理及缺乏道德观念、缺乏罪责感、缺乏同情心、情感冷漠、冷酷无情等人格特点。Fox Jack（1985）在检视 156 个涉及675 条人命的个案后指出：杀人者有精神妄想症者，大部分表现出社会病态人格倾向，缺乏良心和罪恶感。[1]

2004 年 10 月，笔者在山西某监狱了解到一个反社会型人格异常者的案例。

王某，男，19 岁，汉族，初中文化，未婚，待业。王某的亲生父母均是农民，他还有兄长四人。家庭成员均无精神病史。王某出生后即由养父领养，7 岁前由祖母抚育，他的家庭经济状况优越，从小受到溺爱，性格固执、顽皮，喜欢恶作剧。上学后，起初他的成绩在 90 分以上，但之后不断打架闹事，欺侮小同学，辱骂老师，在课桌上解剖老鼠、麻雀等。小学三年级时，他在放学回家的队伍中公然把生殖器掏出来露在外面。此后，王某的成绩逐年下降，到小学毕业时要依靠补考才能升学。初中一年级时，他因三门功课不

---

〔1〕　吴志刚："论人格障碍与犯罪"，载《贵州民族学院学报（社会科学版）》1994 年第 3 期。

及格留级，此后表现更差，最终被勒令退学。王某自此发展到不服家长管教，顶撞、吵闹甚至与父母对打。1981年，王某于14岁时在某儿童医院拟诊为儿童多动症，用镇静剂无效，服用利他灵稍有好转。1981年1月，被送去工读学校就读，但经常借故离校一两个月不返校，直至被捆绑押送回校。1982年7月由家长领回，半年中他多次与他人盗窃公私财物，曾被收审。释放后，王某一度剪去长发，表示洗心革面、重新做人。1984年，王某进工厂学铣工；同年12月开始旷工，招引一些朋友在家中吃喝玩乐，多次聚赌，并结交一些不三不四的人；虽然多年受祖母无微不至的照料、袒护，却经常打骂祖母。1985年6月5日，王某向张某寻衅闹事，纠集另外两个人用棍棒、皮带毒打张某，致使张某多处软组织挫伤。同年7月6日中午，王骑自行车撞了蒋某，反称"你挡我路，我打死你"，随即对蒋某拳打脚踢，致使其脑震荡、胸部软组织挫伤，住院20多天。同年10月24日晚，某矿务局司机张某某因行车与他人发生纠纷，王某不问缘由便对张某某进行谩骂、毒打。同日被公安机关收容审查。

根据上述案例，分析结合诊断标准：首先，王某在18岁前有品行障碍，符合3项以上的诊断标准，王某符合诊断标准的第4、6、9、11、12项；其次，在成人诊断标准下，18岁的王某符合诊断标准的第7、8、9项。因此，诊断王某为反社会型人格异常者。

（三）反社会人格异常者的童年

普遍认为，犯罪行为和其他行为障碍产生的根源是家庭，而且通常是那些充满矛盾冲突、教养方式不当或有不良榜样的家庭，但从人格异常者的生物心理特征分析来看，答案绝非那么简单，人格异常是在生物心理因素、社会因素和学习因素三者的错综复杂的交互作用中产生的。人格异常者或许天生就有可能形成这种行为障碍的生理倾向，但这种倾向在显露前需要一定的社会心理因素的刺激，比如父母的忽视或虐待，因此激活了人格异常者的神经系统，加上有神经系统的天生缺陷，人格异常者不能对惩罚作出预期，也不会意识到自责和罪恶感，人格异常者的童年充满了不良的征兆，除了受到父母的忽视或虐待，他们也可能经历更多的学校里的负性事件，例如校园欺凌，如果家庭监管的管教失当，则会激活儿童的品行缺陷问题，成为人格异常者的童年风险因素。一项对400名8~10岁伦敦男孩开展的纵向研究显示，身体忽视、疏于监管、家庭残缺、家庭人口多、父母一方犯罪、母亲抑郁、贫穷等因素，能预测男孩们在48岁时的人格异常分值。

持续终身型犯罪人在儿童期就表现出各种各样的反社会行为，比如注意力缺陷障碍、幼儿时期的攻击力和坏脾气、儿童期多动障碍、青春期学习障碍；社交方面，他们被同辈疏远，令大人讨厌；情感方面，他们几乎没有任何共情和关心、家庭疏离、虐待成性、冲动行事、缺乏内省。回顾持续终身型犯罪人的成长经历，就会发现他们和人格异常的犯罪者的症状惊人的相似，但只有少数持续终身型犯罪人有可能发展成真正的人格异常者。

对成年的人格异常犯罪者的治疗充斥着悲观和沮丧的观点，同时，对能有效预防和治疗儿童或青春期少年的人格异常者的方法知之甚少。但是，鉴于具有人格异常征象的儿童和青春期少年的可塑性比较强，因此会比成年的人格异常者，更具有积极预防和治疗的意义。比如，实验室研究发现有行为问题和冷漠无情特质的儿童存在一种倾向，即对以奖励为导向的干预措施反响积极，而对以惩罚为导向或诱发恐惧的干预措施反应不佳。也就是说，人格异常特质的行为问题儿童，对父母使用奖励方式的管教反应更好；相反，他们并不在乎父母使用惩罚性的管教方式（隔离、责骂或没收喜爱玩具）。

（四）治疗策略

由于反社会型人格异常的病因相当复杂，目前对此症的治疗尚缺乏十分有效的方法。如使用镇静剂和抗精神类药物治疗只是治标不治本，且疗效不显著；而心理治疗对那些由于中枢神经系统功能障碍而成为反社会型人格的求助者又毫无作用。实践发现，对那些由于环境影响形成的、程度较轻的求助者，实施认知领悟疗法有一定疗效。施治者可以帮助求助者提高认识，了解自己的行为对社会的危害，培养求助者的责任感，使他们担负起对家庭、对社会的责任；提高求助者的道德意识和法律意识，使他们明白什么事可以做，什么事不能做，努力增强控制自己行为的能力。这些措施对减少求助者的反社会行为不失为有效的方法。

1. 药物治疗。制订药物治疗计划时应检查求助者有无共患疾病。对伴发焦虑、抑郁的求助者采取联合治疗，可给予其抗抑郁药及抗焦虑药对症处理，建议在医生指导下服药。

2. 心理治疗。心理治疗对人格异常求助者是有益的，咨询师通过深入接触，与他们建立良好的关系，以人道主义和关心的态度对待他们，帮助他们认识个性的缺陷所在，进而指出个性是可以改变的，鼓励他们树立信心，改造自己的性格，如遇到困境可进行危机干预。认知行为疗法特别注重发展咨询师和求助者的关系，工作重点是在咨询早期注意增加求助者的自我效能感，在咨询后期使用认知技术和行为实验直接挑战求助者存在的偏执信念。这种典型的策略有助于其他干预和在咨询早期改善偏执症状，通过提高自我效能感来减少警觉。咨询中咨询师指导求助者识别自动思维，利用提问的方式评价自动思维、布置家庭作业、训练人际交往技能等方法，提高求助者处理焦虑和人际关系问题的能力，发现别人的目的和意图，从而更切实地感知，不断增加对别人观点的认识，所有这些将导致人际关系冲突的改变。求助者主要的"人格改变"发生在咨询结束时，各方面的问题在一定程度上得到改善。下面介绍几种常用的心理治疗方法：

（1）认知提高法。由于求助者对别人不信任、敏感多疑，不会接受任何善意的忠告，所以首先要与他们建立信任关系，在相互信任的基础上交流情感，向他们全面介绍其自身人格异常的性质、特点、危害性及纠正方法，使其对自己有正确、客观的认识，并自觉、自愿产生要求改变自身人格缺陷的愿望。这是进一步进行心理治疗的先决条件。

家庭作业是认知疗法必不可少的一部分。家庭作业完成得好，可为求助者提供更多的自我教育机会，收集更多的资料，检验他的思想和信念，纠正他的思维和验证新的行为。家庭作业可检验其在治疗过程中所学到的东西而增加自我疗效感。第一次会谈中，帮助求助者制定他的目标单和进行积极的自我陈述日记。在接下来的几次咨询中，用家庭作业加强求助者对自动思维的评估和反应。当认清重要的假设和信念时，求助者会发现复习一个完整认知概念表是有用的。信念矫正后，求助者将逐步经历行为改变，练习新技能，练习"仿佛"表演技术，通过行为实验检验思维和信念。在最后的咨询阶段，家庭作业应服务于预后和复发预防。

（2）交友训练法。鼓励他们积极主动地进行交友活动，在交友中学会信任别人，消除不安感。交友训练的原则和要领是：①真诚相见，以诚交心。本人必须采取诚心诚意、肝胆相照的态度积极地交友。要相信大多数人是友好的、可以信赖的，不应该对朋友，尤其是知心朋友存在偏见和不信任态度。必须明确交友的目的在于克服偏执心理，寻求友谊和帮助，交流思想感情，消除心理障碍。②交往中尽量主动给予知心朋友各种帮助。这有助于以心换心，取得对方的信任和巩固友谊。尤其是当别人有困难时，更应倾力相助，患难中知真情，这样才能取得朋友的信赖和增进友谊。③注意交友的"心理相容"原则。性格、脾气的相似和一致，有助于心理相容，搞好朋友关系。另外，性别、年龄、职业、文化修养、经济水平、社会地位和兴趣爱好等亦存在"心理相容"的问题。但是，最基本的心理相容的条件是思想意识和人生观、价值观的相似及一致，这就是所谓的"志同道合"。

（3）自我疗法。具有偏执型人格的人喜欢走极端，这与其头脑里的非理性观念相关联。因此，要改变偏执行为，偏执型人格求助者首先必须分析自己的非理性观念。如：①我不能容忍别人丝毫的不忠；②世上没有好人，我只相信自己；③对别人的进攻，我必须立刻目的明确地予以强烈反击，要让他知道我比他更强；④我不能表现出温柔，这会给人一种不强健的感觉。正确的办法是对这些观念加以改造，以剔除其中极端偏激的成分：①我不是说一不二的君王，别人偶尔的不忠应该原谅；②世上好人和坏人都存在，我应该相信那些好人；③对别人的进攻，马上反击未必是上策，而且我必须首先辨清是否真的受到了攻击；④我不敢表示真实的情感，这本身就是软弱的表现。

（4）敌对心理纠正训练法。偏执型人格异常求助者易对他人和周围环境充满敌意和不信任感，采取以下训练方法，有助于克服敌意对抗心理：①经常提示自己不要陷于"敌对心理"的旋涡中。事先自我提醒和警告，处世待人时注意纠正，这样会明显减轻敌意心理和强烈的情绪反应。②要懂得只有尊重别人，才能得到别人的尊重的基本道理。要学会对那些帮助过你的人说感谢的话，而不要不痛不痒地说一声"谢谢"，更不能不理不睬。③要学会向你认识的所有人微笑。可能开始时你很不习惯，做得不自然，但必须这样做，而且努力去做好。④要在生活中学会忍让和有耐心。生活在复杂的大千世界中，冲突纠纷和摩擦是难免的，这时必须忍让和克制，学会控制情绪，合理调节不良情绪。

（5）沙盘游戏法。可协助其整合人格、恢复心理健康。对求助者进行潜意识的分析，有助于咨询师对求助者制订有效的咨询方案。

少数家庭关系极为恶劣而与社会相处尚可的求助者，可以在学校或机关住集体宿舍或到亲友家寄养，以减少家庭环境的负面影响，同时培养其独立生活的能力。个别威胁家庭与社会安全的反社会型人格异常求助者，可送入少年工读学校或成人劳动教养机构，参加劳动并限制其自由。

对情节特别恶劣、屡教不改的求助者，可采用行为治疗中的厌恶疗法。当求助者出现反社会行为时，给予强制性的惩罚（如电击、禁闭等），使其产生痛苦的体验，实施多次以后求助者一产生反社会行为的冲动，就会感到厌恶，全身不舒服，通过这样减少其反社会的行为。然后根据其行为矫正的实际表现，放宽限制，逐步恢复其正常的家庭生活与社会生活。

把具有人格异常特征的未成年人放在戒毒门诊，用戒毒治疗方案治疗其人格问题的效果并不理想，他们对治疗有更高的抵抗参与，质量极低，并频繁地酗酒或吸毒，PCL-R得分高的未成年人在戒毒治疗期间，更容易再次被捕。（具体的犯罪行为矫正治疗策略我们会在后续第二十一章中详细探讨）

二、怪癖型人格异常犯罪人心理分析

（一）偷窃癖犯罪心理分析

偷窃癖是冲动型人格异常的一种类型，是一种以在不能控制的、反复出现的偷窃冲动驱使下偷窃并不需要也无多大价值的物品为特征的冲动控制障碍。下面是偷窃癖案例。

28岁的何小强5年前开始在一家煤矿上班，月薪能拿到1500元左右，而且从不乱花钱，至少有几万元存款。但他偷窃成性，偷窃的物品包括水瓢、胶水、半瓶香油、破凉席、扑克牌以及旧裤子、破被子、电视遥控器、洗洁精，甚至有一杆秤和一张新生婴儿出生医学证明，足迹遍及登封市数个乡镇。"从业"近3年，他能清晰地带着民警指认每一个现场，清楚地说明当天所偷窃的每一件物品，哪怕是半只牙膏，其脸上都洋溢着一种令人不可思议的成就感。民警在调查时了解到，很多受害人平常都见过何小强，但从没想到他会是贼。民警发现，随着盗窃次数的增多，何小强的作案手法开始向专业化发展，讲究技巧，能临危不乱，随机应变。何小强被关进看守所后，他的哥哥和父母都提出了异议。哥哥说，弟弟即使是偷了能卖的东西后，也根本没有销赃，而是把赃物都藏起来，在无人时打开柜子看一看，样子很满足。他通过网上了解到，这种情况属于"偷窃癖"。

像上述案例中何小强那样有"偷窃癖"行为的人很多。该类人在偷窃行为前有一种强烈的紧张感，偷窃的过程中和偷窃后紧张得以释放，以一种满足感代之。虽然偷窃行为有时会让他们感到焦虑、沮丧、内疚，但他们并不会因此停止再次作案。

偷窃癖在偷窃、盗窃犯罪者中只占很少的部分。在这种变形心理的支配下，求助者不断地出现偷窃或盗窃他人财物的犯罪行为，成为偷窃或盗窃犯罪人。在性别分布上，男女均有所见，但男性多于女性。偷窃癖是一种较常见的变形心理。偷窃癖者往往躯体、精神状态健全，他们的工作能力、社会职能都较良好，有的还是有一定社会地位、经济地位的人，如记者、教师、公司职员等。偷窃癖大都始于儿童时期或青年时期，此类行为模式一旦形成，就会长期存在，时好时坏。随着年龄的增长，偷窃癖的冲动逐渐缓和。

（二）赌博癖犯罪心理分析

赌博癖又称强迫性赌博，是指赌博成瘾、嗜赌如命的变形心理和行为。赌博癖求助者的表现很容易判断，他们的生活就是为了赌博，成就了"为赌而生"的境界。如果阻止他们去完成赌博的行为，求助者就会显得六神无主、全身不自在、心烦意乱或易发脾气。而在满足了他们的赌博欲望时，他们就会感到轻松、愉悦、舒服，甚至陶醉。其他的任何兴趣活动都不能引起他们的注意。所以，求助者的赌博不再是为了金钱利益，而是纯粹为了满足自己的心理需求，消除精神上的折磨，即使自知自己的行为有多少危害，都不能戒掉，强行实施的话还会产生"戒断反应"，如心烦意乱、坐卧不宁、困倦乏力、食欲不振、紧张焦虑、失眠抑郁等。

为了满足自己频率不断增高，赌资不断增大的赌博行为，病理性赌博求助者会不惜利用欺骗、做假、高利贷、偷窃甚至抢劫等违法行为，千方百计地获得赌资，严重地还会危害自己的人生、家庭的命运和社会的安宁。因此，赌博与犯罪的关系十分密切，具体体现为：

第一，在许多国家和地区，使用巨额赌注的赌博行为本身就是犯罪。

第二，赌博极易引发各种犯罪行为的产生。病理性赌博求助者的赌博行为反复发作，在个人生活中占据统治地位，对病人的职业、财产及家庭价值观和义务都造成了损害。他们置工作于不顾，为得到金钱而撒谎、违法，躲避偿还债务，以致债台高筑，家庭关系恶化，实施抢劫等犯罪行为。由于在赌博过程中输钱而引发的犯罪行为更多，许多赌徒在输钱后，都有可能为寻找赌资而出现偷窃、抢劫、诈骗或杀人行凶等行为。

《乱世佳人》和《爱德华大夫》的制片人大卫·塞尔兹尼克是个赌博成性者，他和弟弟米隆是好莱坞闻名遐迩的一对赌棍兄弟。据说他们的赌癖是遗传的，老塞尔兹尼克在世时曾连续几年在赌博上耗资百万元，不仅自己赌，还常常夫妻二人一起赌，赌得昏天暗地，也造就了一对嗜赌的儿子。

（三）纵火癖犯罪心理分析

纵火癖也称病理性纵火。是一种为了获得愉快、满足或缓解紧张而以反复纵火为主要表现的心理障碍。近来，纵火的案件频发，造成不少的财物与人员损失，但是凶手往往逍遥法外，难以逮捕。有些纵火者的动机颇为清楚，例如媒体揭露的因情生妒、纵火泄恨事件，纵火者为了发泄、报复、威胁，选择放火来达成他的目标。但是也有些人纵火并不是为了任何理由。他们不要钱，不为了泄恨，也不是有什么话想说，他们纵火，纯粹只是为了纵火。

例如，据《东方会报》报道，从2003年起，3年时间里，南阳市社旗县一个小乡村发生了27起火灾，而放了27把火的嫌犯竟是一个未满15岁的少年。纵火少年说，第一次纵火是为了报复，那时他才13岁。现在他已经纵火上瘾了，三五天不纵火晚上就睡不着觉，看着全村人救火感到很兴奋，觉得自己像个村长，指挥着全村人。南阳市精神病院一位医生说，纵火犯可能患有纵火癖。纵火癖求助者多为男性青少年，尤其是社交技巧差和学习困难的青少年。

总之，冲动型人格异常者的行为，如偷窃癖、病理性赌博、纵火癖等行为，扰乱了社会治安，给他人和社会带来了不同程度的危害，所以，对于有危害社会的行为冲动型人格者必须绳之以法，但由于他们的行为完全是人格异常造成的，传统的各种治疗，如药物治疗、精神动力学派治疗、认知行为治疗等，对于纵火癖的疗效都很不确定，仍有待进一步的研究。

三、偏执型人格异常犯罪人心理分析

偏执型人格异常求助者易产生关于被害、关系、嫉妒等妄想，可能产生报复性或攻击性行为与自杀行为，多见于男性。偏执型人格异常在一般人群中的发病率不详，他们很少求助于医生，如果配偶或同事陪其去治疗，他们多持否认或辩解的态度，使治疗者难以辨明真相。他们经常难以自拔，陷入难言的痛苦中。当向外界求助时，别人的指导难以维持很久，继而又陷入从前的状态。偏执型人格障碍常自认为受迫害或压制，易与他人发生冲突，有的可发展为"诉讼癖"。[1]

偏执型人格心理治疗的基本原理在于由心理咨询师针对求助者的症状用心理学的原理进行解释，来协助病人对自己的心理动态与病情，特别是压抑的欲望、隐蔽的动机，或不能解除的情结有所领悟与了解。通过自知力的获得，了解自己的内心，洞察自己适应困难的反应模式，进而改善自己的心理行为及发现自己处理困难的方式，间接地解除精神症状，并促进自己的人格成熟。心理治疗的重点不只在于解除精神症状，而且在于改进病人对于现实的心理适应方式，包括对内如何处理自己的欲望要求，调节自我的适当控制，以较有效的方式来应付外界之现实，即治疗的范围要包括内在的精神、人际关系、现实的适应。其最终目标在于促进自我人格的成熟。因此治疗的目的要与病人协商，依病人的需要与治疗动机来调节治疗的时间与范围。

技能训练

案例分析

基本案情：

邱某，男，出生于 1959 年 1 月 1 日，身高 165 厘米，陕西口音，休型较瘦，浓眉，黑肤，右眉处有 1 厘米大小的不明显疤痕，具有修理柴油机和刻字技能。

2006 年 7 月 15 日晚 10 时许，凤凰山下的许多村民看见山顶附近发生大火。次日上午，6 名护林员上山扑火，当登至海拔 2128 米的道观铁瓦殿时，护林员赫然见到殿内躺有死者，血迹满地，两间房被烧塌。当地平梁镇派出所警察赶到，往里搜寻，总共有 10 人分别死在 3 个房间，其中 6 人是道观人员，4 人为香客，9 男 1 女，最大的 63 岁，最小的 12 岁。

让人胆寒的是，道观住持熊某的心被剖出，切成丝下锅炒熟放在一个盘子里，里面还有他一个眼珠。他的脸被砍了五六刀，胸脯和脚上亦分别被挖掉 3 块肉，扔在两个房间里。其余 9 人则尸身完整，从尸体上可看出他们明显是被重量级的锐器所砍，"几乎都是一刀致命"。他们身上覆盖着道观里的红布。五爱村村民詹某在抬运尸体时，发现其中 3

---

〔1〕 林崇德、杨治良、黄希庭主编：《心理学大辞典（上卷）》，上海教育出版社 2003 年版。

人是裸体的，包括60多岁的道观女厨师。在真式祖师的供桌前，凶手在纸盒上留下两行血字："古先帝不淫乱违者杀，圣不许将奸夫淫婆以……"并留下农历时间，正是火烧铁瓦殿的当天。供桌旁躺有一只死鸡，似为凶手祭祀所用。

同年7月31日上午，邱某逃窜至湖北省随州市曾都区万福店农场魏某家，以帮魏某补盆子和合伙做干鱼生意为名，骗取魏某的信任。当天吃完晚饭后，邱某趁其家人休息之际，用斧头和弯刀向魏某、魏妻徐某、魏某之女魏某某的头部连砍数刀，将3人砍伤后，抢得现金1302元。魏某因抢救无效于9月9日死亡，徐某、魏某某经鉴定为重伤。案发后，警方确定了犯罪嫌疑人邱某，并组织警力全力投入缉捕。8月2日，背着一把杀猪刀的邱某出现在凤凰山南老家3公里外的一个山沟里。同村一名妇女上山打猪草时看到了他，邱某向她讨要东西吃，这名妇女回家后报警。半小时后，大批警察火速赶来，但邱某已逃之夭夭。

此前10多天，邱某数次出现在村民们的视线里，他还进入村民家中，笑嘻嘻地索要衣物。虽然案发后不久，当地警方即广发通缉令，7月26日公安部更以5万元赏金发布A级通缉令，安康、西安等地车站如临大敌，但在居住分散、交通不便的邱某老家凤凰山里，许多村民直到8月2日见警方地毯式大搜山才知道邱某犯下大案。8月5日早上，凤凰山北的五爱村6公里外的一个临时工棚里，两名夜宿山下的川籍漆匠一路说笑着归来，发现锅里正烧着饭，桌上碗中还有一团饭尚未吃完。两人预料是邱某刚刚离去，慌忙下山报警，数百警察再次赶到，仍不见邱某的影踪。此地除了村庄，方圆数十里仅有几处人烟，因此警方期望通过此举把邱某逼出深山，或等邱某过来寻食时能逮个正着。

为此，铁瓦殿的大门在夜深时总是虚掩着，民警们轮流在院内蹲守。案发多日过去，铁瓦殿内仍可闻到血腥味，3个房间的床上和地上满是发霉的血迹，苍蝇和飞蚁到处乱飞。警方封锁了正殿，在旁边一所屋子里工作。

负责此地的平梁镇派出所指导员王某说，邱某已有10条人命在身，如果逼得狗急跳墙很可能会向民警反扑，因此大意不得。为了排查他是否会从烧塌的房间窗户进入铁瓦殿，民警们特意在几个地方放了些水，每次查看时还要数供桌上的水果和糖少了没有。对于为什么不用警犬的疑问，石泉县公安局副局长陈某解释说，除了邱某经常有意换鞋外，他遗弃在山里的物品被发现时，也过了使用警犬的有效时间。而习惯了平地作战的警犬，来到山高坡陡、荆棘密布的凤凰山中，没几天便累得不行了，"还是人更能调节"。

警方不断调整方案，逐渐把合围圈集中到方圆20平方公里的区域，里面又包含了几个更小的合围圈，但随着时间的推移，外界的疑虑开始增多：邱某是否已自杀或死亡？或者，他早已逃出了合围圈，警方是在进行一场空耗精力的战斗。8月16日下午，搜山已过去半个月，仍无邱某的消息，陈某的语气显得很慎重："从警方掌握的情况来看，邱某在包围圈内的可能性比不在包围圈的可能性大。"

他也不认为邱某已自杀或死亡。"当地人都说这里山有多高，水就有多长，虽然炎热干旱，但山泉水一直不断，这个季节苞米已经成熟，地里有旱黄瓜，山里有山梨等野果，当地人在山里躲一两个月并不难。另外，这里的蛇大多是无毒的，蛇咬中毒而死的可能性很小。"陈某接着表示，包围圈也不是万无一失的，"但除非有证据表明他已逃出合围圈，我们才撤，否则，无颜见人"。"活要见人，死要见尸"，这是警方坚定搜山的目标。但事实表明，邱某已成功逃脱了布控严密、明哨与暗哨相结合的三道防线。在逃亡35天、公安部发布A级通缉令22天、500余名警察地毯式搜山17天后，邱某在位于佛坪县大河坝乡五四村的家门前被抓。如果不是他回家心切，警方的搜捕不知会持续到何时才结束。

8月19日20时20分左右，陕西警方经过侦查发现邱某现身于他在佛坪县大河坝乡租住的民房内，随即迅速实施抓捕，并一举将其抓获。经过初步审查，警方已经基本确定邱某的犯罪事实。至此，汉阴"7·16"特大杀人案告破。

具体操作：

1. 结合案例分组讨论邱兴华的犯罪人格。

2. 以小组为单位写出分析报告。

3. 教师组织学生进行分组汇报。

There is no such thing as a great talent without great will – power.

——Balzac

没有伟大的意志力，便没有雄才大略。

——巴尔扎克

第十五章

性变态犯罪心理分析

经典案例

奥地利禁室乱伦案（奥地利兽父案）

2008 年奥地利的一位妇人伊丽莎白·弗里茨疑被其父亲约瑟夫·弗里茨迷奸、绑票、非法禁锢、强奸达 24 年。事件中的主要受害人未婚，育有 7 名子女，同样惨遭凌辱，其中一名出世后不久便夭折，孩子经 DNA 亲子鉴定已确定，他们的父亲即为约瑟夫。

73 岁的约瑟夫，事发前大部分邻居都觉得其是个"好爸爸"。11 岁起伊丽莎白便开始被父亲性侵犯，两度离家出走未遂，1984 年 8 月 28 日第 3 次欲出走时被父亲用麻醉药弄晕，戴上手铐，从此禁锢于地牢。多年来她诞下 7 名子女，当中的一对双胞胎中有一个夭折，被丢进家中火炉烧掉。有 3 名子女自出生以来一直与她一同被困在地牢内，不见天日。另外 3 名子女，则被其父亲通过正式途径收养。事件揭发时伊丽莎白已经 42 岁。

伊丽莎白的母亲多年来不知道女儿的遭遇，以为女儿自愿离家出走，因为她曾收到过女儿的一封信，叫父母不要找她。2008 年 2 月 19 日，约瑟夫把伊丽莎白重病的长女克斯廷送去医院，并宣称是伊丽莎白扔下的。克斯廷送院时昏迷，医生发现罹患罕见重病，遂要求警方找到其生母以提供病史资料，继而这起奥地利兽父案被揭发。

影视欣赏

性变态

本片改编自理查德·克拉夫特·埃宾的医学著作《性精神病态》［或译为《性心理疾病》（Psychopathia Sexualis）］。埃宾曾采用传统的临床精神病学方法，搜集各种性变态行为的病例，对它们进行系统的组织和分类。自 1886 年发表以来，直到 1902 年埃宾去世，该书每年都会再版。

《性心理疾病》的成功使埃宾本人从一个不起眼的神经科专家，提升为维也纳大学的精神病学教授和精神病院长，并成为当时精神病学研究的权威专家。更具有社会意义的是，该书标志着医学对人类性生活干预的开始，打破了基督社会在该方面的垄断地位。本片就是从书中摘录部分拍摄而成的，描写了梦幻般的世纪之交的性变态行为。

原理与技能

- 性变态概述
- 性变态犯罪心理类型分析

第一节　性变态概述

人类正常的性行为是通过男女性器官（男人的阴茎、女人的阴道）的接触（性交）来完成和获得满足的。常态的、健康的性行为，是既符合生理的自然规律，又符合社会行为规范（性道德规范和法律规范）的行为。因此，凡是符合常态和常规的性心理，就是正常的性心理。但是，有的人的性心理，既不符合常态，也不符合常规，因此，我们将其称为"性心理变态"。

"性心理变态"，又叫做"性变态"，或叫做"性倒错""性心理障碍"，是指性心理和性行为严重偏离正常轨道，表现为性爱对象、性心理表现、性欲满足方式异常，包括摩擦癖、窥淫癖、露阴癖、恋物癖、异性装扮癖、恋童癖、恋兽癖、恋尸癖、性施虐癖、性受虐癖、易性别癖等，其共同的特征是性兴奋的唤起、性对象的选择出现反复、持久性异于平常人的表现，如通过窥阴、露阴行为及性想象作为性满足的根源。

由以上性心理变态导致的违法犯罪案件，是一种特殊性犯罪案件，其犯罪行为是在病态心理的驱动下实施的。根据我国《刑法》相关规定，不少性变态并不构成犯罪，只是给予行政处分；涉及刑事犯罪的性变态多为男性，女性相对较少，这可能与女性性变态较为隐蔽，触犯刑法少有关。性变态的犯罪行为由性本能冲动所致，从犯罪学分析，可以定为现实本能动机作案，行为的目的性明确，因此，从法学上讲，存在辨认能力。其本质与正常人的性犯罪并无区别，控制能力无实质性的丧失，因此，一般情况下，触及刑事犯罪的性变态具有完全或部分刑事责任能力，可以给予刑事处罚，这些强制性处罚手段在一定意义上来讲也可视为一种治疗方法。但有一些专家认为，不应片面强调单纯的惩戒，应在惩戒的同时辅以心理疏导。

一、性变态概述

（一）性变态的概念

性变态又称性心理障碍或性欲倒错，泛指在两性行为方面的心理和行为明显偏离正常，并以这类偏离为性兴奋、性满足为主要或唯一方式的一种心理障碍，从而不同程度地影响、干扰和破坏正常的性活动。

性欲倒错的个体有常规（与一个成熟的伴侣之间的生殖器刺激或爱抚，且征得了伴侣的同意）之外的性兴趣或性偏好。

有性欲倒错障碍的个体有导致痛苦的性欲倒错，也会损害职业、社交或其他重要功能，或给自己或他人造成伤害和危险。这些障碍包括反复的、强烈的性幻想和性冲动，然后令个体在现实生活中实施相应行为，另一些性欲倒错障碍是犯罪,，因为他们可能伤害到其他并不同意这种行为的个体。伤害包括躯体的和精神的疼痛、折磨或痛苦。有这些障碍的个体，会投入大量的时间和精力来满足他们的性偏好，可能引起工作、婚姻和生活其他方面的问题。

（二）性心理障碍的分类

根据中国精神疾病分类及诊断标准第三版（CCMD-3）规定，性心理障碍分为：①性身份障碍：易性癖。②性偏好障碍：易装癖、露阴癖、窥淫癖、摩擦癖、施虐癖、受虐癖。③性指向障碍：恋物癖、恋兽癖、恋尸癖、恋童癖。

根据 DSM-5 中的八种性欲倒错障碍，可分为：

①窥淫障碍（未经同意，观看他人私密的个人活动）。②露阴障碍（未经同意，向他人暴露自己的生殖器）。③摩擦障碍（未经同意，触碰或摩擦他人）。④性受虐障碍（为达到性唤起，寻求疼痛或羞辱）。⑤性施虐障碍（为达到性唤起，施加伤害或羞辱）。⑥恋童障碍（由于对儿童有性唤起，强迫儿童参与性活动）。⑦恋物障碍（为达到性唤起，使用无生命的物品，或高度聚焦于非生殖器的具体的躯体部位）。⑧易装障碍（为达到性唤起，穿着异性的服饰）。

（三）性心理障碍的判别标准

性是人类的一种基本需要，人类的性行为受社会文化历史的影响，不同的国家、种族和社会团体对性行为有不同的价值观，即使在同一文化的国家，对性行为的理解和评价也可能有很大的不同。因而，判断性行为正常与否的标准是相对的、有条件的，而不是简单的、绝对的。

1. 以生物学属性为准则：如果性行为符合生物学特征和需要，与生殖功能目的相联系的就属正常的性行为，否则为异常。

2. 以社会文化道德规范为准则：凡符合历史特定阶段某一社会所规定的道德规范或法律规范的属正常的性行为，否则为异常。

3. 以对他人和社会的影响为准则：即一种性行为使性对象遭受痛苦和损害，其行为视为异常。

4. 以对本人的影响为准则：即一种性行为如果使本人感到痛苦或损害，则视为异常。

5. 以严重程度为准则：如果这种性行为长时间持续发生，并不能为一般的说服教育甚至惩罚所纠正，则视为异常。偶然发生的性偏离不能归为性心理障碍之列。例如，长期放牧的牧人，在没有机会接触异性的条件下，偶然发生的兽奸，不能视为具有性心理障碍。

性心理障碍求助者虽然触犯社会规范，但不能够认为他们道德败坏、流氓成性或性欲亢进。其实，大多数求助者性欲低下，甚至不能进行正常的性生活，家庭往往不和谐，甚至破裂。他们具备正常人的道德伦理观念，对寻求性欲满足的异常行为方式，有充分的辨认能力。事后多有愧疚之心，但往往难以控制自己的行为。他们当中多数求助者对社会生活适应良好，工作尽责，性格内向、害羞、文静，或者是孤僻、温和、具有气质。

性心理障碍求助者没有突出的人格异常，虽然性心理也是人格内容之一，但除单一的性心理障碍所表现出来的对变态行为屡教不改外，并无其他与社会不相适应的行为，更无反社会行为，不符合人格异常的诊断标准。

性心理障碍不能等同于性犯罪。性犯罪是司法概念，其中包括性心理障碍的犯罪行为，包括强奸、乱伦、卖淫、嫖娼等，以及非性心理障碍者所实施的犯罪行为。当然，性心理障碍者的异常性行为触犯法律，干扰社会秩序时，应予追究刑事责任。

二、性心理障碍的心理因素分析

研究发现，性变态犯罪与性变态犯罪者幼时的家庭环境、性的侵害及成年后的性挫折有关，如早年经历性虐待、性创伤、被成年人玩弄、鸡奸、强奸等，父母从小期望男孩是女孩，或女孩是男孩，把本应是男孩的当作女孩打扮，把本应是女孩的当作男孩打扮，也可使部分男孩或女孩产生性心理障碍。异性恋爱受挫，尤其是对配偶之间的关系不满意、不融洽，产生的报复等不良心理，或发生严重的负性生活事件，产生的攻击心理也可导致性心理障碍。

四、性心理障碍的社会文化因素分析

淫秽、色情物品的作用、影响、传播及横行，再加上长期暴露于此类物品之中，就会产生强烈的性兴奋、持续的手淫，继而影响对性的认识、态度，如对女性的攻击性。另外，不良的社会环境、传媒对性方面的误导，也会导致性变态犯罪行为的发生。

第二节　性变态犯罪心理类型分析

许多强奸犯有精神障碍的症状，被监禁的强奸犯中，具有精神病倾向的不在少数，被定罪的强奸犯中，有40%~80%被诊断为反社会人格障碍，许多强奸犯也存在性障碍，他们可能在犯下强奸罪之前，有过非接触性犯罪，如露阴癖和窥阴癖。长期以来，人们认为，许多强奸犯的心理问题，都源于他们在童年时有过被性虐待的经历，一项基于强奸犯、非性犯罪罪犯和非罪犯的家庭背景、教育、经历、恋爱时情绪体验的研究表明，唯一清楚的结论是，在儿童期经历过性虐待，是日后性犯罪的有效预测因子，对于非性犯罪则没有有效的预测性。

一、性变态犯罪心理类型分析

（一）性身份障碍（易性癖）心理分析

性身份障碍，主要是指易性癖。求助者的特点是在心理上对自身性别的认定与解剖生理的性别特征相反，持续地存在改变自身性别的生理解剖特征以达到转换性别的强烈愿望，其性爱倾向为同性恋。

易性癖求助者常常为自己的性别而深感痛苦，为自己不是异性而深感遗憾。病情严重者渴望自己是异性或者坚持自己是异性，有的使用手术改变性别。手术不成功则长期服用激素改变自己的形体，抑郁自杀者也不少见。易性癖求助者比较少见，发生率为十万分之一；其中又以男性多见，男女之比约为 3∶1。

性身份的核心，即对自己是男性或是女性的确认在人类大约 3 岁时完成。如果自觉性别在 3 岁仍然是颠倒的，以后就极难改变，到了儿童期或青春期几乎不可能建立正确的自觉性别，可能导致日后的易性癖。

男性易性癖 3~4 岁后出现明显的女孩兴趣和行为，自我性别辨认为女性。到了青春期和性成熟后，心理上认定自己属于女性。他们爱着女装参加女性社交活动，走路说话姿态均模仿女性，喜爱烹调缝纫，性欲较低。女性易性癖者幼年就出现明显的男性化行为倾向，到青春期或性成熟后有易性的强烈要求，在各项活动中以男性自居，行为举止模仿男性。

(二) 性偏好障碍心理分析

1. 易装癖心理分析。异性装扮癖即易装癖，这是一种反复而强烈的对异性装扮的性渴求与性想象，并付诸实施的心理障碍，多见于男性。

易装癖求助者不要求改自己的性别解剖生理特征，对自身性别的认同并无障碍。大多数人选择异性作为婚恋对象，性爱指向正常。同性恋求助者中有些也喜欢穿着异性服装，但同性恋求助者是为了取悦性伙伴，增加自身的吸引力。此症多始于童年或青春期，开始着异性服装时，偶然与性兴奋联系起来，并导致了手淫和射精，使其有了深刻的印象，以后经学习机制和条件反射机制使异性装扮与性满足的联系习惯化，则形成了真正典型的易装癖。

2. 露阴癖心理分析。露阴癖的主要表现是反复在异性和陌生人面前暴露自身的性器官的性渴求和性想象以获取性满足的心理障碍。露阴癖在性心理障碍中较多见，且多见于男性。

求助者个性多内向，露阴之前有逐渐增强的焦虑紧张体验。时间多在傍晚，并与对方保持安全距离，以便逃脱。当对方感到害怕、惊恐或耻笑辱骂时而感到性的满足。情景越惊险紧张，他们越感到刺激，性的满足也越强烈。露阴癖又称为裸阴癖，通常发生在青春期，高峰在 25~29 岁。露阴行为反复发生，频率不尽相同，多则频发或数日一次，少则数月或一年仅数次。他们的露阴冲动实际上是对自己性格的一种强烈的逆反，似乎想证明他的的确确是个男人，借以减轻他潜意识里的焦虑。

3. 窥淫癖心理分析。窥淫癖也称窥阴癖，其特征是窥视异性裸体或性交行为活动达到兴奋的强烈欲望，以获得性满足的心理障碍，几乎仅限于男性。

窥淫癖者常害怕胆怯，平时缺乏接近女性的手段，或在正常性生活方面存在多种障碍，他们的行为往往被路人发现，常被当作流氓抓起来。窥淫癖求助者大多数为成年人，看到异性裸体或他人性交时自然会引起兴奋，但窥淫癖者对此有强烈欲求，勉强抑制即出现明显焦虑不安，且将性兴趣停留在观看他人裸体或性交活动上，并将其作为满足性欲的唯一手段。

窥淫癖者多有幼年时窥及异性裸体或他人性生活的经历，并对此有深刻印象，但典型的窥淫行为有规律性，具有反复发作的倾向。求助者本人对窥淫行为有明确的非道德和非法认识，但在冲动时感到无法克制，虽被发现并受到过处分，但其后仍然重犯。有的由于偶然的机会偷看异性洗澡、上厕所不属于此症；有的伴有性兴奋或作为增强正常性活动的一种手段，也爱看色情片、录像、画册，也不能诊断为窥淫癖。

窥阴（或偷窥）是最常见的违法的性行为，约12%的男性和4%的女性，在一生中的某段时间有此障碍（男性有此障碍的几率是女性的三倍）。英国议会在2003年修正的《性犯罪法》中明确规定，窥阴癖是一种性侵犯行为，一经发现要承担法律后果。

4. 摩擦癖心理分析。摩擦癖，亦称性摩擦癖。这是一种在拥挤场所乘人不备，以生殖器或身体的某些部位摩擦异性躯体或触摸异性身体的某部位，以引起性兴奋为特征的心理障碍，仅见于男性。

摩擦癖求助者没有暴露生殖器的愿望，也没有与摩擦对象性交的要求，有进一步的性侵犯动作甚至于企图强奸对方的是流氓行为而不是摩擦癖。在夏天无意中触摸到女性的臀部，自阴茎勃起至射精的不能诊断为摩擦癖。

5. 性施虐癖（狂）和性受虐癖（狂）心理分析。性施虐癖的特征是向性爱对象施加虐待以获得性兴奋，多见于男性。性受虐癖以接受性爱对象的虐待而获得性兴奋，多见于女性。二者可以单独存在，也可以并存。

正常人在性生活中对配偶施加轻度的口咬、掐捻、压按等方式，造成对方疼痛，以增加性的快感的现象，并不少见，动物中也有类似的调情动作，不能视为异常。性施虐癖者多见于男性，有的性施虐癖者幼年曾有虐待动物的历史，成年后在性生活中屡次虐待对方甚至造成死亡。在性活动中鞭打、绳勒、撕割对方躯体，在对方的痛苦之中感受性的快乐，甚至施虐成为满足其性欲所必需的方式。性受虐癖以被鞭打、践踏、捆绑或扮演某种受辱状态，作为获取性快感的方式。

性施虐癖和性受虐癖中，存在一些极端行为，如窒息自淫癖是通过罩上塑料袋或以绳勒颈，在部分缺氧的情况下伴以手淫时产生性快感，偶因窒息致死者，称为性窒息。嗜血淫癖以割自己或对方的皮肤使其流血，通过吸食血液以增加性交时的快感，获取性满足。

（三）性指向障碍心理分析

1. 恋物癖犯罪心理分析。恋物癖系指反复出现的以异性躯体的某部分或其使用的物品为性满足的刺激物的心理障碍。该症初发于青少年性成熟期，个别起源于儿童期，几乎仅见于男性，有相当部分是单身或孤独的男性。恋物癖求助者的性兴奋或性兴趣通常与某一物品固定地联系在一起，而这些物品都没有直接的性内容。对他们而言，单纯的性活动无法引起性兴奋或得到性满足，只有在所恋物品的帮助或存在的情况下才能获得性满足。

正常人对心爱之人的所用之物有时也会产生闻一闻、摸一摸的想法，但不能视为恋物癖。有的人所迷恋的物品是作为提高以正常方式获得性兴奋的一种手段，同样也不能视为恋物癖。

恋物癖求助者所钟爱的物品范围很广，包括胸罩、内衣、内裤、头巾、手套、裙子、外衣、鞋、丝袜、手帕、发卡等，异性的头发、手、脚趾、腿和画像等也可成为眷恋物。求助者一般通过抚摸、吻、嗅这类眷恋物，或伴有手淫，或者在性交时求助者本人或性对象持此类物品即能获取性满足。只有当所迷恋的物体成为性刺激的重要来源或达到满意的性反应的必备条件或作为激发性欲的惯用和偏爱的方式时，方可诊断为恋物癖。

恋物癖者的行为表现为千方百计地收集所偏爱的物品，常常不惜冒险偷窃，看中某妇女的拥有物后立即窥探时机，为获取物品往往不择手段，其目标多为用过的异性衣物，如胸罩、内衣、鞋、袜等，一般无任何经济目的，此类恋物癖比较常见，最后多是由于盗窃案而被揭发。部分少年恋物癖求助者在成年结婚具有正常性生活后，症状自行消失，单身族、慢性酒精中毒及正常性生活受阻者预后不良。2008 年日本国脚、柏太阳神队前卫茂原越人被曝恋物癖丑闻，他因先后两次入室盗窃女性内裤，被日本警察逮捕。生于 1981 年，身高 1.81 米的茂原越人出生于日本足球名校前桥育英，2000 年，只有 19 岁的他被神户胜利船队看中，成为 J 联赛的职业球员，历经柏、广岛、川崎富士通和甲府等队，在被逮捕前，其是柏太阳神队的一员。在 2008 年 4 月被选入国家队时，日本国家队的主教练冈田武史曾评价他说："茂原具有很独特的个人技术，是一名很有创造力的选手。"就在被逮捕的前两天，茂原越人还参加了日本国家队的训练，随后出版的日本杂志认为，原本被期待在世界杯上有活跃表现的茂原越人，这次很可能被足球界彻底清除。据日本媒体报道，早在 2006 年，茂原越人就曾经因为侵入他人居所被抓，日本警方比对茂原越人的 DNA 后发现，他于 2006 年在神奈川县川崎市一名 20 多岁女性房间偷盗被抓现场所留下的 DNA，和 7 年前在神户某 20 岁女大学生房间被盗时，犯人所遗留的 DNA 相一致，而且两起案件犯罪类似，都是内裤内衣被盗，此外，他都在偷窃现场遗留了大量飞溅的个人液体，因此，DNA 的采样相当丰富准确。所以警方判明，茂原越人就是犯人，并再次将他逮捕。

2. 恋童癖犯罪心理分析。恋童癖专指通过与儿童进行性接触而获得性满足的一种性变态。恋童癖者多为男性，他们常以性发育未成熟的同性或异性儿童作为性行为的对象，以获取性的满足，以异性儿童为性对象的称异性恋童癖，以同性儿童为性对象的称同性恋童癖（分别为男同性恋童癖和女同性恋童癖），亲属恋童的称乱伦恋童癖。恋童癖者一般多在 30 岁以上发病，他们对成年对象缺乏性兴趣，多数独身，且大多数患有阳痿。

恋童障碍的诊断标准：①至少 6 个月存在反复的和强烈的引起性唤起的性幻想、性冲动或性行为，包括存在与儿童（一般为 13 岁以下）发生的性活动。②个体因这些性冲动而采取行动，不过这种性冲动或性幻想会引起很大的痛苦或关系问题。③个体至少 16 岁，至少比不参与性行为的儿童大 5 岁。

恋童癖求助者多见于男性，他们多是受害儿童的家庭成员、亲属、朋友或熟人，他们满足性欲的方式有很多,包括窥视、触摸儿童阴部、拥抱接吻、鸡奸、手指插入、甚至强奸等。他们中有的是单身汉,但多数已婚,中年求助者多数婚姻关系和性关系均有明显问题,在与成年异性的性关系中总是感到沮丧,无法获得性快感。

如 2011 年的案件,被告李某为物业公司经理,有恋童癖,自 2005 年起,多次以数百元引诱中小学生供他肛交和亵玩,有的难抵诱惑,不仅出卖肉体,更介绍同学一同供被告亵玩,案中共涉及六名儿童。被告早前承认 12 项与 21 岁以下同性肛交、猥亵、制造儿童色情物品及对 16 岁以下儿童做出猥亵行为的罪名,罪行令人发指,遭法官严厉斥责,被判监禁 12 年。

恋童癖的犯罪心理大致可以分为三种类型:①由于犯罪人社交能力不足,或与异性接触时易产生焦虑情绪,不能与成年异性建立感情,但他们能被未成年异性或儿童引起性欲。②犯罪人虽然能与成年异性建立社交关系,但他们的性欲只能由幼童引发。③犯罪人既不能与成年异性建立任何关系,对成年异性也没有太大性欲,唯有幼童才能引起其性欲。

可见,上述三种类型的犯罪人均难以和成年异性发生正常性关系,此为共同病征,虽然恋童癖还没有办法治愈,但是可以通过各种治疗方法,防止或减少恋童的行为表达,减少儿童性虐待的发生率。

对恋童癖的个案研究发现,他们有的小时候遭遇过家人或其他成年人(曾与孩子有情感或身体上的亲密关系)的抛弃,据称,他们被抛弃所致的"扭曲情感",会导致错误认知,从而将儿童的情绪反应曲解为性兴趣信号。也有观点认为,恋童癖者在童年期所遭受的性侵害,可能导致他们日后变成性罪犯。儿童性侵害罪犯分布广泛,在所有的社会阶层、各个年龄阶段和各种职业中都会存在,他们中的很多人从事教师、牧师、教练、缓刑监督官等能近距离接触孩子的职业,他们利用自身职业的便利,赢取孩子对他们的信任,从而使孩子遵从他们的性要求,70%~95%的受害者与性侵害者之间是熟人或家人关系,另外很多恋童癖者是有孩子的已婚男性,尽管他们通常不承认自己是同性恋,但是他们大部分的侵害对象都是男孩。

恋童癖属于严重的性犯罪,法律上为保障儿童的身心健康,一般都根据受害儿童的年龄和性别,给予罪犯不同程度的法纪惩处,此外还有针对性的治疗,加强长期的集中监管。不幸的是,由于性犯罪的治疗十分昂贵,同时也需要大量人力,而且大多数情况下治疗效果并不明显,他们不仅需要克服对孩子的引诱,同时需要治疗共情能力的缺乏、物质滥用以及引发再犯的其他征兆。在理想情况下,这种特殊治疗将帮助改善那些童年时期遭受过性虐待的性罪犯和那些患有神经功能缺陷和学习障碍的性罪犯的症状。

3. 同性恋犯罪心理分析。同性恋,是指以同性为性爱指向对象的心理障碍,即在正常条件下对同性在思想、情感和性爱行为等方面有持续表现性爱的倾向。

同性恋者幼年起表现出一定的倾向,如游戏时爱装扮异性角色,爱穿异性衣服、爱与异性玩耍等。到青春期后性爱倾向明显化,开始对同性萌生爱慕之心,而对异性则毫无此意。多数同性恋之间有具体的性行为。同性恋者对同性恋伴侣情投意合时欲建立"家庭"，所以，一旦伴侣离开会十分痛苦，有的甚至自杀。近年来，国内已有多起因同性恋"失恋"而导致的伤害案件。

例如江苏如东女同性恋者杀夫案轰动全国。2005年3月15日下午，一起震惊社会的女同性恋者杀夫案在江苏南通如东侦破，两名犯罪嫌疑人王某和缪某被依法刑事拘留。据介绍，此案为全国首例女同性恋者杀人案。据警方介绍，3月14日如东警方110接报，袁庄镇沿南村瓦匠顾某失踪多日，他家房间、门窗都已被水泥封死，这一线索引起了如东县公安部门高度重视。当地群众反映，顾某常年在上海做瓦工，自从妻子王某与离婚女性水果贩子缪某相识后，夫妻感情逐渐破裂，警方当即传讯了王某和她的密友缪某，经审问警方证实王缪二人关系特殊，是同性恋。因顾某对其二人不正当关系不满，二人便怀恨在心。趁顾某身体不适，她们将安眠药碾碎后，装进胶囊内，以退热药的名义让顾某服用，将酣睡中的顾某活埋，并用混凝土浇筑地面，将隔墙堵死。

2001年4月20日出版发行的《中国精神障碍分类与诊断标准》第三版中的一项修订显示，同性恋不再被统划为病态，而列在"性心理障碍"下。

同性恋之间私下交好，若不损害第三者利益，多数国家不予追究。当前某些西方国家对同性恋均采取较为宽容的态度，现已有荷兰、比利时、西班牙、加拿大南非等十余国立法承认同性婚姻。另外还有几十个国家和地区承认民事伴侣结合。关于同性恋者的婚姻或类似婚姻的规定，对他们在彼此的法律权利和义务、身后财产继承、共同领养孩子上都有相关保护。但若因同性恋活动导致刑事、民事纠纷，法律将追究其责任。

在中国，虽不承认同性婚姻和民事结合，很多同性恋情侣仍然选择"结婚"（通常叫作"承诺典礼"）来庆祝以及确定他们的关系，履行社会婚姻方面的内容，然而这种婚姻不具有法律效力，因此并不能处理类似于继承、财产权和社会保险等方面的内容。

二、性变态犯罪的心理特征分析

由于性心理障碍的驱使，性变态者的犯罪行为往往表现出不同于一般正常人犯罪行为的特点：

1. 性变态者作案一般有预谋、有计划、有选择。例如：露阴癖者不会在自己的女儿面前做出这种变态行为，而总是选择那些年轻漂亮的陌生女性；施虐色情杀人狂一般会选择对陌生异性施暴。

2. 动机荒谬。性变态求助者的犯罪行为往往缺乏相称的犯罪动机或者所具有的犯罪动机无法用常理来解释。如恋物癖者偷女性内衣，目的不在于变卖，而只在于满足刺激或自己穿着以获得快感。

3. 作案有较为固定的行为模式，犯罪心理结构容易发展恶化，故犯罪容易发展成为系列作案，如奸尸、鸡奸幼童等。采用不同于正常人常规范围的怪异方式和手段，并不是为了达到性交的目的，而是基于一种意向性的满足。

例如被称为"鹤乡恶魔"的陈某，一年内作案十多起，每次作案都用事先准备好的钢锯条戳刺受害人下体，致使受害人鲜血淋漓，疼痛难忍，异物插入行为通常也属于这类比较固定的行为模式。

性变态者往往以一种固定的行为方式发泄性欲，而且反复使用。恋童癖者的大量罪证能否用于指控，这取决于具体的行为和该行为在当地法律中的适用性，例如，在美国的所有州中，强行性交构成强奸罪；大多数州认为，猥亵是加重性侵的表现，然而口交或肛交这种性行为仅被认定为鸡奸。譬如情境诱发型恋童癖者有正常的性经历和性取向，他们主要的兴趣还是与成人发生性关系，然而，在伴有压力的某种特定情境下，他们会由于冲动对孩童做出性侵害的行为，他们事后通常感到莫大的懊悔。而我们这里所说的属于个体偏好型恋童癖，他们对孩童（通常是男孩）有明显的性偏好，恋童能给他们带来极大的性快感，这些人可能已经结婚，或者有女性性伴侣，但他们这么做，只是为了掩人耳目，从而更容易去接近其他男性孩童。

4. 有自我保护能力，行为人往往采取某些固定化的掩饰罪行和逃避打击的反侦查手段。

5. 抓获后较容易对问题如实供述，但往往难以改造其消极顽固的犯罪心理结构，行为具有较大可能的反复性。

6. 冲动性强。性变态者一般都具有性的异常冲动性，较难控制，一有机遇，极易再犯。

7. 侵害对象一般指向陌生人。性变态者的侵害对象一般是陌生人，很少指向自己的熟人、朋友或亲属，所以很难发现。

8. 性格特异。心理障碍者往往性格内向、安静少动、沉默寡言、不善交际，其行为具有隐蔽性和不可预知性，没有任何预兆。

9. 缺乏罪恶感。性心理障碍者对自己的怪癖性行为毫不感到羞耻，伤害了性伙伴也不会觉得后悔。

性变态犯罪者隐藏性深，但一旦犯罪心理结构稳固而实施犯罪行为，则多数为性犯罪行为，对社会危害性极大，且此类人矫治成功几率小，历来为犯罪矫治中的毒瘤，再犯率极高。

技能训练

案例分析

训练目的：运用性变态特点分析个案。

基本案情：

据报道，犯罪嫌疑人张某（湖南辰溪人，27 岁）与前妻离婚后，二人生育的女儿小艺艺由张某负责抚养。2011 年 10 月左右，张某带两岁的小艺艺搬至现住址夏湾，与现任女朋友合住。

据张某供述，2011 年 12 月 5 日晚 8 时许，张某在住处发现小艺艺将大便拉在裤子上，于是用衣架击打小艺艺腿部。次日晚 7 时许，张某再次发现小艺艺拉大便在裤子上，加上小艺艺在洗澡时哭了起来，张某很生气，便用手用力捏小艺艺的左上臂，然后抱起她扔到床上，之后张某往小艺艺阴道内涂了一些护阴洁，并用毛巾用力擦。

张某的行为造成小艺艺全身多处软组织挫伤，阴道三度陈旧性裂伤，左肱骨中段骨折。经鉴定，小艺艺阴道裂伤的损伤程度达重伤，左肱骨骨折的损伤程度达轻伤。

2012年2月23日，香洲区人民检察院经过依法审查，以涉嫌故意伤害罪批准逮捕张某。

具体操作：

1. 结合案例分组讨论犯罪嫌疑人张某性变态心理。

2. 以小组为单位撰写案例分析报告。

3. 教师组织学生进行分组讨论。

知识链接

变态连环杀手的大脑

在犯罪心理学上，变态连环杀手是最可怕的罪犯，不但因为他们作案手段残忍，还因为他们会进行一系列的谋杀犯罪，只要不被逮捕归案，他们就会不停地作案。

犯罪心理学家经过研究发现，在所有的变态连环杀手之中，有超过90%的罪犯属于精神错乱，而且他们之中近乎100%的人属于虐待狂。

虐待型人格是变态连环杀手的典型特点之一，这表现在凶手总是试图从他人的痛苦中获得快感。他们往往具有非常强烈的控制欲望以及主宰他人生死的欲望。

比如，在"绿河连环杀人案"中，犯罪凶手里奇韦就是一个控制欲极强的虐待狂，他每次都会将骗来的妓女先奸后杀。无论那些妓女如何恳求，里奇韦都不会放过这些女人。因为在里奇韦看来，女人都是下贱的，不值得信任，只有杀死这些女人，他才能真正得到和控制她们。

同时，犯罪心理学家指出，大多数连环杀手都是离群索居的孤独者，因为偏激的性格等因素，他们无法和别人保持正常和长久的人际关系。所以，对于这些人来说，不断地制造连环的杀戮被他们看作是一种和女人发生"一夜情"的手段，他们往往会通过先奸后杀和毁尸灭迹来满足自己的变态心理。

比如，在"韩国食人魔柳永哲"这个案例中，出狱之后的柳永哲独自过着离群索居的日子，之后因为自身的"仇富"心理，认为和妻子一样的按摩女都是嫌贫爱富的，所以他制订了一套详尽的杀害按摩女的计划。杀害按摩女之后，柳永哲竟然变态地将她们分尸以及烹食，心理变态程度由此可见一斑。

还有一点不可否认的是，在变态连环杀手中，有相当一部分人有着不幸的童年，他们在幼年时期遭受了漠视和虐待，在潜意识中他们都渴望得到父母的关爱和关注。所以在成年之后，这些人会有反复屠杀父母的动机，但是他们又不会杀害真正的父母，而是会刻意寻找父母的替代品。

犯罪心理学家经过调查发现，无论变态连环杀人犯的父母是多么暴虐和可怕，这些杀人犯对父母都保持着一种相同的情感，即爱和忠诚。不管这些父母当初是如何虐待、伤害他们，在这些杀人犯的内心深处，他们还是爱着自己的父母。所以成人之后，尽管他们不会动自己的父母一根汗毛，但是他们会通过杀害类似父母的人来发泄自己内心深处的怨恨。

比如，在"比茨维斯基公园杀人狂"这个案例中，皮丘什金是一个弃儿，养父母均对他不闻不问，唯一让皮丘什金感受到亲情的祖父也过早去世了。这一切让皮丘什金产生了极强的报复心理，他开始杀害和祖父类似的人，同时为了引起别人的注意，皮丘什金甚至故意不去掩藏尸体。由此可见，皮丘什金是一个多么渴望被关注，多么希望表现自己的连环杀手。

最后，犯罪心理学家指出，变态连环杀手的形成并非单一的后天因素（即成长环境等）的作用，其中也有先天因素的影响。

不可否认，绝大多数的变态连环杀手来自不幸的家庭，要么父母早逝，无人管束，要么经济贫寒，他们需要付出比别人更多的辛苦才能得到自己想要的东西，久而久之就会心理失衡。

但是，犯罪心理学家也发现了很多特殊的案例，在这些案例中，变态连环杀手来自正常的家庭，在进入青春期之后他们从来没有被忽视和虐待过。可是这些人在进入青春期之后便出现暴力倾向，20岁之后便会大开杀戒，成了一个变态连环杀手，这是怎么回事呢？

犯罪心理学家指出，那些无故大开杀戒的变态连环杀手有一个共同点，就是他们的头部曾经受过伤，而一旦个体大脑的额叶区域受到损伤，个体就失去了感受恐惧的能力。在生理学中，大脑额叶皮层区的杏仁核对人的恐惧情绪起着重要的作用。

同时，值得注意的是，在个体大脑的边缘系统中，存在另外一些连接到额叶的区域，这些区域与大脑额叶的区域共同作用，决定着个体的性反应意识，一旦这些区域受到损伤，个体可能会出现诸如恋童癖以及对其他一些不恰当事物的性变态需求。

比如，变态连环杀手菲尔·加里多来自一个正常的家庭，可是在14岁那年，加里多不幸从哥哥的摩托车上摔了下来。因为大脑受伤，加里多曾经数天昏迷不醒，医生给他做了脑部手术，最后，尽管加里多醒过来了，可他却产生了性暴力幻想。在接下来的数年里，加里多不断强暴妇女，并将一个女孩囚禁并性侵达18年之久。

犯罪心理学家经过调查发现，在所有的变态连环杀人犯中，大约有30%的连环杀手曾经经历过各种各样的严重大脑损伤。

综上所述，对于大部分变态连环杀手来说，早年暴虐的家庭环境以及极大的精神创伤成了他们日后想要报复的驱动力，他们试图通过伤害别人的方式来反抗那些曾经伤害过他们自己的人；而对于少部分连环杀手来说，不幸的脑部受伤经历成了他们变成恶魔的开始。

Living without an aim is like sailing without a compass.

——John Ruskin

生活没有目标，犹如航海没有罗盘。

——罗斯金

—————第十六章—————

心境障碍犯罪心理分析

经典案例

规劝女友无望刀刺女友又将其扔下楼[1]

2005年4月30日，松岗罗田第三工业区一电子厂发生一起恶性凶杀案，一男子将女友连刺数刀后，继而将女友从四楼扔到一楼，导致女方身亡。该男子被抓后称自己的杀人动机源于女友跳槽后移情别恋，他规劝无望遂起杀念。

据知情警务人员描述，行凶男子被抓后自称姓胡，今年24岁，在工业区另外一个电子厂上班，被杀害的女子今年20岁，与其是男女朋友关系。二人原在他现在供职的电子厂上班，但不久前女方跳槽到事发的电子厂后，遂向他提出分手，他没有答应，随后还发现女友与另一名男子开始谈恋爱。

事发当晚，他因规劝女友回心转意遭到拒绝，便起杀念，他趁事发工厂的保安员不注意时，溜到女友宿舍，对正在照镜子梳头的女友的脖子、胸部等部位连刺数刀，但认为对方还未死亡，遂将对方从四楼扔下。

心理分析：

犯罪人因女友拒绝复和而引发失眠、情绪低落、自残行为，复仇目标明确，抑郁症状明显，实施暴力时自知力和自制力均受限。

影视欣赏

飞越疯人院

麦克·墨菲为了逃避监狱里的强制劳动，装作精神异常，被送进了精神病院，他的到来，给死气沉沉的精神病院带来了剧烈的冲击。

麦克要求看棒球比赛的电视转播，挑战了医院严格的管理制度，受到护士长瑞秋的百

———————————

[1] 参见陈学斌："规劝女友无望刀刺女友又将其扔下楼"，载《南方都市报》2005年5月2日。

般阻挠；麦克带领病人出海捕鱼，振奋了他们的精神，却让院方头痛不已。院方为了惩处麦克的胆大妄为、屡犯院规，决定将他永远留在疯人院。生性自由的麦克也无法忍受疯人院的生活，他联合病友，一位高大的印第安人"首长"，开始自己的计划——飞越疯人院。

原理与技能

- 心境障碍犯罪的概述
- 心境障碍犯罪心理类型分析

第一节　心境障碍犯罪概述

有一些犯罪让我们感到疑惑不解：马戈将她的孩子们哄上床睡觉后，悄然走进自己的卧室，冷酷残忍地将丈夫伤害；安德里亚声称从"传来的声音"中收到指令，为拯救她的五个孩子逃离魔鬼，她将孩子们全部淹死，而后向警方自首。经诊断发现，这两个人在实施犯罪时，都受到了精神障碍的影响，马戈患有重度抑郁症，并有酒精和可卡因等物质滥用相关障碍；安德里亚患有严重抑郁症和妄想症。

目前与犯罪最为相关的四类精神疾病是：①精神分裂症和其他精神病症；②双向障碍；③重度抑郁症；④人格障碍中的"反社会型人格障碍"。前三类个体在刑事司法系统中所占的比例较多，往往被关押在监狱里，反社会型人格障碍则是一个包罗万象的诊断，凡是有长期反社会行为表现的，都被称为反社会型人格障碍，本文第十三章曾介绍过反社会型人格障碍，其行为特征类似于人格异常犯罪人，尽管二者并不相同。这四类精神疾病之所以与犯罪相关，是因为这类个体最可能实施暴力、严重犯罪或反社会行为。除了社会型人格障碍外，其他类型的精神疾病也经常在刑事诉讼中被用来作无罪辩护，或是减轻刑事责任能力的常见理由。接下来这一章节，我们先探讨心境障碍犯罪人的心理特征。

情感性精神障碍（心境障碍）是以心境显著而持久的高涨或低落为基本特征，伴有相应的思维和行为改变，并反复发作，间歇期完全缓解，症状较慢者达不到精神病程度的精神障碍。一般愈后良好，少数病人迁延而经久不愈，本病发作可表现为躁狂或抑郁，也有躁郁双相障碍。其显著特征是：它的发作常常伴有相应的认知和行为改变，原本功能良好的人在几周甚至几天时间内便可陷入绝望或达到躁狂的顶峰；发作期过后，求助者的功能恢复正常或接近于正常，但以后还可能再次发作，往往有复发迹象。

重度抑郁症与毒品和酒精的使用高度相关，这种高相关结果是致命的，因为重度抑郁症还有一些精神分裂症的症状，酒精可能会导致其自我控制力降低，因此重度抑郁症求助者在酒精的作用下，更有可能采取轻生的行为。事实上，15%的重度抑郁症求助者发病时自杀，有时他们带着爱人一起自杀，当你听闻一个男性杀害了分居的妻子（有时是他的孩子）时，很有可能那个人患有严重的抑郁症，并且当时可能喝过酒。人们发现，双向情感障碍也可能对暴力犯罪构成风险，特别是如果他们处于躁狂阶段，偏执妄想和幻听会告诉他们，去杀死敌人或实施其他违法行为。在患有重度抑郁症时，暴力的风险进一步增加，因为在这种情况下，求助者经常滥用酒精或其他抗抑郁药品。

重度抑郁症或双相情感障碍的确诊有时会被用来替精神障碍被告人进行辩护，在被告人实施犯罪时，不仅表现出妄想，而且还伴有极端心境的情况下尤为如此。例如在1997年，一名男性枪杀了他年迈的父母，基于他在实施枪杀时伴有双向情感障碍，律师为其当时是否具有责任能力进行了辩护，尽管控方认为他杀人前是自己主动停止服用治疗药物的，因此不应该因精神障碍的辩护而获益，但最终他还是因精神障碍而未被定罪判刑。

第二节　心境障碍犯罪心理类型分析

一、躁狂症犯罪人心理分析

躁狂症在《中国精神障碍分类与诊断标准》（CCMD-3）中，作为心境（情感）障碍中的独立单元，与双相障碍并列。以情感高涨或易激惹为主要临床症状，伴随着精力旺盛、言语增多、活动增多，严重时伴有幻觉、妄想、紧张等精神病性症状。躁狂发作时间需持续一周以上，一般呈发作性病程，每次发作后进入精神状态正常的间歇缓解期，大多数病人有反复发作倾向。

（一）躁狂症求助者心理特征分析

1. 核心症状

求助者活动多，好交往，好管闲事，不停忙碌（意志行为增强）；精力旺盛，睡眠需要减少，不知疲倦；做事有头无尾，易被周围发生的事吸引而转移注意力，对结局过于乐观，行为草率，不顾后果；好花钱，追求享乐，随意挥霍；易与周围的人发生冲突，产生冲动行为；性欲增强，性行为轻率；有人表现为异乎寻常的高兴，轻松愉快，无忧无虑，兴高采烈，情感高涨；有人表现为因为一点小事或稍不如意就大发脾气（易激惹），在严重的易激惹情况下可能出现冲动行为，甚至会做出暴力伤人举动。

求助者永远相信自己处在最佳的精神状态，不断改变自己的活动计划，但他们的社会功能却没有受到很大的影响，因此也不会被大家排挤或认为他不可理解。由于精力过分充沛，求助者对于自己身处困境也会不屑一顾，显得十分冲动和偏执。求助者在行为方面会显得很鲁莽，不负责任，随心所欲，有时还会因为自己没有被赏识而认为自己受到了不公正对待或被迫害。躁狂症求助者会感到自己的思维像在赛跑，快得来不及表达，思维过程带有跳跃性，出现意念飘忽，注意力很容易随心境转移，对待事物常会从一个主题转移到另一个主题。思维和活动的境界很开阔，进而发展为狂妄和自大，如盲目相信自己会拥有巨大的财富和权力，会有特殊才能和重大发明或者临时编造一些显赫的身份来炫耀。躁狂症求助者的睡眠需要明显减少，性欲亢进。他们不知疲倦地过度活动，行为轻率而不顾后果。

2. 病程特征和典型表现。求助者发病年龄早，多在45岁以前发病，首次躁狂发作多发生于青年期，起病较急，可在数日内发展到疾病状态。对于成人发病者需仔细询问既往是否有不典型的、轻度而短暂的抑郁，如果有，应诊断为双相障碍。

典型表现为发作性病程，间歇期正常，易反复发作。躁狂发作时，情感高涨，言语增多，活动增多，即协调性精神运动性兴奋。

3. 疾病危害。躁狂障碍如不治疗，易长期反复发作，导致求助者疾病慢性化、人格改变和社会功能受损。由于病前的人格和疾病症状的影响，求助者酒精依赖、物质滥用、药物依赖发生率高。求助者处于躁狂状态时，由于易激惹、冲动、控制能力弱、判断力受损，所以会做出非理智行为，有可能出现行为轻率、不顾后果，随意挥霍、盲目投资，乱交友、性行为混乱，伤人毁物等行为表现。因此，求助者一旦确诊为躁狂状态，应该积极治疗，避免犯罪。

4. 症状标准。躁狂症以情绪高涨或易激惹为主，并至少有下列三项（若仅为易激惹，至少需四项）：

（1）注意力不集中或随心境转移；

（2）语量增多；

（3）思维奔逸（语速增快、言语急促等）、联想加快或出现意念飘忽；

（4）自我评价过高或夸大；

（5）精力充沛、不知疲乏、活动增多、难以安静，或不断改变计划和活动；

（6）鲁莽行为（如挥霍、不负责任或不计后果等）；

（7）睡眠需要减少；

（8）性欲亢进。

当个体有过一次躁狂发作，就可诊断为双相Ⅰ型障碍，躁狂发作可发生在轻躁狂发作过一次或抑郁发作之前或之后，这些症状不是由于精神病性障碍所致，例如，分裂情感性障碍、精神分裂症、分裂样障碍或妄想障碍，症状严重到足以引起社交或职业功能的问题时，有这些症状的个体可能需要入院治疗，来防止对自己或他人造成伤害，对朋友和家人来说，这些特征是明显的（例如是否有人告诉此人，他或她的行为不正常）。他们不是由于滥用的毒品、药物或其他躯体疾病所致。

躁狂和轻躁狂之间的关键差异是：心境的改变能否被他人注意到，轻躁狂症状没有严重到足以导致超速、斗殴而被逮捕之类的问题，或由于说了冒失的话，做了冒失的事，而失去珍贵关系之类的问题，且没有严重到足以需要入院治疗的地步，症状不是由于滥用的毒品或药物的效应所致。

5. 严重程度标准。严重损害社会功能，给别人造成危险或不良后果。

6. 病程标准。

（1）符合症状标准和严重程度标准至少已持续一周。

（2）可能存在某些分裂性症状，但不符合分裂症的诊断标准。若同时符合分裂症的症状标准，在分裂症状缓解后，满足躁狂发作标准至少持续一周。

7. 排除标准。排除器质性精神障碍，或精神活性物质和非成瘾物质所致的躁狂。

（二）躁狂症求助者犯罪类型

在躁狂症求助者的犯罪中，以财产犯罪、纵火、伤害等类型为主。这些类型大致平均发展，很少见到杀人的案件。马世民（2000）对 62 例情感性精神障碍司法鉴定案例进行分析和研究后发现，其中在 51 例躁狂症求助者犯罪类型研究资料中，滋扰案 9 例（17.65%），抢劫 5 例（9.80%），盗窃 4 例（7.84%），凶杀、伤害、强奸、敲诈、财产诉讼、纵火、上访、卖淫各 1 例（1.96%），此外还有性侵害 24 例（47.06%），被拐卖 1 例（1.96%）。此研究显示，躁狂症以性侵害、滋扰、抢劫、盗窃为主。[1]

贾谊诚（1988）指出，躁狂症在轻度发作时，对行为的辨别能力保持较好，即对行为的是非保持认知，从而抑制了杀人、放火等严重的犯罪恶念。此类型求助者的性欲亢进，如果不能通过正常途径来满足，则会将这种欲望通过其他方式来实现，特别是这类求助者由于性欲亢进，容易与他人发生性关系，从而形成性滥交现象（林宪、林信男，1987）。[2]

一般有遗传病史，性格内向、孤僻、敏感，环境适应能力差，以及受过精神刺激的人容易患上躁狂症。针对这些病因，要控制或者预防躁狂症有一些针对性的办法，有遗传史的人必须时刻保持预防意识，警惕病情发作，及时治疗；从小培养开朗、豁达、包容接纳的性格，可以有效预防躁狂症的发生；努力营造一个良好的人际关系氛围，遇到问题要辩证看待。

二、重度抑郁症犯罪人心理分析

（一）重度抑郁症求助者心理分析

1. 重度抑郁症求助者的表现。重度抑郁症是从双相障碍中分离出来的几种疾病中的一种，重度抑郁和双相障碍的共同特征是：存在悲伤虚无感或有易激惹情绪，伴随着显著影响个体功能的躯体和认知改变，不同的是持续状态的时间或病因。重度抑郁症的症状包括持续两周以上的极度抑郁状态，并伴随弥漫性精神和躯体活动速度减慢、忧郁、绝望、无价值感，甚至还有自杀的念头。安德里亚耶茨，那个淹死自己孩子的女人，因为患有重度抑郁的证据，最终被判定为因精神错乱而无罪。[3] 每个人都有情绪波动的时候，但重度抑郁症求助者的情绪波动非常极端，抑郁程度严重，而且持续时间很长。

重度抑郁症求助者最常使用的形容词通常包括：悲伤、沮丧、无助、不幸、绝望、寂寞、不快乐、郁闷、无用、自尊受挫、羞愧、焦虑、无价值。其中，悲伤与自责是最明显的情绪症状。最常见的情况是：抑郁症求助者的症状在早上会比较严重，随着时间的推移会稍微有所缓和。

---

〔1〕 徐砺：《变态心理与犯罪行为研究》，四川大学出版社 2008 年版。

〔2〕 徐砺：《变态心理与犯罪行为研究》，四川大学出版社 2008 年版。

〔3〕 肖雨："美一母亲杀害 5 个亲生孩子被判无期时隔三年要翻案　她杀害亲子源于精神抑郁？"载新浪新闻中心，http://news.sina.com.cn/w/2005-11-12/10147419919s.shtml，2005 年 11 月 12 日。

焦虑在抑郁症之中也是很常见的，事实上，焦虑发生得更加频繁，以至于抑郁症经常与焦虑障碍相伴发生。尽管焦虑也可以单独出现，但几乎所有抑郁症的求助者都会有焦虑症状。就像悲伤和自责一样，满足感的丧失、麻木的生活在抑郁症中也同样常见。随着抑郁症的加重，焦虑范围也会逐渐扩大到求助者所有的行为当中。原来喜爱交际和应酬的人，患病后会回避一切社交聚会。最后甚至对一些令人快乐的生理功能，如进食和性，也会失去兴趣。据调查显示，92%的抑郁症求助者对生活的主要乐趣失去兴趣，62%的抑郁症求助者不能享受与他人在一起的快乐。抑郁症求助者对未来的失败有一大堆的理由，却没有一个支持其成功的理由。

研究人员多年探讨抑郁症在犯罪过程中的作用，但一直无法区分抑郁症与尚没有达到心理失常水平的情境性抑郁的差别。初步的数据表明，抑郁可能与未成年人违法犯罪有密切关系，尽管尚不清楚抑郁和违法行为的先后次序，但这些男孩和女孩都表现出了抑郁的症状。一方面，抑郁似乎使他们对自己的安全或行为不负责任，他们不在意周围发生了什么，这就增加了未成年人违法犯罪的可能性，另一方面，如果抑郁不是先出现的，那么违法犯罪行为也可能会导致抑郁。一个人患有抑郁症，并不意味着抑郁症会导致犯罪行为，彼得森等人（Peterson et al.，2014）通过对429个案件的研究发现，只有3%的案件与抑郁症直接相关，尽管如此，抑郁症可能在校园滥杀、枪击、工作场所暴力和"警察协助自杀"（即营造一种环境，迫使警察向其开枪）的事件中起重要作用。

2. 抑郁发作的诊断标准。抑郁发作以心境低落为主，从闷闷不乐到悲痛欲绝，甚至发生木僵，严重者可出现幻觉、妄想等精神病性症状。

（1）症状标准：以心境低落为主，并至少有下列四项：①兴趣丧失、无愉快感；②精力减退或易疲乏；③精神运动性迟滞或激越；④自我评价过低、自责，或有内疚感；⑤联想困难或自觉思考能力下降；⑥反复出现想死的念头或自杀、自伤行为；⑦睡眠障碍，如失眠、早醒或睡眠过多；⑧食欲降低或体重明显减轻；⑨性欲减退。

（2）严重程度标准：社会功能受损，给本人造成痛苦或不良后果。

（3）病程标准：①符合症状标准和严重程度标准至少已持续两周；②可存在某些分裂性症状，但不符合分裂症的诊断标准。若同时符合分裂症的症状标准，在分裂症状缓解后，满足抑郁发作标准至少两周。

（4）排除标准：排除器质性精神障碍，或精神活性物质和非成瘾物质所致的抑郁。

（二）抑郁症求助者犯罪心理分析

抑郁症在司法精神病学鉴定中并不少见，有研究显示，抑郁症求助者的违法犯罪行为通常为杀人、伤害等暴力型犯罪，盗窃、抢劫等物欲型犯罪以及纵火等破坏型犯罪，其中又以暴力型犯罪为主。

有研究表明，抑郁症一直与严重暴力犯罪相联系，尤其是与凶杀犯罪行为联系密切。在"扩大性自杀"的情况下，求助者往往将杀同伴与杀自己联系起来。这在伴随自杀的谋杀案件中被认为是极其重要的。

1. 抑郁症的暴力犯罪心理分析。满昌华、王庆食等对山东精神卫生中心1982~1999年995例司法鉴定中的43例（4.32%）抑郁症求助者犯罪案例类型进行了分析。在这43例中，凶杀案21例（48.84%），伤人案9例（20.93%），盗窃案6例（13.95%），抢劫案3例（6.98%），纵火案4例（9.30%）。[1] 抑郁症求助者抑郁发作时，往往因为情绪低落、兴趣减少而闭门不出，较少与人发生矛盾纠纷，待病情达到严重程度，出现幻觉妄想或极度情绪紧张、焦虑绝望时，对自我行为的辨别常存在病理性歪曲。此时为排遣情绪的不适，极易产生指向家人的攻击，如凶杀、伤害等严重犯罪行为。

吕娟报告了北京理工大学博士殷某因不堪忍受网上结识的女友的纠缠而在大学学生宿舍将其掐死（自己当时并不知道），并将其从12楼扔下的凶杀案件。2005年6月23日，该案在北京市第一中级人民法院开庭审理。在开庭之前，其辩护人提出对殷某进行精神鉴定。4月25日，北京市精神病司法鉴定委员会北京安定区医院对他作出的鉴定评价是："心境障碍，抑郁发作，没有辨认障碍但对自己行为的控制能力降低。"[2]

唐宏宇、樊国珍等报告的国内1987~1997年司法鉴定案例的163例杀人案件中，33例诊断为抑郁症，占20.25%。而与之相对，抑郁障碍杀人却一直没有得到国内外精神病学界的足够重视。下面是几例典型的心境障碍求助者的杀人犯罪案例。

【案例1】

2007年5月31日，中国矿业大学徐海学院材料工程系3名大一学生中毒，3人是同班同学。6月10日，3人均被确诊为铊中毒。6月12日下午，专案组将犯罪嫌疑人常宇庆抓获。

2007年8月5日，经初次鉴定，常某被江苏检察机关以涉嫌投放危险物质罪批准逮捕。之后，常某家人向检方公开了儿子曾在留学期间患精神抑郁症的病史。经过二次鉴定，常某患精神抑郁症，作案时无完全刑事责任能力，江苏检方对常某作出不起诉决定。

原来，常某与中毒的3名大学生是同学，他性格内向，平时与同学关系比较紧张，经常怀疑同学看不起他。铊中毒案发生后，常某患精神抑郁症的消息在中国矿业大学校园传开。这时，常某的同学们才恍然想起这个孤僻的男孩在校园里的种种怪异表现。

上述案例中，该求助者因难以忍受长期的心境悲观、情绪低落状态，故而采取有预谋的投毒谋杀行为来抵制或反抗精神重压，使自己的郁闷、焦虑得到宣泄。抑郁症求助者中，以谋杀、暴力案最常见。抑郁症求助者的杀人共有四种形式：暴怒激情发作杀人、幻觉妄想支配杀人、扩大性自杀、间接性自杀，其中最值得注意的是扩大性自杀。扩大性自杀是指求助者因极端抑郁而萌发自杀念头的同时，可能出于"怜惜"动机而将自己的子女或配偶先杀死，呈现"利他性杀人"或"慈悲性杀人"特点。抑郁症的扩大性自杀对家庭的创伤、对社会的危害都极大。

---

〔1〕 徐砺：《变态心理与犯罪行为研究》，四川大学出版社2008年版。

〔2〕 吕娟："杀人博士，11篇日记埋藏着精神危机"，载《法律与生活》2005年第14期。

【案例2】

2012 年底发生在武成的一个抑郁症父亲的杀儿案，被告人李某因犯故意杀人罪，被凉州区法院判处有期徒刑 10 年。李某下岗后生活穷困潦倒，居住的楼房在生活最困难的时候也用于抵债。2012 年，为了生计，李某两口子在凉州区城郊开了一个茶摊。由于茶摊生意冷清，李某渐渐患上了抑郁症。2012 年 11 月的某一天，李某看着自己 7 岁的儿子很可爱，可是作为父亲，自己却不能为儿子带来幸福。于是，李某提着菜刀杀了儿子。因涉嫌故意杀人罪，李某于 2012 年 11 月 5 日被凉州公安分局刑事拘留，同年 12 月 13 日被逮捕。2013 年 1 月 28 日，凉州区检察院依法向凉州区人民法院提起公诉。

凉州区人民法院审理认为，公诉机关指控的罪名成立，经兰州大学第二医院司法精神病鉴定所司法鉴定意见书证明，被告人李某患有精神抑郁症，案发时控制能力及辨认能力受损。鉴于被告人李某在作案时患有精神疾病，为限制性刑事责任能力人，依法可从轻处罚。因此，法院作出如上判决。

上述几例重度抑郁症求助者的暴力杀人案件显示，抑郁症是一种危害人类身心健康的疾病。严重的抑郁症病人会有自杀或者危害他人生命的倾向，成为威胁人类生命的都市"新杀手"。扩大性自杀求助者残忍地杀害至亲然后自杀的行为，明显是违背常情且难以单纯用病理的情感性质解释。

2. 抑郁症的盗窃犯罪心理分析。此外，抑郁症求助者常犯的罪以"顺手牵羊"的盗窃居多，这与抑郁症状态的不稳定、道德观念被破坏的状况有关。盗窃是抑郁症求助者物欲型犯罪中最常见的一种。

例如，天津汉沽一男子在窃得多部品牌计算机后，并不销赃换钱消费，而是不厌其烦地在家中将电脑拆得七零八碎。当办案民警入户调查时，发现端倪。问及盗窃原因，该男子坦言："别人有，我没有，我就很生气，我就这样发泄情绪！"2011 年下半年，滨海新区汉沽某地的企事业单位连续发生入室盗窃案件。河西派出所民警经现场勘查判断，窃贼是在凌晨翻墙钻窗进入单位，然后撬开办公室的门锁，进屋实施盗窃的。被盗物品多为品牌计算机，价值逾万元。几天后，河西派出所民警开展户籍核查。当来到男子张某家时，发现其家中有大量品牌计算机零部件，门口还丢着个品牌计算机的键盘，民警马上联想到此前的系列盗取公共财产案件。经核查，确定张某家中出现的计算机零部件与被盗物品吻合。随后，张某落网。原来，今年 35 岁的张某没有工作，好高骛远的他既不学习一技之长，也不出门打工，只是坐在家中怨天尤人。心情烦闷至极的他，便开始盗窃计算机再进行"破坏"，通过这样来发泄心中的不满情绪。鉴于张某的怪异行为，警方对其进行了司法鉴定，发现张某为轻度抑郁症，但不影响其行为能力。

抑郁症求助者产生盗窃行为的原因多种多样。有的求助者盗窃是为了有意识地借助于盗窃行为所获得的成功快感来振奋精神，对抗抑郁，谋求抑郁情绪的缓解或减轻。

3. 拘禁性抑郁症犯罪心理分析。拘禁性精神障碍是指犯罪人在拘禁后或服刑期间发生的精神异常。广义上是指犯罪人因受拘禁后的精神刺激或压力而产生的反应性精神障碍、癔症、精神分裂症或抑郁症。狭义上是指因受拘禁后的精神刺激或压力而产生的反应性精神障碍，又称拘禁反应。广义拘禁性精神障碍包括由拘禁诱发的拘禁性反应性精神病，其症状的表现和性质与一般的癔症、精神分裂症和抑郁症等基本相同。在此主要介绍狭义拘禁性精神障碍的表现：

（1）拘禁性情绪反应。拘禁性情绪反应在拘禁性精神障碍中程度较轻，在被拘禁后急性或亚急性起病，也可发生在接到逮捕证或判决书之后。具体表现以情绪障碍为主，如抑郁、恐惧、紧张等；言语动作减少或坐卧不安、饮食减少、出现睡眠障碍；可能发生轻度意识障碍和心因性幻觉，如精神恍惚、听到亲属的讲话声等；有的还伴有神经症性身体症状，如失眠、疑病等。

此类犯罪人基本保持一定的自知力，知道自己是由于被拘捕后感到"紧张、恐惧"而起病的。经过精神科检查，并无明显的思维逻辑障碍与妄想症状。此类症状尤以案情特别重大者常见。

（2）拘禁性反应性抑郁。常在被拘禁后亚急性或慢性起病，表现为不由自主且无法摆脱地追忆往事、哭泣叹息、情绪抑郁、悲伤、虚弱无力等，常伴有食欲减退和睡眠障碍，也可有抑郁性急性发作，如大喊大叫、对自己抓头打脸等。但求助者很少有自责倾向，而把失败或不幸归咎于他人，为自己辩护。他们常显示出愁眉苦脸、眼泪汪汪、祈求他人怜悯的样子。少数长期有严重反应性抑郁的罪犯可能有自杀念头，并付诸行动，偶尔还会发生带有冲动性的扩大性自杀行为。

三、双相障碍犯罪人心理分析

双相障碍以前被称为躁郁症，是一种常见的精神障碍，它的特点是发作时行为出现两极交替，如本来极其喜悦、高度亢奋、注意力分散（躁狂），转眼又对所有活动都不感兴趣，或者情绪低落（抑郁），据西方发达国家于20世纪90年代流行病学调查显示，双相障碍终生患病率为5.5%~7.8%，发病年龄高峰期为15~19岁，首次多为抑郁发作，往往一至数次抑郁发作后再出现躁狂或轻躁狂发作。目前，我国尚缺乏系统的双相障碍流行病学调查。双向障碍是脑障碍，会导致一个人心境、能量和功能的显著改变，这些障碍的个体，在明显的心境发作期间，有极端而强烈的情绪状态，这些不同于日常生活中正常的心境起落。双相障碍症状可破坏关系，带来职业或学业问题，甚至可能导致自杀，有这些障碍的个体可能感到失控，或被他们极端的心境和行为控制。有意思的是，很多名人和富有创造力的个体都有这种障碍，如费雯·丽、卡里·费什尔、温斯顿·丘吉尔、本·斯蒂勒、佛吉尼亚·伍尔夫、罗斯玛丽·克鲁尼等，在躁狂阶段，个人可能会做出许多有潜在痛苦后果的行为，如不检点的性行为或愚蠢的商业投资行为等。

（一）病程特征和典型表现

双相障碍发病年龄早，多在45岁以前发病，15~19岁是首发高峰。首次躁狂发作多在青年期，起病较急，可在数日内发展到疾病状态，抑郁发作起病缓慢。对于成人发病者需仔细询问既往病史是否有不典型的、轻度而短暂的抑郁或躁狂发作。躁狂和抑郁发作没有固定顺序，可连续多次躁狂发作后有一次抑郁发作，或先至数次抑郁发作后再出现躁狂或轻躁狂发作，也可躁狂和抑郁交替出现或反复循环，以混合方式存在。

典型发作表现为发作性病程，间歇期正常。躁狂发作时，情感高涨、言语增多、活动增多，即协调性精神运动性兴奋；抑郁发作时，出现情绪低落、思维迟缓、活动减少等症状，即协调性精神运动性抑制。

单相抑郁与双相抑郁因治疗原则不详，应加以鉴别。双相抑郁具有以下特点：发病年龄早，病前性格具有情感旺盛气质和循环气质，情绪变化与季节相关，既往病史记载其抗抑郁药疗效差，或治疗后心境快速变化及诱发躁狂和轻躁狂发作，伴精神病性症状，睡眠增加，体重增加，进食增加，一天中病情规律明显，早上重，下午和晚上逐渐减轻。

（二）抑郁症与躁狂症犯罪比较研究

从目前抑郁症与躁狂症求助者犯罪的司法精神医学鉴定的资料分析来看，虽然抑郁症和躁狂症均属于心境障碍，但二者在犯罪上仍存在一定的差异，这些差异可从以下三个方面探讨。

第一，从犯罪类型来看，躁狂症求助者的违法犯罪行为多以滋扰、抢劫、盗窃等轻度违法行为为主，而抑郁症求助者以凶杀等严重的违法犯罪行为为主。这主要是因为求助者抑郁发作时，情绪低落，兴趣降低，大门不出，故而较少与人接触发生矛盾纠纷。一旦病情达到严重程度，出现幻觉妄想或极度情绪紧张、焦虑而绝望时，对自我行为的辨认常存在病理性歪曲。此时为了排遣情绪的不适，极易实施指向家人或邻居的攻击行为。躁狂症求助者之所以较少出现凶杀等严重犯罪行为，贾谊诚指出，是因为躁狂症在轻度发作时，对行为的辨认能力保存较好，即他们对行为的是非对错保持了认知能力，从而抑制了凶杀、放火等严重的犯罪欲望的出现；而当求助者情绪高涨，盛气凌人，控制能力明显减弱时，容易和周围的人发生现实性矛盾纠纷，以致出现滋扰他人等一般性的犯罪。[1]

第二，从作案动机来看，躁狂症求助者的作案动机多数是在现实性动机（即利欲、纠纷、打抱不平）的支配下滋扰他人，而抑郁症求助者多是以病理性动机为主。

第三，从侵犯对象来看，躁狂症求助者犯罪的受害人不一，可以是陌生人、家人、熟人等，其中以陌生人为多数，而抑郁症求助者犯罪的受害对象以家人、熟人为主。

在抑郁期间的犯罪较躁狂期及混合期多，而且较倾向于暴力。但是应该注意的是，数据显示心境异常与犯罪并无必然的直接关系，许多衍生的犯罪仅与求助者的人际关系、社会病理现象密切相关。

【案例3】

林某，男性，23岁，高中毕业，待业在家。于2004年4月入院治疗。由求助者自己和父亲报告病史，所述真实。

主诉：少语、少动、发愁以及兴奋、话多交替持续了4个月，欢快、言行增多、失眠则持续了2个月。

---

〔1〕 贾谊诚："刑事责任能力评定提纲（下）"，载《临床精神医学杂志》2006年第4期。

现病史：求助者4个月前无明显诱因，经常呆坐无言，家人和他说话，他好像没听见一样，总是一个人发呆。父亲让他去铺子，看铺收钱，他也不肯。变得胆小怕事，不敢见人，把自己关在房间里，不肯出门。整天愁眉苦脸，对什么都不感兴趣，对平时喜欢的电视节目、听歌唱戏都失去了以往的兴趣。对平时喜欢的饭菜也觉得没有胃口，饭量减少，体重减轻。感觉内心痛苦，有轻生念头。这些表现早上较重，下午和晚上则轻一些。近2个月来，求助者无缘无故突然转忧为喜。整天有说不完的话，喜欢追逐女性。骑着摩托车横冲直撞，见到汽车也不能让，胆子变得特别大。自己说心情特别好，要做大生意，将来修一条大马路，直通到家里他的"酒店"，让大家都能免费进来吃大餐。过去2个月里，林某整夜参加晚会，白天花钱请客吃饭、住宾馆。到处借钱、骗钱，说谎话，整天吃喝嫖赌，不肯帮家里做小生意。脾气变坏，姐姐和奶奶说他，动不动就打人，扔东西，自己的手机从六楼掉下摔坏了，就抢姐姐的手机去用。奶奶说："这孩子怎么了，变成啥样了。"为此，他妈妈整天以泪洗面，伤心透了，家人都不知道这是一种病态的行为，奶奶到处求神拜佛，都无济于事。后住院治疗。

1. 症状标准

（1）以情绪低落及高涨交替为主，从他对什么都不感兴趣甚至有轻生的念头到转忧为喜、随心所欲、大胆妄为可以看出。

（2）具有下列症状：①呆坐无言到语言增多。②交替性的情绪变化，抑郁期间早上较重，下午和晚上则轻一些。少语、少动、发愁以及兴奋、话多交替持续了4个月，欢快、言行增多、失眠则持续了2个月。③从呆滞、郁郁寡欢到精力充沛、活动增多。④从对什么都失去兴趣到鲁莽行为、挥霍无度。⑤睡眠减少。⑥性欲亢进。

（3）两次发病，首次诊断为"双相性抑郁症"。

2. 严重标准

损害社会功能，给他人造成不良后果。

3. 病程标准

符合症状标准持续一周以上（本求助者持续2个月抑郁并出现交替性的躁狂抑郁）。

4. 排除标准

无器质性障碍，无成瘾物质所致躁狂根据，无精神分裂症症状。

5. 诊断

双相性抑郁症，处于躁狂状态的求助者的典型心境特点是情绪高涨，与实际所处的环境很不相称。他们一般都精力充沛，兴高采烈，活动增多，难以安静，浮夸奢华，服饰艳丽，举止张扬，与人交流往往采取居高临下的态度，语速快，滔滔不绝。

病情达到极端时，求助者会显得很"疯狂"，以致在情绪和行为之间出现难以理解的联系。对许多抑郁求助者进行评估，都发现了双相特性，抑郁症求助者中有1/5的人还有明显的轻躁狂或躁狂表现。多数病人在抑郁表现起病后5年内由单相障碍变成双相障碍。转变的指征包括抑郁起病时间早（<25岁），产后抑郁，抑郁频繁发作，躯体治疗（例如

抗抑郁药物、光照治疗、睡眠剥夺治疗、电休克治疗）后心境迅速好转以及连续三代的心境障碍家族史。在发作间隙，双相障碍求助者情绪消沉，有时活动亢进；发育和社会功能的损害比单相障碍更为多见。双相障碍与单相障碍相比，发作时间较短（3~6个月），起病早，发病更为突然，周期（两次发作的间隔时间）也要短些。双相障碍的快速循环形式其发病周期相对固定（每年常有4次以上的发作）。双相Ⅰ型的求助者交替出现完全躁狂和严重抑郁，常以抑郁形式起病，在病程中至少有一个以上的躁狂或兴奋阶段。抑郁期既可紧邻躁狂期前后，也可与躁狂期相隔数月或数年。双相障碍中，抑郁和轻躁狂（相对轻度，非精神病性的时期般在1周以下）主要看偏向哪种障碍。双相Ⅰ型与双相Ⅱ型临床特征间存在较为明显的差异，将它们视为不同障碍更符合疾病本身的特点。双相Ⅱ型易误诊为单相抑郁，其自杀未遂率高，迫切需要引起足够重视。

技能训练

案例分析

基本案情：

2012年2月，南湖区清沁苑发生一起杀人案。犯罪嫌疑人在案发现场打了110和120，并对杀人事实供认不讳。犯罪嫌疑人李某，今年45岁，再婚，被杀的是其公公。

法庭上，李某复述了自己的杀人经过："今年2月19日晚，我睡不着，一直想上厕所。到了晚上11点多，我上完厕所路过客厅，就想帮睡在客厅的公公倒痰盂。我看到公公睡觉的时候把被子盖到了眼睛那里，就想先把他摁住再去倒痰盂。我摁被子的时候，能感觉到公公在被子里动，我心里也知道自己在干什么，可就是控制不住自己。最后他不动了，我也就不摁了。"

之后，李某回卧室关门继续睡觉，李某的丈夫陈某发现异样。陈某说："我爸爸睡在客厅，平时为了方便照顾他，我们卧室的门是不关的。"

陈某向公安机关回忆说："那天晚上她去上厕所，很久都没回来。看到她关门睡觉，我就问她怎么去了这么久，她说'我刚刚把爸爸捂死了'，我说'这种事不好开玩笑的'，她说'不信你去看，说不定现在还有救'。"

陈某立刻起床到客厅查看，发现父亲已经没有呼吸了，就叫李某马上打120和110，李某照做。"我打完电话后就继续睡觉"，李某在法庭上说。

案发前几天，李某和公公曾经有过一次争执。"公公问我开水烧了没，怎么还没冲汤婆子，是不是断水了。我说开水还在烧着。"李某说，后来她和公公就为这事吵了起来，她觉得公公看不起她，因为她患有精神疾病。

2008年，在李某的母亲患病期间，李某去照顾母亲。后来母亲去世，李某就发现自己患上了抑郁症。就诊治疗后，2009年3月，医院经过鉴定发给她一张精神类的残疾证，等级是四级。平时，李某还正常，有一份保洁员的工作，别人忙不过来的时候，她也会去帮忙，和丈夫的关系也算和睦。

但李某一直觉得自己笨，学不会新活，有时脑子里会出现幻觉。"在十字路口我想过马路，可控制不了自己，就是过不去。有时在马路上，我看到路人的脸都好可怕，都是一张张被烧伤的脸。"李某说，季节更替的时候自己比较容易患病，特别是油菜花开的时候，医生也提醒过。

案发后，法医经过精神病鉴定认为，李某患有精神病性症状的抑郁症，为限制刑事责任能力人。嘉兴市司法所法律援助中心依法为李某指派了辩护律师。

具体操作：

1. 结合案例分组讨论李某患有何种心境障碍及其显著特征。

2. 以小组为单位撰写案例分析报告。

3. 教师组织学生进行分组讨论。

参考文献

[1] [美] 巴特尔等著：《犯罪心理学》，杨波、李林等译，中国轻工业出版社 2009 年版。

[2] 梅传强主编：《犯罪心理学》，法律出版社 2010 年版。

[3] 罗大华编著：《犯罪心理学》，中国政法大学出版社 2007 年版。

[4] 熊云武编著：《犯罪心理学》，北京大学出版社 2007 年版。

[5] 王锐编著：《新编犯罪行为心理学》，中国人民公安大学出版社 2010 年版。

Sometimes human places create inhuman monsters.

——Stephen King

没有人性的怪兽就隐藏在人群当中。

——斯蒂芬·金（美国现代恐怖悬疑科幻作家）

第十七章

精神病犯罪心理分析

经典案例

加拿大碎尸案

2012 年 5 月 24 日或 25 日（据案件调查人员推断），色情片演员卢卡·罗科·马尼奥塔在公寓内将中国留学生林某杀害并肢解，此后在网上发布视频，内容为嫌犯把碎冰锥反复刺入受害者上半身，继而将死者的头颅割下，再将林某全身割的皮开肉绽后肢解，奸尸后吃掉部分尸身。5 月 26 日，嫌犯离开加拿大逃到法国。国际刑警组织和许多欧洲执法机构都认为，马尼奥塔可能男扮女装，躲过追捕。法庭艺术家戴安娜·特雷科夫为警方画了一张马尼奥塔化妆成女人的想象图。在案发前一周内，警方未发现有人使用姓名为卢卡·罗科·马尼奥塔的护照。因此，调查人员认为他可能是伪造了身份，或者干脆男扮女装。

5 月 29 日，在渥太华发现了一个装有一只人脚的邮包和一个装有一只人手的邮包。前者已送达执政的保守党总部；后者是寄往最大的反对党自由党总部。另外，在蒙特利尔一座公寓楼外面还发现一只装有尸块的手提箱，但仍有一些身体部位找不到。随后，加拿大警方以一级谋杀罪在全国通缉马尼奥塔，国际刑警组织也对其发出全球通缉令。法国警方亦组成一支专门缉拿逃犯的警队寻找马尼奥塔的下落。马尼奥塔行凶后逃往巴黎，当地警方已经在巴黎一家旅店发现了他的踪迹。6 月 2 日，警方对该旅店实施突袭行动，但马尼奥塔已经逃跑，警方在其房间内发现了色情杂志等物品。6 月 3 日，法国警方确认加拿大碎尸案嫌疑人马尼奥塔曾经到过或正在巴黎地区，特别是巴黎市区。此前来自法国警方的消息显示，有人上周五晚上看到马尼奥塔在巴黎上了一辆开往柏林的长途大巴。而在马尼奥塔被宣布全球通缉之后的一周，法国警方接到了数千个电话举报，均举报说在不同的地方看到了马尼奥塔。

6 月 4 日，德国警方在柏林一家网吧将涉嫌杀害中国留学生林某的加拿大分尸案嫌犯卢卡·罗科·马尼奥塔抓获。警方发言人说，马尼奥塔被捕时表情平静，只是说了一句

"你们抓着我了"。据德国媒体报道，4 日下午 1 时 30 分，一名民众在柏林卡尔·马克思大街拦住一辆警车，说他在一家网吧里认出了加拿大杀人疑犯。警察随即前往网吧，果然发现了马尼奥塔。马尼奥塔没做任何抵抗便被警察逮捕。一名目击者称，被捕时马尼奥塔身穿黑色套头衫，戴着墨镜，正在阅读关于自己的新闻报道。警方表示，马尼奥塔的法语口音最先引起网吧工作人员注意，然后他们根据媒体报道的图片辨认出了马尼奥塔。马尼奥塔没有携带身份证件，但他很快向警方坦白了一切。马尼奥塔的上一个落脚点是法国。警方根据他的手机信号追踪到了他住的旅馆。在旅馆里，警方发现了黄色杂志和从飞机上带下来的呕吐袋。柏林警方表示，马尼奥塔将被引渡到加拿大受审。

马尼奥塔当前所涉罪名包括一级谋杀罪、亵渎遗体罪、使用邮政系统投递"猥亵、不当、不道德或淫秽物品"罪和恐吓总理罪。

媒体称马尼奥塔童年经历"不堪回首"，到底是怎样的经历，令马尼奥塔成为如今的变态杀人魔？有报道称，马尼奥塔曾与加拿大另一个变态杀人魔卡尔拉·霍默尔卡谈过恋爱，可目前正在狱中服刑的霍默尔卡对《多伦多太阳报》表示，她根本就不认识马尼奥塔。不过，马尼奥塔的新纳粹极端种族主义立场则已被证实，一些与之有过接触的人表示，马尼奥塔曾多次表达过"歧视华人和犹太人"的观点。

很少有人了解马尼奥塔的幼年生活，加拿大媒体最近几天分别找到了他的母亲和妹妹，但她们都拒绝对马尼奥塔作出评价。曾与马尼奥塔谈过恋爱的尼娜说，"马尼奥塔一直在说一些相互矛盾的童年经历，你无法判断孰真孰假。他会跟你开玩笑说他杀了自己的家人、同学、老师，然后当你信以为真时，他又会咯咯一笑说，刚才他都在说笑话。"马尼奥塔 1982 年 7 月 24 日生于加拿大安大略省，一直住在斯卡伯勒市郊区，当时他还叫作埃里克·克林顿·柯克·纽曼，媒体描述他的童年"有过一段不堪回首的经历"，可具体遭受过怎样的虐待至今仍无从得知。

📖 影视欣赏

心理追凶

《心理追凶》是英国 ITV 台推出的一部罪案剧，该剧以英国女作家 Val McDermid 小说中的角色为蓝本——讲述了大学临床心理学家 Tony Hill 与女警官 Carol Jordan 合作办案的故事。故事发生在一个虚构的小镇 Bradfield，Tony Hill 受邀帮助警局追查三起谋杀案的凶手，Carol Jordan 警官希望借他的侧写（profile，也译为剖绘）技能帮助警方缉拿凶手。但 Tony 格格不入的调查手法导致双方合作非常不合拍。随着一名警察的死讯传来，尽快将真凶绳之以法的压力陡然上升，警方的注意力被吸引到了别处，而 Tony 则认为凶手是借受害人的尸体传递某种信息。

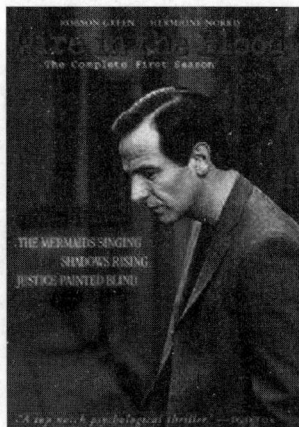

- 精神病犯罪心理特征分析
- 精神病犯罪心理类型分析

第一节　精神病犯罪特征分析

　　精神障碍是指呈现出混乱思维感觉和其他心理过程的状况，这种状况是一个人表现出脱离社会期待的行为方式，并且对工作、人际交往和日常其他重要领域的功能都产生了明显的损害。这些障碍无论对个体自身，还是对他人，都十分不幸，美国精神病学协会最新出版的 DSM-5 给出了更为详细的定义，这是在北美被精神病学家、心理学家和其他专家所使用的精神障碍诊断标准，该定义对精神障碍有如下描述：精神障碍是发生于某人临床上明显的行为或心理症状群或症状类型，它伴有当前的痛苦烦恼或功能不良，或者伴有明显的导致死亡、产生痛苦、造成功能不良或丧失自我的风险，而且这种症状群或症状类型不是被人们所期望的文化背景认可的心理反应，无论其原因如何，当前所表现的必然是一个人的行为，心理或生理方面的功能不良，但是无论是行为偏离正常，还是个人与社会之间发生的矛盾冲突，都不能称为精神障碍，除非这种偏离或冲突是正如先前所述的个人功能不良的一种症状。

　　美国监狱中的罪犯，已经很好地阐明了犯罪与精神障碍之间的关联，如数据所示：①报告显示，大约24%的男犯和36%的女犯入狱前曾接受过精神或情绪治疗，并且超过10%接受过入院治疗。②在美国联邦监狱、州监狱和地方拘留所，至少有16%的成年罪犯患有精神疾病，其中5%患有严重的精神障碍，如精神分裂症、双相情感障碍和重度抑郁症。③罪犯中患精神障碍的比率比一般人群高4倍。

　　与犯罪行为和暴力最密切相关的精神障碍是品行障碍、反社会人格障碍、精神分裂症、心境障碍（例如重度抑郁症和双相情感障碍）、物质相关障碍以及某些特定的认知障碍，前面的章节中已经讨论了品行障碍和反社会人格障碍以及心境障碍，本章我们将阐述其他与犯罪相关的精神障碍，探讨他们的临床症状会如何增加犯罪行为的可能性，以及审判中精神障碍是如何为精神障碍求助者责任能力的辩护发挥作用的。

第二节　精神病犯罪心理类型分析

一、精神病犯罪心理类型分析

（一）精神分裂症犯罪心理分析

精神分裂症是一类常见的精神症状复杂，至今未明确其病理基础的重性精神障碍，多起病于青年或成年早期，具有知觉、思维、情感、认知、行为及社会功能等多方面的障碍和精神活动不协调，一般没有意识障碍。自然病程多迁延，导致机体衰退和残疾。精神分裂症是最容易与疯狂行为联系在一起的心理市场，它的典型特征就是行为非常怪异，伴有认知、情感反应和行为上的混乱，是一种极为复杂的精神疾病，求助者一般在儿童期就表现出精神分裂的症状，一旦发病就会导致社会和经济的双重损失，而且影响求助者的余生，精神分裂症求助者还有其他阴性症状，如情感落寞。精神分裂症求助者实施暴力犯罪的比例很小，然而一旦实施暴力犯罪，尤其像杀人或重伤害，他们的暴力程度可能高于"典型"的暴力罪犯。极度暴力在具有幻觉和妄想的人中很常见，特别是被害妄想，在患有精神分裂症的暴力犯罪人中尤为常见。

在我国，精神分裂症是涉及各种法律问题最多的一种疾病，在精神疾病司法鉴定案件中约占70%。求助者往往受精神症状的影响支配，常常出现伤害、凶杀、强奸、放火等严重危害社会的行为，成为刑事案件中的犯罪嫌疑人或被告人而涉及刑事责任能力问题；有的因外伤或其他原因而发病从而涉及法律关系评定问题。

精神分裂症的症状是：知情意三者内在的统一性被破坏，有明显的个性特征的改变；心理活动过程与个性特征之间的统一性也高度失调；丧失自制力，常发生幻想或妄想，其危害行为大多由这些障碍所导致。精神分裂症病人违法犯罪的特点有：①缺乏犯罪动机和犯罪目的，难以断定其因果关系；②违法犯罪行为突发性强，缺乏预谋，难以预料；③以攻击性和暴力性犯罪为主，且手段残忍，不计后果；④明目张胆地作案，事后也不逃避；⑤审问时，一般不承认自己有精神病，对犯罪事实供认不讳，还常坚持作案有理；⑥感情淡漠，表情呆滞，常独自发笑，陈述杂乱无章。

在普通人群中，精神分裂症的患病率大约仅有1%，这种疾病产生的部分症状，尤其是错觉和幻觉，可能导致暴力犯罪。精神分裂症求助者中，仅有很少一部分人会实施犯罪，在大多数情况下，犯下这些罪行的精神分裂症求助者表现为偏执妄想，包括错误的认识和判断，认为别人要伤害自己，或者别人已经伤害了自己；另一种情况是会疯狂地妄想，并坚信自己是上帝派来拯救世界摆脱邪恶势力的，那些体验到精神分裂症错觉的人，为保护自己或世界免受危险，而被误导去伤害或中伤别人。对精神分裂症杀人犯进行研究发现，其中70%的杀人犯都会把受害者当作敌人。

（二）偏执性精神病犯罪心理分析

偏执性精神病也称妄想性精神病，是一大组疾病的概称。其具有的共同特点就是持久的偏执性妄想，其程度轻重不一，从仅仅是持续的牵连观念被害感，发展到影响妄想、夸大妄想和嫉妒妄想等，但无幻觉。行为和情感反应则与妄想观念相一致，并且智能保持良好。

妄想是精神分裂症最常见的症状之一，基于暴力的妄想，会让人更长时间遭受疾病的痛苦，妄想越强烈，暴力发生的可能性越大，特别是当妄想者相信他们的想法和行动，受到外部力量控制时，暴力更容易发生。

幻觉通常与精神分裂症有关，也可能引发暴力犯罪，一些精神分裂症求助者声称听到有声音告诉他们该做什么，这些幻听尤其易导致那些有偏执妄想的人使用暴力，因为幻听使他们更加真实地感受到敌人的威胁，与此同时，通常会有声音告诉他们，杀死那些敌人。妄想和幻觉的结合，被称为威胁/控制覆盖综合征，由于内部控制已经被来自他人的威胁声音覆盖，因此他们会按照命令行动。

1. 偏执性精神病常见的有以下几种类型：

（1）被害妄想。被害妄想最为常见。病人觉得其本人或亲属处处遭到迫害，别人在背后议论、嘲讽自己，出门受人跟踪监视，或有人在其饮食中放毒，等等。病人可能受妄想支配而拒食、逃跑、控告或采取"自卫"而攻击伤人。

（2）关系妄想。关系妄想或称牵念观念，病人将环境中与自己无关的事物都认为与自己有关，如认为别人的一举一动、报纸和广播的内容都是针对自己的恶意中伤。常与被害妄想同时存在，相互影响，容易在妄想的支配下实施报复行为。

（3）物理影响妄想。或称被控制感，病人认为其思想情感和行为都受到外界某种仪器所支配操纵而不能自主，并坚信这些仪器或现象是由某人或某组织操纵或向他发射的，因而感到痛苦和恐惧，并继发被害妄想，向其所想象的加害方实施伤害或破坏性报复行为。物理影响妄想可与被害妄想并存。

（4）夸大妄想。坚信自己才智超群、地位不凡、拥有巨额财富或系名门后裔，有的认为自己能领导全国、改变社会，从而出现"反革命"行为。这种情况多见于精神分裂症、躁狂症。

（5）嫉妒妄想。其表现是没有根据地猜测自己的爱人对自己变心、背叛，偶尔看到爱人与异性在一起，就会坚信他们有不正当关系，因而对其盯梢追踪，或纠缠不休、打骂、限制其自由、逼其承认，严重的甚至伤害、杀害对方。

（6）自罪妄想。其表现是无根据地坚信自己犯了不可饶恕的罪行或错误，应受惩罚。病人常因此有绝食、自杀等自虐行为，以此来"谢罪"。也有的为使家属免受牵连，先杀死家人，然后自杀或投案，形成"扩大性自杀"。有的甚至主动"自首"，编造犯罪事实，要求处罚。

（7）钟情妄想。其表现是病人坚信某异性在爱恋自己，对方的一言一行、一举一动都是在向自己表示爱意，于是经常向其写情书或寻机献殷勤。如果得不到答复就认为是有人在从中作梗而采取报复行动；如果对方拒绝，则认为是在考验自己或出于羞涩；如果发现对方有了爱人，则往往进行性骚扰，甚至暴力强奸、行凶报复。

（8）疑病妄想。其表现是坚信自己患有某种不治之症，即便是医生确诊无病也不相信，其结果容易导致自杀或攻击性行为。

（9）非血统妄想。其表现是认为自己不是现在的父母所生，自己的生父母另有其人。自己本来出身显赫，是名门之后。这种人常因此而对其父母进行虐待，或四处招摇撞骗，扰乱社会治安。

2. 妄想发作特征。急性妄想发作一般无发病诱因，即便有可寻的心理因素，亦是微不足道的。本病常突然急性起病（多在一周之内），临床表现为出现过性妄想，同时也有情感和行为方面的障碍。年龄：本病多见于青壮年，不发生于儿童，亦罕见于50岁以上者。

（1）临床表现：

妄想体验：妄想多急骤，并快速充分发展，成为特有的临床相；妄想内容多样，如被害、夸大、被控制、嫉妒、宗教或神秘妄想等皆可发生。妄想结构较为松散，且不持续而变幻不定。可发生各种幻觉，内容较生动。

情感障碍：较丰富，情绪高涨或低落、焦虑、烦恼或激越；可交替出现。不占突出位置，持续时间亦不长（几小时到几天）。

意识及注意力：求助者表面看来意识清晰，但有时求助者突然感到走入一个新的环境而感到迷惑恍惚，此时可出现错觉或幻觉、人格解体症状，并因此表现行为异常（活动增多或减少，过后感似梦非梦）。

时间短暂，最长者不超过3个月。经对症治疗可加快症状的缓解，预后良好。具有脆弱性格的病人可能会复发，但缓解期精神状态正常，不遗留任何人格受损迹象。

（2）诊断。妄想突发占主导地位，无任何预兆；妄想内容不固定而多变，妄想结构不系统，较为松散。情感障碍虽亦常见，但表现不突出，如情绪高涨或抑郁、焦虑、激动等，持续时间短暂；意识和注意力未见明显障碍。

以上三条可作为诊断主要依据。下列症状则作参考，但非必备症状：①错认或迷惑恍惚；②错觉、人格解体或幻觉；③活动增多或抑制。

严重程度应具备下列两条：①社会功能（包括工作、学习、生活及社交能力）明显受到影响；②自知力不全或缺乏。

病程标准：精神症状的出现和消失均较为突然，病程最长不超过3个月。

（3）CCMD-3中对于偏执性精神病的诊断标准有下列描述：

症状标准：以系统妄想为主要症状，内容较固定，并有一定的现实性，不经了解难辨真伪。主要表现为被害、嫉妒、夸大、疑病或钟情等内容。

严重标准：社会功能严重受损和自知力产生障碍。

病程标准：符合症状标准和严重标准至少已持续3个月。

排除标准：排除器质性精神障碍、精神活性物质和非成瘾物质所致精神障碍、分裂症，或情感性精神障碍。

说明：CCMD-3中偏执狂（妄想狂）与偏执状态（类偏狂）已合并为一个诊断。

偏执狂是在病人与周围环境发生多次冲突的基础上发展起来的，当遇到挫折时其将事实加以曲解，认为别人对他不信任，有意作弄他。把别人的言语、行动和态度与自己的主观想象相结合，感到周围的人有意迫害他，从而形成偏执观念。在妄想的影响下，病人与周围的冲突必然增加，反过来又加强了他们的妄想。他们认为受到迫害，到处申冤诉苦或奔走上诉，不达目的誓不罢休。当他们稍有成效时，即认为斗争取得胜利，进一步加强了妄想观念。

诉讼狂是偏执狂中较为多见的一种类型。求助者认为受到人身迫害，名誉被玷污，权力被侵犯等，得不到公正的解决，而诉诸法庭。所以诉讼狂往往与被迫害意念有内在联系。求助者的诉状有逻辑性，叙述详尽而层次分明。从字面上看不出有什么破绽。在诉讼过程中若遇到阻力，求助者毫不后退，反而增强其必胜决心。一旦起诉被法院驳回，则采取迂回对策，千方百计公之于世，请求社会上的声援，可谓不屈不挠，为公正而斗争。诉讼狂求助者病前个性多有自负、敏感、强硬的特点。

色情狂以女性多见。坚信某一男性对自己流露出爱慕之情，可是碍于客观情况，如双方均已婚配，或年龄相差较大，对方社会地位较高，不敢公开表明恋爱心境，而采取以眉目传情或调情方式表示心意。当求助者大胆进行试探遭到对方拒绝时，反认为是在考验自己的忠贞，毫无悔恨，更坚信自己的推断是正确的。

夸大狂求助者自命不凡，认为自己才华出众。声称有惊人的发明或创造，不久即成为国内首富。或自感精力充沛，智能超群，有敏锐的洞察力，能预见未来，是当代的诸葛孔明。

嫉妒狂对自己的配偶不信任，认为其另有新欢。妄想常伴随强烈的情感和相应的行为。当质问对方得不到满意的答复时，往往采取跟踪尾随、偷偷检查配偶的提包和信件等手段。甚至在日常生活中限制其活动，不允许其一个人单独外出，尤其是在周末或晚间。严重者可发生暴力行为。

（三）癔症性精神障碍犯罪心理分析

癔症是指病人部分或完全丧失对自我身份的识别和对过去的记忆，在遭遇无法解决的问题和冲突时，产生的消极情绪以转化成躯体症状的方式出现的精神疾病，通常称为"歇斯底里"。这种精神疾病的特点是没有器质性损害的基础，纯属功能失调，主要是由暗示和自我暗示所引起的。

癔症性精神病是在某种精神刺激后引发的精神障碍。多表现为：发病突然，精神紊乱严重，伴有幻觉、妄想、思维形式障碍和行为异常等症状，容易把幻想当成现实。常有明显的感情，具有夸张性和表演性。虽病程较短，容易恢复正常，但在暗示和外界刺激下可多次复发。癔症性精神病求助者在发病期间行为怪异、思维紊乱，容易在幻觉的暗示下实施违法犯罪行为。

癔症的临床表现多种多样，但最初发病一定是由某一重大刺激所引发的。癔症的精神症状亦可多种多样，但其症状呈现出尽情发泄和表演的特点，使人印象很深，有的亦可出现许多幼稚性动作、行为，甚至离家出走，到处游荡等。

CCMD-3当中对于癔症性精神病的诊断标准为：①符合癔症诊断标准；②反复出现的以幻想性生活情节为内容的片断幻觉或妄想、意识朦胧、表演性矫饰动作，或幼稚与混乱的行为，以木僵为主。

严重标准：日常生活和社会功能受损，或自知力障碍，对疾病泰然漠视。

病程标准：符合症状标准和严重标准至少已1周，其中可有短暂间歇期。

排除标准：排除分裂症或相关障碍、情感性精神障碍。

其亚型包括癔症性附体障碍和癔症性木僵。

（四）意识障碍犯罪心理分析

意识障碍是指行为人对周围的事物反应迟钝、意识模糊或完全无反应、丧失知觉。完全丧失知觉又称昏迷或神志不清，是意识障碍最严重的程度。在这种非理性的控制下，此类个体无法意识到自身行为的后果，这类器质性脑综合征涉及脑功能和脑结构问题，从而损害个体的判断、记忆和其他方面的认知能力，这种障碍表现出的痴呆症、健忘症以及认知损伤，可能导致犯罪行为的发生。这类障碍是由临时性的突发情况所致，诸如癫痫发作、缺氧、低血糖、无意识中毒以及对药物的不良反应。许多脑神经科学的案例发现，CT扫描的结果显示，大脑额叶右侧有病变，导致该区域血液流动性降低，引发强迫性障碍，并影响个体行为，导致发生认知障碍。意识障碍主要有以下几种：

1. 意识朦胧。意识朦胧是指变态者产生片断错觉、幻想与妄想，其主要特征是意识清晰度降低，意识范围缩小、狭窄和孤立。此时极易发生攻击、伤害行为。意识朦胧症状多发于癫痫伴发精神障碍和癔症求助者中。

2. 神游症。神游症与梦游症同属漫游性的自动症，但梦游症是在睡梦中突然起床，刻板地完成某些动作和行为。神游症是白天突然出现无意识的朦胧状态，无目的地外出游走或"旅行"，常持续几小时、几天，突然醒来后，对变态神游时的经历多数遗忘。有的人在神游时将其财物胡乱送人；有的侵入他人住宅，乱拿他人财物；有的无故干扰妨碍他人行走和游玩；有的甚至会有拐骗、伤害儿童的行为。

3. 意识错乱。意识错乱的表现是常出现大量幻觉，主要是幻视，内容多是恐怖场面，且清晰逼真，使其由于恐惧紧张而产生敌对情绪和相应的兴奋不安。这时一般会出现意识紊乱、行为失常，如狂乱奔跑、毁物伤人等行为。

4. 定向与自知障碍。定向障碍的表现是个体不能确信自己所处的空间、时间地点和周围的人，如找不到门窗出口、昼夜不分、季节不分、不识亲人；当其被民警带到派出所时，也不知道自己在什么地方，一会儿认为自己在法院，一会儿认为自己在医院。自知障碍的表现是个体对自己的心理状态不能作出正确的评价，对自己的各种活动缺乏清晰的意识，如求助者不承认自己有病，拒绝治疗等等。具有自知障碍的求助者在发作时一旦做出违法犯罪的行为，一般自己也不会意识到。

与认知障碍有关的犯罪案例包括：①一名男性开车去他的岳母家，将其刺死后返回家中，声称是梦游症；②一名焦躁的脑外伤受害者，袭击了一名赶到现场的警察；③一名上了年纪的阿尔茨海默症求助者，咬伤了一名护士；④一位女性在低血糖状态下，用她正在切蔬菜的小刀，威胁要杀死她的丈夫；⑤一名求助者癫痫发作后，在列车上袭击了同车乘客。研究发现，这些人的行为和想法都是在缺乏自我控制的情况下发生的，因此他们最终要么未被指控，要么被判无罪.

（四）智力障碍犯罪心理分析

智力障碍是指一个人的智力水平明显低于一般同龄人的水平，并伴有社会适应行为的障碍。这是一种思维、分析及记忆力的不足的表现，求助者因而不能像普通人一样正常地生活和学习。智力障碍多是由大脑发育不全或大脑受器质性损害造成的。由于大脑发育不全、智力低下或智能落后，根据智力测验得到的智商结果，可将其分为：愚鲁、痴愚、白痴三种。

智力障碍者犯罪大多为伤害、毁坏财物、纵火、偷窃、性犯罪等。由于智力低下，理解力、判断力、自制力较差，其行为往往直接受本能驱使，即便是轻微的刺激就可能导致强烈的报复性攻击行为，也容易受他人的引诱、暗示而出现危害社会的行为。同时，由于性本能的驱使，又使他们容易发生追逐异性、企图强奸的行为，侵害对象多为幼女。女性智力障碍者则容易成为性犯罪的受害者。

（五）癫痫性精神障碍犯罪心理分析

癫痫性精神病是一种大脑异常放电而引起的阵发性脑功能紊乱，俗称"羊角风"。此病多间歇性发作，并可导致求助者出现明显的个性改变：容易激动、急躁、好攻击、报复心强、残酷无情等。

癫痫性精神病导致的违法犯罪行为比较常见。最常见的犯罪类型首先是伤害、凶杀，其次是盗窃和性犯罪。求助者常在意识不清，伴有幻觉、错觉的情况下，出现情感冲动和无目的的暴力行为。癫痫性精神病求助者的犯罪特点有：行为有时如在梦中，行为后不知所为；行为突然发生和终止，无事先的预谋过程；行为时不分场合、手段拙劣，事后不逃避现场。

二、伪装精神病与犯罪

（一）伪装精神病的含义及其类型

伪装精神病又称诈病，古代称为佯狂。历史上不乏为达到某种目的而佯狂的记载和传说。在与犯罪作斗争的实践中，也有一些犯罪人为逃避承担法律责任和减免处罚或获得某种利益目的，故意伪装成精神病。因此，司法人员在办理案件过程中，需要掌握精神病与伪装精神病的区别所在，需要了解精神病鉴别的必要知识。被认定患有精神疾病的被告人，在实施犯罪期间，会因精神障碍的影响，损害认知和意志力。对严重精神障碍诊断标准的限制，使得一些情况难以成为精神疾病被告人辩护的依据。因此，如果一名被告人企图以患有精神疾病为理由来逃脱罪责，那么对于其精神疾病的认定，则必须慎重对待。

常见的伪装精神病主要有以下类型：

1. 伪装幻觉。伪装幻觉是诈病者的常见手段，多伪装出现幻听、幻视，如声称看到鬼神，听到了鬼神的喊叫，自己是执行某位"大仙"的命令，等等。

2. 伪装妄想。比较常见的是伪装被害妄想，说自己受到了某某的迫害，某某要毒死他、害死他，也有的伪装夸大妄想、嫉妒妄想。

3. 伪装疯癫。诈病者根据一般人认为精神病就是疯的心理，自己也伪装成疯疯癫癫、胡打乱闹、蓬头垢面的样子。

4. 伪装木僵。伪装木僵者其表现是在他人面前呆坐不动，不说话、不点头，故意满嘴口水，等等。

（二）精神病症状与伪装精神病的区别

伪装精神病的鉴定是司法精神病学的任务，但作为司法人员，应当了解鉴别伪装精神病的基本知识。这里的鉴别有别于司法精神病鉴定，因为这种鉴别不具有司法鉴定那样的法律效力，而且司法鉴定要由专业医师采取必要的医学方法进行。

1. 幻觉与伪装幻觉。作为精神异常表现之一的幻觉，正常人看来是虚幻的。而变态者对其幻听、幻视到的现象是确信不疑的，并不承认他所"听到"或"看到"的是幻觉，他们所实施的危害社会的行为也是在这种幻觉支配下进行的，先有幻觉而后有攻击行为。而伪装幻觉，则是先有犯罪行为，然后为逃避处罚，牵强附会编造幻觉，因为幻觉是编造、伪装、凭空想象的，他自己也并不相信他所编造的东西。诈病者由于有强烈的逃避制裁的动机，所以他们所编造的幻觉十分鲜明生动，且与犯罪行为密切相关。编造者为骗得别人的相信，往往故弄玄虚，过分渲染，这就难免出现漏洞。而且伪装幻觉一般不会像真正的精神病人的幻觉那样呆板，因而伪装幻觉与病理性幻觉截然不同。

2. 妄想与伪装妄想。变态者对自己"妄想"的内容确信不疑，而且较为隐蔽，而伪装者的目的是要人相信，因而总是主动暴露自己的妄想症状。

3. 病理性兴奋躁动与伪装的兴奋躁动。作为精神病求助者，因为具有病理基础，因而即使不吃不喝往往也能坚持较长时间，甚至用药物也难以使其稳定下来，躁动的结果往往伴有中毒性症状，而伪装者假装的躁动无病理基础，一般维持时间较短，很快就会疲惫不堪，只要旁边无人，就需要趁机休息，甚至晚上还能呼呼大睡。

4. 木僵与伪装木僵。病理性木僵不仅外部表现是木僵状态，其思想、情感也处于"僵化"状态，而且木僵病人常出现交感神经的亢进症状，如脉搏减慢、反射活动迟缓等现象；伪装木僵表面上虽然呆滞不动，但其心理活动激烈，心理状态紧张，反射活动更难以控制。尤其是无条件反射，一有外部刺激，即会出现敏锐的反应。

（三）伪装精神病的心理和行为特点

诈病者一般具有以下心理和行为特点：

1. 强调因果关系，伪装动机强烈。诈病者伪装动机较为复杂，但归根结底是为了私利动机，或者是为了逃避刑事责任，或者是为了减轻法律责任，或者是为了获得某种赔偿或补偿，等等。伪装成败直接关系到自己的切身利益，因而他们的伪装动机是非常强烈的。诈病者在这种强烈动机的支配下，必然会竭力进行表演，努力使别人相信他确实疯了，这就难免在伪装时出现过分夸张的特征，表现得比精神病的心理变态还要变态。言语过分离奇，动作过分夸张，症状缺乏内在联系和统一。有的为使人相信他确有精神病，甚至主动向有关人员诉说病症，有人甚至声明"精神病人犯法不负责，你们不能拿我怎么样"，等等。

2. 症状不符合一般病程发展规律，发病突然，症状孤立，矛盾百出。由于诈病都是基于某种原因和目的的，所以发病多较为突然。有的在作案前精神还很正常，案发后却突然出现异常，而且伪装者受其文化水平、社会阅历影响，往往只凭想象或观察到的个别求助者的精神病症状进行模仿，并且又极力注意外界对他的反应，因而其症状显得单调、孤立、杂乱无章，难以归纳为某类精神疾病。如有人和没人时表现不一样；和亲属、医生、民警相处时表现不一样；白天和晚上也不一样；变态行为之间还掺杂着正常行为，接受检查时容易受到暗示，增添夸张的症状表现，等等。

3. 伪装者的心理与行为是分裂的、不一致的。正常人的心理与行为是统一的，变态者的心理与行为也是一致的，其行为的异常是因为其心理变态所致，变态的心理与变态的行为是一致的。但诈病者的伪装不管多么逼真、从外部看来不管多么异常，其思想与心理的世界始终是激烈地活动着，对外界总是保持着高度的警觉，对外界环境、动静往往有灵敏的反射性反应，在接受讯问时，一旦涉及其犯罪要点，往往会出现难以掩饰的情绪，当审讯人员谈到对其有利的情况时，往往会神情关注，对其不利的情况往往拒绝回答，因而其内心当中实际上在对外部有利于自己的信息进行选择，这也容易使他的伪装出现漏洞。

由于罪犯普遍有不诚实的倾向，因此20%～25%的罪犯试图在精神状况评估期间，通过伪装精神障碍以逃避惩罚，此病最经典的案例出现在肯尼斯比安奇的案件中，肯尼斯比安奇是臭名昭著的"山腰刺杀手"，他被指控在20世纪70年代的美国加利福尼亚州和华盛顿州，谋杀了超过12名年轻女性，当他被指控谋杀华盛顿州贝灵翰姆的两名学生时，比安奇辩称自己是无辜的，并声称对于当晚的谋杀失去了记忆。他的辩护团队聘请了一位催眠师去验证他是否能记住任何谋杀的细节，在进入催眠状态后，比安奇和一名叫史蒂夫的人对话，史蒂夫说，他已经杀害了10名女性，这些谋杀案尚未破案。基于其催眠状态下的这些对话，4名专家证人作证史蒂夫是比安奇的另一个人格，比安奇患有多重人格障碍（现在被称作分离性身份识别障碍）。由于在被告人作精神障碍辩护的案件中，可能经常遇到上述的类似问题，这就不难理解心理学家为何要发展用于检测诈病的评估方法了。

📝 技能训练

案例分析

基本案情：

25岁的孔某常因家庭生活问题和母亲发生矛盾。2012年11月21日凌晨，母子俩又因琐事争吵，积怨之下，孔某将母亲杀害。2012年7月，江苏省徐州市中级人民法院以故意杀人罪判处孔某无期徒刑，剥夺政治权利终身。此案经江苏省高级人民法院二审审理后，维持了原判。

一、术后患上癫痫　母亲骂他是"累赘"

孔某是一个身高一米九几的壮汉，说话逻辑清楚，只是时不时目光呆滞。因脑部做过手术又患有癫痫，他被鉴定为轻微精神残疾。

孔某家住泉山区，从小在爷爷奶奶身边长大，和母亲不太亲近。虽然上学后跟随母亲生活，可母子俩总感觉隔着什么。随着年龄的增长，孔某和母亲常因家庭生活问题发生矛盾。

2007年，不满20岁的孔某因脑垂体瘤手术后，患上癫痫病，需要吃药控制病情。孔某因病没法出去工作，经常流连网吧、游戏厅。孔某向母亲要钱时，二人总会发生争吵，有时还会出现对骂、对打的情况，母亲有时会骂他是"累赘"，双方关系更为恶化。

二、想睡大床遭拒　与母亲激烈争吵

2012年11月中旬，案发前两天，孔某的奶奶生病住院，孔某和奶奶感情深厚，和父亲轮流去医院照顾。

11月21日凌晨1时许，在医院看护了许久的孔某又困又乏，从医院回到家中，觉得自己的床铺又小又冷，便准备到父母的大床上睡觉，但遭到母亲的拒绝。母亲一句"不要到床上睡，你去替你爸，让你爸回来……"使得孔某平时积累的愤怒一下子爆发了，双方发生激烈争吵。一气之下，孔某将母亲摁倒在床，用掐脖子、拳击头面部、枕头捂头等方式将母亲杀害。

作案后，孔某将枕头带出家门扔掉，并找朋友借钱。第二天一早，孔某的父亲回到家后发现惨剧，立即报警。

具体操作：

（1）结合案例分组讨论分析孔某犯罪心理。

（2）以小组为单位撰写案例分析报告。

（3）教师组织学生进行分组讨论。

参考文献

1. ［美］考特·R. 巴特尔、安妮·M. 巴特尔：《犯罪心理学》，王毅译，上海人民出版社2018年版。

2. 梅传强主编：《犯罪心理学》，法律出版社2010年版。

3. 罗大华主编：《犯罪心理学》，中国政法大学出版社2007年版。

4. 熊云武编著：《犯罪心理学》，北京大学出版社2007年版。

5. 王锐编著：《新编犯罪行为心理学》，中国人民公安大学出版社2010年版。

6. 张明主编：《走向歧途的心灵——犯罪心理学》，科学出版社2004年版。

7. 林少菊主编：《犯罪心理学》，中国人民公安大学出版社2008年版。

8. 刘邦惠主编：《犯罪心理学》，科学出版社2009年版。

9. ［美］考特·R. 巴特尔、安妮·M. 巴特尔：《犯罪心理学》，杨波、李林等译，中国轻工业出版社2017年版。

10. 邵晓顺：《犯罪心理分析与矫正》，浙江大学出版社2015年版。

11. 魏建馨、张学林：《犯罪心理学》，南开大学出版社2003年版。

12. 张保平、李世虎编著：《犯罪心理学》，中国人民公安大学出版社2006年版。

13. 张理义主编：《青少年犯罪心理》，人民卫生出版社2009年版。

14. 栗克元、吕瑞萍主编：《犯罪心理学》，郑州大学出版社2009年版。

15. 杨波、张卓主著：《犯罪心理学》，开明出版社 2012 年版。

16. ［美］布莱恩·隐内：《FBI 犯罪心理画像实录》，王旸译，化学工业出版社 2013 年版。

17. 黄兴瑞主编：《罪犯心理学》，金城出版社 2003 年版。

18. ［英］R. 布莱克本：《犯罪行为心理学：理论、研究和实践》，吴宗宪等译，中国轻工业出版社 2000 年版。

19. ［美］劳伦·B. 阿洛伊、约翰·H. 雷斯金德、玛格丽特·J. 玛诺斯：《变态心理学》，汤震宇、邱鹤飞、杨茜译，上海社会科学院出版社 2005 年版。

第五篇　犯罪心理干预

好的人生是一种过程，而不是一种静止的状态，它是一个方向，而不是一个终点。

——卡尔·罗杰斯

We can easily forgive a child who is afraid of the dark; the real tragedy of life is when men are afraid of the light.

——Plato

孩子害怕黑暗，情有可原；人生真正的悲剧，是成人害怕光明。

——柏拉图

第十八章

犯罪心理预测

经典案例

心理专家面对面解少年犯心病[1]

"拿我当个老师就行，我也当你是学生，以这样的方式说说话。"心理分析师东老师微笑着对尚一凡（化名）说。

近20分钟的"聊天"后，东老师又问尚一凡："如果再遇到当时的状况，还会那样做吗？"

"绝对不会了。不值得！"尚一凡用力摇头。

2012年8月的一个上午，天津市南开区人民法院第四法庭，东老师搬了把椅子，坐在未成年被告人尚一凡的斜前方，一次对未成年犯罪嫌疑人的"心理矫正"开始了。

未成年人犯罪背后到底是什么心理呢？东老师向《法制日报》记者解释称："两个字——年轻，一时冲动造成的恶果。刚才我还问他，在做这件事前如果想到自己的爷爷，还会去吗？他就明显露出了后悔的神情。"

心理矫正结束后，东老师握着尚一凡的手说："以后要是有需要，就拨打12355，有什么问题我帮助你一起解决。"

尚一凡笑了，走出门前，他回过身，向东老师深深地鞠了一躬。

东老师所说的"12355"，指的是天津市"青少年综合服务平台"，他是这一平台的首席心理专家。此次东老师参加的心理矫正，是南开法院实践天津市"未成年人审判前引入

---

〔1〕 生谭虹："心理专家面对面解少年犯心病"，载《法制日报》2012年8月18日，第5版。

心理分析师"模式的第一例。

"未成年犯罪嫌疑人的心理疏导这项工作一直在进行。7月30日，又启动12355平台，以后涉及未成年人犯罪的相关案件都将引入判前心理矫正模式。"南开法院刑庭王庭长表示。

据悉，将心理分析师引入未成年人犯罪案件审理，一方面可以帮助罪错青少年克服情绪上的障碍，调整自身行为方式，避免再次犯罪，为法官量刑提供必要依据；另一方面，可以帮助孩子们缓解审判带来的心理压力，矫正他们不健康的心理状态和预期，消除犯罪造成的心理伤害。

东老师介绍，他们还负责撰写未成年被告人的心理分析和评估报告，供法院在制定审理方案时参考，并将参与法院判定的未成年被告人的帮教和心理矫治工作。

按照天津市高级人民法院的要求，各级法院正在准备培训法官成为心理咨询师。"有了自己的心理咨询师，在审案方面也会更加快捷。"王庭长表示。

2010年11月，共青团天津市委联合天津高院将心理干预机制引入审理过程，聘请了12位"未成年人审判心理分析师"配备到基层法院，成功地将心理干预、心理疏导、心理矫治引入青少年审判、社区矫正、犯罪预防等各个环节中。

在东老师看来，心理矫正是一种综合考虑未成年人成长特性的方式，能够通过口述犯罪原因的过程来引导违法人思考，有利于违法人认清犯罪事实，在审判中也会起到良好的效果。

"心理分析专家走进未成年人审判是一种趋势。"东老师说。

经典视频

《谁懂我的心》

心理咨询师卫娜与网球教练司徒夏新婚不久，本来他们可以同其他新婚燕尔一样过着幸福快乐的生活，但是突如其来的横祸改变了这一切。卫娜和婆婆冯秋霞悉心照顾着不能自理的司徒夏，但司徒夏始终无法接受自己成为"废人"的事实，变得自卑、刻薄，经常无理取闹。

邻居方小雨是个全职太太，面对优秀帅气的丈夫邵永康，她没有自信，总担心他有外遇。而此时的邵永康因为收受当事人的贿赂而被揭发，承受着被吊销律师证的巨大压力，他不想把自己的压力带给方小雨，这反倒使疑神疑鬼的方小雨更加怀疑邵在外面有别的女人，变得越来越神经质，最后患上偷窃癖。邵永康需要排解压力，经常求助卫娜进行心理治疗，并逐渐对卫娜产生了依赖和爱慕。

冯秋霞以方便照顾儿子为名睡到了卫娜跟司徒夏的床上，儿子、婆婆、媳妇三个人共睡一床。卫娜觉得这个家已经病态了，但她又无奈地忍受着，因为她相信爱情的力量一定可以唤起丈夫对生活的信心！

卫娜与方小雨因为在洗衣店拿错衣服而结识，看到轮椅上的司徒夏，方小雨产生了强烈的好奇心。她以教授司徒夏网络游戏为名经常到卫娜家来，在方小雨的教导下，司徒夏迷恋上了网游，重新找回了昔日的光彩。但是，方小雨很快亲手击碎了司徒夏畅游网络帝国的梦想，她怀疑卫娜就是邵永康外遇的女人，所以，她要以报复司徒夏来惩罚卫娜，因此，她将司徒夏的真实状况发布到了网上，司徒夏的心理底线彻底崩溃了。

经典视频

《七宗罪》

城市中一场离奇的连环杀人案，受害者都是死于七宗罪（傲慢、嫉妒、暴怒、懒惰、贪婪、暴食、淫欲）其中的一种。凶手故弄玄虚的作案手法，令资深冷静的警员沙摩塞和新警员米尔斯都陷入了谜团中。他们去图书馆研读但丁的《神曲》，企图从人间地狱的描绘中找到线索，最后找到了凶手作案计划和手段的蛛丝马迹。凶手前来投案自首，这令众人都松了一口气，以为案件就此结束，怎料还是逃不出七宗罪的杀人逻辑，这次凶手瞄准的目标，是那个犯了"愤怒"罪的人……结局大大出乎人们的意料。

犯罪心理预测是运用心理科学的理论和方法，对某些个体犯罪或再犯罪的可能性，所作出的有依据的估计和推断。犯罪心理预测指对犯罪心理形成发展趋势的科学预见。在犯罪预测的总体中，犯罪心理预测的特点在于：一方面，依据心理科学特别是犯罪心理学研究所发现的规律进行预测；另一方面，在主要运用心理科学的方法进行预测的同时，也综合运用统计学、逻辑学等其他有关学科的方法。科学的犯罪心理预测必须是建立在犯罪心理学全部科学研究成果的基础上，以确凿的事实和可靠的数据作为预测估计和推断的依据。[1]

准确的犯罪心理预测不但要求预测者要有实事求是的科学态度，大量地查阅相关资料，还要求预测者掌握科学的预测方法。

第一节　犯罪心理预测

一、犯罪心理预测的依据

（一）理论依据

犯罪心理预测的理论依据主要有两个方面：一是辩证唯物主义关于事物发展规律的观点。辩证唯物主义认为事物是运动的，事物的运动是有规律的，事物运动的规律是可知的。目前心理学、犯罪学、法学、社会学、伦理学等学科不断地探索和论证犯罪产生和犯罪的原因，再运用统计学的方法，可以较为精确地测算出这种因果联系的相关程度。这就

---

〔1〕　康树华、王岱、冯树梁主编：《犯罪学大辞书》，甘肃人民出版社1995年版。

为犯罪心理预测提供了基本的理论依据。二是心理学依据。人的心理是对客观现实的反应，人的行为是在某种心理的支配下发生的，犯罪心理结构是在不良的主体内外因素相互作用下形成的。犯罪心理的产生和发展变化是有规律可循的，犯罪心理的形成有一定原因也有一定规律。一个人的犯罪心理的形成反映了个体与社会关系的失调和心理平衡的被破坏，而且这种失调和破坏体现了个体心理发展过程中质的变化，而这种变化需要一个量变的过程，这种量变过程是伴随着主体内外因素相互作用的过程而发生的。因此，可以依据一个人所处的社会环境及其心理品质，特别是现在所处的和过去所处的环境变化、个体特征及其内外因素相互影响的过程和程度进行分析，对个体犯罪心理形成的可能性进行预测。

（二）事实依据

理论依据只是说明犯罪心理预测理论的可能性，而在犯罪心理预测的具体操作中，需要了解预测对象的成长史、目前现状及所处环境等相关信息，一般需要调查了解以下三个主要的事实依据：

1. 个体成长史信息。按照相关心理理论，个体成长史信息可划分为婴幼儿期、童年期、少年期、青年期的生活情况以及婚恋史、疾病史、继往重大事件和现在评价；根据个体的具体情况，须明确家庭教养方式、性萌动体验及处理方式、退缩、回避、攻击行为。

（1）婴幼儿时期。围产期、出生时的情况，包括母亲身体状况、服药情况、是否顺产等。

（2）童年生活。身体发育、家庭事件、亲子关系等情况；走路说话的开始时间；家庭教养方式和学校教育情况；有无退缩或者攻击行为。

（3）少年期生活。青春期发育、亲子关系、学校、交友、性心理等。

（4）青年期。偶像、就业、恋爱婚姻、社交等情况，如婚姻是否受到过挫折。

（5）个人成长中的重大转化及对它的评价。

2. 个体目前状态信息。个体目前状态包括目前的精神、身体、社会工作与社会交往状况。

（1）精神状态，即知、情、意和人格。具体有感知觉、注意品质、记忆、思维状态（如注意力不集中、记忆力下降，敏感）；情绪、情感表现和特征（如经常委屈、哭泣、情绪较低、脾气暴躁、烦闷、感觉活着没意思）；意志行为、自控能力、言行一致性、工作效率；人格完整性、相对稳定性。

（2）身体状态。有无躯体异常感觉（如觉得很累、浑身不舒服、头晕、头痛、睡眠差）；近期体检报告；既往病史。

（3）社会功能状态。个体对待学习、工作和劳动的态度，工作动机、考勤状态、工作学习效率等；社会交往状况（接触是否良好、是否参加集体活动、夫妻关系是否紧张）。

（4）预测个体目前信息还包括个体心理发展水平、社会化程度和个体性方面的表现等。

3. 个体与环境的相关性信息。个体对环境的适应性和环境对个体的相关性，以及人际关系等方面，这些都是能够反映个体及其所处环境相互关系的信息。具体有：

（1）依据犯罪心理的形成是客观犯罪情境综合反映的规律。

（2）依据与犯罪心理形成有关的各种因素的相关性。

（3）依据犯罪心理的外部犯罪行为表现和先兆。

（4）依据犯罪的模仿性与受暗示性等。

在进行犯罪心理预测的前提下，就可以针对犯罪心理的形成规律、外部征兆等因素来制定犯罪预防对策，以有效地防止犯罪行为的发生。

二、犯罪心理预测的内容

犯罪心理预测的内容，指的是在犯罪心理预测工作中所包含或涉及的变量、特征、范围和犯罪发生的社会环境条件等。主要包括以下内容：

（一）犯罪类型的预测

犯罪类型的预测是指对未来一段时间内犯罪种类的发展变化趋势的可能性描述。包括趋于稳定的犯罪类型、趋于升降变化的犯罪类型、可能新产生的犯罪类型，以及犯罪类型变化对整个社会治安的影响后果。比如未来 10 年利用网络犯罪可能呈上升趋势。

（二）犯罪时间的预测

犯罪时间的预测是指犯罪将发生在什么时间范围内的可能性描述。如犯罪与季节的关系、一天中犯罪的高发时间段；哪些犯罪类型容易在什么季节、什么气候条件下发生，哪些犯罪常常发生在白天或夜间，等等。同时犯罪时间的预测还用于犯罪主体和个案方面，如某人将在什么时间或年龄有犯罪的可能性趋向（尤其是变态心理犯罪），某些地域在什么时间容易发案。

（三）犯罪手段的预测

犯罪手段预测是指犯罪分子采取什么样的方法和工具实施犯罪。不同的犯罪人往往会采取不同的犯罪手段，犯罪手段与犯罪人的心理特征有着密切的联系。随着科学技术的快速发展，高新科技更多地被用于犯罪，新的犯罪手段、犯罪技术对防范技术和案件侦破都提出了新的挑战。如近两年随着电子商务的兴起，网络集团病毒将目标瞄向广大民众的电子钱包。

（四）犯罪空间的预测

犯罪空间的预测是指犯罪将在什么空间或区域范围内发生的可能性描述。如犯罪在人口稠密和稀疏地区的一般分布情况，或犯罪在特殊空间内表现出来的规律，如在城市死角、城乡结合部或社会控制真空地带、独居住宅、商店、市场、旅馆、车站、码头、国家边境等特殊地区的犯罪情况，这有助于我们有针对性地做好防范工作。

（五）犯罪率的预测

犯罪率的预测是指对未来一段时间和空间内犯罪行为发生率的上升或下降等波动情况进行的可能性描述。包括案发率、犯罪人在全体公民中所占的比例、犯罪数量绝对值的升降变化、不同类型案件发生率的变化等，以便社会对此采取相应的对策和措施。

（六）犯罪人的预测

对犯罪人的预测主要包括犯罪人的职业、年龄、性别分布、性格特征、文化程度和家庭状况等。如初次犯罪的年龄特征、女性犯罪率增长的趋势、犯罪者的职业分布情况、问题家庭犯罪等问题，使社会有可能提前对某些人进行帮教，防止犯罪，例如，加大对青少年的法律知识普及可以有效减少犯罪现象的发生。

（七）犯罪趋势的预测

犯罪趋势的预测是指随着社会和客观自然环境的变化，对犯罪将会出现什么趋势以及变化规律的描述。这属于宏观预测方面的内容，可为国家制定刑事政策，为防控部门事先制定防控措施提供依据。

犯罪预测的内容十分广泛，并会随着社会的发展、控制犯罪的实际需要和研究方法的进步而发生变化，这也是我们在研究中需要不断注意的问题。

第二节　犯罪心理预测方法

一、专家预测法

专家预测法可分为个人预测和集体预测，前者主要是通过征求专家个人的预见性来进行预测判断的方法，其优点是简单易行，但容易出现片面性；后者是通过召开专家小组会议来获得预测性判断的方法，虽然这种方法可以在一定程度上做到集思广益，但参加会议的人数是有限的，代表性可能不够充分，难以排除相互暗示和干扰等专家之间相互影响的情况。

专家预测法中最常见的方法是特尔斐预测法。最早在 1946 年由美国兰德公司创始实行。特尔斐预测法本质上是一种反馈匿名调查法。其大致流程是：在对所要预测的问题征得专家的意见之后，进行整理、归纳、统计，再匿名反馈给各专家，再次征求意见，再集中，再反馈，直至得到一致意见的集体匿名思想交流过程。

（一）实施步骤

特尔斐预测法的具体实施步骤如下：

1. 确定预测主题，拟定调查提纲，准备向专家提供的资料（包括预测目的、期限、调查表以及填写方法等）。

2. 成立犯罪预测专家小组。按照课题所需要的知识范围，确定专家名单。专家人数的多少可根据预测课题的大小和涉及面的宽窄而定，一般不超过 20 人。规模较大的犯罪预测，为确保预测结论的准确性、权威性，也可适当扩大专家规模。

3. 向所有专家提出所要预测的问题及有关要求，并附上有关这个问题的所有背景材料，同时请专家提出还需要什么材料。然后，由专家作书面答复。各个专家根据他们所收到的材料，提出自己的预测意见，并说明自己是怎样利用这些材料并提出预测值的。

4. 将各位专家第一次判断意见汇总，列成图表，进行对比，再分发给各位专家，让专家比较自己同他人的不同意见，修改自己的意见和判断。将所有专家的修改意见收集起来，汇总，再次分发给各位专家，以便做第二次修改。逐轮收集意见并为专家反馈信息是特尔斐预测法的主要环节。收集意见和信息反馈一般要经过三、四轮。在向专家进行反馈的时候，只给出各种意见，但并不说明发表各种意见的专家的具体姓名。这一过程重复进行，直到每一个专家不再改变自己的意见为止。

5. 对专家的意见进行综合处理。需要我们注意的是：并不是所有被预测的事件都要经过这么多步骤，可能有的事件开始几步就能统一；在几轮结束后，专家对各事件的预测也不一定都能达到统一。不统一也可以用中位数和上下四分点来作结论。事实上，总会有许多事件的预测结果都是不统一的；必须通过匿名和函询的方式；要做好意见甄别和判断工作。

（二）基本特征

特尔斐预测法有三个明显区别于其他专家预测方法的特点：

1. 匿名性。因为采用这种方法时所有专家组成员不直接见面，只是通过函件交流，这样就可以消除权威的影响。这是该方法的主要特征。匿名是特尔斐预测法极其重要的特点，从事预测的专家彼此互不知道还有哪些人参加预测，他们是在完全匿名的情况下交流思想的。后来改进的特尔斐预测法允许专家开会进行专题讨论。

2. 反馈性。该方法需要经过 3~4 轮的信息反馈，在每次反馈中，调查组和专家组都可以进行深入研究，使最终结果基本能够反映专家的基本想法和对信息的认识，所以结果较为客观、可信。小组成员的交流是通过回答组织者的问题来实现的，一般要经过若干轮反馈才能完成预测。

3. 统计性。最典型的小组预测结果是反映多数人的观点，少数派的观点至多概括地提及一下，但是这并没有表示出小组的不同意见的状况。而统计回答却不是这样，它报告 1 个中位数和 2 个四分点，其中一半落在 2 个四分点之内，一半落在 2 个四分点之外。这样，每种观点都包括在这样的统计中，避免了专家会议法只反映多数人观点的缺点。

（三）优缺点

特尔斐预测法同常见的召集专家开会、通过集体讨论、得出一致预测意见的专家会议法既有联系又有区别。特尔斐预测法能发挥专家会议法的优点，即：①能充分发挥各位专家的作用，集思广益，准确性高。②能把各位专家意见的分歧点表达出来，取各家之长，避各家之短。同时，特尔斐法又能避免专家会议法的缺点：权威人士的意见影响他人的意见；有些专家碍于情面，不愿意发表与其他人不同的意见；出于自尊心而不愿意修改自己原来不全面的意见。

特尔斐法的主要缺点是：缺少思想沟通交流，可能存在一定的主观片面性；易忽视少数人的意见，可能导致预测的结果偏离实际；存在组织者主观影响；过程比较复杂，花费时间较长。

二、探索型预测法

探索预测法是指假设未来的发展趋势不变，从现状推论未来的方法，如趋势外推法就是一种典型的探索型预测法。

所谓趋势外推法，是指根据历史和现有的资料分析出发展趋势，从而推测未来的发展情况。这是当前较常用的犯罪预测方法。这种方法的主要特点是根据过去和现在已知犯罪构成规律的动态统计数据向未来延伸的方向，预测未来的犯罪态势。它首先借助数学方法计算出过去到现在的一个时间范围内犯罪状况和结构的变化指标，然后将这些变化的速度和节奏的指标，通过构成绝对数据或指数的动态数据的途径，用来类推未来的一段时间。

趋势外推法是在假设未来犯罪发展态势不变的条件下，从现状推断未来的犯罪动态。而犯罪态势是不可能在较长时间内保持不变或不发生较大变化的，因而趋势外推法不适宜进行长期趋势预测，尤其不适宜在政治、经济、文化大变革的时期进行。当社会结构面临较大变化，社会存在某种动荡时，在中短期的犯罪预测中也不适宜使用。犯罪趋势的相对稳定只存在于社会稳定发展的某个不太长的时期内。在此阶段，运用趋势外推法对未来犯罪态势进行短期预测和中期预测，可取得较为准确的结论。

三、规范型预测法

规范型预测法是指根据社会需要和预想目标，从未来回溯到现在，预测实现目标的时间、途径和所需创造的条件等因素的方法。具体方法有因素分析法、指数评估法。

(一) 因素分析法

因素分析法是指通过调查研究、从制约犯罪心理形成和发展变化的各个因素中，找出重要的相关因素作为预测因子，测知各预测因子分别具有多大的预测能力，然后根据预测因子所引起作用的大小和变化，预测对象未来犯罪趋势的方法。

因素分析法是实践中比较客观可靠的预测方法。运用因素分析法，关键是要确定制约犯罪心理产生、发展、变化的预测因子及其预测能力。这可以通过对各种因素与犯罪的相关性和相关系数的分析来获得。所谓相关性，是指两种或两种以上因素彼此相随变动的趋势。数列间的这种相关性可分为三种：正相关、负相关和零相关。正相关是一种数列的增加，同时伴以他种数列的增加；负相关则是一种数列的增加，同时伴以他种数列的减少；零相关是一种数列的增加或减少，不引起他种数列的变化。相关性是通过相关系数来表达的，相关系数就是用以表示两种事物相关程度与方向的适当数量。相关性越大，相关系数越高；反之，则相关系数越低。求得预测因子与犯罪的相关系数，就可以得知预测因子的预测能力，并可以通过分析预测因子的变化来推断未来犯罪的发展变化及趋势。

美国格卢克夫妇所进行的早期违法行为预测和再犯预测研究就是采用的因素分析法。早期违法行为预测是根据儿童六岁以前的生活体验，预测其在11~17岁之间是否有违法行为的可能性。他们从麻省感化院中选出了11~17岁的500名犯罪少年作为实验组，从波士顿公立学校选出500名年龄、智能、生育环境、人种和宗教背景上与上述500名少年相符的正常少年作为对照组，从其生活历史中选出社会的、心理的、身体的、精神的各方面与犯罪心理形成可能相关的因子共403项，聘请各方面的专家，费时数年进行详细调查。对调查所得的资料，运用统计学上的检定技术，检定各个因子在识别犯罪少年与正常少年之间是否具有显著意义。其研究结果表明，父亲管教严格或不一惯、母亲对少年的监督不适当、父母对少年的性意识不关心、家庭不团结、反抗性强、破坏性大、情绪易变、喜冒险等因素是犯罪少年区别于非犯罪少年显著的特征。他们还认为，违法倾向早在6岁时就可以精确地诊断出来。格卢克夫妇的早期行为预测在受到社会学家肯定的同时，也受到不少批评。

1930年格卢克夫妇发表了《500名犯罪人的经历》一书，用自己独特的方法对假释者的再犯情况作了预测研究。他们使用专门的调查人员，对1919~1920年间由麻省矫治机构所假释的510名男性犯罪人进行实地调查，收集了入监前、入监中、假释中及假释后四个阶段中的各种资料，选出犯罪最可能因素共50个。然后运用统计技术，选出与犯罪具有重大关联的8个因素，做再犯预测。这8个因素是：劳动习惯、犯罪的严重性与次数、本次犯罪以前的指控、监禁前的受刑经验、判决前的经济责任、入监时的精神异常性、在监中违反监规纪律的频率与程度、假释期间的犯罪。各因素与犯罪可能性的相关度不一致。前6个因素属于收容前的因素，后2个属于收容后的因素。判决时的再犯预测可以只用前6个因素制成预测表。预测时，按犯人的情况对每项因素打分，然后算出总分，并在最高总分与最低总分之间划出若干等级，就各等级计算犯罪人与假释成败之间的百分比，预测再犯率的大小。根据这种预测法，假释成败的观察期间可长达假释期满后的15年之久。

在因素分析法中，我们不仅可以测知犯罪的未来趋势，而且还可以根据对预测因子相关系数的分析，从预测因子中区分出长期起作用的因素、暂时起作用的因素、强相关因素、一般相关因素、负相关因素和容易控制的因素、难以控制的因素，以及遏制犯罪发生的因素，可以使我们在预测犯罪的过程中，为预测犯罪提供科学依据，抓住重点，争取主动，有效遏制犯罪，减少犯罪的社会危害性。

（二）指数评估法

指数评估法是指对构成犯罪心理的若干重要因素，分别按照一定的标准评分，然后加以综合，做出总的估量，得出可能犯罪指数，以作为个体犯罪可能性的量的指标。根据所预测的犯罪可能性指数所属的不同区间，以及指数变化的趋势，分别进行统计，从而对某一个体或群体犯罪的可能性及其趋势作出预测。

其中代表性方法是"平均指数递增递减法"。这种方法就是根据一定时期内的某种犯罪指标的增减情况，来预测下一个时期同一犯罪指标的增减趋势和速度的一种犯罪预测方法。运用这种方法的前提是要掌握预测期前一个时期内的系统的、精确的统计资料，否则无法计算递增递减的平均指数。

第三节　犯罪心理预测技术

犯罪心理预测的技术主要体现在预测工具——犯罪心理预测表的编制上，预测表的制作包括以下几个过程：

一、预测资料的收集

（一）收集预测资料的方法

观察法最适用于经常接近被观察者的人。经常接近被观察者的人最易和他们在自然条件下进行接触，有利于发现被观察者不加掩饰的心理痕迹。

谈话法中谈话者必须有正确的态度，既要诚恳，又要使对方感到善意，还要自然，使谈话气氛活跃。

调查访问法是根据预测需要询问有关人员，查阅有关档案资料，从中了解预测对象的生活经历和现实表现的方法。调查访问的对象是经过观察、谈心、产品分析等方式发现有犯罪征兆的人。

活动产品分析法是从被预测犯罪者活动的产品中，即在主观转化为客观的实物里面去寻找其心理痕迹。通过对活动产品进行分析，会从中发现预测对象心理活动的线索。

犯罪行为人的人格特征可以通过心理测验法来测量。司法实践中与违法犯罪行为有着密切关系的人格特点有：抑郁、紧张、焦虑、怨恨；易受刺激；攻击性和冲动性高；缺乏社交或反社会倾向严重；敏感多疑、顽固偏执、独断专行、自私自利；对自己放纵宽宥、对他人警惕防范，对客观环境的要求非常苛刻；漠视社会法律与道德规范，不寻常偏爱甚至反社会的生活方式；等等。

这些方法互为补充、相辅相成。收集某个预测对象资料的时候，必须弄清楚其现实状况。因为预测对象的现在是由过去演变而来的，也是未来发展的基础，因此，应当把收集反映现实状况的资料作为中心，同时也要注意收集过去的资料和预示未来的资料。最能充分反应现实状况的资料是行为观察和活动产品分析。谈话和调查访问，既能得到过去的情况，也能了解现实的表现，还可以得到一些展望未来的信息。

预测者在采用各种方法收集预测对象的资料时，必须持客观、公正、诚实的科学态度，不存偏见、实事求是，切忌主观臆断、固执己见、弄虚作假。

（二）预测资料的收集内容

1. 收集犯罪人一般资料。

（1）人口学资料：性别、年龄、出生地、出生日期；职业、收入、经济状况、受教育状况；宗教、民族、婚姻状况；现住址、邻里关系、社区文化状况、联系方式。

（2）生活状况：居住条件；日常活动内容；活动场所；生活方式和习惯；近期生活方式有无重大改变。

（3）婚姻家庭：一般婚姻状况，婚姻关系是否满意；婚姻中有无重大事件发生；家庭成员，对家庭各成员的看法，家庭成员在日常生活中的分工，自己在家庭中所起的作用；家庭中发生的重要事件和原因。

（4）工作记录：对工作的态度、兴趣、满意程度；是否改变过职业，理由何在。

（5）社会交往：社交网以及社交兴趣和社交活动的主要内容；与自己交往最多、最密切的人有几个；能给予犯罪人帮助的人和犯罪人帮助过的人有几个；举例说明社交中的相互影响；社交中在道德和法律方面的责任感；参加集体活动的兴趣。

（6）娱乐活动：最令犯罪人感到愉快的活动；犯罪人对愉快情绪体验的描述是否恰当。

（7）自我描述：描述自己长处、优点和缺点时的言词、表情、语言、语调是否夸张或缩小。

（8）犯罪人个人内在世界的重要特点：想象力、创造性、价值观、理想、对未来的看法。

（9）犯罪人谈及或调查了解到的其他资料。

2. 收集犯罪人个人成长史资料。

（1）婴幼儿期：是否顺产、母亲身体状况、服药状况。

（2）童年期：开始走路、说话的时间，有无重大特殊事件，身体状况，家庭是否和谐，家庭教养方式、学校教育情况、有无退缩或攻击行为。

（3）少年期：有无挫折，最值得骄傲深感羞耻的事，性萌动时的体验和对待，有无严重疾病，有无不愉快事件，兴趣、游戏、同伴关系。

（4）青年期：最崇拜的人，爱情生活状况，最喜欢的书籍，学习、就业、婚姻是否有挫折，朋友状况。

（5）犯罪人成长中的重大转化以及现在对它的评价。

3. 收集犯罪人目前精神、身体、社会工作与社会交往状态。

（1）精神状态（知、情、意、人格完整性及相对稳定性）：感知觉、注意品质、记忆、思维状态；情绪、情感表现行为；人格完整性、相对稳定性。

（2）身体状态：有无躯体异样感觉，犯罪人近期体检报告。

（3）社会工作与社会交往：学习、工作动机、考勤状态及社会交往状况。

（三）验证收集资料

对收集来的犯罪人资料的可靠性应予以验证，对不同提供者提供的资料，要认真做好鉴别，判断真实程度并给予附加说明。有些犯罪人因回避问题而说谎，有的亲友由于不甚了解实情而用自己的想象代替事实，这些都需要通过验证。验证的方法可以使用补充提问、使用问卷或心理测验的方法，相互印证不同来源的信息是否可靠。

二、预测因素的选择

在所获得的资料中，选择与犯罪心理结构形成有显著关系的因素。选择时，须用科学的统计技术计算各因素与犯罪心理结构形成相关联的程度。作为取舍的标准，为了预测表适用上的简便，因素的数目不宜过多，一般确定为 5~21 个。

（一）资料分类分析

制作不同性质临床资料的时间顺序分类表。按照哈得莱（W. Hadley）与心理问题有关的三个方面进行分析。有关犯罪人个体方面的因素有：生物特性、心理与行为、自我意识及其表现。有关犯罪人的环境条件因素有：人际关系、工作环境、生活的物质条件。他人及临床专业对犯罪人的初步评价因素有：对他的印象、对他的治疗情况评价。

（二）资料分析方法

资料或数据本身并不包含太多的意义，它们的意义是专家、学者、医生或心理学家赋予的。资料分析常用的方法有：①就事论事，即事情所包含的含义，它不能揭示事件的全部含义；②寻找相关，即从相关的角度去分析事情，它带有猜测的性质；③迹象分析，即把事实作为一种结果而进一步去寻找原因。

（三）归纳解释的方法

行为的观察：临床心理咨询师比较注重行为的观察，比如看到犯罪人精神抑郁、行动缓慢，这时便可能把这些表现和他的性格联系起来。心理咨询师会在所有资料中找出哪些东西是偏离正常标准的，而后抓住偏离标准的行为表现去考虑问题。根据心理咨询师的个人看法，抓住那些"显眼突出"的事件，首先给予解释，并按这种解释归纳别的事件。

三、预测因素的数量化

对所选定的若干个预测因素，根据其与犯罪心理结构形成的相关联的程度，赋予适当分数，也就是说，以分数表示各因素与犯罪心理结构形成的关联程度，根据得到的分数的多少，预测犯罪可能性的大小。

四、预测表编制

通过计算各个预测因素的分数和总分情况，制成分数与犯罪可能性大小的关联表，即预测表，作为犯罪心理预测的工具。

五、注意事项

收集各类资料的内容时一定要仔细，严格按照技术要求去收集。编制量表的过程中既要做定性分析，也要做定量分析，其中的量化分析是犯罪心理预测发展趋势。编制个体犯罪心理与测量表时，要注意地域性和时效性，因时因地，通过持续地调查收集资料，进行校对和追踪研究。过分依赖量表和机械地使用预测结果都是不正确的，都会影响合理发挥心理预测的指导作用，影响预测效果的准确性。

第四节　初犯预测与再犯预测法

犯罪心理预测是指运用心理学的理论和方法，对某些个体犯罪或再犯罪的可能性作出有依据地估计和推断。根据预测对象的不同，可以分为初犯心理预测和再犯心理预测。

初犯预测和再犯预测既有区别又有联系。二者的区别表现在：一是适用对象不同。初犯预测主要用于没有违法犯罪经历的人，尤其是青少年；再犯预测适用于服刑人员、刑满释放人员或假释人员。二是预测方法不完全相同。初犯预测主要根据犯罪征兆进行；再犯预测可根据犯罪征兆进行，还可以使用再犯预测表进行预测。三是施测人员不同。初犯预测很难形成专门的预测队伍，预测主要由被测试对象的家长、所在学校老师、单位领导同事、邻居等自发地进行；再犯预测可由监狱组织专门的预测人员进行系统的预测。二者的联系表现在：一是预测的依据相同，都是根据犯罪心理形成的规律进行科学的预测；二是预测的目的相同，都是为了预防犯罪心理提供依据，减少犯罪行为的发生。

一、对初犯的预测

初犯，是指初次违法犯罪。对初犯可能性的预测，是对未曾发生过违法犯罪行为的人估量其将来是否可能发生违法犯罪行为的预测，有利于对他们及时采取措施，防止他们形成犯罪心理和实施犯罪行为。初犯可能性犯罪预测主要适用于青少年。

美国格卢克夫妇进行的早期违法行为预测研究，预测在11~17岁之间是否有违法行为的可能性。英国剑桥的维斯特与费宁顿（West and Farringtuon）对400余名少年犯进行了详尽的分析，最后遴选出若干重要因子作为预测少年初犯变量。美国犯罪学家艾里诺（Elliott，etc）等人则采取追踪研究的方法自1976年始在全美抽出1700多个少年样本（11~17岁），历经5年的追踪调查，最后精选出若干因素作为预测少年初犯的因子。雷斯（Reiss，1951）对736名少年犯的个案研究、斯科特（Scott，1960）对417名少年男犯之不良行为的研究均具有相当的影响力。我国台湾地区的路君约教授曾采用明尼苏达多相人格测验表对初犯可能性进行预测研究。

随着我国大陆体制的转型和市民社会的初步建构，我国青少年犯罪率持续攀升。据统计，我国青少年犯罪率已进入世界前十位，一直以来是个突出的社会问题。因此，预测青少年犯罪之可能，在青少年中开展初犯测评，并结合预测结果有效地进行犯罪心理预防，对扭转社会治安形势、抑制犯罪现象恶化具有十分重要的意义。

（一）初犯预测的可行性

青少年大多集中在学校，这便于犯罪心理预测工作的开展。学校作为教育场所，一方面承担着传授知识的责任，另一方面还必须承担帮助青少年完成社会化的重任。学校教育的成败得失，对青少年一生的发展起着关键作用。如果学校都具有预防青少年犯罪的意识，并将犯罪心理预测作为教育工作的一个组成部分，将会有力地促进犯罪心理测评的开展。

走出校门的青少年，大多数还没有脱离父母的管教和单位领导的管理，家庭和单位对青少年的近况较为熟悉，这也便于单位和家庭互相配合，进行犯罪心理预测。相反，中年和老年人，由于独立性较强，不便于犯罪预测工作的开展。

（二）初犯预测的主要方法

根据"犯罪征兆"（犯因性需求）进行预测是初犯预测的主要方法。所谓犯罪征兆，就是犯罪人在犯罪前出现的征兆、苗头或异常现象。个体犯罪心理的形成总有一个过程，随着这一过程的发展，外在行为必然表现显露某些迹象。初犯在犯罪之前的心理冲突激烈，外在表现突出，容易被察觉；而再犯由于有过犯罪经验，活动隐蔽、善于掩盖，往往以假象蒙骗他人，不容易露出破绽，不易被人察觉。但犯罪征兆既然是客观存在的，不管犯罪人怎么隐蔽和竭力掩盖自己的心理活动，总会流露出来。研究人员只要细心观察，认真分析，从犯罪人的日常生活中所表现出来的种种征兆探讨违法犯罪预测的可能性，是完全可能发现的。犯罪征兆主要表现在以下几方面：

1. 人际关系方面。已经产生犯罪意识的人，在人际关系、交往等方面往往会出现一些变化，比如疏远上进、作风正派的人，厌烦家长、老师、领导的教育帮助，以至常常发生顶撞，与品质不良的人交往甚密，等等。

2. 物质需要方面。犯罪意识的产生与恶性膨胀的物质需要密不可分，因而已经形成犯罪意识的人往往过分追求物质上的享受，比如衣服必须是名牌的、新潮的，家庭陈设要高档华贵，出门要出租车或自己买车，等等，他们在物质上的需求往往超出他们的实际支付能力，因而极有可能藏匿不义之财或希望取得不义之财。

3. 精神状态方面。产生犯罪意识的人，其犯罪意识与守法意识之间或多或少会发生冲突，心理活动比正常人更为复杂，从而他的精神状态更易表现出一些怪异之处，比如经常自己一人独坐不语、沉思默想，言语、行为方面经常与别人不协调，对有关犯罪的话题异常警觉或有意回避。

4. 性心理方面。性犯罪虽然有相对独立性，但一些财产犯罪、暴力犯罪也与性心理有因果关系。因此，性心理方面表现出的异常，也是犯罪征兆的重要组成部分，主要表现为：偷看一些淫秽书籍、色情录像，喜欢追求异性，言语庸俗，喜欢挑逗，甚至动手动脚，有的对幼女表现出极大的兴趣。

5. 其他学习、工作和劳动方面的不良倾向或异常表现。预测这些犯罪征兆的主要方法有：观察法、活动产品分析法、调查访问法、心理测验法等。也可以运用心理学中的投射原理，结合青少年的性格特征，将编制的犯罪心理测验运用到网络游戏当中，结合青少年的犯罪征兆，制作出图形或情景图片，以半结构式要求青少年解释其知觉，或设计出各种含有犯罪征兆的障碍、路径的选择性游戏，让他们在不知不觉中将其情感、态度、思想、愿望等投射出来，从中发现可疑的犯罪征兆。对那些超过规定量化指标具有明显犯罪征兆的游戏者，网络系统可自动检测出来，由专家进行预测，并制定出相应的预防对策。

二、对再犯的预测

再犯主要指服刑人员、刑满释放人员和假释者重新违法犯罪。这种预测主要由监狱管理机关使用一定的方法，预测他们的犯罪心理得到改造的程度，预测他们出去后重新犯罪的可能性。这是犯罪预测中的一个重要组成部分，也是犯罪预防体系中的重要环节。

（一）国外再犯预测研究

在各国再犯预测研究中，具有代表性的预测方法是美国的伯吉斯、格卢克（第二节介绍过）、德国的希德等人的方法。

最早从事假释成败研究的是美国芝加哥大学的伯吉斯教授。他在 1928 年发表的《伊利诺斯州不定期刑及假释制度》中，开始研究假释的成败与否。他对伊利诺斯州的三个矫正机构所假释的 3000 名罪犯进行了详细调查，调查其假释前的生活经历，以及有关的其他情况，从收集的资料中选出 21 个预测因素，对假释犯人的再犯可能性进行预测，创立了假释犯重新犯罪的预测方法。这 21 个因素是：犯罪性质、共犯人数、国籍、双亲状况、婚姻状况、犯罪类型、社会类型、犯罪行为地点、居住社区的大小、近邻的类型、逮捕时有无固定住所、法官和检察官关于能否对该犯人进行宽大处理的意见、以前的犯罪记录、以前的职业记录、释放时的年龄、智能年龄、性格类型及精神医学诊断。在进行预测时，将各因素用分数表示，按各假释者的情况，给各预测因素打上不同的分数，然后根据所得分数的多少，制成分数与假释成败的关联表，分数越高，假释成功的可能性越大，反之，则成功率越低。

1935 年希德调查了 1931 年间由巴弗里亚监狱释放的 500 名罪犯，从他们的生活史中选出与再犯关联性较大的 15 个因素进行再犯预测研究。他效仿伯吉斯的方法，采用的 15 个预测因素是：遗传负因、先辈的犯罪、不良教育、不良学习成绩、18 岁以前初犯、4 次以上前科、饮酒嗜癖、性格异常、36 岁以前释放、释放后不良的社会关系等。

（二）再犯预测的主要方法

再犯预测的方法较多，归纳起来主要有两种形式：

1. 根据监狱矫治工作人员的经验进行预测。经验来源于对服刑人员日常表现的观察、心理测验结果及其变化情况、日常改造成绩考核情况等各种心理诊断的结果。工作人员可以根据多种结果，综合分析服刑人员的心理矫治状况，从而判断其有无再犯的可能性。

2. 制定专门的再犯预测表，根据分值的高低评价被试者的再犯可能性。这种方法操作过程简单，有量化的标准，可以说是简单易行。其难度主要体现在预测表的制作上。再犯预测表的制作程序，可以参照第三节犯罪心理预测技术的有关内容。

技能训练

危险犯罪人诊断与评估

训练目的：掌握犯罪心理预测的方法，统计预测与实际结果对比。

训练材料：纸、笔。

训练内容：诊断和确定危险犯罪人应考虑的因素。

（1）严重地伤害了别人或者具有这种企图；

（2）怀有愤怒、敌意和怨恨情绪；

（3）喜欢目睹或者进行使他人遭受痛苦的行为；

（4）对别人缺乏利他精神和同情心；

（5）把自己看成被害人，而不是把自己看成加害人；

（6）不满或者抵制权威；

（7）首先关心自己是否舒适；

（8）是否具有挫折耐受力或者是否能够延迟满足；

（9）对自己的冲动缺乏控制；

（10）对社会责任有不成熟的态度；

（11）对自己的心理结构缺乏认识；

（12）根据自己的愿望和需要曲解对现实的认识。

Of all the animals, man is the only one that is cruel. He is the only one that inflicts pain for the pleasure of doing it.

——Mark Twain

在所有的动物中，只有人类是残忍的。他们是唯一将快乐建立在制造痛苦之上的动物。

——马克·吐温

第十九章

犯罪心理预防

经典案例

北京大兴灭门案

2009 年 11 月 27 日 16 时，北京大兴区清澄名苑的气氛凝重，14 号楼 3 单元 2 层王某一家 6 口被发现惨死在家中。6 名被害人均死于利器，而且凶手在杀死 6 人后，清理过现场。被害人包括王某和她的两个儿子，其中小儿子不到 2 岁，大儿子 6 岁，另外还有王某的公公婆婆及王某的小姑子。而这户人家的户主李某不知去向。据警方调查，户主李某在北京经营一家快餐店，此前他曾做过美发、金融等生意，一家人刚从北京天官院搬到清澄名苑。由于原居住地拆迁，李某一家获得了 600 万元拆迁补偿。祖孙三代 6 人同时遇害，年龄最大的 54 岁，年龄最小者还不满 2 岁。李某，北京大兴灭门案主犯。2009 年 11 月 23 日晚，李某将父母、妻子、妹妹和两个儿子共计 6 人杀害。2010 年 8 月 12 日，北京大兴灭门案开审，李某当庭认罪，并求"速死"。庭审上，李某没为自己辩护，他只说"请求法官判我速死"。他希望"一切早点结束"。李某自己在法庭上对犯罪原因进行了供述，他自小家教很严，养成了内向的性格。婚后，妻子也属于好强个性，致使李某在家里一直有被压抑的感觉并且倍感压力，11 月 23 日晚，酒后的李某爆发了。他用事先准备的单刃刀先后将妻子、妹妹、父亲、母亲杀死，在将 4 名至亲杀死后，想到自己逃亡后两个孩子没人照顾，在客厅内坐了 1 个小时后，他再次举起了屠刀，闭着眼睛将两个熟睡中的孩子捅死。

心理分析：

李某残忍的杀害自己一家 6 口至亲的行为是由于遇到了自己无法克服的心理障碍，这种障碍来自自己被压抑的暴力冲动，来自家庭、妻子与自己需要的失调。在日常生活中，我们要尽量克服自己的心理障碍，常见的保持一个健康心理的预防方法有：精神胜利法、幽默人生法、宣泄积郁法、音乐冥想法等。只要我们保持一个良好健康的心理，就能减少心理障碍的产生，从而减少犯罪。

📝 **影视欣赏**

《沉默的证人》

《沉默的证人》又名《死亡日记》，是由姜伟执导并担任编剧的一部刑侦悬疑剧，该剧讲述了袁可为等人利用犯罪心理学和科学技侦等智慧型探案手段侦破一系列案件的故事。该剧于 2004 年 11 月在我国电视台播映。

云港市爆发了震惊全国的"点兵山 1 号案"，案情从一桩普通的谋杀案开始，竟然发现郊区点兵山深处同坑掩埋着尸骨，经法医鉴定，确认这是历时 10 年、手法单一的连续杀人案，而且被害者几乎都是自甘堕落的女大学生，整个云港市笼罩在恐怖阴影中。

年轻警察周马在老刑警刘宝生的指导下，以及在犯罪心理学专家陈俊威的启发下，运用犯罪心理学的视角寻找隐身于茫茫人海中的元凶，他们把目标锁定在石隐——一个拥有良好的家庭背景且受过高等教育，但是因为家族企业权力纷争而心理出现问题的人身上。石隐对他的罪行供认不讳，但是，他供词中的漏洞引起了刘宝生和周马的关注，正当案件有所进展的时候，石隐在被送上法庭前自杀。这时，老刑警刘宝生以去北京开会为名义，瞒着周马去外地调查，但他却神秘失踪，案情再次变得扑朔迷离。

📝 **原理与技能**

- 家庭环境预防
- 学校教育预防
- 社会预防

犯罪是人类社会一种正常的社会现象。随着人类社会的不断进步，尤其是现代化科学技术突飞猛进的发展，犯罪无论在数量上、规模上，还是在犯罪方法、对社会的危害程度上都发生了很大变化，对人类社会构成的威胁越发严重。面对犯罪活动的猖獗、犯罪率的上升，西方一些国家束手无策，视为"不治之症"。我国从社会主义制度的优势出发，经过长期的探索，提出了对社会治安综合治理的对策，调动各方面力量，运用各种手段，采取打与防并举、疏与堵并举、管与教并举、惩治与改造并举、法治与德治并举等一系列"双管齐下"的措施，形成整体控制、治理的合力。实践证明是有效的，但是，从目前情况看，要把犯罪率降下来，要实现"经济发展、犯罪下降、长治久安"的目标，光靠惩治犯罪这一手还是不够的，必须在继续加大"严打"力度的同时，进一步加大预防犯罪的力度。

犯罪作为一种极其复杂的社会现象，既有其社会原因，又有其心理原因，都有其自身的发展变化过程和规律。犯罪现象的社会原因是通过犯罪人自身的心理原因起作用的。任何一种故意犯罪都是在一定的犯罪心理支配下发生的违反法律规范的行为，是犯罪心理的外部表现，并随着犯罪心理的发展变化而变化。因此，我们可以通过改变犯罪人的犯罪心理的途径，达到预防犯罪的目的。

犯罪心理作为一种意识，不是天生就具有的，也不可能固执不变，它有一个滋生、强化、巩固的过程，遵循量变到质变的规律。因此，个体的犯罪心理是可以预防的。从理论上讲，犯罪心理产生的原因，也是我们开展犯罪心理预防的依据。

（一）刺激反应理论

刺激反应论认为，环境中的任何事物都可以成为激发人的行为的刺激，并决定人的行为。这种刺激有正统文化的熏陶，也有亚文化中消极因素的腐蚀。当外部的刺激作用于个体时，个体的大脑皮层就会形成一个兴奋中心。个体往往正是处在多种信息刺激的环境中，受这两种彼此不能同时相容、相互抑制且具有不同性质的刺激影响而作出选择。当个体选择接受正统文化的刺激时，就会遏制不良刺激的影响，作出积极的心理反应，逐渐形成一种良好的心理定式，成为有益于社会的人；如果个体选择接受不良刺激，这种不良刺激就会固着在主体的大脑中，它在神经中枢中的扩散，就会导致对正统文化信息的抑制，主体就会作出有悖于社会规范的心理反应，久而久之就会形成犯罪心理定式，促使主体向犯罪深渊步步迈进。因此，实行犯罪心理预防，就必须消除亚文化中的消极刺激源，加强正统文化的刺激强度，使个体作出符合社会规范的反应，从根本上遏制犯罪心理的形成，以达到预防犯罪的目的。

（二）需要的可调性理论

需要是个体进行活动的基本动力，是个体行为动力的重要源泉。根据马斯洛需要层次理论，人的需要是多种多样的，每个人都同时存在多种需要，每种需要的水平不同，层次不同，每种需要在需要的整体结构中所占的比重不同，但其中必有一种需要属于优势需要。这种优势需要在推动个体活动方面起着主导作用，它积极地推动个体朝特定的方向发展，形成特定的动机，并产生特定的行为。人为了满足需要而进行各种各样的活动，而畸形需要的满足往往会导致违法犯罪的发生。因此，要进行犯罪心理预防，就必须在改变犯罪的需要和满足这种需要方式上下功夫。只要我们对有犯罪先兆的人进行积极的引导和教育，增强他们的自制力，使其自觉调整自己的需要结构，就可以达到预防犯罪的目的。

（三）意识的能动性理论

意识的能动性是产生人的兴趣、意志等人格倾向。意识的形成过程充分证明了意识的可塑性。我们知道，意识的核心是主体的人生观，主体从自己的人生观出发去审度世界，不同的人生观会有不同的审度标准。

同时，人的意识具有选择性，对于外界的信息，符合自己人生观的就吸收，否则就排除这种审度世界的标准，如果在自己后来的社会实践中证明这种标准是不当的，主体也会从中接受教训加以修正，这就是意识的自我调节。人们可以利用意识的这种选择反馈调节功能，帮助存在消极意识的人，使他们提高辨别是非的能力，学会正确划分善与恶、美与丑、真与假的界限。

意识的能动性的特点，要求我们必须对意识问题辨证施治。对于意识的极端倾向，要善于施以心罚，遏制不良意识的发展，强化其积极意识，从根本上预防犯罪心理的形成和犯罪行为的发生。

（三）情感的可导性

人的情感具有两极化，积极情感和消极情感并存。在人的社会化的过程中，往往由于某种刺激，引起消极情感的爆发，从而导致犯罪行为，我们称为激情犯罪。激情犯罪表现为两种状态：一是突发型，二是积蓄型。由于激情是一种强烈的心理体验，因此，它必然会在主体的行为上或隐或现地表现出来，我们就可以根据其行为反常征兆进行诱导工作，避免消极激情的爆发。

（四）个性的可塑性理论

传统的心理学观点认为，人的个性除了先天遗传的气质因素起发展方向的决定作用外，主要是由成年期之前的生命历程，尤其是幼年、童年与少年时代的家庭社会环境因素所致，一旦成年，便具有相当的稳定性，可塑性很小。但最新的发展心理学研究提出新的见解，认为在人的一生中，其个性还是在不断发展变化的，尤其是那些高级的心理能力，比如认知能力、社会能力、道德能力，更具有一定的可变性。

由此可见，实现犯罪心理预防既是可行的，也是必要的。首先，人作为一种理性和意识的存在，为犯罪心理预防提供了人性基础。因为人所具有的理性和意识（或自我意识）不仅使得人类能够观察和认识自然与社会，并且在一定程度上能有选择地接受外界环境与规范的影响和制约，而且使得人类能够进行自我观察、自我评价、自我修养和自我控制，从而在特定的环境下表现出一定的自我完善能力和行为的自我选择能力。外界环境的影响和人的自觉的自我修养，共同造就了人类个体的特定人格，这种人格一方面支配着个体的行为选择并通过个体的选择行为而得以外化，另一方面又在环境的不断影响和自我意识的不断修正下继续发生变化。

何为心理预防？心理预防（psychoprophylaxis）是指预防精神障碍和身心疾病、维护和增进心理健康的预防性活动与措施。[1] 心理预防通过对人的健康人格进行社会培养和自我修养，能增强人的社会适应能力和自我控制能力，使人能够在特定的社会背景和具体情境下作出符合社会法律和伦理道德的行为选择。

犯罪心理预防即个体犯罪心理预防，是指针对犯罪心理形成的原因及其发展变化的规律，所采取的削弱和排除犯罪动因，防止犯罪心理结构形成和犯罪行为发生的原则、措施和方法的总称。[2] 犯罪心理预防是从微观的、个体的角度，对具有犯罪倾向者进行的事前的犯罪预防。所起作用表现为：

1. 排除和减少消极因素，如净化精神生活环境、减少不良交往等，防止犯罪心理的形成。

2. 加强对个体社会化过程的监督，防止形成犯罪动机，排除犯罪行为发生的直接

---

〔1〕 林崇德等主编：《心理学大辞典（下卷）》，上海教育出版社 2003 年版。

〔2〕 参见百度百科，https：//baike.baidu.com/.

动因。

3. 帮助个体化解矛盾，学会自我调节控制，疏泄郁结的消极情绪，减少突发性、情绪性犯罪。

4. 矫治已形成的犯罪心理，帮助改变犯罪意向，实现再社会化。

5. 消除实施犯罪活动的机遇，严格防范控制，把潜在犯罪人实施犯罪活动的条件减少到最低限度的目的，起到保持社会稳定、促进经济发展的作用。

6. 挽救失足者，保护青少年健康成长。

7. 减少犯罪损害，节省刑事支出的作用。

犯罪心理学家加罗法洛认为"犯罪人所具有的犯罪素质无法克服或改变"，但"即使有消极犯罪倾向的表现，往往由于外在条件的'有力配合'而可以抑制"。[1] 对于如何预防犯罪，我国一些学者提出预防犯罪三道防线，即家庭、学校和社会三个领域的预防。

第一节 家庭环境预防

家庭是社会的基本单位，是人最初、最直接、最密切的生存环境，也是人接受教育的第一所学校。家庭不但具有广泛的社会功能、经济功能、心理功能、生理功能，而且具有其他任何机构所无法取代的教育功能和社会化功能。一个人人格的形成基本上是在家庭中完成的，人的后天行为包括犯罪行为的原因，常常可以追溯到他早期的家庭经历中。家长的素质、教育方式、家庭结构等因素形成的家庭环境对于一个人的成长，甚至其一生都具有深刻的影响。家庭环境不仅影响人的社会化，还很大程度上影响他们的行为，而任何行为都是一定心理因素的外化。因社会化失败而形成犯罪心理结构有个渐变的过程，在这个过程中，不良的心理因素会不自觉地通过外在行为反映出来，这些行为既可能是违背正常行为规范的行为，也可能是在犯罪情景出现时发生的犯罪行为。所以，家庭预防重在预防犯罪心理的形成和违规行为的发生。

一、犯罪心理的家庭预防

（一）尊重和保护未成年子女的权利

父母应对未成年子女的权利予以足够的尊重，儿童的某些权利对父母而言则是义务。根据《联合国儿童权利公约》规定，儿童享有四项基本权利：生存权、受保护权、发展权、参与权。具体而言，我国儿童享有以下权利：获得扶养、教育权，获得卫生保健权，受教育权，特殊的诉讼权利，获得健康成长的环境权（包括人文环境和自然环境）等。对父母而言，应负起对未成年子女的扶养、管教、照顾、保护的责任，在提供必要的物质生活保障的同时，重视满足孩子心理及精神生活的需要。父母做到尊重和保护未成年子女的权利，不因夫妻关系的破裂而使孩子的权利受损，是防止少年形成不良心理的先决条件。

---

〔1〕 林崇德、杨治良、黄希庭主编：《心理学大辞典（上卷）》，上海教育出版社 2003 年版，第 322 页。

（二）构建家庭良好的人际关系，营造互谅互爱的和谐氛围

家庭中长辈对晚辈的慈爱、晚辈对长辈的孝敬，是我国传统文化中最具生命力的家庭伦理道德，民意调查显示，现代人仍视其为应倡导的家庭美德。家庭的和谐不仅局限于小型的核心家庭，而应开放地扩展到亲族中，小家庭内部、亲属间的融洽都有利于未成年子女对周围人的信任、友善、合作、安全感等正常社会心理的形成。

（三）确立正确的家庭生活理念

清末思想家曾国藩的治家见解值得借鉴。他为了防止自家子弟骄奢淫逸，形成犯罪心理，要求家人一要勤劳，二要节俭，三要谦谨。他认为"劳则善心生，逸则淫心生"；他反对父母为子孙后辈积蓄钱财，因为钱财充裕、生活安适，子弟容易陷于奢侈；他认为骄傲是无恶不作的开始，谦谨是"去万恶""臻万善"的重要品德。这种品德的培养可以提升孩子的需求层次，避免在物质、生理层面的需求过度膨胀而形成犯罪动机。在家庭教育中，道德教育历来都是最重要的内容之一。把孩子培养成品德高尚的人，是所有家长的共同愿望。但在实际生活中，家庭道德教育还存在两种需要克服的问题：忽视道德教育，重视"成才"教育不重视"成人"教育；有些教育内容陈旧单一，不适应时代要求。这两种现象，都不利于孩子成长为一个"完整的人"。因此，家庭道德教育应在广度上不断拓宽，在内容上不断完善。家长不仅要教育孩子学习遵循社会行为规范，作为父母还应经常帮助孩子树立正确人生观、世界观，树立远大的理想，通过平时生活中的现象与事例，教会他们知道什么是真、善、美，什么是假、恶、丑，逐步提高他们明辨是非的能力。在对孩子进行道德教育的实践中，广大家长要高度重视自己言行的潜移默化作用。实践证明，父母的不良行为很容易对孩子产生负面的影响，如：家长在公共场所不讲文明，孩子往往不懂文明；家长贪图物质享受，孩子往往不懂节俭；家长不孝敬长辈，孩子往往不懂尊重老人；家长有违法乱纪行为，孩子容易走上邪路；等等。因此，思想品德高尚的家长，对培养孩子的成人、成才有着巨大的影响作用。作为家长，他们不一定掌握规范科学的家教知识，而是以自身的勤劳、朴实、坚强的品格无声地教育着孩子，并对孩子产生终身的影响。

（四）从小培养孩子的规则意识

孩子的规则意识应从小培养，从小事抓起。首先父母应当以身垂范，树立榜样，有稳定的情绪，明确的是非标准，规范自己的言行，用礼义廉耻引导教育子女，教给孩子处世为人的基本道理，使孩子逐渐形成对行为后果的预见能力，从而懂得什么可为，什么不可为，养成自我控制、自我约束、懂得节制的品性。这种品性可以在孩子遇到外界犯罪情景时抵御住诱惑，做出正确选择，为孩子一生追求公正、正义、遵纪守法打下心理基础。

二、犯罪行为的家庭预防

（一）通过行为迹象预测犯罪心理

犯罪心理在逐渐形成的过程中，总会有些迹象、征兆通过行为表露出来。家庭成员，特别是父母，通过细心观察、谈心、询问或分析子女接触的、制作的、感兴趣的物品等方

法可以发现犯罪征兆，这些征兆包括：物质需求的变化，如消费支出大增，钱物来源不明等；精神状态的变化，如突然变得语言、行为神秘诡异，回避他人等；人际关系的变化，如学生与校外闲散青少年交往，与老师关系恶化、厌烦家长的管教等；性心理方面的变化，如观看淫秽录像、阅读色情文字作品等。通过预测犯罪心理，家长可以及时采取制止、监督、疏导、管束等方式防止其犯罪行为的发生。

（二）在家庭中犯罪的预防

一些少年犯罪，特别是盗窃犯罪，最初的犯罪通常发生在家庭中，少年偷取或骗取父母的钱款、将家中的财物变卖。在家中实施财产犯罪行为比较容易，风险小，这样发展下去，少年将犯罪的场所逐渐向亲属范围扩展，最后发展到社会。所以，父母的责任是及时制止孩子的这种行为，使其每次受挫、不能得逞，以起到预防犯罪的作用。

（三）防止孩子加入不良团伙

统计表明，结伙犯罪已占到未成年人犯罪的70%。大量的案例反映出，孩子逃离家庭、逃离学校、沉迷于网吧游戏、在娱乐场所交友等，最容易与不良人员聚集成团伙，被人夹带着犯罪。少年时期的孩子还很稚嫩，还不能很好地进行自我矫正和自我塑造，出于强烈的欲望，或出于缺乏教育和标准低等原因，较容易模仿干坏事，这些人相互交往的增加，容易导致犯罪。所以，家庭应该很好地照顾未成年人，在青春期前不断地对其加以管束，对青春期的孩子制定规则进行约束，包括规定必须履行受教育的义务、晚间外出限制时间、外出方式和去向、交往的人员必须让父母知道等。一旦孩子违反规定，应有公平的惩罚措施，切忌使用暴力体罚。中国传统教育信奉棍棒底下出孝子，这与现代家庭教育理念已不相适应。这种家长通过滥用权力来惩处子女的方式，被实践证明是不利于孩子身心健康的，结果往往适得其反，引起青春期孩子的叛逆反抗。家庭通过对孩子的约束，使孩子不致脱离家庭、学校等正常的社会组织，适应主流社会的文化。

（四）法律意识教育

家庭通过日常活动和有意识地参加一些社会活动，向孩子灌输公民权利、义务等知识。让孩子懂得自己享有权利的同时，还要承担一些义务，如未成年人遵纪守法、爱护公物、遵守公共秩序、尊重社会公德的义务，有维护祖国安全、荣誉和利益的义务、接受教育、学习科学知识的义务。通过提高孩子的思想境界、法律意识，预防犯罪行为的发生。

知识链接

父母培育孩子心理健康的五大标准

一、让孩子了解并珍视自己的身体，强身健体，发现自己的美丽与价值

父母在照料孩子的过程中，其实也是在传达正确的健康理念，而不是吃饱穿暖那样简单，那么，我们首先应该做到以孩子的身体感受为主，而不是不加选择地把曾经的人生经历重新复制到孩子身上，或者受传统经验的影响；其次，在衣食住行方面传达给孩子正确的健康理念，而不是只认为父母亲力亲为照顾好孩子就可以了，最后，我们要培养起孩子独立照顾自己的责任，并且把父母这方面的教诲结合自己的身体感受完美地融合起来。

如果孩子有能力正确地对待自己，了解自己的身体，并且能够采取措施来保证身体健康，那他就能发现自己的美丽与价值，并且在工作和生活中充满自信和活力。

二、真诚友善地对待自己和他人，内心敏锐，有趣，真诚，富有同情心和爱心

无论孩子的性格如何，他们在对待自己和别人的时候，能够真诚友善，内心敏锐但不会过于敏感，不管外向或内向，保持开朗的心态，有趣但不冒失，富有同情心和爱心。

我国目前正处于一个转型阶段，很多人的成长受到各种利诱，心理上处于一个被冲击的阶段，从而对自己所持有的人生观或价值观产生动摇，这样的因素导致了很多人内心起伏不定，性格暴戾，内心浮躁，稍有不顺就与人为恶，大家翻看一下新闻就能发现这样的例子。这也是父母让孩子拥有善良品质的现实依据。

三、愿意冒风险，喜欢创新，能展示能力，而且能在环境要求的情况下做出改变，有创造性，能干，负责

世事变化，孩子不可能一直在父母的羽翼保护之下，他们慢慢要学会冒险，独立生存和独自面对社会。鉴于目前中国的教育体制有失人性化，我们在培养考试机器的同时，也应该注意培养孩子的创新能力，而不是把他们完全束缚在考试的知识上。创新是一种能力，也是一种乐趣，这对孩子将来的发展会有极大的积极作用。

环境可能不会改变，但人可以通过改变自己来进行调适，在坚持原则的情况下，获得更好的生活，这同时也要求孩子们将来要能干，负责，而不是只依附于父母。纵观中国现在的青年人，啃老族众多，很多人离开了父母，生存都是问题。

四、找到方法来接纳新的和不同的东西，保留旧的有用的那个部分，丢弃没用的部分

社会在发展，周围的一切都可能发生变化，因循守旧，固封自守，排斥新东西，不懂得理解和接纳，就会被抛出社会前进的行列。

孩子将来离开父母会接触到更多新鲜或者没有遇到过的情况，需要孩子们自己找到方法去接纳，包括离开象牙塔的学子们，学校和社会是完全不同的两个环境，很多人从书中获得大量知识的同时，却发现难以适应到社会中，这就要求孩子们保留旧的有用的东西，丢弃没用的东西，学着去面对新发生的情况，增强应变能力，能适应环境的各种变化，而不是陷入郁闷和苦恼之中。

五、脚踏实地，深深地去爱，公平有效地竞争，既温柔又刚强，并且了解温柔与刚强之间的不同

在情感上，能脚踏实地，深深地去爱，而不是受不良风气影响，放纵自己，认真地去生活才能让自己觉得更快乐。孩子们将来要既温柔又刚强，而不是处于两个极端，或软弱，或强势，另外，他们也会了解温柔与刚强的不同，能够产生强大的自尊，也能给予别人宽厚的爱。

第二节　学校教育预防

学校是培养人才的摇篮，不同于其他企事业单位和社会组织。它是为学子的成长和未来事业奠定良好品德及文化科学知识的第一基础阵地。

一、教育人性化

（一）建立良好的师生关系

人性化教育首先要求建立良好的师生关系，因为这种关系有助于改善学生在校的表现，提高他们的成绩，使教师对学生的能力和个性有一个更为积极的评价，进而帮助强化学生对学校的依恋。建立良好师生关系的重要一环是保持师生间温馨的人性接触和良性互动，这有利于师生进行深层的心灵沟通，建立和增强信赖感，营造校园祥和气氛，可以使未成年人自我接纳和自我肯定，形成积极向上的生活态度，较强的自我控制能力和与他人合作的精神，从而拥有健全的社会化人格。为此，教师应特别注意解决好关爱与帮助、沟通与理解、信任与鼓励、自主与纪律等方面的问题，为学生创造一个在关爱中成长、在愉快中学习、在欢笑中生活的环境。

（二）根据生理和心理特点，开展丰富多彩的活动

针对不同年龄段的生理、心理特点，加强青春期教育、美育教育，注重发现和培养他们的良好兴趣，培养和激励其内心希望和追求，使其在追求中完善自我。如果学校能引导未成年人深入地参与传统活动，如参观、座谈、讨论、郊游和集体事务，就能将他们个人的时间和精力投入到对传统目标的追求和对未来成功的盼望。参与这些传统活动，还可以强化他们的社会责任感。

（三）改进教育方式，做好后进生的转化工作

教师应以肯定、支持、鼓励的教育模式，用温暖、宽容、真诚来教导学生，建立起和谐的师生关系。对于后进生，学校首先要做好早期预防工作，发现不好苗头，及时解决。要防微杜渐，从大处着眼，从小处着手，才不会造成"头痛医头，脚痛医脚"的现象。其次，对后进生要多细心观察、用心发现、真心包容、耐心说服、热心鼓励，针对他们在学习上的挫折，重要的是帮助他们检讨自己学习过程中的问题，改进学习方法，提高学习效率。教师应秉承关怀、尊重、信赖的积极教育理念，协助他们重拾学习的勇气和信心，让他们在挫折面前深刻反省原因所在，痛定思痛地面对自己，增强其对挫折的承受力，从而更有信心面对未来的挑战。

二、构建文明校园，发掘环境文化，环境引导行为

学校无闲处，处处熏陶人。环境不仅是学生生活的空间，也是培养学生文明素质的载体。发掘、利用校园的环境，形成浓厚的立体环境文化，使一草木、一墙板都能说话，都能起到教育人、启迪人的作用。恰如陶行知先生所言"一草一木皆关情"，教室里、走廊

上，悬挂的是历届毕业生以及在校普通班、美术特色班学生的优秀作品，让学生感受到成功的喜悦。墙壁上张贴有关人格、人生观、道德观、世界观等的格言警句，这些格言警句对部分同学起到了一定的激励作用。校刊、校报及时报道学校的新人、新事、新面貌，坚持以正确的舆论引导人、优秀的作品鼓舞人。学校将原有的宣传橱窗留出一半作为爱国成才教育的专栏，定时更换其中的内容，学生和老师们在课余时间看专栏已经成为一种习惯。学生生活在这样一个健康的、蓬勃向上的文化氛围之中，心灵自然荡涤，思想必然升华。优化学校人际环境，开展尊师爱生活动，建立起良好和谐的师生关系。同时，发挥班级环境的熏陶教育，如发挥学生的主体作用，师生共同营造良好的人际环境，包括班风、学风、集体舆论、文化氛围等。良好的校园礼仪文化会使师生们相处更加融洽，人人讲礼貌，事事讲文明，会增加学生的愉悦感、自豪感，有益于校园文明建设。

校园文化是一种群体文化，它体现在学校的一切活动中。学校的校园文化建设应有重点、有针对性和实效性，应结合重大事件、节假日，开展形式多样、生动活泼的主题月系列活动。要在活动中积极开展社会实践活动，要充分利用中华民族传统节日和现代社会各类纪念日、宣传日（周、月），结合学生的实际情况，科学设计、精心策划、积极开展各类熏陶学生、启迪学生锻炼的学生主题活动，形成寓教于丰富的人文知识和历史文化的育人活动链，推进校园精神文明的建设。

三、重视学生心理健康

健康是一种躯体上、心理上和社会上的完满状态，而不仅仅是躯体上有没有疾病。心理因素也能致病，心理疾病也是一种疾病，它不亚于细菌、病毒对人体的危害，学校应当予以高度重视。

（一）在学生中树立心理健康观，普及心理学知识

学校应该对学生加强心理学教育，广泛深入持久地宣传教育活动，提高他们对心理问题的认识，按照世界卫生组织的定义，从观念上彻底实现躯体健康模式向躯体—心理—社会健康模式转变。组织人员撰写适合学生特点的心理健康知识教材、光盘，在学生中进行宣传教育，以提高学生心理健康意识。

（二）心理疾病重在预防，预防重于治疗

学校应在学生发生重大应激事件时，如对生理疾患、学习和就业的压力、情感挫折、经济压力、家庭变故等问题，经常组织专业人员对学生进行心理测查、干预，增强他们的承受力，降低不良反应，减少心理疾病的发病率。

（三）开设心理健康咨询热线

学校心理健康咨询室、咨询热线，要定期、定时安排心理学专职老师担任值班，负责对学生提出的各种心理问题解惑释疑，传授心理学知识。帮助学生认识心理疾病的表现、特征，找到克服心理疾病的方式、方法。

四、重视法制宣传教育

学校要以普法宣传教育规划为指导，根据学生不同年龄，有序、有针对性地开展形式

多样的法治宣传教育活动，特别要抓好禁毒预防教育、网络道德教育和"崇尚科学、反对邪教"教育，切实有效地增强学生遵纪守法的意识和抵御侵害的能力。重视廉政文化进学校活动，通过"国旗下的讲话"、班团队主题活动、政治思想品德课等多种形式积极开展廉洁教育。

五、重视对特殊家庭的教育关怀

当前"隔代养育"情况普遍存在，单亲家庭、困难家庭、残障家庭以及农村"留守家庭"、进城"流动家庭"未成年人子女教育相对薄弱，尤其是后一类型家庭未成年人违法犯罪所占比例较高的实际，各有关部门要积极开展相关课题研究，因势利导，对症下药，有的放矢，做好以上特殊家庭的未成年人思想道德教育工作。

知识链接

学校开设心理健康教育的方式主要有哪些？

1. 将心理健康教育课程纳入学校教学课程中。我们知道，以前学校的主课只有语数英等一些主课，新课改之后要求更注重学生的全面发展，开展素质教育工作。心理健康教育如今已经进入教师资格证的考试之中，而学校也应该重视这门课程，开设心理健康教育课是保障学生人格健康的重要表现。

2. 班级定期组织心理活动辅导课程。班集体是学生学习的主要场所，班集体文化也影响着学生的价值观和心理健康，班主任不能只关注学生的学习成绩，还要关注学生的人格是否健康发展。新课改下的素质教育，有一项内容就是心理健康教育，班级应该定期组织心理活动辅导课程，引导学生以一个健康的积极向上的精神状态去学习。

3. 将心理健康课程渗透到其他课程里。新课改教育背景下，教师上课形式要多样化，不仅仅只传授本学科的知识，还可以将本学科知识与心理健康教育知识相结合，引导学生以健康的心态掌握学习的方法，养成良好的学习习惯，提高学习效率。比如讲授语文知识时，可以贯穿一些坚强意志、抗挫能力、珍惜生命等心理学知识，健全学生人格。

4. 重视班级、团队活动的力量。班干部是班集体的骨干核心力量，对于班级同学动态，要及时跟班主任及老师反映。特别是面对一些性格内向、孤僻或过于暴躁的同学，要用团队的力量去感化他们，引导他们融入集体生活。另外，要培养他们的集体荣誉感和凝聚力，这也是平行教育模式的一个重要体现。班级、团队的同学心理健康了，才能更好带动其他同学，树立一个良好的榜样。

5. 学校建立个别辅导心理咨询室。学校要建立一个心理咨询室，由专业的老师担任，并在规定的时间里开放。老师要建立来咨询心理问题的学生档案，并及时跟踪动态。心理咨询室的设立环境、道具等选择要符合治疗效果的条件，让学生安心放松，对老师产生信任，从而帮助他们解决心理上的问题和疑惑，让学生健康快乐成长。

6. 班集体成立心理委员小组辅导。让心理健康、价值观明确符合心理委员的学生担任并成立辅导小组，分配给小组任务。小组要关注班级学生的动态，对于一些不能解决的问题要及时反馈给老师，防患于未然，心理健康教育的目的就是帮助学生解决问题并防止问题的产生，所以，辅导小组要明确任务，配合老师一起管理好班级。

第三节　社会预防

犯罪心理的产生是社会的产物，有着很强的社会性。犯罪作为社会的丑恶现象，有些犯罪是由嫌疑人纯自身行为引起的，如情感纠纷导致的违法犯罪等，但大多数犯罪的发生与贫富差距扩大、社会保障建设机制不健全、执法不公、法制不健全等有着种种关系。正所谓打击不是目的，刑罚的预防功能分为特殊预防和一般预防，前者表现为通过对犯罪分子本身进行刑罚而防止其再犯罪；后者则为威慑社会上的其他人不犯罪。构建社会主义和谐社会，降低犯罪率，预防先行。

一、改变收入差距，预防和减少犯罪

任何犯罪都不是孤立的。当贫困的人连基本生活都成问题时，就可能会去盗窃或者抢劫。贫富差距问题一直是极具热度的问题，北京师范大学收入分配与贫困研究中心主任李实从 20 世纪 80 年代起就参与了 4 次大型居民收入调查。他说，收入最高的 10% 人群和收入最低的 10% 人群的差距，已从 1988 年的 7.3 倍上升到了 2007 年的 23 倍，可见贫富差距正日益拉大，而一旦踏破贫富差距的红线，各类社会问题会更加凸显和严重，彼时，各类劫财犯罪也将增加，依靠一味地打击或许只是治标不治本。通过对中国 1978~2008 年犯罪率的实证研究发现，改革开放以来的宏观经济因素确实对中国的犯罪率产生了重要影响，收入分配不公能够很好地解释中国 1978 年以来的犯罪率。实证研究结果表明，收入差距对犯罪率产生了非常显著的影响，随着现代化的完成和社会的稳定，犯罪率的持续高速增长会逐渐减缓。世界上其他国家的经验表明，社会发展进程的成熟会带来犯罪率的稳定，大多数发达国家的犯罪率增长低于发展中国家。

如果希望采取一定的刑事政策减少犯罪率，那么前述的实证研究结果就可以表明，从一些社会经济因素入手，采取一定的社会经济政策将会是一种良好的刑事政策。据此，应该解决全国范围内的收入分配不公的问题。减少社会的收入分配不公是一种有效的降低犯罪率的政策。这不仅具备经济学的意义，也对减少犯罪有着重要的意义，其不仅能够通过减少犯罪为社会稳定做出贡献，也能够为社会节约应对犯罪的成本及避免犯罪给社会带来的成本。正因如此，改变收入分配不公现状不仅是平等和公平的需要，也是预防和减少犯罪的需要。

二、进一步加强社会保障建设

收入是一方面，社会保障建设是另一方面，研究犯罪成因，需要一个假设，即人具有自利性，指人的行为本性是为了满足主体自身的各种需要。人的需要具体包括哪些？马斯洛曾将人类的不同层次需要由低到高排成了一个系统，即金字塔理论，处于底层的是生理和安全需要，其中，生理需要包括对食物等基本生存的需要；安全需要包括对秩序、生活中的确定性需要。同时，社会建设也是二次分配的重要方面。社会保障与人民幸福安康息息相关，社会保障工作事关改革开放和社会主义现代化事业全局。加快建立覆盖城乡居民的社会保障体系，这是坚持立党为公、执政为民的具体体现，是推动科学发展、促进社会和谐的重要工作，是保增长、保民生、保稳定的重要任务。人人享有基本生活保障，政府对无力生活的社会弱势群体要加大社保投入，这是政府职能的重要方面，同时也是建设和谐社会的重要部分。社会保障是国家通过立法对国民收入进行分配和再分配，当社会成员在年老、患病、失业、伤残、遭受灾害、生活困难等情况下，给予经济补偿和物质帮助的一项社会保障制度。

当前，我国东西部地区的经济发展差距还是很明显的，社会保障建设在发达地区已做得较好，但在欠发达地区依然有很大的上升空间，在进城务工人员身上尤为明显。据统计，在城市中发生的不少案件多为外来务工人员所为，究其原因，大抵是该人群基本生活不能得到保障，在患病、伤残、遭受灾害时往往不能得到帮助而面临困境，由此导致其中一些人铤而走险，走上违法犯罪的道路。试想，当人人享有基本的生活保障，极端贫困而无生活来源的人的犯罪率必将降低，这能有效预防犯罪。

三、执法者应公正不阿

贝卡利亚在《论犯罪与刑罚》中说："预防犯罪的另一项措施是：使法律的执行机构注意遵守法律而不腐化。组成执行机构的人越多，践踏法律的危险就越小，因为在互相监督的成员之中，是很难营私舞弊的。每个人所享有的权威越小（尤其是同冒险相比较），他们对于提高自己的权威就越不感兴趣。如果君主依靠某些器械、仪式以及严厉的敕令，或者通过准可自认为受到压迫的人提出正义的和非正义的起诉，来使臣民更习惯于畏惧司法官员，而不是畏惧法律，那么，这种畏惧更容易使这些司法官员有空可钻，而君主从中将难以赢得自身和社会的安全。"可见，执法者的公正不阿对于预防犯罪有一定作用。

四、要完善法制建设

国家应通过加强法制建设，完善刑事法律体系，创造良好的执法环境；侦查机关应强化侦查破案能力，提高破案率，减少隐案；司法机关应严格执法，对犯罪人进行及时惩罚和改造等，以控制犯罪的发展与蔓延。费尔巴哈曾在自由意志论的基础上，提出"心理强制"理论，认为行为人在实施犯罪行为时受某种欲望支配，满足了欲望，就得到了一种"快感"。如果欲望的满足与刑罚的必然惩罚并存，行为人就会根据自由意志进行选择。当意识到控制欲望所引起的不快小于因犯罪而受到刑罚所造成的痛苦时，就会放弃犯罪。因此，必须通过完善的法律制度，公正、公平、公开地实施法律，借以加强人们的畏惧感，以抑制潜在的犯罪欲望和冲动，从而起到预防犯罪的作用。

五、杜绝不良文化，倡导主流文化

犯罪根源于人的动物性，即人的本能。人除了自然属性之外还有社会属性，作为人的社会属性的文化是人的本质属性。缺少了文化这一本质属性，人充其量只是一个高级动物。文化环境对人的社会化过程的影响在于，它能为人的动物性和文化性的此消彼长创造特定的外部条件，良好的文化环境能促进文化性的强化和动物性的弱化，为文化性克服动物性创造有利的条件。恶劣的文化环境则能导致文化性的弱化和动物性的强化，为动物性摆脱文化性制造必要的条件。犯罪行为是人的动物性恶性膨胀、文化性遭到排斥的结果，所以，恶劣的文化环境是犯罪发生的催化剂。李锡海教授在《犯罪研究与文化》一书中曾指出：转型期的市场文化是诱发经济犯罪的丰厚土壤；畸形文化消费是犯罪发生的重要原因；暴力文化是诱发暴力犯罪的"加速器"；色情文化是诱发性犯罪的"精神艾滋病"；大众文化是诱发农民犯罪的重要因素；网络文化是诱发青少年犯罪的新土壤；科技文化是滋生智能犯罪的"催化剂"；权力文化是诱发腐败犯罪的力量源泉；帮会文化是有组织犯罪发生的精神动力。[1] 犯罪作为一种复杂的社会现象，常常是社会矛盾和社会环境阴暗面的衍生物。因此，要遏制犯罪的蔓延，必须大力净化社会文化环境，杜绝不良文化，倡导主流文化。要切实做到：①弘扬中华民族传统文化，形成良好的社会风气；②加强正确舆论、媒体导向，传播正能量；③完善文化市场的法制建设；④加强文化市场的管理和监督。

当然，除上述社会预防的措施外，还有：做好刑释人员的心理矫治工作，预防再犯罪心理形成；加强社区矫正工作，夯实社区防范，预防个体形成犯罪心理；提高破案效率，及时惩治犯罪，震慑他人形成犯罪心理；充分运用警务平台防控犯罪，增加犯罪难度，减少犯罪机遇；做好社会综合治理工作，全面预防犯罪；等等。

约翰·亚当曾说过，"没有任何人是与世隔绝自行存在的孤岛，每个人都是大洲陆地的一部分，如果海水冲走一块土石，欧罗巴也就少了一个角，正如一片流失的岩岬，也正如失去你自己或你朋友的家；每个消逝的生命都是我的损伤，因为我与整个人类相通；因此，莫问警钟为谁而鸣，它就为你而鸣"。因此，不要总以为犯罪离我们很遥远，做好犯罪预防，是我们每个人拥有美好生活的保证。

📖 知识链接

国外不让孩子沉迷互联网管理办法各有一套

美国：游戏软件按年龄分级。美国的娱乐软件业实行分级制度。该分级制度由美国的娱乐软件定级委员会（简称 ESRB）制定，分为两个部分：一个部分是位于游戏产品包装背面的内容描述，用特定的词组描述游戏画面所涉及的内容，如暴力、血腥以及游戏中人物对话是否粗俗等。另一个部分是位于游戏包装正面的等级标志，共分 7 个级别，基本按年龄划分，以游戏适合的年龄段英文首字母来命名。为了保护儿童的身心健康免受成人网站的毒害，美国从 1996 年起至今共通过了 4 部相关法律：《通讯内容端正法》《儿童在线保护法》《儿童网络隐私规则》《儿童互联网保护法》。

法国：家庭公约限制上网。法国刑法规定，对传播青少年色情图像的人，判有期徒刑 3 年和 4.5 万欧元的罚款：对制作青少年色情图像的人，判有期徒刑 3 年和 7.5 万欧元罚

---

〔1〕 李锡海：《文化与犯罪研究》，中国人民公安大学出版社 2006 年版。

款。学校则为家长提出具有可操作性的建议，如将电脑安置在客厅里；经常与孩子探讨上网的技巧和经验，了解孩子的喜好和上网的基本情况。学校也向学生提出建议，让学生拥有自我保护意识。此外，家长还与孩子制定家庭公约，公约主要包括电脑放置的地方、每人每天使用电脑的时间及使用电脑与学习、体育锻炼时间的分配等，而且双方都要自觉遵守。

韩国：网吧电脑有屏蔽软件。韩国对"PC房"（即网吧）有严格的管理。有关法律规定，"PC房"电脑必须安装阻止黄色网页的软件。如果"PC房"安装了不适合18岁以下儿童使用的电子游戏，第一次被查处时，将予以警告并罚款300万韩元（约合3000美元）。韩国政府采取了一系列措施，特别是通过技术手段保护青少年免受网络有害信息的侵袭。2004年，韩国政府决定年内投入100亿韩元，用于开发软件。同时，通讯产业部不断加强对网络的监管，特别是那些黄色和自杀网站，政府网络管理部门还与警察部门合作，建立了举报和调查机制。

日本：游戏网吧税率高。在日本，互联网在青少年中的普及率很高：14~17岁的人中有72.8%的人上网；18~24岁的人中有69.4%的人上网。日本只供上网的网吧非常少，多功能的休闲场所"饮茶店"倒是很多，人们可以在这里饮茶、读书、看漫画、上网等。据记者采访的饮茶店老板介绍，专门供人玩在线游戏的地方也有，但这种经营场所和有博彩性质的娱乐场所一样，征收的税高，所以很少有人经营。网络游戏产业在日本的行业自律和分级审查都由"网络共同体特别委员会"完成，该委员会是2004年4月成立的。日本计算机供应商协会也派生出相对独立的"电脑娱乐评价机构"。自该机构成立以来，已有1200部以上的作品接受审查。

英国：课余活动大于上网时间。英国大部分中小学生每天都上网，但是沉迷网络的并不多。据调查，英国中学生每天上网时间在3小时左右。英国70%的家庭都能上网，青少年很少去网吧。英国家长一般担心孩子上成人网站或因聊天被骗。有的家长在孩子同意的前提下给电脑装上监视器，更多的家长利用"美国在线""英国电信"等电脑网络服务公司提供的"对儿童有益"的整套过滤软件，以防孩子无意闯进黄色网站。不沉迷于网络的孩子怎么度过课余时间呢？帝国理工大学的博士后研究员马玉玲说，英国孩子的课余活动相当丰富，体育活动、音乐绘画、参观博物馆等。他们的作业负担比中国孩子轻得多，可以尽情参与各类课外活动。

👆 **技能训练**

我的家庭，我的父母

训练目的：

1. 通过活动在心理学层面初步体会自己的家庭关系和家庭责任。

2. 通过用绘画技术、家庭排列和家庭雕塑的方法让学生在不断的分享、反思、修正中完成对家庭关系的认识和理解，并引起改变的冲动。

训练材料：准备测验的A4纸若干，铅笔或中性笔一支。

操作步骤：

1. 热身游戏：泡泡糖；抓选游戏；耳、鼻、眼、口、眉找家选一样

2. 画出自己的家庭：要求在一张 A4 纸上，画出自己理想中的房子，再分别画出家里的人物，爸爸妈妈、兄弟姐妹为必画人物，爷爷奶奶为可选人物。教师进行提问：父母在干什么？图中的人物在干什么？他们之间最近发生了什么事情？要求学生根据自己画的人物和画中的情景进行阐述，别的同学不明白的可以进行提问，小组内进行以上操作。通过学生对自己家庭的阐述，对学生的家庭结构在心理学层面上有个大致的印象和认识。

3. 家庭重现：

（1）教师选择一张家庭画，并且选出其中的一组学生，进行角色扮演和情景再现，由画的主人担任"导演"，进行编剧，教师进行相应的指导。

（2）其他各组按照类似的方式进行。

（3）小组讨论问题：在这个家庭中你明白了什么？还有哪些是你不明白的？并且把自己的体会写下来。

（4）指名全班分享。

4. 重塑家庭：

（1）根据前面的分享，学生再次用 A4 纸，画出自己理想中的家庭；并用激情的语言在本组内进行分享。

（2）再次由本组的队员根据自己画的理想中的情景，进行家庭中的角色的理想互动。

（3）小组分享。

（4）全班分享。

5. 教师小结。

6. 齐唱《我爱我的家》，结束这次心理健康活动课。

While nothing is easier than todenounce the evildoer, nothing is more difficult than to understand him.

——Feodor Mikhailovich Dostoyevsky

没什么比当众谴责作恶的人更容易，也没什么比理解他更难。

——陀思妥耶夫斯基（19 世纪俄国著名小说家，代表作《罪与罚》，1821~1881）

第二十章

犯罪心理侦查干预

经典案例

李某案

被称为"河北第一秘"的原河北省国税局局长李某，32 岁就走上了正厅级领导岗位，并被列为国家税务总局和河北省人民政府的后备干部。然而，这位政坛上耀眼的新星依仗其特殊的背景，大肆贪污受贿，数额特别巨大；2002 年 8 月 30 日，唐山市中级人民法院一审以受贿罪、贪污罪判处李某死刑，剥夺政治权利终身。

侦查花絮

被双规的李某，很长一段时间拒不交代任何问题。当专案组根据已掌握的李某涉嫌经济犯罪的事实，决定由河北省人民检察院对李某依法实行逮捕后，受命担任主诉官的是唐山市人民检察院陈副检察长。凭借丰富的侦查和预审经验，在观察了李某的言谈举止和心理状态后，陈副检察长通过动之以情、晓之以理打破了李某坚守的心理防线。顽固抗拒了108 天的李某终于交代了先后多次收受他人贿赂 300 余万元的犯罪事实。

经典视频

《最后的犯罪心理分析官》

从细微处着手，哪怕只有蛛丝马迹，也能顺藤摸瓜找到真正的凶手，这就是强大的犯罪行动分析室（CPS）。这是警视厅搜查一课新设立的部门，部门囊括了多名优秀人员。其中有从美国 FBI 特工学院毕业的新晋犯罪画像员香月翔子，她尤其喜爱和擅长揣摩犯罪人的心理，拥有天马行空的想象力；CPS 的组长结成晶则是进行总的规划和掌控，是团队绝对的核心；拥有 2 个博士学位的新堀圭祐，利用统计分析方法，发现犯罪人的藏身之处，视翔子为竞争

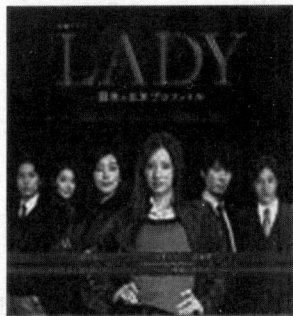

对手。除此之外，这个团队还包括了法医、IT、课长等人。

强大的团队让看似完美不留痕迹的犯罪变得漏洞百出。不是传统的只停留在表面的探案方法，而是挖掘犯罪背后的原因，犯罪心理分析官们带来一出出精彩的探案过程。

《沉默的羔羊》

见习特工克拉丽斯所在的城市发生了一系列专剥女性皮肤的命案。克拉丽斯奉命前去询问被收监的精神有问题的精神病学家汉尼拔博士，以获取犯罪人的犯罪心理资料。汉尼拔要求克拉丽斯说出个人经历供他分析以换取他的协助。克拉丽斯的思维完全不是博士的对手。

又一名女子被杀，一人被绑架。今次被绑架的是参议员的女儿，克拉丽斯只得再次找到汉尼拔，汉尼拔给了克拉丽斯一些提示，他的提示被汉尼拔的医生听见，医生立功心切，对汉尼拔实行严刑逼供，但汉尼拔什么也没透露。

克拉丽斯在汉尼拔的提示下，一步步向凶手逼近。

原理与技能

- 侦查人员心理品质培养
- 犯罪现场心理痕迹侦查
- 心理调查询问侦查干预
- 犯罪心理审讯策略

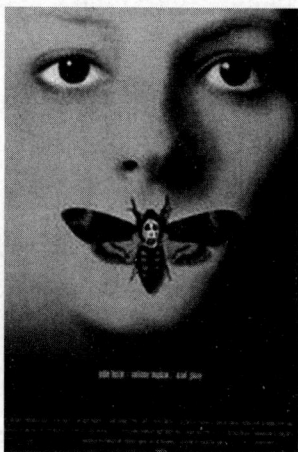

第一节　侦查人员心理品质培养

侦查人员应当具备的心理品质有：良好的认知（敏锐的观察能力、非凡的记忆能力、敏捷的思维能力）、良好的情绪调控能力和坚强的意志力。

侦查活动是司法实践活动的重要环节，其主要任务是揭露和证实犯罪。在侦查活动过程中，侦查人员根据侦查工作的需要，自觉进行自我心理调控，并根据犯罪人及其他与犯罪有关人的心理活动规律和特点，实施相应的侦查对策，提高侦查实践活动的效率。

一、侦查人员的认知培养

犯罪人及其犯罪活动虽然是客观存在的事实，但是在案件未侦破以前，却是隐蔽的，必须通过刑事侦查人员的认知过程，才能揭露和证实隐蔽的犯罪人和犯罪事实。因此，侦查人员在侦查过程中的认知活动极为重要。

人的认知是通过感知、记忆、想象、思维等各种心理过程对客观事物由表面现象到本质规律的主观能动的反映过程。侦查过程也是一种认知过程，这种认知过程有其自身的特点。

（一）侦查人员在侦查过程中的观察

观察是一种有目的、有计划的比较持久的知觉过程，是知觉的一种特殊形式。在观察过程中始终都有思维参加，所以也叫思维知觉。观察能力就是人对外界事物的感知能力。观察对侦查人员特别重要，这种重要性体现在侦查工作的各个环节，贯穿于侦查活动的全过程。在进行现场勘查时，要对现场的方位、案犯进入现场的路线、现场是否被破坏或伪装、现场各种物体的方位、遗留物品、尸体、血迹、足迹、凶器、指纹、犯罪痕迹等进行仔细观察；在对犯罪痕迹、物品进行鉴定和检验的过程中要细心观察；在调查询问中，对于被害人、证人、知情人等的态度，以及回答问题时的神态表情，要进行观察；在跟踪守候、巡逻盘查、辨认时，对于跟踪、辨认对象的体貌特征，要进行观察；在搜查工作中，对于被搜查人可能藏匿的地点及体貌特征、犯罪证据、赃款、赃物隐藏的地点等，要进行观察；在拘留、逮捕犯罪人时，对于周围环境、犯罪人的体貌特征等，要进行观察。

侦查人员的观察，主要是通过自己的眼、耳、鼻、舌、身等各种感觉器官直接感知被观察对象的各种特点，同时也借助各种仪器和其他技术手段扩大和延伸自己的观察力，但最终还是离不开自己的感觉器官的直接观察（如对检测、化验结果的观察）。

目的明确的观察是良好的观察效果的前提；有计划、有系统地按照一定顺序进行全面、细致、客观、准确的观察是良好的观察效果的必要条件；侦查人员丰富的经验和知识是良好的观察效果的保障。侦查人员在侦查活动中高度集中的注意力与敏锐、客观、全面、细致、准确的观察，是侦查工作的重要认识过程。侦查人员在侦查过程中注意力的分散和观察的失误，将使案件的侦查工作走上弯路甚至失败。

（二）侦查人员在侦查过程中的注意

侦查活动是由许多环节组成的十分紧迫而细心的工作，在某一个环节上出现认知的疏忽或错误，都会使侦查工作走上弯路而贻误侦查的有利时机，造成工作的困难或失败。因此，侦查人员在每一个侦查环节上都必须保持认知过程的完整与准确。

注意是心理活动对一定对象的指向和集中，是认知过程的开始，要保持认知过程的完整与准确，首先要从注意开始。侦查人员在侦查，不论是现场勘查、各种痕迹与物证的提取、检验与科学鉴定，还是进行巡逻盘查、追缉堵截、跟踪守候、辨认、搜查、执行拘留、逮捕、审讯等各项侦查活动，都离不开侦查人员的高度集中的注意力。所谓注意力的高度集中，就是把感知、记忆、思维、想象等心理活动有意识地贯注于与侦查目的和对象有关的事物上面，把其他与侦查目的、对象无关的事物排除在注意的范围之外。同时，根据侦查目的和任务的需要，有时需要在较长的时间内（如跟踪守候、巡逻盘查等活动）将注意保持在某一侦查对象或一定的范围之内，如果此时注意分散，就可能造成侦查的某个环节或全盘失误。在某些侦查活动中，侦查人员还要根据侦查目的的需要，将注意进行合理分配与转移。在巡逻盘查、跟踪守候、搜查等侦查活动中，需要将注意进行合理分配，将注意保持在一定的范围之内。当某一项侦查任务完成后，又能根据新的侦查任务的需要，及时将注意转移到新的注意对象身上。侦查人员在必要的时候，要自觉进行自我心理调控，以使自己的注意力高度集中，有意识地排除头脑中与注意对象无关的事物的干扰。

（三）侦查人员在侦查过程中的记忆

记忆是人脑对于过去经验的反映。侦查人员在侦查过程中，由于注意的高度集中，观察目的的明确，对于有关案件的有意识记忆会表现出高度的敏捷性和准确性。侦查人员的准确记忆在侦破工作中起着重要的作用，它是侦查人员对案件进行正确分析与综合、抽象与概括、推理与判断的前提。侦查工作的任何一个环节都离不开侦查人员对案件事实、情节、证据、犯罪人的体貌特征、个性特点等准确记忆。在侦查活动中发生记忆差错，就会导致侦查工作的失误甚至失败。

侦查人员头脑中储存的已侦破各种案件的记忆，对于正在进行的侦破工作具有重要意义。犯罪人的作案手段有着共同的特点和相似的规律，侦查人员头脑中储存的过去侦破案件的经验，常常对目前正在进行的相似案件的侦破具有启发作用。

（四）侦查人员在侦查过程中的联想

联想是想象的一种形式，是从一事物的经验想到另一事物经验的认知过程。联想的类型有类似联想、接近联想、对比联想、因果关系联想。任何事物都与多种事物相联系，这种事物之间相互联系的属性反映在人们的头脑中就会产生联想。联想是人认识客观事物主观能动性的表现。侦查人员在侦查过程中的联想，称为侦查联想。侦查联想是对案件进行分析与综合、抽象与概括、推理与判断、提出侦查假设的重要心理过程。

（五）侦查人员在侦查过程中的思维

思维是人脑对客观事物的本质和规律的认知过程。它以概念、判断、推理的形式，通过分析与综合、比较和抽象与概括的过程认识事物的本质和规律。侦查人员在侦查工作中，根据已掌握的有关犯罪案件的各种信息，运用概念、推理、判断对案件进行分析、综合、比较等思维过程，提出侦查假设，推动侦破工作由表及里，由浅入深，逐步揭露和证实犯罪，确定犯罪人。

二、侦查人员的情绪情感培养

（一）侦查人员良好情绪的培养

对于侦查人员来说，培养良好的情绪还应做到以下几点：

1. 控制和调节情绪强度。情绪的强度是一个人受情绪的感染和支配的程度以及情绪受意志控制的程度。侦查活动和日常工作及生活中的各种客观现实常常引起侦查人员不同程度的情绪变化，其中有的情绪变化对侦查工作有积极作用，有的情绪变化不利于侦查工作。作为侦查人员，不但不能受情绪的感染，而且要能控制和调节自己的情绪变化，服从侦查工作需要，对与侦查无关的情绪感染能迅速排除，对与侦查有关的情绪感染能调节和支配，使其起到积极的影响作用，有利于侦查活动。

2. 保持侦查中的情绪活动稳定。乐观而稳定的情绪是心理健康的重要标志。乐观而稳定的情绪有助于提高侦查工作效率。侦查人员情绪活动的稳定性是指其在侦查工作中情绪的起伏和波动程度。侦查人员情绪的起伏和波动直接影响侦查工作，侦查人员应当保持情绪的稳定性，不因为一些琐碎小事引起强烈的情绪，情绪活动的引起也比较慢，即使侦查中受到强烈刺激引起情绪变化，也能自觉地进行调节和控制，服从侦查工作的需要。

3. 保持侦查中情绪活动的持久。侦查人员的情绪活动的持久性是指其情绪活动持续时间和身体与工作、生活影响所存留的久暂性质。积极的情绪活动持久性是建立在对侦查工作正确的认识基础上，侦查人员热爱本职工作。打击犯罪、查明事实的侦查活动是侦查人员的主要活动。明确工作目的，培养对工作的兴趣，就会把侦查工作看作是一种乐趣而主动进行工作，工作就不会成为负担，这样不仅不会增加心理上的压力，而且有益于维护心理健康。只有对人民有深厚的感情，把保护人民、惩罚犯罪作为自己奋斗不止的目标，才能在长期的侦查活动中保持着情绪活动的持久性。积极的情绪活动持久性是深化思想、推进侦查工作的良好心理条件。

4. 保持愉快的心境。一个人如果长期受某种情绪活动的影响，即形成了这个人的心境，由于情绪活动的性质不同，心境也各有差异。侦查人员良好性格的主导心境表现为精神饱满、朝气蓬勃，情绪稳定而深刻。侦查人员在侦查活动中有使不完的劲，遇事沉着、果断，对侦查事业充满信心，心情愉快，可以克服侦查中的各种困难和阻力，为实现侦查目的而英勇斗争。

5. 建立良好的人际关系。在家庭、工作岗位及各种环境中，要与人保持融洽的关系。与人沟通时，要平等待人，尊重和理解他人，乐于助人。要和同事建立正当的友谊，寻找自己的知心朋友。要自我调节，适应环境。对自己所处的环境感到不满意或遇到不幸、挫折时，一些人往往会产生忧郁、悲痛、焦虑等不良的情绪，失去心理平衡。这时应采取积极的态度，疏导情绪，调整自己对现实的期待，使自己能够面对现实，以最恰当的态度适应环境和处理问题，增强自己的耐受力。

6. 适当地发泄积存的不良情绪。可以向信任的人倾诉自己的苦恼和忧伤等，消除心中的烦恼、压抑，从而达到心平气和。

7. 善于运用理智控制自己。侦查人员的种种要求和愿望，都应符合社会道德和规范，否则就要用理智打消这种念头，不能苛求社会与他人满足自己的一切愿望。这样做对维持心理平衡、培养健康情绪有好处。

8. 保持适当的紧张和热情。紧张是一种情绪，它能维持和提高工作效率。工作产生的适度的紧张情绪，能使大脑功能达到最高效率状态。

情绪是心理活动的核心，对身心健康有着重大的影响。因此，学会自觉地调节和控制情绪，是心理保健的重要内容。在日常生活和工作中，喜悦、悲哀、愤怒、恐惧等情绪活动，都会引起身体一系列的生理变化。据科学研究显示，积极健康的情绪，如愉快、欢乐、适度的紧张，对人体都有好处，它可以使心脏输出量增加，促进血液循环，使人精神振作，大脑工作能力增强。而伤心、悲痛、愤怒、焦虑等消极情绪引起的生理变化，对人身体是不利的。如机体长期处于这些不良的情绪影响下，往往会引起多种疾病的发生，如高血压、胃溃疡、心理障碍等。因此，侦查人员应该懂得情绪在保护心理健康中所起的重要作用，并学会自我调节和控制情绪。

（二）善于控制和利用激情

激情是在外界的刺激下所产生的强烈的、爆发性的情感。侦查中由于各种原因会经常出现激情。侦查主体处于激情状态时，容易失去理智而感情用事，出现过火行为，还会使自己的认知范围缩小，控制自己的能力减弱，不能正确评价自己行为的意义及后果，对案件侦破不利。如果不能冷静、理智地控制、调节自己的情绪，产生消极激情，也会发生刑讯逼供、体罚等违法行为，给侦查工作带来不便。只有恰当地控制自己的激情，才能避免带来不应有的损失。尤其对于不良激情，必须采取转移注意、降低强度、延缓爆发时间等办法予以控制，才能保证侦查工作顺利进行。

三、侦查人员的意志培养

侦查工作是一项十分紧迫、艰苦且具有一定危险性的工作，其不仅是侦查人员与犯罪人在智慧上的较量，而且也是意志上的较量过程。在各个侦查环节中，侦查人员都必须高度集中注意力，进行复杂的记忆、思维、联想活动。侦查人员在每一个侦查环节，都必须进行许多复杂艰苦的工作，在每一项具体工作中，都必须付出脑力和体力劳动，需要忍受由高强度的脑力、体力劳动所带来的生理、心理的疲劳，有时甚至还要冒着受伤或牺牲的危险进行侦查工作。因此，每时每刻都需要侦查人员以坚忍不拔的意志，克服自身的畏难情绪，排除来自各方面对侦查工作的干扰，克服各种困难，树立侦破案件的决心和信心。特别是那些久侦不破的案件，或者在侦破工作遇到挫折和失败的情况下，更是对侦查人员意志的考验。侦查人员在侦破工作中战胜挫折和失败的过程，也是对侦查人员意志的磨炼过程。侦查人员在侦查工作中表现出的顽强意志，与他们的高尚情感密切相关，同时也是他们为完成侦查工作长期自觉磨炼的结果。

四、侦查人员的人格养成

人格是指决定一个人适应环境的独特的行为模式和思维方式，是个人比较稳定的心理特征的总和。人格是导致个体行为差异的内部因素。侦查人员的人格又称个性品质，即侦查主体在个性方面表现出来的本质特点。侦查人员的个性因素会影响到侦查工作，因此要培养侦查人员健全的人格。

培养广泛持久的兴趣。浓厚的侦查兴趣能使侦查主体的思维活跃、观察敏锐、注意力集中、想象丰富、情绪高涨，因而是案件侦破的内驱力之一。由于犯罪是一种复杂的社会现象，弄清犯罪案件涉及社会生活的各个方面和各个领域的知识，因此，侦查主体的兴趣必须十分广泛，才有利于搞好侦查工作。侦查主体的兴趣应当有持久性，侦查主体的兴趣如果缺乏持久性，当侦查遇到困难和阻力时，就会发生兴趣转移，那是不利于侦破犯罪案件的。

培养乐观自信的性格。性格最能体现侦查主体与众不同的个性特征。它是主体适应侦查环境需要而产生的，具有一定的稳定性。这种稳定性能保证侦查主体有效地进行各种侦查活动。当然，侦查主体的性格不能像侦查能力那样直接决定侦查效率，但它对侦查活动产生的影响，却是不容忽视的。就侦查主体而言，乐观自信的性格是必备的个性品质。因为犯罪侦查的特殊性决定了侦查主体必须有这样的性格，才能在困难面前不泄气，勇往直前地把案件查清；才能在侦查过程中，根据所获信息对案情作出独立的分析和判断，使案件最终被侦破而不至于半途而废。

第二节　犯罪现场心理痕迹侦查[1]

犯罪行为是在犯罪人的犯罪心理支配下发生的。犯罪心理活动虽然是内在的、隐蔽的，但其犯罪活动是外显的、客观的。犯罪人在反侦查心理的支配下，在犯罪时虽然总想少留或不留犯罪痕迹，但这种努力往往是徒劳的。犯罪人的犯罪心理活动总会通过其犯罪行为、言语等全部或部分地反映在犯罪现场所留下的犯罪结果、犯罪痕迹、遗留物中，以及被害人、证人、知情人的记忆中。侦查人员运用心理分析的方法，通过对犯罪现场所留下的物品、痕迹进行分析，可以在一定程度上复现犯罪人的犯罪心理活动，即现场心理痕迹。

犯罪人在犯罪现场所遗留的活动痕迹，根据其表现形式的不同，可分为物质痕迹与心理痕迹。现场能被人们直接感知到的可触摸、可被提取的实物或印迹是各种物质痕迹；现场中不能被人们直接感知，需要侦查人员从现场的物质痕迹中进行思维加工方能发现的，能反映有关犯罪人的个性、职业特点、犯罪动机、犯罪时心理状态等心理内容的现场痕迹是犯罪现场心理痕迹。

犯罪现场心理痕迹是犯罪人在犯罪现场实施犯罪行为时，通过遗留在现场的有形物质痕迹或相关人员的记忆、描述以及犯罪人自身犯罪心理发生、发展、变化过程而表现出的犯罪人特定的、一致的、典型的心理特征。

对犯罪现场心理痕迹的理解主要包括以下三个方面："现场心理痕迹"是指犯罪现场遗留物质痕迹之中所显现或潜在的犯罪人的心理特点。"有关人员记忆"是指犯罪行为存留在被害人、事主和知情人记忆之中的犯罪人的某些心理特征。"犯罪人自身反应"即犯罪心理作用于犯罪人本身犯罪之前的心理恶化、实施犯罪过程中的认知与情感刺激以及犯罪后的惶恐与逃避心态等也是犯罪心理痕迹的重要组成部分。

一、现场心理痕迹的依据与作用

（一）犯罪现场心理痕迹分析的依据

1. 人的行为与心理具有可知性。即人的任何行为都是在心理的支配下完成的，而人的一定的心理又是在先天遗传因素的基础上通过后天的环境教育影响形成的，人的行为能

---

〔1〕　褚红云："论犯罪心理痕迹的利用"，载《湖北警官学院学报》2004 年第 6 期；范刚："论犯罪心理痕迹的研究利用"，载《甘肃政法学院学报》2002 年第 6 期；赵桂芬："现场心理痕迹分析的原理与作用探析"，载《福建公安高等专科学校学报》2006 年第 3 期；廖岳华："犯罪现场心理痕迹在侦查破案中的应用"，载《吉林公安高等专科学校学报》2001 年第 1 期；宋胜尊、郭穆："物证中心理痕迹的提取"，载《河南司法警官职业学院学报》2008 年第 4 期；李巧芬："论犯罪现场心理痕迹"，载《福建公安高等专科学校学报》2002 年第 6 期；张瑞："论犯罪现场心理痕迹"，载《法制与社会》2007 年第 3 期；潘守信："犯罪心理痕迹分析步骤和方法"，载《江苏警官学院学报》2007 年第 4 期；冯亚君："犯罪现场心理痕迹分析"，载《武汉公安干部学院学报》2006 年第 1 期；彭科莲："犯罪现场心理痕迹分析的途径"，载《湖南公安高等专科学校学报》2002 年第 3 期。

反映出人的心理特征。任何犯罪行为都是在一定时间、空间条件下实施的。尽管犯罪人总是极力在犯罪现场少留或不留痕迹，但只要实施犯罪必然会在现场引起一定的变化。看不到的抽象心理痕迹可以透过行为被我们感知和认识，心理痕迹存在于每一个犯罪过程之中，它与犯罪现场、犯罪人及现场的物质痕迹有着密切的因果联系。这种因果联系，正是我们认识心理痕迹的有效途径。侦查人员可以借助已知事物的因果联系，推知未知事物的结果，通过对犯罪现场的物质痕迹进行心理分析，可以判断犯罪人作案时的心理活动。

2. 人的心理特征具有特定性。人格是指一个人"具有一定倾向性的心理特征的总和"。一个人由于所处的社会环境的不同，必然会在其需求、兴趣、能力、气质、性格等各方面产生与他人的差异，形成自己所特定的与众不同的特征。而这种内在性的特征恰恰可能通过个体自身的行为表现出来，并会以一定的形式遗留下来，为我们所发现。在行为人实施犯罪行为时，其个性特征也会或多或少地表现在整个犯罪过程中。

3. 定势心理特征。定势就是人们按照一种固定了的倾向去反映现实，从而体现出其心理活动的趋向性、专注性。定势心理现象也同样存在于犯罪心理痕迹中。犯罪人在第一次作案成功后，其行为方式在大脑中产生了深刻的印象，以后再作案时，成功的体验反馈到大脑，会对其犯罪动机和行为起到强化作用，使其犯罪心理结构更为巩固并得到发展。在侦查实践中，经常会遇到一些犯罪人特别是惯犯，在作案时由于某种思维方式和与此相联的犯罪行为的多次重复，在其犯罪活动中明显地反映出他的定势心理特征。认识和利用这些特征，不仅有助于突破案件，还可以帮助侦查人员推测犯罪人将会在何时何地侵犯下一个目标，使侦查工作更加积极主动。

4. 潜意识特征。潜意识又称无意识，是人们"已经发生但并未达到意识状态的心理活动过程"。潜意识即"在完成行动时是不自觉的，在行为的时间和地点方面完全失去定向能力"，这种潜意识心理往往使犯罪人不自觉地留下痕迹。在侦查工作中，了解、掌握心理痕迹的潜意识特征以及它与物质痕迹的统一，往往对破案有着极其重要的意义。

（二）犯罪现场心理痕迹在侦查工作中的作用

美国新行为主义学派托乐曼认为，三个变量系统，即犯罪环境→犯罪心理→犯罪行为之间既有因果联系，又彼此交互作用，行为人的犯罪行为，是在外界不良环境的刺激下，个体内在不良心理品德发生变化的情况下发生的。通过对案件及犯罪现场物质痕迹进行分析，不但可以推断出犯罪行为人的个性、行为动机、当时的情绪，而且可以推断出犯罪行为人的社会经历、生活环境、遭遇、知识背景、经验、技术、习惯等。进行心理痕迹分析的作用主要体现在[1]：

1. 分析心理痕迹表征的反常性，识别犯罪人的伪装。犯罪人作案时为了逃避打击、转移侦查视线，总是想方设法地进行伪装，但不论其伪装得多么巧妙，都不可能改变其早已形成的个性心理特点。其犯罪心理痕迹总是会从犯罪现场的整体态势中显露出来，显露

---

[1] 王新华、王彦翔、黄赣飞："心理痕迹分析在现场勘查中的应用方法探讨"，载《科技资讯》2011年第2期。

出犯罪现场的反常性，这种反常性既不符合正常的活动规律，又违背其自身的活动规律。侦查人员通过排除伪造现象的干扰，识别犯罪人的伪装。

2. 刻画犯罪人的个人特点，确定侦查范围。犯罪现场物质痕迹蕴含着犯罪心理痕迹的内容，通过心理痕迹反映出来的犯罪人的特点，有助于判断犯罪人的职业范围、技能范围、地域范围等。

3. 分析研究心理痕迹的共性，组织并案侦查。由于受犯罪心理的支配，犯罪人实施每一个犯罪行为都会带有自身的特定性和稳定性，这种特定性和稳定性表现在犯罪现场中，会呈现出心理痕迹特征的共同性。犯罪人在首次作案成功后，其行为方式在大脑皮层建立了稳定的刺激，在以后遇到相似条件或情景时，仍会采取相同或相似的手法继续实施同一性质的犯罪活动，形成较为稳定的犯罪特点，留下其共性的心理痕迹。在侦查工作中，正是运用这些新特点和共性，研究此案与彼案的联系，采取并案侦查措施，可以破一案带一串，破现案带积案，从而提高侦查效率。

4. 通过物质痕迹所体现出的犯罪人心理个性的独特性，确定犯罪人。心理学认为，人的意识行为都有一定的动机和目的，并受年龄、能力、性格、气质、习惯等个人心理因素所控制。犯罪行为也是如此，任何犯罪都与特定的人、事、物、时、空相联系。人们的心理活动作用于现实时，常以一定的形式留下各种痕迹，也可以从心理痕迹上找出形成某种痕迹的人的因素，据此分析犯罪人的年龄、身高、职业、技能、文化程度、兴趣、嗜好、习惯、气质、性格和能力等个性特点，有助于确定留下这种独特痕迹的人，从而锁定犯罪人。心理痕迹的分析可以弥补物质痕迹的不足，缩小侦查范围，确定案件性质，判明侦查方向，完善揭示犯罪的证据链条，但它较多地依赖于人的主观认识，具有一定的局限性。因此，在侦查过程中，要从现场物质痕迹出发，结合意识痕迹、心理痕迹加以综合分析，达到尽快破案的目的。

二、犯罪现场心理痕迹分析的内容

犯罪现场心理分析服务于犯罪案件侦查，以侦破案件为目的，而案件的构成包括时间、地点、人、事、物五个要素，犯罪现场心理分析也应从这五个要素展开。

（一）与案件有关的时间分析

1. 分析判断作案时间。作案时间主要包括发案时间和作案持续时间两个方面。一些案件由于发现延迟、被害人记忆不清等原因，作案时间无法准确认定。这时，就需要在全面、细致勘查现场和调查询问的基础上进行犯罪现场心理痕迹分析。作案持续时间的判断有助于确定犯罪人离开犯罪现场的时间和当时的行为状态等，一般根据犯罪行为过程所需要的持续时间和当事人描述等综合分析确定。

2. 由已知作案时间开展的犯罪现场心理分析。任何人实施犯罪行为都离不开作案时间，时间一般说来具有唯一性和排他性，少数利用现代化科技手段的犯罪具有特殊性，也就是说，犯罪人在特定的时间内只能从事某一特定的犯罪行为。作案时间作为犯罪行为的时间载体，在某种程度上能够印证案件的其他构成要素并反映犯罪人的行为心理特征。

3. 心理缉捕术——"前摄策略"。犯罪后随着时间的推移，犯罪人的心理活动会在犯罪实施阶段形成的特定心理基础上发生一定的规律性变化，对此进行准确的分析和利用，有利于采取正确的侦查策略，实施侦查和抓捕，即所谓的心理缉捕术。心理缉捕术被美国警方称为"前摄策略"，即心理学记忆的前摄抑制（干预），是指利用先前的犯罪记忆对后续心理的干扰而采取的侦查策略。侦查人员在案发后捕获犯罪人前，针对犯罪人的犯罪心理特别是犯罪记忆对其情绪和行为的影响，分析其案后心理及行为，确定其隐藏地点、逃跑方向或反侦查方式，并运用相应的心理干预措施，通过主动性的语言或行为直接或间接地向犯罪人发出一定的信息，作用于其心理，以逼其就范。这些策略的采取都是在犯罪现场心理痕迹分析对犯罪人犯罪后的心理变化准确把握的基础上，采取恰当的时机而进行的。

（二）与案件有关的地点分析

1. 对作案地点的分析。在一些案件中，首先发现的犯罪现场并不是第一现场，而是其他关联现场，这时，运用犯罪现场心理痕迹分析，可以帮助寻找侦查人员第一现场，从而打开案件侦查的突破口。

2. 根据作案地点而开展的犯罪现场心理分析。在某一类型的犯罪案件中，犯罪人实施犯罪行为的地点经常是经过事先反复斟酌选择的，地点的选择体现了犯罪人的社会阅历、思维方式、犯罪经历和其具备的作案条件等。对作案地点环境特征的全面把握有助于分析和刻画犯罪人的心理特征、生理特征和行为特征。

此外，对系列犯罪地点选择进行的心理分析有助于认识犯罪人的犯罪心理定势，犯罪人实施犯罪一旦得逞，原先的犯罪手段和方法就会得到强化，以致当其再一次犯罪的时候，仍然采取自己熟悉的方式。对作案地点的选择突出表现出这一特征，连续作案的犯罪人往往选择地理环境、人文环境相似的地点实施同一类型的犯罪。

（三）与案件有关的人心理分析

1. 犯罪人的心理分析。对犯罪人进行心理分析、刻画犯罪人是犯罪现场心理分析的核心问题。通常从以下六个方面入手：

（1）犯罪人的作案动机。犯罪动机反映出犯罪人由于某种生理或心理因素，而产生的与周围环境之间某种内心的不平衡状态。分析犯罪动机要综合包括现场条件、现场增减物品、现场人体行为痕迹、现场工具痕迹、被害人背景信息、旁证的印象痕迹等各种现场信息。犯罪动机的分析主要包括：分析动机指向类型；分析作案动机的自发性与诱发性；分析作案动机的具体性与泛化性；分析作案动机的直接性与间接性；分析动机冲突和动机的动态分析。

（2）犯罪人知情特征。判断犯罪人是否为被害人的熟人，可以使侦查范围缩小，具有很大的实际意义。知情人作案一般具有选择作案时间恰当、选择作案地点合理、选择作案目标准确、实施犯罪的行为过程中体现出熟人的行为痕迹的特点。此外需要结合具体情况，进行综合分析，特别要注意一些职业犯罪人，有时为了实施重大犯罪可能进行长期的

"踩点"以了解情况，使得整个作案过程看起来如同熟人作案。

（3）犯罪人的基本特征。这方面包括实施犯罪人数、性别、年龄、身高和体貌特征等。

（4）犯罪人的生活及行为特征和职业技能特征。在犯罪现场心理分析中，对犯罪人生活及行为特征的分析多从犯罪现场遗留及缺失物品、作案工具和作案过程中表现出来的手段、方式方法、技能、技巧等方面来判断。在犯罪现场仔细观察，从犯罪人遗留的物品、痕迹和活动方式中，认真寻找其所从事职业的特征，常常对侦破案件起着重要的作用。

（5）犯罪人的心理特征。犯罪人的心理特征表现在以下几个方面：

第一，分析犯罪人的智力、能力和认知水平。犯罪人的作案过程，同时也是犯罪人接受犯罪现场环境的刺激，产生认知继而作出反应的过程。其认知能力及智力水平对其犯罪行为会产生深刻的影响，并体现在犯罪现场，形成独特的心理痕迹。能力的差异直接影响犯罪人犯罪的方式、手段及类型。实施偷盗行为需要眼好、手快、反应灵活，故偷窃惯犯一般具有较强的观察能力、敏捷的思维能力、迅速的行为能力。不同能力的犯罪人在犯罪方式、手段、类型的选择上会表现出更为明显的不同。

第二，分析犯罪人的兴趣、爱好。对犯罪现场所遗留的有关犯罪人兴趣与爱好的心理痕迹进行分析，可以帮助侦查人员了解犯罪人的兴趣与爱好，有助于摸底排查，缩小侦查范围。一个人的兴趣与爱好往往能够反映在现场遗留的心理痕迹中。

第三，分析犯罪人的气质特点。气质是表现在心理活动的强度、速度、灵活性和稳定性方面的特征，表明个体活动的动态特点。由于气质类型的不同，人的活动方式也有很大差异。研究表明，由于气质类型的不同，犯罪人满足需要的手段和方式也不相同，气质类型常常影响到犯罪的类型。

第四，分析犯罪人的性格特征。由于个体本身的差异和生活环境的不同，不同的人会形成不同的生活习惯和性格特征。由于性格具有相对的稳定性和独特性，犯罪人在作案中常常不以其意志为转移地表现出其独有的性格特征，该性格特征主要表现在犯罪人较为稳定的行为中。

（6）犯罪人的违法犯罪经历特征。这方面的特征一般通过动作的技能水平来分析。人的技能水平不同，对某一活动完成的熟悉程度及质量也不同。技能是通过练习而不断提高的。犯罪经历不同，对犯罪活动的实践和技能表现水平也不同。据此，可以推测犯罪人的经验和经历。

2. 被害人的背景分析。被害人的背景有时能作为诱发犯罪人产生犯罪的动机和目的因素。犯罪案件中，存在不少由于被害人的某些背景情况而激起犯罪人的犯罪意向、动机或给犯罪人以可乘之机的情况。因此，加强对被害人背景的调查分析，探讨犯罪人与被害人的关系，可以使我们更客观地分析案情，更全面、更准确地收集犯罪证据与线索，帮助甄别假案，确定案件性质并推断犯罪人具备的条件，提高犯罪现场心理痕迹分析和案件侦破的效率。

被害人的背景情况十分复杂，具体包括以下因素：①刑事被害人的年龄、性格、体貌及心理特征；②被害人的品格、生活态度、兴趣、爱好等；③被害人的财物保管及债务情况；④被害人的交往关系，包括亲朋好友、恋爱对象，以及不正常的社会关系，如狱友、赌友等；⑤被害人的身体状况、生理缺陷、精神疾病等；⑥被害人的生活习惯、工作或职业性质；⑦被害人的行为表现，包括有无违法犯罪行为；⑧被害人因何故在犯罪现场，以及案发前后的行为表现；⑨被害人的家庭成员情况，主要是指家庭成员的自身因素及与外界的联系；⑩被害人居住、生活、工作的环境条件及所在地区的社会治安状况和人民群众的防范意识等。

（四）与案件有关的事件分析

1. 真假案件的识别。某些人由于某种特殊的利益关系、心理认知，或者为了掩饰自己的过错甚至罪行，谎报假案，或故意制造虚假的犯罪现场。而假案的"犯罪现场"必定隐含各种物质痕迹、行为痕迹等现场状态上的矛盾，这时就需要进行犯罪现场心理痕迹分析，判断现场信息的一致性关系，以识别假案。

2. 作案过程。犯罪行为是犯罪心理外化的结果，分析犯罪人心理重要的一步便是进行犯罪现场重建，虚拟再现犯罪行为的整个实施过程，从犯罪行为分析其犯罪心理。从犯罪手段可以分析犯罪人的某些行为习惯，许多惯犯的犯罪手段一经形成及定型就很难改变。在犯罪现场心理痕迹分析过程中，也只有将犯罪行为再现出来，才能根据行为形成和发展心理规律；从犯罪行为分析其日常生活的行为特征、心理活动和心理特征，准确地刻画犯罪人。对作案过程中行为因素的掌握和分析是犯罪现场心理痕迹分析的关键。

3. 当事人及旁证的印象痕迹。印象痕迹是指对有关犯罪事实、犯罪物证的记忆痕迹，既包括对犯罪人的体貌、言语、行为过程的感知和记忆，也包括对与犯罪有关的各种现象、状况如火光、声响、气味以及已消失的实物痕迹的感知和记忆。印象痕迹同样能反映犯罪人的犯罪心理，也是犯罪心理痕迹的一种形式。

4. 反常事件。在某些案件中，当事人及知情人有时会提出一些曾经令自己觉得反常或奇怪的事件，尽管这些事件可能一时难以和案件明显联系起来，但仍需要侦查人员将此反常事件纳入犯罪现场分析信息系统中，以备在案件进展到一定程度的时候能得到利用与分析。

（五）与案件有关的痕迹物品的分析

1. 从犯罪现场遗留的作案工具、作案材料、工作证件、衣服鞋帽等物品的特点来分析犯罪心理痕迹。作案工具痕迹是犯罪工具在现场造成的痕迹，包括用凶器砍、刺、划留下的痕迹和枪弹、爆炸物品留下的痕迹等。犯罪人在选择作案工具时也具有一定的心理学意义，棍棒和斧子需要力量、匕首需要灵活性和准确性、绳索需要时机、枪支则需要一定的经济和社会交往条件等，对于某些职业犯罪人来说，作案工具的选择应用形成既定型也可能有一个反复的过程。从现场遗留的作案工具、材料衣服、鞋帽等可分析犯罪人的职业特点、生活习惯、作案动机及当时的心理状态等。从案发现场遗留的工具痕迹等反映犯罪人破坏方式的有形痕迹可以推断犯罪人的作案习惯，从工具痕迹的数量、遗留部位、破坏程度还可以推断犯罪人的作案熟练程度以及是激情作案还是预谋作案，可以根据侵害目标推断犯罪人与受害人的熟悉程度以及犯罪动机、犯罪目的等。

2. 从作案过程中表现出来的手段、方式、方法、技能、技巧，进行心理痕迹分析判断。犯罪人在作案时为了达到预期的目的，常常要使用一定的犯罪工具，而这种工具的使用必然会在现场留下一定的痕迹，表现为一定的犯罪手段和技能。通过对其犯罪手段和技能的分析，能得出犯罪人的作案动机、作案方式、犯罪时的情绪、犯罪人的职业特长、犯罪人的个性等心理痕迹。

3. 从犯罪现场被犯罪人侵犯的客体种类、体积重量等可以进行犯罪人心理分析。

4. 抓住犯罪人目标选择的需求心理，判断其是本地人还是流窜犯。流窜犯罪人一般只拿金钱饰品等有价值的东西，而本地犯罪人作案连较小价值的东西也不会放过。

5. 从犯罪人遗留在现场物品的产地、销售、使用范围可分析其心理痕迹进而判断犯罪人的工作、生活情况。

6. 从犯罪现场所遗留的人体行为痕迹分析其心理痕迹。人体行为痕迹是犯罪现场能够反映心理痕迹的手印、皮纹、气味、足迹、步伐、血迹分布、体液、粪便遗留等犯罪人作案时身体所造成的痕迹。这些痕迹是犯罪行为的客观表现，不仅能够反映作案人的某些生理特征，而且能反映犯罪人当时一定的心理状态。通过遗留时作用力的大与小、生与疏，以及客观反映有与无、多与少、先与后等现象的研究，分析其心理痕迹进而推断犯罪人的特点。

7. 现场增减物品。现场增减物品是指犯罪人在犯罪过程中遗留的能够反映现场心理痕迹的犯罪工具及其他物品，以及犯罪现场各种能够反映现场心理痕迹的被盗物品和被损害的物品。如果现场遗留的工具和物品不是一件而是多件，分布面广，本应带走的也遗留在现场，作案盲目性大，痕迹混乱，这反映出犯罪人作案时内心恐慌、情绪紧张，可能是没有经验的初犯或偶犯，或不知情、不了解现场情况的人所为。反之，现场遗留物少，侵害目标准确，痕迹轻微，则说明犯罪人作案时心理状态沉着、平稳，动作熟练，可能是有作案经验的惯犯，或是知情人、内部人作案。

三、犯罪现场心理痕迹分析的途径和步骤

在刑事侦查过程中，侦查人员应在搜集物质痕迹的基础上，应用心理分析的方法对发现的物质痕迹或者某些现象特征加以整理归类，尽量复现犯罪人实施犯罪行为的心理状态，刻画出犯罪人的基本心理特征，为侦查破案提供有力的佐证。现场心理痕迹的分析要遵循一定的规律，根据心理的实质及心理与行为的关系，得出犯罪现场心理痕迹分析的基本途径：犯罪现场物质痕迹→犯罪行为过程→实施行为时的心理状态及个性特征→犯罪人的基本心理特征和心理面貌。

（一）犯罪现场心理痕迹分析的途径

侦查人员通过对犯罪现场的物质痕迹进行心理分析，为划定侦查范围、确定侦查方向

和犯罪人提供依据。

1. 收集、归类与整理犯罪现场物质痕迹。犯罪现场物质痕迹的收集、归类与整理是准确分析犯罪现场心理痕迹的关键。在对犯罪现场进行实地勘查时，侦查人员要对现场与案件有关的各种细节，如指纹、血迹、毛发、唾液、精斑、烟头、纸片、衣物、工具痕迹、车辆痕迹、枪弹痕迹以及物证间的关系和现场出现的反常现象等，进行全面、细致、准确、客观的观察，之后还应认真、仔细地收集犯罪人留下的可能与案件有联系的上述各种物质痕迹，特别是为进行现场心理痕迹分析提供承载作用的各种物质痕迹。

从犯罪现场收集的物质痕迹通常都是破碎的、零散的、杂乱的，要对之进行分析，首先要对它进行归类、整理。归类、整理时应按照物质痕迹的隶属关系、转换关系、对峙关系、质变关系各作一类。通过分析现场痕迹的各种关系和对现场痕迹的归类、整理，使单个且杂乱无章的物质痕迹形成有序的整体痕迹链条，这样就为下一步心理分析奠定了良好的基础。

2. 由犯罪现场物质痕迹分析现场心理痕迹。现场勘查时，勘查人员需仔细把握犯罪行为和结果所暴露出来的各种物质形态痕迹，通过回忆推理，研究和掌握犯罪人的心理活动，弄清案件的真实情况，为侦查破案提供有力的线索和证据。

（1）从现场物质痕迹的总体情况进行整体分析。整体分析需要从现场提取的物质痕迹的总体数量、种类、分布状况以及痕迹与痕迹之间、痕迹与犯罪行为之间、痕迹与犯罪结果之间有无必然的联系进行分析。

（2）从单个具体物质痕迹进行分析。犯罪现场物质痕迹多种多样，从心理分析的角度探讨前述几种常见的载体与现场心理痕迹的关系。

第一，通过对犯罪现场的物质痕迹进行分析，判断犯罪人的犯罪动机、目的与作案时的心理状态。犯罪人的犯罪动机、目的与作案时的心理状态，必然会通过犯罪行为所产生的物质痕迹和犯罪结果反映出来，或留在被害人、见证人的记忆中。通过分析犯罪现场的物质痕迹、被害对象的状态等，可以判断犯罪人的犯罪动机、目的与作案时的心理状态。

第二，通过对犯罪现场的物质痕迹进行分析，判断犯罪人的个性特征。犯罪人的知识、经验、技能、智力、气质、性格、习惯等个性特征，必然会通过犯罪行为反映在犯罪现场所留下的物质痕迹以及其他犯罪特征上（如伪造、破坏现场）。因此，通过分析犯罪人的作案手段、行为特征、物质痕迹以及现场的其他情况，可以判断犯罪人所具有的上述个性特征。犯罪现场是否伪造、破坏，留下的犯罪痕迹的多少，犯罪手段是否隐蔽、残暴、凶狠等，往往也可以反映犯罪人的智力水平、性格、气质特点等。犯罪痕迹与犯罪人个性的上述关系，为侦查人员划定侦查范围、确定侦查方向和犯罪人提供了心理依据。

第三，通过对犯罪现场物质痕迹、遗留物进行分析，判断犯罪人作案时的心理状态，描绘犯罪人的形象。犯罪人作案时或镇定自若，或恐惧、愤怒等心理状态，往往通过犯罪行为反映在犯罪的物质痕迹或遗留物中。通过对犯罪现场进行心理分析，可以再现犯罪人作案时的心理状态，描绘其大概形象，为破案提供线索。

第四，通过对犯罪现场的犯罪行为、犯罪侵害目标的反常性进行分析，推断犯罪人的个性特点。一个人的犯罪行为与其个性特点紧密相关。通过分析其犯罪行为的反常性，推断出犯罪人某些特殊的个性特征，从而为划定侦查范围、提高侦查工作效率服务。通过分析作案人的犯罪行为的反常性、特殊性，为查找犯罪人提供心理学依据。

总之，在收集、分析现场物质痕迹的时候，只有认真、仔细地收集可能与案件有联系的各种痕迹，才能真实、全面分析犯罪人的现场心理痕迹。

（二）犯罪现场心理痕迹分析的步骤

1. 由痕迹的提取、整理和归类向行为的恢复过渡。由于犯罪现场通常是破碎的、杂乱无章的，要对痕迹进行心理分析，必须依据痕迹的性质、形态等相关因素进行提取、整理和归类，使之形成一个有机的痕迹群。在整理犯罪现场痕迹时，理论上将有隶属关系的痕迹归为一类，将有转换关系的痕迹归为一类，将有对立关系的痕迹归为一类，这在实际应用中很难把握。因此从痕迹所反映的行为特征对痕迹进行归类整理，更直接明了，更容易把握和操作。具体是：

（1）按痕迹所反映行为的指向性是否明确，可将痕迹分为指向性行为痕迹和盲目性行为痕迹。

（2）按痕迹所反映的行为是否具有技能性，可将痕迹分为技能性行为痕迹和非技能性行为痕迹。

（3）按痕迹所反映的行为是否具有力量性，可将痕迹分为强力性行为痕迹和弱力性行为痕迹。

（4）按痕迹所反映的行为与现场是否具有矛盾性，可将痕迹分为伪装性行为痕迹和直接性行为痕迹。

（5）按痕迹所反映的行为的情绪性，可将痕迹分为宣泄性行为痕迹和应对性行为痕迹。

（6）按痕迹所反映的精神状态，可将痕迹分为变态人格行为痕迹和常态人格行为痕迹。

在上述归类整理中，会存在一个痕迹反映多种行为特征的情况，如弱力性行为痕迹又是技能性行为痕迹。正是这种一个痕迹的多种表达方式，才能使得对痕迹的行为特征的认识更为全面、透彻。经过归类整理，现场的犯罪痕迹就不再是单个存在的，而是有序的、互相关联的痕迹群，因此基本上就可以重现犯罪行为的过程，为行为的分析创造条件。

2. 由痕迹的行为分析向犯罪心理分析过渡。痕迹是由行为造成的，行为又受主体的心理制约。有了对犯罪行为过程的再现，就可以从行为入手进行心理分析。在进行行为心理分析时，应努力寻找行为后隐含的心理因素，即挖掘出深层次的犯罪心理痕迹。

从行为分析向内在犯罪心理痕迹分析过渡，是一个以物质痕迹为基础，以行为过程为分析对象，以把握犯罪行为人行为和心理活动特征为目标的抽象过程，它推动着侦查活动的逐步深入，是实现侦破案件这一目标的重要环节。

第三节　心理调查询问侦查干预

调查询问是侦查人员通过与案件有关的证人、被害人以及其他知情人进行直接交往以了解案情、收集证据的重要侦查手段。为了了解有关案件的真实情况及取得可靠证据，侦查人员必须了解被调查对象接受调查询问时的心理状态和个性特点，同时根据被调查对象的个性特点和心理状态，控制、调节自己的心理活动，掌握交往的主动权，提高调查询问的交往艺术，运用心理对策，调动、激发被调查询问对象与侦查人员进行交往的积极性和主动性。

一、调查询问中的交往艺术

调查询问是一种特殊的交往活动。侦查人员的交往能力以及与被调查人交往时的环境气氛，也会在一定程度上影响着被调查询问对象的心理状态，从而影响被调查询问对象作证、提供案件事实、情节或线索的积极性、主动性。为了达到调查询问的目的，侦查人员不仅要根据被调查对象的具体情况，自觉调控自己的心理活动，而且还要选择和创造适宜调查询问的环境和气氛，以利于交往的顺利进行。

（一）创造良好的心理气氛

侦查人员以国家机关工作人员的角色身份进行调查询问活动时，某些被调查人的心理上会产生不同程度的疑虑、戒备或紧张不安的心理，影响他们作证或提供案件线索的积极性、主动性。因此，侦查人员在调查询问中要创造一种和谐、宁静的交往气氛，以消除被调查人与侦查人员交往时的心理障碍。沟通时应针对调查询问对象的社会地位、职业角色、年龄、性别、民族、籍贯、兴趣、性格等不同的特点，寻找对方所熟悉或感兴趣的话题，使用对方习惯的方言、民族语言进行交谈，尊重对方的风俗习惯等，这样可以很快消除被调查人疑虑、戒备、紧张不安的心理，缩短与对方交往的心理距离，取得对方的信任，创造适合交往的心理气氛。在调查询问中，还要注意观察被调查对象的心理状态、对被调查询问的态度、个性特点等，从而选择、调整提问的方式、方法。

在调查询问中，侦查人员与被调查对象交往时的言语和工作态度、风格所形成的交往气氛，对被调查人的心理也有重要影响。因此，用语要明确、易懂，将普通老百姓不易听懂的专业术语通俗化，而且还要根据被调查询问人的性别、年龄、社会地位、职业角色、性格、心理状态等因素，使用合适、得体的用语。如对青少年进行询问时，用语要亲切、和蔼，使其产生亲切感和信任感，并注意启发记忆，唤起联想，同时还要避免他们对侦查人员的问话自觉不自觉地产生暗示，必要时对其所谈情况要进行反复追问和验证。与老年人谈话时要表示尊重。对于有某些顾虑的被调查人，要针对他们的顾虑和心理状态、个性特点，以对司法工作的真诚、负责态度和良好的心理素养，唤起他们的责任感、义务感和正义感，消除顾虑，使其积极配合侦查人员的工作，提供真实的证词、证言以及有关案件的线索。

（二）选择有利的时间、空间环境

调查询问的时间、空间环境对被调查人的心理也有一定的影响，从而可能影响被调查人作证的积极性与主动性。因此，侦查人员在调查询问中，要根据被调查人的心理状态，选择有利于沟通的地点。一般应选择被调查人比较习惯、熟悉的场所，以减轻被调查人对环境的陌生感和心理的不适感。有些证人、被害人对于向侦查人员提供情况有种种顾虑，如有的证人害怕犯罪人及其亲属报复，有的被害人害怕暴露个人的隐私等，因此，选择有利于调查询问的时间、地点非常重要。

（三）注意心理效应的影响

侦查人员在调查询问中，要想运用沟通时心理效应对沟通的积极影响，避免某些主观心理效应对沟通的消极影响，就要善于进行自我心理调控。要克服、控制自己的负性情绪、职业面孔等心理弱点，特别要注意，不要以司法工作者的角色自居，不要以居高临下的态度对待被调查人，要以平等、亲切、谦和、真诚的态度和良好的工作风格在被调查人心理上形成良好的首因效应，以消除其对侦查人员的某些消极心理定势，建立对侦查人员的信任感，这样才有利于沟通的顺利进行。同时侦查人员还要注意避免自己受到某些主观心理效应的影响，如首因效应、晕轮效应、刻板印象等的消极影响，产生对被调查人的错误的社会认知，从而导致对其所提供的证词、证言的错误判断与使用。

二、调查询问中的心理接触策略

侦查人员在调查询问中，能否了解到有关案件的真实情况，取决于侦查人员在与被调查人沟通时进行心理接触、施加积极心理影响的能力。由于被调查询问对象与案件的利害关系、法律意识、作证动机等的不同，在调查询问中，其对侦查人员的询问也会持不同的态度。因此，为了获得有关案件的真实情况，必须针对被调查人对于侦查人员询问的态度，以及被调查人的气质、性格、心理状态等，运用不同的心理接触策略，施加积极的心理影响，端正被调查人对于询问的态度，争取他们的合作，才能达到调查询问的目的。

按照被调查询问人对调查询问的不同态度，可以将其划分为积极配合型、敷衍应付型、回避拒绝型三类。对于不同类型的被调查询问人，应运用不同的心理接触策略。

（一）与积极配合型被调查人的沟通策略

案件的被害人及其亲属、与被害人有密切关系的证人、与犯罪人或其亲属有私仇或其他有利害关系的证人，一般都希望犯罪人得到严惩。因此，在调查询问中，大都能与侦查人员合作，积极提供有关案件的真实情况和证言。但是也有少数人，由于他们对犯罪人的仇恨、愤怒情绪和希望犯罪人得到法律严惩或借机报私仇的动机，在陈述被害事实、情节、提供证言时，容易有意无意地掺入自己的主观因素。有的被害人夸大、歪曲甚至虚构被害的事实和情节，淡化或隐瞒自己在案件中的某些责任等；有的证人在作证时，提供有水分的、甚至是虚假的证言。鉴于此，侦查人员在调查询问中，一方面应进行法制教育，使他们明确证人作证的法律责任和法律的严肃性，端正作证的态度；另一方面，对他们提供的有关犯罪事实和情节要刨根问底，使夸大、虚构的事实和情节露出破绽。

（二）与敷衍应付型被调查人的沟通策略

有的被调查人，缺乏向司法机关提供情况的责任感，抱着事不关己、冷眼旁观的态度，因此，其不愿积极向侦查人员提供有关案件的情况；也有的被调查人，胆小怕事，害怕遭到报复，或者与案件被害人有某些矛盾、利害关系等，对侦查人员的调查询问持消极应付的态度。与这一类被调查人进行心理沟通，一方面应对他们进行法制教育，使其明确积极向司法机关提供情况，与犯罪作斗争是公民应尽的义务，同时还可运用"角色换位"的方法，启发、引导他们将心比心，假如自己是被害者或被害者的亲属，案件的知情人、证人不积极作证，不能使犯罪人受到应有的惩处，自己的合法权益得不到保护，自己是什么心情？案犯逍遥法外，还会继续作恶，也可能残害到自己头上，以此激发他们对被害者的同情心和与犯罪作斗争的正义感，争取他们与侦查人员的积极合作。

（三）与回避拒绝型被调查人的沟通策略

犯罪人的亲朋好友出于包庇的动机，或与案件有某些牵连的知情人，对侦查人员的调查询问常常采取反感、回避、拒绝提供情况的不合作态度。有些案件的被害人出于顾全名誉的动机，也往往回避、拒绝侦查人员的调查。针对上述回避、拒绝调查询问人的不同动机，应采取不同的心理沟通对策。对于那些出于庇护犯罪人动机或怕牵连自己而拒绝提供情况的知情人，要运用法律和司法机关的威慑作用，采取强化心理刺激的策略，严肃向其指出包庇犯罪人、拒绝作证应负的法律责任，对其施加一定的心理压力。当心理压力取得一定的成效之后，再采用晓之以理的说服教育方法，以缓和交往气氛，使其在比较缓和的气氛中提供证言、证词。对于因害怕暴露个人隐私、担心自己的名誉受到损害而不愿作证的被害人，应采取动之以情的心理接触策略，一方面对其受害表示真诚的关怀和同情，并表示理解不愿作证的顾虑，同时又指明，如果拒绝作证，犯罪人得不到应有的惩处，其犯罪气焰会更加嚣张，还会继续作恶。使他们感受到司法人员的真诚和惩罚犯罪、为民除害的高度职业责任感，从而打消其顾虑，向侦查人员如实陈述被害的事实和经过，揭发犯罪人的罪行。

第四节　犯罪心理审讯策略

一、影响犯罪嫌疑人心理状态的审讯策略

影响犯罪嫌疑人心理状态的审讯策略，应根据犯罪嫌疑人在审讯时所表现出来的各个心理变化阶段的主要心理特点，有针对性地加以选择，以便从心理上对犯罪嫌疑人施加影响，扭转和清除影响犯罪嫌疑人供述认罪的心理障碍，促成和引导其产生交代认罪的心理，达到审讯的目的。

（一）扭转犯罪嫌疑人试探摸底的心理

初审的好坏，往往直接影响审讯的质量。因此，审讯人员在审讯的初始阶段，主要应

针对犯罪嫌疑人试探摸底的心理展开攻势。

第一，针对犯罪嫌疑人的畏罪心理，审讯人员要促使犯罪嫌疑人确立这样一种心理定势：既然犯了罪，害怕是没有用的，只能面对事实；既然实施了危害社会的犯罪行为，惩罚是不可避免的。在此基础上，对犯罪嫌疑人进行"坦白从宽，抗拒从严"的政策教育，引导他们抛弃畏罪心理，消除心理压力，供述认罪。

第二，针对犯罪嫌疑人的侥幸心理进行审讯。打破犯罪嫌疑人侥幸心理最有效的方法就是在适当的时机出示一定的证据和事实，揭露犯罪嫌疑人自认为没有暴露、不被掌握的隐罪，从而给犯罪嫌疑人造成"法网恢恢，疏而不漏"的印象，打消他们企图逃避罪责和处罚的侥幸心理。

第三，针对犯罪嫌疑人在审讯过程中的种种试探摸底现象进行审讯。审讯人员一方面不轻易相信犯罪嫌疑人的一些供述和审讯中所表现的诚恳态度，另一方面则审讯人员应十分注意自己的言行，把握分寸，不随意表态，不能轻易让犯罪嫌疑人掌握底细，以免陷入被动状态。

（二）消除犯罪嫌疑人的对抗心理

在对抗相持阶段，犯罪嫌疑人常花言巧语地进行"合理辩解"，有的提供假供、谎供，企图给审讯带来混乱，制造僵局；有的则抓住一言一事不放，故意纠缠不休。对此，审讯人员可采取以下几种心理对策：

第一，当犯罪嫌疑人态度嚣张、情绪激动、顽固对抗时，审讯人员要耐住性子，让其充分地表演，做好记录，以此作为谎供诡辩的证据。

第二，适时地打击犯罪嫌疑人的气焰。审讯中选择适当的时机，对犯罪嫌疑人的反动观点和无理言论进行正面批驳，严肃指出他们的拙劣表现及其应负的严重后果，使其收敛狂妄放纵的行为。

第三，在审讯中，应时刻不忘犯罪嫌疑人的要害问题，在一些枝节问题上尽量避免与犯罪嫌疑人发生正面冲突和纠缠，以防他们干扰审讯活动。

第四，选择弱点，主动出击。用已被突破的口供、揭露的事实作为突破口，证实犯罪嫌疑人的犯罪行为并非无懈可击，在心理上使犯罪嫌疑人感到胆气虚弱，从而摧垮其精心构筑的防卫体系。

（三）打消犯罪嫌疑人的动摇反复心理

进入动摇反复阶段，审讯的成功已初露端倪，但并不意味着犯罪嫌疑人会立刻彻底地坦白交代罪行。由于这一阶段矛盾心理起主导作用，犯罪嫌疑人的动机斗争十分激烈，心理波动十分突出，经常会在供述与否之间徘徊反复，动机具有不确定性。审讯人员应时时从心理上对他们施加影响，促使他们交代犯罪动机。

据此，审讯人员应从以下几个方面对犯罪嫌疑人施加心理影响：

第一，摸清阻碍犯罪嫌疑人彻底供述的心理状态。如果是残存的畏罪心理的作用，审讯人员则应进一步促使犯罪嫌疑人面对现实、接受现实；如果是残存的侥幸心理的作用，审讯人员则应进一步以事实为证据促使犯罪嫌疑人放弃逃避罪责的幻想。

第二，继续对犯罪嫌疑人进行坦白与抗拒的利弊分析，加强犯罪嫌疑人"坦白对己有利，抗拒对己不利"的认识，从心理上将其推向认罪。

第三，注意具体审讯方式、态度对犯罪嫌疑人的心理影响。审讯时既要趁热打铁乘胜追击，持续审查，突破犯罪嫌疑人的口供，以减少犯罪嫌疑人反复的机会；又要注意在审讯中多用双关语，少用刺激性语言以降低刺激强度，使犯罪嫌疑人能在较为平静、适宜的心理气氛中作出供述。

（四）促成犯罪嫌疑人供述认罪的最佳心理状态

犯罪嫌疑人进入供述认罪阶段，并不是审讯的结果和最终的成功。要取得犯罪嫌疑人完全彻底的供词，需要继续对犯罪嫌疑人施加心理影响，以使其保持坦白交代的积极心理状态。

犯罪嫌疑人能够彻底供认自己的犯罪行为，是以感到除了交代犯罪已别无出路为前提的。因此，审讯时要注重政策攻势，使犯罪嫌疑人"供罪有利"的心理认识继续得到强化。

此外，犯罪嫌疑人能够彻底供罪，也是基于其对犯罪行为萌发悔过之心。审讯人员应趁此帮助犯罪嫌疑人分析其犯罪行为对社会、对他人的危害程度，甚至让其亲眼目睹被害人的巨大痛苦，唤起犯罪嫌疑人的怜悯之心，使之在思想上真正认识到自己行为的罪恶，稳定其悔过心理以达到供罪目的。

在这一阶段，除了要引起和保持犯罪嫌疑人的认罪心理和悔过心理之外，审讯人员还应注意犯罪嫌疑人的畏罪心理、侥幸心理、对抗心理的再度产生，防止引发犯罪嫌疑人的心理逆变，出现翻供或停止继续交罪的现象。

二、影响犯罪嫌疑人情绪的审讯策略

影响犯罪嫌疑人情绪的审讯策略，就是通过对犯罪嫌疑人情绪的影响，消除犯罪嫌疑人的某些阻碍审讯的情绪状态或引导犯罪嫌疑人有利于审讯深入的情绪状态，从而进一步影响犯罪嫌疑人的行为，促使他们交待认罪的审讯策略。

（一）心理接触审讯策略

一般犯罪嫌疑人认为审讯就是要他们供罪受罚，因此，他们与审讯人员之间存在着心理上的对抗矛盾，这种心理上的不一致性直接影响到审讯的进展。心理接触审讯策略，就是要通过审讯人员大量的工作，使犯罪嫌疑人对审讯活动及审讯人员建立起必要的信任，消除双方的心理隔阂，使犯罪嫌疑人对审讯人员产生信赖和理解，使之能如实供述认罪的方法和策略。

犯罪嫌疑人犯罪的反社会性，必然会受到社会谴责，一旦被拘捕、关押，他们会倍感失助、孤独，渴望得到帮助。心理接触审讯策略就是利用犯罪嫌疑人的这一心理状态，使犯罪嫌疑人的心情向审讯人员靠拢，一旦犯罪嫌疑人对审讯人员产生了信任，就为他们供述认罪打下了基础。

以情动人，建立共同的心理基础，是心理接触审讯策略的关键。

（二）造成紧张情绪的审讯策略

在审讯过程中，有一些犯罪嫌疑人往往有比较丰富的对付审讯的经验和生活阅历，他们见多识广，惯与人打交道；同时他们自认为防御周密，没有破绽。因此，在审讯中表现为轻松自如、狂妄自信、态度嚣张的情绪状态。对于这样的犯罪嫌疑人，审讯人员可采用造成紧张情绪的审讯策略。

具体来说，审讯人员在审讯时应首先让其充分表演，待其情绪兴奋、夸夸其谈、无所顾虑、没有准备时，突然向犯罪嫌疑人出示有一定分量的证据，提出关键、要害的问题，造成犯罪嫌疑人突然的紧张，在此基础上进一步指出其犯罪行为的严重性和恶劣态度的不良后果，以打乱、瓦解犯罪嫌疑人的防卫阵脚。

从心理依据来看，当人处于紧张、惊恐状态下时会思维紊乱。同理，犯罪嫌疑人高度紧张时，不能冷静思考，认识范围相对狭窄，难以在短时间内编造谎言。审讯人员趁机加快审讯速度，便可收到较好效果。

出其不意，制造紧张，而后加快审讯速度是这一方法的关键。

（三）消除紧张情绪的审讯策略

初犯从未经历过严肃的审讯场面，对结果无法预知，审讯中易于紧张；有的犯罪嫌疑人罪行严重、罪责重大，具有强烈的畏罪心理时也易于紧张。审讯中他们往往手足无措、语无伦次、答非所问。对于这些犯罪嫌疑人，应采用消除紧张情绪的审讯方法，以稳定其心态，促使其交代罪行。

具体来说，在审讯中，审讯人员应避免过分严肃的表情，审讯语言要平缓、柔和，审讯内容可以暂避开实质性问题，从与犯罪嫌疑人的罪行无关的话题入手，从道德观、人生观谈起，加强犯罪嫌疑人对其犯罪行为认识的引导，逐步稳定其情绪。

从心理依据来看，过度的紧张情绪会造成个体的思维障碍，影响犯罪嫌疑人客观、全面地供述犯罪事实。因此，审讯中应切忌对这些犯罪嫌疑人大声呵斥，避免使用"高压"政策，以免加剧其紧张情绪。

（四）调整审讯强度和速度的审讯策略

审讯过程中，审讯人员的问话口气和问话速度，也会直接影响到犯罪嫌疑人的情绪，从而影响他们的行为。根据不同犯罪嫌疑人的个性特点以及在审讯过程中的不同表现，调整和变换问话的口气和速度，也是审讯的一种较为有效的心理方法和策略。

一般来说，对于一些老奸巨猾、能言善辩、坚持对抗、谎言不断的犯罪嫌疑人或个性外向、神经类型属于强型的犯罪嫌疑人，应加强对其审讯强度和审讯速度。审讯人员在审讯时口气要坚决，问话要迅速，要从气势上先压倒他们，充分把握住审讯的主动权，通过坚决而快速的提问，迫使犯罪嫌疑人顺应这样的审讯状态，不容其周密思考、编造谎言，剥夺他们深思熟虑捏造供词的机会，迫使他们交代真实问题。对于一些经验贫乏、沉默寡言、畏首畏尾、欲言又止的，或个性内向、神经类型属于弱型的犯罪嫌疑人，则应减弱审讯强度和审讯速度。审讯人员在审讯时口气要柔和，问话要慢速，要给犯罪嫌疑人发言的机会，激起他们谈话的兴趣，对一些犯罪嫌疑人的习惯特点要有耐心，尽可能适应犯罪嫌疑人的言语速度，使他们能顺畅地进行供述。

调整审讯强度和速度的审讯方法不仅可以在不同类型的犯罪行为中使用，在同一类犯罪嫌疑人的审讯中也可使用。有张有弛才符合犯罪嫌疑人心理变化的辩证关系，凌厉的攻势需与谆谆诱导密切结合，才能实现审讯方法的有效性。

（五）"出其不意"的审讯策略

由于犯罪嫌疑人实施犯罪行为具有客观性，他们编造的虚假口供必然与客观事实相矛盾，他们的防御体系总是存在着种种漏洞和破绽，这就导致了他们局部上的"有备"及全局上的"无备"。因此，"出其不意"的审讯策略就是要找准犯罪嫌疑人不加防备或防备较弱的问题，抓住薄弱环节，实施突审。

具体来说，出其不意的审讯策略是在审讯过程中选择犯罪嫌疑人的防守死角，攻其不备，突然追讯某一犯罪事实，出示确凿证据，揭穿某一谎言，干净利落，态度坚决，引起犯罪嫌疑人的情绪波动，从而攻破犯罪嫌疑人的心理防线。这种审讯策略的心理依据依然是利用犯罪嫌疑人思维紊乱、口供难以周密考虑，难以充分诡辩和自圆其说的特点，以求突破犯罪嫌疑人的防线。

这种审讯策略的关键是找准犯罪嫌疑人的弱点，准确把握进攻时机，使犯罪嫌疑人难以防备。

三、影响犯罪嫌疑人个性的审讯策略

影响犯罪嫌疑人个性的审讯策略，就是根据审讯中犯罪嫌疑人的个性心理特征，采取不同的心理方法和策略施以影响，以达到审讯目的的策略。

（一）针对不同气质类型的审讯策略

由于个体的气质类型不同，他们在行为活动中的表现就有所不同。根据不同犯罪嫌疑人的气质类型进行审讯，能使审讯工作少走弯路，顺利进行，提高审讯的效率。

1. 对胆汁质犯罪嫌疑人的审讯策略。胆汁质的犯罪嫌疑人具有强烈的兴奋过程和比较弱的抑制过程，他们情感的发生速度快而强烈，情绪外露，易冲动上火，急躁粗暴，语言直率粗鲁，较少拐弯抹角；自我控制能力差，攻击性强。在审讯中表现为：情绪激动，行为冲动，头脑不冷静，考虑问题不周全，不灵活，喜欢争辩，争一时之长，吃软不吃硬。

对胆汁质的犯罪嫌疑人的审讯，可根据他们的特点采取相应的对策：利用他们性格直率的特征，采取谆谆诱导、虚实结合的方法引导犯罪嫌疑人反思和交代案情；利用他们喜言好说、思维不全、自制力差的特点，充分发现他们言语中的矛盾和防卫上的漏洞，找寻合适的攻击目标；利用他们好争论、喜纠缠的特点，采用转移注意、激将法等手段吸引他们的防卫重点，以便攻击他们最薄弱的环节；利用他们喜听好话不愿听坏话、怕软不怕硬的特点，采用软处理的方法，以柔克刚，加以制服。

2. 对多血质（活泼型）犯罪嫌疑人的审讯策略。多血质的犯罪嫌疑人具有活泼好动、头脑灵活、反应敏捷、应变力强或能言善辩、好交际、情绪外露、耐受力较差的特点。在审讯中表现为精力旺盛，思维敏捷，反应能力强、善于说谎编造假口供或补救供述中的漏洞。

对多血质的犯罪嫌疑人的审讯，也应根据他们的特点采取相应的对策：利用他们好表现自己、语言能力强、不善掩饰的特点，引导犯罪嫌疑人围绕审讯目标夸夸其谈，暴露矛盾和破绽，从中搜集线索，掌握罪证；利用他们对各种信息反应敏感、联想丰富、理解迅速的特点，在审讯中有效地制造犯罪嫌疑人的思维错觉，引君入瓮，动摇他们的侥幸、抗拒心理；利用他们意志薄弱、难以持久的特点，反复持久地使用证据和事实揭露其谎言，从耐力和毅力上击垮犯罪嫌疑人，促其缴械投降。

3. 对粘液质犯罪嫌疑人的审讯策略。粘液质的犯罪嫌疑人具有情绪稳定、外表淡漠、沉默寡言、反应迟缓、注意力难于转移、忍耐力较强的特点。在审讯中表现为能冷静思考审讯人员的问话，回答问题少言寡语，多经反复推敲，惯于掩饰内心情感，真情较少外露，常常以软磨硬泡、无理纠缠对抗审讯，坚持观点较为顽固。

对粘液质的犯罪嫌疑人的审讯，可根据他们的特点采取以下对策：由于这类犯罪嫌疑人思维活动迟缓，反应不快，可适当放慢审讯速度和节奏，使之能更好地理解问话，有时间对前途、有关政策等进行思考，以利于他们据实陈述案情；根据他们韧性较强、防守严密的特点，审讯人员应充分运用刚柔并济的审讯方法进行审讯，当犯罪嫌疑人具有严重对立情绪时，审讯人员应以柔克刚，设法消除其对抗心理。而当犯罪嫌疑人具有对待审讯不理不睬、不屑一顾的表现时，则应以刚克柔，对其施加一定的心理压力，打破他们的心理平衡。

4. 对抑郁质犯罪嫌疑人的审讯策略。抑郁质的犯罪嫌疑人具有胆小畏缩、消极防御、情感脆弱、反应迟缓、不愿交谈、不善表达、情绪不外露的特点，在审讯中表现为回答问题顾虑重重、疑虑较多，对审讯人员的言行举止极其敏感，猜疑臆想、戒备心强，不适宜变化的环境，固执己见、适应性差。

对抑郁质的犯罪嫌疑人的审讯，可根据他们的特点采取以下对策：根据犯罪嫌疑人胆小谨慎、不愿交谈的特点，审讯人员应首先设法消除他们的冷漠、紧张心理，讯问时从符合他们兴趣、爱好或愿意谈论的话题入手，引起他们的对话兴趣，淡化他们的戒备心理，使其紧张情绪得以缓解，适应审讯环境和审讯要求；根据他们畏惧、怯懦的特点，适时运用可靠证据打破他们的侥幸和幻想心理，迫使他们正视现实；根据他们情感脆弱、对供罪后果疑虑较多的特点，适当注意为他们解除包袱，减轻思想负担，使其供述认罪。

（二）针对不同性格特征的审讯策略

性格具有不同的类型，按照个性心理活动的倾向性可以将性格分为两种：个性心理活动倾向于外的称为外倾型，个性心理活动倾向于内的称为内倾型。由于外倾型性格和内倾型性格具有不同的心理和行为特征，对这两种不同性格类型的犯罪嫌疑人的审讯也应采取不同策略进行：

1. 对外倾型性格的审讯策略。外倾型性格的犯罪嫌疑人的特点是活泼好动、善于交际、健谈、言行冲动、易产生兴奋情绪，因此，这类犯罪嫌疑人在审讯中表现为脾气急躁、容易冲动、具有挑衅心理，常常顶撞、反诘讯问人员。对这类犯罪嫌疑人的审讯，应注意利用他们好表现自己、讲话较多的特点，发现他们口供中的矛盾和破绽，适时打击他们的嚣张气焰，有时要避其锋芒，对其造成紧张情绪。通过转移他们注意力的审讯方法，来打破他们的防御体系，迫使他们认罪服法，交代自己的罪行。

2. 对内倾型性格的审讯策略。内倾型性格的犯罪嫌疑人的特点是沉默冷静、反应缓慢、少言寡语、不善交际、顺应性差。因此，这类犯罪嫌疑人在审讯中表现为谨慎小心，不随意回答审讯问话，他们对审讯疑虑重重，十分敏感。对这类犯罪嫌疑人的审讯，应注意调动他们的情绪，引起他们的谈话兴趣，特别要加强政策宣传，对他们的思想教育应比外倾型的犯罪嫌疑人做更多的努力。在审讯中，要设法与他们进行充分的心理接触，消除他们的紧张心理，帮助他们卸下过多的思想包袱，使他们能顺利地供述认罪。此外，对这类性格类型的犯罪嫌疑人的审讯，还应掌握好审讯的速度和强度，适应犯罪嫌疑人的特点，尽量避免给他们造成更大压力，从而影响他们对审讯的积极心理和态度。

四、分散犯罪嫌疑人注意的审讯策略

在审讯过程中，无论何种犯罪嫌疑人，都会对审讯过程十分关注。虽然他们表现各异，有的狡辩、有的反诘、有的缄默、有的供述，但他们在审讯时的注意力都比较集中于审讯人员的讯问。因此，分散犯罪嫌疑人的注意的审讯策略，就是通过审讯策略，将犯罪嫌疑人的注意从防守之势分散开，冲出防线，暴露其薄弱环节，采取迂回战术，趁其不备、攻其要点的一种心理审讯方法和策略。

（一）自由交谈

自由交谈是一种有效分散犯罪嫌疑人注意力的审讯方法和策略，主要用于那些对审讯感到压抑、缺乏谈话兴趣或具有重大隐罪的犯罪嫌疑人。

具体地说，就是在研究犯罪嫌疑人的个性特点和具体情况的基础上，优先选择他们感兴趣的、愿意交谈的话题入手，如他们以前的工作、学习、生活、娱乐、家庭等情况，吸引犯罪嫌疑人的注意，并通过较为缓和宽松的审讯气氛，逐步减轻犯罪嫌疑人的压抑感和戒备心，当他们愿意交流并侃侃而谈时，就意味着其戒心有所解除，注意力已从主要罪行方面转移开。此时，审讯人员要巧妙地、不动声色地把谈话内容引向实质问题，果断地提问实质问题并追讯主罪，迫使他们在猝不及防中暴露隐罪，产生供述动机。

（二）声东击西

一些犯罪嫌疑人在审讯中为了逃避罪责，往往故意与审讯人员在一些次要小节问题上纠缠不清，企图把审讯人员的注意力吸引到他们的次要罪行上，从而隐瞒其他主要罪行。对于这些犯罪嫌疑人，就可以采用声东击西的审讯方法。此种方法利用犯罪嫌疑人愿意谈论次要问题的心理，在审讯过程中，审讯人员煞有介事地向犯罪嫌疑人的次要问题发动

"佯攻"，进行深追，并在一些细节上故意与犯罪嫌疑人纠缠，以此隐蔽主攻方向，麻痹犯罪嫌疑人的思想，掩盖审讯人员的真实意图。当审讯人员发现犯罪嫌疑人真的纠缠细节不放，确认"声东"已引起犯罪嫌疑人注意力转移时，立即扭转锋芒，直取其要害问题，追讯其重大罪行。

声东击西策略的关键是要选择好适当的问题，既不能让犯罪嫌疑人察觉到审讯人员"声东"的真实意图，又要能真正起到转移犯罪嫌疑人注意力的作用。此外，"击西"的时机必须准确把握，不宜早也不宜迟，提前了时机不成熟，触动不了要害，反而形成僵局，延迟了易被犯罪嫌疑人察觉到真实意图，也难以奏效。

（三）四面出击

四面出击是一种促使犯罪嫌疑人疲于奔命、心理高度紧张，从而造成其漏洞百出、防不胜防的心理感觉，动摇他们拒供顽抗的心理，迫使他们坦白认罪的审讯方法和策略。

具体来说，四面出击的审讯策略就是在审讯中，审讯人员精心选择多个出击点，从各个方面审讯犯罪嫌疑人，审讯问话从一个问题迅速转到另一个问题，连续不断，穷追不舍，使犯罪嫌疑人既无法预料审讯人员要了解的问题，又没有时间对一个个问题加以深入思考，使之处于被动挨打、顾此失彼、首尾难顾的境地。在审讯中，有时对一些问题连续提问时可以不要求犯罪嫌疑人回答，给犯罪嫌疑人造成一种审讯人员已掌握他们大量事实和证据的错觉。

四面出击的审讯方法的关键是审讯人员在审讯前做好充分的准备，选择好出击点，准备好大量有关问题。实施过程中要有节奏感和紧凑性。

技能训练一

警察特殊能力倾向测验

训练目的：选拔具备侦查素质的警察。

训练材料：纸笔；相关量表或者问卷。

步骤方法：指导语；测试；分数统计及分析。

参考问卷：

第一个正式的警察特殊能力倾向测验，是警察智力测验室所编的《普通警察心理测验》，共由7个项目组成。

（1）房屋测验。根据房屋内各部分位置的描写凭着记忆和想象将各部分位置绘于一个方格内。

（2）位置测验。用5分钟时间观看一个标明15个机关的街道图，看过后在另一张街道图上标明15个机关的位置名称。

（3）捷径测验。街道图上有5个机关，令受试者从规定的机关出发经过其他四个机关再回到出发点，看能否指出最短的路线。

（4）数字测验。有一组颜色不同的连续15个数字，让受试者从最小一个指起，直指到最大一个为止。根据指数时间记分。

（5）发现测验。在 100 个数字方块图上任意找出 10 个数字，以寻找 10 个数字的平均时间确定其成绩的优劣。

（6）检查测验。从一张电话号码单上检查 5 个电话用户号码，以平均寻找时间为确定成绩优劣的依据。

（7）应变测验。有 5 种需要紧急处理的事情，令受试者在 3 分钟内提出妥善应付的方法。

此测验常模分为最劣、劣、中、优、最优 5 等。除七项测验成绩外，还有测验时的"情绪记录"。

技能训练二

案例分析

浙江泰顺籍"变态狂魔"刘某，5 年前在杭州杀人奸尸潜逃后，就走上不归路。这些年来，刘某流窜于昆明、广州、长春等地，作案数十起。他甚至公开向公安叫板，不时写信给犯案地公安机关，并在给朋友、女友的信件中透露自己杀人的过程。5 年来，警方和他斗智斗勇，追凶足迹遍及大江南北。2004 年 2 月 10 日下午，这名狂徒终于在福建寿宁县落网。11 日，杭州警方召开新闻发布会向媒体公布案件侦破情况。

自制枪支犯案累累

犯罪人刘某 1975 年出生于温州泰顺县筱村镇玉溪村。身高 1.7 米的他，体格却十分健壮，尚武好斗，即便是在逃亡的日子里，他也天天练武健身。1995 年，刘某曾在某部队服役，1998 年 10 月，因作风问题被部队除名。

1999 年 1 月，他来到杭州，在莱茵达大厦当保安。1999 年 2 月 19 日晚，刘某在莱茵达大厦值班。当时，同在大厦上班的刘会计洗完澡回单位，被刘某看到，以借手电筒为名，将刘会计骗至房间后捅死并奸尸。不仅如此，刘某还残忍地用菜刀、匕首将被害人分尸，用编织袋装好，抛尸在一间正装修的房屋内。2000 年 2 月 29 日，刘某流窜到江山市，将一旅馆女服务员杨某杀害，藏尸旅馆床铺下。

据刘某交代，他杀人后在全国各地逃亡，每个地方只待数月，生活来源完全靠偷、抢维持。其间，他曾多次去云南，意图购买枪支，他还自制钢管枪支、弹药。

据他所述，其曾先后自制过 6 把手枪。2004 年 2 月 10 日下午警方将其抓获时，他随身携带的自制手枪，子弹已经上膛，警方还在他房间搜出 60 发自制子弹。

为了试射自制枪支的威力，在武汉，他随意向路人开枪，致人受伤；在福建福州、寿宁等地，他多次尾随女青年进行抢劫、强奸……5 年来，刘超流窜于昆明、广州、长春等地，作案数十起。

心态扭曲滥杀无辜

2004 年 2 月 11 日下午，记者问刘某为什么要杀害无辜的人，他似乎有点兴奋，说是因好奇，没杀人前天天想找目标杀人，"不过，我没有那些人的素质"。刘某口中的"那些人"就是那些犯下大案要案的人。

记者再问他自觉心理有无异常时，他说："极端、偏激。"其神情镇定，对话思路清晰。

面对着众多媒体的采访，刘某表现平静，且对答如流。5 年里，刘某有两样东西是随身带的，一样是碟片，"中国刑侦一号案""三八大案纪实"等，刘某解释，看这些碟片是为了研究公安抓人的套路。另一样是连睡觉也不离身的自制手枪，他对逃亡的不安全感有充分的准备。警方将其带到杭州后，刘某自言"待在审讯室里很舒服，逃亡太累了，但也害怕死亡"。

每到一地，刘某都要写信，前后寄给他的前女友、战友、公安局等，信中直言自己的作案过程，并坦言纯粹为杀人而杀人，叫嚣自己将做更大的案件，其疯狂、病态心理让人发指。

恶魔被缉拿归案

刘某频频犯案的行为，嚣张的"宣战"，让警方感觉到"抓不住刘某，是警察永远的痛"。5 年来，一场围绕追缉刘某的战斗一直没有停息过。这 5 年中，只要刘某出没过的地方，警方就连夜赶往。

案件出现转机是在 2004 年 2 月 9 日下午。警方获悉重要线索，一名体貌特征类似刘某的人出现在福建寿宁，警方立即赶赴福建。10 日上午，警方就锁定了刘某身份、住所。由于刘某身上携带枪支，又终日习武，为了抓捕顺利进行，警方决定趁刘某戒备松懈时行动。当天下午，警方在刘某的暂住地潜伏守候。下午 3 时，刘某悠闲携带一三陪女出门上街。4 名警察悄然跟随，以迅雷不及掩耳之势将其紧紧按住。整个抓捕行动干净漂亮，前后不过 1 分钟。刘某被戴上手铐时，才回过神来说了一句："我服了。"警方从其身上搜出已经上膛的自制枪支。

后记：针对刘某的案子，李玫瑾老师认为，我们的社会迫切需要建立关于危险人格的评估体系。"危险人格评估"的指标有很多，包括智力发展的均衡问题、个性倾向等，更重要的是心理内容，心理内容通过心理测量是测不出来的，需要对一贯的行为方式进行观察，这就是一个评估体系。

技能训练三

案例分析

明朝时，潮州有两个商人，一个叫周生，一个叫赵三，两个人自幼交好。一日，两个人又相约去经商，并预定了船主张潮的船，商定第二天一早碰面出发。赵三回家后与妻子三娘子说起又要外出经商的事，三娘子不高兴，俩人就吵了起来，赵三一气之下天不亮就出了家门。天亮后周生来到约好的船上，见赵三没来，就喊醒张潮让他去叫赵三，结果赵三不在家，三娘子也很吃惊，于是三人一起寻找，没有找到，邻居也说没有看见。周生怕连累自己就报了案，县令让三人分别讲清情况。张潮说："周生上船时我正在睡觉，是他叫醒我去喊赵三，我到门外喊了几声三娘子，她才开门。她说丈夫出门很早，可是邻里都不知道，分明是她把丈夫给害了，怎么说是我呢？"而三娘子却大喊冤枉。此事拖了很久，成了悬案。后杨县令到潮州上任，审阅案件时，注意到船主的供词有矛盾。船主供词中说他敲门时叫了几声三娘子，说明船主事先知道赵三不在家，这里一定有问题。于是重新审问张潮，杨县令指出其矛盾后，张潮大吃一惊，自知罪责难逃，就供出了杀害赵三的经过。张潮进门就喊三娘子，原因是他把赵三杀害以后，赵三不在家这一情况深深地印在了他的脑海里，在言谈话语里不知不觉把这一心理暴露于外，这便是印象痕迹形式的犯罪心理痕迹。[1]

---

〔1〕 褚红云："论犯罪心理痕迹的利用"，载《湖北警官学院学报》2004 年第 6 期。

What really raises one's indignation against suffering is not suffering intrinsically but the sense-lessness of suffering.

——Friedrich Nietzsche

人们对痛苦的真正愤慨，并不来源于痛苦本身，而是对痛苦的麻木。

——尼采

第二十一章

罪犯心理矫治干预

📝 经典案例

周某系列抢劫杀人案

周某，男，苏湘渝系列持枪抢劫杀人案制造者，公安部 A 级通缉犯。

个人经历：幼时忠厚老实，沉默寡言，很少与他人交流；十来岁时与父亲下河挖沙挣钱；1997 年因非法持有枪支被劳教；2005 年因贩卖枪支在云南服刑；刑满出狱后结婚生子，打工挣钱养家。

自"1·6"南京枪击抢劫案后，公安部明确："1·6"南京枪击抢劫案，与此前湖南长沙、重庆发生的 6 起持枪抢劫杀人案，均系同一犯罪嫌疑人所为。

2012 年 8 月 10 日上午 9 点 34 分，此案犯在重庆沙坪坝区凤鸣山康居苑中国银行储蓄所门前实施枪击抢劫，当时造成一死两伤。

后警方查证明确：案犯系周某，男，1970 年 2 月 6 日出生，汉族，初中文化，重庆市沙坪坝区井口镇二塘村人，身高 1.67 米，曾因贩卖枪支服刑。

2012 年 8 月 14 日凌晨 6 时 50 分，周克华在重庆沙坪坝区童家桥一带被警方击毙。

📝 经典视频

CSI 犯罪现场调查

《CSI》的故事背景设定在赌城拉斯维加斯，以真人真事改编，讲述刑事警察局的法庭犯罪调查员如何在作案现场取得证据破案的故事。调查员的名言是"死尸会说话"，他们利用指纹、鞋印、子弹壳、血迹、毛发、纤维、尸体伤痕等微小证据，经过仔细的分析研究后，寻得破案的关键。

解开谜团的过程颇有吸引力。此剧还重建死者被害时的现场，拍摄子弹如何在体内穿梭，血管、器官被破坏的过程，逼真景象令人屏息。看了如此细致的破案手法，即使有犯罪的胆在以身试法时也要好好考虑。

这部美国哥伦比亚广播公司的王牌节目，曾获得第 59 届美国金球奖"最佳系列剧"，主演过《异形》的海尔金伯格凭该剧获得了最佳女主角奖。另外，该节目还获艾美奖六项提名，入选 2002 年美国"十大最佳电视影集"、美国 CBS 电视台当年收视冠军，可谓集三千宠爱于一身。

该节目比传统刑事案件报道更具情节性和悬念性。另外，《CSI》已成为美国警方的必备学习教材，连英国苏格兰场、日本警卫厅以及法国警局都视之为反恐教材。

矫治技能

- 精神分析理论的心理矫治
- 社会学习理论的心理矫治
- 人本主义理论的心理矫治
- 认知理论的心理矫治

第一节　精神分析理论的心理矫治

一、精神分析的方法与技术

（一）治疗的原理

根据神经症的心理病理学说，潜意识的心理冲突是神经症的根本原因。神经症病人的自我心理都不够强大，其不能有效地协调解决冲突，采用了这样或那样的心理防御机制而形成了各种心理症状。

精神分析认为，心理治疗的焦点不应放在消除症状上，而应放在帮助病人揭示内在冲突的原因和冲突过程上。不知道症状的原因，病人的症状就无法消除。而由于参与冲突的各方，包括自我、本我、超我和外界现实，处于不同的意识层面，而心理冲突本身又是无意识的，因此病人虽然知道自己的症状，但却不知症状的意义以及造成症状的原因。精神分析治疗需要做的就是把这一系列的无意识过程和材料经过分析、解释，让病人在意识层面得以了解和领悟，了解其症状的原因。一旦病人明了自己得病的原因和过程情形，症状便有了一个合理的解释，自然就消失了。

因此，精神分析治疗工作的要旨就是：使无意识过程向意识转化。

无意识过程向意识转化是精神分析治疗的关键，但这一转化又是异常艰难的。一方面，由于致病冲突的无意识心理内容不能通过有意回忆揭示出来，而分析者也无法知晓病人已经忘却的那些经历。另一方面，由于所谓的"两级获益"，病人对分析会产生抵抗。两种原因的存在，注定了这一转化过程往往是一场"持久战"。事实上，精神分析治疗有时可能长久数年之久。

所谓"两级获益"，是指病人借助生病可以获得两方面的好处。一级获益，又叫内部获益，是指症状满足了病人的无意识欲望，使无意识冲突可以得到变相的、虚幻的解决。如上述的，通过症状，力比多可以以一种超我不干涉的方式得到满足和表现。二级获益是指病人借助生病，从家人、朋友和其他人身上获得支持、同情、安慰，从而减少应激压力。

由于两级获益的存在，病人会对治疗有矛盾的态度。一方面，他希望摆脱症状的折磨和环境的压力，表现为积极求医；另一方面，又有意无意地希望"停留在病症中"，从而消极对待治疗，如出现不积极配合检查，不愿采取实际行动练习新行为、纠正强迫动作，借故耽误治疗等行为。

弗洛伊德把这种消极对待治疗的现象称作"阻抗"（resistance）。在治疗中，出现明显的、强烈的阻抗是接近问题症结的一个信号，因此克服阻抗是治疗的中心任务之一。

阻抗的力量与压抑的力量同源，都是由于自我或自我与超自我的联合活动。"是同一种力量先是实行压抑，而后又抵抗分析以维护压抑。"要克服压抑和抵抗，需要借助病人自己的两种积极力量：一是病人要求康复的动机；二是病人的理智。要克服阻抗，治疗者的策略是：其一，向病人表明旧的解决（实行压抑，以症状为替代性满足）足以致病，新的解决（在意识水平认识、接受自己的力比多欲望）可以恢复健康。其二，告诉病人他的自我已不是幼年时的自我，现在的自我已足够强大，有能力在意识水平上清醒地认识、处理矛盾冲突。

与阻抗具有同样重要作用的另一种现象是"移情"（transference）。在治疗过程中，病人会出现一种特殊的表现，其不再关注自己的病，而对分析者变得越来越有兴趣，可能对治疗者表现出好感、顺从、崇拜，变得极易相信分析者的话等现象。这就是病人对分析者发生了移情。弗洛伊德认为，移情实际上是病人过去（多为幼年时期）对父母或他人的情感经历的重演，只是以治疗者替代了儿时的情感对象。也就是说，病人把治疗者当成了早年生活环境里与其有重要关系的人，把曾经给予这些人的感情置换给了治疗者。

如果移情发展到了相当强烈的程度，治疗工作的重心便会发生转变。分析新出现的"移情神经症"将代替分析回忆过去，成为分析治疗的主体。"既然移情神经症是原来神经症的翻版，假如治愈了这个新得的神经症，就等于治好了原来的神经症。病人如果能重新与医生保有正常的关系，摆脱了被压抑的本能倾向的影响，则在离开医生之后，也仍然能够保持健康。"因此，移情的产生和处理，是治疗过程中治疗者工作的重心所在。

（二）治疗的方法

1. 自由联想（free association）。弗洛伊德最早期主要是使用催眠进行精神治疗的，但在实践中，他逐渐发现催眠并不适用于每一个病人，许多病人并不能接受被催眠。1895年，弗洛伊德创造了自由联想，替代催眠作为主要的治疗方法，实践证明这是一种十分有效的方法，几乎适用于所有病人。

运用自由联想时，要让病人舒适地躺着或坐着，要求其把进入头脑中的一切都报告出来，不论其如何微不足道、如何荒诞不经或者有伤大雅，都要如实报告。弗洛伊德认为，浮现在脑海中的任何东西都不是无缘无故的，其都有一定的因果关系，借此可以发掘出无意识之中的症结所在。因此，治疗者的工作就在于对病人所报告的内容加以分析与解释，帮助其找出无意识之中症状的根本原因，从而达到治疗效果。

2. 梦的解析（dream analysis）。弗洛伊德在治疗中发现，病人的梦的内容与被压抑的无意识幻想有着某种联系。1900 年其出版了《梦的解析》一书，提出梦是有意义的心理现象，梦是人的愿望迂回满足的观点。

按照弗洛伊德的观点，梦是潜意识中的本能欲望与冲突趁着睡眠时自我的控制减弱，通过化装变形而进入意识的产物。梦的工作通过凝缩、置换、视像化和再修饰等方式把原本杂乱无章的东西加工整合为梦境，即梦者能回忆起来的显梦。显梦的背后是隐梦，隐梦的意义，梦者是不知道的，要通过治疗者的分析和解释才能了解。因此，梦的解析就是要把显梦的重重化装揭开，由梦的显相寻求其隐义，从而找出无意识的冲突。

3. 阻抗处理。阻抗包括有意识与无意识两种。有意识阻抗可能是病人怕治疗者对自己产生坏印象，或担心说错话，或对治疗者还不能信任，治疗者可以通过说服加以消除。无意识阻抗则表现为对治疗的抵抗，而病人自己却不能意识到，也不会承认。例如病人可能表现为不愿更改其某种行为，即使这种行为给他带来了很大的痛苦。

无意识阻抗会一直贯穿于治疗的全过程之中。阻抗一方面是治疗神经症的障碍，另一方面也是治疗的中心任务之一。精神分析的治疗无法回避这种无意识的阻抗。治疗者需经过长期的努力，通过对阻抗产生的原因进行分析，帮助病人真正认清和承认阻抗，使治疗向前推进。

4. 移情处理。移情分析是精神分析疗法一项极为重要的技术，是指病人将其原先对某人所具有的情感转向了治疗者。移情可通过多种方式表现出来，如体现于自由联想及梦的内容之中或直接的语言表述等。精神分析家认为，透过移情分析，可使病人洞悉深埋于内心的对某个或某些"重要人物"所特有的看法、情感或反应。这对于发掘对病人有影响的早年与他人重要的关系极为关键。

5. 解释（interpretation）。解释是精神分析中最常使用的方法。要揭示症状背后的无意识动机，消除阻抗和移情的干扰，使病人领悟其症状的真正含义，解释都是必不可少的。解释的目的是让病人正视他所回避的东西或尚未意识到的东西，使无意识之中的内容变成有意识的。

解释要在病人有接受的思想准备时进行。此外，单个的解释往往不可能明显奏效。较有效的方法是在一段时间内渐渐地接近问题，从对问题的澄清逐步过渡到解释。因此，解释是一个缓慢而又复杂的过程。通过解释，治疗者可以在一段时间内不断向病人指出其行为、思想或情感背后潜藏着的本质意义。

6. 领悟与修通（insight and working through）。领悟是指觉察到个人问题的原因所在。精神分析疗法认为，领悟就是在理智与情感上对过去经历与现在症状或问题的关系有所感知。随着求助者洞察力的提升，其就会逐渐清楚自己内心冲突的表现形式。

让求助者领悟到问题与冲突是精神分析的"归宿点"。如果求助者希望能通过治疗达到人格的重建，其必须修通阻抗与旧有行为模式。修通是指通过反复解释与克服阻抗，从而使求助者解决其在童年期产生的功能失调模式，并在新领悟的基础上做决策，从而达到自我认知和自我整合的目标。修通是精神分析治疗的最后阶段，其是一个漫长的过程，需要求助者全心投入。

7. 心理分析式团体治疗。心理分析式团体治疗以精神分析为理论基础，其目标是重建求助者的个性与人格系统。达到这一目标的方法是揭示潜意识的冲突，使其进入意识层进行检验。

沃尔夫将精神分析理论与技术（如移情分析、自由联想、梦的解释、回溯等）应用于团体治疗，他强调要在团体中重现个体的早期家庭，以帮助其解决积压的心理问题。可以说，每位成员对其他成员和领导者的反应可以反映出他们早期家庭中的动力关系。尽管这些反应此时此刻表现在团体之中，但却能反映出个人的早期经历。

穆兰和罗森堡（Mullan，Rosenbaum，1978）曾提出在精神分析团体治疗中运用回归—重构的方式来重建个人的家庭动力关系。"这种回归方法就是退回到个人的过去以达到人格重建的治疗效果，即考虑到人格发展的社会因素，也体现了对个人自我成长的关注。团体在某种程度上就是个人早期家庭的复本，团体领导者要清楚成员在团体中与其他成员及领导者的关系模式与成员早期家庭中的动力关系之间的联系，对团体内的关系模式要尽可能少地刻意安排。团体就像一个家庭，由不同的成员组成，每一个成员都将在团体中重新体验他们最初在家庭中体验到的心灵冲突。"

心理分析式团体治疗的过程主要包括重新体验、分析、讨论和理解过去的经历并修通潜意识中的自我防御和阻抗。在此过程中，求助者的感悟力和理性思考，以及与自我认知相关的感受和记忆显得十分重要。他们是求助者能重新体验和建构自己的过去，解决压抑的心理冲突以及自己的行为如何受潜意识的影响的基础。

心理分析团体的技术主要包括：自由联想、梦的解析、解释、领悟与修通、阻抗分析与移情分析等。在团体治疗过程中需在考虑以下的问题：

（1）哪些方面的发展主题贯穿人的一生？

（2）求助者存在而未得到解决的冲突是什么？

（3）求助者目前存在问题与其早期经历的重要事件有何关系？

（4）哪些因素塑造了求助者的性格？

（5）求助者成长过程中有哪些主要的转折点与危机？

（6）在这些转折点上，求助者作出了何种选择，是如何处理各种危机的？

（7）目前求助者正朝着什么方向发展？

（三）治疗过程

精神分析治疗过程的步骤：首先，帮助病人领悟到病症与潜意识中受挫经验的联系。一旦病人了解到这种联系，病症就会消除或减轻。其次，帮助病人重塑正常的人格。病人领悟到了病症与潜意识的联系后，病症会得到减轻，要完全消除，必须在治疗者的指导下，修复人格发展中的缺陷，重新塑造正常的人格。通常来说，这两个过程是交叉、重复进行的，弗洛伊德认为在生命本能的推动下，借助治疗师提供的帮助，病人能够自行修复人格缺陷。这个过程需要的时间有长有短，可以短至数天，也可以长至数年。

精神分析治疗过程一般包括以下四个阶段：

1. 开始阶段。首先要了解求助者需要解决的问题，确认求助者是否适用于精神分析治疗。确认后，医患双方应就治疗规则、治疗阶段、双方责任取得共识。接下来，治疗者开始由浅入深地了解求助者产生内心冲突的根源。

2. 移情发展阶段。随着治疗的逐步进行，求助者会出现对治疗者的移情。移情是求助者将自己对过去生活中的某些重要人物的情感投射在治疗者身上。治疗者依据求助者的投射对其进行体验、理解并告知求助者。

3. 修通阶段。结合求助者提供的各种材料和移情表现，运用解释为主的技术，向求助者揭示其内心的无意识欲望和无意识冲突与自身表现出的症状的关系，获得求助者的理解和领悟。在修通的过程中会遇到阻抗，这是治疗过程中自然和必要的反映，求助者只有将这个过程坚持下去才会逐渐获得疗效。

4. 移情解决阶段。在求助者的主要无意识冲突已经修通的情况下，治疗者对结束治疗确定一个大致的日期。在这个阶段，求助者可能会在移情上出现反复，治疗者需要继续采取解释技术解决求助者遗留的问题，使之能够面对现实。当求助者能够解决移情并做好结束的准备时，治疗就可以结束了。

知识链接

艾里克森的心理社会发展理论对团体治疗式归纳的启示如下表所示。

表 21-1　人生发展的八个阶段[1]

发展阶段	年龄	发展危机	发展顺利者的特征	发展障碍者的特征	对团体工作的启示
婴儿期	0~1岁	信任—怀疑	对人信任，有安全感	面对新环境焦虑不安	成员回忆起早年被遗弃感和被拒绝感而害怕去爱和形成亲密关系；协助表达痛苦感受
儿童早期	1~3岁	自律—羞耻和怀疑	能借助社会要求表现目的性行为	缺乏信心，行动畏首畏尾	提供宣泄情绪和重新学习的团体环境；从情绪性依赖逐渐学习自我依赖，获得对自我生活的心理控制

[1]　参见刘勇：《团体心理辅导与训练》，中山大学出版社2007年版。

续表

发展阶段	年龄	发展危机	发展顺利者的特征	发展障碍者的特征	对团体工作的启示
学前期	3~6岁	主动进取—内疚	主动好奇，行动有方向，开始有责任感	畏惧退缩，缺乏自我价值感	成员表现出与性别角色认同相关问题的抗争；协助成员公开表达性问题困扰，纠正错误认识，处理被压抑的情感和事件，开始形成正确的性别角色认识
学龄期	6~12岁	勤奋—自卑	具有求学、做事和待人的基本能力	缺乏生活基本能力，充满失败感	借由团体支持纠正消极自我概念，重新体验过去情感，学会以不同角度审视过去的自我
青少年期	12~20岁	自我同一性—角色混乱	有明确的自我观念和自我追求方向	生活缺乏目标和方向，感到彷徨和迷失	探索和解决依赖—独立的心理冲突；重演过去认识自我承担生活的责任；体验和检验现实
成年早期	20~35岁	亲密—孤独	与人相处有亲密感	与社会隔离，孤独寂寞	解决个人独立感与需要建立亲密关系之间的矛盾；挣脱人际亲密的苦恼，预想自己的未来和重新评价自己的生活模式
成年中期	35~60岁	生产—停滞	热爱家庭，关心社会，有责任感和义务感	不关心社会和他人，缺少生活意义	协助成员作出新的评价、调适和决策；摆脱"这就是生活"的破坏性观念，重塑自己
成年晚期	60岁后	统整—绝望	随心所欲，安享晚年	悔恨旧事，悲观失望	提供心理支持与鼓励；协助成员认识到建设性应对死亡恐惧的方法

第二节　社会学习理论的心理矫治

行为疗法是基于行为主义学习论的一种非常通用的心理治疗方法。下面将按不同的理论依据介绍各种行为疗法。

一、基于经典条件反射理论的行为疗法

基于经典条件反射理论的行为疗法主要关注如何克服个体已习得的非适应性行为，主要包括放松疗法、系统脱敏疗法、满灌疗法等。

（一）系统脱敏法

1. 治疗原理。系统脱敏疗法（systematic desensitization therapy）又称交互抑制疗法，

其主要是诱导求助者缓慢地、逐步地暴露出导致神经症焦虑的情境，并通过心理放松状态来对抗这种焦虑情绪，从而达到消除神经症焦虑习惯的一种行为疗法。

系统脱敏疗法由美国学者沃尔普创立。沃尔普认为，个体的肌肉放松状态与焦虑情绪状态是一种对抗过程，一种状态的出现必然会对另一种状态产生抑制作用。例如，个体在全身肌肉放松的状态下，各种生理生化反应指标，如呼吸、心率、血压、肌电、皮电等，都会表现出与焦虑状态下完全相反的变化，这就是交互抑制作用。根据这一原理，应从能引起个体较低程度的焦虑或恐怖反应的刺激物开始进行治疗。一旦某一刺激不再会引起求助者的焦虑和恐怖反应时，治疗者便可给处于放松状态的求助者呈现另一个比前一个刺激略强一点的刺激。如果一个刺激所引起的焦虑或恐怖在求助者所能忍受的范围之内，经过多次反复的呈现，他便不会再对该刺激感到焦虑和恐怖，治疗目标也就达到了。这就是系统脱敏疗法的治疗原理。

沃尔普的系统脱敏疗法是根据一系列的实验结果提出来的。在1958年的一个实验中，他将一只饥饿的猫放于笼中。当食物出现，猫去取食时，突然给予其强烈电击。多次实验后，猫不但对食物出现强烈的恐惧反应，拒绝取食，而且对猫笼和实验室环境亦产生恐惧反应。也就是说，猫患上了实验性神经症。每当食物出现时，猫既有因饥饿要取食的反应，又有怕电击而退避的反应，前者为正常反应，后者为反常反应。之后，沃尔普对猫进行了治疗。他先在实验条件之外的环境给猫喂食，此时只有因饥饿而进食的正常反应，虽然仍有轻度恐惧反常反应，但因进食的正常动机强烈，使正常反应抑制了反常反应。此后，沃尔普逐步将进食移到原来的实验环境，只是不再给予猫电击。最后，猫慢慢地能在原来恐怖的实验环境中进食而不再出现恐惧反应。猫的这一治疗过程就是"系统脱敏治疗"。

2. 系统脱敏疗法的治疗程序。系统脱敏疗法的实施一般包括三个过程，即所谓的"三部曲"：放松训练——建立焦虑（或恐怖）等级——实施系统脱敏。

（1）放松训练。放松训练的目的是让求助者学会肌肉放松的方法，以使其能在焦虑与恐惧的状态下以放松肌肉对抗焦虑与恐惧，从而达到对引起焦虑与恐惧刺激的适应。

放松的基本方法是先让肌肉紧张一段时间，如十几秒，然后放松，体验紧张后的放松感。放松训练时，让求助者坐在舒适的椅子上，深呼吸后闭眼，并想象可令人轻松的情境，然后让其依次练习放松前臂、头面部、颈、肩、背、胸、腹及下肢等，此过程亦可借助肌电反馈仪来增强训练效果。如此反复训练，直至求助者达到能在实际生活中运用自如、随意放松的程度。

（2）建立焦虑（或恐怖）等级。首先，根据求助者的病史及会谈资料找出所有使求助者感到焦虑（或恐怖）的事件。将这些事件进行相互比较，根据致病作用的大小分成若干等级。建立焦虑（或恐怖）等级通常的做法是将刺激按其引发求助者的主观焦虑（或恐惧）程度，分为五个等级，或采用百分制（0～100）评分，然后将这些刺激按其等级依次排列成"焦虑（或恐怖）等级表"。

需要指出的是，最低焦虑（或恐怖）等级的刺激应能引起求助者的焦虑（或恐怖）反应，同时也要小到足以被全身松弛抵消的程度。此外，理想的等级设计应是各等级之间的级差均匀，是一个循序渐进的系列层次。因此，建立焦虑（或恐怖）等级需要求助者参与共同完成。

（3）实施系统脱敏。首先让求助者在放松的情况下进行脱敏学习，而后按照建立的焦虑（或恐怖）等级表由小到大依次逐级脱敏。

治疗中，先从给求助者呈现最低等级的刺激物或事件，通常从想象刺激物或事件开始。此时，他会感到较低程度的焦虑（或恐怖），治疗者要指导其进行全身放松。这一过程需重复进行，直至求助者对这一刺激不再感到焦虑（或恐怖）为止。之后，再对下一个等级的刺激物或事件进行同样的脱敏训练，直至对最高等级的刺激物或事件完全适应。

在咨询过程中，一般在一次会谈时间内以完成1~2个事件的脱敏为宜。

系统脱敏疗法有四个变式：

第一，自动化脱敏法（automated desensization）：采用事先备好的焦虑层次的录音录像进行脱敏。

第二，接触脱敏法（contact desensization）：在渐进性焦虑层次的基础上，外加了示范和接触，让求助者观看治疗者处理其所害怕的刺激物，而后照着做，一直到用手握或触摸不感到紧张为止，如让怕猫的孩子去摸猫的照片。

第三，实际场所脱敏法（invivo desensization）：采用实际的刺激物代替视觉性想象，求助者在他人陪伴下到实际生活中去逐级面对实际的刺激物来进行脱敏操作。

第四，情绪性表象法（emotive imagery）：通过形象化的描述，诱发求助者的兴奋、骄傲和欢乐等积极的情绪情感活动。这些积极的情绪情感活动与由恐惧所引起的焦虑反应互不相容，从而就可以逐渐抑制和消除恐惧心理。

（二）满灌疗法

1. 治疗原理。满灌疗法（flooding therapy），又称暴露疗法、冲击疗法和"快速脱敏疗法"，是指鼓励求助者直接面对引起焦虑或恐怖的事物或情景，坚持到紧张感觉消失的一种快速行为治疗法。满灌疗法认为，焦虑与恐怖是一种条件反应，某一事物或情境在个体身上所引起的焦虑或恐惧体验，会激发其产生逃避行为。如果让病人面对这些事物或情境，一旦病人能正视焦虑或恐惧，症状就会减轻乃至消失。

运用满灌疗法时，治疗一开始就要让求助者进入最使其焦虑或恐惧的情境中，即所谓的"冲击"。如著名行为治疗专家马克斯（Marks）指出的："对病人冲击越突然，时间持续得越长，病人的情绪反应越强烈，这样才能称之为满灌。在接受冲击时，鼓励甚至不允许求助者采取闭眼睛、哭喊、堵耳朵等逃避行为。满灌疗法认为，在反复的、强烈的焦虑或恐惧刺激下，即使求助者因焦虑紧张而出现心跳加快、呼吸困难、面色发白、四肢发冷等植物性神经系统反应，但求助者最担心的可怕灾难却并没有发生，这样焦虑或恐惧反应也就相应地消退了。也就是说，满灌疗法治疗的要诀就是'习能镇惊'。"

2. 满灌疗法的治疗程序。

（1）明确治疗目标。找出引起求治者焦虑或恐怖的事物、人物或场景，以安排系统的主攻方向。

（2）向求助者详细介绍有关情况，签署治疗协议。在实施满灌疗法之前，治疗者要向求助者仔细介绍该疗法的原理、过程、疗效和可能出现的各种情况，尤其要让求助者了解在治疗中可能会承受的痛苦，从而使求助者可慎重考虑是否选择该疗法。

（3）进行身体及精神科检查。由于满灌疗法会使求助者产生强烈的焦虑或恐惧，因此在实验治疗之前必须对求助者进行严格、详细的体检和精神科检查，确保其没有严重的心血管疾病、中枢神经系统疾病、严重的呼吸系统疾病、内分泌疾病（如甲状腺功能亢进）、各种精神病性障碍等，以免出现危险。此外，老人、儿童、孕妇及各种原因所致的身体虚弱者不适宜采用此疗法。

（4）放松训练。放松训练的目的、方法与系统脱敏疗法相似。

（5）治疗场地及其他条件的准备。首先要确定刺激物和治疗场地。刺激物应是求助者最害怕和忌讳的事物。如果刺激物不止一种，则应选择引起焦虑或恐惧反应程度最高的事物。治疗场地由刺激物的性质决定。在可能的情况下，尽量在治疗室内进行，以便于对治疗过程有较多的控制。另外，治疗时要准备好安定、心得安、肾上腺素等应急药品以备不测。

（6）实施冲击。

治疗前准备。求助者应正常进食、饮水，最好排空大小便。如有可能，最好在治疗中同步监测血压和心电。

冲击治疗。做好治疗准备后，治疗者要迅猛地向求助者呈现刺激物进行冲击。受冲击后，求助者可能会惊叫、失态，治疗者应不予理睬，仍持续地呈现刺激物，并对求助者闭眼、塞耳等回避行为进行制止、劝说、鼓励。除非求助者出现严重的生理反应（如晕厥、休克、呼吸异常或心电、脑电指标异常等），治疗者应马上终止治疗，否则治疗应尽量鼓励、劝说求助者坚持下去，特别是在求助者的应激反应高峰期之后（即达到焦虑紧张的极限，其标志是情绪由强到弱的逆转），一定要说服甚至使用适当的强制手段让求助者完成治疗，以免前功尽弃。

结束治疗。如求助者的情绪反应和生理反应均已经过高潮，开始逐渐减轻，直至精疲力竭，对刺激物听而不闻、视而不见，本次治疗就可结束了。

满灌治疗通常一次治疗要持续30~60分钟，共需进行2~4次。1日1次或隔日1次，视效果而定。

3. 使用满灌疗法的注意事项。

（1）要向求治者说明满灌疗法带来的焦虑是无害的。只有求助者体验到严重紧张，面对害怕，并且忍耐1~2小时以上，恐惧焦虑情绪才会逐渐消失。

（2）不允许求助者有回避行为，否则会加重恐怖，导致失败。

（3）使用此疗法时，必须对求治者的身心状况有足够的了解。对体质虚弱、有心脏病、高血压和承受力低的求助者，不能应用此法，以免发生意外。

二、基于操作性条件反射理论的行为疗法

基于操作性条件反射理论的行为疗法主要关注如何克服个体已习得的非适应性行为，如厌恶疗法等，也关注如何塑造期望个体出现的行为，如强化疗法等。

（一）厌恶疗法

1. 厌恶疗法的原理。厌恶疗法，又叫"对抗性条件反射疗法"，是指应用惩罚的厌恶性刺激，即通过直接或间接想象以消除或减少某种适应不良行为的治疗方法。

厌恶疗法利用的是给予惩罚性干预可以消除行为的原理。治疗时，治疗者要把令人厌恶的刺激，如电击、催吐、语言责备、想象等与求助者的不良行为相结合，形成一种新的条件反射，以对抗原有的不良行为，进而消除这种不良行为。

2. 厌恶疗法的形式。

（1）电击厌恶疗法。将求助者习惯性的不良行为反应与电击连在一起，一旦这一行为反应在想象中出现就予以电击。电击一次后休息几分钟，然后进行第二次。每次治疗时间为 20~30 分钟，反复电击多次。治疗次数可从每日 6 次到每 2 个星期 1 次，电击强度的选择应征得求助者的同意。

（2）药物厌恶疗法。在求助者出现贪恋的刺激时，让其服用呕吐药，产生呕吐反应，从而使该行为反应逐渐消失。药物厌恶疗法多用于矫正与吃有关的行为障碍，如酗酒、饮食过度等。

（3）想象厌恶疗法。将治疗者口头描述的某些厌恶情境与求助者想象中的刺激联系在一起，从而产生厌恶反应，以达到治疗目的。

3. 使用厌恶疗法的注意事项。

（1）厌恶疗法会给求助者带来非常不愉快的体验，治疗者在决定采用此法之前，务必向求助者解释清楚，在征得求助者的同意后方可进行治疗。

（2）在使用厌恶疗法的同时，应努力帮助求助者建立辨别性条件反应。例如对一位同性恋者使用厌恶疗法，治疗者应将呈现厌恶刺激限制在求助者的同性间性行为表现的范围内；同时，让求助者形成对正常的异性间性活动的愉快反应。

（3）厌恶疗法实质上是以一种新的条件反射替代旧的条件反应，因此需要避免新的条件反射带来新的症状。

（二）强化疗法

1. 行为塑造法。行为塑造法是指通过强化而塑造某种期望出现的良好行为的一种行为疗法。运用行为塑造法时，一般采用逐步进级的作业，并在完成作业时即给予强化，以增加出现期望获得的良好行为的次数。

有学者认为，最有效的强化因子之一是行为记录表，即要求求助者把自己每小时所取得的进展正确记录下来，并画成图表。这样做的本身就是对行为改善的一种强大推动力。

而根据图表所示的进展，治疗者还可应用其他强化因子，当作业成绩超过一定的指标时即给予强化。

2. 代币奖励法。代币奖励法通过某种奖励系统，在求助者做出预期的良好行为表现时，马上就能获得奖励（即强化），从而使其所表现出的良好行为得以形成和巩固，同时使其不良行为得以消退。

代币作为阳性强化物，可以有不同的形式，如记分卡、筹码等象征性的方式。代币应该具有现实生活中"钱币"那样的功能，即可换取各种奖励物品或求助者所感兴趣的活动，从而获得价值。

用代币作为强化物有以下的优点：

（1）不受时间和空间的限制，使用起来极为便利，还可进行连续的强化。只要求助者出现预期的行为，强化马上就能实现。

（2）用代币去换取不同的实物，可满足求助者的某种偏好，可避免对实物本身作为强化物的那种满足感，而又不至于降低追求强化的动机。

（3）在求助者出现不良行为时还可扣回代币，使阳性强化和阴性强化同时起作用而造成双重强化的效果。

三、基于观察学习理论的治疗方法

基于观察学习理论的治疗方法，也称观摩示范学习疗法，或示范疗法、模拟疗法，是一种向求助者提供某种行为榜样，使其进行模仿学习，从而习得与榜样相似的行为的治疗方法。中国古代的"孟母三迁"就是这种疗法的具体例子。

班杜拉认为，"人有复杂的文化背景（即社会条件），所以人的行为是极为复杂的。这种复杂行为不可能通过经典条件反射及操作条件作用来简单地加以控制或改变，而需要通过观摩示范式学习，通过模仿来获得。"

示范疗法的一般操作程序如下：

（一）选择合适的治疗对象

在实施模仿法之前，首先要评估求助者的模仿能力，以便决定是否选择实施示范疗法。每个人的模仿能力是不一样的，而且模仿能力还有总的模仿能力和特殊的模仿能力的区别，如有的人对肢体动作的模仿较快，而有的人对声音模仿力较强，因此，治疗前一定要确认求助者是否是合适的示范疗法对象。模仿能力可以根据求助者的经历和心理测量结果作出判断。

（二）设计示范行为

完成对求助者的模仿能力评估之后，就可以根据其具体情况，有针对性地设计示范行为。与塑造相似，示范行为要从易到难，由简到繁，示范的情景要尽量真实，同时示范者还应与模仿者有较多的共同之处，以易于得到模仿者的认同，从而获得更好的成效。

（三）对正确模仿行为予以强化

在整个模仿学习过程中，要对求助者的每一次进步与成功都给予及时的强化，如赞许、微笑、物质奖励等，从而强化求助者习得的模仿行为。

四、行为主义团体治疗的过程

基于罗斯（Sheldon Rose）与爱德森的工作，一般可以把行为主义团体治疗过程分为三个阶段：初期阶段、工作阶段与结束阶段。每一阶段都有其不同的治疗任务。

（一）初期阶段

这一阶段中，行为团体领导者要完成以下任务：

1. 向成员提供所有关于团体历程的资料信息。

2. 通过建立团队前的个别会谈，探讨每一位准团员对治疗的期望，帮助其决定是否加入团体。

3. 建立团体并营造有利于治疗的团体氛围，建立团体的凝聚力和信任关系。罗斯提出，作为行为团体领导者，须做到以下几点：

（1）主动努力使团体对其成员具有吸引力；

（2）要创造各种团体情景，使成员可以发挥出社会能力；

（3）要创造出多种功能角色，使成员可以在团体中扮演相应角色；

（4）以逐渐的、适宜的方式把指导责任授予团体成员；

（5）提供各种情景使成员可以在其中相互作为治疗伙伴而发挥作用；

（6）控制不恰当的团体冲突；

（7）寻找各种方式使每一位成员都投入到团体互动中。

4. 帮助成员熟悉团体治疗的组织结构，鉴别团体成员的问题行为。

5. 评估行为问题，以具体的行为术语描述问题。

6. 建立书面形式的团体契约。这些契约一般包括以下几个方面：成员对团体领导者和团体的期望；领导者对成员的期望；选择目标的方法；目标行为的描述；实现目标的策略和方法。一个明确、有效的治疗契约可以促进团体成员之间的信任，有利于建立治疗同盟关系，强化成员积极参与治疗的意识，有利于将具体的治疗方案与具体的目标相联系。

（二）工作阶段

工作阶段是实施治疗和运用治疗技术的阶段，其主要是要实现成员行为的矫正或习得。

在此阶段，团体领导者需要做好的工作是制定治疗计划和治疗技术。领导者需要根据专业知识，以及从一系列先前实践证明对行为改变有效的策略中选择最合适的治疗程序。对求助者行为的测量与评估需要贯穿整个工作阶段。在整个工作阶段中，领导者必须搜集特定指标的数据，这些指标包括：求助者参与活动的表现情况、满足感、出勤率，以及在各个阶段之间领导者布置的任务的完成情况等。在收集的数据的基础上，领导者要持续不断地对团体的工作进程、团体治疗的效果、策略的有效程度、目前存在的问题，以及治疗目标的实现情况作出正确的评估。

在工作阶段，行为团体领导经常运用的技术有如下几种：

1. 强化（reinforcement）。强化是指在学习过程中借助表扬、赞赏、支持、关注等方式增强个体某种反应重复可能性的力量或程序。在团体治疗过程中，领导者可以提供强化，团体之间也可以相互强化。团体的强化与支持在很大程度上有助于成员巩固自己的行为习得成果。

强化有自我强化与社会强化两种。自我强化是有帮助成员主动改变的关键方法，可以帮助他们增强自我控制，变得更加独立。社会强化则是形成期望行为的一种强有力的手段。

2. 后效契约（contingency contracts）。后效契约需要清晰地描述以下内容：行为的产生、改变与终止；达到目标的有关奖赏，以及何种情景下采取何种奖赏；介绍实现期望行为的时间表。罗斯和埃德森（1987）提出，有效的后效契约有以下的特点：

（1）清晰描述具体行为的操作；

（2）具体介绍团体强化和个体接受的即时强化；

（3）描述任务的观察、测量和记录的方法。

3. 示范（modeling）。示范是指求助者通过观察与模仿来习得行为的程序。角色示范（role modeling）是最常用的、也是最有效的方法之一。能为成员提供许多角色以模仿，正是团体治疗优于个体治疗的地方。在团体中，成员可以模仿领导者，也可以相互模仿，通过模仿他们可以学到期望出现的行为。示范在行为团体治疗中被广泛应用，尤其是在技能训练与自信训练小组当中。

4. 行为演练（behavior rehearsal）。行为演练是指在团体中训练那些在日常生活中需要使用的新技能、新行为，目的在于让成员在外界示范线索不强时也不会失去方向。这种方法相信通过在团体中的演练，能促进成员更好地适应外界的真实生活。

5. 教导（coaching）。教导是指团体领导者和成员提供建议或一般性原理以使成员达到期望行为的一种方法。例如，在行为演练中，当成员突然停顿或不知如何继续的时候，领导者或其他成员的建议就可能有效地促进其行为的改变。

6. 家庭作业（homework）。给成员布置家庭作业的目的是让成员将在团体活动阶段习得的行为付诸行动，把所学内容与真实生活结合起来，同时也更好地激发成员治疗的动机，使其能更多地承担治疗的责任，积极参与治疗。要达到这两个目的是困难的，因为通常家庭作业会让成员觉得自己是被强迫的，因此要求领导者在这一方面要有一定的工作艺术。

7. 反馈（feedback）。反馈是指在求助者训练一种新技能或报告完其完成家庭作业的情况之后，领导者和其他成员对其给予相应的言语反应的过程。在新行为的学习过程中，反馈是非常有效也是非常必要的，尤其是建设性、具体性和正面性的反馈更为有效。典型的反馈有两种形式：对行为的赞扬与鼓励、纠正错误行为的具体建议。

罗斯和埃德森（1987）提出的提供反馈的一般原则如下：

（1）提前培训团体成员知道如何提出和接受来自领导者和其他成员的反馈。

（2）先给予积极的评价，以强化成员出现的目标行为。

（3）对行为提出批评时，要提出其他不同的做法。

（4）反馈要是具体的，针对特定行为的。

（5）领导者和成员都需对反馈进行思考。

8. 认知重建（cognitive restructuring）。认知重建是指通过对个体的认知进行识别和评价，使其理解某些想法对行为的负面影响，从而使个体学会用更加现实和合适的想法来替代这些认知过程。认知重建技术带有明显的认知主义心理色彩。认知疗法把认知重建作为改变个体思维与解释的重要程序，而这种程序对个体的行为和情绪的改变有着重要的作用。

认知重建的程序包括以下几个方面：一是领导者教会成员如何鉴别自我防御和自我提高之间的区别；二是成员相互为认知分析提供反馈和各种示范；三是鼓励成员提出自我促进的、有利于问题解决或有效行为的陈述；四是引导想象自己在深受压力的情景下，运用自我提高的表述来替代自我防御的表述；五是引导成员模仿榜样，并能从其他成员那里获得反馈；六是在团体活动后布置家庭作业，并在每一次新活动开始前进行检查。

9. 问题解决（problem solving）。问题解决是一种通过认知行为的手段让个体学会如何处理日常生活问题的方法，目的在于找到解决问题的最佳方法，进行提供认知和行为技能方面的训练，使求助者能运用这些方法和技能解决真实生活中碰到的问题。斯皮格勒（Spiegler）和格雷蒙特（Guevremont）认为问题解决的程序有以下五个阶段：

（1）采取问题解决为定向。让求助者懂得当问题出现时，对这些问题进行识别有利于后续的行动，并且使其相信所学的技能可以解决日常生活问题。

（2）处理好问题的界定和具体目标的形成。在此阶段，具体描述导致问题情景的内在事件与外在事件，制定目标。

（3）让求助者对各种问题解决方案进行"头脑风暴"，集体讨论方案。这一阶段的目的在于利用集体智慧想出各种可能的问题解决方案，以提高找到合适方案的概率。

（4）请成员对上一阶段想出的方案进行选择决策。在决策时，要对每一个方案的潜在影响进行周密分析。

（5）实施选定的方案，并评价其效果。

10. 压力免疫（stress inoculation）。这是一种为团体成员提供有效应对未来压力情景的技术，由梅肯保（Meichenbaum）提出。这一方法的实施包括三个阶段：

（1）概念化阶段。在此阶段，要给求助者提供一个理解压力反应的概念架构，建立一种合作的工作关系。通过会谈、想象性回忆、自我监督、行为评估、心理测验等方法，收集与求助者相关的紧张压力的资料，认识其压力反应。

（2）认知—行为的因应的技术练习阶段。在此阶段，要帮助求助者建立和巩固各种人际交往技能。常用的方法有放松训练、认知重建、问题解决、自我指导训练等。

（3）新的认知—行为技能的迁移阶段。在此阶段，团体成员将在团体中学到的训练内容、新的行为模式运用到日常生活中的各种压力情景。常用的方法有：想象预演、行为预演、角色扮演、示范、逐步暴露、复发防范、追踪观察等。

11. 同伴系统（the buddy system）。罗斯将同伴系统作为一种"成员间建构治疗同盟的形式"，通常是一个求助者选择或被分配另外一个求助者作为整个团体治疗过程的监督和教练。成员之间相互监督、相互提醒，要坚持训练、努力训练，可以促进成员积极参与团体内外的活动。成员在团体内外扮演支持性角色，尤其是在完成家庭作业的过程中给其他成员提供机会，不仅对他们有所帮助，而且能实践自己新学到的指导技能。这种同伴系统作为一种自助性网络，能在团体活动结束后继续发挥作用。

（三）结束阶段

在团体治疗的最后阶段，领导者的主要任务是帮助成员将在团体内习得的行为转化到现实生活中。

罗斯等认为，成员将团体治疗中学习到的新行为转化到现实生活中，很大程度上是由领导者采取的下列行为来实现的：

1. 鼓励成员承担治疗中不断上升的个体责任。

2. 在训练过程中为成员提供各种虚拟现实的训练情景。

3. 让成员做好面对挫折环境的准备，学会处理各种可能的自我行为倒退。

4. 对成员的预期目标行为进行过度化训练。

5. 教导成员转化新技能和行为的技巧。

6. 协助成员相互之间设计个体具体的转化训练计划。

此阶段团体领导者的另一个任务是对团体治疗、训练效果进行评估，结束团体和追踪会谈。通过制定短期或长期的跟踪会谈，可以巩固成员改变的行为并继续自我指导改变。

📖 知识链接

威廉斯和洛恩提出了一个自我管理行为模式，该模式将自我管理技术分五个操作步骤。具体如下：

自我管理行为模型[1]

步骤一：选择目标

1. 一次确定一个靶结果目标

2. 目标应该：重要、可测量、能够实现、积极

3. 靶结果目标的陈述应该包括：

（1）所希望的表现（或消失）的水平

（2）预定达到目标的日期

---

〔1〕 参见刘勇：《团体心理辅导与训练》，中山大学出版社 2007 年版。

步骤二：监测靶行为

1. 选择适当的靶过程目标

2. 在实施行为改变策略之前先对靶行为进行基线评估

3. 开始记录与过程目标有关的行为数据

（1）行为发生后即时记录

（2）使用纸笔、腕计数器、跑表等工具记录行为

（3）记录行为的频数、持续时间或行为产品数

步骤三：改变环境函数

继续记录行为

1. 开始先要避免肯定会产生不希望行为的情景

2. 改造情景，以便：

（1）使你易于觉察自己正在做什么

（2）限制会诱发"坏"行为的刺激

（3）使所希望的行为易于出现

（4）确定与失调行为不相容的那些替代行为

步骤四：获取有效结果

继续记录靶行为；继续维持环境的改变

1. 区分行为结果，确定其是具有强化性质还是惩罚性质

2. 组织强化匹配，以使：

（1）适宜行为及时得到强化

（2）容易取得强化标准

（3）其他人会支持达到目标行为

（4）对通过过程目标的行为制定一个渐进的强化时间表

（5）强化物既包括外部强化物也包括内部强化物

（6）强化物有足够的价值或力量使之有效

（7）按一个程序计划进行强化，以产生最大的激励作用——短期的、中期的和长期的

（8）坚持用图表形式精确地、系统地记录行为

（9）可能以书面形式制订一项行为合同

（10）如强化匹配不能产生希望的行为变化，可使用厌恶性的后果改变行为

3. 承诺并写下该承诺：当不按规定行事时处罚自己（或者与一位支持者签订合同，同意放弃某样对自己有实际价值的东西）

4. 用物理手段诱发痛苦

5. 刺激厌食法

步骤五：巩固收获

继续记录靶行为，继续评估维持环境因素的改变，维持自然结果

1. 评价：建立一个有效的评估—反馈系统，以保证可以对自我管理进行调整，重新定义或改变方向，以达到和维持靶结果目标

2. 维持自然结果：

(1) 逐步撤销自我记录活动

(2) 有自然环境中保持最多的改变

(3) 维持自然的强化匹配

(4) 逐步撤销人工强化匹配

(5) 谋求社会支持

(6) 应用自我管理方法于其他方面

第三节　人本主义理论的心理矫治

人本主义疗法是建立在哲学基础之上，通过为求助者创造无条件支持与鼓励的氛围，使求助者能够深化自我认识、发现自我潜能并且回归本我，求助者通过改善"自知"或自我意识来充分发挥积极向上、自我肯定、无限成长和自我实现的潜力，以改变自我的不良适应行为，矫正自身的心理问题。该理论的创始人是美国心理学家罗杰斯与马斯洛。他们认为咨询不应仅仅着眼于眼前的问题，而是在于支持求助者的成长过程，以便使他们能更好地解决未来可能面临的问题。该疗法的实质就是帮助求助者去掉那些用于应付生活的面具，从而恢复真实的自我。

一、求助者中心疗法

(一) 治疗目标

治疗的实质是帮助求助者去掉那些由于价值条件作用，而被人用来应付生活的面具和角色，以及把别人的自我当成自我的成分，使其恢复真正的自我的过程，是一个"充分发挥机能人"的过程，最后应达成如下目标：

1. 求助者的自我变得较为开放。有自知力，能够接纳自己，接纳世界。对自己的经验，包括个人的感受、体验、直觉等都能够比较坦然地接受，不再进行歪曲、否认等，对自己的感受更丰富、更富有变化，感觉更轻松了，不再僵化、刻板地看待外部世界。

2. 求助者的自我变得较为协调。依照真我来面对自己，自我概念与经验相协调，不再依照别人的价值标准来衡量自己。

3. 求助者更加信任自己。不再依赖于别人的评价来确认自我，不再生活在别人的世界中，自己独立地做决定，做选择，生活得更加积极。

4. 求助者变得更适应了。更自由地接纳自我经验，也更开放地对待外部世界，内外变得更统一了。

5. 求助者愿意使其生命过程成为一个变化的过程。视生活为一个流动的过程，不再刻板地追求达到一种僵化不变的理想与目的。

（二）治疗过程

罗杰斯在其工作的早期，曾就咨询过程提出 12 个步骤。但他强调这些步骤并非是截然分开的，而是有机结合在一起的。

1. 求助者前来求助。这对咨询来说是一个重要的前提，如果求助者不承认自己需要帮助，不是在很大的压力之下希望有某种改变，那么咨询是很难成功的。

2. 咨询师向求助者说明咨询的情况。咨询师要向对方说明，对于他所提的问题，这里并无解决的答案，咨询只是提供一个场所或一种气氛，帮助求助者自己找到某种答案或自己解决问题。咨询师要使对方了解咨询的时间是属于他自己的，可以自由支配，并商讨解决问题的方法。咨询师的基本作用就在于创造一种有利于求助者自发成长的气氛。

3. 鼓励求助者自由表达情绪。咨询师必须以友好的、诚恳的、接受对方的态度，促使对方对自己的情感体验作自由表达。求助者开始所表达的大多是消极的或含糊的情感，如敌意、焦虑、愧疚与疑虑等。咨询师要有掌握会谈的经验，有效地促进对方表述。

4. 咨询师能够接受、认识、澄清求助者的消极情感，并产生同感。这是很困难也是很微妙的一步。咨询师接受了对方的这种信息后必须对此有所反应。但反应不应是对表面内容的反应，而应是深入求助者的内心深处，注意发现对方影射或暗含的情感，如矛盾、敌意或不适应的情感。不论对方所讲的内容是如何荒诞无稽或滑稽可笑，咨询师都以能接受对方的态度加以处理，努力营造出一种氛围，使对方认识到这些消极的情感也是自身的一部分。有时，咨询师也需对这些情感加以澄清，但不是解释，目的是使求助者自己对此有更清楚的认识。

5. 求助者成长的征兆。当求助者充分暴露出其消极的情感之后，模糊的、试探性的、积极的情感不断萌生，成长由此开始。

6. 咨询师对求助者的积极情感要加以接受和认识。对于求助者所表达出的积极的情感，如同对待其消极的情感，咨询师应予以接受，但不加以表扬或赞许，也不加入道德的评价，而只是使求助者在其生命之中，能有这样一次机会去自己了解自己，使之既无需为其有消极的情感而采取防御措施，也无需为其积极情感而自傲。在这样的情况下，促使求助者自然达到领悟与自我了解的境地。

7. 求助者开始尝试接受真实的自我。由于社会评价的作用，一般人作出任何反应总有几分保留；由于价值的条件化，人们具有一个不正确的自我概念，因此常常会否认、歪曲若干情感和经验。这与人的真实的自我是有很大差距的。而在咨询中，求助者因处于良好的能被人理解与接受的氛围之中，有一种完全不同的心境，能够有机会重新考察自己，对自己的情况达到一种领悟，进而达到接受真实自我的境地。求助者这种对自我的理解和接受，为其进一步在新的水平上达到心理的整合奠定了基础。

8. 帮助求助者澄清可能的决定或行为。在领悟的过程之中，必然涉及新的决定及要采取的行动。此时咨询师要协助求助者澄清其可能作出的选择。另外，对于求助者常常会有的恐惧与缺乏勇气及不敢作出决定的表现应有足够的认识。此时，咨询师也不能勉强对方或给予其某些劝告。

9. 产生疗效。领悟导致了某种积极的、尝试性的行动，此时疗效就产生了。由于是求助者自己达到了领悟，自己对问题有了新的认识，并且自己付诸行动的，因此这种效果即使只是瞬间的事情，仍然很有意义。

10. 进一步扩大疗效。当求助者已能有所领悟，并开始进行一些积极的尝试后，咨询工作就开始转向帮助求助者发展其领悟以求达到较深的层次，并注意扩展其领悟的范围。如果求助者对自己能达到一种更完全、更正确的自我了解，则会具有更大的勇气面对自己的经验、体验并考察自己的行动。

11. 求助者的全面成长。求助者不再惧怕选择，处于积极行动与成长的过程之中，并有较大的信心进行自我指导。此时咨询师与求助者的关系达到顶点，求助者常常主动提出问题与咨询师共同讨论。

12. 咨询结束。求助者感到无须再寻求咨询师的协助，咨询关系就此终止。通常求助者会对占用了咨询师许多时间而表示歉意。咨询师采用同以前的步骤中相似的方法澄清这种感情，使求助者接受和认识咨询关系即将结束的事实。

（三）治疗技术

下面介绍三种关键技术：

1. 促进设身处地的理解的技术。促进设身处地的理解的技术，又称共情、同理心、同感，是指从求助者的角度去理解他们的世界，并将这种理解向求助者表达出来。

（1）关注：咨询师要达到设身处地的理解，必须在一开始就能让求助者感觉到无条件的积极尊重。这种尊重建立在一种"人对人"的基础上。不论求助者的阶层、感情和行为怎样，咨询师都能够发自内心地感到求助者是一个有价值的人。咨询师对求助者的注意既需要某种态度，也需要某种技巧。咨询师在不牺牲自己的认同感和独特性的前提下，要在咨询过程中抛开自己的问题，全力以赴地关注求助者的问题。

咨询师的面部表情和躯体姿势可以告诉求助者他是否关注求助者的话题和情感。一定数量的点头（同意或鼓励），目光接触，微笑，对求助者心境的反映，表情的严肃性，对求助者的实实在在的兴趣，以及深层的关注等都可以表明咨询师的全力以赴。咨询师的姿势也可以表明他是否尊重别人、认真、接受、焦虑、疑惑、困倦等。适当的面部表情和身体姿势能使求助者感受到咨询师的介入、认真、承诺以及信任的程度。从另一个方面来看，过多的目光接触、微笑、点头等往往会产生消极的影响。过分频繁的点头和持续的目光接触达到"紧盯"的程度，会使求助者对咨询关系感到不自在，特别是当求助者开始感到威胁和不信任时。

咨询师与求助者之间的身体距离也是一个很重要的因素。很多咨询师都坐在桌子的对面，容易让求助者感到远不可及。求助者可能会把这张桌子解释为咨询师保护自己安全的方式，或者是一种屈尊的姿态。一般来说，当咨询师与求助者很舒适地围坐在一起，且他们之间没有家具相隔时，求助者的感觉会好些。当咨询师与求助者相对而坐，而且距离适当时，能使求助者感受到咨询师的全力以赴。如果与咨询师距离太近，有些求助者可能会感到不自在或感到威胁。咨询师如果能够全力关注求助者，其就能较快、较容易地进入到求助者的世界，并且也就增加了释放求助者的防御、坦诚与求助者建立关系的可能性。

（2）用言语交流设身处地的理解：设身处地的理解意味着理解求助者的情感和认知信息，并且要让求助者知道他们的情感和想法是被准确地理解了的，不论是表面水平的还是深层水平的。在表面水平上的理解，即咨询师的言语交流仅限于重复或反映求助者所表达出的内容。

（3）非言语交流设身处地的理解：设身处地的理解包括准确地解释咨询师和求助者所表达出来的言语和非言语线索。非言语信息可以通过几种方式转达出来，包括姿势，身体活动和位置，面部表情，微笑，顺嘴，皱眉，动作的频率，声音特点（音高与音调等），手、脚的活动，目光接触等。省略的、没有说出的话，以及观察到的机体活动水平等，也能传达非言语的信息，甚至家具的摆放也会影响到个人距离和社会距离以及相互之间的理解。例如，求助者选择坐在距咨询师最远的地方可能表示他的不舒服和不信任。咨询师不仅要注意求助者的非言语信息，还要注意他们向求助者传达的非言语信息。咨询师可以通过各种身体活动传达并解释咨询师的非言语线索，如疑惑、恐惧、愤怒、高兴、疲劳、怀疑、回避、拒绝以及羞怯等。尽管对非言语线索的解释无法达到完全的准确，但对求助者在非言谈之外的这些非言语线索的关注将会极大地促进对求助者的情感和认知信息的理解。

（4）沉默作为交流设身处地的理解的一种方式：在心理咨询的很多情况下，"沉默是金"。咨询中会出现某一时刻，咨询师和求助者都需要考虑所说过的话，而不需要任何语言，而且这时任何语言都可能会产生干扰作用。一个善于观察的咨询师能够感觉到求助者什么时候在对情感或信息进行有意义的加工处理，因此，沉默也是咨询师表示设身处地的理解的一种有效策略。它向求助者表明："我看到也感觉到咨询师都需要时间来考虑这个问题；我尊重你处理这个问题的能力，而且我将在这里给你提供帮助，但只有当你准备好继续下去时。"

一旦求助者了解到咨询师能够接受这种沉默并且不会感到不安时，他就会继续探索公开他自己。求助者也能体会到咨询师并没有指导会谈的题目和重点的需要和愿望。某种沉默行为也能对咨询师所表达的意思起到强调的作用。

2. 坦诚交流的技术。艾根的帮助技巧系统是来源于罗杰斯的理论的。按照艾根的观点，坦诚的交流包括：

（1）不固定角色。咨询师不固定自己的角色，就意味着他在咨询中的表现如同他在现实生活中的表现一样坦率，即他们是职业的心理咨询师，但并不把自己隐藏在职业咨询师的角色之内，而是继续保持与目前的情感和体验的和谐，并交流自己的情感。

（2）自发性。一个自发的人会自由地表达和交流，而不是总在掂量该说什么。自发的咨询师的表现很自由，不会出现冲动性或压制性，并且不为某种角色或技术所羁绊。他的言语表达和行为都以自信心为基础。

（3）无防御反应。坦诚的人也是没有防御反应的。一个没有防御反应的咨询师很了解他自己的优势和不足之所在，并且很了解该如何感受它们。因此，他们可以公开面对求助者的消极反应并且不会感觉受到打击。他们能够理解这种消极的反应并进一步探索自己的弱点，而不是对它们做出防御反应。

（4）一致性。对坦诚的人来说，他的所思、所感及所信的东西与他的实际表现之间只有很小的差异。例如，一个坦诚的咨询师不会在对求助者有某种看法时，反而告诉求助者另外的内容；他们也不会在信奉某一价值观时却表现出与这一价值观相冲突的行为。

（5）自我的交流。坦诚的人在合适的时候能够袒露自我。因此，坦诚的咨询师会让求助者及其他人通过他公开的言语和非言语线索了解他的真实情感。

3. 表达无条件的积极关注的技术。表达无条件的积极关注的技术，又称接受、尊重、关心以及珍视等。艾根将无条件的积极关注称为尊重，并且指出它是一个高水平的咨询师的最高价值观。

在艾根看来，咨询师可以不同方式向求助者表示对他们的尊重：

①表现为是从求助者的人性和发展的潜力这一基础上对他们的尊重；②应承自己要与他们一起努力；③把求助者作为一个独特的个体予以支持，并帮助他们发展这种独特性；④相信求助者有自我导向的潜力；⑤相信求助者是能够做出改变的。

在咨询过程中如果咨询师能表现出以下四种行为，那么上述五种态度就会起作用：

①对求助者的问题和情感表示关注；②把求助者作为一个值得坦诚相待的人来对待，并且持一种非评价性的态度；③对求助者的反应要伴有准确的共情（即设身处地有的理解），并因此表示出对求助者的参考结构的理解。④培养求助者的潜力，并以此向求助者表明他们本身的潜力以及行为的能力。

二、会心团体心理治疗[1]

20 世纪 60 年代，个人中心理论从个别咨询扩展到了团体咨询，在协助人们成长和改善人际关系上发挥了重要作用。罗杰斯将当时存在于美国的许多性质相同的咨询团体统称为会心团体（encounter group），包括人际关系小组、T-小组、敏感训练小组、个人成长小组、人类潜能小组等。这些团体尽管名称各异，但本质上是相同的，都强调团体中的人际交往经验，都注重此时此地的情感问题，团体咨询的目的不是治疗，而是促进个人的成长，包括了解自我、增强自信、寻求有意义的人际关系等。会心就是指心与心的沟通和交流，概括了这些团体咨询最根本的特点。因此，会心团体被视为发展性团体咨询，或成长

---

〔1〕〔美〕卡尔·R. 罗杰斯：《卡尔·罗杰斯论会心团体》，中国人民大学出版社 2006 年版。

性团体咨询。

以樊富敏为主导的倾向于教育的团体领导者，继承了会心团体的一些精华部分。在心理教育团体以及心理预防团体方面做出了贡献。以韦志中为主导的倾向于心理治疗的团体领导者，继承了会心团体的部分精华，尤其是会心团体的当下动力原理，又结合现象学、艺术、本土文化特点，整合出另一种风格的本土会心团体。

（一）会心团体治疗的原则

会心团体的原则是从"以个人为中心"发展而来的"以团体为中心"。会心团体咨询中成员相互尊重、信任，建立起来的良好关系可以使参加者降低社会屏障，毫不受防御机制阻抑地揭示自己最核心的情感，即真实的自我。团体指导者与参加者积极地鼓励其他人表达自己的真实情感，显露出那些平时从未表露过的态度，使每一个成员都被其他人如实地看待，并从其他成员的反应中得到关于自己的肯定或否定的反馈，以便真正地认识自我。这个过程虽会有曲折，成员间也可能出现冲突，但这是暂时的。在团体的发展中会使每个成员体会到其他人对自己的关心和尊重，从而增加成员对自己的关心和尊重，加强责任感，改变自己不适应的行为，学会建立满意的人际关系，使生活更丰富、更有意义。

（二）会心团体心理治疗适应症

会心团体是罗杰斯开创的人本主义团体心理治疗的形式，适用于消除人际交往障碍及其他社会适应不良行为。

会心团体的成员由背景或问题相似的人组成。比如，都是与人交往有一定社交恐惧心理的人，或不习惯与异性相处和交往的人，等等。参加人数在十人左右。参加者虽有一定的心理障碍，但病情不太严重，他可以坐下来参加小组的谈话而不会因为有妄想或奇异行为而影响集体活动。会心团体应由1~2人主持，主持人应为治疗员或心理医生。

活动过程经历三个阶段：相互了解和接受阶段；正式活动和治疗阶段；活动结束阶段。

会心团体的活动可根据具体情况决定活动次数。少则三五次，多则十余次。一般每周活动1~2次，最好安排在周末，把会心团体的活动和周末业余活动结合起来进行。当活动达到预期目的，可暂告一段落的时候，大家可谈论何时结束，准备彼此分别。如有再次集合交流体会的需要时，还可约定集合时间，如一周、半月、一月两月或半年后再进行交流等。

（三）代表技术——支持疗法

一般性心理治疗法不用去分析求治者的潜意识，而主要是支持、帮助求治者去适应目前所面对的现实，故又称为非分析性治疗。当求治者面对严重的心理挫折或心理创伤，如发现自己患了癌症而无法医治，或发觉自己的配偶有不忠行为，或面临亲人受伤或死亡等意外事件时心理难以承受，难于控制自己的感情，精神几乎崩溃，感到手足无措，需依靠别人的"支持"来应付心理上的难关时，由施治者提供支持，帮助其应付危机。精神支持疗法创于1950年，是由Thorne首先提出的。它是目前我国使用很广的一种心理治疗概念。

这一治疗方法的内涵非常丰富，一般是医生合理地采用劝导、启发、鼓励、同情、支持、评理、说服、消除疑虑和提供保证等交谈方法，帮助病人认识问题、改善心境、提高信心，从而促进身心康复的过程。

支持疗法的另一含义，是指对求治者的人格不成熟、情感脆弱或患有慢性精神障碍、退化性障碍，需要施治者长期支持与照顾，以降低复发或恶化的可能性，增强应付现实的能力。支持疗法的治疗原则是：

1. 提供适当的支持。当一个人心理上受到挫折时，最需要的莫过于他人的安慰、同情与关心。因此这一原则就在于提供求治者所需的心理上的支持，包括同情体贴、鼓励安慰、提供处理问题的方向等，以协助求治者度过困境，处理问题，应付心理上的挫折。但需注意的是：施治者的支持要适度，且有选择性，就像父母不宜盲目疼爱或袒护自己的孩子一样。通常说来，"支持"不是"包办"，施治者要考虑求治者所面临的心理挫折的严重性、自身的性格及自我的成熟性，应根据处理问题的方式及应付困难的经过而做适当的支持，此外，支持并非仅口头说说，而应在态度上有真切表示，让求治者体会到事情并非想象得那样糟。同时，鼓励求助者所叙说的要有事实依据，不能信口开河、乱编一气，否则对方不会相信并接受的。

2. 调整对"挫折"的看法。协助求治者端正对困难或挫折的看法，借此来调节并改善其心理问题。例如，做父母的常因子女顶撞或不听话而气愤难平，施治者可帮助父母了解子女青春期的心理特点，说明子女向自己的父母表示意见，甚至提出相反的见解是可喜的事情，这表示孩子已经长大，开始有了自己的独立见解，并非完全是不尊敬长辈的表现。假如能以此想法去看待孩子的行为，就不用特别生气，也就能以稳重的心态去应付年轻人的言行了。总之，检讨自己对问题和困难的看法，调整对挫折的感受，常常能改变自己对困难的态度，使自己用恰当的方式去面对困难，走出困境。

3. 善于利用各种"资源"。此原则是帮助求治者对可利用的内外资源进行分析，看是否最大限度运用了"资源"来应付面临的心理困难和挫折。所谓资源，其范围相当广泛，包括家人与亲友的关心与支持、家庭的财源与背景、四周的生活环境及社会可供给的支持条件等。当一个人面临心理上的挫折时，往往会忘掉可用的资源，而不去充分利用，经常低估自己的潜力，忽略别人可以提供的帮助。心理医生应在这方面予以指导，助其渡过难关。

4. 进行"适应"方法指导。其重点之一就是跟求治者一起分析，寻求解决困难或处理问题的恰当的方式方法，并指导求治者正确选用。例如：因害怕父母生气而不敢给父母看成绩平平或糟糕的成绩通知单，是躲避问题的适应方式；自己没信心而怀疑自己的配偶不忠，因而常常吵架，破坏夫妻感情。这些都是不明智、不健康的处理方式。因此，指导求治者只有面对自己功课不好的现实，请教父母，迎头赶上，才是积极的适应方法；尽量与配偶和好，保持良好感情，不但可维持夫妻关系，还可提高信心。支持疗法的重点可放在分析、指导求治者采用何种方式去处理心理上的困难，并考虑如何使用科学而有效的适应方法。

支持疗法是一种基本的心理疗法，不管施行何种模式的心理治疗，支持疗法的原则都宜采用。然而，更确切地说，支持疗法特别适宜下列诸种情况：①求治者遭遇严重的事故或心理创伤，面临精神的崩溃，急需他人的支持来度过心理上的难关；②求治者的自我调节能力脆弱或未成熟，需他人给予其长期心理支持，以免精神状态恶化；或者求治者刚从严重的精神疾患恢复，面临应付现实环境、需要适应现实的康复期；③在开始心理分析性治疗或其他特殊模式治疗之前，宜使用一段支持性心理疗法，建立求治者与施治者之间的良好关系，稳定求治者的情绪，为特殊性的治疗做准备；④不适合尝试分析性或其他特殊性心理治疗的病人，宜采用基本的稳定性支持疗法；⑤施治者未接受特殊的心理治疗训练，或临床经验不足时，宜使用基本的支持疗法。

在使用支持疗法时，施治者同时应注意，对求治者的过分关心、同情与长期保持，可能会使求治者丧失自行适应、康复及成长的机会；或者造成求治者对施治者动机的误会，产生非治疗性的关系。因此，即使是最基本、最一般的支持性心理治疗，也得经历适当的训练和经验，并接受督导。

知识链接

<h2 style="text-align:center">结构式会心团体[1]</h2>

（一）结构式会心团体的概念

结构式会心团体（Structured Group Encounter，简称 SGE），进行一次集中的团体体验，经国分康孝教授介绍传入（1979）国内。"会心"是指心与心的碰撞，用真心话交流（国分）。这是为了在正向的、温暖的气氛中进行团体的建设而开发出的一种咨询方法，作为心理教育的技法之一，正在学校和职场中广泛普及。

（二）结构式会心团体的目标和目的

SGE 是基于"把团体作为教育者"的想法为基础，为了进行心理教育而进行的，以促成心理方面的发展为练习的课题。通过自我理解、他人理解、自我接受、自我主张、信赖体验、感受性的促进等内容实现行动的改变和个人的成长。SGE 以有健全人格的个体为对象。

（三）为了达成目的

（按照 1、2、3 的顺序进行练习）

1. 以伙伴的眼光看他的世界的体验。

2. 我是你的知己体验。

3. 对于自己想法的体验。

（四）结构式会心团体中的自我展示

表达出自己当时当地的感受

1. 说出关于自己的实际情况。

---

〔1〕　樊富珉：《团体心理咨询》，高等教育出版社 2005 年版。

2. 表达出自己的感情。

3. 表达出自己的价值观和想法。

（五）结构式会心团体的规则和契约

1. 保密义务（不把团体中别人的事情到外边去讲）。

2. 实在不想说的话可以不说。

3. 实在不想参加的活动可以不参加。

（一定要在活动开始前强调团体规则）

（六）结构式会心团体的领导者

团体的领导者，一定要具有接纳、复述、具体化、支持、询问、自我开放、反馈、帮助、说明、教化、把握的能力。要让团体的成员感受到："我明确了自己未来的方向"；"我更了解了自己"；"我的焦虑感和自卑感减轻了"。而且，领导者要通过自己理解的态度，促进成员间信任的关系，采取适当的干预行为，使成员获得行为的改变和个人的成长。

（七）实际操作演练

1. 首先要放开自己，保持互相信赖。

2. 起笔名——为了和自己平时使用以及和地位相关的名字区分开，起自己喜欢的笔名。（事先准备好 A4 大小的硬纸板发给每个团体成员。要求成员自选彩色蜡笔，在白纸板上画上图画，给自己取个名字。团体领导者先做个示范，如给自己画了个萝卜，画了个笑脸，给自己取名叫"笑笑"。）

3. 相识打招呼——介绍自己的笔名，然后顶指（双方都拿出自己的食指相对）寒暄（介绍"我叫××"）。

自我介绍后，要求团体所有成员按照自己出生的年月转成一个圈，不使用言语。（在这个环节里，成员们可以相互用手指比划自己的出生日期，但不涉及年份，作为对成员隐私的保护。在过程中，领导者可以问"确认一下，你站得对吗?"待大家都站好后，可以随机抽一两个人问，到底有没有站对，然后要成员自由组对。）

4. （两个组对后，可以找位置坐下来，这个时候，原来是圆形座位的可以自由移动，每对成员可以选择一个安全、自由的位置坐下来。）二人一组提问猜拳，赢的一方可以自由提问，不想回答的问题可以不回答（我们要求是问对方的感受，而不是满足自己的感受）。随后（闭上眼睛想想自己的梦想）谈自己的梦想（说说自己的梦想，也听听别人的梦想）。

5. 4 人一组进行伙伴的介绍，自己要认真听伙伴的信息，也让伙伴充分了解自己的信息。

6. 掷骰子——4 人一组，给每个小组再分一个 A4 的硬纸板，要求组员在纸板上通过掷骰子决定自己说的题目（掷到几就回答第几题）。题目参考现场发的资料。

交流话题

（1）一般而言，你喜欢每天做的事情是什么？

（2）说说你的一个弱点。

（3）你不喜欢的人属于哪种类型？

（4）谈谈一件你小时候的回忆。

（5）现在的生活中，你最不想做的事情是什么？

（6）你最欣赏自己的一个特点。

7. 8人一组滚雪球："□是喜欢□旁边的……"这样顺时针进行。等到第二次加上"擅长□的某某"，再逆时针进行。

8. 盲行——为了建立信赖关系。（2人一组，给每组发一个发箍）闭上眼睛让别人引导自己，体验信赖和非信赖的感觉（此次盲行没有规定路线，拐杖可以自由地选择带盲人在室内或室外行走，但不能有语言，时间为5分钟；3分钟的时间交流感受，然后互换）。

9. 共同绘画（8人一组），不用语言交流，共同完成一幅画。必须画的内容包括：树木、人、家、河流等。通过非语言的绘画交流和之后的分享（15分钟作画，之后组员间相互交流，并讨论给自己的画取名字），加深成员间的互相理解。（每组都将自己的画作贴到墙上，每组派一个代表出来发言，阐述自己的画作的意义及特色。在这个过程中要注意，如果画笔在某个组员的手中停留的时间太长，领导者要提醒：我们是要每个人都来画，是不是？分享的过程也要注意不带攻击性地提醒成员，让组内每个人都享有平等的表达时间，有相等的表达空间。）

回到8人小组（10分钟），每个成员轮流说"我跟别人不一样，因为……"顺时针的方向进行，为了让成员完成自己未完成的事项，再逆时针的方向轮流说"我喜欢我自己，因为……"同样也是十分钟的时间。

我喜欢你：小组围成眼睛状，即7个人处于弧形上，另一个座位与之相对，称为"top seat"。小组成员轮流坐在top seat上，别的成员对他说："×××，我喜欢你，因为我觉得……"（此时领导者举例，给团体成员一个示范）。当7个人表达完后，被喜欢的人要站起来表达别人说完这些话时的感受。此环节为20分钟。

10. 分享（10分钟）。分享通过今天的SGE注意到的内容、学习到的内容以及今天的感受。无论从谁开始都是结构式的。分享的目的是让成员间互相了解彼此的心情的同时，把自己注意到的、学习到的方面得以确认。通过分享别人的感受，分享相同的感受，学习不同的感受。

当然，会心团体并不能解决一切心理问题。罗杰斯坦率地说出了它的不足：由于这是人为建立的团体，团员们在会心团体里能够敞开自己，但当回到原来的环境里往往又会恢复原样，并不都能主动促使原来的环境走向开放。由于团体交流中留给个人的时间有限，深层次的心理问题常常不能解决，团员在发现自己的心理问题后，仍然应该求助于一对一的心理咨询。

第四节　认知理论的心理矫治

认知疗法通常采用认知重建、心理应付、问题解决等技术进行心理辅导和治疗，其中认知重建最为关键。艾利斯（Ellis）认为，"经历某一事件的个体对此事件的解释与评价、认知与信念，是其产生情绪和行为的根源，不合理的认知和信念引起不良的情绪和行为反应，只有通过疏导谈论来改变和重建不合理的认知与信念，才能达到治疗目的"。贝克也指出，"心理困难和障碍的根源来自异常或歪曲的思维方式，通过发现、挖掘这些思维方式，加以分析、批判，再代之以合理的、现实的思维方式，就可以解除求助者的痛苦，使之更好地适应环境"。

一、合理情绪疗法

合理情绪疗法（Rational-Emotive Therapy，简称 RET），或称理性情绪疗法，由阿尔波特·艾利斯（A. Ellis）于 21 世纪 50 年代创立。合理情绪疗法是认知疗法的一种，因为它也采用行为疗法的一些方法，故被称为一种"认知—行为疗法"。

（一）基本步骤

合理情绪疗法认为，人们的情绪障碍是由其不合理信念所导致的。因此，治疗就是帮助求助者以合理的思维方式代替不合理的思维方式，以合理的信念代替不合理的信念，最大限度地减少不合理思维方式和信念给他们的情绪带来的不良影响。合理情绪疗法治疗有以下四个基本步骤：

第一步，给求助者指出其思维方式、信念是不合理的，帮助他们搞清楚他们为什么会这样，怎么会变成目前的状况，讲清楚不合理的信念与情绪困扰之间的关系。一般的做法是直接或间接地向求助者介绍 ABC 理论的基本原理。

第二步，给求助者指出他们的情绪困扰之所以延续至今，不是由于早年生活的影响，而是由于现在他们所具有的不合理信念所导致的。对于这一点，他们自己应当负责任。

第三步，通过以与不合理信念辩论（disputing irrational beliefs）的方法为主的治疗技术，帮助求助者认清其信念之不合理，进而放弃这些不合理的信念，帮助求助者产生某种认知层次的改变。这是治疗中最重要的一环。

第四步，不仅要帮助求助者认清并放弃某些特定的不合理信念，而且要从改变他们常见的不合理信念入手，帮助他们学会以合理的思维方式代替不合理的思维方式，以避免成为不合理信念的牺牲品。

合理情绪疗法认为，这四个步骤一旦完成，求助者的不合理信念以及因其而引起的情绪困扰或障碍将被消除，求助者将会以较为合理的思维方式代替不合理的思维方式，以较合理的信念替代不合理的信念，从而较少受到不合理的信念的困扰。

（二）治疗技术

1. 与不合理信念辩论。采用辩论方法的治疗者要积极主动、不断地向求助者发问，对其不合理的信念进行质疑。从提问的形式上看，可以分为以下几种：

（1）质疑式：直截了当质询求助者的这种信念是否有足够的事实根据。如：

"你有什么证据能证明你自己的这一观点？"

"是否别人都可以有失败的时候，而你不能有？"

"是否别人都应该照你想的那么去做？"

"你有什么理由要求事物按你所设想的那样发生？"

"请证实你自己的观点！"。

一般来说，求助者不会轻易地放弃自己的信念，虽然他们往往不加批判地接受了许多现成的看法，但面对来自治疗者的质疑，他们也会想方设法地为自己的信念辩解。因此，治疗者需不断努力，借助于这种辩论过程的不断重复，使对方感到为自己的不合理信念辩护变得理屈词穷了，使他们真正认识到：

第一，他们的那些不合理的信念是不现实的，不合逻辑的东西；

第二，他们的那些信念是站不住脚的；

第三，分清什么是合理的信念，什么是不合理的信念；

第四，以合理的信念取代那些不合理的信念。

（2）夸张式：这种提问方式犹如漫画手法，故意夸大当事人的概念，使当事人看到它的不合理之处，甚至是可笑之处。

例如：一个有社交恐怖情绪的求治者说："别人都看着我。"

可参考的夸张式提问如下：

问："是否别人不干自己的事情，都围着你看？"

答："没有。"

问："要不要在身上贴张纸写上'不要看我'的字样？"

答："那人家都要来看我了！"

问："那原来你说别人都看你是否是真的？"

答："……是我头脑中想象的……"

通过如此夸张式的提问，求助者就可能很好地领悟到其认为"别人都看着我"是自己想象出来的，是不合理的，甚至是荒谬的。

（3）价值式：质询当事人目前的情绪和行为反应是否确有价值。

（4）极端式：质询当事人这件事最坏的结果是什么。

（5）更新式：提醒当事人："从另外的角度想一想，……是否也是一件好事呢？"

在合理情绪治疗的治疗过程中，与不合理信念辩论的方法一直是治疗者运用的主要方法。由于辩论（Disputing）英文词首字母是 D，治疗效果（Effects）英文词首字母 E，因此加入这两个字母，合理情绪疗法的整体模型就成为"ABCDE"，其也可称为 ABCDE 疗法。模型中的五个字母各自的含义如下：

A（Activating events）——诱发性事件；

B（Beliefs）——对 A 进行评价、解释时所持的思维方式和信念；

C（emotional and behavioral Consequences）——情绪和行为的后果；

D（Disputing irrational beliefs）——与不合理的信念辩论；

E（new emotive and behavioral Effects）——通过治疗达到的新的情绪及行为的治疗效果。

2. 合理情绪想象技术（Rational-Emotive Imagery）。合理情绪想象技术是合理情绪治疗中最常用的方法之一。其步骤如下：

（1）使求助者在想象中进入他产生过不适当的情绪反应或自我感觉最受不了的情境之中，体验在这种情境下的强烈的情绪反应。

（2）帮助求助者改变这种不适当的情绪反应并体会适度的情绪。

（3）停止想象，让对方讲述他是怎么想的，如何使自己的情绪发生了变化的。此时治疗者要强化求助者的新的合理的信念，纠正某些不合理的信念，补充其他有关的合理信念。

合理的情绪想象技术除用于帮助求助者改变情绪体验，认清信念 B 与情绪反应 C 的关系之外，还可用于帮助求助者找出他对某事所持有的不合理的信念。有时求助者谈到某一事件时，往往只记得自己当时多么气恼，却说不上自己当时的想法，想不起来为何如此气恼了。治疗者可帮助对方想象当时的情景，重新进入那种最坏的情绪体验之中，此时再进一步探查求助者当时的想法，从而找到其所持有的不合理信念。

3. 认知的家庭作业。合理情绪治疗的目的是改变求助者不合理的思维方式和信念，帮助求助者减少或消除他们的情绪障碍。但要改变人的思维方式与信念是一件非常困难的事。因此，治疗不但需要治疗者的努力，同时也需要求助者本人的努力，这种努力不仅需要在会谈时间进行，也应持续到会谈以外的时间。认知的家庭作业正是为此而设立的。在完成作业的过程中，求助者可以更好地掌握会谈之中的内容，并且学会自己与自己不合理的信念进行辩论，从而加强治疗的效果。

认知的作业主要有：合理情绪治疗自助量表（RET Self-Help Form），与不合理的信念辩论（Disputing Irrational Beliefs）和合理的自我分析（Rational Self-Analysis，RSA）。

（1）合理情绪治疗自助量表。合理情绪治疗自助量表的内容为：先让填表者找出 A 和 C，然后再找 B。表中列有十几种常见的不合理信念，求助者可从中找出符合自己情况的 B，若还有其他不在此列中的不合理信念可单独列出。接下来是请求助者自己做 D，对自己所有的不合理信念，一一进行质疑式的辩论。最后是填写 E，即通过自己与自己的不合理信念辩论而达到了什么情绪和行为的效果。

（2）与不合理的信念辩论。这也是一种规范化的作业形式，只需求助者回答一些具体的问题：①我打算与哪一个不合理的信念辩论并放弃这一信念？②这个信念是否正确？③有什么证据能使我得出这个信念是错误的（正确的）这样的结论呢？④假如我没能做到自己认为必须要做到的事情，可能产生的最坏的结果是什么？⑤假如我没能做到自己认为必须要做到的事情，可能产生的最好的结果是什么？

（3）合理的自我分析（RSA）。合理的自我分析目的与上述作业相同，但是是一种完全由求助者自己完成的报告，其内容即为 ABCDE 五项。没有什么特殊的要求与规定，但报告的重点在 D 上。

事实上，这种自我分析人人都可以做。按合理情绪治疗的观点来看，人人都可能存在不同程度的不合理的信念。

二、理性情绪团体治疗

理性情绪团体治疗以艾利斯的理性情绪疗法相关理论为基础。艾利斯认为，理性情绪团体治疗有两个主要目标：一是支持求助者无条件自我接纳（unconditional self-acceptance）和无条件接纳他人（unconditional other acceptance），再进行体会二者的关联。当求助者能够接纳自己的时候，其就能够接纳别人了。二是帮助求助者将自我困扰的情绪和自我挫败的行为转变为健康的情绪的行为，以应对现实生活中可能发生的任何不幸事件（Ellis, 2001）。理想的治疗效果是重塑一个在思想和情感上都是健康的个体，使其可以发展自我兴趣和社会兴趣，自我指导，容忍、接纳不明确和不确定性，灵活、理性思考，有责任感和冒险精神，自我接纳，有长期的快乐，接纳自己的缺点，对自己的情绪困扰负责。

（一）认知技术

1. 教导 ABC 模式。领导者要教导与示范应用 ABC 理论模式分析与解决日常生活问题，说明绝对化要求、过分概括化和灾难化特征的非理性信念是如何导致人们的情绪与行为问题的。

2. 驳斥非理性信念，即与非理性信念辩论。领导者一方面需要积极主动、不断地挑战与质疑成员的非理性信念，另一方面也要借助团体的力量以及团体后的家庭作业，让团体成员相互驳斥及自我驳斥非理性信念。具体方法可参考上一节的内容。

3. 教授求助者处理自我陈述的方法。让团体成员知道如何通过有意识的自我陈述来对抗和瓦解那些自我挫败的信念。一般让成员通过记录和分析自己的陈述来监控自己所说的话，例如，一位成员可能对自己说出以下的话："我必须做得非常完美，如果有任何错误，那就太可怕了。"如果该成员从自己说出的和未说出的表述中意识到自己的绝对化要求的倾向，其就会明白自己是如何被自己的陈述推向失败的，其会认识到是自己的完美主义要求导致了自己的失落与痛苦。

4. 认知作业。具体方式可参考上一节的内容。

5. 自助式心理教导。鼓励成员通过阅读理性情绪治疗的相关书籍和听相关录音来实现自助式改变。可参考的两本书是《理性生活的新指南》（A New Guide to Rational Living, 1975）和《如何固执地拒绝陷于任何困境：是的，任何困境》（How to Stubbornly Refuse to Make Yourself Miserable about Anything: Yes, Anything, 1988）。另外，艾利斯录制了大量的理性情绪录音带，内容涉及拒绝为任何事而羞愧的方法、停止焦虑的方法、征服对爱的迫切需要、克服低挫折容忍等。

（二）情绪技术

1. 无条件接纳。无条件接纳，要求团体治疗者不管求助者在治疗过程中或治疗以外的行为有多么不好，也要给予其充分的、无条件的接纳，并且要教授成员如何做到无条件接纳。领导者要让成员了解，即使他们的行为可能是不合适的，甚至是不道德的，他们也决非坏人或废物，以使他们不会害怕一旦真实的自我暴露后不会被接纳。理性情绪团体的无条件接纳可以让成员感受到，即使他们身上有一些信念和行为会受到质疑与挑战，也会为团体所接纳。

2. 合理情绪想象。有关合理情绪想象技术的介绍，请参考上一节的内容。

3. 幽默。幽默对于促进成员的认知和行为改变是有益的。艾利斯认为，当一个人陷入自我困扰时，其往往会失去幽默感而显得过于严肃，而幽默是应对使人陷入困扰的非理性思维方式的有效方法之一。在团体治疗中，幽默的应用是要使成员们感到好笑，当然好笑并非是指对他们本人，而是指对他们自我挫败的信念和荒谬的行为而言。

4. 羞辱感攻击训练。这一方法的理论依据是：焦虑是由羞辱、罪责、困窘和自责导致的。因此，人们越是能直接面对和处理这些情绪背后的非理性信念，就越不会继续为这些负面情绪所困扰。羞辱感攻击训练的目的是让求助者学会不管他们对自己的反应如何，自己都不再有羞辱感。因此，领导者要鼓励成员大胆挑战自己的羞辱感，挑战担心当众出丑的神经质恐惧感。一旦成员能够克服羞辱感，其就会逐渐走向无条件自我接纳。

5. 角色扮演。在理性情绪团体中，可以让成员扮演一个表现相反的人物，让其体会到非理性信念与理性信念之间情绪的差别，对自己所体验的情绪进行认知上的分析，从而促进其认知的重组。同时，角色扮演也可以为成员提供释放情绪以及尝试新行为的机会。

（三）行为技术

理性情绪疗法认为，除非求助者将"生活哲学"的重建付诸行动，否则这种重建的效果将不具有意义和持久性。因此，有效的治疗还必须重视成员在行为层面上的改变。理性情绪团体运用的行为技术主要有：家庭作业、阅读治疗、冒险练习、放松训练、自我奖罚、自我管理训练、角色扮演、示范练习、行为预演、反馈活动等。

第五节 其他理论的心理治疗

近年来，我国监狱系统罪犯心理矫治的心理咨询工作中和广泛运用焦点解决短程治疗（Solution-focused Brief Therapy）相关技术手段化解决罪犯不健康的心理问题；在罪犯心理健康教育过程中，部分心理矫治工作人员开始探索利用积极心理学调适罪犯不良心理；等等。然而，截至目前还没有一家监狱探索系统利用焦点解决短程治疗干预罪犯自杀危机。而罪犯自杀问题是影响监狱监管安全的重要因素之一，也极易成为社会关注的焦点。

一、实施过程

作为一种专业的介入疗法，焦点解决的治疗流程与步骤清晰明了，且具有单次咨询的特点。即每一次的咨询与治疗是第一次也是最后一次，因此每一次的咨询架构都是一样的。整个焦点解决短期治疗的咨询次数可为一次或连续多次（平均为 5 次）。每次咨询的时间约为 60 分钟。每次咨询的整个过程大致可以分为三个阶段：①建构解决的对话阶段；②休息阶段；③正向回馈阶段。第一阶段约为 40 分钟，其余两个阶段皆为 10 分钟。

（一）建构解决的对话阶段

这一阶段是会谈的主轴，所以我们称之为建构解决的对话阶段，在对话的过程中，工作者通过"建设性预设问句"所选取的方向、所使用的语言产生的暗示和教育作用，试图影响案主改变其认知，引导出正向解决问题的思考方式。因此，咨询的过程是注重"改变"的对话历程，在这一过程中，强调正向的、积极的、建设性的取向，对解决问题大有裨益。

1. 准备阶段。在这个阶段，工作者与案主寒暄，简要介绍一个小时咨询的流程。在工作者说明的同时，即引导案主进入正向的、未来的及解决导向的会谈中。如果在休息阶段，工作者会使用工作小组的形式，亦需在此阶段让案主知道。

2. 问题抱怨阶段。在这个阶段，工作者以倾听、接纳、同理的态度，收集案主的抱怨。然而，与其他学派不同，焦点解决学派强调这一过程聚焦于案主已使用过的解决问题的行动，即肯定案主已经做过的有效的事情。同时，工作者除了反映案主的感受之外，更会暗示事情是有其他可能性存在的，以企图松动案主的负面感受，使案主从抱怨提升为希望改变的目标。

3. 设定目标阶段。这一阶段，工作者会协助案主设定出具体可行的目标，且是案主需要的目标，而非工作者为案主设定的目标。因为有了目标就会有改变的动力，这里所强调的具体可行的目标指的是正向的、具体的、一小步的、在案主"可控"范围内的、实际可行的目标。目标的形成是工作者与案主合作的过程，可以使用奇迹式问句、循环式问句、排序、评量式问句等技巧。

4. 探寻解决方案阶段。一旦案主设定了正向的目标，接着工作者就会协助案主探索自己的资源，以达到所求的目标。焦点解决学派典型的做法是将焦点集中在问题发生的时间、地点、活动等细节上，运用例外式问句、奇迹式问句、评量式问句等引出例外及解决问题的弹性，并开发案主的内在资源，让案主发现那时自己是如何做到的，从而引出解决之道。与此同时也暗示案主，工作者相信他们做得到，且他们早已开始做一些有益的尝试。

（二）休息阶段

通常在第一阶段进行 40 分钟之后，工作者会告诉案主要休息 10 分钟，并稍后回来给予回馈。在案主休息的时间里，工作者会独自跳出咨询的情境，回顾这个对话历程并加以整理，或与协同小组中心成员进行讨论，而后回来给案主提供一些回馈。正如 Berg &

Miller 提到的，休息阶段作为焦点解决学派治疗过程中的一个整合部分，这段暂停时间将会使得正向回馈更为集中、组织及有方向性。

（三）正向回馈阶段

Berg 认为焦点解决的治疗过程有着公式化的回馈（Formulating Feedback）。在休息阶段之后，工作者将会用 10 分钟左右的时间给案主一些回馈。回馈的内容包含：给予赞美和肯定、提供讯息及布置家庭作业。

1. 给予赞美和肯定。赞美的意义在于赋能（Empowerment），通过工作者对案主自身和其正向资源、能力的鼓励，使案主注意到自己原本存在但被忽视的内在力量，改变案主的主观认知，从而提升案主为自己负责的能力与意愿，进而鼓舞案主能持续行动以寻求改变。

2. 提供讯息。提供的讯息，可能是专家的观点或理论，也可能是案主目前正在做而且有效的行动，或是其他一些想法。其目的在于将案主的问题一般化，或是对问题提供不同的意见和观点，同时提供形成家庭作业的脉络。

3. 布置家庭作业。家庭作业就是案主于下次会谈前必须完成的作业或任务，这旨在巩固治疗效果、增强改变信心、实现预定目标。

二、干预罪犯自杀的核心技能及实施

（一）利用开放性提问对罪犯开展摄入性会谈

开放性提问和封闭式是相对的，是一种没有单一答案的提问。焦点解决短程治疗干预罪犯自杀，主张多进行开放式提问并逐步开展摄入性会谈。很多罪犯自杀都是自认为实在无路可走了，而把自杀作为"解脱"的一种方法，而不是一个实际目标。针对自杀罪犯，监狱专职心理咨询师通过开放性提问，通过查找有助于制止罪犯自杀的进一步的有效资源，引导当事人探讨自杀不是唯一解决问题的方法，并尝试发现可替代的问题解决方案以及达到目标的新路径，这样可以助推自杀罪犯获得价值感而开启新生。

（二）利用语言转换和发掘"例外"拓展罪犯改变的可能性

焦点解决短程治疗非常重视语言的转换，通过一点一滴的语言上的小转换，慢慢抵消自杀罪犯对自己以及有关问题的消极看法。比如说，自杀罪犯最常说的一句话"我已经看不到任何出路了"，这时候监狱专职心理咨询师应该迅即反应道，"到目前为止，你还没有看到任何出路"。这看似一个简单的回话，实际上咨询师的回应既精准、又及时地和该罪犯进行了共情；尤其是在悄然中把自杀罪犯自认为那种永久的、不可改变的态度调整到只是在一个时间段上（即只是到目前为止）的状态。

焦点解决短程治疗还颇为重视发掘自杀罪犯的"例外"情形，尽可能拓展罪犯改变的可能性。"例外"是描述与问题发生不一致的状况，这和叙事疗法上的"特别的结果"非常相似。实际上，就算一个人在生活中遭受再大的困难，也不会是永远的，不可能是一天 24 小时，甚至是一周 7 天一刻不停地发生的，总会有"例外"的情形。它本质上代表着一种期待，一种寻求建构解决的方法。如果自杀被罪犯当作一种面对问题的解决方法，

"例外"就像是在"问题盔甲上敲出的一道裂缝",提供了一种可能解决问题的选择。譬如问自杀罪犯,"最近你什么时候有过从痛苦中出来感到片刻好转的时候""当你不去考虑自杀这个问题的时候,你觉得和现在有什么不同",等等。

（三）"奇迹提问"帮助自杀罪犯跳开问题看解决方案

利用奇迹提问是焦点解决短程治疗的核心方法。就本质而言,它是一种想象和创新的方法,奇迹提问直接切入自杀罪犯的问题重点,让其想象解决策略时多方面的身体体验;也即让自杀罪犯去想象没有当下问题时的未来状况,进一步引导其由"一种从陷入问题的思考向解决问题思考的戏剧化转变"。自杀罪犯要想回答咨询师提出的奇迹提问,就不得不去想象,随着按照奇迹问题引导的想象不断推进,自杀罪犯就能够在潜移默化中,在日常服刑改造生活里产生悄然的、渐进性的积极改变。奇迹提问虽然是一种假设性提问,但在自杀罪犯自认为已无法忍受、无法逃避目前的境况,而把自杀当作自己当前唯一的出路时,这时候咨询师出其不意的"奇迹提问"正好打破这时的境况。通过提问"假设一个奇迹发生了,你的问题都消失了,你怎样发现事情不一样了……你注意到的第一件事情是什么"等,帮助罪犯不断探索"奇迹画面",进一步推动自杀罪犯跳出"死胡同"而自我寻找新的解决方案。

（四）利用刻度化提问及时觉察罪犯优势并赞赏鼓励

刻度化提问是一种针对性和实效性非常强的方法,也是焦点解决短程治疗干预罪犯自杀不可缺少的一项技能。刻度化提问能够及时有效地帮助自杀罪犯,特别是那些不善于表达、不愿意表达以及聋哑犯等语言表达受限的罪犯,帮助罪犯有效地进行自我评估,了解自己目前的情绪状况以及认知状态。譬如,"用 1-10 来衡量,如果 1 代表你下定决心去死,10 代表奇迹发生的一天,你现在的状态是几分?处在几分上,对你来说是安全的,不会去自杀了"等。

焦点解决短程治疗经常利用许多直接和间接的赞赏,着力凸显和强化自杀罪犯的优势和有效资源,这对于一个由于自杀而陷于消极和自我诋毁状态中的罪犯来说,影响的意义是不可估量的。对于当事人的理解、判断以及积极意图等,咨询师可以直接回应出赞赏。在对自杀罪犯以前能够那么长时间忍受痛苦,咨询师可以通过"你是怎么做到的""你是怎么面对的"等,进行间接赏识罪犯反思自己应有的能力。有时候咨询师还可以运用抬眉、睁大眼睛以及表达出渴望得到更多信息等非语言形式,凸显出对罪犯的勇气、不屈不挠与问题抗争等表达出应有的欣赏。

（五）布置"家庭作业"进一步巩固罪犯可能发生的变化

布置"家庭作业"是在监狱专职心理咨询师每次对自杀罪犯进行干预后,给其提供一些反馈建议以及下一步应做的事等。焦点解决短程治疗经常使用的"家庭作业"是为"焦点解决第一次格式化任务"。也即咨询师通常提出的建议作业,"在这次和下次我们见面,注意在你生活中发生的那些你希望继续的事情"等,提供这样的建议作业,有助于促进当事人建构起一座"穿越问题的桥梁"。

有时候，咨询师可以适时建议罪犯关注意外，把那些自己想要继续的事情写下来，放在自己晚上睡觉的枕头下面，帮助罪犯意识到那些已经发生的、有可能是非常可怕的事情，"一切都会过去的"，这并不是他们生活的全部，从而进一步警醒那些已经自认为被压垮和被消极情绪包围的罪犯。

三、干预严重抑郁罪犯自杀危机的应用

抑郁是自杀罪犯最常见的心理特征。面对高墙电网、失去自由及严格约束的监狱生活的反差、漫长的刑期等让个别罪犯感到前途无望，加之思亲念家、生活事件以及家庭变故等引发其悲观绝望，抑郁倾向越发严重，严重抑郁而自杀的可能性比其他任何一种疾病都要大，很容易欲行自杀而"解脱"自己。而焦点解决短程治疗干预严重抑郁自杀罪犯有其独到之处。

（一）通过开放式提问、刻度化提问等了解发现抑郁自杀罪犯的相关境况

1. 开放式提问。"你在这以前做了些什么，从而减少抑郁对自己改造生活的影响"等提问，进一步发现罪犯也曾一度与相关"越不过的问题"进行有力的抗争，并及时进行回应赞赏。"尽管你似乎感到悲伤绝望，有哪些事仍然是你能够做到的"，罪犯经过回想肯定会说出不少他服刑改造、与家庭联系等诸多的事情，从而发现仍然有不少有意义的事值得去做。

2. 刻度化提问。监狱专职心理咨询师利用"在 1–10 的刻度上，如果 1 代表我会选择自杀，10 代表我可以安心服刑、开心地活着，你觉得你现在可以打几分""你最差的时候打几分""如果要提高 1 分，需要做些什么"等刻度化提问，可以进一步将罪犯拉回到现实中一些美好的情境中，不断促使罪犯向着积极的方面改变。

（二）保持尊重和好奇心，发掘抑郁自杀罪犯潜在的价值和有益之处

对于抑郁自杀罪犯，咨询师应该自始至终都对他保持着尊重，对他的事情保持着应有的好奇心。咨询师这种正向立场或许就能够悄然带动罪犯的细微改变，慢慢积少成多、集腋成裘。特别是不少罪犯竟然真能够从他们艰难的服刑改造生活中发现有意义的事，也能够从抑郁状态中找到自己一直未发现的潜在价值，从而用新眼光看待"越不过的问题"。

（三）引导抑郁自杀罪犯探寻并建立例外情形

一个罪犯如果说他已经非常抑郁了，从另一个角度看，这个罪犯以前一定有着十分开心的时候，因为只有通过比较才能够发现自己不同的感觉。监狱专职心理咨询师在了解罪犯抑郁状态的同时，充分利用发掘、强化他们抑郁状态外的"例外"情形，然后慢慢应对、回应并挑战罪犯的"抑郁"世界观，一直到他们能够对那些自认为"越不过的"问题的看法更加全面，也即能够通过一分为二地去看问题，既看到问题差的一面，也能够看到问题好的一面。特别是要能够利用抑郁康复焦点解决评定量表，和自杀罪犯一起分析，并引导罪犯从中挖掘适合自己的"例外"情形，并督促、监督罪犯在随后的咨询中发现自己的相关能力以及积极地去创造并积累改变。

（四）帮助抑郁自杀罪犯指定危机反应计划或卡片应对特殊情况

监狱专职心理咨询师要和抑郁罪犯一起，为罪犯自杀危机制定相关危机反应计划，做

好危机应对卡片。通过危机卡片的帮助，一旦罪犯遇到一些特殊情形想不开时，能够做到及时查找危机应对卡片，拨打什么电话寻求救援、寻找自己哪些资源及时自助、寻找哪些人寻求帮助等，从而起到及时补救的作用。

四、干预边缘性人格异常（BPD）自杀罪犯危机的应用

在监狱服刑的罪犯群体中，患边缘型人格异常的罪犯较为常见，而且不容易被甄别。"罪犯患有边缘型人格异常后，极易产生自杀意念以及发生自我毁灭性的行为，它严重威胁着监狱改造秩序的安全稳定"，加强对边缘型人格异常自杀罪犯的焦点短程治疗干预尤为重要。

（一）使用赞美等肯定语言以及正向回应提振其活下去的信心

"边缘型人格异常罪犯的情绪变化非常快，常常极易从幸福快乐的最高点一下子跌进抑郁悲伤的最低谷。"监狱专职心理咨询师要积极运用焦点解决短程治疗的原则和技能，及时发掘罪犯自身有用资源，并进行赞美强化；特别是对罪犯应对这些困难以及长期存在的问题，利用罪犯自己的语言方式描述其资源，精准地进行正面回应，通过有关语言的转变促进罪犯慢慢转变。

（二）查找并介绍治愈的边缘型人格异常的人生活良好的故事

边缘型人格异常的罪犯自杀不同于一般的罪犯自杀，他们大都认为自己的疾病不可能治好了，唯有自杀才能解决自己的痛苦。咨询师必须积极查找那些患过 BPD 的人最终生活很好的故事、案例以及相关影片，反复向自杀罪犯讲述正向的故事，让其收听、观看那些患过 BPD 的人最终生活很好的故事以及有关影片，让其在潜移默化中领悟生活的意义。

（三）通过应对策略训练提高罪犯自我效能感

BPD 自杀罪犯根据自己个人的生活经验积累，经常会把自杀作为改变自己处境的重要应对策略，自杀行为或许就是他们应对生活危机的一种条件反射。因此，咨询师引导 BPD 自杀罪犯加强应对策略训练，通过转移、升华等方式不断强化其自我效能感尤为重要。咨询师可以引导 BPD 自杀罪犯通过写东西，把自己的烦恼、痛苦等一股脑地记下来；或者通过画画、涂鸦等方式进行转移。咨询师分析其记录、绘画等的反应，通过语言转变，如原来的"受害人""被诅咒的"转换成"勇渡难关""应对者""生存者""坚持下去""斗争者"等，有效改变罪犯认为自己已经没有办法忍受未来的消极事件，不断提升 BPD 自杀罪犯对自身忍受力的评价，助推其自我效能感不断提高。

（四）签订咨询合同和奇迹提问进一步促进罪犯改变

干预 BPD 自杀罪犯，咨询师要和罪犯签订一份界限清晰的治疗合同，设定和限制界限，这在一定程度上可以保护罪犯，也能够起到保护咨询师的作用。同时，通过奇迹提问，直接切入重点，引导 BPD 自杀罪犯考虑更好未来的可能性。如咨询师常用的，"我认为，你拥有创造更加美好未来的能力，只不过被你的消极体验偷走了。我希望你能把他们找回来。你可以尝试一下这个问题（练习或问卷）吗"，使用这个框架通常都能引导罪犯得到较好的结果。特别是咨询师能够适时抓住时机，发掘这个构想，就可以引导 BPD 自杀罪犯走出自我营造的莫名恐惧、恐慌中，做出一些有意义的改变。

技能训练一

训练目的：识别和分析微表情

训练材料：表情图片和视频，纸笔

步骤方法：要求被试识别呈现的图片表情，然后分析视频微表情

报告要求：能否正确识别和分析图片及视频微表情

附：微表情分析[1]

眉毛上挑并挤在一起表示恐惧。

真正的吃惊表情转瞬即逝，超过一秒钟便是假装的。

当人陷入悲伤的时候，额头、眼角都应该有纹路产生。做过拉皮手术的人会因为脸部肌肉麻痹，这种情况另当别论。假笑时眼角是没有皱纹的。

当面部表情两边不对称的时候，极有可能他们的表情是装出来的。

抿嘴表示对自己的话没有信心。

明知故问的时候眉毛会微微上扬。

如果对方对你的质问显露出不屑，说明你的问题触到了对方的痛处。

害怕、愤怒和性兴奋都会使人的瞳孔放大。

眉毛上扬、下颚张开表示惊讶。

眉毛朝下紧皱、上眼睑扬起、眼周绷紧，表示将要实施血腥暴力行为。

说话时两边嘴角下拉、眼睛向下看表示尴尬。

鼻孔外翻、嘴唇紧闭是生气的表现。

摩挲双手是一种自我安慰的姿态。当你对自己所说的话感到心虚时，摩挲双手可以让自己安心。

单边耸肩表示对自己所说的话不自信。

男人的鼻子里有海绵组织，当他想隐瞒什么，鼻子就会开始痒，此时就会下意识地摸鼻子。

双手抱胸同时后退是一种下意识的退缩，表明说谎者感到心虚。

人们通常认为，说谎时才会避开与对方的眼神交流。事实却恰好相反。人们在说真话时，会因为回忆转移视线，如果他一直盯着你的眼睛回答问题，就是在说谎，因为他需要观察，看你是否相信他的谎言。

手指向一边，眼睛却看向另外一边，当你绞尽脑汁捏造事实的时候，肢体却完全跟不上。

人在撒谎时会下意识地弓起身子。

人真正发怒的时候，生气的言语和行为应该是同步的。

人们说到赞成某事时伴有摇头动作，表示他心里其实不这么想。

---

[1] 琇樱编著：《微表情读心术全集》，新世纪出版社 2012 年版。

向前伸出下巴是生气的表现。

人在害怕时会出现生理逃跑反应，血液从四肢回流到腿部，做好逃跑准备，因此手的体表温度会下降。

揉眼睛是不情愿的意思，即使一个天生的盲人，在被要求做他不想做的事情时也会下意识地揉眼睛。

手放在眉骨附近表示羞愧。

虚情假意不会眨眼。

与对方交谈时将篮球放在胸前，在彼此之间竖起了一道屏障，是焦虑的表现。

🖙 技能训练二

复述技术

一、训练目的

掌握复述技术的基本技巧，懂得利用复述技术，协助咨询员进一步了解当事人；协助当事人进一步了解自己，决定谈话方向。

二、方法与步骤

1. 一人念题目，每人提出自己的回答，并阐述自己的答题理由。

2. 共同讨论，对每人的回答进行评议，优选出 2~3 个答案。

3. 小结本技术的回答要领。

三、训练题目

1. 当事人：我进出监狱不知已有几次，我也不想伤父母的心，可是，戒毒哪有那么容易。我想戒，我的身体却不允许。当毒瘾发作时，简直就如刀割一样，我实在受不了，我想我这一生已经完了。

2. 当事人：当时我们两人约好每人各负责一部分业务，我们井水不犯河水。他要从他那一部分业务污多少钱，我要从我这一部分业务吃多少钱，都靠个人本事。不过，如果出事的话，各自打点，不可陷害对方。没想到，他手脚不利落，脑筋不灵光，被人发现作手脚的事。上级问话时，他竟然把我拖下水，并且将所有的责任推给我。黑吃黑也不能这么不讲信用。

🖙 参考文献

1. ［美］马斯洛等：《人的潜能和价值》，林方主编，华夏出版社 1987 年版。

2. ［美］罗洛·梅：《爱与意志》，冯川译，国际文化出版公司 1998 年版。

3. 郑雪：《人格心理学》，广东高等教育出版社 2004 年版。

4. 叶浩生主编：《心理学史》，高等教育出版社 2005 年版。

5. 樊富珉：《团体心理咨询》，高等教育出版社 2005 年版。

6. 郑希付主编：《心理咨询原理与方法》，人民教育出版社 2008 年版。

7. 陈少华：《人格心理学》，暨南大学出版社 2010 年版。

8. ［美］卡尔·R. 罗杰斯：《卡尔·罗杰斯论会心团体》，张宝蕊译，中国人民大学出版社 2006 年版。

9. 琇樱：《微表情读心术全集》，新世纪出版社 2012 年版。

10. 刘胜利："罪犯边缘型人格异常及矫治"，载《铁道警察学院学报》2013 年第 4 期，第 106 页。

11. ［美］杰罗德·克雷斯曼、哈尔·斯特劳斯：《边缘型人格异常障碍》，徐红译，群言出版社 2012 年版，第 7 页。

12 樊富珉、张天舒主编：《自杀及其预防与干预研究》，清华大学出版社 2009 年版，第 87 页。

13. ［加］费斯科（Fiske, H.）主编：《行动孕育希望：焦点解决晤谈在自杀和危机干预中的应用》，骆宏译，人民卫生出版社 2013 年版，第 31、40 页。

14. ［英］麦克唐纳著：《焦点解决治疗理论、研究与实践》，骆宏、洪芳、沈宣元译，宁波出版社 2011 年版，第 9、18、19、92 页。

15. 许维素：《建构解决之道——焦点解决短期治疗》，宁波出版社 2013 年版，第 36、37 页。

16. ［美］茵素·金·伯格、特雷西·史丹纳：《儿童与青少年焦点解决短期心理咨询》，黄汉耀译，四川大学出版社 2005 年版，第 27 页。